W0196094

Wolfgang Meironke
Die Geschichte der
ERSTEN DEUTSCHEN FLOTTE
unter den Farben Schwarz-Rot-Gold
(1848 bis 1853)

Wolfgang Meironke

Die Geschichte der ERSTEN DEUTSCHEN FLOTTE unter den Farben Schwarz-Rot-Gold (1848 bis 1853)

Unter besonderer Berücksichtigung des Lebens von
Carl Rudolph Brommy (1804–1860),
des ersten deutschen Admirals

R. G. Fischer Verlag

Coverbild: **Die deutsche Flotte von 1848**
Zur Verfügung gestellt vom Heimat- und Museumsverein
für Vegesack und Umgebung, Museum Schloss Schönebeck,
fotografiert von Klaus Gawelczyk

Bibliografische Information der Deutschen Nationalbibliothek:
Die Deutsche Nationalbibliothek verzeichnet diese Publikation in der Deutschen
Nationalbibliografie; detaillierte bibliografische Daten sind im Internet über
http://dnb.dnb.de abrufbar.

© 2020 by R. G. Fischer Verlag
Orber Str. 30, D-60386 Frankfurt/Main
Alle Rechte vorbehalten
Schriftart: Times
Herstellung: rgf/bf/2B
ISBN 978-3-8301-9653-2

Inhaltsverzeichnis

Teil C
Aus dem Leben von Carl Rudolph Bromme (y) bis 1820

Teil D
Der Aufbau der Reichsmarine ab 1849

Teil E
Die Reichsmarine unter der Leitung von Carl Rudolph Brommy ab 1849

Vorwort des Verfassers

Die Marine der Bundesrepublik Deutschland hat als einen ihrer geschichtlichen Eckwerte die Tradition der Marine der Jahre 1848 bis 1853 gewählt. Diese erste deutsche Flotte unter den Farben Schwarz-Rot-Gold hat es verdient, genauer betrachtet zu werden, zumal sich 2019 die Gründungsphase zum 170-sten Male jährt. Der Umstand, dass diese Flotte als erste deutsche Marine die Flaggenfarben Schwarz-Rot-Gold führte und als ein wichtiger Traditionsansatz der Marine der Bundeswehr besonders herausgestellt wird, hat den Verfasser veranlasst, sich intensiv mit dieser Marine der Jahre 1848 bis 1853 zu beschäftigen. Selten in der Marinegeschichte ist aber deren Oberkommandierender so vielfältig in die Geschichte dieser Marine eingewoben wie Carl Rudolph Brommy, der erste deutsche Admiral. Viele Details der Marine sind bekannt und als Monographien beschrieben worden. Es gab aber noch keine Darstellung der Marine, die die Flottillen an Nord- und Ostsee ebenso wie die inneren Strukturen der verschiedenen Marinen und das überragende Wirken ihres Oberkommandierenden im Gesamtkontext darstellte.

Der Aufbau und die Zerstörung einer Flotte hat immer eine eigene Geschichte, die außer von militärischen stark von politischen und wirtschaftlichen Einflüssen tangiert wird. Innerhalb der letzten 170 Jahre wurden die deutschen Flotten dreimal in ihrer gesamten Substanz zerstört. Während die Marinen des 1. und 2. Weltkrieges nach verloren gegangenen Kriegen ihr Ende fanden, hat die erste deutsche Flotte 1848 bis 1853 unter den Farben Schwarz-Rot-Gold eine ganz andere Geschichte und ein ganz anderes Ende vorzuweisen.

Obwohl Schiffe den Namen (»Admiral«) »Brommy« erhielten, mehrere Bücher, Gedichte und Theaterstücke über den ersten deutschen Admiral und die Flotte geschrieben sowie eine Bundeswehr-Kaserne nach dem ersten deutschen Admiral benannt wurden, war über diese Flotte von 1848 und ihren Organisator doch sehr wenig Genaueres bekannt. Die Gründe hierzu sind vielfältig.

Die Marineidee des Deutschen Reiches/Bundes 1848 bis 1853 war durch die preußisch geprägte Marineliteratur bis zum Ende des 19. Jahrhunderts im Allgemeinen übergangen, verfälscht oder belächelt worden, wobei Carl Rudolph Brommys Erwähnungen zumeist knapp, aber positiv waren. Nach dem verlorenen 1. Weltkrieg wurde im Rahmen der nationalen Selbstfindung und der Rückbesinnung auf die demokratischen Anfänge des Jahres 1848 versucht, die Ideen und Symbole dieser Zeit als sichtbare Zeichen der Erneuerung zu bestätigen. Wie schwer die Hinwendung von der Monarchie zur Demokratie und deren Symbolen wurde, zeigten die Streitigkeiten um die Flagge zur See im bekannten »Flaggenstreit« der Weimarer Republik. Während dieser Zeit erfährt Brommy größere Aufmerksamkeit. Nachfolgend missbrauchte das 3. Reich ab 1935 den Namen Brommys und die Flotte 1848 – 1853 für ihre militärpolitischen Ziele!

Einer von vielen Gründen, warum die Marine der Jahre 1848 bis 1853 bis zum 1. Weltkrieg so oberflächlich und negativ dargestellt worden ist, ist in der Tatsache zu finden, dass die meisten populären Marineautoren »kaiserlich-preußische« Offiziere waren. Sie hatten zur 48er Marine, wegen ihrer liberalen und demokratischen Tendenzen unter den demokratischen Farben Schwarz-Rot-Gold, eine zumeist ablehnende und negative Einstellung. Die damaligen populären Marineautoren der Kaiserzeit sahen im Parlament und ihren Abgeordneten immer einen Gegner der »Marinepolitik« Preußens, ganz gleich, ob diese in Frankfurt oder Berlin agierten. Ein weiterer Hauptgrund zur Verschlechterung des Gesamtbildes der Reichs-/Bundesflotte 1848–1853 war die Herausstellung der jeweiligen Marinen von Preußen, Schleswig-Holstein oder des Nordseegeschwaders in Monographien. So konnten die politischen, wirtschaftlichen, militärischen, und kulturellen Einflüsse und Verbindungen dieser Zeit nicht den ihnen zukommenden Stellenwert erlangen, den sie hätten erhalten müssen.

Aus diesem Grund wird in der Arbeit versucht, die Aufbau- und Organisationsstruktur der Flotten an Nord- und Ostsee genauer darzustellen. Auch den Tätigkeiten der politischen und militärischen Kommissionen wurde besondere Aufmerksamkeit gewidmet, da diese in der allgemeinen Marineliteratur fast völlig übergangen wurden. Gerade diese Kommissionen gaben aber wichtige Impulse, auf die später durch Preußen zurückgegriffen wurde. Aus diesem Grund werden Dokumente zum Teil auch ohne Kürzung übernommen. Sie zeigen die Zeitgeistwerte des vorigen Jahrhunderts wie Loyalität, Patriotismus, Mut, Courage, Pflichtgefühl und Gemeinsinn auf, die unserer Zeit scheinbar verloren gegangen sind. Einen wesentlichen Einfluss auf die Begeisterung oder die Ablehnung für die Flotte hatte die Presse und mit ihr auch die Karikaturisten, die die Marine mit großer Aufmerksamkeit beobachteten. Im Allgemeinen wird in den vielen Publikationen gerade dieser »Stimmungsmache« viel zu wenig Beachtung geschenkt. Contreadmiral Brommy hat die Verunglimpfung seines Lebenswerkes viel Sorge und Schmerz bereitet.

Gegenstand der folgenden Bearbeitung ist, neben der Darstellung der deutschen Seegeltung Mitte des 19. Jahrhunderts, besonders die Bedeutung des Lebens von Carl Rudolph Brommy von 1804 bis 1860 und der deutschen Flotte in den Jahren 1848 bis 1853. Das **Ziel** der Arbeit ist es, die herausragende Leistung der Marineführung des ersten deutschen Admirals auf menschlicher, auf politischer und militärischer Ebene darzustellen.

Der Verfasser musste sich fragen, ob es einen Sinn hat, den vorhandenen Werken über Carl Rudolph Brommy und der Marine von 1848 bis 1853 eine weitere Arbeit hinzuzufügen. Der Entschluss, diese doch zu wagen, resultiert aus der Sichtung der von ihm eingesehenen Unterlagen, die eine Vielfalt von Einflüssen durch Politik, Wirtschaft und Militär aufzeigen, die bisher wenig dargestellt wurden. Wer über 40 Jahre in Museen, Archiven und maritimem Schrifttum nach Spuren des ersten deutschen Admirals forscht, als Unberufener, der möchte seine gewonnenen Erkenntnisse nicht mit ins Grab nehmen, obwohl der Autor sehr genau weiß, dass er nicht den »geschliffenen Schreibstil« eines studierten Fachautors erreichen kann. Es ist klar, dass die Vielzahl der Probleme, die zur Auflösung der Reichsmarine auf der Weser führten, nicht bis ins Detail aufgezeichnet werden können, zu umfangreich ist das Aktenmaterial in den Archiven. Wo sollte der Schwerpunkt der Darstellung des Lebens und Wirkens des ersten deutschen Admirals gesucht und gefunden werden? Wo die wichtigsten militärischen und politischen Entscheidungen benannt werden, die die Marinen tangierten? Aus diesem Grund wurden, nach Meinung des Autors, auch nur die wichtigsten Entscheidungsträger, die den Aufbau und die Auflösung der Flotte wesentlich beeinflussten, benannt und erwähnt. Diese Arbeit soll als Anstoß dienen, sich weiter mit der Marine dieser Zeit und ihrem Oberkommandierenden Carl Rudolph Brommy zu beschäftigen.

Für die freundliche Unterstützung bei der Suche und Sichtung der Unterlagen möchte ich mich an dieser Stelle besonders bedanken. Hier ist zunächst Herr Claus Uhlrich aus Leipzig zu nennen, der mir mit seiner tiefen Verbundenheit zu Carl Rudolph Brommy sehr viele und sehr wichtige Informationen zum Menschen und Soldaten gegeben hat. Diese Begeisterung von Herrn Uhlrich und mein damaliges Wissen sind somit als Grundstock meiner Arbeit anzusehen. Ebenso Herrn Brummer aus München, der es erlaubte, die Privatunterlagen von Carl Rudolph Brommy im Stadthistorischen Museum Leipzig zu sichten. Sie dienten als Grundlage der Forschungsarbeit über die 48er Flotte und Carl Rudolph Brommy.
Weiter möchte ich dem Bundesarchiv in Frankfurt a.M. und Berlin, dem Museum der Weserhäfen in Brake, dem Fockemuseum in Bremen, dem Staatsarchiv in Oldenburg und dem Bayrischen Hauptstaatsarchiv München für die Unterstützung Dank sagen, bei der Durchsicht dieser Unterlagen behilflich gewesen zu sein. Dem Team der Stadtbücherei von Gummersbach möchte ich danken, das mir bei der Beschaffung vieler weiterer Unterlagen, mit viel Ausdauer, sehr geholfen hat.

Ganz besonderer Dank gilt aber meiner Frau Barbara, die es überhaupt erst ermöglicht hat, diese jahrelange Arbeit durchzuführen.

Gummersbach im Juni 2019

Einleitung

Seit sich deutsche Schiffe auf allen Meeren bewegen, war es auf wirtschaftlicher und militärischer Ebene zu ständigen Konflikten mit anderen europäischen Seemächten gekommen. Während alle europäischen Staaten zur See eine anerkannte Flagge führten, gelang das im deutschsprachigen Raum zunächst nicht. Nur zur Zeit der Hanse und in der Zeit, in der die brandenburgische Flagge des Großen Kurfürsten auf See wehte, schien zeitweise eine deutsche Seegeltung vorhanden gewesen zu sein. Dies waren aber nur Flaggen der Fürstenhäuser und deutschen Stadtstaaten. Auch die Schaffung des Deutschen Bundes änderte nichts an diesem Umstand, da gerade die deutschen Küstenstaaten peinlichst auf ihre Eigenständigkeit achteten, wobei besonders die Hansestädte eifersüchtig ihre Privilegien und ihre anerkannten Flaggen zur See zu schützen suchten. Diese Eifersüchteleien verhinderten eine gemeinsame deutsche Flaggenführung, was vor allen Dingen zum Vorteil der anderen europäischen Seestaaten gereichte. Hervorzuheben sind hier die Beschränkungen des Seehandels für alle deutschen Nord- und Ostseeanrainer durch die britische Navigationsakte, die französische Kontinentalsperre und den dänischen Sundzoll.

Die Sehnsucht des deutschen Volkes, als Ganzes gesehen zu werden, hat in der Geschichte von Unterdrückung und Ohnmacht gegenüber seinen mächtigen Nachbarn starke Wurzeln. Der Flickenteppich »deutscher Zunge« wurde durch andere Staaten beherrscht, zumal es in Europa gegen Ende des 18. Jahrhunderts zu gären und der Schatten der Revolution zu geistern begann. Unruhe und Angst breiteten sich aus, wieder von seinen übermächtigen Nachbarn in Kriegshandlungen gerissen zu werden, wie in den Jahren zuvor.

Schon einmal, nach dem Sieg über Napoleon, war das deutsche Volk enttäuscht worden, weil zwar ein Gleichgewicht der europäischen Mächte erreicht wurde, nicht aber für das deutsche Volk ein freiheitlich verfasster Nationalstaat. Der Kongress in Frankfurt verwaltete weiter die Interessen der Fürsten und missachtete, spätestens nach den Karlsbader Beschlüssen, eine politische Willensbildung durch das Volk. Trotz der Versuche, mit polizeilichen Maßnahmen die liberalen und demokratischen Bewegungen zu behindern, gewann die Verfassungsbewegung immer mehr Zulauf, so dass sich Baden, Württemberg und Bayern die ersten Verfassungen gaben.

Die Sehnsucht nach Einheit manifestierte sich unter anderem im Liedgut (Lied der Deutschen) und in der Findung der »Deutschen Farben« Schwarz-Rot-Gold, die vom System Metternich im Deutschen Bund mit Macht verfolgt wurden. Die Saat des Vormärz, im Schatten der Bedrohung durch das System Metternich ausgebracht, begannen Früchte zu tragen. Man besann sich verstärkt auf Aufsätze, Gedichte und das Gedankengut von Friedrich List, Georg Herweg, Ferdinand Freiligrath, Ernst Moritz Arndt oder auf die nationalen Ideen des »Turnvaters« Ludwig Jahn. Sie alle sahen den Wohlstand Deutschlands in enger Verbindung mit der Schaffung einer »Teutschen Marine« und einen durch diese geschützten Überseehandel, wie sie die anderen europäischen Staaten schon lange hatten.

Zu Beginn des 19. Jahrhunderts blieben Preußens vorsichtige Schritte zur See hin genauso unspektakulär wie der maritime Werdegang des in den griechischen Dienst eingetretenen Sachsen Carl Rudolph Brommy. Erst die erneute Revolution in Frankreich, die schleswig-holsteinische Erhebung gegen die dänische Einverleibung und die Blockade der deutschen Küste wegen der Intervention des Deutschen Bundes rückten zu Beginn des Jahres 1848 plötzlich und unvermittelt den Gedanken von Einheit und Seemacht in den Mittelpunkt einer ganzen Nation. Da Deutschland keine Seemacht war musste es sich der Deutsche Bund gefallen lassen, von einer Seemacht dritten Ranges gedemütigt zu werden, obwohl es hinsichtlich des Handels zur See bereits wieder hinter Großbritannien in Europa an zweiter, in der Welt an dritter Stelle lag! Zusammengenommen hatte der Deutsche Bund tatsächlich eine starke Handelsflotte, die aber in Konkurrenz zueinander stand und keinen wirklichen starken Verbündeten zur See hatte, auf den sie sich verlassen konnte. Diese Faktoren der Ohnmacht zur See, gepaart mit einer tiefen Sehnsucht nach Einheit aller Deutschen, schuf im Jahre 1848 die Voraussetzung, im Kampf gegen die dänische Bedrohung, eine Deutsche Flotte zu schaffen, die unter einer einheitlichen Flagge, Schwarz-Rot-Gold, segeln sollte.

Einer der Akteure dieser Zeit, der diese Marine wesentlich prägte, war der in Anger bei Leipzig 1804 geborene Carl Rudolph Bromme. Über sein Elternhaus, seine Jugendjahre bis hin zum Eintritt als Matrose der Handelsschifffahrt war bislang ebenso wenig bekannt wie zu seiner Fahrenszeit auf Handelsschiffen der Vereinigten Staaten von Amerika. Die Zeit, die er angeblich bei der chilenischen Marine verbracht haben sollte, genauso die Tätigkeit als junger Offizier unter dem britischen Admiral Cochrane entsprechen nicht den Tatsachen der früheren Darstellungen. Ebenso muss die Interpretation der Zeit, die Carl Rudolph Brommy in Griechenland verbrachte, dahingehend geändert werden, dass diese Zeit für den späteren Admiral eine »glückliche« gewesen sei. Die neuesten Erkenntnisse, die Herr Erich Wagner, Hude, in seiner Publikation belegt, zeigen eine ganz andere Seite dieser Zeit von 1827–1848.

Bei der Bearbeitung seines Wirkens als Reichskommissar bis hin zum Oberkommandierenden und Admiral wird, neben der Darstellung der politischen Gegebenheiten und Bedrängnisse, auch auf die wenig beachteten organisatorischen Leistungen von Carl Rudolph Brommy hingewiesen, die zumeist in den bisherigen Darstellungen wenig oder gar keine Beachtung fanden.

Die politischen Gegebenheiten dieser »Revolutionszeit« stellten eine besondere Situation für Carl Rudolph Brommy dar, durch diese Umstände in die Gefahr zu geraten, die Handlungsfreiheit über die ihm anvertraute Marine entrissen zu bekommen. Gerade in den Jahren 1849 bis zur Auflösung der Flotte war der Admiral politischen Kräften ausgesetzt, die versuchten, einen Verrat an seinem geleisteten Eid zu begehen! Für den Admiral aber ein Vorgehen, dem er sich mit aller Macht seiner Autorität entgegen stellte.

Die Kraft zur Verteidigung seiner Vorhaben hatte Carl Rudolph Brommy Zeit seines Lebens als Seemann mehr als einmal unter Beweis stellen müssen, unbestechlich und ein Mann von Ehre zu sein, dessen Wort galt. Das traf für sein Wirken in Griechenland, umso mehr bei der Schaffung einer achtenswerten Marine für sein Heimatland Deutschland zu.

Die wenigen Gelegenheiten, den »privaten« Carl Rudolph Brommy darzustellen, war dagegen eine schwierige Angelegenheit und gelang nur mühsam und mit großen Lücken hinsichtlich persönlicher Hinweise in der Literatur. Seine Jugendzeit wurde durch Hedwig Schulz und Claus Uhlrich etwas erhellt. Auch seine Beziehung zu Bertha in Leipzig war nur durch Zufall entdeckt worden, als seine Gedichte, aus Südamerika kommend, durch Herrn Gross veröffentlicht wurden. Genauso war es mit dem Wissensstand über die Beziehungen zum Hause Gross in Brake und seiner späteren Ehefrau Caroline, die nur bruchstückhaft als Briefsequenzen zur Verfügung stehen.

Wie wenig die Person im Privaten zu erreichen und darzustellen ist belegt der Umstand dass es privat **keine** Fotografie von Carl Rudolph Brommy gibt, und nur **eine** in Admiralsuniform!

Immer stellt sich der in Sachsen geborene Seemann als verantwortungsbewusster Gentleman dar, der mit Herz und Verstand versucht, seine Tugenden wie Ehre, Treue, Verantwortung und Dienstpflicht bis zu seinem frühen Ableben in die Tat umzusetzen.

Teil A

Da Deutschland keine Seemacht war …

Der Aufbau der Reichsmarine 1848–1849

Kapitel I.

Spannungen in Europa und Schleswig-Holstein 1848

Als am 20. Januar 1848 der dänische König Christian VIII. starb, ahnten nur wenige, dass schon bald die Zeichen in Europa und im Deutschen Bund auf Sturm stehen würden.

Die Situation des Deutschen Bundes zum Anfang des Jahres 1848 war von wirtschaftlichen und politischen Problemen gekennzeichnet. Seit 1830, der Julirevolution, kam es wegen sozialer Missstände immer wieder zu Aufständen in ganz Europa. Der Aufstand der Weber 1844 zeigte sehr deutlich die sozialen Missstände dieser Berufsgruppe auf. Durch die Presse wurde überregional das Thema der katastrophalen Lebensbedingungen verbreitet, die eine lebhafte Diskussion, trotz der Pressezensur des Systems Metternich, hervorrief. Die Jahre 1846 und 1847 hatten Missernten gebracht, die zu großen Hungersnöten in verschiedenen Teilen des Deutschen Bundes führen sollten. Zu diesen Schwierigkeiten der Landwirtschaft kam zusätzlich eine Krise der Industrie. Unterschwellig rumorte es im Sozialgefüge, was sich in Bauernunruhen und Firmenzusammenbrüchen bemerkbar machte. Die Not im Deutschen Bund wurde größer, da das Land die immer stärker ansteigende Anzahl von Bürgern nicht mehr ernähren konnte. Die »Proletarier« sahen diese Not aber nicht mehr als gegeben und nicht abwendbar an, sondern begannen sich gegen extreme Ungerechtigkeit aufzulehnen. Allgemein unbeachtet begann die Frau sich zu emanzipieren, was auf viele nachfolgende Geschehnisse nicht unwesentlich mit einwirkte. Frauen fingen an sich politisch zu engagieren, unterstützten ihre Männer in der Revolution nicht nur durch Aufmunterung, sondern traten neben sie ein. Allein im Jahre 1847 kehrten 33.682 Deutsche über Bremen der Heimat den Rücken und wanderten aus. Ein Umstand, der nur mit der Zustimmung oder dem Druck der Frau zu erklären war.

Einer der elementarsten Schwachpunkte des Deutschen Bundes nach seiner Gründung war die ungesteuerte Außenvertretung, nur durch Wahl- oder Honorarkonsule der vielen Einzelstaaten des Bundes. Jede Regierung im Deutschen Bund hatte ihre eigene diplomatische Vertretung in Europa und der Welt, wie es ihr beliebte und sie es für angebracht hielt.[1]

Preußen unterhielt 230 Konsulate

Hamburg 175 Konsulate

---

[1] **Haenchen, Karl:** Die deutsche Flotte von 1848. Friesen-Verlag Bremen, 1925.

Hannover 162 Konsulate
Österreich 123 Konsulate
Lübeck 105 Konsulate
Bremen 102 Konsulate
Oldenburg 56 Konsulate
Mecklenburg 56 Konsulate
usw.

Die europäischen Großstaaten wie Frankreich, Spanien, Großbritannien und Russland wollten das neue politische Gebilde des Deutschen Reiches, das mit einer Stimme sprach, so nicht akzeptieren. Der Hauptgrund lag in der räumlichen Ausdehnung dieses Deutschen Bundes, das sich somit in die Reihe der Großmächte eingliedern wollte. Diese Ausdehnung des Wirtschaftsraumes vom Mittelmeer bis zur Nord- und Ostsee gefiel den europäischen Großstaaten genauso wenig wie die politische Größe mit gleicher Ausdehnung.

Durch den Tod des dänischen Königs trat eine Kette von Ereignissen ein, die die politische Landschaft in Europa ernsthaft erschütterte und die angespannte innere Lage des Deutschen Bundes stark tangieren sollte. Der Grund lag im Umstand begründet, dass Friedrich VII. als neuer König von Dänemark bereits am 28. Januar 1848 das Herzogtum Schleswig, ebenso wie Lauenburg dem dänischen Königreich einverleibte. Gegen diese Übernahme setzte sich Lauenburg sofort zur Wehr und leistete Widerstand. Durch die Annexion Holsteins wurden die beiden Herzogtümer praktisch zwangsgeteilt. Dieses »Up ewig ungedeelt« war von den Bewohnern so aber nicht gewollt, da der größere Teil der Bevölkerung sich dem Deutschen Bund zugehörig fühlte. Ein Konflikt schien unausweichlich, zumal es in Europa wegen der sozialwirtschaftlich-politischen Lage ohnehin zu brodeln begann.

Die Unruhen, die im Februar 1848 in Frankreich ausbrachen, breiteten sich schon wenig später auf die Rheinprovinzen und Baden aus. Durch die Kommunikationsmöglichkeiten per Presse, Bahn und Telegraphie kam es zu einer raschen Verbreitung der revolutionären Aktionen. Vorwiegend auf dem Lande regte sich der Widerstand. Zunächst zu spontanen Übergriffen gegen Personen der Obrigkeit. Doch schon wenig später richtete sich die Wut auch gegen Amtssitze und Fürsten.

Am 5. März 1848 trafen sich 51 oppositionelle Politiker in Heidelberg, die als Folge der Ereignisse in Paris ebenfalls die Einsetzung eines allgemeinen deutschen Parlaments forderten. Die Teilnehmer kamen aus Baden, Württemberg, Hessen-Darmstadt, der Pfalz, den Rheinprovinzen, Nassau, Frankfurt und Österreich. Als erster Schritt zu einer Nationalversammlung sollte ein Siebener Ausschuss gebildet werden, der die Vorbereitung und die Wahl der Nationalversammlung im Deutschen Bund in die Wege leiten sollte.

Der **Siebener Ausschuss** (auch die Heidelberger Sieben) wurde gebildet durch: Georg Christoph Binding, Heinrich, Freiherr v. Gagern, Johann Adam v. Itzstein, Friedrich Ludwig v. Roenne, Carl v. Barton, Stedtmann, Carl Theodor Welker, Friedrich Justus Willich.
Der Ausschuss lud in einem Aufruf vom 12. März 1848 Politiker und Stände »(...) *eine bestimmte Anzahl von Männern des deutschen Volkes auf denen daß Vertrauen des deutschen Volkes ruhen ...*« zum 30. März 1848 nach Frankfurt a.M. ein, um ein **Vorparlament** zu bilden. Dieses sollte die Richtlinien für eine zu bildende Nationalversammlung erarbeiten.

In vielen Bereichen des Deutschen Bundes begannen nun Unruhen auszubrechen. Das Bürgertum, die Bauernschaft sowie die Unterschichten aller Kreise schienen einen neuen Bauernkrieg, eine Revolution entfachen zu wollen, die alle bisherigen Grenzen zu überschreiten schien. Die Erinnerung an die Hunger- und Teuerungsjahre seit 1845 wurden wachgerufen, die besonders die Bauern und die Handwerkerschaft schwer getroffen hatten.

Aus diesem Grund wurden die Vorkommnisse der dänischen Annexion zunächst wenig beachtet, zumal man davon ausging, die Angelegenheit politisch lösen zu können. Die Unruhen im Inneren beanspruchten die Organe des Deutsche Bund ebenso wie die Spannungen im Bereich der äußeren Angelegenheiten an der französischen Grenze, wo Preußen z. B. zwei Armeekorps einsatzbereit halten musste.

Um die aufgebrachte, unberechenbare Volksseele zu beruhigen, entschloss sich die Bundesversammlung zu einem beachtenswerten Schritt. Während der 16. Sitzung des Deutschen Bundes erfolgt am 9. März 1848[2] die erste offizielle Festlegung der Bundesfarben **SCHWARZ-ROT-GOLD**, obwohl in den Jahren zuvor diese Farben durch das System Metternich als revolutionär streng verboten und verfolgt waren.

Begründet wurde die Wahl dieser Farben mit der Notwendigkeit eines äußeren Symbols, das zum Bewusstsein der Einheit der Nation:
»(…) *lebendig und klar vorschwebe*«.

Mit demselben Gesetz wurde auch das Nationalwappen, der Doppeladler, bestätigt.

Als Folge der französischen Februar-Revolution sahen viele Abgeordnete der Bundesversammlung in Frankfurt dringenden Handlungsbedarf, diesen gefährlichen Strömungen entgegenzuwirken. Am 10. März 1848 erhielten siebzehn Mitglieder des »Engeren Rates der Bundesversammlung« **(17er Ausschuss)** den Auftrag, Vorschläge zu erarbeiten, wie man sich den neuen politischen Gegebenheiten in Europa anpassen sollte. Unter der Leitung von Fr. Christoph Bahlmann erarbeitete der Ausschuss einen Entwurf zu einer neuen bundesstaatlichen Verfassung. Nachfolgend erarbeitete dieser Ausschuss eine erbkaiserlich-föderative konstitutionelle Verfassung mit einem Zweikammersystem, einem Grundrechtskatalog und einer Verfassungsgarantie.

Die revolutionären Vorgänge wurden in allen europäischen Fürstenhäusern mit größter Sorge und Bestürzung aufgenommen und verfolgt; so auch in Wien und Berlin. Obwohl in der preußischen Hauptstadt unterschwellig eine gewisse Anspannung zu spüren war, blieb die Lage trotz der Meldungen von Aufständen im In- und Ausland verhältnismäßig ruhig. Seit Anfang März kam es in Berlin und vor dem Schloss mehrfach zu Demonstrationen. Schon zu diesem Zeitpunkt machte sich aber bemerkbar, dass verschiedene konservative preußische Politiker, aber vor allen Dingen die Militärs, eine härtere Gangart gegen die liberalen Demonstranten anschlagen wollten.

---

2 **DB 1/77.** Einführung der deutschen Bundesflagge, 16. Sitzung § 137 Das Wappen und die Farben des Deutschen Bundes betreffend.

Am 18. März 1848 formierte sich vor dem Schloss eine erneute Demonstration für die »Press-Freiheit«, zum Aufbau einer Bürgerwehr und für ein preußisches Parlament. Dadurch, dass der preußische König sich zwar zeigte, aber keine der Fragen beantwortete, drängten die Massen immer dichter an das von Soldaten bewachte Schloss heran. Das Militär sah mehr und mehr die Sicherheit des Königs durch die Volksmassen bedroht und versuchte mit Gewalt, die Massen vom Schloss abzudrängen. Die Spannung und Unruhe stiegen immer stärker an, da das Volk nicht weichen wollte, ehe es des Königs Wort gehört hatte.

In dieser angespannten Lage fielen zwei Schüsse! Der erste Schuss war die Entladung des Gewehres eines Grenadiers durch einen unglücklichen Zufall, ohne Schaden anzurichten; der zweite Schuss löste sich aus dem Gewehr eines Unteroffiziers, als ein Demonstrant mit einem Stock auf dessen Gewehr einschlug. Die Demonstranten glauben, dass das Militär zum Angriff überging, und innerhalb kürzester Zeit artete die Demonstration zum Aufstand aus. Während auf den Barrikaden die Farben Schwarz Rot Gold gehisst wurden und das Militär mit äußerster Härte gegen jede Art von Widerstand vorging, entschloss sich der preußische König, um dem Blutvergießen ein Ende zu machen, das Militär aus Berlin abzuziehen.

Die Aufstände in Berlin hatten aber eine starke Antipathie gegen den König zur Folge, da viele Arbeiter und Handwerker durch das äußerst brutale Vorgehen des Militärs ihr Leben verloren hatten. Um das Volk zu beruhigen, sah sich der König gezwungen, den Toten des Aufstandes seine Reverenz zu erweisen. Für den preußischen Adel eine unerhörte Erniedrigung des preußischen Königshauses. Der König ritt am 21. März mit einer schwarz-rot-goldenen Armbinde durch Berlin und verkündete noch am selben Tag:
»Preußen geht fortan in Deutschland auf«.

Der Weg zum Deutsch-Dänischen Krieg 1848

Der zündende Funke der Französischen Revolution 1848 entfachte auch in Dänemark das Feuer der national gesinnten Kreise. Der Streit um die Herzogtümer wurde dabei immer mehr zum Politikum. In einem dänischen Flugblatt vom 11. März 1848 wurde die politische Einverleibung von Schleswig als legitim für Dänemark dargestellt. Der Wunsch der beiden Herzogtümer, »UP EWIG UNGEDEELT« dem Deutschen Bund anzugehören, wurde in Dänemark klar als *»Aufruhr«* bezeichnet, *»dem man mit Pulver und Blei entgegentreten muss«.*

Am 18. März erfolgte in Rendsburg, wegen der dänischen Bedrohung, eilig die Ständeversammlung einzuberufen. Auf ihr wurde beschlossen, eine Deputation nach Kopenhagen zu entsenden, die folgende Wünsche der Herzogtümer dem Parlament in Kopenhagen übermitteln sollte:
1) Die Erlaubnis, zwecks Beratung beider Stände in Schleswig und Holstein zu einer Verfassung aufzurufen.
2) Schritte einleiten zu dürfen zur Übernahme in den Deutschen Bund.
3) Zur Abweisung äußerer und innerer Gefahren, die Einführung einer allgemeinen Volksbewaffnung durchzuführen.
4) Die Brief- und Press-Freiheit wieder zu gewähren.
5) Den Regierungspräsidenten v. Schele sofort aus seinem Amt zu entlassen.

Erst ein Aufstand der eiderdänischen Demokraten in Kopenhagen veranlasste den König Friedrich I. von Dänemark am 21. März zur Inkorporierung Schleswigs in den dänischen Gesamtstaat. Schleswig sollte eine besondere Stellung erhalten, aber zum dänischen Königreich gehören. Im Laufe desselben Tages wurde die Meldung der Auflösung der dänischen Regierung in Kiel bekannt. Die deutschfreundlichen Minister wurden, im wahrsten Sinne des Wortes, aus dem Parlament gejagt und durch »loyale« dänische ersetzt. Weitsichtige Männer begannen daraufhin in Kiel sofort eine »Provisorische Regierung« zu bilden, obwohl erst am Vormittag die Kieler Deputation nach Kopenhagen abgefahren war. Die Provisorische Regierung beauftragte den Herzog von Augustusburg, in Berlin Hilfe durch Preußen gegen die dänische Annexion zu erbitten.

Am frühen Morgen des 22. März 1848 traf die Deputation der Herzogtümer in Kopenhagen ein. Sie wurde dort von einer aufgebrachten Menschenmenge empfangen, da die Falschmeldung verbreitet worden war, die Ankömmlinge seien dänische Verräter und Flüchtlinge, die den Eid auf die dänische Verfassung gebrochen hätten. Die Lage für die schleswig-holsteinischen Deputierten spitzte sich in Kopenhagen sehr gefährlich zu. Während der Fahrt zum dänischen König konnte das Lynchen der Deputierten nur durch das beherzte Dazwischentreten des Konsuls Hege verhindert werden.
Der dänische König lehnte alle Gesuche der Herzogtümer ab.

Auf Betreiben des Präsidenten des Landtages von Schleswig, U. Dessler, konstituierte sich bereits am 24. März die provisorische Regierung in Kiel, die von Graf Reventlov-Preetz und Professor v. Noer gebildet wurde. Die wichtigste Forderung der Regierung war die Aufnahme in den Deutschen Bund. Die Kieler Jäger unterstellen sich sofort der provisorischen Regierung. Der dänische Kommandant von Kiel, ein Ehrenmann, legte sein Kommando nieder, ohne den Versuch zu unternehmen, die Truppen unter sein Kommando zu bekommen. Die Turner und Studenten, der nationalen Einheit besonders verpflichtet, schlossen sich sofort der Bewegung an, um die Festung Rendsburg zu besetzen. Dieses gelang ohne Blutvergießen durch die Vermittlung des Obersten Graf Otto Baudissin, Major v. Michelsen und anderer Offiziere. Noch am gleichen Tag erfolgte die Meldung der Konstitution an das Königliche Ministerium des Äußeren von Preußen, mit der Bitte um »*militärische Hülfe*«, in einer »*Skala von 10 – 12.000 Mann werden dem Zweck entsprechend erscheinen dürfen.*«

Durch den preußischen Außenminister v. Armin wurde der provisorischen Regierung von Schleswig-Holstein die erbetene Unterstützung zugesagt, da er so hoffte, die Vormachtstellung Preußens gegenüber Österreich im Deutschen Bund zu festigen. Bereits am 25. März genehmigte der preußische König den Einsatz seiner Truppen zur Unterstützung der Herzogtümer. Er stellte es seinen Offizieren frei, bei der Organisation der schleswig-holsteinischen Armee zu helfen. Als Truppen sollten diejenigen zum Einsatz kommen, die aus Berlin wegen der brutalen Niederschlagung abgezogen worden waren. In Schleswig-Holstein sollten diese nun »rehabilitiert« werden und ihren Einsatz für die »Sache Deutschlands« und seine Einheit unter Beweis stellen. (!)

Mit der Rückkehr der Deputation am 26. März aus Kopenhagen an Bord des dänischen Kriegsdampfers HEKLA bestand praktisch der Kriegszustand.

In der Weserzeitung vom 26. März 1848 ist zu dieser Situation zu lesen:

(...) Endlich ist der Ruf nach Freiheit und Einheit, welcher Deutschland durch-dringt, bis an unsere nördliche Grenzen, bis an die Belte vorgedrungen. Schleswig-Holstein hat sich erhoben, das Wort ist That geworden. E w i g   z u s a m m e n   u n g t h e i l t.

Ist der Wahlspruch des Kampfes, welcher nicht ausbleiben kann, der Wahlspruch für Deutschland wie er der Wahlspruch Schleswig-Holsteins Jahrhunderte hin-durch gewesen ist (...) daß steht in jedem deutschen Herzen geschrieben. (...)[3]

Dänemark begann unmittelbar nach der Abfahrt der schleswig-holsteinischen Delegation mit Kriegshandlungen. Die dänische Korvette NAJADEN operierte am 28. März vor Sonderburg und zwang die Insel Alsen, sich für Dänemark zu erklären. Der dänische Dampfer GEYSER drang in den Flensburger Hafen ein, um Truppen anzulanden, was aber durch das 2. Jägerkorps verhindert werden konnte. Dass die Dänen ihre überlegene Marine voll zum Tragen bringen woll-ten, zeigten die ständigen Patrouillen entlang der Küste. So wurden am 30. März Patrouille-Truppen der Herzogtümer an der Küste bei Appenrade von dänischen Kriegsschiffen beschossen.

Aber auch die Schleswig-Holsteiner reagierten auf die Verschärfung durch Dänemark. In Altona wurden bereits am 27. März zwei dänische Schiffe in Besitz genommen. Der Kriegs-schoner ELBEN mit seinen sechs kurzen 12 Pfd. Kanonen, sonst zum Wachdienst eingesetzt, wurde genauso von den Dänen zurückgelassen, wie der Marine-Raddampfer KIEL, der zu die-sem Zeitpunkt desarmiert in der Werft lag.

Trotz dieser unruhigen, instabilen Lage in Deutschland und den Spannungen um die Herzog-tümer trat am 30. März, mit Einverständnis des Deutschen Bundes, das Vorparlament im Frankfurter Römer zusammen. Die 574 Abgesandten sollten die Vorbereitungen zur Deut-schen Nationalversammlung treffen. Vorsitzender wurde der Alterspräsident Johann Smidt. Präsident des Vorparlaments wurde Carl Mittermaier, zu Vize-Präsidenten wurden Robert Blum, Friedrich Christian Dahlmann, Adam v. Itzstein und Sylvester Jordan ernannt.

Die Presse beobachtete die revolutionären Ereignisse im Süden des Deutschen Bundes (Wien) mit genauso großer Aufmerksamkeit wie die in Preußen, Frankfurt oder Schleswig-Holstein. Die »Börsenzeitung der Ostsee« und die »Ostseezeitung« vertraten am 31. März 1848 die Auf-fassung, dass trotz der sich verschärfenden Situation in der Ostsee auf den Bau von Kriegs-schiffen, wegen der unnützen Kosten, verzichtet werden könne und durch die Ostseestaaten besser Neutralität geübt würde. Die Frage nach den Zielen des Konfliktes und dessen prakti-schen Wert für die deutschen Küstenstaaten sah die »Bremer Weserzeitung« in einem Artikel vom 2. April 1848 wie folgt:

» (...) endlich zur Lösung dieser widerwärtigen deutsch-dänischen Frage zu gelan-gen.(...)«

---

3 **Meyer, Dora Henny:** Die Weserzeitung von 1848 bis zur Reichsgründung. Die Entwicklung einer führenden deut-schen Zeitung. Inaugural-Dissertation zur Erlangung der Doktorwürde der Philosophischen Fakultät (I. Sektion) der Ludwig-Maximilians-Universität zu München. Druck Carl Schüneman Bremen 1932.

da somit auch die Beseitigung des **Sundzolls** erreicht werden könne. Die bis dahin öfter in anderen Zeitungen veröffentlichte Meinung, England habe Furcht vor einer Deutschen Flotte, wies die Zeitung als »*lächerlich*« ab. Die »Vossische Zeitung« vom 3. April 1848 schrieb:

> » *(…) sollte es zu kriegerischen Verwicklungen kommen, schleunigst Schritte zum Schutz des deutschen Handels veranlaßt werden.*«

Unmittelbar nach Ausbruch des Konfliktes um Schleswig-Holstein wurden auch besorgte Stimmen aus Stettin laut, die vor einer Seeblockade warnten. Eine Abordnung von Kaufleuten aus dem Gebiet von Stettin begab sich deshalb nach Berlin, um dort am 3. April 1848 ihre Sorgen und Befürchtungen den politischen Vertretern vorzutragen. Der preußische Außenminister von Arnim erklärte in einem beruhigenden Schreiben, dass bereits eine Note an das britische Foreign Office gerichtet worden sei. Am 4. April 1848 antwortete dieser im Vereinigten (pr.) Landtag, auf Antrag des Abgeordneten Otto Bismarck[4], ob es zu einem bewaffneten Konflikt mit Dänemark kommen würde:

> »(…) *Die Besorgnis der Handelskreise sei grundlos (…) daß Dänemark diese Expedition als Krieg betrachten soll, (…) Es sind begründet Hoffnung vorhanden, daß unter Mitwirkung einer befreundeten Seemacht, diese Angelegenheit in den Weg einer Verhandlung gebracht, und in zufriedenstellender Weise beigelegt werden…* «[5] kann.

Gerade die Reedereien und Kaufleute an Nord- und Ostseeküste machten sich trotzdem, wegen der Drohungen Dänemarks, große Sorgen. Diese waren auch nicht unbegründet, da der Deutsche Bund in seiner Gesamtheit über 6.808 Schiffe der Handelsflotte mit ca. 45.000 Mann hatte, die aber alle unter den Flaggen der einzelnen Seeanrainer standen[6]. Zu deren Schutz, selbst in Küstennähe, gab es keinerlei Mittel. Der Hamburger Senat reagierte deshalb als eine der ersten Regierungen der Nord- und Ostsee auf die Spannungen um Schleswig-Holstein. Bereits am 2. April 1848 war eine Deputation nach London geschickt worden, um durch diesen Schritt die Handelsfreiheit in der Nordsee garantiert zu bekommen. Notfalls sollte England, sollte es Kaper im Auftrag von Dänemark in See gehen lassen, Hamburgische Schiffe verschonen. Auch der Kaufmannsconvent der Hansestadt Bremen beschloss am 3. April, sich an den Senat der Stadt zu wenden mit der Bitte, bei den Nachbarstaaten um geeignete Schritte zum Schutz des Eigentums auf See zu drängen.

Die beiden in Altona vereinnahmten dänischen Schiffe wurden bereits am 3. April unter den Bundesfarben Schwarz-Rot-Gold in Dienst gestellt. Am selben Tag meldete die »Altoner Kommandantschaft«:

> » *(…) In Folge der mir gewordenen Order und der Autorisierung über den Schoner Elben habe ich zu melden, daß ich daß Schiff, unter dem Namen Elbe mit der Deutschen Flagge u. der Schleswig-Holsteins um 5 Uhr werde ablaufen lassen, u. vor Schiffbaumeister Dreyer's Werft im Hafen legen laße um dann völlig fertig gemacht zu werden, welches in gut 8 Tagen geschehen werde. (…) Außerdem liegt hier daß Dampfschiff Kiel, welches von der Mannschaft der Elbe bisher bewacht worden war. Daß Nähere dieses*

---

4 **Anm. d. Verf.:** Otto (v.) Bismarck war zu dieser Zeit noch nicht in den Adelsstand erhoben worden, womit das »von« nicht verwendet wird.

5 **Neumann:** Die deutsche Flottenfrage während des dänischen Krieges 1848. Druck Günter Saalfeld, Ostpreußen 1935. S.31.

6 **Heinsius Paul:** Anfänge der Deutschen Marine. In: Hubatsch u.a. Die erste deutsche Flotte 1848–1853. S. 14.

kleinen Schiffes (…) werde ich melden. Ich lasse daß Dampfschiff Kiel dicht neben den Schoner Elbe legen, sobald letzterer fertig ist . [7]

Weil durch dänisches Militär gegen die Truppen der provisorischen Regierung von Schleswig-Holstein vorgegangen wurde, stellte der Bundestag am 4. April 1848 fest, dass durch die Annexion von Holstein und Lauenburg durch Dänemark gegen die Bundesverfassung nach Art. 38 verstoßen würde und nun für den Deutschen Bund *»Gefahr im Verzug«* sei.

Am gleichen Tage überschritten die ersten Truppenkontingente aus Preußen die schleswig-holsteinische Grenze in der Stärke von zwei Brigaden. Durch die Provisorische Regierung in Kiel wurde per Dekret der Seeverkehr den schleswig-holsteinischen Reedern und Schiffsführern mit Dänemark untersagt, da Dänemark seinerseits alle Schiffe aus dem Herzogtum mit Beschlag belegt hatte. Selbst schleswig-holsteinische Besatzungen wurden gefangen gesetzt und gegen ihren Willen gezwungen, auf dänischen Kriegsschiffen Dienst zu leisten!

Wegen des Einsatzes preußischer Truppen in Schleswig-Holstein drohte man in der dänischen Presse, die Küste der Ostsee zu blockieren. Sollte man feststellen, dass Truppen der Nordseeanlieger gegen Dänemark eingesetzt werden, würde die Nordsee ebenfalls blockiert. Die Hamburger als gute Hanseaten lehnten jeden Konflikt ab, der die Handelsfreiheit beschränkte und behinderte. Der Hamburg Senat sah die Verhängung einer Blockade durch Dänemark zudem als eine überzogene Reaktion an. Der Vorschlag der Hamburger Commerzdeputation, zum Selbstschutz ein Kriegsschiff zu bauen, wurde abgelehnt. Um ganz sicher vor Repressalien zu sein, wurde erwogen, das Kontingent zum 10. Bundeskorps aus Neutralitätsgründen nicht zu stellen!

Auch in Bremen konstituierte sich eine Deputation aus Rat und Bürgerschaft, um ein Ersuchen der Kaufmannschaft zum Schutz des Privateigentums auf See bei benachbarten Regierungen und beim Bundestag einzubringen. Die Provisorische Regierung von Schleswig-Holstein versuchte ebenfalls, mit Großbritannien wegen dieses Konfliktes in Kontakt zu kommen. Ein Abgesandter der Regierung verließ am 6. März 1848 Kiel, um eine dementsprechende Note in London abzugeben.

Im Rahmen der nationalen, liberalen und demokratischen Bewegungen in Europa wurden durch den Konflikt um Schleswig-Holstein wieder alte Ideen und Sehnsüchte wachgerufen. So auch der Wunsch nach einem geeinten Deutschland. Wie zu den Befreiungskriegen gegen Napoleon meldeten sich viele junge Männer aus ganz Deutschland, um für die Freiheit und Einheit von Deutschland zu kämpfen. Am 5. März besetzten Turner aus Kiel Flensburg, um so ein Zeichen für die Freiheitsliebe der Schleswig-Holsteiner zu setzen. Auch aus Berlin eilte ein Freicorps nach Schleswig-Holstein, das während der Unruhen in Berlin auf den Barrikaden gestanden hatte. Am 9. April 1848 kam es bei Bou zur Schlacht zwischen den dänischen und den Truppen der Provisorischen Regierung von Schleswig-Holstein, die dabei eine vernichtende Niederlage durch die Dänen erlitt. Spätestens zu diesem Zeitpunkt war den ver-

---

7 **Stolz, Gerd:** Die Schleswig-Holsteinische Marine 1848–1852. Verlag Boysen & Co, 2. Aufl. 1987. S. 23f.
   Anm. d. Verf.: Es sind somit die ersten deutschen Kriegsschiffe unter den Bundesfarben! Wegen der beiden Schiffe gab es wenig später diplomatische Verwicklungen, da Dänemark die Schiffe zurückforderte.
8 **Stolz, Gerd:** Die Schleswig-Holsteinische Marine 1848–1852

antwortlichen Politikern im Deutschen Bund klar, dass Dänemark, welches weiter angriff, mit politischen Mitteln nicht zu begegnen war. Militärische Zwänge waren nötig, um die Herzogtümer zu schützen. Deutschlands Einheit war in Gefahr!

Im Binnenland begann die Sorge des Seeschutzes um sich zu greifen. So richtete zum Beispiel am 11. April 1848 der »Vaterländische Verein zu Osnabrück« eine Eingabe an das Ministerium in Hannover mit der Aufforderung zur Schaffung einer kleinen deutschen Marine, da man einer ausländischen Hilfe nicht traue. Auch in anderen Teilen des Deutschen Bundes schien sich eine immer breitere Begeisterung für eine Deutsche Flotte zu formieren, die durch Presseberichte anlässlich der Gefahr der Blockade durch Dänemark hervorgerufen wurde. Nach den Anfragen des Siebzehner- und Fünfziger-Ausschusses in Frankfurt wurde in der Bundesversammlung das Thema des Konflikts um die Erzherzogtümer erregt behandelt. Am 12. April 1848 wurde deshalb beschlossen, dass man erreichen sollte:
1) Einstellung der Feindseligkeiten gegen Schleswig-Holstein, notfalls mit Gewalt.
2) Preußen zu ersuchen, Vermittlungsgespräche zu führen mit dem Ziel der Sicherung der Union der Herzogtümer.
3) Anerkennung der provisorischen Regierung von Schleswig-Holstein durch Dänemark.

Der dänische Gesandte v. Pechlin verließ daraufhin unter Protest die Bundesversammlung und kehrte nach Dänemark zurück.

Durch die provisorische Regierung in Kiel war derweil die Festlegung getroffen worden, dass die Schiffe und deren Material Deutsches Nationaleigentum seien und bis zum definitiven Erlass eines Deutschen Reichsgesetzes über die Deutsche Flotte die Schleswig-Holsteiner den militärischen Oberbefehl über diese Flotte behalten sollten.[8]

Der Krieg um Schleswig-Holstein 1848

Der Bundestag bestellte am 10. April 1848 einen Ausschuss für Marineangelegenheiten aus den Gesandten der Küstenstaaten zur »Vorbereitung einer deutschen Kriegsflotte«:
(…)Die Gefahr der nördl. Küsten Deutschlands zeigen, wie heillos es ist, daß Deutschland keine Marine hat. Es muß eine geschaffen werden.(…)
Irre ich mich nicht, so ist bereits 1817 bei Gelegenheit der Anträge der freien Städte, die Nordsee gegen die Berbereskenschiffe zu schützen, die mit großer Frechheit die Nordsee gefährdeten, ein Einwurf eingebracht worden, auf die schnellste Weise diesen Mangel abzuhelfen (…)
Kriegsfahrzeuge: die preußische Amazone, die Wachcorvette von Altona, im Besitz Seiner Hoheit, einige Fahrzeuge im Besitz von Mecklenburg und Hannover. Canonenböte verstand man 1811 in Preußen in 14 Tagen für daß Frische Haff in solcher Zahl zu schaffen, daß die Mogatinsel und Pillau dadurch vor den in Danzig eingetroffenen Maßregeln geschützt werden konnten.
(…)
Frankfurt 10. April 1848   *Droysen[9]*

---

9 **Busch, Eckard:** Der demokratische Aufbruch … In: Burschenschaftliche Blätter Heft 4, 2000. S. 136.

Gustav Droysen forderte unter anderem:
1) Die Einführung einer allgemeinen Volksbewaffnung.
2) Den Aufbau eines bewaffneten Schutzes zur See.
   a) Die Flotte sollte nach amerikanischem Muster aufgebaut sein und zunächst aus armierten Kauffahrern bestehen.
   b) Kommissare sollen an der Nordsee, in Lübeck, Rostock und anderen Stellen der Ostsee Vorkehrungen zur Verteidigung erarbeiten.
   c) Ein Admiralitätsausschuss sollte in Lübeck oder Hamburg eingerichtet werden.
   d) Die Leitung des Admiralitätsausschusses sollte Prinz Adalbert von Preußen übernehmen.
   e) Die Finanzierung der Flottengründung sollte durch alle Bundesländer in Form von Matrikularumlagen geregelt wurden.
   f) Als Verbündete sollten die USA, Holland, Belgien und Schweden gewonnen werden.
   g) Aufbau und Einrichtung einer einheitlichen auswärtigen Vertretung durch den Deutschen Bund.
3) (…)

Dass die Furcht vor erwarteten Repressalien der Dänen gegenüber der Handelsschifffahrt nicht unbegründet war, zeigten die alarmierenden Meldungen aus der Ostsee. Als Antwort auf die starke preußische Unterstützung der Herzogtümer wurden unmittelbar nach Ausbruch der Feindseligkeiten Anfang April 1848 russische Kriegsschiffe vor Kolberg gesichtet. Am 12. April 1848 erschien vor Heringsdorf erstmals eine dänische Fregatte. Wenig später tauchten vor Swinemünde zwei dänische Fregatten auf. Spätestens zu diesem Zeitpunkt wurde dem Küstenschutz in Preußen verstärkt Beachtung geschenkt. Nach der Niederlage bei Bou und der Übernahme der Kommandogewalt durch den preußischen General von Wrangel über die Bundestruppen sah sich der Deutsche Bund nun zum Handeln gezwungen, um Schleswig-Holstein zu unterstützen.

Wie vielschichtig zu dieser Zeit in Europa die politische und wirtschaftliche Lage war, zeigen die Geschehnisse im Binnenland auf. Durch die revolutionären Vorgänge in Frankreich war eine Lawine losgetreten worden, deren Auswirkung noch niemand abschätzen konnte. Die Unruhen brachten das sorgsam aufgebaute System des Fürsten Metternich in wenigen Tagen zum Einsturz, so dass der österreichische Fürst, zur Rettung seines Lebens, am 13. März nach London fliehen musste.

In Großbritannien, wo die revolutionären Vorgänge mit Argwohn und Sorge verfolgt wurden, stellte das britische Kabinett in einer Verlautbarung zum Konflikt um die Herzogtümer fest, dass der Deutsche Bund Holstein beschützen möge, aber nicht Schleswig, das ihm nicht gehöre!

Formal wurde am 13. April 1848 der Kriegszustand des Deutschen Bundes mit Dänemark festgestellt. Nur vier Abgeordnete, darunter der Bremer Duckwitz und der Oldenburger Rüder, stimmten dem Antrag von Robert Blum nicht zu.[10] Die Bundesversammlung, unter dem Vor-

---

10 **Hansen, Heinrich Egon:** Beiträge zur Geschichte der deutschen Flotte 1848–1853. Hausarbeit zur Prüfung für das Lehramt an Mittelschulen (1961). S. 6.

sitz Max von Gagerns stellte daraufhin den Antrag an die preußische Regierung, die Sicherung der Ost- und Nordsee zu übernehmen, »*womöglich durch einen Vertrag mit einer Seemacht.*« Während dieser Sitzung wurden in der Bundesversammlung erstmals die durch den Siebzehner-Ausschuss die am Vortage gefassten Ideen zur Bildung einer Deutschen Flotte offiziell vorgetragen.

Unmittelbar nach der offiziellen Kriegserklärung durch den Deutschen Bund reagierte die dänische Regierung und befahl am 14. April 1848 die Aufbringung gegnerischer Handelsschiffe. Daraufhin wurden in der Ostsee die ersten preußischen Schiffe aufgebracht.

Die dänische Marine war vom Krieg um die Herzogtümer genauso überrascht worden wie der Deutsche Bund. Nur hatte Dänemark eine Marine 3. Ranges, wogegen der Deutsche Bund über keinerlei Schiffe verfügte. Angenommen wurde, dass die dänische Marine über folgenden Schiffsbestand verfügte:

7 Linienschiffe und 1 auf Stapel; 5 zu 84 Kanonen, 1 zu 80 Kanonen, 1 zu 66 Kanonen,

9 Fregatten und 1 auf Stapel; 3 zu 48 Kanonen, 4 zu 46 Kanonen, 2 zu 40 Kanonen,

4 Korvetten; 1 zu 26 Kanonen, 3 zu 20 Kanonen,

4 Briggs; 2 zu 16 Kanonen, 2 zu 12 Kanonen,

1 Bark; zu 12 Kanonen,

2 Schoner; zu je 6 Kanonen,

3 Kutter; 1 zu 6 Kanonen, 1 zu 4 Kanonen, 1 zu 2 Kanonen,

4 Raddampfer; HEKLA zu 4 Kan. /2 Haub. 200 PS, 2 Kessel, SKIRNER 120 PS; AEGIR,1 zu 2 Kan.,/ 2 Haub.,80 PS., 2 Kessel HEBE 30 PS, ? Kessel [11]

Die tatsächlich einsatzbereite dänische Seemacht wurde durch die Kapitäne aus Altona aber nur auf 3 Fregatten, 3 Korvetten, 3 Briggschiffe und 2 Schoner geschätzt. Dass die Bedrohung der deutschen Küste nicht völlig aus der Luft gegriffen war, zeigte der Vorfall vor Fehmarn. Die dänische Korvette NAJADEN unter dem Kommando des Capitain-Lieutenant Dirnick-Holmfeld kreuzte am 15. April vor Fehmarn auf, um die Bevölkerung einzuschüchtern und somit eine Anlandung dänischer Truppen zu ermöglichen. Die Bevölkerung setzte sich aber unerwartet stark zur Wehr, nahm den Kommandanten gefangen und verfrachtete ihn nach Rendsburg!

Die Kriegshandlungen zu Lande und die dänische Blockade zur See wurden im gesamten Bundesgebiet mit großer Besorgnis angesehen. Auf allen Ebenen kam es zu Protesten gegen dieses dänische Vorgehen. Es wurden Petitionen und Anträge an die verschiedenen politischen Instanzen gerichtet. In vielen Städten an der Küste und im Binnenland kam es zur Gründung von »Flottenvereinen«. (Jung-)Frauenvereine begannen mit Sammlungen, um den Aufbau einer »Teutschen Marine« zu fördern. Handwerker, Gesang- und Sportvereine schlossen sich an, um dieser »heiligen nationalen Angelegenheit« zu dienen.

Auf Antrag des Vorsitzenden des Siebzehner-Ausschusses, Droysen, wurde die Bundesversammlung aufgefordert, eine Flottenkommission in Bremen einzusetzen, welche aus Prinz

---

11 **DB 51/399.** PM Altona den 25. Mai 1848, Sämtliche Schiffskapitäne von Hamburg, Altona und Blankenese.

Adalbert von Preußen, dem österreichischen Admiral Saurdeau und einem hanseatischen Vertreter bestehen sollte. Sie sollte eine gesamtdeutsche Flotte einrichten. Durch den schleswig-holsteinischen Deputierten Dr. Gulich (Fünfzigerausschuss) wurde die Eingabe vorgetragen, Kauffahrer zu armieren, *»Kanonenböte«* auszurüsten und Batterien anzulegen.

In Preußen redete man in Regierungskreisen einer Verstärkung der Küstenverteidigung das Wort. Das Kriegsministerium und auch das Handelsministerium sahen wegen der dänischen Bedrohung eine gute Möglichkeit, nun wenigstens eine preußische Küstenverteidigungsflotte zu fordern. Auf Veranlassung des preußischen Kriegsministeriums hatte Prinz Adalbert seit dem Konflikt mit Dänemark den Auftrag erhalten, die Möglichkeiten der erweiterten wirtschaftlichen Nutzung des Nordseebereiches für den preußischen Handel und dessen Schutz zu bearbeiten, da die erkennbare Lage im Konflikt mit Dänemark den Sund, als Achillesferse des freien Zuganges zur Nordsee, wieder einmal offenlegte.

Der Prinz, bislang nur aus privater Neigung mit der Marine beschäftigt und deswegen am preußischen Hof nicht immer ernst genommen, hatte seit langem wieder seine Tätigkeit als Inspekteur der preußischen Artillerie übernommen. Nun wurde er überraschend als einziges Mitglied des preußischen Hofes mit Sachverstand für maritime Dinge in die Verantwortung genommen, als er wenig später eine Denkschrift zur Lage der preußischen Marine erarbeiten sollte.[12]

Zur Beilegung des Konflikts um die Herzogtümer überreichte England am 16. April 1848 dem dänischen Ministerium eine Note, die durch Dänemark sofort beantwortet wurde. Hierin machte Dänemark klar, wie es seine Rechtsposition verstand. Bereits am nächsten Tag erfolgte ein Gespräch des britischen Außenministers Palmerston mit den Hamburger Deputierten. Hierbei vertrat Lord Palmerston klar die Auffassung, dass die deutschen Fürsten besser daran täten, sich um ihre eigenen inneren Angelegenheiten zu kümmern. England würde sich zwar der Vermittlung nicht entziehen, sie aber prüfen.[13] Die dänische Regierung war bemüht, diese grundsätzlich freundliche britische Stimmung für Dänemark zu nutzen. In einer Note vom 18. April 1848 drückte Dänemark die Hoffnung aus, die englische Hilfe möge der Konfliktvermeidung dienen. Anderenfalls erhoffe sich Dänemark die Hilfe Englands, da das Inselreich bereits 1820 den Schutz der dänischen Krone garantiert habe. Ungeachtet dieser diplomatischen Bemühungen liefen die kriegerischen Aktivitäten unter dem Danneborg weiter. Durch den dänischen Generalkonsul erging an die dänischen Schiffsführer die Anweisung, sofort alle deutschen Häfen zu verlassen. Nachdem die Dänen zunächst begonnen hatten, vorwiegend schleswig-holsteinische und preußische Schiffe im Sund aufzubringen, begannen sie am 19. April 1848 auch mit der direkten Blockade wichtiger preußischer Häfen und Flussmündungen. Bis zu diesem Zeitpunkt waren bereits 50 Schiffe, vorwiegend preußische, durch Dänemark aufgebracht worden.

---

12 **Anm. d. Verf.:** Dieser Auftrag wird wohl die Denkschrift im Juni 1848 zum Ergebnis gehabt haben, die zwar keine Empfehlungen zum gegenwärtigen Konflikt mit Dänemark zum Inhalt hatte, aber weit in die Zukunft der preußischen Marine gerichtet war.

13 **Anm. d. Verf.:** Die britische Presse war zumeist pro dänisch eingestellt, was vor allen Dingen auf »The Times«, »Morning Cronid«, »Examiner« und »Globe« zutraf. Später trat der Globe zum gemäßigten Block über, der sich auch für die Schleswig-Holsteiner einsetzte.

Hamburgs Neutralitätspolitik schien dagegen Erfolg zu haben, da die dänische Generalzoll-kammer und das Commerzcollegium am 19. April 1848 dafür eintraten, Hamburg und Lübeck als neutral zu betrachten. Die öffentliche Meinung in Dänemark sprach sich klar dafür aus, alle Bundesmitglieder, die Truppen in dem Bundeskorps stellten das Dänemark bedrohte, rigoros mit Blockade und Embargo zu belegen. Die dänische Regierung übersandte am 22. April an die russische und britische Regierung Noten, in der die Gefahren aufgezeichnet wurden, die durch die Vereinnahmung von Schleswig-Holstein durch den Deutschen Bund für den Handel entstehen könnten, sollte der preußisch dominierte Zollverein auch die Küstenländer erreichen. Dadurch würden der Handel und die Häfen in Nord- und Ostsee vom deutschen Zollverein und von dessen Interessen und Gesetzen beherrscht. Dänemark warnte Großbritannien in einer politischen Note:

> *»(…) auch würde die deutsche Flotte bald mit der von Großbritannien mit Vorteil in Linie treten …«[14]*

Der von General v. Wrangel geleitete Angriff der Bundestruppen ging zunächst zügig voran. Nachdem die Gefechte am 23. April 1848 bei Billschau an der Schlei und tags darauf bei Oversee siegreich beendet waren, rückten die Bundestruppen am 25. April 1848 in Flensburg ein. Als Folge des Einmarsches der Bundestruppen nach Jütland begannen in Europa verschiedene Staaten gegen diesen Schritt zu intervenieren. Zunächst war Frankreich durch die eigenen revolutionären Vorgänge außenpolitisch behindert. Zar Nikolaus I. sah ein Eingreifen Preußens gegen Dänemark als ungerechtfertigt an, zumal Preußen auch mit Polens Befreiungsarmee Kontakte unterhielt. Die angebotene Vermittlung durch Russland wurde von Dänemark und England (!) aber nicht erwünscht. Englands Position war offiziell neutral, solange der Status Quo im Bereich der Ostseezugänge blieb. Änderungen zu Gunsten des Deutschen Bundes in alter Form würden diese Haltung bestimmt ändern, sollten Preußen und Österreich gleichberechtigt im Deutschen Bund auftreten können. Oskar I., König von Schweden und Norwegen, versuchte zunächst neutral zu bleiben, wogegen Frankreich und Russland zunehmend politisch Druck auf Preußen ausübten, seine Truppen aus Dänemark zurückzuziehen.

Die Küstenschutzmaßnahmen im April 1848

Durch die Zuspitzung des Konfliktes wurde gerade den Küstenstaaten an Nord- und Ostsee dramatisch vor Augen geführt, wie schutzlos sie gegenüber der dänischen Marine 3. Ranges waren. An den Küstenschutz hatte im Deutschen Bund kein Politiker oder Militär ernsthaft gedacht, nachdem die napoleonische Küstenbedrohung 1815 beendet worden war. An Nord- und Ostsee war nach den Befreiungskriegen keinerlei Seeschutz betrieben worden, da dieser durch die deutschen Seeanrainer als nutzlos und zu kostenintensiv angesehen wurde. Die Küstenstaaten verließen sich lieber auf die Verbindungen zu den verbündeten Seenationen England, Dänemark, Holland oder Frankreich.

Die Schutzmaßnahmen entlang der deutschen Küste waren zu Beginn des Konfliktes von großer Hektik und Unsicherheit geprägt. Die Mutmaßungen in der Presse von Angriffen auf die

---

14 **Erdmann, W.:** Aktenstücke zur neuesten Schleswig-Holsteinischen Geschichte. S.165.

Handelsstädte über eine Blockade der Häfen bis zu Angriffen gegen Küstenabschnitte schürten die Angst der Küstenbevölkerung. Der Hamburger Senator Kirchenpauer begab sich nach Hannover, um Verhandlungen über die Sicherung der Elbe und Weser durch Verteidigungsanlagen zu beginnen. Auch der Geheime Oldenburger Rat Erdmann reiste am 21. April 1848 nach Hannover, um an der gemeinsamen Beratung mit den hannoverschen und bremischen Bevollmächtigten im Betreff des zu schaffenden Küstenschutzes teilzunehmen. Wie sah die Verteidigung der deutschen Küste an Nord- und Ostsee zu dieser Zeit aus?

Die oldenburgische Küste wurde durch das Landvolk gesichert, das, da es keine Waffen hatte, sich mit Sensen, Heugabeln oder anderen Arbeitswerkzeugen bewaffnete, um gegen eine Anlandung der Dänen vorgehen zu können. Die Blexter Schanze wurde wieder instandgesetzt, so gut es in der Eile ging, ohne jedoch einen nennenswerten Kampfwert zu erhalten. Zwischen der Weser und der Jade kamen ein Infanterie-Bataillon, in einer Stärke von 600 Mann, und eine Abteilung Artillerie zum Einsatz:

Bei Brake eine Kompanie,
nach Federwarden ein Commando,
bei Mariensiel eine ½ Kompanie,
bei Horumsiel eine ½ Kompanie.

bei Blexte eine Kompanie,
bei Varel ½ Kompanie,
bei Hucksiel eine ½ Kompanie,

In den vom Militär gesicherten Gebieten begann man nun mit dem Aufwerfen von Strandbatterien an kritischen Stellen.

Die hannoversche Küste wurde ebenfalls vom Landvolk geschützt. Lediglich das alte, ehemalige britische Kriegsschiff »PIERCER«, zurzeit nur noch für die Zollkontrolle zu verwenden, stellte die einzige bewaffnete Macht in der Nordsee dar. Zwischen Bremerhaven und Lehe wurden mehrere Schanzen aufgeworfen. Die alte Hafenbefestigung von Bremerhaven, der Montgamsche Turm, hatte praktisch keinen Kampfwert gegen eine dänische Fregatte. Nach einer Verfügung der Landrostei in Stade an das Amt Lehe vom 18. April 1848 sollte sich die Landbevölkerung mit Sensen, Dreschflegeln und Heugabeln bewaffnen, um den Küstenschutz zu übernehmen, da in der Küstengegend praktisch kein Militär vorhanden war.

Bremen richtete einen »Ausschuss zur Bekämpfung der Seekriegsgefahren« ein, der mit den Nachbarstaaten und Frankfurt in Verbindung treten sollte. Bremerhaven war nur notdürftig mit der alten Befestigung in der Hafeneinfahrt gesichert.

Das Gebiet von Hamburg wurde zum Teil von der Landbevölkerung mit Sensen, Mistgabeln und Dreschflegeln gesichert. Zusätzlich stellte Hamburg aber eine Bürgerwehr auf, welche die Stadt und die hamburgische Küste, den Bereich von Neuwerk und Cuxhaven, schützen sollte. Maßgebliche Kreise der Bürgerschaft und des Handels hatten aber weiterhin eine tiefe Abneigung gegen jegliche militärische Aktivität, die Dänemark als feindlich und provokativ werten könnte, um so die eigene Freiheit zur See durch den Konflikt, der keine Hamburger Angelegenheit war, zu gefährden.

Schleswig-Holsteins Nord- und Ostseeküste war Kriegsgebiet und wurde von der Landbevölkerung verteidigungsbereit gehalten, mit den gleichen geringen Mitteln wie ihre Landsleute in Oldenburg oder Bremen. Schleswig-Holstein unternahm als einziger Staat Schritte, um einen Seeschutz aufzubauen, und stach mit diesen Bemühungen klar von den Staaten der Nord- und

Ostsee zu diesem Zeitpunkt ab. Die Seeküste von Schleswig-Holstein konnte nicht in ihrer gesamten Länge verteidigt werden. Kiel und Eckernförde lagen ohne jeglichen Schutz da, zumal die Stellung Brüsterort bei Kiel eine dänische Stellung war, die den Hafen schützen sollte. Nach der Übergabe durch den dänischen Kommandanten wurde sie nun zur Verteidigung gegen die Dänen hergerichtet. Lübeck sah sich außerstande, die Stadt und Travemünde vor dänischen Übergriffen zu schützen.

Die mecklenburgische Küste lag völlig wehrlos da, zumal die mecklenburgische Regierung keine Veranlassung sah, eine Verteidigung zu schaffen. Sie ignorierte die politische und militärische Situation schlichtweg!

Die preußische Küste sollte wenigstens im Bereich der Mündungen und Häfen gesichert werden. Die Leuchtturmwärter und Lotsen erhielten Befehl, jede Annäherung von dänischen Schiffen sofort zu melden. Die Seezeichen wurden so stark reduziert, dass keine Einfahrt in die Häfen ohne Lotsen gelingen konnte. Vor den Flussmündungen sollten Wachschiffe, vom Ruderboot bis zum Dampfschiff, eingesetzt werden.

Die Küstenbevölkerung und die Seestädte waren über die Wehrlosigkeit des preußischen Staates zur See wütend und enttäuscht zugleich. Um sich vor Angriffen zu schützen, wurde zur Selbstverteidigung der Ruf nach einer Volksbewaffnung laut. Tatsächlich bereitete Preußen ab Ende März mehrere militärische Maßnahmen vor, um sich gegen eine dänische Bedrohung zur Wehr setzen zu können. Zwischen Stettin und Ziegenort wurde eine Signallinie mit Wachttürmen eingerichtet. Ebenso durch die Festung Stralsund eine Telegraphenlinie zwischen dem Posthaus Wittow und der Lotsenstation Thiessow. Ihre Stationen sollten per Raketen die Annäherung an die Küste melden. Durch das Stettiner Ingenieurkorps wurde zwischen der altern Peener Schanze und dem Vorwerk Grünschwade eine neue Schanze aufgeworfen. Die letztere sicherte das Fahrwasser zwischen Wollin und Stettin. Bei Politz und Dammarsch wurden Schanzen durch eine preußische Pioniereinheit eingerichtet, mit einer Kanone bestückt und einem Pulvermagazin ausgerüstet. Auch die Befestigungsanlage von Swinemünde erhielt eine Kanone aus Stettin. Aus Magdeburg sollten für den Küstenschutz weittragende Geschütze beschafft werden.

Als einziger Schutz zur See standen Preußen die dem Handelsministerium unterstellte Übungskorvette AMAZONE und zwei alte Kanonenschaluppen in Danzig zur Verfügung! Das preußische Militär vertrat aber grundsätzlich die Meinung, dass es maritim zu keinem Aufbau kommen müsse, da das Heer die preußische Küste hinreichend schützen könne. Trotzdem wurde auf Weisung des preußischen Königs am 28. April in Berlin eine Kommission unter Prinz Adalbert gebildet, die sich mit dem Küstenschutz befassen sollte. Gleichzeitig verfügte der preußische König, dass die Marinekommission unter Prinz Adalbert in Sanssouci ihren Aufenthalt zu nehmen hatte. Sie setzte sich zu dieser Zeit zusammen aus Prinz Adalbert von Preußen (als Vorsitzender), General von Heyden, General von Brese, Major Begun von Wangenheim (alle aus dem Kriegsministerium), Geheimer Rat Österreich (Handelsministerium) und Kapitän Schröder (Navigationsdirektor von Danzig).

Zu dieser Zeit war der Prinz durch das Kriegsministerium aufgefordert worden, eine grundsätzliche Ausarbeitung für die Schaffung einer preußischen Marine zu erarbeiten. Gleichzeitig erging von offizieller preußischer Seite eine Anfrage an die zuständigen Stellen in den USA mit der Bitte um die Gestellung eines Sachverständigen für Marineangelegenheiten, um Preußen beim Aufbau einer Marine zu beraten. Gleichzeitig begannen Verhandlungen durch Preußen, junge preußische Offiziersanwärter auf US-Kriegsschiffen zu Marineoffizieren ausbilden zu lassen.

So war die Lage an der Nord- und Ostsee. Übergreifend und zur Forderung in der Presse wurde auch der Ruf durch Parlamentarier nach ausreichenden Küstenschutzmaßnahmen und dem Ankauf von Dampfschiffen aus Großbritannien oder den Vereinigten Staaten von Amerika immer lauter.

Da Deutschland keine Seemacht war … – Deutschlands Ohnmacht zur See

Der durch den Fünfziger-Ausschuss eingesetzte »Ausschuss für Marineangelegenheiten Deutschlands« begann sofort mit seiner sehr intensiven Arbeit, um die Angelegenheit der Flottengründung in Gang zu setzen.[15] Auch in der Ausschusssitzung der Bundesversammlung wurde der Schutz der Seehäfen und des Handels behandelt. Dort wurde beschlossen, einen Abgesandten nach Holland zu senden, um das Land zu bitten, gegen die Kaperei und Blockade zu votieren. Der Hamburger Senator Banks, der diese Mission übernehmen sollte, lehnte ab, da er sie für falsch und ungeeignet hielt.[16]

Die Verhandlungsserie der Bundesversammlung, des Siebzehner- und des Fünfziger-Ausschusses, ebenso des Vorparlaments vom 18. bis 20. April 1848, in der vorwiegend Fragen der dänischen Bedrohung behandelt wurden, endete mit der Bereitstellung von Mitteln aus dem Festungsfond aus Rastatt und Ulm für den Ankauf und den Neubau von Kriegsschiffen für den Deutschen Bund. Während der 38. Sitzung der Bundesversammlung am 20. März 1848 erhielt der Hamburger Syndikus Banks den Auftrag, als außerordentlicher Bundestagsgesandter nach London zu gehen, um die britische Haltung im Konflikt mit Dänemark zu erkunden und die deutsche Haltung darzulegen. Als weiteres sollte sich Banks nach Schiffen umsehen, die zu erwerben und *»zu Kriegsschiffen umzubauen sich lohne«*. Trotz starker Bedenken übernahm der Hamburger Syndikus den Auftrag. Er erhielt daraufhin am 22. April in einem »Separatprotokoll« Instruktionen für seine Mission …

> *»(…) Der Herr Gesandte ist beauftragt, zur Vorbeugung aller Mißverständnisse dem Königlich Großbritannischen Cabinett die einfachen Gründe des Rechtes und der nationalen Ehre dazulegen. (…)«.*[17]

---

15 **Anm. d. Verf.:** Der «Ausschuss für Marineangelegenheiten Deutschlands« wurde in den meisten Quellen gar nicht erwähnt oder mit anderen Marinekommissionen zusammengeworfen.

16 **Bayrisches Hauptstaatsarchiv Akt. 777.** »Einleitung zur Bildung einer deutschen Kriegsflotte …« 27. Sitzung § 299 vom 20. April 1848.

17 **Wiegmann, Ingeborg:** Syndikus Dr. Eberhard Banks 1795–1851 und sein Wirken für Hamburg und Deutschland. Hamburg 1951. S. 109.

Als »Nebeninstruktionen« erhielt Banks die Weisung …

> *(…) Ein ferner Gegenstand, auf welchen der Herr Gesandte sein Augenmerk zur Anschaffung von Verteidigungsmittel gegen Störung, welchen der deutschen Handel und die deutsche Küstenplätze durch die dänische Kriegsschiffe ausgesetzt seyn (…). Ankäufe zu machen und Contracte über zu liefernde Armierung (…) ist er nicht befugt, (…)«* [18]

Zur Unterstützung erhielt Banks den Kapitän Hederich (Bremen) und Kommandeur Abendroth (Hamburg) mit, die ihn bei der Überprüfung der Schiffe beraten sollten.

Seit Bekanntgabe des Kriegszustandes zwischen dem Deutschen Bund und Dänemark wurde durch Dänemark offen in der Presse ein Vergeltungsschlag von See her gegen Kiel angekündigt. Um Kiel zu schützen, hatte der preußische Genie-Offizier Werner Siemens schon in Preußen begonnen, Vorbereitungen zu treffen, eine Unterwassermine zu bauen, die von Land aus elektrisch gezündet werden konnte. Die Möglichkeit, elektrische Energie, durch ein Kabel geschützt, zu transportieren, war in den Anfängen der Entwicklung. Siemens hatte durch sein Signalwesen bereits Erfahrungen gesammelt und wollte diese nun voll nutzen, um einerseits einen Explosionsstoff, wasserdicht abgepackt in Fässern, im Wasser zu versenken und mit einer ebenfalls wasserdicht gemachten elektrischen Leitung bei Annäherung eines dänischen Kriegsschiffes zur Explosion zu bringen. Unterstützt von seinem Schwager Hilmy, Professor der Chemie in Kiel, begann er im April mit der Arbeit, wasserdichte Fässer mit Pulver zu füllen und auf Höhe der Badeanstalt, zwanzig Fuß tief unter der Oberfläche zu verankern.

Die Ohnmacht zur See wurde vor dem Hintergrund der dänischen Blockade überdeutlich. Da Deutschland keine Seemacht war, konnte es dem Treiben der Dänen nichts entgegensetzen. Die erhoffte schnelle Hilfe aus England blieb aus. Die Presse verfolgte die Vorgänge im Parlament bezüglich der Bemühungen, im Ausland Unterstützung zu erhalten, mit wachem Auge. In der »Bremer Zeitung« vom 16. April 1848 wurde die Unterstützung des Deutschen Reiches durch England dabei grundsätzlich in Frage gestellt:

> *(…) aber die Engländer schützen uns? Die Großmut dieses berühmten Volkes geht nicht weiter als sich eigene Vorteile zu verschaffen, und der eigene Vorteil möchte raten, wenigstens erst die deutsche Handelsflotte ruinieren zu lassen …«* [19]

Auch wegen der Finanzierung der Flotte war von Anfang an in Teilen der Presse und der Parlamentarier Skepsis angesagt. Am 22. April 1848 schrieb die »Frankfurter Oberpostamts-Zeitung«:

> *(…) Eines aber muß vor allem festgestellt wurden, nicht eine hannoversche oder hanseatische Kriegsflotte muß geschaffen wurden, sondern eine Deutsche Seemacht. Deutschland muß sie wollen, muß sie schaffen mit Auferbieten aller Kräfte.«* [20]

---

18 Banks verließ Frankfurt am 24.4.1848. Später berichtete er in einem Schreiben vom 2.5.1848, dass die englischen Zeitungen: »(…) viel über meinen beabsichtigten Schiffankauf …« schrieben.

19 **Meister, Emil:** Der Gedanke deutscher Seefahrt und Seemacht I. In: Leinen Los, Nr. 4. 1959, S. 124–126.

20 **Neumann:** a. a. O. S. 93.

Die »Weserzeitung« vom 23. April 1848 warnte vor übertriebenem Eifer beim Aufbau einer Flotte und der Gefahr, der sie sich aussetzen würde …

> *»(…) Solche eben ausgebrüteten Kücklein, denen die Schale noch am Steiß klebt, möchten den geübten Dänen leicht ein gefundenes Fressen werden.«* [21]

In einem Artikel der »Berliner Nachrichten« vom gleichen Tag wurde der Vorteil in dem Konflikt zwischen Dänemark und Schleswig-Holstein darin gesehen, sich endlich des Sundzolls zu entledigen, da dieses wohl auf friedlichem Wege nicht zu erreichen sei. Zur Sicherung der preußischen Interessen sollte Bornholm für Deutschland gewonnen werden. Allgemeiner Tenor in der Presse zu dieser Zeit war die Frage:

> *»(…) Wie die Engländer, die Holländer und die Dänen selbst wohl in diesem Augenblick über die Figur, die wir machen, sich ins Fäustchen lachen mögen! Ein Zwerg, dem der Riese nichts anhaben kann, weil er es versäumte, sich zur rechten Zeit Wasserstiefel zu bestellen.«* [22]

Auch die Dichter und Denker meldeten sich in dieser bewegten Zeit zu Wort. Die Entrüstung und Scham bewegten des Volkes Seele und bahnten sich auf dichterische Weise ihren Weg. Aus Lübeck verbreiteten sich die Zeilen von Emanuel Seibel, der sich an die Glanzzeit der Hanse erinnerte, als er zu dieser Zeit schreib:

> *Frisch auf mein Volk! Du großes Vaterland,*
> *Treueinig, wie ich's nimmer schaun!*
> *Vollführe du, was mir im Herzen stand,*
> *Zu Masten laß des Forstes Tannen hauen!*
> *D e i n s e i d e r S u n d, der dich nach Westen weist,*
> *Der Weg des Meeres dein, ein glorreiches Leben!*
> *Mit Kugeln gib den Z o l l !*
> *Es soll mein Geist am Steuer deines Heerschiffes stehen.* [23]

21 **Engelmann:** Aktenstücke zur neusten Schleswig-Holsteinischen Geschichte. Verlag Engelmann Leipzig 1857. S.186.
22 Ebenda: S. 187.
23 **Kohut, Adolph:** Emanuel Geibel als Mensch und Dichter. Verlag Verone 2017. S. 236.

Kapitel II.

Die ersten Planungen zum Aufbau einer deutschen Kriegsmarine

Eine wahre Flottenbegeisterung schuf sich Raum. Die Flagge Schwarz-Rot-Gold war da, nun fehlten nur noch Schiffe! Durch den Hamburger Reeder Edgar Roß wurde am 26. April 1848 ein »**Aufruf zur Bildung eines Komitees zur Ausrüstung bewaffneter Schiffe**« in den Hamburger Nachrichten herausgegeben. Trotz der politischen Aktivitäten hinsichtlich der Konstituierung der Nationalversammlung oder der außenpolitischen Vorgänge wurde, vorrangig an der Nordseeküste, weiter am Aufbau einer Kriegsflotte und des Küstenschutzes gearbeitet.

Die in Stade versammelten Bevollmächtigten der Regierungen von Hannover (Geheimer Kriegsrat Wedemeyer), Oldenburg (Geheimer Hofrat Erdmann), Bremen (Kaufmann C. F. Gevekoht) und Hamburg (Senator Kirchenpauer) beschlossen ein Protokoll zum Zweck des Schutzes der Küste. Vorgesehen waren vorrangig Strandbatterien, ein Aufgebot des Landsturms und die Wegnahme der Seetonnen, um eine Anlandung dänischer Schiffe zu behindern. Hinzugezogen wurden von dem »Oberen Militär-Commando« der Bremer General-Major v. Harttorff, von Hannover der Ingenieur Major v. Wichsel und Major Glünder. Diese Offiziere schlugen Strandbatterien vor, die wie folgt angelegt werden sollten:

Bei Twietensloth;	1 Batterie, 4 Geschütze,	1 Unteroffizier, 12 Mann.
Bei Brunshausen;	1 Batterie, 6 Geschütze,	2 Unteroffiziere, 18 Mann .
Bei Grauenohrdt;	1 Batterie, 4 Geschütze,	2 Unteroffiziere, 12 Mann.
Bei Neuhausen a.d. Oste;	1 Batterie 3 Geschütze.	
Bei Bremerhaven;	1 Batterie, 10 Geschütze,	2 Unteroffiziere, 16 Mann.
Fort William;	1 Batterie,	6 Unteroffiziere, 36 Mann.

Zum Schutz von Hamburg wurden durch den Hamburger Wasserbau-Direktor Hübbe je eine Uferbatterie projektiert;

Auf dem Steinwarder;	1 Batterie, 6 × 24 Pfd.,	3 Unteroffiziere, 18 Mann.
Bei St.Pauli;	1 Batterie, 6 × 24 Pfd.,	3 Unteroffiziere, 18 Mann

Zusätzlich sollten für die beiden Hamburger Batterien zwei Kompanien Infanterie vorgesehen werden. General-Major v. Harttorff wurde die Leitung der Verteidigungsmaßnahmen entlang des rechten Weser- und des linken Elbufers sowie der königlich-hannoverschen Küste übertragen. [24]

---

24 **Staatsarchiv Oldenburg** Best. 33.2. Nr. 2.

Auch die preußische Küstenverteidigungs-Kommission unter der Leitung von Prinz Adalbert von Preußen untersuchte Ende April ihre Lage bezüglich etwaiger dänischer Seeangriffe. Die preußische Küste war insofern günstig zu verteidigen, da im Abstand von ca. 1–2 Kilometern eine Sandbarriere entlang der Küste verlief, die eine Annäherung größerer Kriegsschiffe verhinderte. Zunächst sollten die Schanzen auf Rügen (bei Prosnitz und Seehof) und auf dem Dähnholm vor Stralsund besetzt werden. Da die preußische Kommission aber nicht nur für den jetzigen Konflikt zu planen gewillt war, wurden die derzeitigen Einsätze von Kähnen, schwimmenden Batterien oder bewaffneten Handelsschiffen nur als Provisorium angesehen. Als Gegner für Preußen wurde neben Dänemark vor allen Dingen Russland gefürchtet. Aus diesem Grund sollten zunächst Danzig, Stettin und Stralsund gesichert werden. Über die Verfügungsgewalt der Flotte war man sich aber uneins. Während der preußische König und Prinz Adalbert die Meinung vertraten, dass die Flotte eine **deutsche** sein müsse, meinten viele preußische Minister und Abgeordnete weiterhin, dass die Flotte in Preußen auch preußisch sein müsse und nicht der des Bundes unterstellt werden sollte!

Da die dänische Bedrohung ein gänzlich anderes Licht auf die maritime Lage geworfen hatte und nicht Preußen allein bedroht war, änderte Prinz Adalbert die vom Ministerium geforderte preußische Denkschrift kurzerhand und patriotisch in eine »teutsche« um…

>*(…) Lebhafter als je empfindet ganz Deutschland in diesem Augenblick den Mangel einer eigenen Seemacht. Denn obschon sein siegreiches Heer bis an den Belt unaufhaltsam vorgedrungen war, so steht es dennoch nicht in seiner Macht denselben zu überschreiten. (…)*
>*In dieser Stellung war er für uns unangreifbar, so lange er dieselbe behaupten will und seine Seestreitkräfte ihm beistehen. (…) Und daß muß sich Deutschland – daß einige Deutschland – ruhig gefallen lassen, gerade in dem großen Augenblick, wo es nach langer Zeit sich zum ersten mal wieder als Ganzes, als eine Macht von 40 Millionen fühlt! (…)«* [25]

Das Ergebnis aller Verteidigungsbemühungen macht überdeutlich klar: Es gab keinerlei Möglichkeit der deutschen Seeanrainer, sich wirklich gegen jedwede Art eines Seeangriffes durch feindlich gesinnte Staaten zu wehren. Es gab keine Werft mit Erfahrung im Kriegsschiffbau. Nicht einmal Kanonenboote konnten nach eigenen Konstruktionen geplant oder gebaut werden. Es wurden stattdessen Kopien aus Dänemark, Schweden oder den Niederlanden verwandt. Zudem wurde der Neubau durch den Umbruch der Epoche vom Segel- zum Dampfschiff geprägt. Wo ansetzen, wenn es nicht mal deutsche Ingenieure oder Seeoffiziere gab,

---

[25] **Duppler Jörg:** Prinz Adalbert von Preußen. Gründer der deutschen Marine. Mittler und Sohn. Herford, Bonn 1986. Vorwort. **Anm. d. Verf.:** Die Denkschrift des Preußenprinzen war sehr weitreichend und in sie flossen Erkenntnisse der Küstenvermessung, vorrangig der Nordseeküste, ein. Nur dass diese Denkschrift mit der Bedrohung durch Dänemark nicht in unmittelbarem Zusammenhang stand, sondern schon zu Anfang des Konfliktes, auf Anweisung des **preußischen Kriegsministeriums!** erstellt werden sollte. Aus diesem Grund war die Denkschrift zunächst natürlich eine »preußische« und wurde nur wegen der politischen Lage im Frühjahr 1848 in eine **»deutsche«** Denkschrift geändert. Auffallen muss aber, dass es nicht um die tatsächliche und akute Bekämpfung der dänische Blockade ging, sondern um eine **preußische Flottengestaltung für die Zukunft!** Erst im darauffolgenden Jahr 1849 legte der Prinz eine Denkschrift vor, die sich mit den akuten Problemen der »preußischen Marine« Situation 1849 im Kampf gegen Dänemark, eventuell sogar gegen Russland, befasst. Da war von einer »Deutschen Flotte« schon nicht mehr die Rede!

keine Werft, die auf Erfahrung zurückblicken könnten. Jede Maßnahme des Deutschen Bundes musste unter diesen Umständen zunächst eine Notlösung sein, zumal das neue Staatswesen noch nicht installiert war. Zu dieser Zeit suchte man fieberhaft nach Lösungen, schnell eine politische Handlungsfähigkeit zu erreichen. Ein erster und wichtiger Schritt sollte der Verfassungsentwurf werden.

Der ausgearbeitete Verfassungsentwurf des Siebzehner-Ausschusses wurde am 26. April 1848 der Bundesversammlung vorgelegt. Artikel 1 sah unter anderem vor: »(...) *die Sicherung Deutschlands zur See durch eine Kriegsflotte und Kriegshäfen.*« [26]

Durch Preußen wurde während dieser Verhandlung der Antrag gestellt, alle dänischen Schiffe mit Embargo zu belegen, wogegen die Herzogtümer und auch Hamburg davor zurückscheuten. Senator Kirchenpauer begab sich wegen der preußischen Embargoforderungen sofort nach Berlin. Hamburg wollte ein Embargo nicht mit tragen, um die Dänen nicht weiter zu provozieren. Der Versuch des schleswig-holsteinischen Marine-Kapitäns Donner, in Lübeck liegende dänische Schiffe mit Embargo zu belegen, schlug fehl, da diese mit der Duldung des Senats bereits abgefahren waren.

Friedrich II. von Dänemark gab am 29. April in vier Sprachen die Blockadeerklärung gegenüber Preußen, Hannover, Oldenburg, Mecklenburg, Lübeck, Hamburg und Bremen bekannt. Dem Diplomatischen Korps in Kopenhagen wurde am nächsten Tag die Blockade von Stettin, Stralsund, Rostock und Danzig zum 4. Mai 1848 angekündigt. Sofort wurde Syndikus Banks im Auftrag des Bundes in London vorstellig, um zu erreichen, das England auf Dänemark einwirken sollte, die Blockade nicht auch auf die Nordsee auszudehnen. Lord Palmerston ließ noch am selben Tag die Einstellung der britischen Regierung verlauten, das England die Blockademaßnahme als legitim anerkenne, da es selber nicht anders verfahren würde. Aus diesem Grund werde es gegen sie aber auch nichts unternehmen.

Tatsächlich blockierte Dänemark ab dem 1. Mai die Ost- und Nordseeküste und sperrte den Sund für alle Schiffe des Deutschen Bundes, die sich mit Truppen am Angriff auf Dänemarks Interessen beteiligten. An diesem Tag kam es zur Aufbringung von 26 preußischen Handelsschiffen im Sund. Selbst mehreren britischen Handelsschiffen wurde ein Einlaufen in preußische Ostseehäfen verboten. Vor der Reede von Swinemünde kreuzte die Fregatte HAUFUREN (»Seejungfer«) mit 42 Kanonen und 650 Mann Besatzung, die zeitweise von weiteren Schiffen unterstützt wurde. Vor der Elbe begann die Blockade durch die neue und schnelle Segelfregatte GEFION.

Angesichts der begonnenen Blockade der Elbe durch die dänische Segelfregatte GEFION merken die Hanseaten, dass sie ohne Schaden nicht aus diesem Konflikt herauskamen. In den »Hamburger Wöchentlichen Nachrichten« vom 1. Mai 1848 wurde in der Blockade der Elbe eine ernste Bedrohung der Hamburger Handelsfreiheit gesehen. In Anbetracht der dänischen Blockade schlug die ablehnende Haltung aus Eigennutz und Pfennigfuchserei in das genaue Gegenteil, in eine Flottenbegeisterung, ja Flottenhysterie um! Besonders die Hamburger Ree-

---

26 **Busch, Eckard:** a. a. O. S. 136. **Anm. d. Verf.:** Auch die Verfassungen von 1849, 1867 und 1871 folgten diesem Beispiel, die Marine als zentrale Einrichtung des Staates zu betrachten.

der Godeffroy, Marbs, Vidal und Sloman machten sich für eine schnelle Beseitigung der Blockade stark, so dass bereits am 1. Mai 1848 eine Verkaufsveranstaltung durch Hamburger Handwerker durchgeführt wurde, die zugunsten einer Deutschen Flotte Geld einbringen sollte. Hamburg sollte als Heimathafen der Deutschen Flotte auch die Arsenale, Werkstätten, Schulen, Kasernen und weitere Einrichtungen übernehmen. Die Hamburger, als gute Kaufleute, wussten schon, dass die Marine als solches ein nicht unerheblicher Wirtschaftsfaktor war. Solange Hamburg verdienen konnte, ohne selber groß zahlen zu müssen, wollte man dieser nationalen Angelegenheit hilfreich unter die Arme greifen. Patriotismus, der Geld einbrachte, konnte nur im Sinne der Kaufleute sein. Am gleichen Tag erschien die Denkschrift von I. U. Fosses aus Cuxhaven über »Die Elbe als Marinestation«, die diese Stimmungslage unterstützte.

Die Schleswig-Holsteiner Regierung beließ es dagegen nicht bei Worten, sondern handelte. Um den Gedanken der eigenen Verteidigung von Kiel und Eckernförde in die Tat umzusetzen, wurde am 1. Mai 1848 das Dampfschiff CHRISTIAN III. für 175.000 Corint (67.000 pr. Thaler) erworben, um es zum Kriegsschiff umzubauen.

Die deutschen Politiker, eigentlich vorrangig damit beschäftigt, die Nationalversammlung zu konstituieren und eine Verfassung zu erarbeiten, widmeten sich wegen der Blockade aber hauptsächlich diesem Thema da es auf den Nägeln brannte. Die Verquickung der Verletzung des nationalen Stolzes durch Dänemark, mit der Schaffung eines geeinten Deutschlands tat das übrige. Aus diesem Grund wurde durch das Vorparlament bereits am 1. Mai ein Ersuchen an Preußen gerichtet:
> *»(...)womöglichst durch Vertrag mit einer fremden Seemacht für den Schutz der deutschen Küste Vorsorge zu treffen.«* [27]

In der 47. Sitzung der Bundesversammlung vom 4. Mai berichtete der preußische Gesandte über die dänischen Gewaltmaßnahmen gegen preußische Schiffe in der Ostsee. Preußen und Hannover traten vehement für ein Embargo gegen Dänemark ein, das von den Hansestädten Hamburg, Bremen und Lübeck aber weiterhin als übertriebener Schritt angesehen wurde.

Der Druck auf die Politiker wurde vor allen Dingen von den verschiedenen »Marine-Komitees«, von »Flottenvereinen« und der Presse ausgeübt, die versuchten, die Gunst der Stunde zu nutzen und die lange gewünschte »Deutsche Seemacht« zu fordern. So schrieb der »Stralsunder Ausschuss«, dem auch der preußische Marineoffizier Longe angehörte, in einem mehrseitigen Schreiben an die »Erste deutsche Nationalversammlung in Frankfurt am Main«:
> *»(...) Das Nothgeschrei deutscher Herzen nach Freiheit und Einigung Deutschlands erscholl vom Rhein her durch alle Gauen so weit die deutsche Zunge klingt; mit einem kräftigen Wiederhall rollte es hin an die Küste des deutschen Meeres und am langen Ostsee-Strande, von Schleswig, dem ältesten deutschen Ostsee-Hafen, bis hinauf zu dem letzten nach Memel, und ohne Zweifel erklang daß Echo auch an den Mauern Rigas, der alten, von Deutschen gegründeten Hansestadt, voll deutscher Männer. (...) In der That, kaum ist ein Schritt Preußischer Krieger über die Eider geschehen, so hat*

---

27 **Güht, Rolf:** Von Revolution zu Revolution. Entwicklung und Führungsprobleme ... 1978 S. 16.

Dänemark 40–50 Preußische Schiffe mit Ladung angehalten, im Werth von einer Mil-
lion Thaler; (…)
Preußen allein hatte am 1sten Januar 1847 in seinen Ostsee-Häfen 913 eigene See-
Schiffe von 113650 Lasten, mit einer Besatzung von 7342 Mann; der Werth auf etwa
zehn Millionen Thaler angeschlagen werden (…)
(…)
Ja Deutschland müßte sich v o r s i c h s e l b s t schämen ob solcher Zaghaftigkeit,
wenn es erinnert wird an jene erste Conföderation der deutschen Hanse zu Köln im
Jahre 1367, wo nur die deutschen Küsten-Städte d e r s e l b e n Strecke um deren Be-
schützung es sich auch gegenwärtig handelt, fast ohne alle Theilnahme des Binnenlan-
des, einen Krieg gegen Dänemark und Norwegen beschlossen, (…)
Dazu ihr deutschen Männer, ihr Vertreter des großen einigen Deutschlands, reicht euch
die Hände, dazu rathet und thatet, dazu bewilliget rasch die erforderlichen Mittel; die
d e u t s c h e K r i e g s - F l o t t e w e r d e e i n n e u e s s t a r k e s B a n d
f ü r a l l e D e u t s c h e n , s o w e i t d i e d e u t s c h e Z u n g e k l i n g t .
Stralsund, am 2. Mai 1848

Der Ausschuss
Für Maßregeln zum Schutze der Küsten und Häfen gegen feindliche Angriffe.[28]

Der Ausschuss vertrat grundsätzlich die Meinung, dass es eine **Angelegenheit sein m ü s s e ,**
den Handel zur See zu schützen. Neben der regionalen Küstenverteidigung der Anlieger sollte
die Nationalversammlung eine deutsche Bundesflotte mit befestigten Arsenal- und Hafenplät-
zen anerkennen. Für die Ostsee wurde vorgeschlagen:
9 Dampffregatten, 12 Dampcorvetten und 120 Kanonenboote, die in drei gleich starke Flottillen aufzuteilen waren;
    die 1. Flottille, stationiert in Kiel, sollte den Bereich von Flensburg bis Wismar überwa-
chen,
    die 2. Flottille, stationiert in Swinemünde, überwachte den Bereich Rostock bis Wolgast,
    die 3. Flottille, stationiert in Danzig, sicherte den Bereich Kolberg bis zur Memel.
Die Kosten würden sich für die »Deutsche Ostseeflotte« inklusive der Arsenale, Werften,
Werkstätten und Marineschule auf etwa 15.000.000 Taler belaufen.
Die Nordsee blieb dabei in dieser Denkschrift total unberücksichtigt!

Der Aufbaubeginn der Hamburger Flottille ab Mai 1848

Die Blockade der Elbe war ein bleibendes Thema in der Hansestadt. Die Empörung über die
Dänen, die die neutrale Haltung Hamburgs so schnöde ignoriert hatten, war durchgängiges
Thema vieler Debatten. Am 5. Mai 1848 war in den »Hamburger Nachrichten« zu lesen…
»(…) Die deutsche Flagge ist nicht mehr frei und die deutschen Häfen sind durch dänische
Kriegsschiffe gegen jeden Verkehr gesperrt! Auf denn, Deutsche, wehrt euch und ergreift
die Mittel, ein Joch und die Fessel abzuschütteln, die die deutsche Flagge nicht dulden und

---

28 **DB 51/399.** Ausschuss aus Stralsund an die Nationalversammlung 2.5.1848. Es folgen die 20 Namen der Unter-
     zeichner mit ihren Berufsständen.

nicht ertragen darf! Bewaffnet Dampfböte, Kauffahrteischiffe und besetzt sie mit Männern, die entschlossen sind, unser Flagge von der erniedrigenden Schmach zu befreien, und wenn auch teuer erkämpft, so würde der Sieg unser sein! Auf denn, erste junge Marine, zur Verteidigung der deutschen Flagge. Nun rasch an's Werk gegangen und die Ausführung muß gelingen.« [29]

Als erkennbar wurde, dass die österreichische Regierung weiterhin zum eigenen Vorteil die neutrale Haltung gegenüber Dänemark aufrecht erhielt und die deutsche Flottenbewegung nicht unterstützen wollte, beklagte die »Augsburger Allgemeine Zeitung« vom 3. Mai 1848, dass Österreich eine in diesen Tagen des Dranges und der Prüfung doppelt auffallende und unpassende Stellung zur deutschen Flottenbewegung einnehme. [30]

Am 5. Mai traten die Hamburger Reeder in Aktion. Zum einen wurde durch die Reeder Godeffroy und Robert M. Sloman im »Hamburger Correspondenten« und in den »Hamburger Nachrichten« ein *»Aufruf zur Gründung einer deutschen Flotte«* herausgegeben. Als weiteres wurde durch die Reeder Sloman, Marbs, Godeffroy & Ross und Vidal beim Senat der Freien und Hansestadt Hamburg der Antrag gestellt, ein Kauffahrteischiff zu armieren. Gleichzeitig erging der Aufruf zu einer Versammlung in der Bausenhalle zu Hamburg am 6. Mai 1848. Durch die Hamburger Reeder Godeffroy, Marbs und Sloman wurden sofort die Dreimastschiffe VIKTORIA, JOHANNA und FRANKLIN zur Verfügung gestellt, um sie zu Kriegsschiffen umrüsten zu lassen. Da die JOHANNA unmittelbar nach der Bereitstellung als viel zu schwach für ein Kriegsschiff bewertet wurde, verblieben zunächst nur noch VIKTORIA und FRANKLIN, die eine weitere Inspektion erhalten sollten.

Die Überprüfung der VIKTORIA ergab, dass auch dieses Schiff ungeeignet war, so dass Godeffroy nun den STEINWÄRDER zur Verfügung stellte, der aber ebenfalls nicht zum Kriegsschiff taugte. Ungeachtet dieser Lage wurden für jedes Schiff von den beiden Schiffseignern neben der kostenlosen Bereitstellung auch noch 5.000 Mark Curant zu Verfügung gestellt, die zur Umrüstung zum Kriegsschiff verwendet werden sollten. Insgesamt konnten durch die Hamburger Bürger und Kaufleute 200.000 Mark Curant (!) gesammelt werden, die zur Ausrüstung der Schiffe nun zur Verfügung standen! Der Bürgerverein von St. Pauli rief am gleichen Tag zu einer patriotischen Sammlung zum Bau von Schiffen auf.

Obwohl die Hamburger Truppen am 7. Mai die deutschen Farben Schwarz-Rot-Gold als Kokarden an ihrer Uniform übernahmen, wollte der Hamburger Senat die Aktivitäten der Marinerüstung nicht ohne weiteres mittragen. Die Begeisterung des Volkes und der Reeder, eine Flotte auszurüsten, standen den Neutralitätsbestrebungen des Senates weiterhin klar entgegen. Die unerwartet starke Spendenflut ließ die Reeder der Hansestadt Hamburg dagegen zur Koordination der maritimen Belange am 8. Mai **»Die Comité für eine deutsche Kriegsmarine zu Hamburg«** bilden. Ziel war es, mit großem patriotischem Eifer die dänische Bedrohung der Elbe zu beseitigen und gleichzeitig eine:

---

29 **Duppler, Jörg:** Hamburg zur See. Maritime und Militärische Beiträge zur Geschichte Hamburgs. Mittler & Sohn GmbH, Herford 1989. S. 96f.
30 **Anm. d. Verf.:** Ein weitgehend unbehandelter Teil der Marinegeschichte dieser »Reichsmarine« ist die der Marine von Österreich dieser Zeit, die von den meisten Autoren ausgeklammert wird. Österreich spielte hier ein eigenes Spiel, das es zu seinen Gunsten voll umsetzte.

» (…) bleibende Grundlage (…) für eine demnächst zu bildende deutsche Kriegsmarine (…) « zu schaffen.

Die Aufgaben d e s A u g e n b l i c k s verlangen einmüthiges, kräftiges Handeln ohne Zögern. Den jetzigen Feind zu vertreiben, war daß nächst Ziel, welches die unterzeichnete Comité mit aller Energie verfolgt.[31]

»Die Comité« setzte einen Ausschuss ein, dem die Abgeordneten Godeffroy als Leiter, Busch, Gettke, Kirchenpauer und der Syndikus Kaufmann angehörten. Schon bei der Planung zum Umbau der zu Verfügung gestellten Handelsschiffe stellte sich als gravierendes Hindernis das Fehlen eines kompetenten Seeoffiziers heraus, der nun hätte beratend eingreifen können.

Auch durch den Bremer Senator Dr. Albert erging Anfang Mai an die Nordseeanrainer eine Einladung zur Gründung einer Deutschen Flotte. Hintergrund der Einladung nach Bremen war die Besichtigung des US- Dampfschiffes WASHINGTON, das vor Bremerhaven lag.[32] Bremen und Hannover erklären sich bereit, das Schiff zu erwerben und es dann zum Kriegsschiff umbauen zu lassen.

Was man in Deutschland nicht wusste: Dänemark war mit der Blockade der Nord- und Ostsee klar überfordert, da die Marine enorme Probleme hatte, die einsatzfähigen Schiffe überhaupt ordnungsgemäß zu bemannen. Die meisten dänischen Schiffe fuhren unter dem etatmäßigen Soll. Deshalb kam es auch zu Pressungen von Schleswig-Holsteinern, die zum Dienst auf dänischen Kriegsschiffen gezwungen wurden. Spätestens aber beim Einmarsch deutscher Truppen auf dänisches Gebiet schien klar zu sein, dass die Marine auch zur Unterstützung der Landeinheiten dringend benötigt wurde. Aus diesem Grund gab Dänemark am 8. Mai bekannt, dass die Häfen Danzig, Pillau, Stralsund, Rostock und Wismar zum 16. Mai 1848 nicht mehr blockiert würden. Eine Erweiterung der Blockade auf die Weser sei nicht geplant. Schiffe aus Österreich, trotz Bundeszugehörigkeit, wurden wegen ihrer »neutralen Haltung« weiter nicht behelligt!

Auf Beschluss der Bundesversammlung vom 8. Mai wurde den Seeanliegerstaaten freigestellt, dänische Schiffe mit Embargo zu belegen. Preußen, Hannover, Oldenburg und Schleswig-Holstein stimmten zu. Hamburg wandte sich weiter gegen jede Embargomaßnahme in der Hoffnung, von der Blockade befreit zu werden. Nachdem schon Anfang April 1848 die Flottenfrage im Fünfzigerausschuss behandelt worden war, wies der Bremer Senator Duckwitz auf die katastrophalen Folgen eines Seekrieges mit Dänemark hin. Auf Antrag des Abgeordneten Heckscher sollte eine Expertengruppe die Belange der Marine erörtern. Die Abgeordneten Dr. Heckscher, Merk, Ross, Prof. Wurm (alle Hamburg), Dr. Schelle (Mecklenburg), Bohm (Lübeck), Schleiden (Holstein) und Duckwitz (Bremen) traten zusammen, um die Flottenfrage neu zu beleben. Aufgrund dieser Beratungen vom Vortage hielt der Abgeordnete Heckscher eine »flammende Rede« zur Marinefrage vor dem Fünfziger-Ausschuss, die ihm allgemeine Anerkennung einbrachte. Er forderte:

---

31 **Duppler, Jörg:** a. a. O. S.106 f.
32 **Anm. d. Verf.:** In einigen Quellen taucht der US-Dampfer UNITED STATES auf, der zuvor in Liverpool gelegen hatte.

Es sollte ein Aufruf an alle Küstenstaaten zu einem Kongress in einer norddeutschen Stadt ergehen.

1) Die Bundesversammlung sollte aufgefordert werden, einen gleichen Aufruf an die Uferstaaten zu erlassen, da eine Oberleitung für diese Nationalangelegenheit von Frankfurt aus kommen müsse.
2) Ein Aufruf an die ganze Nation sollte erlassen werden, um eine Marine aufzubauen.
3) Dass Anträge von einer besonderen Kommission des Fünfziger Ausschusses bearbeitet werden müssten.[33]

Um die dringend notwendigen politischen Voraussetzungen zu schaffen, wurde am 9. Mai ein **Marineausschuss des Fünfzigerausschusses** gebildet, der sich aus den Abgeordneten Heckscher (Hamburg), Schleiden (Holstein), Duckwitz (Bremen), Dehn (Lübeck), Schelle (Magdeburg), Abregg (Breslau), Wiesner (Österreich), Rüder (Oldenburg) und Freudenteil (Stade) zusammensetzte. Am selben Tag wurde durch den Kieler Professor Christiansen, Herrn Ohlhausen, Lorenz Stein, Syndikus Christiansen, die Reeder Johann Schwefel und August F. Howald der »Ausschuss für die Einrichtung der Deutschen Flotte« in Schleswig-Holstein gebildet. Es folgte ein Aufruf mit der Bitte um Spenden für den Bau von Kanonenbooten für die schleswig-holsteinische Flottille. Geplante Kosten je Boot 11.230 Mark. In einem Schreiben an General v. Wrangel teilte das Hamburger »Comitè für eine deutsche Kriegsmarine« mit, dass bei nicht zu Stande kommen des Waffenstillstandes ein Angriff auf die vor der Elbe kreuzenden dänischen Fregatten geplant war.

Deutsche Kriegs Marine   *N. 8*

Eure Excellenz
Bin ich die mir gewordene gütige Zuschrift vom 9. d. M. sehr verpflichtet und wird die hiesige Comite für eine deutsche Kriegsmarine Ihren Mittheilungen zufolge, den aufs Ende dieser Woche festgesetzten Angriffsplan auf die vor der Elbe kreuzenden Dänischen Fregatten nunmehr erst zu Ausführung bringen.(...)
Euer Exzellenz ersuche ich, falls der Waffenstillstand nicht zu Stande kommen sollte, uns hiervon Kunde zukommen zu lassen, da wir demgemäß dann handeln werden und ich wage die schöne Hoffnung auszusprechen, (unleserlich) Deutschen jungen Marine die erste Dänische Flagge dann bald als Lorbeeren für seine ersten Heldentaten zur See zu Frankfurt wird dem Erzherzog Johann präsentieren können. In einer Woche würde Euer Exzellenz auf deutschen Schiffe(n) im Belt – dann auch rechnen können.
Mit aller Hochachtung verbleibe ich
    Euer Exzellenz ganz ergebener
    Hamburg 10. Dez. 48
    (Unterschrift)
    Namens des Comite für eine Deutsche Kriegsmarine zu Hamburg
    S. Excellenz
    Herr General von Wrangel
    Oberbefehlshaber der Armee[34]

---

33 **Zilligers, Waldemar:** Die deutsche Flotte in der Vorstellungswelt der Frankfurter National-Versammlung. Inaugural-Dissertation zur Erlangung der Doktorwürde der Philosophischen Fakultät Göttingen 1954. S.21.
34 **Böll, Hans Jürgen:** Übersandte Privatunterlage des Autors.

Die Flottenbegeisterung begann schnell immer höhere Wellen zu schlagen, so dass schon bald begonnen wurde, vor Übereifer zu warnen. Die »Kölner Zeitung« vom 9. Mai 1848 führte dazu aus, dass von einer deutschen Flotte immer als Hirngespinst gesprochen würde, wenn Süßwasser-Matrosen gefordert wurden. Nun aber, wenn Gefahr im Verzuge sei, strotzten alle Zeitungen von Hilfe- und Spendenaufrufen und anderen Aktionen, um schnell möglichst billig eine Flotte zu erhalten!

> *» (…) ganz Deutschland, das ganze Deutschland […] im gleichen Geiste wirken. Gemeinsames Handeln thut noth, nur die gemeinsame Kraft kann helfen für die Gegenwart, kann helfen für die Zukunft. Es gilt, eine deutsche Kriegsmarine zu gründen. Der Fünfziger-Ausschuß wendet sich an das deutsche Volk, damit es unverweilt das große Werk fördern helfe (…)* [35]

Auch in anderen Zeitungen wurde vor Übereifer gewarnt. Je nach politischem Interesse und Kalkül wurden die maritimen Bestrebungen verteufelt, begeistert aufgenommen oder als nicht wichtig eingestuft. Je näher man der Küste kam, umso intensiver wurde debattiert. Die Versuche der Nordseeanrainer-Staaten in Frankfurt, ihre Küste als besonders gut für den Stützpunkt einer Deutschen Flotte darzustellen, wurde durch die Ostseezeitung mit heftigen Reaktionen und Angriffen bedacht. Weitaus positiver wurden die Bemühungen durch Dichter und Denker beurteilt. So schreibt E. M. Arndt in der »Deutschen Zeitung«:

> *(…) Preußen läuft 130 Meilen an der Ostsee hin. Hier und an der Küste Mecklenburgs und Schleswig-Holsteins sind die Träume von einer deutschen Flotte (…) keine Träume (…). Hier wirkt ein herrliches neues Werden und Schaffen …«* [36]

Der erste überregionale Aufruf zur Gründung der deutschen Kriegsflotte erfolgte am 13. Mai durch den Fünfzigerausschuss, als dieser ein Flugblatt mit dem Titel: *»Aufruf für die Gründung einer deutschen Kriegsflotte«* herausbrachte, das viel Anklang fand. [37]

Die europäischen Staaten beobachteten den Waffengang um Schleswig-Holstein mit Argwohn. Um den Konflikt nicht weiter eskalieren zu lassen, wurde durch den britischen Außenminister Lord Palmerston am 13. Mai 1848 ein Waffenstillstandsvorschlag zum Konflikt um die Herzogtümer vorgelegt, der folgende Ziele hatte:

1) **Beendigung der Feindseligkeiten zu Wasser und zu Lande. Beendigung der Blockaden.**
2) **Übergabe der Gefangenen und der Schiffe. Erst danach Beginn von Friedensverhandlungen.**
3) **Räumung von Schleswig und der zu Schleswig gehörenden Insel Alsen durch dänische Truppen.**
4) **Räumung von Jütland und der Herzogtümer durch Bundestruppen.** [38]

---

35 **Schock, Flemming**: Flottenbegeisterung, Flottendiskussion und Flottenpolitik im Vormärz und in der Revolution von 1848/49: Magisterarbeit 2008. S. 54f. **Anm. d. Verf.:** Diese Aufrufe für Spenden trafen zunächst nur für den schnellen Bau von Schiffen zu, sollten sich später, nach Kriegsbeginn, auf die Unterstützung der im Kampf stehenden Soldaten und Freiwilligen ausweiten.
36 **Neumann:** a. a. O. S. 83.
37 **Heinsius, Paul:** Anfänge der Deutschen Marine In: Führer des Deutschen Schiffahrtsmuseums Nr. 10 Bremerhaven 1979, S. 19.
38 **Wiegmann, I.:** a. a. O. S.151; **Engelmann:** Aktenstücke … a. a. O. S. 235.

Die Marineplanungen an Nord- und Ostsee Mitte des Jahres 1848

Ungeachtet der Geschehnisse um Schleswig-Holstein trat am 18. Mai 1848 die Nationalversammlung in der Paulskirche in Frankfurt am Main zusammen. Die Deutschen empfanden dies als wichtigen Schritt, endlich die politische Aktivität und die politische Macht zu ordnen und dem politischen Chaos ein Ende zu machen. Wegen der bedrohlichen Lage an der Nord- und Ostsee wurde in der Nationalversammlung bereits an diesem Tag das Thema der Deutschen Flotte erörtert und am gleichen Tag ein Marineausschuss der Nationalversammlung eingesetzt, der unter General v. Radowitz seine Arbeit wenig später aufnahm. Die Meinung eines großen Teiles der »Sachverständigen« spiegelt der Bericht der »Schleswig-Holsteinischen Zeitung« vom 18. Mai 1848 wider, die in ihrem Leitartikel »Die Notlage der deutschen Küstenfahrt gegen Dänemark« folgendes ausführt:

>*»(…) wenn sie, als die Dänen zu rüsten begannen, mit gleicher Energie Kanonenboote und Dampfschiffe ausgerüstete hätten, so könnten jetzt alle Häfen der Ost- und Nordsee im Verteidigungszustande und die Dänen auf die offene See beschränkt sein.«* [39]

In einem Kommissionsbericht des oldenburgischen Geheimen Rates Erdmann vom 22. Mai 1848, betreffend den Aufbau einer Küstenverteidigung an der Nordsee, gab dieser seine Einschätzung zur Organisation des deutschen Küstenschutzes wieder. So sollte:

1) die Entrüstung über die Störung durch dänische Kriegsschiffe mehr zur Beachtung kommen.
2) eine »tätige Sympathie« für die »Ehre des deutschen Vaterlandes« und einer Kriegsmarine »lebhaft ausgesprochen« werden.
3) die allgemeine Begeisterung für eine deutsche Flotte gefördert und »in geregelte Ordnung und gleichmäßige Richtung« gebracht werden.

Ein weiterer wichtiger Punkt in der Planung war die Anlage eines Hafens für die deutschen Kriegsschiffe. Hier sah der Geheime Rat Erdmann bereits die Eifersucht der Küstenstaaten klar voraus, als er vermutete:

>*»(…) wahrscheinlich werde Hamburg die Elbe, Bremen die Weser, Oldenburg vielleicht die Jhade und Hannover die Geeste für sie günstigen Ort gewählt sehen wollen … «* [40]

Nach Lage der Dinge, und in Vorschau auf den bevorstehenden Marinekongress in Hamburg versuchte der Geheime Rat Erdmann Vorlagen zu erarbeiten, die die Vorzüge der Jade und die Westküste der Weser, also oldenburgisches Gebiet, als besonders geeignet für einen Kriegshafen der Deutschen Flotte aufzeigten. Nach Absprache mit der in Brake eingesetzten Schifffahrtskommission wurde das Gambacher Loch als ein Hafenplatz vorgeschlagen. Die Kommission meinte, die Jade sei nicht besonders günstig, da das Fahrwasser außen nicht tief genug war! In einem Schreiben vom gleichen Tag setzte sich der Geheime Rat Starklof dafür ein, den Helgoländischen Schiffbaumeister Andresen-Simon nach Frankfurt zu entsenden, um dort für Oldenburg diese Küste für eine Hafenanlage in das rechte Licht zu rücken. Die Konferenz in Brake über den Küstenschutz der Nordsee hatte folgendes Ergebnis:

---

39 **Neumann:** a. a. O. S. 101.
40 **Staatsarchiv Oldenburg Best: 33-2-1.** Nr. 7.

1) Die Küste sei zum gegenwärtigen Zeitpunkt genügend gesichert.
2) Es bestehe die Notwendigkeit einer Deutschen Marine. [41]

Wie recht einige Zeitungen und besonnene Mitbürger hatten, vor Übereifer und Tatendrang zu warnen, zeigten die Vorgänge in Schleswig-Holstein, wo gegen die dänische Blockade etwas unternommen werden sollte. Das vor Kiel liegende dänische Segelschiff GALATHEA sollte angegriffen und genommen werden! Geplant wurde dieses von Kapitän Peter Hansen,[42] der sich selber als »Admiral der deutschen Küste« emporgeschwungen hatte. Der Plan überzeugte die Verantwortlichen in Kiel, und im Mai 1848 trat Hansen für eine Gage von fünf Talern Courant pro Tag in den Seedienst der Herzogtümer Schleswig und Holstein ein.

Die Anwerbung von gut 350 Männern, die wenigsten waren Matrosen, sondern arbeitslose Altonaer Bürger, war genauso abenteuerlich wie die Fahrt per Zug von Altona nach Kiel. Insgesamt sollten die Angreifer auf 60 Boote verteilt, zudem die Besatzungen mit Entermesser, Pistolen und Gewehren ausgerüstet werden. Gleichzeitig sollten 350 Angehörige des »Freiwilligenkorps von der Tann« zu dem »Expeditionskorps« aus Altona hinzustoßen. Obwohl »Admiral« Hansen immer wieder propagiert hatte, das Unternehmen sei geheim, wusste bald die ganze Stadt davon. Ungeachtet dessen wurde der Angriff gründlich vorbereitet und die 60 Boote wurden mit Waffen sowie Sturmleitern ausgerüstet und die Abläufe fleißig geübt. In der Nacht vom 20. zum 21. Mai 1848 sollte der Angriff auf die GALATHEA erfolgen. Nach einigen, völlig offen betriebenen Übungen in der Kieler Förde scheiterte das gesamte Unternehmen kläglich wegen der schlechten Organisation des »Admirals«, der am Einsatztag so betrunken war, dass die Aktion so verspätet begann, dass die Ruderboote das dänische Schiff erst beim Morgengrauen erreicht hätten. Noch in der Nacht wurde die Aktion abgebrochen.[43]

Auch in Preußen wurde mit sehr viel Patriotismus zu Werke gegangen. Durch die ACO vom 23. Mai 1848 befahl der preußische König den Aufbau einer preußischen Kriegsmarine. Die dem Handelsministerium unterstellte Segelfregatte AMAZONE wurde dem Kriegsministerium unterstellt, ebenso die beiden alten Kanonenschaluppen in Danzig. Neben diesen regulären »Kriegsschiffen« wurden die beiden gemieteten Post-Raddampfer PREUSSISCHER ADLER und KÖNIGIN ELISABETH zum Küstenschutz eingesetzt. Der preußische König genehmigte am gleichen Tag den Bau von 18 Kanonenschaluppen im Wert von 131.000 Talern, obwohl Prinz Adalbert 36 Kanonenboote beantragt hatte. [44]

Ende Mai 1848. Hamburg bereitete sich auf den Marinekongresses vor. Die Strategie und die Ziele der Teilnehmer waren unterschiedlich, ebenso die Bewertung der Möglichkeiten des Kongresses. Der oldenburgische Geheime Rat Erdmann vertrat die Meinung, an den Gesprächen gar nicht teilzunehmen, um sich so die eigene Handlungsfreiheit in Bezug auf die Flotte nicht nehmen zu lassen! Auch der Hamburger Senator Kirchenpauer sah dieses so und

41 Staatsarchiv Oldenburg Best: 33-2-1. Nr. 8.
42 **Witt, Jan Markus:** »Peter Hansen. Admiral der Deutschen Flotte«. In: Leinen Los 1/2003,
43 **Batsch, F.:** 1. Schleswig-Holsteinische Krieg S. 256; **Engelmann,** a. a. O. S. 186.
44 **Wendlandt, Heinrich:** Die Gründung der preußischen Kriegsflotte im Jahre 1848 und ihre Entwicklung bis 1854. Inaugural-Dissertation zur Erlangung der Doktorwürde der Hohen Philosophischen Fakultät der Schlesischen Friedrich-Wilhelms Universität zu Breslau vorgelegt, Tag der Promotion 15. Oktober 1928. Druck E. Reinke & R. Dölz, Stettin 1928.

wünschte: *(…) der Kongreß wäre, wo der Pfeffer wächst«.* Aus diesem Grund lud Hannover die Vertreter von Hamburg, Bremen und Oldenburg erneut zu Gesprächen in der Zeit vom 24. bis zum 29. Mai 1848 nach Hannover ein. Gerade bei dem Thema Flottenstützpunkt begannen sich die Geister zu scheiden, da jeder Vertreter seine Küste und seine Häfen für die günstigsten hielt. Ungeachtet der Konferenzen wurde durch den hannoverschen Bundestagsgesandten v. Wangenheim und die Bremer Senatoren Smidt, Duckwitz und Gevekoth versucht, geeignete Schiffe für den Küstenschutz anzukaufen.

Zur Unterstützung des zum 31. Mai 1848 nach Hamburg einberufenen Marinekongresses, übersandten Altonaer Kapitäne am 25. Mai eine mehrseitige Denkschrift mit der Absicht, die Versammlung zu beraten:

» (…) Um diese dänische Seemacht zu brechen oder zu vernichten (…) « schlugen die Altonaer Kapitäne vor: [45]

Ad 1)

1 oder 2 dieser Dampfschiffe ohne Zeitverlust von England, Frankreich (…) von Amerika herbeischaffen. (…) Ihrer zwei in Gemeinschaft werden sie die jetzige active dänische Seemacht völlig vernichten können, (…)

Gewöhnliche Kauffarteischiffe zu armieren, um damit im offenen Kampf gegen Kriegsfregatten zu gehen, dazu können wir nicht rathen. (…)

2) Jeder Schiffbaumeister in den deutschen Häfen der Ost- und Nordsee, der zu der Lieferung sich verpflichten könnte und will, müßte in kürzester Zeitfrist, und einem vorgeschlagenen und angenommenen Modell, 1 oder 2 Kanonenböte liefern.

Diese ansehnliche Flottille, die auf solche Weise in etwa 5 Wochen da wäre, würde vollkommen genügen, jeden feindlichen Überfall von Seiten dänischer Kanonenböte zu verhindern (…) Am zweckmäßigsten und practikabelsten(…) halten wir die diejenigen, welche Vorne und Hinten mit einer langen, schweren Kanone desgleichen Kalibers versehen sind; (…) Alle führen Luggertakelung und werden von je 15 Riemen an jeder Seite, a 2 Mann, also 60 Mann gerudert. 64 Mann, inclusive der Offiziere bilden die Besatzung. (…)

Alles was oben vorgeschlagen war paßt auf jeden Fall auch zu der künftigen Kriegsmarine Deutschlands und es wäre also bei der Ausführung dieser Vorschläge kein Geld weggeworfen, selbst wenn während dem der Friede eintreten sollte.

Ad.2)

Hier wird, wenn auch später zur Frage gestellt werden müssen:

1) will Deutschland nur eine Kriegsmarine haben, womit es im Stande war eine Macht,

2) wie die Dänemarks oder Schwedens, zu jeder Zeit auf offener See die Spitze bieten und seine Küsten gegen die größere Macht von der Seeseite gehörig vertheidigen zu können? oder

3) will Deutschland eine Kriegsmarine, welche eine Flotte wie die Englands, Frankreichs, oder der Russlands imponieren kann? (…) «

(…)

Nach unserer unvorgreiflichen Meinung wären anzuschaffen;

---

45 **Anm. d. Verf.:** In dieser Denkschrift wird bereits die Frage nach Art und Umfang gestellt, die die Deutsche Flotte einzunehmen gedenkt. Also schon vor der mehr beachteten Denkschrift des Prinzen Adalbert von Preußen!

a. 200 *Kanonenböte;*
   140 Kanonenböte in der Ostsee wovon
   20 Bombenschaluppen sein sollen.
   60 Kanonenböte in der Nordsee.
b. *20 Segelfregatten von*   *40–48 Kanonen.*
c. *10 Segelkorvetten von*   *20–26 Kanonen.*
d. *10 Briggs von*   *12–16 Kanonen.*
e. *20 Dampfschiffe von*   *120–400 PS, armiert mit Bombenkesseln,*
                                  Kanonen(allenfalls auch 1 oder 2 Stück à la Péhans)
                                  und Haubitzen.

(…)
Altona, den 25. Mai 1948

Sämtliche Schiffscapitäne von Hamburg, Altona und Blankenese haben das Original
unterschrieben
Unterschriften.[46]

Von Linienschiffen wurde wegen der Kosten und des geringen Nutzens in Ost- und Nordsee
abgeraten.

Während die meisten Schreiben an die Nationalversammlung gerichtet waren, die forderten,
Mittel zur Schaffung eine »Kriegs-Marine« freizugeben, reagierten die Hamburger Reeder
überraschend anders und regten eine Sammlung vor Ort in Hamburg an. **»Die Comité für eine**
Deutsche Kriegs-Marine zu Hamburg« erließ am 25. Mai 1848 einen Aufruf zum Sammeln
von Spenden.:
   (…)
An Alle, welche bei der Aufgabe des Augenblicks sich betheiligen, an alle zu gleichem
Zweck zusammengetretenen Vereine insbesondere, ergeht daher unsere dringende Auf-
forderung, sofort uns Kunde zu geben vom dem Erfolg ihrer Anstrengungen für den
grossen Zweck bestimmt und welche sie zum vereinten Wirken vertrauensvoll uns zu-
wenden will. Wie Eigenthum und Recht jedes Einzelnen, wie die Ehre des ganzen Vater-
landes in diesem Augenblicke bedroht ist von feindlicher Seemacht, so möge auch ganz
Deutschland sich erheben zur Abwehr und ohne Säumen uns die helfende Hand rei-
chen, dass wir so rüsten, wie muthig dem Feinde entgegentreten und im raschen, sieg-
reichen Kampfe vertilgen die uns zugefügte Schmach.
   Hamburg, 25. Mai 1858
                              Die Comité für eine Deutsche Kriegs-Marine
                              R.M. Sloman,
                              J.C. Godeffroy & Sohn,
                              Ross Vilanf & Co.,
                              A.F. Woldsen.[47]

---

46 **DB 51/399.** 25. Mai 1848, Altonaer Kapitäne an Nationalversammlung.
47 **DB 51/399.** »Die Comite …« an die Hamburger Bürger.

Auch vom »Kieler Ausschuss« wurde am 27. Mai 1848 die *»Denkschrift über die Errichtung einer Deutschen Flotte«* herausgegeben.

>*»Wir haben einen A u f r u f   f ü r   d i e   B i l d u n g   e i n e r   d e u t s c h e n F l o t t e ergehen lassen, und die ersten Anfänge derselben mit zu begründen versucht, (…)*
>
>*Wir wissen es wohl, daß ein solches Werk zu den größten Unternehmungen gehört, deren ein Volk fähig ist. Schon die Erhaltung einer vorhandenen Flotte erfordert große Anstrengungen auch für ein mächtiges und reiches Volk; (…)*
>
>*Wir mögen es uns und wir vermögen es ganz Deutschland nicht verhehlen, daß dieselbe, soll sie anders der Deutschen Macht und des Deutschen Namens würdig seyn, und soll sie den Deutschen Interessen wahrhaften Nutzen bringen, große und zugleich jahre-lange Opfer kosten wurde. Es ist ferner durchaus unzweifelhaft, daß jeder ernstliche Fehler auf diesem Gebiet ein großer Schaden für die Sache selber; und wir können es endlich nicht verkennen, daß jeder Beginn in einem solchen Werke, der nicht zugleich auf ein dauerndes Ziel hinstrebt, und jede Anstrengung, die nicht für die Zukunft einer wirklichen Seemacht geschieht, nicht nur an sich verloren sey, sondern zugleich dem Deutschen Volke für lange Zeit den Muth nehmen würde, noch einmal ein solches Werk zu unternehmen.(…) «*

Im Weiteren der Denkschrift wurde zunächst gefragt:

>*»(…) ob es wirklich n o t h w e n d i g   für Deutschlands Zukunft und Gegenward ist, daß an den Deutschen Küsten eine Deutsche Seemacht entstehe, und ob der Nutzen der erforderlichen Anstrengungen entspreche;*
>
>*Welche G r u n d s ä t z e man im Allgemeinen bei der A n l a g e einer solchen See-macht zu verfolgen habe;*
>
>*Und endlich n a c h   w e l c h e m   P l a n e die Ausführung im Ganzen wie im Ein-zelnen angegriffen werden müsse«. (…)*
>
>*In diesem Sinn hat der unterzeichnete Kieler Ausschuss für die Deutsche Flotte die Ehre, der Hamburger Centralversammlung seine nachfolgenden Erwägungen, Ansich-ten und Vorschläge vorzulegen.*
>
>*»(…) Es war Niemandem zweifelhaft, der Krieg mit Dänemark wäre entweder nicht ent-standen, oder er wäre durch daß Gefecht bei Schleswig mit einem Schlag beendet gewe-sen, wenn Deutschland eine Flotte, oder auch nur den Anfang einer Flotte, nur sechzig bis achtzig Kanonenböte, Bombardierschaluppen und kleine Kriegsfahrzeuge, begleitet von zwei bis drei Fregatten und einigen Dampfschiffen, gehabt hätte.« (…)*
>
>*Die Verhältnisse Deutschlands ergeben den Zweck einer Deutschen Flotte selber. Es muß unsere Seemacht zunächst die Küste sichern vor Überfällen und Landungen, die Operationen Deutscher Heere unterstützen und feindliche unmöglich machen oder er-schweren, den Handel Deutschlands auf den Meeren der Welt schützen, die Auswande-rungen befördern, den Ausgewanderten mit der Ehre der Flagge eine ehrenvolle Stel-lung für sich, und somit uns selber mächtige und wahrhaft nützliche Freunde und Verbündete erwerben.«*
>
>*»(…) nebst Kostenanschlag für die Anschaffung und Unterhaltung, bei welchen wir den Maaßstab der Dänischen Marine zum Grunde gelegt haben,*

12 Fregaten	*60 Kan.*	*a. 600.000 Pr. Cour.*	*7.200.000 Pr. Cour.*
10 Fregatten	*46–54 Kan.*	*a. 450.000 Pr. Cour.*	*4.500.000 Pr. Cour.*
20 Korvette	*20–32 Kan.*	*a. 230.000 Pr. Cour.*	*4.600.000 Pr. Cour.*
20 Brigg	*18–24 Kan.*	*a. 100.000 Pr. Cour.*	*2.000.000 Pr. Cour.*
20 Schoner,	*18–24 Kan.*	*a. 100.000 Pr. Cour.*	*2.000.000 Pr. Cour.*
12 Dampfschiffe mit durchschnittlich			
325 PS Kraft	*8–24 Kan.*	*a. 350.000 Pr. Cour.*	*4.200.000 Pr. Cour.*
200 Kanonenböte	*2 Kanonen*	*a. 7.000 Pr. Cour.*	*1.400.000. Pr. Cour.*
274 Schiffe und Böte mit	*2572 Kanonen.*	*Baukosten*	*23.900.000 Pr. Cour.*[48]

Die Provisorische Regierung in Kiel bestätigte die Statuten des Kieler Flottenausschusses am 29. Mai als offizielles politisches Ziel, deren Interessen »*… nur die Herstellung einer deutschen Kriegsflotte …*« waren. So war in diesen Statuten erstmalig auch die Schaffung eines Seekadetten-Institutes in Kiel vorgesehen, wie es zu diesem Zeitpunkt in Deutschland noch keines gab. Die Ständevertretung und die provisorische Regierung sahen sich aber, unmittelbar vor dem Marinekongress zu Hamburg, nicht befugt, den Grundstein für eine deutsche Flotte zu legen, sondern wollten sich nur mit regionalen Abwehrmaßnahmen gegen einen dänischen Angriff schützen.

In Erwartung des Marinekongresses zu Hamburg, der landauf landab in der Presse diskutiert wurde, kam klar zum Ausdruck, wie weit die Meinungen über den Sinn einer Deutschen Flotte auseinandergingen und die Gemüter teilten. Während viele deutsche Regierungen die Kosten scheuten und deshalb ablehnten, wurde sie von großen Teilen der Bevölkerung aus patriotischen und nationalen Erwägungen gewünscht. Vorrangig im Küstenbereich der Nordsee wurde auch der wirtschaftliche Nutzen in der Presse besonders hervorgehoben.
Am 28. Mai 1848 war in der »Hallischen Zeitung« zu lesen:
>*»Denn was war Deutschland ohne Flotte?*
>*Ein armer, alter schwacher Mann.*
>*Den Dänemark mit zwanzig Schiffen*
>*verderben, hungern lassen kann.«*

Allgemein empfanden viele Deutsche in der akuten Lage der Bedrohung der deutschen Küsten und der Handelsfahrt …
>*(…) Wehr- und waffenlos wie fette Karpfen unter scharfzähnigen Hechten und Haien, so schwimmen die deutschen Lastschiffe unter denen der übrigen Handelsnationen im Meer, eine sichere Beute eines jeden Angreifers«* [49]

---

48 **Kieler Ausschuss** an den Hamburger Kongress. **Anm. d. Verf.:** Auch in dieser Denkschrift wird die Frage nach Aufgabe und Umfang der Flotte angesprochen, die im Allgemeinen in der Marineliteratur gegenüber der Denkschrift des Preußenprinzen keine Erwähnung fand.

49 **Hansen, Heinrich Egon:** Beiträge zur Geschichte der deutschen Flotte 1848 – 1853. Hausarbeit zur Prüfung für das Lehramt an Mittelschulen 1961, S. 3.

Unverständlich für viele schien die Rolle Preußens zu sein. In der Zeitschrift »Die Gegenwart« vom selben Tage wurde angemahnt, einerseits im Überschwang der Gefühle eine »Hanse« zu fordern, andererseits aber wenig dafür zu leisten. Preußen:

> »(…) *daß zwar von Hause aus auf daß Meer angewiesen. (…) unbegreiflicherweise den Rücken zuwende, dem Binnenland dagegen sein volles Angesicht zugekehrt (…)*« hat.[50]

Auch die Haltung von Österreich wurde in der Presse mit großer Aufmerksamkeit beobachtet, das sich diplomatisch ganz aus der Sache heraus zu halten schien. Tatsächlich war Österreich zu dieser Zeit nicht in der Lage militärisch in der Nordsee einzugreifen, da es seine Flotte erst einmal von der bisherigen italienischen Dominanz befreien und in eine wirklich österreichische Marine umwandeln musste.

Der Marinekongress zu Hamburg und die Marinekommission der Norddeutschen Küstenstaaten im Juni 1848

In Hamburg trafen am 31. Mai die Abgesandten des Marinekongresses ein. Die Hamburger Bürgerschaft und der Senat sahen den Kongress weiterhin mit gemischten Gefühlen, da sie eine weitere Eskalation mit Dänemark befürchteten. Angereist waren Vertreter der Regierungen von Preußen, Mecklenburg, Schleswig-Holstein, Lübeck, Hamburg, Bremen, und weitere 25 Kommissionen aus allen Gegenden der Nord- und Ostsee. Sogar vom Rhein! Insgesamt nahmen 64 [51] Personen am Kongress teil. In zum Teil heftigen Diskussionen wurden die Meinungsverschiedenheiten ausgetragen. In verschiedenen Abteilungen erfolgten Einzelberatungen zu den Themenbereichen:
- –) Augenblicklicher Schutz gegen Dänemark,
- –) Zahl der Schiffe und deren Bemannung,
- –) Anlegung von Kriegshäfen,
- –) Organisation von Marinebehörden.

Nachdem der Ökonom Friedrich List das Thema »Nord-Ostsee-Kanal« schon vor Jahren aufgeworfen hatte, um dem lästigen Sundzoll zu entgehen, wurde diese Idee nun wieder durch die Frankfurter »Oberpostamts-Zeitung« in das Gespräch gebracht. Schleiden brachte dieses Thema ebenfalls auf dem Hamburger Marinekongress zur Sprache. Da in der Kürze der angesetzten Tagung, es waren nur zwei Tage (!!) geplant, kein Ergebnis erzielt werden konnte, wurde der Marinekongress bereits am folgenden Tag beendet.[52] Aus diesem Grund wurde umgehend die »**Marine-Kommission Deutscher Küstenstaaten zu Hamburg**« ins Leben

---

50 **Weiden, Helge Bei der:** Die mecklenburgischen Häfen und die deutsche Flotte 1848–1849. In: Schriften zur mecklenburgischen Geschichte, Kultur und Landeskunde, Köln 1981. S. 442.

51 **Staatsarchiv Oldenburg Best: 33-2-1.** Protokoll des »Congress für eine deutsche Kriegs-Marine in Hamburg« 1. und 2. Sitzung am 1.–2. Juni 1848

52 **Anm. d. Verf.:** Dieser nachfolgende und wichtige Kongress wird in keiner Quelle genannt. Erst die Protokolle der Sitzungsmitglieder weisen dieses Datum als erneuten Sitzungstermin für den nachfolgenden Marinekongress in Hamburg aus! Hier speziell in einem Schreiben an das hannoversche Kommissionsmitglied Wedemeyer, dass die Gespräche am 12. Juni 1848 weiter geführt wurden. Siehe auch Schreiben von Kirchenpauer an Duckwitz 3. Juni 1848.

gerufen, die nachfolgend die vom Marinekongress zu Hamburg aufgetragenen Themen zu bearbeiten hatte. Die neu eingesetzte Marinekommission hatte das Ziel, konkrete Zahlen und Vorgaben zu erarbeiten. Abschließend sollte diese dann am 12. Juni erneut zusammentreten, um die Ergebnisse offiziell zu beschließen, die dann den politisch verantwortlichen Stellen, der **Bundesversammlung** und der **Nationalversammlung** übergeben werden sollten. [53]

Durch den Vorsitzenden Kirchenpauer (Hamburg) erging unmittelbar vor dem erneuten Sitzungsbeginn der »**Marine-Kommission Deutscher Küstenstaaten zu Hamburg**« ein dringendes Schreiben an den Bremer Senator Duckwitz:

»*(…) Schreiben der Versammlung an die Regierungen von Österreich, Hannover, Oldenburg, Bremen werden diese ersuchen, gleichfalls Commisarien zu senden. Die Schreiben sind beim Abschreiber, kommen also vielleicht etwas später an als dieser mein Brief, der nur den Zweck hat, Sie recht dringend zu bitten, dafür zu sorgen daß Commissarien (oder ein Commissar) des Senates Bremen doch bald tunlichst sich einfinden, namentlich nicht bis zum 12. Juni zu warten. Bremen darf sich nicht ausschließen. Auch müssen die Nordseestaaten den Ostseestaaten daß Gleichgewicht halten. (…) Es werde nach Staaten gestimmt. (…)* «[54]*

Am 3. Juni 1848 begannen die Verhandlungen in Hamburg. Teilnehmer waren 17 Abgeordnete aus folgenden Staaten: Preußen, Hannover, Schleswig-Holstein, Mecklenburg-Schwerin, Oldenburg, Bremen, Hamburg und Lübeck. Tatsächlich begab sich der Geheime Rat wenig später nach Hamburg und nahm ab dem 6. Juni an den Beratungen teil. Die Beratungen der Abgeordneten waren nicht nur auf die gegenwärtige Krise mit Dänemark ausgerichtet, sondern sollten den Grundstein für eine Flotte legen, die den wirtschaftlichen Aufschwung unterstützen sollte. Hauptaufgabe der Marine sollte sein, neben dem Schutz der deutschen Küste vor Blockaden, die:

1) Stationierung von Kriegsfahrzeugen in Gegenden sein, wo der deutsche Handel und
2) deutsche Bürger des Schutzes bedürfen, oder wo neue Handelsbeziehungen zu begründen waren. [55]
3) Unterstützung diplomatischer Verhandlungen durch die bewaffnete Macht, Eskortierung von politischen und wirtschaftlichen Missionen.
4) Übung der Offiziere und Mannschaften, um für den Fall eines Krieges gerüstet zu sein.
5) Einteilung der Überseebereiche, in denen die Marine operieren sollte.
   a) Nord-Amerika, Westindien, Golf von Mexiko
   b) Süd-Amerika, Ostküste von Amerika
   c) Westküste von Amerika
   d) China und Ostindien
   e) Mittelmeer
   f) Heimatflotte

---

53 **Staatsarchiv Oldenburg Best: 33-2-1.** Protokoll des »Congress für eine deutsche Kriegs-Marine in Hamburg«.
54 **Staatsarchiv Oldenburg Best: 33-2-1.** Schreiben von Kirchenpauer vom 3.6.1848. **Anm. d. Verf.:** Wie eilig es Kirchenpauer hatte, zeigte der Umstand, dass er Duckwitz bat, aus Zeitgründen (die Post ging bald ab) das Schreiben in »Copie« doch auch an den Geheimen Rat Erdmann nach Oldenburg zu schicken!
55 **Anm. d. Verf.:** Der Bericht und sein Umfang wird in der Marineliteratur entweder heruntergespielt oder ganz verschwiegen, obwohl er weitreichende und sinnvolle Überlegungen aufzeigte, die sich in ähnlicher Form später auch in der Denkschrift des Prinzen Adalbert wiederfinden.

Um die vielfältigen Ideen und Vorschläge überhaupt bearbeiten zu können, wurde zum Themenbereich Kriegshäfen eine Unterkommission gebildet, die vom preußischen Navigations-Direktor Schröder geleitet wurde. Unter seiner maßgeblichen Beteiligung legte die Kommission der deutschen Nationalversammlung folgende Vorschläge vor:

1) Die Festlegung einer Mindestflottenstärke.
2) Die sofortige Bestellung von Kanonenschaluppen zum Küstenschutz.
3) Die Vorbereitung des Baues oder Ankaufs großer Schiffe.
4) Die Einsetzung eines Marinekollegiums.

Vom Kriegsschiffbau wurde eine Ankurbelung der Industrie und somit die Beseitigung der Arbeitslosigkeit erwartet, als weiteres die Ankurbelung der Textil- und Eisenwirtschaft, des deutschen Handwerks allgemein. Der Erwerb von Kolonien wurde genauso erwartet und angestrebt wie die Hebung des Nationalstolzes. In Anbetracht der gespannten Situation mit Dänemark sollte die Größe einer Seemacht 2. Ranges angestrebt werden. Die Stärke für die Heimat- bzw. Überseeflotte sollte 24 Segel- und Dampfschiffe umfassen:

8 schwere Segelfregatten mit 60 Kanonen,
4 leichte Segelfregatten mit 40 Kanonen,
6 Dampffregatten von ca. 1500 ts, 500 PS und Kan. großen Kalibers,
6 Schaufelradcorvetten 900–1200 ts, 300 PS und Bombenkanonen.

Grundsätzlich wurden zivile Dampfer und Kauffahrteischiffe als kriegsuntauglich angesehen. Neubauten sollten aber, wenn irgend möglich, der eigenen Produktion entstammen. Nur im gegenwärtigen Notstand sei der Erwerb von Schiffen im Ausland als Ausnahme anzusehen. Auch gegenüber den Kanonenbooten war man skeptisch, sie in der rauen See der Nord- und Ostsee überhaupt einsetzen zu können. Die Heimatflotte sollte aus Schiffen bestehen, die bis zum Kriegsfall desarmiert und als Postschiffe im Linienverkehr fahren sollten:

2 Segelfregatten
8 Dampfkriegsschiffe.

Zur Stützung des deutschen Handels und dessen Verkehr auf hoher See, ebenso wie der Unterstützung der diplomatischen Tätigkeit, dem Einfahren von Besatzungen und der Ausbildung des Offizierskorps sollten Überseestationen eingerichtet werden, die folgenden Umfang haben könnten:

6 Segelschiffe mit   je 60 Kanonen
4 Segelschiffe mit   je 40 Kanonen
3 Dampf-Schraubenfregatten
2 Dampf-Radkorvetten.

Der Zeitraum zur Schaffung der 25 Schiffe mit ca. 700 Kanonen dieser Flotte 2. Ranges sollte sieben Jahre betragen. Zunächst wurde geplant, innerhalb der nächsten zwei Jahre:

2 Segelfregatten von 60 Kanonen,
2 Segelfregatten von 40 Kanonen,
2 Dampffregatten,
4 Dampf-Corvetten
zu beschaffen.

Zur Küstenverteidigung wurde folgendermaßen disponiert:

Nordsee:	40 Kanonenboote zur Verteidigung von Jade, Weser, Elbe und Eider nach niederländischem Muster.
Ostsee:	90 Kanonenboote zur Verteidigung der gesamten Küste nach schwedischem Muster.
Binnengewässer:	20 Kanonenboote.
Total	150 Kanonenboote [56]

Sofort sollten 50 Kanonenschaluppen und 50 Kanonenboote auf den Werften an der Nord- und Ostsee gebaut wurden, um eine Grundverteidigung der Küstengewässer und Flussmündungen zu gewährleisten.

Zur Errichtung einer deutschen Kriegsmarine sollte die Bewilligung einer Summe von 10 Millionen Thalern, und die Herbeischaffung von 3 bis 4 Millionen zur sofortigen Verwendung bereitgestellt werden. Der gesamte Besatzungsstamm der Flotte 2. Ranges sollte ca. 10 % der Handelsmarine betragen! Die Zentralgewalt sollte für Kapitäne und Leutnants 1. Klasse attraktive Angebote machen, mit der Zusage guter Gehälter und Pensionen. Offiziersposten der unteren Grade sollten durch unverheiratete deutsche Schiffsführer und Steuerleute belegt werden. Auf die Verpflichtung von Mannschaften wollte die Kommission keine Vorgriffe auf Gesetze machen. Um Aufsplitterungen und einem Kompetenzwirrwarr entgegen zu treten, sollte, als »executives Organ«, eine Marinebehörde geschaffen werden, deren Aufgabe es sein sollte:

1) Pläne zur Schaffung der Kriegsmarine vorzulegen.
2) Die genehmigten Pläne umzusetzen und Gelder zu verwalten.
3) Die Marinebehörde sollte aus einem Vorsitzenden und sechs Mitgliedern bestehen.
4) Die Marinebehörde erhielt technisches Hilfspersonal zur Unterstützung.
5) Der Sitz der Marinebehörde sollte in der Mitte zwischen Ost- und Nordsee installiert sein.
6) Die Marinebehörde hatte eine jährliche Berichtspflicht.
7) ….[57]

»… ein Volk, das sich vorsetzt, eine Seemacht neu zu schaffen …«

Schleswig-Holstein und vorrangig Hamburg, versuchten unterdessen, den Worten Taten folgen zu lassen. Unter anderem war es dem preußischen Genie-Offizier Werner Siemens im Dienst der Herzogtümer gelungen, seine Minensperre in der Kieler-Förde auszulegen. Der geniale Erfinder schrieb am 5. Juni 1848 an den preußischen Generalinspekteur der Artillerie nach Berlin, dass er zum Schutz des Kieler Hafens Minen ausgelegt habe.[58]

---

56 **Anm. d. Verf.:** Die Angaben über die Anzahl der Kanonenboote schwanken in den verschiedenen Quellen erheblich. **Batsch, F.:** Deutsch Seegras S. 97 spricht von 50 Booten holländischer Art für die Nordsee und 100 schwedischer Bauart für die Ostsee. **Petter, W.:** Deutsche Militärgeschichte Bd. 5, S. 49 und 51 weist 150 Kanonenboote aus. **Hubatsch u.a.,** a. a. O. S. wies 100 Boote aus.

57 **DB 51/ 399.** Bericht der Marinekommission Deutscher Küstenstaaten zu Hamburg. 15 Seiten. In Teilen auch bei **Bär, Max:** Die deutsche Flotte von 1848–1852. Nach den Akten der Staatsarchive zu Berlin und Hannover. Verlag von Engel Leipzig 1898. S.16.

58 **Jorberg, Friedrich:** Werner v. Siemens und die Erfindung der Seemine. In: Leinen Los 1959. S. 192.

Auch Hamburg versuchte mit allen Mitteln, die Blockade der Elbe bald zu beenden. Die schon in Ausrüstung befindlichen Segelschiffe wurden als zu wenig angesehen, so dass schon bald nach Verstärkung gesucht wurde. Da die Mittel des Hamburger Comités zum Aufbau einer Flotte bald erschöpft waren, wurde der Marineausschuss der Nationalversammlung am 7. Juni 1848 angesprochen:

> *»(...) auf welche wir vertrauensvoll hinblicken(...)*
> *Es sind zwei Schiffe vorhanden, die aber nur in Verbindung mit drei weiteren Dampfschiffen die dänischen Schiffe in der Nordsee (...) verjagen oder vernichten (...) können. Erforderlich seyen 300 000 Reichsthaler(...) Wir beantragen daher bei dem Marineausschuß der Nationalversammlung dahin wirken zu wollen, daß diese Summe zum Zweck der Vertreibung der dänischen Kriegsschiffe zuvörderst aus der Nordsee schleunigst zur Disposition gestellt werde«.* [59]

Derweil war Preußens politisches Auftreten für die Herzogtümer genauso schwach wie das militärische. Die übereilten und halbherzigen militärischen Aktionen des von Preußen geführten Bundeskorps in Schleswig-Holstein unter General Wrangel hatten nicht zum erhofften Erfolg geführt, Dänemark zur Rückgabe der Herzogtümer zu bewegen. Im Gegenteil: Durch die französische und russische Parteinahme für Dänemark wurde dieses in seinem Handeln gestärkt. Während England offiziell weitgehend Neutralität wahrte, sorgte die Presse des Inselreiches zum Teil für eine klare Parteinahme zu Gunsten Dänemarks.

Wegen der unklaren politischen wie militärischen Ziele musste sich das Bundeskorps am 9. Juni 1848 auf Weisung des preußischen Generals Wrangel zurückziehen. Diese Aktionen wurden vor allen Dingen von den militärischen Führungen der Herzogtümer stark missbilligt, weil die Bundestruppen passiv und ohne Konzept geführt wurden. Preußen stand innen- und außenpolitisch stark unter Druck. **Russland warnte**, dass es nicht dulden würde, dass Dänemark in Deutschland aufgehe, und **England** erhob ebenfalls Einspruch und **verbot den preußischen Truppen,** gegen Dänemark weiter vorzugehen!

Preußen hatte zudem im inneren Schwierigkeiten, mit denen es zu kämpfen hatte. Sein Ministerium in Berlin war gestürzt, und das Zeughaus gestürmt worden. Seine Truppen sollten aber im Namen des Bundes für Ordnung sorgen. Preußen fühlt sich unverstanden, versuchte es doch an der Seite der Herzogtümer nach besten Kräften zu agieren. Aber anstatt Lob zu erhalten, erhielt es Nackenschläge. Um von der misslichen Lage abzulenken protestierte Preußen vehement gegen die Bundesländer, weil die mit den gleichgültig betriebenen Embargo-Maßnahmen gegen dänische Schiffe dem preußischen Staat in den Rücken fielen. Auch Proteste in der Bundesversammlung durch Preußen gegen die lasche und inkonsequente Haltung von Hamburg und Schleswig-Holstein konnten an der Situation nichts ändern.

Als Folge der maritimen Bedrohung und der Marinebegeisterung des deutschen Volkes behandelte die Nationalversammlung während der 14. Sitzung am 8. Juni 1848 die Belange einer Flottengründung. Der Abgesandte General v. Radowitz, als Vertreter des von der Nationalversammlung eingesetzten Marineausschusses, legte an diesem Tag einen »Plan zur Gründung

---

59 **Jordan, U.:** Geschichte der brandenburgisch-preußischen Kriegs-Marine in ihren Entwicklungsstufen dargestellt. Druck und Verlag F. Heinicke, Berlin 1856. S. 126. Werner, Reinhold: Das Buch von der Deutschen Flotte. 2. Auflage. Verlag von Belhagen & Klasing, Bielefeld und Leipzig 1874, S. 151.

einer Reichsmarine« vor, der die Etats für Schiffe, Hafenanlagen usw. enthielt. Der General vertrat die Meinung, dass folgende Hauptbedingungen erfüllt und geklärt werden mussten, um eine Reichsmarine zu schaffen:

»(…) *Ein Volk, das sich vorsetzt eine Seemacht neu zu schaffen tritt in eine der größten Unternehmungen ein, die es sich überhaupt vorzusetzen im Stande war.*«[60]

Folgende Fragen waren zu klären:
1) Wie muss die deutsche Seemacht beschaffen sein, um dem Schutz der Küste, des Handels und den Interessen des Gesamtvaterlandes zu dienen?
2) Wie viele und welche Art von Schiffen und Anlagen seien von Bedarf, um Punkt 1 zu erreichen?
3) Wie viel Geld und Zeit war erforderlich, um das Ziel zu erreichen?
4) In welche Zeitabschnitte zerfällt die ganze Arbeit?
5) (…)

Der Vorsitzende des Marineausschusses schlug vor, 6 Millionen Thaler für die Flotte 2. Ranges zu beantragen, die aus:

2 Fregatten von 46–54 Kanonen	900.000 Thaler,
4 Korvetten von 20–32 Kanonen	920.000 Thaler,
2 Dampfern mit ca. 500 PS Leistung	800.000 Thaler,
4 Dampfern mit ca. 350 PS Leistung	1.200.000 Thaler,
200 Kanonenbooten mit je 2 Kanonen	1.400.000 Thaler

bestehen sollten.

Am selben Tag beantwortete der britische Kapitän William Morgan in der Nationalversammlung Fragen zum Aufbau und zur Unterhaltung einer Flotte. Neben den Fragen über den zweckmäßigsten Einsatz von Zivildampfern als Kriegsschiff, der Größe von Schiffen für die deutsche Flotte oder dem besten System der Küsten- und Hafenverteidigungsanlagen, ging Kapitän Morgan vor allem auf die Thematik des Dampfschiffes, seiner Konstruktion, seiner Maschine und der Bewaffnung ein. Dabei vertrat er die Ansicht, dass Handelsdampfer nicht zum Kriegszweck taugten, da keine offizielle Festlegung von Daten und Größen vorliege. Die Angaben zu Schiffen war eine Sache der jeweiligen Schiffbauer und auf keine einheitliche Norm gestützt. Grundsätzlich sollte eine Standardisierung vorgenommen werden, um Schiffe in Danzig ebenso reparieren zu können wie in Triest oder Pola. Der Kapitän warnte vor einer Überladung von Dampfschiffen mit Kanonen oder Takelage, da hierdurch Geschwindigkeit und Beweglichkeit im Gefecht und somit die Kampfkraft erheblich behindert würde. Schiffe gleicher Klasse mit weniger, aber starken Waffen könnten besser agieren als Schiffe mit vielen kleinen Waffen. Linienschiffe, so Kapitän Morgan, waren in der Nordsee von Wert, nicht aber in der Ostsee. Fregatten sollten höchstens 50 lange Kanonen führen. Briggs seien als Kampfschiffe untauglich, höchstens als Avisos zu verwenden. Kanonenboote seien für die deutsche Flotte gänzlich untauglich, da sie nur in Fjorden oder Flussmündungen ihren Wert hätten. [61]

---

60 **Zimmermann, Alfred Dr.:** Die erste deutsche Kriegsflotte. S. 634. Radowitz hatte sich vom preußischen König für diesen Flottengründungsplan ausdrücklich die Autorisierung erteilen lassen!

61 **DB 51/399** Deutsche Flotte. **Anm. d. Verf.:** Die Ruderkanonenboote bereiteten dem später eingetretenen Carl Rudolph Brommy noch viel Kopfzerbrechen, da viele dieser billige Variante des Küstenschutzes das Wort redeten, vorrangig Prinz Adalbert von Preußen.

Die Debatte um die Finanzierung der deutschen Flotte hatte zur Folge, dass es zu einer sehr ausführlichen und sachlichen Aussprache in der Nationalversammlung kam. Bei aller Hochstimmung waren aber auch Stimmen zu hören, die mahnten und meinten, ob diese 6 Millionen Thaler wirklich für die Marine nötig seien? Durch die Linken wurde die Flottenfrage mit den sozialen Nöten des Volkes in unmittelbaren Zusammenhang gebracht, was einigen Zündstoff in die Debatte brachte. Erstmals in der jungen demokratischen Geschichte entbrannte ein Streit um den Sinn von Verteidigungsfragen im Gegensatz zur Sozialfrage. Die Partei Donnersberg schlug mit dem radikalen Industriellen Schöffler in die gleiche Kerbe:

»(...) *die Besitzlosen gegen die Besitzenden zu hetzen«.*[62]

Nur von den Pfingstferien unterbrochen wurde nach Möglichkeiten gesucht, die finanziellen Belange einer Marine zu klären. Zur Debatte standen mehrere Modelle, von denen aber die von Steuern und die der Matrikularabgabe am intensivsten behandelt wurden. Abgesehen von den finanziellen Belastungen sollten aber auch klar die Vorteile einer Seeverteidigung hervorgehoben werden, die diese Bemühungen sinnvoll erscheinen ließen. Zum einen würde die notleidende Werftindustrie Impulse erhalten, der Warenverkehr nach Übersee könnte auf einen gesicherten Verkehr bauen und der Handel mit Kolonien würde dadurch attraktiver sein. Die Abhängigkeit von dritten Seemächten würde entfallen. Hauptproblem war und blieb der Mangel an kompetenten deutschen Marinepersönlichkeiten, die konkrete Aussagen machen könnten, die hieb- und stichfest waren, die verlässlich agierten und die Verantwortung für diese, mittlerweile als nationale Angelegenheit erkannte Sache, übernehmen könnten.

Wegen der von fast allen Schichten des Deutschen Volkes getragenen Flottenbegeisterung und der spürbaren Bedrohung der deutschen Küsten durch Dänemark mussten die politisch Verantwortlichen handeln. Während der Debatte trat der in österreichischen Diensten tätige britische Genie-Hauptmann Moering auf, da er kompetente Aussagen zum Auf- und Ausbau einer Flotte machen konnte. Hauptmann Moering wies klar auf die Vorteile von Schraubendampfern gegenüber den Seitenraddampfern hin, wie die letzten britischen Manöver gezeigt hatten. Als Vorbild sah Moering die US-Schiffe von ca. 800 Tonnen mit einer 250 PS-Maschine an (US-PRINCETO). Dieser flachgehende Schiffstyp sei Kanonenbooten auf jeden Fall vorzuziehen, da diese sowieso zu nichts taugten (!) Zunächst würden:

3 Fregatten mit 46–54 Kanonen,
2 Dampfer mit 500 PS,
10 Dampfer mit 250 PS
und der entsprechenden Bewaffnung ausreichen, um die dänische Bedrohung zu beseitigen.

Neben den vielen offenen Fragen war die der Mittelverwaltung für die Flotte am dringendsten! Wem sollten die Gelder bewilligt und übergeben werden? Diese Frage wurde zu diesem Zeitpunkt aber zurückgestellt. Durch den Präsidenten der Nationalversammlung wurde am Mittwoch, dem 14. Juni 1848 vormittags um 11.00 Uhr die Frage an die Abgeordneten gerichtet:

» *(...) Beschließt die Nationalversammlung, daß die Bundesversammlung zu veranlassen sei, die Summe von 6 Millionen Thaler zum Zweck der Begründung eines Anfangs für die deutsche Marine über deren Verwendung und Bewertung die zu bildende provisorische Centralgewalt der Nationalversammlung verantwortlich sein wird, auf bisher*

---

62 **Zilligers, Waldemar:** a. a. O. S. 44.

verfassungsgemäßem Wege verfügbar zu machen, und zwar 3 Millionen sofort, und die ferneren 3 Millionen nach Maßgabe des Bedürfnisses? Diejenigen Mitglieder, welche wollen, daß der Bundestag auf diese Weise zu veranlassen sey, bitte ich aufzustehen.«

Fast die ganze Versammlung erhob sich!
»Die Frage war mit einer an Stimmeneinheitlichkeit grenzenden Majorität bejaht.«
Allgemeines Bravo. [63]

Durch diesen politischen Beschluß war die finanzielle Grundlage geschaffen worden, eine deutsche Flotte aufzubauen. Die Verantwortlichen vergaßen aber, das Geld sofort einzufordern und eine verantwortliche Institution zur Mittelverwaltung zu bestimmen, so dass die Bundesversammlung ihrerseits auch keine Matrikularumlage erhob. Ein folgenschweres Versäumnis, wie sich später zeigen sollte. Zudem war die Regierungsbildung noch nicht abgeschlossen und keine Person mit Kenntnissen über die Bildung einer nationalen Marine in der zu bildenden Regierung vorhanden.

Die positive Grundhaltung der Nationalversammlung veranlasste »Die Comité« aus Hamburg, am 16. Juni 1848 einen Unterstützungsantrag von 300.000 Thalern zum Erwerb von Schiffen an diese zu richten. Obwohl Edgar Ross (Hamburg) der Vorsitzende des Marineausschusses der Nationalversammlung war, wurde der Antrag abgelehnt. Dieses wurde mit der geringen Garantie für das Gelingen des geplanten Unternehmens begründet, mit diesen Schiffen gegen die dänischen Blockadeschiffe zu operieren. Wegen der Ablehnung wurde der Antrag noch am gleichen Tag an das Präsidium der Bundesversammlung (64. Sitzung) überwiesen. Der immer noch in Frankfurt weilende Hamburger Reeder Godeffroy erklärte persönlich die Sachlage um den Erwerb der drei Huller Schiffe. Trotz der Ablehnung durch die Nationalversammlung wurde nun unter größter Geheimhaltung durch die Bundesversammlung beschlossen (Bremen, Hamburg, Lübeck, Oldenburg, Hannover und Preußen stimmten zu), die 300.000 Thaler an das Hamburger »Comité« zu zahlen. Die Rechnungslegung sollte unter gleicher Geheimhaltung innerhalb von acht Monaten vom Tage des Beschlusses erfolgt sein.

Durch eine gezielte Indiskretion gegenüber einer Zeitung wurde das Geheimabkommen zwischen dem Hamburger Comité und der Bundesversammlung aber bereits am 22. Juni bekannt. Die Mitglieder der Nationalversammlung waren empört über diesen Vorgang, sahen sie sich doch in ihrer Kompetenz übergangen. Es wurde der Verdacht laut, Hamburg wolle so seine Schiffe billig erwerben oder sie zu hohem Preis dem Bund verkaufen. Grundsätzlich wurde der Bundesversammlung das Recht abgesprochen, Entscheidungen, die die Nationalversammlung zu treffen habe, vorzunehmen. Ungeachtet der Indiskretionen in Frankfurt um die

---

63 Stenographischer Bericht über Verhandlung der deutschen konstituierenden National-Versammlung zu Frankfurt a.M. 1. Abonnement 17. Sitzung in der Paulskirche. **Anm. d. Verf.: Dieser Beschluss vom 14. Juni 1848 wird in den Traditionslinien der Bundeswehr für die Marine als »Geburtsstunde« gewertet. Hierbei ist weder die Begründung (Verteidigung gegen einen Gegner) noch die politischen Gegebenheiten (Schaffung der ersten deutschen demokratischen Verfassung) der Grund, sondern die Bewilligung der Geldmittel für die Flotte, der ausschlaggebende Punkt! Dies reiht sich in die Entstehungsgeschichte der Bundeswehr nahtlos ein, da deren Existenz auch nur auf den Haushaltsplan begründet ist!**
(Artikel 87a GG) 1) Der Bund stellt Streitkräfte zur Verteidigung auf. Ihre zahlenmäßige Stärke und die Grundzüge ihrer Organisation müssen sich aus den Haushaltmitteln ergeben.

Vergabe der Mittel für die Beschaffung wurden die Schiffe der Hamburg-Huller Dampfschiff-fahrt-Gesellschaft erworben. Für 500.000 Thaler konnten ROBERT NAPIER, LEEDS und HAMBURG mit vollständigem Inventar gekauft werden. Zu Buche standen die Schiffe bei der Gesellschaft mit 534.000 Thalern, wogegen eine Schätzung der Schiffe 539.000 Thaler aus-wies. Nach dem Erwerb der Schiffe durch das »Comité« wurde durch den Hamburger Senat eindeutig festgelegt, dass Schiffe, die durch Hamburger Behörden in Dienst gestellt würden, auch deren Flagge zu führen haben. Der »Dreifarb« des Bundes, Schwarz-Rot-Gold, durfte allenfalls als »Nebenflagge« geführt werden.

Kapitel III.

Die Reichsmarine unter der Verantwortung

der Provisorischen Zentralgewalt

Um die vielschichtigen Probleme im Inneren und Äußeren des neu zu schaffenden Deutschen Reiches in den Griff zu bekommen und politisch handlungsfähig zu werden, entschloss sich Ministerpräsident Max von Gagern, den österreichischen Adligen Erzherzog Johann von Österreich zum Reichsverweser vorzuschlagen. In der 18. Sitzung der Nationalversammlung wurde mit einer Mehrheit von 10 gegen 4 Stimmen, bei einer Enthaltung, beschlossen, ein **Bundesdirektorium** aus drei Männern zu bestimmen. Vor der Einsetzung eines **Reichsverwesers** wurde gewarnt, da dieser voraussichtlich dem Dualismus zwischen Preußen und Österreich zum Opfer fallen würde! Wegen der gegensätzlichen Auffassung um die Führungsstruktur der zu schaffenden **Zentralgewalt** konnte keine Einigung erzielt werden. In der 23. Sitzung der Nationalversammlung wurde durch den Präsidenten Gagern *»der kühne Schritt«* zur Schaffung der Zentralgewalt in der Art vorgenommen, einen deutschen Fürsten mit dem Amt des Reichsverwesers zu beauftragen, *»(…) nicht weil, sondern obgleich es ein Fürst war.«* In der Sitzung vom 29. Juni 1848 wurde der **Reichsverweser** Erzherzog Johann von Österreich gewählt. Neben der ungeklärten innenpolitischen Lage erbte dieser vorrangig die außenpolitischen Probleme um die Herzogtümer, die aber federführend von Preußen bestimmt wurden.

Die militärische Lage hatte sich nicht geändert. Einzig eine »Deutsche« Flotte konnte die Lage maßgeblich zu Gunsten des nun Deutschen Reiches ändern. Die finanzielle Lage des Deutschen Reiches ließ aber klar erkennen, dass eine Flotte nicht so ohne weiteres zu schaffen und zu finanzieren war. Bedachte Köpfe suchten nach Möglichkeiten, eine sinnvolle Finanzierung zu gewährleisten. In der »Deutschen Zeitung« vom 30. Juni 1848 wurde der Vorschlag gemacht, die Nationalversammlung solle einen Teil der Marinekosten aus den Mitteln der Zolleinnahmen verwenden. Dies schien insofern logisch, da es zu dieser Zeit üblich war, den Seeschutz unmittelbar mit dem Handel in Zusammenhang zu bringen, so dass auch der Handel den Schutz zu organisieren und zu bezahlen hatte! Diese Haltung vertrat auch Prinz Adalbert von Preußen bei seinen Planungen. Insgesamt wurde die Marinefrage weiterhin in der Presse aufmerksam verfolgt und kommentiert. Schon im Nachklang des Marinekongresses zu Hamburg vertraten die »Hamburger Nachrichten« die Meinung, die Küstenstaaten von allen Matrikularumlagen zu befreien und stattdessen Landestruppen als Seekontingente stellen zu lassen.

Der »Schwäbische Merkur« schlug wenig später vor, dass die deutschen Fürsten aus eigenen Mitteln einen *»(…) außerordentlichen Beitrag in außerordentlichen Zeiten«* aufbringen sollten. In der »Frankfurter Oberpostamtszeitung« wurde eine Reichsanleihe für den Aufbau der Flotte vorgeschlagen, der sich am 7. Juli 1848 auch die »Neue Hessische Zeitung« anschloss. Die Reeder und die Presse riefen nach Unterstützung gegen die Abschnürung des Handels.

Durch Abgeordnete der Nationalversammlung wurde kritisiert, dass die Presse in Deutschland *»(...) ohne Rücksicht auf Nutzen und Nachteil ihres Vaterlandes«* die komplizierte Sach- und Rechtslage des Flottenaufbaus zu deuten versuchte. Der Grund zu dieser Kritik lag in ständigen Berichterstattungen von Journalisten, die meinten, das sie mit Planspielen den verantwortlichen Politikern und Militärs vorgreifen und diese bewerten zu müssen, um somit die dänische Bedrohung schnell zu beenden. Auch wurden ständig »Informationen« aus England, Frankreich, Belgien oder den Niederlanden über die angeblichen Schiffseinkäufe für die Bundesflotte eingestreut. Dass auch dänische Spione solches ebenfalls mit großem Interesse lasen, schien für die Presse uninteressant zu sein!

Der Seehandel zur deutschen Ostseeküste war tatsächlich durch die Sundblockade weitgehend zusammengebrochen. Hatten 1847 im gleichen Zeitraum noch 1370 preußische und 1218 Schiffe anderer Nationen den Sund passiert, waren es im ersten Halbjahr 1848 nur noch 238 preußische und 278 Schiffe anderer Nationen. Immerhin waren zwischen dem 28. April 1848 und dem 30. Juni 1848 durch Dänemark 48 preußische Schiffe im Wert von 1,5 Millionen Thalern aufgebracht worden.

Der Marineausschuss der Nationalversammlung brachte am 8. Juli Anträge in der Bundesversammlung ein. Diese solle die 6 Millionen Thaler verfügbar machen, die zur Gründung der deutschen Kriegsflotte zugesagt worden waren. Während dieser Zeit versuchten Oldenburg und Hamburg, für die aufzubauende Reichsmarine die nötigen Voraussetzungen zu schaffen. Um die Jade als Kriegshafen des Reiches ins Gespräch zu bringen, war durch den Geheimen Rat Erdmann am 5. Juli 1848 eine Erkundung des Gebietes bei Heppens angeordnet worden, die bereits am 8. Juli 1848 durch das Deichamt des Gebietes arrangiert wurde!

Zu dieser Zeit wurde durch das Hamburger »Comité« der ehemalige Kadetteninstrukteur der Royal Navy, Hamlet Ingold Strutt, als Kapitän zur See und »Kommandant aller dem Comité zur Verfügung gestellten Schiffe« eingestellt. Ungeachtet der völkerrechtlich ungeklärten Lage der »Hamburger Flottille« beabsichtigte man im Juli 1848, die Schiffe zum Ende des Monats gegen die die Elbe blockierende dänische Segelfregatte THETIS einzusetzen.

Auf Anweisung der Nationalversammlung sollte sich General Wrangel mit dem »Hamburger Comité« in Verbindung setzen, um ein eventuelles gemeinsames Vorgehen besprechen zu können. In einer Stellungnahme vom 9. Juli 1848 riet der preußische General davon ab. Hierbei dürfte nicht die Unmöglichkeit eines solchen Planes die Ursache gewesen sein, sondern die bereits angelaufenen Gespräche um einen Waffenstillstand.

Auch in Schleswig-Holstein wurden die Weichen gestellt, möglichst schnell auch zur See verteidigungsbereit zu werden. Nach der Bildung der Provisorischen Regierung von Schleswig-Holstein war zum Ende Juni ein Budget von 500.000 Thalern für Marinezwecke vorgesehen, das ein Gremium verwalten sollte. Mitglieder waren neben Professor Christiansen, Senator Lorenzen und der Oberlandgerichtsadvokat von Pranger. Hauptproblem bei der Befürwortung von Marineangelegenheiten in der Regierung war und blieb die ablehnende Haltung des einzigen militärischen Fachmannes, Prinz von Noel, der ein erbitterter Gegner jeder Marineaktivität war. Im Marinegremium der provisorischen Regierung wurde trotzdem über die Zugehörigkeit der Marine beraten. Die Frage, ob die Marine eigenständig bleiben oder aber unter der

Verfügungsgewalt des Deutschen Reiches in Dienst stehen sollte, war das Hauptthema. Da sich das gerade bildende Deutsche Reich hinter die Belange der Herzogtümer stellte, wollte man die Reichsidee stützen und die Schiffe unter die nunmehrige Reichsflagge Schwarz-Rot-Gold stellen.

Die neue Reichsgewalt und britische Irritationen

Die Bundesversammlung löste sich am 11. Juli 1848 *»namens der deutschen Regierungen«* offiziell auf und übergab dem Reichsverweser *»...die Ausübung seine*(r) *verfassungsmäßigen Rechte und Verpflichtungen«.* Mit der Übernahme der offiziellen Geschäfte durch den Reichsverweser am 12. Juli 1848 delegierte der Deutsche Bund die Staatsgewalt an die Provisorische Zentralgewalt.[64]

Nun konnte mit der Regierungsbildung begonnen werden. Wie unklar die politische Konstellation in Deutschland war, zeigte die sehr reservierte Haltung der europäischen Staaten. In einem Gespräch vom selben Tag in London zwischen dem Beauftragten der Nationalversammlung Banks und dem britischen Außenminister Palmerston versuchte dieser zu erfahren, welche Stellung der »Reichsverweser« innehabe, in einem Land, das gar kein Reich sei (!), da Großbritannien nur den Deutschen Bund akzeptierte. Auch die Stellung des Präsidenten der Nationalversammlung war Palmerston nicht klar. Banks versuchte dem britischen Außenminister klarzumachen, dass der Begriff »provisorisch« nur eine »innere Angelegenheit« sei, die außenpolitisch unwichtig sei. Nachdem durch Banks von London aus die Sachlage aus deutscher Sicht dargestellt worden war, stellte die britische Regierung fest, dass der Ausrüstung und dem Umbau von Schiffen für das Deutsche Reich nichts in den Weg gelegt werden könne. Dieser Schritt zur Anerkennung durch England schien positiv, wogegen im neu zu schaffenden Reich die ersten ernsten Probleme auftraten, nachdem das neue Reichsministerium berufen war:

Reichsverweser:	Erzherzog Johann von Österreich (Öster.)
Ministerpräsident:	Fürst U. Lenningen (Bayern)
Inneres:	Schmerling (Öster.)
Äußeres:	Schmerling (Öster.)[65]
Krieg:	Peuker (Preußen)
Justiz:	Heckscher (Hamburg)
Handel:	Unbesetzt![66]

Auf Anordnung des Reichskriegsministers, General von Peuker, wurden alle Truppen aufgefordert, dem Reichsverweser feierlich zu huldigen und die deutschen Farben Schwarz-Rot-Gold aufzuziehen. Die deutschen Kleinstaaten folgen der Aufforderung, wogegen Österreich,

---

64 **DB 51/ 393.** Auch: **Angelow, Jürgen:** Von Wien nach Königgrätz.. Die Sicherheitspolitik des Deutschen Bundes im europäischen Gleichgewicht 1815–1866. Beiträge zur Militärgeschichte Hrg. Militärgeschichtliches Forschgungsamt, Bd. 52, S. 133. **Hansen, Heinrich E.** a. a. O. S. 19.

65 **Anm. d. Verf.:** In: Geschichte des Landes Oldenburg S. 109ff ist der Posten des Äußeren bei Heckscher, Justiz bei Mohl, Handel Duckwitz. Schmerling bis Ende Juli Minister des Äußeren.

66 Senator **Duckwitz** kam erst Anfang August 1848 in die Regierung.

Preußen, Bayern, Sachsen und Württemberg sich entzogen. Trotz dieser demonstrativen Verweigerung der »Huldigung« durch die stärksten Bundesstaaten beschloss die Nationalversammlung am 15. Juli 1848, die Truppen in Schleswig-Holstein zu verstärken. So sollte Druck auf die Dänen ausgeübt werden, schnell einem Waffenstillstand zuzustimmen.

Da die Provisorische Zentralgewalt zunächst noch nicht alle Ministerien besetzt hatte, wurde weiter nach geeigneten Personen gesucht. Auch der Bremer Senator Arnold Duckwitz, wegen seiner handelspolitischen Ideen und seiner guten Kontakte nach Amerika weit über die Grenzen von Bremen bekannt und geachtet, wurde gebeten, einen Posten im Kabinett zu übernehmen. Nach einem Gespräch zwischen ihm und dem Bürgermeister von Bremen, Smidt, sowie den Ministern Schmerling (Inneres und Äußeres) und Peuker (Krieg) willigte der Bremer Senator am 24. Juli 1848 grundsätzlich ein, das Handelsministerium zu übernehmen.

Als er diesen Posten am 5. August 1848 antrat, forderte er sofort dringend die Schaffung einer zentralen Marinebehörde. In diesem Zusammenhang verlangte der neue Handelsminister sofort die Gestellung von Fachleuten, die sich mit Marinefragen auskannten. Außer Österreich und Preußen hatte aber kein deutscher Staat Marineeinheiten. Diese waren aber nicht bereit, ihre eigenen Interessen unter die nationale Marinebestrebung zu stellen und gaben keinerlei Personal frei. Die Provisorische Zentralgewalt trat aus diesem Grund an den US-Gesandten Major Donelson mit der Bitte heran, seine Regierung um die Freistellung eines höheren Seeoffiziers der amerikanischen Marine im Rang eines Fregattenkapitän oder Commodores zu bitten. Es wurde von diesem erwartet, dass er Kunde:
– vom Schiffbau habe,
– von Marinehäfen und deren »Fortification« besitze,
– Einrichtungen und Arsenale kenne,
– Beschaffung von geeigneten Geschützen leiten könne und Erfahrungen mit den neusten Geschützen besitze.

Ferner wurden fünf bis sechs Konstrukteure erbeten, die beim Schiffbau persönlich mitarbeiten und praktische Anleitungen geben konnten.

Die Einführung der deutschen Kriegs- und Handelsflagge

Wie wichtig einige Politiker die Frage des Handelsschutzes ansahen, zeigte die heftige Debatte um den Aufbau der Reichsmarine und eine einheitliche Handels- und Kriegsflagge für alle deutschen Schiffe zum Ende des Juni 1848, die aber im allgemeinen politischen Geschehen wenig beachtet wurde. Auf Grund der Tatsache, dass in absehbarer Zeit weitere Kriegsschiffe für die Deutsche Flotte in Hamburg hergestellt werden könnten, die dann vom Reich übernommen und in Dienst gestellt werden sollten, sah sich der Marineausschuss gezwungen, Schritte zur Festlegung und Bestimmung der Deutschen Flagge zur See einzuleiten. Am 31. Juli 1848 wurde das durch den Marineausschuss eingebrachte Gesetz *»Betreffend die Einführung einer deutschen Kriegs- und Handelsflagg«* von der Nationalversammlung angenommen, ohne eine Ausführungsbestimmung festzulegen.

»Art. 1)

Die deutsche Kriegsflagge besteht aus drei gleich breiten horizontal laufenden Streifen, oben Schwarz, in der Mitte roth, und unten gelb. In der linken oberen Ecke trägt sie das Reichswappen in einem viereckigen Felde, welches zwei Fünftel der Breite der Flagge zur Seite hat.

Daß Reichswappen zeigt in goldenem (gelben) Felde den doppelten schwarzen Adler mit abgewendeten Köpfen, ausgeschlagenen rothen Zungen und goldenen (gelben) Schnäbeln und desgleichen offenen Krallen.

Art. 2)

Jedes deutsche Kriegsschiff, welches nicht Admiralitätsflagge oder Commodores Stander führt, läßt vom Top des großen Mastes einen Wimpel fliegen. Derselben ist Roth und zeigt am oberen Ende den Reichsadler, wie oben beschrieben, im goldenen (gelben) Felde.

Art. 3)

Die deutsche Handelsflagge soll aus drei gleich breiten horizontalen, schwarz roth gelben Streifen bestehen, wie die Kriegsflagge, jedoch mit dem Unterschiede, daß sie nicht daß Reichswappen trägt.

Art. 4)

Diese Flagge wird von allen deutschen Handelsschiffen als Nationalflagge ohne Unterschied geführt. Besondere Farben und sonstige Abzeichen der Einzelstaaten dürfen in dieselbe nicht aufgenommen werden. Dabei soll es jedoch den Handelsschiffen freistehen, neben der allgemeinen deutschen Reichsflagge, noch die besondere Landes- oder eine örtliche Flagge zu zeigen.

Art. 5)

Weitere Bestimmungen über die Größe der Flaggen, über die Unterschiede in den von verschiedenen Oberbefehlshabern zu führenden Flaggen, sowie über die Anordnung sonstiger Flaggen z. B. bei Lootsen und Zollwesen, bleibt vorbehalten. [67]

---

[67] **Hoog, G.:** Deutsches Flaggenrecht, S. 92. **Böll, Hans Jürgen:** Die erste deutsche Flotte 1848–1853 In: Reichert Karlheinz M. Marine an der Unterweser S. 10. **Anm. d. Verf.:** Die Meinungsbildung über die Flagge und ihr Aussehen war Mitte 1848 noch lange nicht abgeschlossen. Viele waren der Meinung, noch etwas dazu sagen und schreiben zu müssen. So auch Prinz Adalbert von Preußen, der die Auffassung vertrat, dass **» (...) gar kein Thier ...«** (gemeint war der Doppeladler des Reiches und ehem. Dt. Bundes) ... in die Flagge **»... eines zivilisierten«** Landes gehöre. Nur halb zivilisierte Nationen würden sie verwenden! Auch »(...) Hannover verunglimpfe seine Flagge« mit dem Pferd der englischen Flagge.

Der preußische Küstenschutz in der Ostsee Mitte 1848

Seit dem Hamburger Kongress schien sich etwas zu bewegen. Der preußische Kriegsminister teilte dem preußischen Handelsministerium Mitte Juli mit, dass Mittel frei waren für die Kanonen der »STRELA-SUND«. Außerdem wurden vier Kanonenschaluppen in Stettin und zwei Boote in der Maschinenbauanstalt der Seehandlung in Berlin gebaut. Die Fahrzeuge sollten nach den Musterzeichnungen des Kriegsministeriums gebaut werden.

Nachdem seit dem 1. August 1848 das dänische Marineministerium bekannt gegeben hatte, dass es neben den bisher blockierten Häfen Swinemünde, Wolgast, Camin, Kiel und der Kanalverbindung bei Holtenau, ab dem 15. August 1848 Greifswald, den östlichen Einlauf von Stralsund, die Elbe, Weser und Jademündung blockieren würden, spitzte sich die Lage für die Handelsschifffahrt in der Ost- und Nordsee erneut zu. Für neutrale Schiffe wurde eine freie Abfahrt bis zum 30. August 1848 genehmigt. Aus diesem Grund begannen zwischen dem preußischen Kriegs- und Handelsministerium erneut Verhandlungen über die Aufgaben der preußischen Marine. Hauptaufgaben sollten sein:
    A) Schutz des preußischen Handels,
    B) der Küstenschutz.

Auf Vorschlag von Prinz Adalbert wurde der Greifswalder Bodden als Übungsgebiet der anstehenden Seemanöver gewählt, insbesondere die Reede von Lauterbach und die kleine Insel Bilm, auf der eine Scheibe aufgebaut werden sollte, um das Schießen der Boote zu kontrollieren. Unmittelbar vor dem Stapellauf des neuesten preußischen Kriegsschiffes »STRELA-SUND« ersuchte das Kriegsministerium unter Minister Schreckenstein am 8. August 1848 den Handelsminister, für die Manöver Personal der AMAZONE zur Verfügung zu stellen. Die Leitung sollte Capitain-Lieutenant Jan Schröder übernehmen. Einsatzbereit waren zu diesem Zeitpunkt:
    2 hölzerne Jollen (je 1 Kanone) aus Stettin,
    2 eiserne Jollen (je 1 Kanone) aus Berlin,
    2 hölzerne Schaluppen (je 2 Kanonen) nach dänischer Bauweise,
    2 eiserne Schaluppen (je 2 Kanonen) nach Major Gaede aus Berlin,
    1 Haffkanonenboot (»STRELA-SUND« im Bau) mit 6 Kanonen.

Bewaffnet waren die neun Schiffe mit insgesamt:
    8 × 25 Pfd. Bombenkanonen,
    2 lg. 24 Pfd. schwedischer Bauart,
    4 lg. 24 Pfd. preußischer Bauart,
    2 krz. 12 Pfd. Haubitzen preußischer Bauart.
Zum Schleppen der Ruderboote wurden die Dampfer DELPHIN mit 40 PS und TARTAR mit 47 PS-Maschinen für 33 Thaler pro Tag gemietet.

Am 10. August 1848 lief von der Werft Erich in Stralsund das »Haffkanonenboot« (so die amtliche preußische Bezeichnung für dieses Boot) STRELA-SUND vom Stapel.[68] Zu diesem

---

68 **Batsch, F.:** Zur Vorgeschichte der Flotte Dienstpflicht der Seeleute II. In Marinerundschau 1896, S. 886–899, S. 296ff. Hierin gibt dieser den Stapellauf für den 12.8.1848 an. **Hubatsch u.a.:** Die erste Deutsche Flotte. S. 117ff.

Taufakt war auch Prinz Adalbert von Preußen erschienen. Als der Festredner, Professor Dr. Zobel, den Namen des Schiffes nannte, nahm der preußische Prinz eigenhändig das Tuch vom Namenszug STRELA-SUND fort, schwang sich bei den Worten: **»Schlag den Keil nun ab! STRELA-SUND, gleit hinab«,** auf das Boot und schwenkte eigenhändig den Flaggenstock mit der preußischen und der Reichsflagge! Das Ruderkanonenboot war nach den Plänen von Longe erbaut und mit Inventar und Bewaffnung des 1816 erbauten Kriegsschoners STRAL-SUND ausgerüstet worden. Es erhielt anschließend die taktische Nummer »Nr. 1«.

Die Aufstockung des Marinepersonals rief in Preußen Probleme hervor. Obwohl auf der AMAZONE und den Navigationsschulen die Ausbildung der ersten preußischen Seeoffiziere betrieben wurde, stellte der amtierende Navigations-Hauptdirektor von Danzig, Jan Schröder, in einem Schreiben vom 24. Juli 1848 fest, dass die ausgebildeten Auxiliaroffiziere zwar in der Lage waren, ein Schiff zu steuern und zu navigieren, **»(…) als Seeoffiziere seien sie deshalb aber noch lange nicht qualifiziert!«** Es fehle ihnen die Kenntnis in der Artillerie, der Disziplin im täglichen Dienst, der Behandlung eines Kriegsschiffes und das angemessene Verwenden der Schiffsmannschaften und vieles mehr.

Zudem kam es in Preußen hinsichtlich der Verfügungsgewalt über die Einheiten der Kriegsmarine zu Meinungsverschiedenheiten zwischen dem Handels- und dem Kriegsministerium.

Als das Kriegsministerium die Schiffe und deren Belange in seinen Ressortbereich übernehmen wollte, protestierte das Handelsministerium am 22. August 1848 auf das Schärfste! Während das Handelsministerium auf den Bereich der Küstenverteidigung ohne weiteres verzichten wollte, geschah dies nicht hinsichtlich der Verfügungsgewalt der Schiffe, den Besatzungen und der Ausbildung, da man die Auffassung vertrat, dass Marineangelegenheiten nicht vom **»(… Standpunkt des Landmilitärs geführt werden (…)«** und somit nicht dem **»(…) Herren Kriegsminister (…)«** überlassen werden sollten.[69] Stattdessen sollte ein selbstständiges Marinekollegium aufgebaut werden, dessen Verwaltung zunächst Prinz Adalbert als Vorsitzendem der Marinekommission zu überlassen sei.

Auch Prinz Adalbert war der Auffassung; dass das landmilitärische Zeremoniell und der **militärische Drill auf Schiffen für die Ausbildung und im Dienst nichts zu suchen hätten.** Katzenartige Gewandtheit in der Takelage, sicheres Gehen und Bewegen auf einem schwankenden Schiff würden gefordert und keine zackigen Bewegungen wie beim Marschieren und dem Gefechtsdrill zu Lande. Allein aus diesem Grund der formalen militärischen Einengung versuchte Prinz Adalbert immer, so wenig wie nur möglich für seine Marine mit dem »Landmilitär«, statt dessen lieber mit dem Handelsministerium, zusammenzuarbeiten.[70]

---

69 **Batsch, F.:** Zur Vorgeschichte Preußische Anfänge. S. 293.

70 **Anm. d. Verf.:** Dieser Kompetenzstreit wird in der Marineliteratur zumeist übergangen oder verschwiegen. Obwohl der Prinz einen ganz wesentlichen Anteil am Aufbau der preußischen Flotte hatte, kam es zu einer besonderen Haltung gegenüber »seiner Marine«. Einerseits kämpfte er für sie, andererseits begab er sich öfters, während seine Marine im Kampf stand, zu Heereseinheiten (so z. B. 1848 und 1866, 1871) in unmittelbarer Frontnähe und setzt dabei sein Leben aufs Spiel, anstatt an der Seite »seiner Marine« die Verantwortung vor Ort in Berlin oder im Bereich der Küste zu übernehmen. Andererseits wollte er »seine Marine« nicht in der Verfügungsgewalt des »Landmilitärs« des Kriegsministeriums beheimatet sehen, da ihn der »Drill«, entgegen der »Katzengewandtheit« seiner Matrosen in der Takelage, nicht angebracht schien.

Zu dieser Zeit begannen Verhandlungen durch Preußen mit den USA, um gegebenenfalls zukünftige preußische Seeoffiziere auf einem US-Kriegsschiff ausbilden zu lassen.

Die aus Spenden finanzierten preußischen Kanonenjollen GERMANIA und CONCORDIA liefen am 30. August 1848 vom Stapel. In Anwesenheit des gemieteten Postdampfers PREUSSISCHER ADLER gingen die Boote unter dem Salut des Dampfschiffes zu Wasser. Auf anderen preußischen Werften befanden sich zu diesem Zeitpunkt noch die Ruderkanonenboote Nr. 2, Nr. 3 und Nr. 4 im Bau. Während die Boote Nr. 2 und Nr. 3 vom Schiffbaumeister F. Schlüter nach dänischem Muster gebaut wurden, entstand Boot Nr. 4 von Schiffbaumeister E. Nüsch nach schwedischem Muster.

Während Preußen seine Seemanöver organisieren konnte, wurde am 21. August in der Nationalversammlung über den Aufbau der Reichsmarine debattiert. Durch den Minister des Äußeren und Inneren, Schmerling, wurde ein umfassender Bericht abgegeben, der durch die Übergabeverhandlungen der Hamburger Flottille hohe Aktualität erhielt. Es wurde beschlossen, die drei Segelschiffe, die drei Dampfer und das Kanonenboot ST. PAULI durch eine Reichskommission auf ihre Tauglichkeit als Kriegsschiffe überprüfen zu lassen. Am gleichen Tag stellte sich der aus England geworbene Kapitän Kuper Abgeordneten der Nationalversammlung, um hier Fragen zum Aufbau einer Flotte zu beantworten. Spätestens in dieser Sitzung wurde klar, dass es keine Instanz gab, die die Aufgaben der Marine wahrnahm. So konnte nicht einmal eine amtliche Kommission eingesetzt werden, die die Hamburger Schiffe für das Reich überprüfte. Der Grund lag in der Gefahr, die Schiffe der Hamburger Flottille schlecht bewerten zu müssen, da durchgesickert war, dass sie angeblich nicht als Kriegsschiffe tauglich waren. Dieser unangenehmen Situation wollte sich aber keiner der Kommissare aussetzen. Das preußische Kriegsministerium lehnte die Gestellung von Personal dazu klar ab. Österreich reagierte gar nicht auf das Ersuchen, da es dem Aufbau einer Marine in der Nordsee grundsätzlich weiterhin ablehnend gegenüberstand.

Die Provisorische Zentralgewalt litt sehr unter dem Status, auf internationaler Ebene nicht anerkannt zu werden, was sich spätestens während der Waffenstillstandsverhandlungen, die vorwiegend in London geführt wurden, negativ bemerkbar machte. Unmittelbar vor dem Abschluss des Waffenstillstandes um Schleswig-Holstein suchte die Provisorische Zentralgewalt in Großbritannien erneut um Anerkennung nach. Zu diesem Zweck reiste der Sondergesandte der Nationalversammlung, Baron Adrian, nach London, um sich mit der britischen Regierung des Äußeren ins Benehmen zu setzen. Hier konnten auch die Unterlagen der neuen Nationalfarben des Deutschen Reiches, Schwarz-Rot-Gold, vorgetragen werden!

Nach den Gesprächen zwischen Baron Adrian und Lord Palmerston am 25. August 1848 erhielt der Baron aber keine klare Zusage. Englands Haltung zur politischen Konstellation des Deutschen Reiches (Preußen **und** Österreich in einem Reichsverbund, war für Großbritannien schlichtweg negativ!). Der Hauptgrund läge in der Wirtschafts- und Militärmacht des Deutschen Reiches, die sich über das gesamte Mitteleuropa erstrecken könnte und von England, und auch anderen europäischen Staaten, als große Gefahr angesehen wurde, eigene Macht und Einflussnahme in Mitteleuropa zu verlieren.

Kapitel IV.

Der Waffenstillstand von Malmö und seine politischen Folgen

Die von Preußen für das noch nicht anerkannte Deutsche Reich geführten Waffenstillstandsverhandlungen kamen in Malmö am 26. August 1848 zum Abschluss. Auf Druck von Russland, das drohte, mit 80.000 Mann nach Ostpreußen einzumarschieren und mit 10.000 Mann Landtruppen die Dänen zu unterstützen, kam es zum ungünstigen Abschluss für Schleswig-Holstein. Auf Druck dieser Mächte, aber auch zum eigenen preußischen Vorteil (Ende der Blockade der Ostseehäfen) schloss Preußen einen Waffenstillstand ab, der auch die Ablösung der Provisorischen Regierung von Schleswig-Holstein vorsah. Bis auf 2.000 Mann Bundestruppen in Altona hatten sich alle Bundestruppen aus Schleswig-Holstein zurückzuziehen. Alsen blieb von 2.000 Dänen besetzt. Die dänischen Truppen hatten aber das Recht, ungehindert im gesamten Gebiet von Schleswig-Holstein zu kantonieren. Der Waffenstillstand war auf zunächst maximal sieben Monate befristet.[71]

Neben den politischen Ergebnissen, die nun erregt diskutiert wurden, war es vor allen Dingen der Zeitpunkt des Waffenstillstandes, der die Militärs an der Nordseeküste verärgerte. Die Kampfhandlungen zur See hätten in absehbarer Zeit ohnehin ihr Ende gefunden, da sich der Herbst näherte und gerade die Schiffe wieder in ihr Winterlager zurückgekehrt wären. So hatte Dänemark den Vorteil, gegen Ende dieses Jahres vor den Angriffen der agilen Kanonenboote der Schleswig-Holsteiner geschützt zu sein. Auch die landmilitärischen Siege gingen verloren, da Dänemarks Unterstützer, Frankreich, Großbritannien und besonders aber Russland, der Gendarm Europas, auf die militärische Zurücksetzung der eroberten Gebiete pochten.

Obwohl die Verhandlungen zu einem Waffenstillstand in Malmö bereits am 26. August 1848 abgeschlossen waren und nur noch ratifiziert werden mussten, hatte die Provisorische Zentralgewalt von Preußen, als eigentlicher Verhandlungsführer für das Reich, noch keine offiziellen Unterlagen über die Bedingungen des Abkommens erhalten! Am 1. September 1848 richtete das Reichsministerium des Äußeren unter Minister Schmerling deshalb eine Note an den preußischen Ministerpräsidenten mit der Bitte um die Übersendung der Akten des Waffenstillstandsabkommens von Malmö. Somit wurden erst am 3. September 1848 in der Nationalversammlung die Bedingungen des Waffenstillstandes erörtert! Da in keiner Weise die Interessen der Herzogtümer nach eigenständiger Zusammengehörigkeit zum Deutschen Reich erfüllt, im Gegenteil: offenbar nur dänische Interessen als Gegenstand der Abmachung berücksichtigt worden waren, gab es in der Versammlung tumulthafte Auseinandersetzungen. Es folgte eine

---

71 **Otto von Baudissin:** Schleswig-Holsteinische Soldatengeschichten. Verlag Carl Rüppel 1863.
Anm. d. Verf.: Hierzu das interessantes Buch von in dem eine gänzlich andere Darstellung des allgemein (von preußischer Literatur) dargestellten Waffenganges vorzufinden ist. Hier wurde deutlich, wie es durch die Blickrichtung des Betrachters zu ganz anderen Ergebnissen kam, die in diesem Fall sehr negativ für Preußen, vorwiegend General Wrangel und Pritwitz ausfallen. Die Hintergründe des politischen und militärischen Vorgehens durch Preußen sind weitgehend unbeleuchtete Themen, stellen aber einen wichtigen Mosaikstein im Verhältnis der Schleswig-Holsteiner zu Preußen dar, das sich lohnt zu betrachten!

erregte Debatte innerhalb der Nationalversammlung und Provisorischen Zentralgewalt. Auch die Bevölkerung, über die Presse informiert, war wegen der Ergebnisse auf das äußerste empört. Am Nachmittag versammelten sich in der östlichen Innenstadt von Frankfurt auf der, zwischen dem Allerheiligen- und dem Friedbergertor gelegenen Pfingstweide 10.000 Menschen, um gegen die Annahme des Waffenstillstandes zu demonstrieren. Hierbei wurde beschlossen, die 258 Mitglieder des Parlamentes zu Verrätern des deutschen Volkes, der deutschen Freiheit und Ehre zu erklären. [72]

Am 5. September 1848 kam der Waffenstillstand erneut auf die Tagesordnung der Nationalversammlung. Die heftigen Auseinandersetzungen erreichten ihren Höhepunkt und werden als die aufgeregtesten und tumulthaftesten seit Bestehen der Nationalversammlung gewertet! Die Empörung gegen die preußische Verhandlungsführung schlugen hohe Wellen. Der Verdacht der politischen Vorteilnahme zu Gunsten des preußischen Staates und der Reaktion auf die demokratischen Anfänge in Deutschland vergiftete die Debatte. Als es zur Abstimmung kam, erlitt das Abkommen eine unerwartete Abstimmungsniederlage von 238 Stimmen gegen das Abkommen und 221 Befürwortungen.

Aus Protest gegen das Waffenstillstandsabkommen trat die Regierung Gagern zurück. Auch die nachfolgende Regierung Dahlmann musste wegen dieser Angelegenheit aufgeben. Unter dem geschäftsführenden Minister Leininger begannen erneut Verhandlungen durch die Nationalversammlung, die zum Ergebnis hatten, dass über die Frage der Zusammensetzung der neuen Regierung in Schleswig-Holstein ein Kompromiss gefunden werden sollte. Daraufhin kam es am 16. September 1848 erneut zur Abstimmung über die Genehmigung der Ergebnisse des Malmöer Waffenstillstandes. Diesmal setzten sich die Befürworter ganz im Sinne von Preußen durch. 257 stimmten für, 236 gegen die Annahme des Entwurfes. Als Folge der Annahme des Waffenstillstandes von Malmö kam es durch Radikale in Frankfurt zu Unruhen.

Die vom Reichsverweser herbeibeorderten preußischen und österreichischen Truppen gingen mit aller Härte gegen den Aufstand vor, in dessen Verlauf die als konservative Reaktionär verschrienen Abgeordneten Fürst Lichnowsky und General von Auerswald am 18. September 1848 vom Mob gelyncht wurden. Der massive Druck des Militärs wurde noch verstärkt, so dass nach kurzer Zeit der Aufstand sehr blutig niedergeschlagen wurde. Am gleichen Tag formierte sich eine neue Reichsregierung. Unabhängig von den Unruhen im Deutschen Reich wurden Nachverhandlungen wegen des Waffenstillstandes eingeleitet. Nach kurzer Verhandlung kam es zwischen Preußen und Dänemark zur Einigung über die geforderten Änderungen. Ergebnis war unter anderem die Auflösung der »Provisorischen Regierung« von Schleswig-Holstein und Einsetzung eines fünfköpfigen Gremiums der »Gemeinsamen Regierung« für Schleswig-Holstein.

---

72 **Heikhaus, Ralf:** Die ersten Monate der provisorischen Zentralgewalt für Deutschland (Juli bis Dezember 1848). Grundlagen der Entstehung, Aufbau und Politik des Reichsministeriums. Dissertation. Frankfurt a. M. 1997. S. 235.

Teil B

Die Verantwortung der Marine

unter Reichshandelsminister Arnold Duckwitz

Kapitel V.

Die Schaffung der Marinebehörde

der Reichsmarine Herbst 1848

Trotz der innenpolitischen Probleme nach den Aufständen in Frankfurt bemühten sich die verantwortlichen Politiker weiterhin um den sachgerechten Aufbau des Deutschen Reiches. Der Gesetzentwurf zur Verkündung einer Kriegs- und Handelsflagge wurde am 26. September 1848 in der Nationalversammlung bearbeitet. Das Reichsministerium des Handels (Duckwitz) gab am folgenden Tag ein Schreiben an die Seeuferstaaten heraus, das die Ausführungsbestimmungen zum Gesetz über die Kriegs- und Handelsflagge enthielt. Im Rahmen der Grundrechtsdebatte über das Staatsrecht konnten während der 33. Sitzung die Probleme um die Anrechnung des Dienstes in der Marine als Allgemeine Wehrpflicht erörtert werden. Neben diesen Themen wurde auch die Frage debattiert, ob die einzelnen Staaten des Reiches eigene Seestreitkräfte aufbauen und unterhalten dürften. Ein Teil der Debatte drehte sich dabei um die Stellung der Seeleute im Verhältnis der Soldaten der Bundeskontingente des Bundeskorps.

Preußen begann zu dieser Zeit bereits für die Schaffung eines eigenen Offiziercorps zu planen, als es schon seit Juli des Jahres begonnen hatte, über seinen Gesandten Gerold in Washington »(...) *über die Aufnahme von jungen deutschen Seeleuten auf hiesigen Kriegsschiffen ...*« Erkundigungen einzuziehen. Im September waren die Verhandlungen so weit gediehen, dass die vier preußischen »Offiziers-Aspiranten« Julius Hoffmann, Willy Berger, Karl Behrent und Karl Ferdinand Batsch benannt waren. Nun standen Verhandlungen zwischen Berlin und Washington an, um die Regularien für die Übernahme der vier preußischen Aspiranten zu klären. Hintergrund war das Unbehagen von preußischer Seite über die weitaus höhere Einstufung der »Midshipmen« in der Hierarchie der amerikanischen Marine. Auch war die Geldversorgung für die Aspiranten dem preußischen Finanzministerium zu hoch angesetzt, da dieses Unternehmen voll vom preußischen Staat finanziert werden sollte. [73]

---

73 **Batsch, E.:** Auszug aus der Acte »Kriegsministerium Allgemeines Kriegs-Departement Abteilung für die Kriegs-Angelegenheiten« Acta betreffend die Aufnahme von preußischen See-Cadetten ... August 1848.

Indes ging den Mitgliedern der Nationalversammlung die Planung und der Aufbau der Reichsmarine nicht schnell genug voran. Immer wieder kam es zu diesem Thema. So verlangte der Berliner Abgeordnete Jordan einen Bericht über den Stand der Entwicklung. Am 29. September 1848 wurde deshalb durch den Marineausschuss der Nationalversammlung ein umfassender Bericht vorgelegt. Die Situation um die Überprüfung der Hamburger Schiffe war ein wichtiges Thema. Bislang konnte die Kommission nicht gebildet werden, da keine Regierung Mitglieder zur Verfügung stellen wollte. Auch war noch kein Leiter für die Kommission gefunden worden. Ein unhaltbarer Zustand.

Ende September 1848 begann der Handelsminister Duckwitz deshalb die Sache der Marine energisch voranzutreiben. Zunächst forderte er die Unterlagen des Marineausschusses der Nationalversammlung an, um die Aufstellung der deutschen Marineoffiziere zu erhalten, die im Ausland Dienst leisteten. Schon bald kristallisierte sich heraus, dass es nur sehr wenige Offiziere gab, die überhaupt in Frage kamen und auch bereit waren, in dieser Lage eine führende Position in der Deutschen Flotte zu übernehmen. Neben dem aus dänischen Diensten gewechselten Capitain-Lieutenant Donner, der zurzeit in Schleswig-Holstein Dienst leistete, stand auch der Niederländer Capitain-Lieutenant Jan Schröder, der in Preußen die Navigationsschule von Danzig leitete, in der Diskussion. Dies waren aber alles Ausländer. Einziger Deutscher war der in Griechenland lebende Fregattenkapitän Carl Rudolph Brommy, der gerade in Berlin ein umfassendes Marinebuch herausgegeben hatte.

Neben dieser Suche nach Führungspersonal musste als nächster wichtiger Schritt das Marineministerium gebildet werden, das dann den Aufbau und die Beschaffung von Schiffen und deren Material organisierte. Als Folge der regen Diskussion vom 28. September 1848 fragte der Abgeordnete von Reben am 30. September 1848 über den Verbleib der am 14. Juni 1848 bewilligten Marinemittel nach. Reichsfinanzminister von Beckrath erläuterte, dass es noch zu keiner Auszahlung der freigegeben drei Millionen Thaler gekommen sei, da zum einen keine Anforderung gestellt, zum anderen keine Marinebehörde vorhanden war, der die Mittel zur Verfügung gestellt werden könnten. Nach einer erregten Diskussion über diesen unhaltbaren und absurden Zustand wurde das Finanzministerium aufgefordert, die bewilligten Mittel flüssig zu machen. Um die Finanzmittel geordnet zu übernehmen und zu verwalten, musste ein Minister dafür die Verantwortung übernehmen. Nach dieser Debatte übernahm Handelsminister Duckwitz offiziell die Marine, um so überhaupt erst die gesetzlichen Grundlagen zum Aufbau der Reichsmarine zu schaffen.

Arnold Duckwitz wurde nun mehr und mehr zum Dreh- und Angelpunkt aller Marinetätigkeiten. Zuerst versuchte er, einen kompetenten Seeoffizier ausfindig zu machen, der im Inland zur Verfügung stehen konnte. Dann forderte er die Personalunterlagen des Marineausschusses an. Von den Bewerbern war das Angebot des in Griechenland zur Disposition stehenden deutschstämmigen Sachsen Carl Rudolph Brommy das interessanteste, da er bereits lange Jahre in führenden Positionen gearbeitet hatte. Er beschloss deshalb, über Carl Rudolph Brommy Erkundigungen einzuholen. Weitere wichtige Punkte, die unbedingt einer raschen Lösung bedurften, waren:
- die Schaffung einer Marinebehörde,
- die Überprüfung der Hamburger Schiffe.

Die seit Jahren gewachsenen guten Post- und Handelsverbindungen seiner Heimatstadt Bremen zu den Vereinigten Staaten von Amerika gedachte Minister Duckwitz auch für die Marine zu nutzen. Aus diesem Grund wandte sich Arnold Duckwitz Anfang Oktober 1848 an den amerikanischen Gesandten in Frankfurt, Donelson, mit der Bitte um Unterstützung durch die Vereinigten Staaten. Gedacht war an die Gestellung von Marinepersonal und an Kriegsschiffe. Außerdem war an die Übernahme von:

– einem Commodore im Rang eines Contreadmirals,
– 38 Offizieren,
– Schiffen und deren Armierung gedacht.

Unter Mitwirkung der Reichsminister Schmerling, Peuker und Heckscher arbeitete der Handelsminister Pläne aus, um eine Marinebehörde zu organisieren. Duckwitz musste bei der Suche nach geeigneten Personen nicht nur auf deren Kompetenz achten, sondern auch die politischen Gegebenheiten des Reiches bedenken. Er beabsichtigte Prinz Adalbert von Preußen zu gewinnen, der mit seiner Denkschrift im Juni des Jahres hervorgetreten war und sich für eine »teutsche Flotte« stark machte. Einerseits wollte Duckwitz den passionierten Marinefachmann einbinden, andererseits Preußen andeuten, wie wichtig es war, bei dieser nationalen Angelegenheit des Deutschen Reiches mitzuwirken. Natürlich bedeutete dies auch die Einbeziehung eines österreichischen Marinefachmannes. Die Marinebehörde musste dem Handelsministerium unterstellt sein, das auch die politische Verantwortung zu tragen hatte, da dieses das Kriegsministerium weiterhin verweigerte. Aus diesem Grund wandte sich Arnold Duckwitz in einem Schreiben des Gesamtministeriums an den preußischen Gesandten v. Camphausen mit der Bitte um Mithilfe zur Bildung einer *»(…) einheitlichen Organisation der Marine«*, so dass man die nötigen Schritte einleiten könne. Das Reichsministerium wünschte die Mitarbeit von Prinz Adalbert von Preußen zu genehmigen. Man bat deshalb den …

»(…) gewichtigen Rath in der fraglichen vaterländischen Angelegenheit des Prinzen zu ermöglichen«. [74]

Dieses Einladungsschreiben des Gesamtministeriums gelangte, mit einem Begleitschreiben des preußischen Gesandten in Frankfurt v. Camphausen, am 5. Oktober 1848 zum preußischen König. Von Camphausen befürwortete dieses Gesuch ausdrücklich, da er dadurch eine Stärkung der preußischen Position durch Offiziere und Sachverständige sah, als eventuelles Gegengewicht zu Österreich.

Die Überprüfung der Hamburger Flottille Oktober 1848

Nach der Übernahme des Marineressorts durch Arnold Duckwitz kam die Angelegenheit in Gang. Am 5. Oktober gelang es, die »Reichskommission zur Überprüfung der Hamburger Flottille« zu berufen, die aus den folgenden Mitgliedern gebildet wurde:

Ingenieur Morgan (Brite), Leiter der Kommission,
Major Teichert (Hannover),
Hauptmann Moering (Österreich).

---

74 **DB 59/2.** Duckwitz an Camphausen.

Zudem schien sich auch das Führungsproblem der Marine lösen zu lassen. Nachdem der britische Kapitän Kuper sich in der Nationalversammlung über Marinedinge geäußert hatte, bewarb er sich Anfang Oktober 1848 offiziell um die Einstellung in die Reichsmarine.

Wenige Tage später begannen auch die guten Beziehungen des Bremer Senators Duckwitz zu den USA Früchte zu tragen, als am 7. Oktober 1848 die US-Dampffregatte ST. LAWRENCE in Bremerhaven einlief, deren Kapitän Paulding autorisiert war, mit der Reichsregierung in Kontakt zu treten und diese in Marineangelegenheiten zu beraten. Ursprünglich war der Auftrag des Kapitän Paulding gewesen, Preußen beim Aufbau seines Offizierscorps zu unterstützen und die vier preußischen Offiziersanwärter an Bord zu nehmen und auszubilden, sollte kein Krieg mehr mit Dänemark bestehen. Am 29. August befahl das US-Marineministerium, dass die neu in Dienst gestellte USS ST. LAWRENCE, unter dem Kommando des Kapitän Paulding, diesen Auftrag übernehmen sollte. Das Schiff verließ am 8. September die USA. Über Cowes lief das Schiff am 7. Oktober 1848 in die Weser ein und warf auf der Reede von Bremerhaven seinen Anker. Am nächsten Tag wurde es in den alten Hafen von Bremerhaven geschleppt, wo es für den nächsten Monat liegen blieb.

Diese Mission war also eine rein preußische Angelegenheit und hatte mit der Bildung der Reichsmarine, wie von Minister Duckwitz geplant, nichts zu tun! Als der US-Kapitän in Berlin eintraf, wurde der die preußische Marine führende Prinz Adalbert gerade durch ein persönliches Schreiben des Reichsverwesers Erzherzog von Österreich gebeten, sich der gerade gebildeten Technischen Marinekommission zur Verfügung zu stellen.[75]

Der US-Kapitän traf schon wenig später mit den Vertretern Preußens zusammen, um sie zu beraten. Hierbei gedachte Preußen auf jeden Fall die geplante Ausbildungsfahrt für die vier preußischen Offiziersanwärter zu erreichen, die vom preußischen König am 14. Oktober auch genehmigt worden war. Deshalb begab sich der preußische Major Begun v. Wangenheim nach Bremerhaven, um sich mit dem US-Kapitän ins Benehmen zu setzen und die Unterbringung und Organisation auf dem US-Kriegsschiff persönlich zu erforschen. Hierüber erstattete er dem Prinzen Adalbert einen Bericht mit dem Zusatz, dass sich der Kapitän, sollte er eingeladen werden, nach Berlin begeben wolle, um weitere Einzelheiten der Ausbildung zu besprechen.[76]

Durch die Aktualität wesentlich beeinflusst traten im Finanzministerium des Reiches alle Vertreter der Länder am 9. Oktober zusammen, um die gegenwärtige Finanzierung der Reichsmarine und die Freigabe der Gelder für die Flotte zu erörtern:
(…) Nachdem der Reichsminister der Finanzen hinsichtlich der Erhebung von Drei Millionen Taler zur Gründung einer deutschen Flotte eine Besprechung mit den bei der provisorischen Centralgewalt accreditirten Bevollmächtigten der Zollvereinsstaaten für wünschenswert erachtet und entsprechende Einladungen hatte ergehen lassen, erschienen zu diesem Zwecke die neben genannten Herren Bevollmächtigten.
Der Herr Finanzminister eröffnete die Sitzung mit nachstehendem Vortage:
»Unterm 14. Juni dieses Jahres hat die Reichsversammlung den Beschluß gefaßt:

---

75 **Hubatsch u.a.:** Die erste deutsche Flotte, S. 35. **Jordan, U.:** a. a. O. S.161.
76 **Batsch, E.:** Auszug aus der Acte …

» – Die Bundesversammlung sei zu veranlassen die Summe von Sechs Millionen Taler zum Zweck der Begründung eines Anfanges für die deutsche Marine über deren Verwendung und Vertretung die zu bildende provisorische Centralgewalt der National Versammlung verantwortlich sein wird, auf bisher verfassungsmäßigem Wege verfügbar zu machen, und zwar Drei Millionen sofort, und die ferneren Drei Millionen nach Maßgabe des Bedürfnisses«.(…)[77]

Als durch das Reichsgesetz vom 10. Oktober 1848 die erste Rate von drei Millionen für die Reichsmarine freigegeben wurde, war somit die finanzielle Grundlage aller Marineplanungen geschaffen und eine der wichtigsten und größten Hürden überwunden worden.

Dass nunmehr mit Ernst und Tatendrang an den Aufbau der Marine gegangen wurde, zeigen die Aktivitäten der verschiedenen Bereiche. Die Überprüfungskommission des Reiches begann bereits wenige Tage nach ihrer Ernennung am 11. Oktober 1848 mit ihrer Arbeit. Die Schiffe DEUTSCHLAND, FRANKLIN, HAMBURG, BREMEN, LÜBECK und ST. PAULI wurden einer eingehenden Prüfung unterzogen und zwei Tage später war die Arbeit abgeschlossen. Wie von Preußen und Österreich vermutet, waren die Schiffe der Hamburger Flottille nicht kriegstauglich. Allein aus diesem Grunde hatten die beiden Staaten die Leitung der Kommission abgelehnt, da sie befürchteten, Hamburg würde ihnen Parteilichkeit gegenüber ihren eigenen Schiffen vorwerfen.

Segelfregatte DEUTSCHLAND. Ein starkes, aber völlig unzweckmäßig armiertes Schiff mit 32 Kanonen. In den unteren Batterien 14 × 32 Pfünder, in den oberen Batterien 6 × 18 Pfünder und 12 × 18 pfündige Karronaden. Die Besatzung hatte ein Soll von 300 Mann, wovon tatsächlich nur 65 Mann eingestellt waren. Vorschlag der Kommission: Umrüsten auf den Wert zu einer Korvette:
»(…) da es nicht recht gegen die Besatzung (wäre), *diese einer Breitseite einer schweren Korvette auszusetzen, der die DEUTSCHLAND nicht fünf Minuten widerstehen würde.«*

Segelkorvette FRANKLIN. Das Segelschiff war im Gesamtaufbau viel zu schwach und unter keinen Umständen als Kriegsschiff zu verwenden. Als Bewaffnung führte das Schiff 12 Stück 12 pfündige, 3 Zoll lange Karronaden. Vorschlag der Kommission: Rückgabe an den Reeder Sloman, mit Dank für seine patriotische Haltung.

Dampfschiffe HAMBURG, BREMEN und LÜBECK. Die im Juni beschafften Dampfer der Huller Dampfschiffahrts-Gesellschaft waren nach der Erkenntnis der Kommission unter zu großer Rücksichtnahme auf die Finanzen armiert worden. Die jeweils vordersten größten Geschütze waren hinter dem Fockmast aufgestellt worden, so dass in Fahrtrichtung immer um 2–3 Strich beigedreht werden müsste, um sie einsetzen zu können. Auf die Montage eines Heckgeschützes war auf allen drei Schiffen verzichtet worden, um die Höhe der darunterliegenden Offizierskajüten nicht zu beeinträchtigen. (!) Als Bewaffnung führten die drei Schiffe:
HAMBURG vorn 1 × 56 Pfd., zur Seite je 2 × 32 Pfd.

---

77 **Bayrisches Hauptstaatsarchiv Akt. 777, Nr. 309.** Sitzungsprotokoll des Ministeriums der Finanzen unter Herrn Beckerath vom 9.10.1848.

BREMEN vorn 1 × 32 Pfd., zur Seite je einen 32-Pfünder Karronaden.
LÜBECK vorn 1 × 56 Pfd., zur Seite je zwei 32-Pfünder.

Der technische Zustand und die Ausrüstung wurden bei allen drei Dampfern als gut bewertet. Eine Ausnahme machte die Kesselanlage der BREMEN, die verschlissen war. Wie auf der DEUTSCHLAND war auch auf den Dampfschiffen ein Personalmangel zu beklagen, der weit unter dem Soll lag. Auf der LÜBECK waren 39 Mann, auf der HAMBURG 36 und auf der BREMEN 35 Mann Besatzung eingestellt, was ca. nur einem Drittel entsprach.

Vorschlag der Kommission: Wegen der schon eingebrachten Mittel sollten die Schiffe übernommen, aber baulich geändert werden. Diese Arbeiten sollten aber vom Reich durchgeführt werden, um erneute Fehlplanungen und Mittelverschwendung, wie durch Hamburg geschehen, zu verhindern. Die Überprüfung des Ruderkanonenbootes ST. PAULI wurde nicht erwähnt. Zur Überwachung der Reparaturarbeiten an den Schiffen sollte der Ingenieur Morgan auf Anweisung von Arnold Duckwitz in Hamburg bleiben.

Unabhängig vom Überprüfungsergebnis der Reichskommission wurden die fünf Schiffe am folgenden Tage in einem feierlichen Rahmen im Hause des Hamburger Reeders R. Miles dem Reich übergeben. Viele Schiffe im Hamburger Hafen waren geflaggt, als die geladenen Gäste und die Mitglieder der Reichskommission unter Salut der DEUTSCHLAND ex CESAR GODEFFROY das Segelschiff erreichten. Während der Reeder Godeffroy für »Die Comité« sprach, ergriff Senator Kirchenpauer für den Senat das Wort. Wie die Vorredner, die ihre Leistungen zum Aufbau der Flotte besonders hervorhoben, wies Major Teichert im Namen der Kommission auf die Unterstützung durch das Reich hin. Nach der feierlichen Übergabe der Schiffe erfolgt die Vereidigung der Offiziere und Mannschaften der fünf Schiffe:
>*Ich schwöre zu Gott dem Allmächtigen, der Centralgewalt Deutschlands unverbrüch-liche Treue und Gehorsam zu leisten.*
Ich will daß mir anvertraute Commando gerecht, treu und würdig wahren und verwal-ten, um, wo es durch gesetzliche Behörden gefordert wurde, dafür streng Rechenschaft zu geben und immer dafür verantwortlich zu sein.
Ich gelobe, unter allen Umständen, im Kriege und Friedenszeiten mein Commando mit Tapferkeit, Treue und Ehre zu handhaben, die Rechte und daß Ansehen der deutschen Flagge überall zu wahren, gegen Freund und Feind.
So wahr mir Gott helfe und sein heiliges Wort.« [78]

Mit Salutschüssen aller übernommenen Schiffe und der Steinwarder Flussbatterie waren die Feierlichkeiten abgeschlossen und die Schiffe dem Reich übergeben. Auf besonderen Wunsch von Handelsminister Duckwitz sollte »Die Comité« die Verwaltung der Schiffe und deren Materials aber interimistisch leiten, bis die Marineverwaltung in Frankfurt eingerichtet worden war.

---

78 **Duppler, J.:** Hamburg zur See S. 119.

Die Einsetzung der Reichs-Marinebehörden
und der Technischen Marine Kommission

Die Übernahme der »Hamburger Flottille« für das Reich war ein entscheidendes Signal für Reichshandelsminister Duckwitz, die Angelegenheit der Marine nun konsequent weiterzuführen. Dieses betraf zunächst einmal die tatsächliche Schaffung des Marineministeriums und die Personalbeschaffung für die politische und militärische Führung der Reichsmarine.

Obwohl er Mitte Oktober noch keine offizielle Genehmigung durch den preußischen König erhalten hatte, begab sich Prinz Adalbert von Preußen zu Sondierungsgesprächen nach Frankfurt. Hier sollten die Modalitäten seiner Mitarbeit geklärt werden. Derweil waren die preußischen Marinetätigkeiten in eine entscheidende Phase getreten, so dass die ersten Flottenmanöver begonnen werden konnten. Durch den Leiter des preußischen Verwaltungs-Departements in Berlin, Oberstleutnant Griesheim, wurde an den Gesandten von Schleswig-Holstein das Angebot unterbreitet, an den geplanten Übungen der preußischen Kanonenboote unter der Leitung des Prinzen Adalbert teilzunehmen.

Aufgrund der von Preußen durchgesetzten Waffenstillstandsverhandlungen war die »Provisorische Regierung« in Kiel durch die »Gemeinsame Regierung« abgelöst worden. Mitglieder dieser neuen Regierung waren: Präsident Graf Reventlow-Jersbeck, Landvogt Boysen, Amtmann v. Heintze, Graf Moltke, Oberappelations-Gerichtsrat Preußer. Da noch immer erhebliche Verstimmungen zwischen Preußen und den Herzogtümern wegen des Waffenstillstandes von Malmö herrschten, und die schleswig-holsteinischen Boote auch noch nicht voll ausgerüstet waren, musste auf das Angebot der Preußen nicht eingegangen werden. Die Mitglieder der neuen Regierung maßen aber der Seeverteidigung größere Bedeutung zu als die »Provisorische Regierung«. So wurde, um sich weiter von Dänemark abzugrenzen, per Dekret am 20. Oktober 1848 verfügt, dass die Handelsflagge der Herzogtümer die alten Farben der Schleswig-Holsteiner, Rot mit dem Schleswigschen Löwen und dem Holsteinischen Nesselblatt, zu führen habe. Die Schiffe der Kriegsmarine sollten weiter unter den Reichsfarben Schwarz-Rot-Gold verbleiben.

Im Rahmen der Verhandlungen zwischen Reichshandelsminister Duckwitz und Prinz Adalbert v. Preußen wurden auch die preußischen Marineplanungen erörtert. Im Laufe dieser Verhandlungen verfügte das preußische Staatsministerium am 23. Oktober 1848, dass die preußischen Kriegsschiffe der Zentralgewalt zu unterstellen waren und somit die Reichsfarben Schwarz-Rot-Gold zu führen hatten. Das preußische Staatsministerium hielt aber in einem Schreiben weiterhin daran fest:
»(…) *Mit Hingabe an einer preußischen Marine, oder einer kombinierten Marine zu arbeiten«.* [79]

Um endlich die Marineangelegenheit in den Griff zu bekommen, musste eine Marinebehörde für das Reich geschaffen und besetzt werden, um überhaupt handlungsfähig zu werden und die zur Verfügung stehenden Gelder des 14. Juni des Jahres zu erhalten und verwalten zu können.

---

[79] **Schock, Flemming:** Flottenbegeisterung, Flottendiskussion und Flottenpolitik im Vormärz und in der Revolution von 1848/49: Magisterarbeit 2008. S.110.

Die zwischen dem Reichsverweser und Reichshandelsminister Duckwitz einerseits sowie Prinz Adalbert und der preußischen Regierung andererseits geführten Gespräche kamen am 30. Oktober 1848 zum Abschluss. Damit überhaupt ein Mitglied eines Fürstenhauses als Mitglied mitarbeiten konnte, musste Duckwitz die **»Provisorische Zentralbehörde für die deutsche Marine«** schaffen. Diese Provisorische Zentralbehörde für die deutsche Marine war der Zusammenschluss der von Duckwitz geleiteten amtlichen **»Marineabteilung des Handelsministeriums«** und der beratenden **»Technischen Marinekommission«** unter Prinz Adalbert von Preußen. Aufgabe dieser »Technischen Kommission« sollte sein:

- Gutachterliche Äußerungen über technische Fragen abzugeben,
- Anträge an die politisch verantwortliche Marineabteilung zu Schiffen, deren Ausrüstung, Küstenbatterien usw. zu stellen,
- Untersuchungen der deutschen Häfen zu Kriegszwecken, Anlag von Werften, Arsenalen u. ä. anzustellen,
- Ausarbeitung von Plänen für die deutsche Marine in Bezug auf deren Gestaltung, Umfang und Organisation.

Nach intensiven Gesprächen zwischen Arnold Duckwitz und dem Prinzen einigten sich beide auf folgende personelle Besetzung der TMK unter der Gesamtleitung von Prinz Adalbert. Von Preußen wurden von diesem erbeten:

Generalmajor Josef Marie von Radowitz (Preußen, Nat.Vers.),
Herr Carl Theodor Gevekoth, Kaufmann (Bremen),
Hauptmann Moering (Österreich),
Herr Rahs (Hamburg),
Major Daniel Friedrich Gottlob Teichert (Preußen, Nat. Vers),
Durch Arnold Duckwitz wurden erbeten:
Major Ludwig Wilhelm Leopold Bogun v. Wangenheim (Pr. Marineabt.),
Capitain-Lieutenant Jan Schröder (Preußen, Navigationsdirektor),
Fregattenkapitän Otto Donner (Schleswig-Holstein),
Ingenieur Morgan, (Hannover)
Fregattenkapitän Carl Rudolph Brommy (zurzeit in Griechenland)
Durch den Reichsverweser wurde erbeten:
Oberst und Fregattenkapitän Kudriaffsky (Österreich).[80]

Nachdem Reichshandelsminister Duckwitz die Organisation der Marine vorläufig mit der Schaffung der Technischen Marine Kommission (TMK) auf den Weg gebracht hatte, begann er konkret die wichtigsten Persönlichkeiten zu dieser Kommission einzuladen. In einem Schreiben vom 4. November 1848 schrieb Minister Duckwitz an den Fregattenkapitän in griechischen Diensten, Carl Rudolph Brommy…

»(…) da nun, obgleich Sie fern von der Heimat sind, doch Ihr Name in derselben in Ehre steht, bin ich vom Reichsministerrathe beauftragt, an Sie daß Gesuch zu richten, sich nach Frankfurt Fürsamst begeben zu wollen, um in die Dienste des Vaterlandes zu*

---

80 **Anm. d. Verf.:** In der Unterlage des **DB 59/204** über die Technische Marinekommission wird noch Johann Heinrich BLOHM hannov. Wasserbauinspektor, Johann Georg Ferdinand GLÜNDER hannov. Oberstleutnant, Heinrich HÜBBE, hamb. Wasserbauinspektor und Georg SCHRÖTER, hannov. Wasser- und Landkonduteur und Sektetäre der TMK genannt.

treten, wenn, wie ich nicht bezweifele, gegenseitig die nach ihrer Ankunft festgelegten Beziehungen zusagen ... «[81]

Wenige Tage später erging auch an Prinz Adalbert von Preußen die Einladung, an der Technischen Marinekommission teilzunehmen.[82] Als weiteres wurde durch Duckwitz am 5. November 1848 ein Katalog abgegeben, der die wesentlichen Punkte erfasste, die durch die TMK vorrangig erledigt werden sollten:

1) Umwandlung der Hamburger Flottille in Kriegsschiffe, die:
   a)- genügend verstärkt waren,
   b)- eine geänderte Aufstellung der Geschütze erhalten,
   c)- verbesserte Maschinen erhalten,
   d)- Personalbeschaffung zur Aufsicht der Änderungen,
   e)- Errechnung der Kosten für die Änderung,
2) Bemannungsfragen für die Kriegsschiffe,
3) welches Personal, auch Offiziere, waren verfügbar,
4) Verpflegung der Truppe,
5) Geschützbeschaffung für die Schiffe und Küstenverteidigung.

Während in Frankfurt versucht wurde, die demokratischen Strukturen der Provisorischen Zentralgewalt zu festigen und auszubauen, begannen in Preußen die reaktionären Kräfte wieder die Oberhand zu gewinnen. Nachdem im Sommer und Herbst 1848 durch die preußische Nationalversammlung ein Gesetzesentwurf erarbeitet worden war, schien die Macht des König beschnitten und die demokratischen Rechte des Volkes gesichert. Als Folge von politischen Unruhen schien die Gelegenheit gut, die Reformen, wie die der Volksbewaffnung, wieder rückgängig zu machen. Am 8. November 1848 zog General v. Wrangel wieder mit regulären preußischen Truppen in Berlin ein, ohne auf nennenswerten Widerstand zu stoßen. Als eine erste Maßnahme der Regierung wurde die Volksbewaffnung wieder aufgehoben und die Bürgerwehren mussten ihre Waffen abgeben.

Gleichzeitig mit der Berufung der Regierung Brandenburg/Manteufel im November 1848 änderte sich auch die preußische Haltung gegenüber der im Aufbau befindlichen Reichsmarine erheblich. Hatte Preußen bislang aktiv wenig dafür geleistet und sich interessiert, kam durch die Berufung des Prinzen Adalbert Bewegung in die Angelegenheit. Plötzlich wurde dem Aufbau einer »preußischen« Marine das Wort geredet, da sich die revolutionären Kräfte aufgerieben hatten und die alten monarchischen Strukturen die Oberhand gewannen. Nun ging Preußen nicht mehr in Deutschland auf.

Auch in anderen Teilen Europas machte sich die Reaktion gegen die Demokratisierung bemerkbar. Obwohl als deutscher Parlamentarier ausgewiesen, wurde Robert Blum wegen seiner Beteiligung am revolutionären Volksaufstand in Wien standrechtlich erschossen. Mit dieser Person verloren die deutsche Demokratie und die deutsche Marine einen ihrer wichtigen Fürsprecher.

---

81 **DB 59 /51.** Einladungsschreiben Duckwitz an Brommy Auch **Siebs:** Karl Rudolf Brommy In: Niedersächsische Lebendsbilder Bd. 1 Leipzig 1939, S. 26; **Eilers, E.:** Rudolf Brommy. Der Admiral der ersten deutschen Flotte. Verlag Heimatwerk Sachsen, Dresden 1939. S. 30.
82 **DB 59/2.** 11. November 1848. Einladungsschreiben Duckwitz an Pr. A. v. Preußen.

Der Reichsverweser genehmigte am 13. November 1848 die Einsetzung einer Marineabteilung als amtliche Instanz unter der Aufsicht des Reichs-Handelsministeriums. Die Aufgaben der Marineabteilung als amtliche Institution waren:

1) – Organisation der Marine von Amts wegen,
2) – Übernahme des gesamten Rechnungswesens,
3) – Ankauf von Schiffen nach Absprache mit der TMK,
4) – Kontakt mit dem Marineausschuss der Nat. Vers. halten,
5) – Genehmigung der Honorare für die Mitglieder der TMK.

Nachdem Duckwitz die von Prinz Adalbert gewünschten Personen in die TMK berufen hatte, stand er nun vor dem Problem, selber keine geeigneten Personen für die Marineabteilung zur Verfügung zu haben, die kompetent in amtlichen Angelegenheiten der Marine waren. In keinem Staat der Nord- und Ostsee gab es ein eigenständiges Marineministerium, dessen Personal in Organisationsfragen hätte beraten können. Auch Preußen hatte nur eine Marine, die dem Handelsministerium und nun dem Kriegsministerium unterstellt, also nicht eigenständig war. Duckwitz musste deshalb auf Personen des Parlaments zurückgreifen, die sich bisher patriotisch um die Belange der Marine des Reiches hervorgetan hatten. Die Abgeordneten Samuel Kerst und Jordan sollten auf Antrag des Reichs-Handelsministers die Marineabteilung im Range von Räten leiten. Minister Duckwitz beabsichtigte mit seinen Räten den Sitzungen der TMK regelmäßig beizuwohnen, um somit optimalen Kontakt zu dieser Institution zu haben.

Die Reichsverfassung und die Marine

Auch im Parlament in Frankfurt wurden, parallel zu den Organisationsversuchen durch Arnold Duckwitz, am 9. November 1848 im Rahmen der Verfassungsbildung die Paragraphen 13 und 20 erörtert, die sich mit der zu schaffenden Marine des Reiches beschäftigten. Der Entwurf wurde dann später in den Paragraphen 20 zusammengelegt und lautete:

»(...) *Die Kriegsflotte ist ausschließlich Sache des Reiches. Der Reichsgewalt liegt die Sorge für die Ausrüstung, Ausbildung und Unterhaltung der Kriegsflotte, der Kriegshäfen und Arsenale ob. Die Ernennung der Flottenoffiziere geht allein vom Reiche aus.*« [83]

Hierzu wurden zwei Änderungsanträge gestellt. Der erste von der Rechten (Abg. Scheller, Detmold und Hühlfeld), die das Wort »Kriegsflotte« durch das Wort »Seemacht« ersetzt sehen wollten, da die Reichsgewalt nur über die Kriegsmarine, nicht aber über die Handelsmarine Macht erhalten sollte. Der zweite Antrag der Linken (Abg. Wigard, Schüler) sah die Einführung einer Volkswehr für die Marine und deren Organisation vor. So sollten zum Beispiel bis zum Kapitän alle Offiziere von der Mannschaft gewählt werden. Der § 20 lautet in der genehmigten Fassung:

»*Die Seemacht ist ausschließlich Sache des Reiches. Es ist keinem Einzelstaat gestattet, Kriegsschiffe für sich zu halten, noch Kaperbriefe auszugeben.*
Die Bemannung der Flotte bildet einen Teil der gesetzlich festgelegten Wehrmacht; ist

---

83 **Zilliger, W.:** a. a. O. S 91ff.

jedoch abhängig von der Landmacht. Diejenigen Staaten welche Mannschaften für die Flotte stellen, erfüllen dadurch einen Teil der ihrer obliegenden Bundeswehrpflicht. Die Ernennung der Offiziere und Beamten der Seemacht obliegt und geht allein vom Reich aus. Der Reichsgewalt liegt die Sorge für die Ausbildung und Unterhaltung der Kriegsflotte und die Anlegung von Kriegshäfen und Seearsenälen ob. Über die zur Einrichtung von Marineetablissemente nötigen Enteignungen, sowie über die Befugnisse der dabei anzustellenden Reichsbehörden bestimmen die zu erlassenen Reichsgesetze.« [84]

Auch die Verhandlungen über die Gestaltung der Reichsflagge wurden nach langwierigen Beratungen abgeschlossen. Durch die Verkündung im Reichsgesetzblatt Nr. 5 vom 12. November 1848 erhielten die Reichsfarben Schwarz-Rot-Gold Gesetzeskraft.[85]

»Art. 1)
Die deutsche Kriegsflagge besteht aus drei gleich breiten horizontal laufenden Streifen, oben schwarz, in der Mitte roth, und unten gelb. In der linken oberen Ecke trägt sie daß Reichswappen in einem viereckigen Felde, welches zwei fünftel der Breite der Flagge zur Seite hat.
Das Reichswappen zeigt im goldenen (gelben) Feld den doppelten schwarzen Adler mit abgewendeten Köpfen, ausgeschlagenen rothen Zungen und goldenen (gelben) Schnäbeln und desgleichen offenen Krallen.
Art. 2)
Jedes deutsche Kriegsschiff, welches nicht Admiralitätsflagge oder Commodores Stander führt, läßt vom Top des großen Mastes einen Wimpel fliegen. Desselben ist Roth und zeigt am oberen Ende den Reichsadler, wie oben beschrieben, im goldenen (gelben) Feld.
Art. 3)
Die deutsche Handelsflagge soll aus drei gleich breiten horizontalen schwarz-roth-gelben Streifen bestehen, wie die Kriegsflagge, jedoch mit dem Unterschiede, daß sie nicht daß Reichswappen trägt.
Art. 4)
Diese Flagge wird von allen deutschen Handelsschiffen als Nationalflagge ohne Unterschied geführt. Besondere Farben und sonstige Abzeichen der Einzelstaaten dürfen in dem Selben nicht aufgenommen werden. Dabei soll es jedoch den Handelsschiffen freistehen, neben der allgemeinen deutschen Reichsflagge, noch die besondere Landes- oder eine örtliche Flagge zu zeigen.
Art. 5)
Weitere Bestimmungen über die Größe der Flagge, über die Unterschiede in den von verschiedenen Oberbefehlshabern zu führenden Flaggen, sowie über die Anordnung sonstiger Flagger z. B. bei Lootsen und Zollwesen, bleibt vorbehalten.
Art. 6)
Die verbindende Kraft dieses Flaggengesetzes beginnt hinsichtlich der Bestimmungen über die Kriegsflagge, in Gemäßigkeit der Reichsgesetze vom 23./ 27. September 1848 mit dem zwanzigsten Tage nach dem Ablauf desjenigen Tages, an welchem daß betreffende Stück des Reichsgesetzblattes in Frankfurt ausgegeben wird.

---

84 **Zilliger, W.:** a. a. O. S 91ff.
85 **DB 59/ 13** auch **Allgemeine Militär-Zeitung** Ausg. 141/1848 Darmstadt.

Art. 7)

Dagegen bleibt die Festsetzung des Zeitpunktes, wenn die Bestimmungen über die Handelsflagge in Kraft treten sollen, in Anbetracht des Beschlusses der Reichsverfassung vom 6. November 1848 einer weiteren Verordnung vorbehalten.

Frankfurt, den 12. November 1848.

Der Reichsverweser: Erzherzog Johann.
Der Reichsminister des Handels: Duckwitz.[86]

Wegen der politischen Schwäche der Provisorischen Zentralgewalt und ihrer ungewissen Zukunft wurde die Reichsflagge zunächst nicht international bekanntgegeben (notifiziert). Der Hauptgrund lag zum einen in der Belastung des Parlamentes, das sich in einer erregten Debatte um die Verfassung befand, und zum anderen in politischer Unerfahrenheit, die die Notifizierung regelrecht übersah. Ein schlimmer Verfahrensfehler, wie sich bald herausstellen sollte.

Die preußischen Marineplanungen im Herbst 1848

Der Auf- und Ausbau der preußischen Marine wurde, ungeachtet des Aufbaus der Reichsmarine, weiter vorangetrieben. Mit der ACO vom 5. September 1848 hatte der preußische König die Unterstellung der Marine unter die Verantwortung des Kriegsministeriums verfügt. Daraufhin wurde im Kriegsministerium eine Marine-Abteilung eingerichtet, die von Major Bogun-v. Wangenheim geleitet, und der noch der Premierlieutenant Häring und Hauptmann Geppert als Räte hinzugegeben wurden. Unverzüglich sollte eine Marinekommission eingesetzt werden, die über weitere Fragen zu beraten und dem Staatsministerium zu berichten hatte. Diese Kommission setzte sich wie folgt zusammen:

 Prinz Adalbert von Preußen (Vorsitz),
 Generalmajor Jenichen (2. Artillerie-Inspektion),
 Generalmajor Brese (1. Ingenieur-Inspektion),
 Major Bogun-v. Wangenheim (Kriegsministerium),
 Geheimer Oberfinanzrat v. Oesterreich,
 Oberbaurat Severin,
 Capitain-Lieutenant Schröder (Navigationshauptdirektor Danzig),
 Fabriken-Kommissionsrat Wedding,
 Fabrikbesitzer Dannenberg.

Mit gleicher ACO genehmigte der preußische König den Ausbau eines Marinedepots in Stettin und die Bemannung der in Bau oder Ausrüstung befindlichen zehn Fahrzeuge. (Die Mittel für die Kanonenschaluppen von 613.000 Thalern wurden bewilligt.) Parallel zu diesen Maßnahmen wurde geplant, ein Marinebataillon aufzubauen, das einen Umfang von ca. 400 Mann haben und ebenfalls in Stettin stationiert werden sollte. Zusammensetzen sollte sich das Bataillon aus Freiwilligen, Gezogenen der Linientruppe und Reservisten der Landwehr.

---

86 **DB 59/13** Gesetz bezüglich der Einführung der deutschen Kriegs- und Handelsflagge (…) Auch **Hubatsch u.a.:** Die erste Deutsche Flotte. S. 32f.

Die preußische Marinekommission unter der Leitung von Prinz Adalbert arbeitete derweil, unabhängig von den Marineplanungen des Reiches, an der Organisation der preußischen Marine. Er stellte hinsichtlich seiner Tätigkeit in der Technischen Marinekommission einen Fragenkatalog zusammen, den er dem preußischen Staatsministerium und seinem König vorlegte und die dieser wie folgt beantwortete:

Frage: Soll die Marine ein rein deutsches seyn, und verzichtet Preußen dabey auf die Bildung einer eigenen preußischen Marine?

Antwort: Preußen würde sein eigenes Interesse abgesehen von allen politischen Gründen empfindlich verletzen, wenn es, neben der deutschen Marine, an eine preußische denken wollte.

Frage: Soll die Kriegsmarine die deutsche Flagge oder eventuell der preußische Theil derselben, statt ihrer die preußische Flagge und ein Vereinigungszeichen darin (etwa wie der britische union jack in der oberen Ecke zunächst dem Flaggestock) führen?

Antwort) Es kann nur eine Flagge, ohne besondere Abzeichen (Preußisches, Sächsisches, Hessisches) geben.

Frage: Will Preußen seinen Contingent zur Seemacht in Gelde oder in selbst gebauten und selbstbemannten Schiffen stellen?

Antwort: Bei der deutschen Marine war das dem Landheer geltende System der Stellung von Contingenten unmöglich. Es können nur deutsche Schiffe existiren, sowie nur eine Flagge existiren kann.

Frage: Sollen die deutschen Seearsenale gleichwie die Bundesfestungen zu den betreffenden Regierungen gestellt werden?

Antwort: Unter die Centralgewalt. Wir wollen ein Arsenal in Hamburg oder Bremen nicht unter die betreffende Regierung stellen.

Frage: Soll die gesammte Marine der deutschen Centralgewalt direkt und ausschließlich unterworfen seyn, oder soll Preußen über einen Theil derselben in näher festzustellenden Grenzen zu verfügen befugt seyn?

Antwort: Dem Prinzip nach ausschließlich der Centralgewalt. Praktisch ist vielleicht künftig für die preußische Ostsee eine besondere Einrichtung möglich.

Frage: Soll die gesamte Flotte ein einziges rein deutsches Offiziercorps haben, oder soll es als Unteranteilung ein besonderes preußisches Offizierscorps bestehen?

Antwort: Ein einziges Offiziers-Corps.

Frage: Sollen die Seeleute aller Küstenstaaten ohne Unterschied zum Dienst in der Flotte herangezogen werden können, und dann auf allen deutschen oder resp. nur auf einem preußischen Schiffen zu dienen verpflichtet seyn? Und soll sie ausschließlich der Centralgewalt oder auch ihrem betreffenden Landesherren den Eid der Treue leisten?

Antwort: Ein den 38 Landherren zu leistender Separat- Eid ist nicht Thunlich.

Frage: Soll die Küstenflottille anderen Bestimmungen als die eigentliche Flotte unterworfen werden?[87]

Antwort: Nein. [88]

---

87 **Krüger, Henning:** Zwischen Küstenverteidigung und Weltpolitik. Die politische Geschichte der preußischen Marine 1848–1867. In: Kleine Schriftenreihe Militär- und Marinegeschichte. Bd. 15. Verlag Dr. Dieter Winkler. Bochum 2008. S.53.

88 **Zimmermann, Alfred Dr.:** Die erste deutsche Kriegsflotte. S. 638f.

Durch ACO vom 24. Oktober 1848 erfolgte die Zustimmung des preußischen Königs zur Teilnahme des Prinzen Adalbert als Vorsitzendem der Technischen Marinekommission. Mit gleicher ACO legte Preußen sich auf die Gründung einer Reichsmarine fest, die:

- *rein Deutsch sein soll;*
- *mit einem deutschen Offizierskorps bemannt war;*
- *nur unter den Reichsfarben Schwarz-Rot-Gold fahren darf;*
- *deutsches Eigentum war;*
- *den Status der Bundestruppen inne hat.*[89]

Somit sprach sich der preußische König klar und eindeutig für eine Reichsmarine aus, die keine »Nebenflotten« der einzelnen Fürstenhäuser im Deutschen Reich zuließ und unter den Reichsfarben Schwarz-Rot-Gold in Dienst gestellt werden sollte! Ein wichtiger Schritt in den Augen von Minister Duckwitz hier Preußens König in der Art an seiner Seite zu wissen, dass es keine Rivalitäten von Zuständigkeiten im Aufbau und der Organisation der Reichsmarine durch Preußen zu befürchten hatte. Gleichzeitig wurde der niederländische Seeoffizier Jan Schröder zum Commodore ernannt und endgültig in preußischen Dienst *»mit dem Rang nach den Generalmajors und vor allen Obersten der Landarmee«* übernommen.

Arnold Duckwitz hatte gegen die Ernennung des Marine-Capitain-Lieutenant Jan Schröder zum Commodore der preußischen Marine Vorbehalte, befürchtete er doch, dass Preußen schon jetzt begann, seine höheren Marineoffiziere so hoch einzustufen, um einen Vorsprung gegenüber den Offizieren der neu zu bildenden Reichsmarine zu haben.

Auch die rege schleswig-holsteinische Regierung macht sich weiter Gedanken über ihren Schutz zur See. Der Hardevogt Jacobsen übernahm Anfang September 1848 das Amt des Kriegsministers in der »Gemeinsamen Regierung« von Schleswig-Holstein. Er maß der Marine mehr Bedeutung zu. Die einzige Person, auf die sich Jacobsen in Marinefragen stützen konnte, war Capitain-Lieutenant Donner. Dieser versuchte die Belange der Marine, so gut es in seiner Kraft stand, zu fördern. Laut einer Meldung des »Kieler Correspondenten« Mitte September waren die ersten vier von Spendengeldern erbauten Kanonenboote in Dienst gestellt worden. Als Standort wurde ihnen Kiel zugewiesen, da die Dänen die Förde am meist bedrohten. Die Einsatzmöglichkeiten von Dampfschiffen zu Kriegszwecken schienen ausbaubar zu sein, wenngleich es enorme Meinungsverschiedenheiten zu diesem Thema gab. Hauptproblem war die Beschussfestigkeit von Eisenkonstruktionen gegenüber den bisherigen Holzschiffen. Wichtigstes Ziel war, vom komplizierten und großräumigen Seitenrad-Antrieb wegzukommen und die Möglichkeit der Schraube besser zu nutzen. Zur Unabhängigkeit der Ruderkanonenboote sollte versucht werden, anstatt der Schleppdampfer jedem Boot einen eigenen Antrieb zu geben. Durch den zunächst guten Spendenzulauf in den Herzogtümern erwog der »Kieler Ausschuss für die Deutsche Flotte«, aus Spenden zehn Kanonenboote mit Dampf- und Schraubenantrieb bauen zu lassen. Daraufhin beauftragte die Gemeinsame Re-

---

89 **Wendlandt, Heinrich:** Die Gründung der preußischen Kriegsflotte im Jahre 1848 und ihre Entwicklung bis 1854. Druck E. Reinke, Köln/Stettin 1928, S. 15. **Anm. d. Verf.:** Dieses Datum stellt eigentlich die grundsätzliche Unterstellung der preußischen Marine unter die Reichsgewalt dar, bestätigt von keinem geringeren als dem preußischen König selbst! Was das Wort eines Fürsten in Wirklichkeit für einen Wert hatte, zeigten die Geschehnisse wenig später: nicht viel.

gierung von Schleswig-Holstein die Fa. Howald und Schau in Kiel und die Fa. Hudemann in Rendsburg, mit der Erstellung von Plänen und Gutachten für die Schiffe und Maschinen zu beginnen. [90]

Die preußischen Seemanöver im November 1848

Obwohl durch Preußen bereits festgelegt worden war, dass die Marineeinheiten »teutsch« sein mussten, fuhren die Schiffe weiterhin unter preußischer Flagge!
Als einziger Seeanrainer an Nord- und Ostsee war Preußen in die Lage gekommen, eine größere Anzahl von Schiffen, wenn auch nur Ruderkanonenboote, zu bauen und zu organisieren, so dass sich Seemanöver lohnten. Die auf Ende Oktober angesetzten Seemanöver konnten wegen der Abwesenheit des Prinzen in Frankfurt und der Krankheit von Commodore Schröder nicht rechtzeitig beginnen. So musste das Kommando von Major Gaede übernommen werden, der das Manöver ab dem 6. November 1848 leitete. Der Stärkerapport der preußischen Marine war wie folgt:

10 Oberfeuerwerker	(Landartillerie),
8 Feuerwerker	"
7 Serganten	"
10 Bombardiere	"
12 Kanoniere	"
20 Seebefahrene Matrosen (etatmäßig 44),	
87 Mariners.	

Als Armeeoffiziere wurden kommandiert:
Premier-Lt. v. Sokolowski (2. Artillerie-Brigade),
Sekonde-Lieutenant Zöller (2. Artillerie-Brigade),
Sekonde-Lieutenant v. Bothwell (2. Artillerie-Brigade),
Sekonde-Lieutenant Scheunemann (2. Artillerie-Brigade),
Sekonde-Lieutenant Friedmann (2. Artillerie-Brigade),
Sekonde-Lieutenant Galster (4. Artillerie-Brigade),
Sekonde-Lieutenant Busse (17. Infanterie-Regiment),
Beamter Werth, Rechnungsführer (Korpsintendantur),
Dr. Steinberger, Bataillonsarzt.

Da sich weniger freiwillige Seeleute zu den geplanten preußischen Marinemanövern gemeldet hatten, musste das Generalkommando in einem Schreiben vom 27. Oktober 1848 zur Ergänzung noch 150 Mann von der Linie anfordern (Pioniere und Kanoniere). Alle für die Marine eingestellten Männer erhielten die Dienstgradbezeichnung Mariners 1. oder 2. Klasse.

Als die Flottille zu den Übungen formiert wurde, bestand diese aus neun Booten, die das 3. Küsten-Flottillen-Geschwader der II. Flottillen-Division bildeten. Die drei Sektionen wurden von Kauffahrkapitänen geleitet.

---

90) **Anm. d. Verf.:** Die Planung von Howald und Schau sah für je ein Boot zwei (!) Maschinen vor. Bis zum 1.4.1849 sollen vier und dann jeweils zwei weitere Boote bis zum 21.4.1849, zum 5.5.1849 und 13.5.1849 fertig gestellt werden. Die Regierung lehnte das Angebot ab, da noch keine Gutachten über die Schiffe vorlagen!

Sektion 1 (3 Boote) Kapitän Schivelbein,
Sektion 2 (3 Boote) Kapitän Quillfeld,
Sektion 3 (3 Boote) Kapitän Bagenmihl.

Als Schiffsführer waren eingeteilt:
Segelkorvette AMAZONE Sekonde-Lieutenant Jachmann,
Haffkanonenboot Nr. 1 STRELA-SUND Lt. v. Bothwell,[91]
Kanonenschaluppe Nr. 2 Kapitän Fischer,
Kanonenschaluppe Nr. 3 Kapitän Rogge,
Kanonenschaluppe Nr. 4 Kapitän Rabmann,
Kanonenschaluppe Nr. 6 Kapitän Sellin,
Kanonenjolle Nr. 3 Kapitän Albrecht,
Kanonenjolle Nr. 4 Steuermann Fischer,
Kanonenjolle Nr. 5 Kapitän Köhler,
Kanonenjolle Nr. 6 Bootsmann Henning.

Bewaffnet waren die Boote mit insgesamt:
8 Stück 25 Pfünder Bombenkanonen (Buggeschütze) Sie verfeuern
63 Pfd. exzentrische Granaten mit 8 Pfd. Ladung,
6 Stück lange 24 Pfünder Bombenkanonen (2 schwedische,
4 preußische) Die Vollkugeln oder Kartätschen wurden mit 5 Pfd.
Kartuschen verschossen.
2 Stück preußische 12 Pfünder Haubitzen (STRELA-SUND).
Ein Schuss wurde von Preußen mit 5 Thalern, 10 Groschen veranschlagt.

Als Bugsierschiffe wurden die Stettiner Dampfer DELPHIN und TARTAR für 33 Thaler pro Tag gemietet.

Die Besatzungen erreichten eine Stärke von 456 Mann und sollten während der Übungen vorrangig Ruder-, Segel und Schießübungen abhalten. Die Schaluppen und Jollen trafen am 8. November 1848 vor Bilm ein, STRELA-SUND unter Sekonde-Lieutenant v. Bothwell aber erst am nächsten Tag. Dabei wurde festgestellt, dass auf dem Haffkanonenboot keine Munition vorhanden war, da diese vergessen worden war! Ihre Liegeplätze erhielten die Schiffe vor Groß- und Klein-Bilm zugewiesen. Neben der Segelfregatte AMAZONE, sie lag zwischen Groß- und Klein-Bilm, die vier Kanonenschaluppen und vier Kanonenjollen hinter Klein-Bilm.

Die auf 14 Tage angesetzten Übungen begannen bei ruhiger See. Übungsziel sollte es sein, die verschiedenen Kanonenboot-Typen in See, beim Manövrieren und beim Schießen zu prüfen. Es war geplant, im Bogenschuss auf ca. 2.000 Schritt oder im »Rollschuss« auf ca. 3.000 Schritt Entfernung zu schießen. Die Flottille sollte zunächst von Bugsierschiffen DELPHIN (40 PS) und TARTAR (47 PS) auf die offene See gezogen werden. In den folgenden Manövern

---

91 **Anm. d. Verf.:** Die Führer des Kanonenbootes und der Kanonenschaluppen und -Jollen hatten keinen militärischen Rang, sondern sie führten als Wehrübende ihre zivilen Bezeichnungen weiter. Der Verf. dankt Herrn Stefanski für diesen Hinweis.

sollten Segel- und Rudermanöver geübt werden. Hierzu waren umfangreiche Signale notwendig, die wie folgt aussahen (Ausschnitt):

FLAGGENFARBEN	AUSFÜHRUNG
Blau	Abtakeln, fertig zum Gefecht
Blau/Weiß	Langsam anvangieren, normaler Ruderschlag
Blau/Rot	Rasch anvangieren, doppelter Ruderschlag
Weiß/Blau	Langsam reterieren, normaler Ruderschlag
Rot	Charieren und feuern
Rot/Weiß	Rechts schwenken
Weiß/Rot	Links schwenken
Rot/Weiß/Rot	Halb rechts
Weiß/Rot/Weiß	Halb links
Weiß/Schwarz	Gefechtsaufstellung 200 Schritt Abstand.
usw.	

Während der Übungen wurde das Wetter aber immer schlechter und behinderte mit Schnee, Sturm und Regen die Übungen erheblich. Spätestens nach einer Woche wurde die See so stürmisch, dass die Manöver unterbrochen werden mussten. Die zwischen Groß- und Klein-Bilm liegende Segelkorvette AMAZONE war kaum vor Anker zu halten und wurde zur Sicherheit nach Danzig detachiert. Die Kanonenjollen und Schaluppen waren auf keinen Fall einsatzbereit.

Am 18. November 1848 meldete der Kommandierende an das Kriegsdepartement, dass ein Warten auf besseres Wetter die Gesundheit der Besatzungen gefährden würde. Die dürftige Ausrüstung ließe es nicht zu, weiter zu üben. Jeder Matrose hatte nur eine Uniform und das Material für die dringend benötigten wollenen Hemden war erst zur Selbstanfertigung eingetroffen.

Ende November 1848 waren die preußischen Seemanöver endgültig beendet. Die Auswertung der Ergebnisse begann. Der Schiffbaumeister Elbertzhagen wurde zu den Beratungen der Konstruktionen hinzugezogen. Das dänische Modell hatte sich dabei als am besten geeignet herausgestellt. Hinsichtlich der Bauweise sollte als Gerippe Metall, als Außenhaut aber Holz verwendet werden. Gegen diese Konstruktion wurde vom Dezernenten, Premierlieutenant Häring, Einspruch eingelegt, da er meinte, als Spezialist die Konstruktion besser beurteilen zu können. Unabhängig von der Unstimmigkeit wurden durch den preußischen Bevollmächtigten in Frankfurt von Camphausen am 29. November 1848 die vorhandenen und geplanten preußischen Schiffe dem Deutschen Reich zur Verfügung gestellt.

Major Gaede erhielt Anfang Dezember die Order, weitere Kanonenschaluppen in Auftrag zu geben und dafür Sorge zu tragen, dass diese bis zum März 1849 fertig wären, sollte der Waffenstillstand nicht verlängert werden. Die Bauaufsicht über die Neubauten erhielt Schiffbaumeister Elbertzhagen. Gleichzeitig schienen die Bemühungen der Reichsregierung Früchte zu tragen, auch die preußischen Schiffe tatsächlich unter die Reichsfarben zu stellen. In einem Schreiben an die Marineabteilung vom 8. Dezember 1848 wollte der preußische Gesandte in Frankfurt, v. Camphausen wissen, welche genauen Maße die Deutsche Reichsflagge hatte.

Kapitel VI.

Die Tätigkeit der Marineabteilung

und der TMK bis Dezember 1849

Die beiden durch den Reichsverweser genehmigten Marineabteilungen begannen offiziell mit ihren Tätigkeiten am 15. November 1848. Für die Marineabteilung waren zu diesem Zeitpunkt weder Räumlichkeiten, Organisation noch Fachberater vorhanden. Als Arbeitsräume wurden der Marineabteilung die Räume im 2. Stock des Dietzschen Hauses in der Eschenheimergasse, gegenüber dem Palais Mühlen, Sitz des Reichsverwesers Erzherzog Johann von Österreich, zugewiesen. Durch Marinerat Jordan wurde zunächst damit begonnen, die Aufarbeitung vorhandener Marineunterlagen voranzutreiben, die vorwiegend in Zuschriften aus Schleswig-Holstein und Hamburg und zahlreichen Sammelvereinen für die Marine bestand. Als Sekretär wurde Herr Ebeling eingestellt. Als weiteres musste das Mobiliar für die Räumlichkeiten besorgt werden.

Die Technische Marinekommission gliederte sich in der konstituierenden Sitzung am 15. November wie folgt:

Sub-Kommission: Instruktionen, Kriegsartikel, Disziplinarrecht:
Leitung: Prinz Adalbert von Preußen,
Capitain-Lieutenant Donner,
Oberst Kudriaffsky,
Commodore Schröder,
Major v. Wangenheim,
Fregattenkapitän Brommy (noch in Griechenland),
eine Justizperson.

Sub-Kommission: Artillerie-Dienst Instruktionen:
Leiter: Prinz Adalbert von Preußen,
Capitain-Lieutenant Donner,
Major Teichert,
Fregattenkapitän Brommy (noch in Griechenland)
Abt. Leiter Glünder.

Sub-Kommission: Gesetze zur Aushebung der Mannschaften:
Leiter: Oberst Kudriaffsky,
Hauptmann Möhring,
Major v. Wangenheim,
Major Teichert,
eine Justizperson.

Sub-Kommission: Bildung der Marinebehörde:
Leiter: Prinz Adalbert von Preußen,
Capitain-Lieutenant Donner,
Oberst Kudriaffsky,

Abgeordneter Kerst (Nat. Vers.),
General v. Radowitz,
Commodore Schröder,
Major v. Wangenheim. [92]

Die Presse beobachtete die Bemühungen zum Aufbau der Reichsmarine mit zum Teil großem Interesse. Neben den Gazetten an der Küste waren dies vorrangig die aus Frankfurt, Berlin, Köln und Stuttgart. In der Illustrierten Zeitung vom 18. November 1848 Nr. 281, S. 329 war über die Marinepolitik zu lesen:

»(...) Ihnen (den Dänen) können wir daher nur mit einer kunstgerecht ausgerüsteten Flotte beikommen; wie sehr man aber auch von der Wahrheit alles dessen durchdrungen sein mag, so müssen wir dennoch gestehen, daß bei der dringlichen, gefährlichen Lage, in der wir uns befinden, von der Reichsgewalt mit allzu großer Langsamkeit zu Werke gegangen wurde. (...) Ein mit den erforderlichen Kenntnissen ausgerüsteten Marineminister, der in Deutschland schwerlich zu finden sein dürfte, hätte wohl zunächst gewonnen werden müssen (...)

Am 14. Juni wurden von der Nationalversammlung 6 Millionen Thaler zur Anschaffung einer Kriegsflotte bewilligt (...) am 14. Oktober erfolgte die Ausschreibung der (...) 3 Millionen (...) obwohl wir des Dafürhaltens sind, daß diese weit eher hätte bewirkt werden können. (...) Als Herr von Radowitz am 8. Juni seinen schön und gründlich gefassten Bericht im Namen des Marineausschusses erstellte, bezeichnete er als nächsten Bedürfnis für eine Flotte:

2 Fregatten, 46 – 54 Kanonen,
4 Corvetten, 20 – 32 Kanonen,
2 Dampfer, 500 Pferdekraft,
4 Dampfer, 350 Pferdekraft.

(...) Behauptung dürfte, so allgemein hingestellt zu bezweifeln sein, auch bemerken wir im Betreff der Seeleute, daß in Preußen angeordnete freiwilligen Meldungen erfolglos geblieben war. (...) Die in Hamburg bereits übernommenen Schiffe sollen nämlich durch die vorhandenen Seeoffiziere näher untersucht und zu Kriegszwecken brauchbaren Stand gesetzt werden (...) um ihnen dann eine ihrer Eigentümlichkeit entsprechende Verwendung zu geben. (...)

Weil erst nach Feststellung eines alles umfassende Planes (...) an ein Marineministerium zu denken sey. Einrichtung einer Marineabteilung (...) und zweitens ein sachkundigen Ausschuss beantragt, der alle technischen Fragen zu begutachten Stellung von Anfängen an die Marineverwaltung in Betreff der erforderlichen Anschaffung zu veranlassen (...) Untersuchung der Häfen zum Kriegsgebrauch (...) Anlegen von Arsenalen und Werften usw. (...) Der Prinz hat sich einer ziemlich genauen Untersuchung der deutschen Küste an der Nord- und Ostsee unterzogen und spricht sich in belehrender Weise aus.

1) Mündung der Ems für Linienschiffe zugänglich, wegen eines eventuellen Konfliktes mit Holland in unmittelbarer Nähe nicht räthlich.

2) (...) Die Meinung des Prinzen, daß Fregatten auf der Ostseite der Weser, vielleicht selbst bei Fluht bis Bremerhaven nicht gelangen können, scheint durch die Fregatte »Lawrence« neuerlichs widerlegt (...) da diese bei Bremen ankerte.

---

92 **DB 59/2.** Die Technische Marinekommission. **Zilligers, W.:** a. a. O. S. 164.

3) *Kiel (...) ist zur Aufnahme einer großen Flotte vollständig geeignet (...) wenn von dort ein Kanal durch daß Land zur Nordsee gegraben würde, der selbst für große Kriegsschiffe befahrbar wäre.*

4) *Elbe (...) von großer Wichtigkeit (...) und er empfahl Anlegung einer Seestation bei der Insel Krautsand.*

5) *Danzig (...) den Vorzug und weist alle Vorteile der natürlichen und strategischen hervorzuheben.*

(...) In Widerspruch damit scheint man in Preußen jetzt die Odermündung ins Auge gefaßt zu haben«. [93]

Allen Seeanrainerstaaten war klar, dass die Suche nach einem geeigneten Hafen eines der wichtigsten Anliegen der Marinebehörde sein musste. Die ständigen Bemühungen durch den oldenburgischen Gesandten in Frankfurt, Mosle, das Jadegebiet als Kriegshafen vorzuschlagen, trugen Früchte, als dieser durch das Ministerium des Handels die Aufforderung erhielt: »*(...) möglichst beschleunigt und ausführlich (...) technische Untersuchungen (...) des Jadebusen«.* vorzulegen.

Wie wichtig diese Angelegenheit für Oldenburg war, zeigte der Umstand, dass Mosle sofort versuchte, auch in einem persönlichen Gespräch mit Prinz Adalbert von Preußen die Vorzüge des Jadegebietes bei Heppens darzustellen. Auch aus der Bevölkerung ergingen Vorschläge, sogar in gebundener Art, an die Reichsregierung. [94]

Prinz Adalbert eröffnete am 20. November 1848 die erste Sitzung der TMK, indem er einen kurzen Abriss der geplanten Arbeit in Bezug auf Thematik und Zeitrahmenplan aufzeigte.
An dieser ersten Sitzung nahmen folgende Mitglieder teil: Prinz Adalbert von Preußen, Minister Duckwitz, Kapitän Donner, die Herren Gevetkoht, Möring, Teichert und General Radowitz.[95] Der Prinz beabsichtigte, in drei Perioden zeitlich vorzugeben.

Für die Vorbereitungsphase wurden vier Wochen veranschlagt, also zum
Jahreswechsel, in denen die Umrisse der zu schaffenden Marine festgelegt werden sollten. Die eingerichteten Sub-Kommissionen sollten hierzu ihre Ausarbeitungen den Vollsitzungen unterbreiten, so dass die Beschlüsse gefasst werden konnten.
Für die Orientierungsphase sollen ca. sechs Wochen andauern, also bis
Mitte Februar 1849. Während dieser Zeit sollten die Beschlüsse der Vorbereitungsphase in Bezug auf ihre Durchführbarkeit vor Ort untersucht werden. Die Bereisung der Küste und Häfen schloss dieses genauso ein wie die Kontaktaufnahme zu den einzelnen Regierungen

93 **Deutsches Schiffahrtsmuseum Bremerhaven:** Unterlage, Ausstellungskatalog: Die Erste Deutsche Flotte

94 **Colquonn, Patrick:** Entwurf zur Bildung einer deutschen Kriegsflotte nebst Kostenanschlag derselben. Verlag Friedrich Fleischer, Leipzig 1849. Hierin wurde sehr detailliert über die Marinen fremder Länder berichtet. Sie enthält Angaben über Schiffe der verschiedenen Klassen, Geschütze, deren Gewichte und Kosten, wie sie in der Form in einer deutschen Denkschrift bis dahin noch nicht aufgetaucht waren. Ebenso die sehr detaillierten Besoldungslisten stellen eine Besonderheit dar, die im Vergleich zu denen der späteren Listen der Reichsmarine aufschlussreich waren. Wie gut der Verfasser die Lage um die Marine in Deutschland sah, zeigte die Darstellung der Haltung im Binnenland, die von Unkenntnis über Marinebelange geprägt sei! Selbst ein »*Ruhe-Hospital für die im Dienst verkrüppelten und veralteten*« Matrosen wurde im letzten Kapitel besprochen.

95 **DB 59/204.** Protokolle der Technischen Marinekommission.

und Institutionen, die mit dem Aufbau, der Verwaltung und Organisation der Marine in mittelbarem und unmittelbarem Kontakt standen. Stellungnahmen und Expertisen zu Zeichnungen von Schiffen der verschiedenen Klassen, Häfen, Arsenalen und anderen Einrichtungen sollten angefertigt werden.

Die Beschlussphase sollte Unterlagen erbringen, die einer zu schaffenden Admiralität des Reiches die Möglichkeit böten, auf diesen Ergebnissen hin ihre Arbeit aufzunehmen, und diese wenigstens zu unterstützten. Hierbei war vorwiegend an der Ausarbeitung eines Organisationsplanes gedacht, der es erlaubte, eine Reichsmarine zu organisieren, die zum Ende des Waffenstillstandes 1949 operieren konnte.

Nach Planung der Kommission sollte die zu schaffende Marine in drei Stufen aufgebaut werden:

1. Hauptstufe: Die Organisation der Marine bis zum Ablauf des Malmöer Waffenstillstands zum 26. März 1849, wobei hier vorrangig die Defensivmaßnahmen in Betracht kamen.

2. Hauptstufe: Aufbau einer offensiven Verteidigung der Küste, der Schutz des eigenen Handels auf der hohen See und der der Auswanderer.

3. Hauptstufe: Erlangung der Größe und Stärke einer selbstständigen Seemacht.

Derweil begann auch unter der Führung von Minister Duckwitz die intensive Arbeit der Marineabteilung. Duckwitz plante, ständig einen Vertreter der Marineabteilung an den Sitzungen der Technischen Kommission teilhaben zu lassen.[96]

Unabhängig von den zu erarbeitenden Vorschlägen der TMK beabsichtigte die Marineabteilung folgende Marinestärke aufzubauen. Hierbei ging der Minister von der Tatsache aus, dass alle an der Nord- und Ostseeküste in Dienst gestellten Seefahrzeuge unter der Regie, wenigstens aber unter der einheitlichen Flagge des Deutschen Reiches segeln würden. Dies würde die Flottillen von Schleswig-Holstein, von Preußen und der des Deutschen Reiches betreffen. Ein guter Anfang für das Deutsche Reich, so eine Einheit zu erreichen. Zu diesem Zeitpunkte plante Minister Duckwitz mit:

80 Kanonenbooten,
6 Kanonenjollen,
7 armierte Handelsschiffe (zu beschaffen in England oder den USA),
2 Avisos (PREUSSISCHER ADLER, KÖNIGIN ELISABETH),
1 Dampfcorvette (zu beschaffen in England oder den USA),
1 Segelkorvette (AMAZONE),
5 Schiffe der »Hamburger Flottille« (DEUTSCHLAND, LÜBECK, HAMBURG, BREMEN und ST. PAULI).

Auch die Kontakte zu den USA schienen zu den erwarteten Ergebnissen zu führen, wie sie von Duckwitz geplant und erhofft wurden. Auf die schriftliche Anfrage vom Oktober des Jahres an den amerikanischen Gesandten Donelson überreichte dieser am 21. November 1848 in Frankfurt eine Note mit folgendem Inhalt:

---

96 **Anm. d. Verf.:** Die Marineabteilung nahm in der Regel zwei- bis dreimal in der Woche Kontakt mit der TMK auf. Schon bald kam es zwischen dem Ministerium und der TMK zu ersten Reibereien, da die Schere zwischen den Wünschen der Kommission und dem Machbaren des Ministeriums zu weit auseinander klaffte.

»(...) Unter Bezugnahme auf die zwischen Ew. Exzellenz und mir geführten Correspondenz im Betreff des Wunsches der Centralgewalt, die Dienste eines Seeoffizier der Vereinten Nationen zu erhalten, freut mich, autorisiert zu sein, den folgenden Auszug eines Briefes des Herren Buchmann, die Antwort des Präsidenten enthaltend mitteilen zu können .(...)

»Nach Beratungen mit dem Kabinett hat er mich beauftragt zu sagen, dass er die ausgezeichnete Ehre, welche unsere tapfere Flotte durch dieses Gesuch zu teil wird, tief fühlt, zumal dasselbe, wie es der Fall ist, von der Zentralregierung der großen und erleuchteten deutschen Nation gestellt ist.

Stets bereit und begierig, die Freundschaft, welche so glücklich zwischen beiden Ländern besteht, zu festigen und die Wohlfahrt der deutschen Konföderation auf jede <u>mit der öffentlichen Pflicht vertragliche Weise</u> zu fördern, ist er bereit, alles, was in seiner Macht steht, zu tun, um den erwähnten Zweck zu erfüllen.

(...)« [97]

Wie wichtig die Kontakte zu den USA eingeschätzt und wie wichtig der Besuch der Abordnung auf dem US-Dampfschiff in Bremerhaven eingestuft wurde, zeigte die Reaktion in Frankfurt. Die Abgeordneten in der Technischen Marinekommission Moering und Gevekoth erhielten bereits am 23. November 1848 die Anweisung, in den USA nach geeigneten Kriegsdampfern zu suchen und diese zu erwerben. Gleichzeitig bekamen die Abgeordneten Werner und Ulrich durch Capitain-Lieutenant Donner den Auftrag, brauchbare Schiffe in England zu suchen. Sie sollten sich hierbei mit Kapitän Kuper in Verbindung setzen, um eine Fregatte und zwei Korvetten zu erwerben.

Die materielle Aufrüstung der Reichsmarine und die Aus- und Umrüstung der vorhandenen Schiffe begann derweil Formen anzunehmen. Um die umfangreichen Reparaturen an der BREMEN durchführen zu können, verlegte man das Dampfschiff am 29. November 1848 von Hamburg nach Krautsand. In Hamburg war man über diese Verlegung sehr erbost, sah man sich doch um den Gewinn der Reparatur betrogen. Die Rivalität zwischen den Hansestädten begann wegen der Belange der Marine erneut, und so suchte man aus Hamburger Sicht als Schuldigen dieser Misere den aus Bremen stammenden Reichshandelsminister Arnold Duckwitz.

Fast zur gleichen Zeit war die Informationsreise des Kapitäns des US-Kriegsschiffes ST. LAWRENCE, Kapitän Paulding, abgeschlossen, die helfen sollte, die preußische Marine zu unterstützen und ihre Marineplanungen zu organisieren. Während der Liegezeit war das Kriegsschiff auch vom Großherzog von Oldenburg und einer Abordnung der TMK besucht worden. Am 22. November hatte das US-Kriegsschiff Bremerhaven verlassen, um seine Ausbildungsfahrt im Mittelmeer fortzuführen. Als das Schiff in See ging, waren auch die vier preußischen Matrosen 2. Klasse Hoffmann, Berndt, Berger und Batsch an Bord, die als Midshipman fuhren. Gerade Preußen war mit dieser Entwicklung sehr zufrieden. Wichtigste Voraussetzung für diese Mitfahrgelegenheit als Offiziersanwärter war aber weiterhin die Sicherstellung, dass Preußen nach wie vor nicht im Krieg mit Dänemark stand. [98]

---

97 **Martin, Paul:** Die Technische Marine-Kommission und der Bau der deutschen Flotte im Jahre 1848–1849. Von der Technischen Hochschule in München zur Erlangung der Würde eines Doktors der technischen Wissenschaften (Doktor-Ingenieurs) genehmigte Dissertation. München, 28. Juni 1923.S. 51f.

98 **Batsch, E.:** Auszug aus der Acte …

Dass die schleswig-holsteinische Regierung am weiteren Aufbau einer Marine Interesse hatte, zeigte der Umstand, dass hier versucht wurde, neben der Beschaffung an Schiffen auch für deren Organisation und Aufbau eines Offizierskorps zu sorgen. In Kiel wurde am 1. Dezember 1848 im Haus der Oberkommandantur die Seekadettenschule, die erste ihrer Art im Deutschen Reich, eröffnet, die auf die Initiative des Capitain-Lieutenant Donner zurückzuführen war. In straffer, planmäßig betriebener »Heranbildung« sollte der Nachwuchs für ein Seeoffiziers-korps geschaffen werden, welches allen militärischen Anforderungen gewachsen war. Aufge-nommen wurden junge Leute von 12 bis 16 Jahren. Laut der Schulordnung wurde gerade auf Disziplin geachtet:

> *»(…) Kein Kadett darf in seinem Quartier einen Lehnstuhl oder ein Sofa haben. Krank-heit ausgenommen; kein Kadett darf gebrannte Getränke als Rum, Kognak oder Arrak weder rein noch mit Wasser vermischt trinken; kein Kadett darf weder Tabak schnupfen, noch rauchen oder kauen; die Kadetten sollen nicht in Federbetten schlafen, sondern auf Pferdehaar oder Seegras und unter wollenen Decken; sie dürfen in ihren Quartie-ren nie wärmer heizen als 14 Grad; sie marschieren nach abgehaltener Parade (Mor-genmusterung) ohne Wortwechsel oder sonstige Störung nach den Lehrsälen ab und nehmen dort sofort ihre Plätze ein; jede Beschädigung der Tische, Bänke oder anderer Inventarstücke der Anstalt, namentlich daß Betreten der Tische und Bänke mit den Füßen ist streng verboten; auf der Straße haben die Kadetten wildes Laufen und über-lautes Sprechen zu vermeiden.«*[99]

Zur Aufrechterhaltung der Disziplin (Manneszucht) waren vier *»Zensur-Klassen«* vorgesehen. Die vierte Klasse durfte keinen Dolch tragen und hatte *»gar keinen Anspruch auf Urlaub.«*

Für die Unterkunft hatte jeder Aspirant der »Deutschen Flotte« selber zu sorgen. Die Kosten für den Eintritt in die Schule betrugen pro Schüler 200 Taler, dafür wurde Bekleidung und Aus-rüstung gestellt. Vor dem Eintritt wurden die Schüler geprüft, ob sie folgenden Anforderungen gewachsen waren:
- – Rechnen mit ganzen Zahlen und Brüchen,
- – Elementarkenntnisse in Englisch und Französisch,
- – Allgemeine Kenntnisse über Geographie der fünf Erdteile,
- – Allgemeine Kenntnisse über Geschichte,
- – Allgemeine Kenntnisse in Planimetrie,
- – Elemente des Buchstabenrechnens,
- – Gute Handschrift.

Der gesamte Lehrgang bis zur Ernennung zum Seeoffizier sollte 5 Jahre dauern. Übungsfahr-ten, die einmal jährlich stattfinden sollten, waren auf dem Kriegsschoner ELBE ex ELBEN geplant. Die Flottille der Schleswig-Holsteiner war zum Ende des Jahres 1848 auf folgende Stärke angewachsen:

ELBE ex Wachschiff, als Kriegsschoner 8 (6?) × 12 Pfd. Kanone
CHRISTIAN VIII. (Geliehen, Eigentum von M.F. Schmidt, Kiel,
      später abgekauft) 180 PS Maschine (?)
KIEL ex Wachschiff, 40 PS Maschine 4 × 18 Pfd. Kanonen

99 **Peter, Karl Hinrich:** Seeoffizieranwärter – ihre Ausbildung von 1848 bis heute.

Zu den bereits fertiggestellten Kanonenbooten der 1. Serie ohne Abdeckung kamen bis zum Dezember 1848 noch sieben weitere Kanonenboote hinzu, die aber nun ein Verdeck hatten. Sie waren in Kiel, Eckernförde, Glückstadt, Tönningen, Elmshorn und Arnis (bei Kappeln) gebaut worden. Alle Schiffe standen unter der Flagge des Deutschen Reiches Schwarz-Rot-Gold in Dienst. CHRISTIAN VIII. war von Privat (M.T. Schmidt in Kiel) geliehen worden, ohne Kostenanspruch des Eigners. Das Dampfschiff war seit 1840 im Postdienst zwischen Kiel und Kopenhagen im Dienst gestanden.

Die Suche nach einem Kriegshafen für die Reichsmarine

Gegen Ende des Jahres 1848 setzte die wirksamste Tätigkeit der TMK ein. Neben grundsätzlichen technischen Gutachten über den Aufbau, die Zusammensetzung, die Aufgabenbereiche, die Kosten und weitere organisatorische Fragen wurde auch der Küstenschutz behandelt. Spätestens seit der Übernahme der Dampfer der ehemaligen Hamburger Flottille bestand Handlungsbedarf für die Schaffung einen Stützpunktes. Hamburg machte sich ebensolche Hoffnungen wie Hannover (Geestemünde) oder Bremen (Bremerhaven). Oldenburg versuchte weiterhin Heppens als Kriegshafen zu favorisieren, obwohl dort jegliche Infrastruktur fehlte. Nachdem die Nachforschungen hinsichtlich der genauen Vermessung der Nordseeküste ergeben hatten, dass solche Unterlagen in Paris aus der Zeit der napoleonischen Besatzung vorliegen sollten, wandte sich der Geheime Rat Erdmann am 5. Dezember 1848 mit der Bitte um Einsichtnahme in diese Pläne an den französischen Gesandten in Frankfurt. Sie wurde bereits am 18. Dezember 1848 freundlich, aber ohne konkrete Angaben beantwortet. Frankreich war nicht bereit, diese Pläne zu veröffentlichen oder Einsicht zu gewähren.

Die oldenburgische Regierung ließ sich aber nicht dadurch abhalten, weiter ihre Küste im Allgemeinen und Heppens im Speziellen für die Reichsmarine zu favorisieren. Die schon am 15. November 1848 vom Ministerium des Handels angeforderten Unterlagen gelangten noch im gleichen Monat unter dem Titel »**Oldenburgischer Beitrag zu den Vorarbeiten für die Anlegung eines Kriegshafens an der deutschen Nordseeküste**« an die Öffentlichkeit. Dieses ohne Verfasser abgegebene Schriftstück stammte vom Rat Erdmann persönlich. Das sehr ausführliche Schreiben verfehlte seine Wirkung in der TMK nicht, so dass Prinz Adalbert am 8. Dezember 1848 in einem Dankschreiben andeutete, dass diese »(...) *hochwichtige Örtlichkeit*« berücksichtigt würde.[100]

---

100 **Harleß, Chr. Fr.:** Deutsche Bundes-Kriegshäfen als Bedürfnisse für eine deutsche Kriegsmarine, eine Denkschrift. Bonn 1848. **Anm. d. Verf.:** Die Häfen in der Ostsee waren indiskutabel, da es keine gesicherte Zufahrt zur Ostsee gab. Aus diesem Grund wurde in der TMK ernsthaft der Bau eines Nord-Ostsee-Kanals erörtert. In einer **Denkschrift** an den Prinzen Adalbert von Preußen befasste sich der in Bonn lebende Doktor Friedrich Harleß mit dem Marineaufbau des Reiches, speziell mit dem Thema »Deutsche Bundes-Kriegshäfen« Danach sollten zwei Klassen von Kriegshäfen gebaut werden. 1. Klasse in der Ostsee: Danzig, Swinemünde und Kiel. 1. Klasse in der Nordsee: Jadebusen, Glückstadt und Emden. 2. Klasse in der Ostsee: Rostock, Eckernförde und Appenrade. 2. Klasse in der Nordsee: Cuxhaven, Bremerhaven und Tönningen. Harleß erhielt von der TMK wegen der Denkschrift ein besonderes Dankschreiben zugesandt.

Das Hauptproblem in der Festlegung des Hauptkriegshafens für die Reichsmarine lag zu dieser Zeit in zwei großen Behinderungen. Zum einen war die Ostsee nicht für die Reichsmarine frei zu erreichen, da Dänemark die Sunddurchfahrt sperrte. Zum anderen wurde durch die Festlegung eines Hauptkriegshafens in die Länderhoheit eingegriffen. Für die Mitglieder der TMK ein juristisches Problem, das erst noch geklärt werden musste. Da aber durch den preußischen Generalkonsul Heberle eine große Menge an Kohlen für die zu erwartenden Dampfschiffe geordert worden war, musste in absehbarer Zeit ein Ort geschaffen werden, an dem diese Ladung Kohle und weiteres Material gelagert werden sollte. [101]

Um überhaupt zu einem Ziel zu kommen, mussten zwei Wege eingeschlagen werden. Der erste zur Befriedigung der dringenden Bereitstellung eines Ortes, wo in absehbarer Zeit Material aller Art sicher einzulagern war. Der weitere für die Zukunft der aufzubauenden Marine, nach dem Konflikt mit Dänemark. Für die unmittelbare Schaffung eines Arsenals kamen entweder Stade und Glückstadt an der Elbe oder Bremerhaven und Geestemünde an der Weser in Frage. Zur Orientierung in die Zukunft sollte von der TMK eine Denkschrift erarbeitet werden, die, nach Inspektion der »Lokalitäten«, die Möglichkeit schaffen sollte, die Kriegshäfen an Nord- und Ostsee nach den günstigsten Kriterien zu bestimmen. Die Kommissionen sollten neben den nautischen, hydrotechnischen, militärischen und strategischen Gesichtspunkten auch mit den örtlichen Ämtern über Besonderheiten wie Beobachtungen bei Ebbe und Flut, Höhe der Wasserstände oder Eisgang Erkundigungen einziehen. Durch die TMK wurden nachfolgende Hafenplätze zur Untersuchung vorgeschlagen:

Im Bereich der Nordsee:

BEREICH	Hafen	Hafen
Ems	Knocke	Insel Borkum
Jahde	Heppens	Horum-Siel
Weser	**Linke Ufer**	**Rechte Ufer**
	Gambersloch	Bremen
	Fedderwarden	Bremerhaven
		Geestemünde
Elbe	**Linke Ufer**	**Rechte Ufer**
	Steinwarde	Brunsbüttel
	Cuxhaven	Büttel
	Krautsand	Glückstadt
Jever	Husum	
Sylt	östlicher Hafen	

101 **Martin, Paul:** a. a. O. S. 43f.

Für den Bereich der Ostsee sollen nachfolgende Ortschaften gesichert werden:
Appenrade, Eckernförde, Kiel, Neustadt, Travemünde, Wismar, Warnemünde, Stralsund und Dähnholm, Greifswald, Swinemünde, Danzig, Hela. [102]

Im Rahmen dieser Überprüfung wurde auch die Schaffung eines Kanals zwischen der Nord- und Ostsee besprochen, da klar die Gefahr der Sperrung des Sundes wie ein drohendes Gewitter immer vorhanden war, solange Dänemark die Macht dazu hatte.

Die Marineräte Jordan und Kerst schlugen vor, zunächst die Schiffe der Reichsmarine nach Bremerhaven zu verlegen. Maßgeblich durch Duckwitz beeinflusst wurde gegen Ende Dezember 1848 Bremerhaven angewiesen, die Voraussetzungen zu schaffen, um ein Arsenal und genügend Platz zur Überwinterung der vorhandenen Schiffe aufzubauen. Dieses erregte den Unwillen der Hansestadt Hamburg sehr stark, hoffte sie doch, einen Anspruch auf die Marinelokalitäten durch den Aufbau und die Gestellung ihrer Schiffe für den Bund zu haben. Die Stellung von Duckwitz war deshalb gerade in Hamburg nicht unumstritten. Im Gegenteil: seine Position war gerade gegenüber der Nationalversammlung sehr schwach, da ständig Parlamentarier Anfragen stellten, um den Stand der Dinge zu erfahren wie es um den Aufbau der Flotte stehe, da diese die Auffassung vertraten, dass zur Ehre des Vaterlandes zu wenig geschehe, um dem Treiben der übermütigen Dänen endlich ein Ende zu bereiten.

Um die Geheimhaltung nicht zu gefährden, aber die berechtigten Fragen der Abgeordneten zu beantworten, ging Duckwitz prinzipiell dazu über, diese Anfragen »zu sammeln«. Zu gegebener Zeit würde er sie dann möglichst vollständig und ausführlich beantworten. Während Minister Duckwitz aus praktischen Erwägungen Bremerhaven, das er kannte, zum Hauptkriegshafen bestimmte, arbeitete auch die TMK an dem Thema. Hinsichtlich der Bereitstellung der Hafenanlagen lud die TMK den Hafenbaumeister v. Ronzelen (Bremen) nach Frankfurt ein, um über die Hafenanlage bei Heppens und deren Brauchbarkeit für die deutsche Flotte ein Urteil abzulegen.

Die am 15. Oktober 1848 übergebenen Schiffe des Hamburger Comité waren in der Zwischenzeit durch den Ingenieur Morgan soweit hergerichtet worden, dass sie am 15. Dezember offiziell an das Reich übergeben werden konnten. Die BREMEN lag vor Krautsand wegen ihrer umfangreichen Kesselreparatur. Die Segelfregatte DEUTSCHLAND wurde als Schulschiff durch das Reich gekauft, lag aber weiter in Hamburg. Wegen der Kosten für die Änderungen und Reparaturen an den Schiffen der »Hamburger Flottille« entspann sich zwischen Minister Duckwitz und dem Hamburger Comité ein heftiger Streit und Notenwechsel, der besonders die Segelfregatte DEUTSCHLAND betraf.

Minister Duckwitz kritisierte hierbei die Überbewaffnung des Schiffes, wogegen sich der Reeder Sloman, Vertreter des Hamburger Comité, energisch widersetzte. Da die Hamburger Segelfregatte DEUTSCHLAND ex CESAR GODEFFROY als Kriegsschiff ungeeignet war, wurde sie als solches am 15. Dezember 1848 auch nicht übernommen. Stattdessen wurde die Segelfregatte vom Eigner Godeffroy abgekauft und am 21. Dezember 1848 als erstes deutsches Schulschiff unter den Reichsfarben Schwarz-Rot-Gold in Dienst gestellt. Aus Mangel

---

102   **Martin, Paul:** Die Technische Marine-Kommission, S. 45f.

an Personal konnte das Segelschiff nicht nach Bremerhaven verlegt werden, sondern musste noch in Hamburg verbleiben. Ingenieur Morgan begab sich nach dieser Übergabe wieder nach Frankfurt, um weitere Aufgaben in der TMK zu übernehmen. Tatsächlich kostete der Kauf und die Instandsetzung der »Hamburger Flottille« das Deutsche Reich ca. 450.000 Taler. [103]

Durch den Umstand, dass Dänemark am 12. Dezember 1848 das Ende des Waffenstillstands zum 26. März 1849 bestätigte, wurde nun die TMK in die Pflicht genommen, für diese Situation Vorsorge zu treffen. Alle Planungen für einen erhofften friedlichen Aufbau waren über den Haufen geworfen worden! Es mussten nun schnellstens Schiffe beschafft, notfalls Handelsschiffe armiert werden. In diesem Zusammenhang war durch die Kommissionsmitglieder Donner und Schröder ein Gutachten erstellt worden. Beide kamen zu dem Schluss, dass Schiffe beschafft werden müssten, die von den Dänen nicht gefahren würden, die kampfstark waren und ein geringeres Mannschaftssoll beanspruchten als Segelkriegsschiffe. Aus diesem Grund sollte man zunächst Dampfschiffe beschaffen.

Der Erwerb der Schiffe für die Reichsmarine in England zum Jahreswechsel 1848/49

Die Bemühungen, in England solche Schiffe zu erwerben, wurden nun verstärkt. Dank der guten Beziehung des preußischen Gesandten Heberle machten die geheimen Gespräche gute Fortschritte, da jegliche offiziellen Kontakte zur Regierung vermieden werden mussten, um Dänemark nicht auf den Plan zu rufen. Die Sachverständigen Werner (Darmstadt) und Ulrich (Vegesack) wurden vom britischen Kapitän Kuper bei der Suche nach Schiffen unterstützt. Kapitän Kuper hatte von der TMK die Vollmacht erhalten, über die Armierung zu urteilen und seine Vorstellungen zu äußern.

Die Zusammenarbeit mit Preußen schien auf einem guten Wege zu sein, einen gemeinsamen Marineaufbau zu gestalten. Schon bald wurde der TMK durch den preußischen Gesandten gemeldet, dass bei der Werft Pitscher in Northfleet eine Dampffregatte zur Disposition stand, woraufhin sich die Sachverständigen auf den Weg machten dieses Schiff zu überprüfen. Diese Bemühungen waren aber erfolglos, da die sardische Regierung das Schiff in der Zwischenzeit gekauft hatte. Doch schon wenig später schien der Kauf eines anderen Schiffes, der HINDUS-TAN, das wegen einer Kesselüberholung in der Werft lag, aber zum Verkauf stand. Durch die Unterstützung Kapitän Kupers gelang schon bald die Kontaktaufnahme zu weiteren Reedern und Werften, so dass es zu intensiven Gesprächen mit der Firma Patterson in Bristol kam. Verhandelt wurde über den Erwerb von drei Schiffsneubauten (Spekulationsbauten) und den Ankauf des Dampfers HINDUSTAN.

Wegen der Dringlichkeit, endlich größere Schiffe erwerben zu müssen, wurde ohne Rücksprache mit der TMK und der Marineabteilung bereits am 19. Dezember 1848, unter Vorbehalt der Genehmigung, der Kontrakt für die drei Neubauten abgeschlossen. Dieser Kontrakt sah den Bau einer Dampf- Corvette von 850 ts. und die Lieferung einer Maschine von ca. 300 PS sowie

---

103 **Illustrierter Marinekalender** der Illustrierten Zeitung, Leipzig Jg. 1850, S. 182.

die Neubauten von zwei Dampf-Corvetten von 500 ts. und zwei Maschinen von 180 PS vor. Die Schiffe erhielten die Tarnnamen INCA, CACIQUE und CORA.

Zur Unterstützung der Beauftragten in England wurde zusätzlich der Ingenieur Morgan sofort nach England geschickt. Zunächst konnten Verhandlungen um den Erwerb und Umbau der von Kapitän Kuper vorgeschlagenen HINDUSTAN geführt werden. Seit Morgan das Schiff besichtigt hatte, setzte er alles daran, diesen Kauf und Umbau zu verhindern, da das Schiff das Geld nicht wert zu sein schien. Ingenieur Morgan vermutete, neben der Kesselreparatur auch noch die trockene Holzfäule festgestellt zu haben, und vertrat die Auffassung, dass das Schiff auf jeden Fall zu teuer war. Es kam deshalb zu Spannungen zwischen Kapitän Kuper und Morgan.

Wegen der »Einmischung« Morgans um die HINDUSTAN beschwerte sich Kapitän Kuper bei Reichs-Handelsminister Duckwitz. Der Minister folgte trotzdem den Vorschlägen Morgans, in England weiter nach geeigneten Schiffen Ausschau zu halten. Mit Unterstützung eines Bruders von Morgan, eines Kapitäns der Royal Navy, sollten die Sachverständigen Werner und Ulrich weiter nach Schiffen suchen, die als Kriegsschiffe umzubauen waren. Es sollte aber weiterhin Wert auf die Aussage des Kapitän Kuper gelegt werden. Noch vor dem Ende des Jahres gelang es unter der Federführung von Morgan, die beiden bekannten britischen Fahrgastschiffe BRITANNIA und ACADIA zu besichtigen, die ebenfalls zum Verkauf standen.

Für Reichshandelsminister Duckwitz wurde es immer klarer, dass er eine Marineperson benötigte, die die patriotische Aufgabe des Aufbaues einer Reichsmarine für Deutschland mit dem Sachverstand eines deutschen Marineoffiziers übernahm. Nach seinen Informationen war das der aus Griechenland in seine Heimat zurückkehren wollende Fregattenkapitän Brommy, der diese Aufgabe übernehmen könnte. Wer war dieser Carl Rudolph Brommy, der das vielbeachtete deutschsprachige Marinefachbuch »Die Marine« in Berlin Mitte des Jahres 1848 herausgegeben hatte?

Teil C

Aus dem Leben von Carl Rudolph Bromme bis 1820

Kapitel VII.

Elternhaus, Jugend bis zum Eintritt

in die Seefahrschule Hamburg

Die Eltern von Carl Rudolph Bromme, Johann Simon Bromme und seine Ehefrau Friederike Louise Berthold, kamen aus sehr unterschiedlichen, ja entgegengesetzten Wohnorten von Anger bei Leipzig, dem Geburtsort von Carl Rudolph Bromme. Die väterliche Linie stammte aus Bramstädt und die mütterliche Linie aus Großenhain.

Großvater Johann Christian Bromme, 1734 in Barnstädt geboren, war Schneidermeister und Eigentümer[104] in Barnstädt. Er heiratete Magdalena Böhme und bekam drei Kinder: als ältestes Johann Simon Bromme, der am 7. September 1758 geboren, dann Maria Sophie die am 23. April 1867 geboren, zuletzt Friedrich, der am 20. August 1776 geboren wurde.

Die Großeltern väterlicherseits wurden beide in Barnstädt zu Grabe getragen, wobei über den Großvater berichtet wurde, das er in den Nachbarorten als besonders geistig begabt und charakterfest dargestellt wurde.[105] Johann Simon und Marie Sophie Bromme wollten ihren Eltern nicht auf der Tasche liegen und verließen Barnstädt in Richtung Leipzig, da sich hier bessere Arbeitsmöglichkeiten boten.

Während der Geburtsort seines Vaters ca. 90 km westlich von Leipzig lag, war der Geburtsort seiner Mutter Louise Berthold, in Großenhain, gut 120 km entfernt im Osten von Leipzig gelegen.

Großenhain, im Mittelalter nur »Hain« genannt, war eine wichtige Stadt für den Tuchhandel und die Färbung mit Waid, einer Pflanze, die zum Färben von Stoffen zu dieser Zeit ganz hoch im Handel stand. Dadurch erlebte die Stadt im 15. und 16. Jahrhundert eine wirtschaftliche Blütezeit und entwickelte sich zum wichtigen Handelsplatz an einer sehr wichtigen Handels- und Heerstraße, der Hohen Landstraße. In vielen Kriegen wurde die Stadt immer wieder schwer in Mitleidenschaft gezogen. Welche Schicksale hier gespielt hatten, dass die Familie die Geburtsstadt der Mutter, Friederike Luise Berta verließ, könnte damit zusammenhängen, dass die Stadt um die Zeit der Geburt von Louise Berthold, bei einem Großbrand völlig zerstört wurde.

---

104 Ein Begriff in der damaligen Zeit für Hauseigentümer.
105 **Ulrich, Claus:** Private Unterlage. Der Brommsche Stammbaum 1888.

Die Umstände, wie sich die beiden Eheleute getroffen haben ist ebenso unklar und unbeschrieben wie der Beruf des Vaters Johann Simon Bromme. Es steht nicht einmal fest, ob dieser überhaupt einen Beruf erlernt hatte.

Der wichtigste Grund, aus dem Johann Simon Bromme nach Anger kam, wird im Umstand zu sehen sein, dass er als Bediensteter im Haus des ordentlichen Professors Anton Klausing, Professor für geistige Altertümer und Philosophie an der Universität Leipzig, arbeitete. Als dieser für seine schwerkranke Frau ein Haus in Angern erworben hatte, um diese in der gesunden ländlichen Umgebung sich erholen zu lassen, hat Johan Simon Bromme wahrscheinlich als Verwalter des Anwesens in Anger gearbeitet.

Der in Herford am 11. April 1729 geborene spätere Professor studierte in Halle und Leipzig und war der Sohn eines bekannten Orgelbauers. 1755 wurde er Professor in Leipzig und 1765 Professor für Kirchliche Altertümer. Zum Zeitpunkt des Erwerbs des Gutes in Anger (1793), Breite Straße 15, war Johann Bromme mit Friederike Luise Berthold aus Großenhain verheiratet. Am 28. Juli 1796 wurde das erste Kind der Familie Bromme, Friederike Elisabeth, und gut anderthalb Jahre später das zweite, Caroline Sophie, in Anger geboren.

Die Landluft schien der kranken Frau Professor wohl gut bekommen zu sein denn ihr Ehemann ließ schon bald eine überlebensgroße Gedenktafel aufstellen mit der Inschrift: »Zur Freude / der besten Gattin / FRID. HENRIETTE / geb. FACHRIAF/ ward / dieses Landgut / gekauft/ 1793« [106] Trotz dieser guten Umgebung verstarb die Ehefrau des Professors im Jahr 1799.

Johann Bromme muss eine sehr gute Arbeit geleistet haben, da nach dem Tod der Gemahlin der Professors das Haus nicht verkaufte. Stattdessen erhielt es Johann Bromme *»zur Belohnung seltener Treue«* überschrieben! Ein Vorgang, der bestimmt lange das vorherrschende Gesprächsthema im Dorf Anger gewesen war. Johann Bromme hatte nun ein ansehnliches Bauerngut, das praktisch im Zentrum des Dorfes an der Hauptstraße lag, und das Ehrenamt des »Gerichtsschöppen« erworben, das an das Bauerngut angebunden war. Er hatte aber wenig Ahnung von »Ackerbau und Viehzucht« und musste sich nun, im Alter von 41 Jahren, umorientieren, wobei ihn die Dorfbewohner spöttisch beobachteten, da sie meinten, dass die Familie Bromme nicht so richtig ins Dorf passe. Trotzdem, die Familie Bromme blieb im Dorf und der Vater begann mit der »Eßig-Fabrication« und der dazugehörigen Landwirtschaft, die aber wohl nie so richtig Gewinn abgeworfen hat. In diese Zeit der ersten Jahre der »Essig-Fabrikation« im Hause Bromme kommen zwei weitere Söhne zur Welt: Ernst Christian um die Jahrhundertwende 1800 und Simon Traugott Bromme am 3. Dezember 1802. [107]

Diese Zeit des Jahrhundertwechsels stand auch für die Folgezeit der Französischen Revolution in Europa. Napoleon baute seine Machtposition immer mehr aus und unterwarf durch Diplomatie und Kriege eine europäische Nation nach der anderen. Immer herrschte latente Kriegsgefahr.

---

106 **Claus, Ulrich:** Carl Rudolph Brommy – der Admiral der ersten deutschen Flotte (Fußnote 1). Zur Erinnerung an diese Schenkung ließ der Professor folgende Inschrift auf dir Rückseite anbringen. »und / nach ihrem Tode / zur Belohnung / seltener Treue / JOH. SIMON / BROMMEN / geschenkt / von ANT. ERNST / KLAUSING Professor / 1799«.

107 **Claus, Ulrich:** Carl Rudolph Brommy – der Admiral der ersten deutschen Flotte S. 11.

In diese politisch unruhige Zeit hinein wurde das fünfte Kind der Eheleute Bromme, Carl Rudolph, am 10. September 1804 um 5.00 Uhr morgens geboren. Die Umstände der Geburt und das schwächliche Aussehen des Neugeborenen ließen vermuten, dass es den Abend dieses Tages wohl nicht erleben würde. Deshalb wurde alles in die Wege geleitet, um schnellstmöglich eine Nottaufe zu organisieren, da die bestellten Paten so eilig nicht informiert werden, und nach Anger kommen konnten.

Der Vater trat an den Ortsrichter heran und bat ihn, als Pate zu fungieren. Dieser willigte ein und ließ zusätzlich seinen Jungknecht nach Schönfeld reiten, um den dortigen Pfarrer zu bitten, die Taufe zu vollziehen. Auf dem Rückweg traf Johann Bromme eine Bäuerin, die er um Beistand bat, genauso wie einen Soldaten der Leipziger Garnison, der gerade in seinem gelernten Beruf als Mauerer Reparaturarbeiten an einem Haus durchführte. Noch am Vormittag wurde die Nottaufe, nach den Unterlagen im Kirchenbuch, durchgeführt und somit alles Mögliche getan, sollte es zum schlimmsten kommen, damit der Säugling in geweihter Erde bestattet werden konnte. Trotz dieser anfänglichen Befürchtungen wuchs der Junge heran und entwickelte sich, wobei er immer schmächtig blieb und von seinen Geschwistern »Mäuschen« genannt wurde. [108]

Das Jahr 1806 brachte für Sachsen und Preußen große Umbrüche, nachdem sich beide Staaten gegen Napoleon verbündet hatten. **Das Land war in Unruhe und es bahnte sich eine Entscheidungsschlacht an.** Der kleine Carl Rudolph war gerade 18 Monate jung, als im Hause Bromme, am 6. Juni 1806, ein weiterer Junge mit Namen Heinrich geboren wurde. Auch dieses Kind war sehr schwach, wie die Mutter auch.

Für Johann Bromme begannen schwere Zeiten, da Mutter Louise immer schwerer erkrankte und vier Monate nach der Geburt ihres kränklichen Jungen am 5. Oktober 1806 an Scharlachfieber starb. Sie wurde bereits zwei Tage später *»Mit Leichenpredigt und Abdankung«* auf dem Gottesacker im Kohlgartendorf Anger beerdigt. Aber das Leid sollte weitergehen. Der jüngste Sohn Heinrich folgte seiner Mutter bereits einen Monat später am 8. November, zwei Tage vor Carl Rudolph Brommes zweitem Geburtstag.

Schlimme Umstände im Hause Johann Bromme, der nun fünf Kinder zu versorgen hatte. Die Hauptlast der Versorgung lastete auf den Schultern der ältesten Schwester Friederike, die selber gerade einmal zehn Jahre jung war. Zu ihr sollte Carl Rudolph Bromme bis zu seinem Tode eine sehr innige Beziehung behalten.

Noch vor Ablauf der Wartezeit von einem Jahr, auf Anraten von Freunden, heiratete der Vater am 27. August 1807 die Johanna Christine Charlotte Reichs. Eine Entscheidung, die für die Familie nicht gut war, da die Stiefmutter den Kindern fast keine Beachtung schenkte. Zu diesem Unglück für die Kinder starb der Vater am 22. Januar 1808 an »schleimigem Nervenfieber«, so wurde Typhus damals genannt.[109] Durch den, wegen der Kriegszeiten schlechten

---

108   **Schulz, H.:** Ein Kranz der Erinnerung um das Bild des Großonkels Brommy. Aus vergilbten Familienbriefen und Erzählungen aus der Kinderzeit zusammengefügt. Rittergut Schmölen bei Würzen, Leipzig o.J. S.5f. Auch Claus, Ulrich: a. a. O., S. 88 Taufregister der Kirchengemeinde Schönfeld b. Leipzig. Geburt und Nottaufe, Kirchenbuchamt Leipzig.

109   **Anm. d. Verf.:** Beerdigt wurden die Eltern auf dem 1544 angelegten »Gottesacker auf dem Anger« auf dessen Areal von 1884 bis zum Abriss 1975 die imposante neugotische Markuskirche stand.

Verkauf des Gutes, standen die Waisen nun fast mittellos da. Alle Kinder hatten aber das Glück, bei der Tante Zirges (Zürges?)[110], der Schwester des Vaters, gut unterzukommen. Die Waisen verließen Anger und wohnten nun in einem Mietshaus beim Schneidermeister Zirges in der Reichsstraße in Leipzig. Obwohl Tante Zirges selber Kinder hatte, genossen ihre Neffen und Nichten viel Aufmerksamkeit.

Zur Stärkung der Gesundheit des schmächtigen Carl Rudolph wurde dieser 1809, auf ärztlichen Rat hin, auf eine Fußwanderung nach Thüringen mitgenommen, um ihn in der frischen Landluft und mit guter bäuerlicher Kost zu stärken. In den Folgejahren wurden solche Wanderungen mehrfach wiederholt und schienen sich gut für die sich stärkende Gesundheit ausgezahlt zu haben. Hierbei bemerkte der aufmerksame Beobachter bereits das Drängen des Jungen, immer etwas von der neuen Umgebung zu behalten, von Fremden zu lernen. [111]

Als der junge Carl Rudolph 1810 schulpflichtig wurde, ermöglichten die Zieheltern den Besuch der schulgeldpflichtigen 1. Bürgerschule in Leipzig. Leiter dieser »**für Kinder bemittelter Aeltern**« bestimmten Schule, von der Eröffnung 1804 bis 1832, war der weit bekannte Pädagoge Gedike, den der junge Carl Rudolph somit auch kennengelernt haben müsste.

In der Schule soll Carl Rudolph nicht herausragend gewesen sein, und, wie oft wiederholt bei Erzählungen, eine Kette von Sorgen und Kummer gebracht haben, wobei er aber für alles, was mit der »Fremde« zu tun hatte, viel Interesse zeigte. [112] Ob es Wanderer waren, die er über ihre Wege und Ziele befragte, Soldaten der Leipziger Garnison oder französische Besatzungssoldaten fragte, überall lauschte er gern deren Erzählungen. Auch hatte er ein großes Herz, und so gab er mehr als einmal sein Frühstücks- oder Vesperbrot Bettlern oder armen Invaliden.[113]

Die französische Besatzungszeit brachte viel Bedrängnis in das Leben der Bevölkerung Sachsens. Allgemein herrschten Unruhe und Unmut über diese französische Besatzung, die sich durch wirtschaftliche und politische Einengung auszeichnete. Durch verschiedene politische und militärische Verbindungen, gestützt durch die Niederlage des Korsen vor Moskau, begann sich der Widerstand zu regen. Als sich Preußen, nach langem Zögern entschloss dem entgegenzutreten, begann sich Hoffnung ihren Weg zu bahnen, der in einer Schlacht vor Leipzig 1813 seinen wichtigsten Höhepunkt fand.

Diese große Politik der Koalitionskriege gegen Napoleon mit ihrer Völkerschlacht im Oktober 1813 bei Leipzig hatte den neunjährigen Carl Rudolph Bromme als Zeitzeugen, als dieser vom Dachfester des siebten Stocks des Hauses in der Reichsstraße, drei Teile des Schlachtfeldes einsehen konnte. Glück hatte die Familie, als im Laufe der Schlacht eine 12 Pfünder Kugel in das Putzzimmer einschlug, ohne großen Schaden anzurichten.[114]

---

110 **Claus, Ulrich:** a. a. O. S. 14 Die Schreibweise ist in den verschiedenen Quellen nicht einheitlich.
111 **Claus, Ulrich:** a. a. O. S. 12.
112 **Schulz H.:** a. a. O. S.7.
113 Ebenda: S.8f.
114 **Claus, Ulrich:** a. a. O. S. 12.

Leipzig erholte sich nur langsam von dem Kriegsgeschehen, und das Leben in Sachsen und Leipzig begann wieder seinen normalen Weg zu gehen. Auch Carl Rudolph musste wieder die Schulbank drücken und das Versäumte nachholen. Später wird diese Zeit als der Beginn des »Vormärz« in die Geschichte eingehen mit Versammlungsverboten durch das System Metternich, mit Verfolgung von Studenten und Menschen, die sich nach Einheit für das deutsche Vaterland sehnten und dafür eingesperrt wurden.

Die ungeliebte Schulzeit ging indes für Carl Rudolph Bromme ihrem Ende entgegen. Viele seiner Freunde hatten ihren weiteren Weg geplant, doch welchen Beruf sollte der junge Bromme erlernen? Ein Studium konnte nicht begonnen werden, da er weder Griechisch noch Latein gelernt hatte, diese Fächer wurden nur in der Thomasschule gelernt. Tütendreher, wie Carl Rudolph die Kaufleute respektlos nannte, wollte er auch nicht werden, ebenso wenig ein »anständiges« Handwerk erlernen. Was die Pflegeeltern und der Vormund auch vorschlugen, sie konnten dem jungen Mann nichts anbieten, das seinen Neigungen und Interessen entsprach. Er hatte seine eigenen Planungen fest im Auge!

Er strebte den Beruf des Soldaten, besser noch den des Seemanns an. Obwohl als Binnenländer und Sachse eine ungewöhnliche Berufswahl. Carl Rudolph blieb auch vor dem Ausschuss des Vormundschaftsgerichtes hartnäckig, so dass man dem damals 14-jährigen die Ausbildung als Seemann gestattete. Hierbei wurde aber darauf geachtet, dass der junge Bromme nicht als Seekadett eine militärische Laufbahn beginnen konnte, sondern als Matrose der zivilen Handelsschifffahrt, in der Hoffnung, dass dieser schnell das Interesse daran verlieren sollte. Weit gefehlt: Carl Rudolph blieb bei seinem Entschluss, Seemann zu werden! Alle weiteren Bemühungen liefen nun darauf hinaus, dass er sich bei der ausbildungsgeldfreien Navigationsschule in Hamburg, der angesehensten ihrer Art in Deutschland, bewerben sollte.

Nun musste nur noch die Bewerbung bestanden werden, die für einen Binnenländer gegen einheimische Hamburger Konkurrenz von Söhnen von Reedern und Schifffahrtskapitänen nicht einfach war. Der angehende Seemann begann sich nun, bis zum Eintritt in die Seemannsschule, autodidaktisch mit Mathematik und Geographie zu beschäftigen, um sein Wissen zu stärken, da er erfahren hatte, dass diese Fächer wesentlich für das Bestehen der anstehenden Prüfungen waren. Der Aufnahmetest hinterließ so einen so guten Eindruck, dass Carl Rudolph Bromme einen der zwölf begehrten Plätze des 1. Semesters unter der laufenden Nr. 117/1819 zugesprochen bekam. Zu Ostern 1819 wurde Carl Rudolph in der Nikolaikirche konfirmiert und erfüllte somit eines der vielen Kriterien der Aufnahmebedingungen.[115]

---

115 **Claus, Ulrich:** a. a. O. S. 15. S. 89. **Stadtarchiv Hamburg:** Navigationsschule Hamburg; Martikel für die Lehrlinge 1819.

Auf der Hamburger Seefahrtsschule 1819–1820

Die Hamburgische Navigationsschule war 1749 durch Hamburgische Reeder und Kaufleute gegründet worden, um jungen angehenden Steuerleuten und Kapitänen die wichtigsten Grundlagen der mathematischen, astronomischen und physikalischen Kenntnisse zu vermitteln. Sie war zu dieser Zeit die erste und einzige Schule im deutschsprachigen Raum an Nord- und Ostsee. 24 Lehrlinge zu zwölf in jeder Klasse wurden im Wohnhaus des jeweiligen Lehrers unterrichtet, wobei die Kosten für den Lehrer und das Lehrmaterial von der Hamburger Admiralität getragen wurden. Als Voraussetzung mussten sich die Zöglinge einer Aufnahmekommission vorstellen, die die Zugangskriterien formal prüften. Unter anderem mussten sie das 14. Lebensjahr erreicht haben und konfirmiert sein, leserlich schreiben und im Rechnen geübt sein, was das Beherrschen der vier Grundrechenarten in ganzen und gebrochenen Zahlen beinhaltete. Die neuen Statuten legten klar fest, dass die Semester halbjährlich am 1. Oktober (Wintersemester) und zum 1. April (Sommersemester) beginnen sollten. Hatte sich Carl Rudolph in der Zwischenzeit mit allen ihm zur Verfügung stehenden Unterrichtsstoffen für die Ausbildung zum Seemann befasst, wurde es im Herbst 1819 ernst.

Der junge Bromme, er stand kurz vor seinem 15. Geburtstag, verließ Leipzig so zeitig, dass er zum 1. Oktober 1819 sein Wintersemester beginnen konnte. Er nahm diesen Abschied von seinen Geschwistern und Pflegeeltern mit großer Nüchternheit vor, sollte ja keiner meinen, ihm würde der Abschied aus seiner familiären Umgebung und aus Leipzig schwer fallen. Eines Seemannes war das unwürdig! Nachdem er Leipzig mit der Postkutsche verlassen hatte, sollten gut acht Jahre vergehen, bis er seine Heimatstadt wiedersehen sollte.

Bromme fuhr bei seiner Reise auf historischer Spur, da 1660 auf dieser Strecke Leipzig-Hamburg der Postkutschverkehr in Deutschland begann. Die Reise mit der Postkutsche dürfte sechs bis acht Tage gedauert haben und bestimmt nicht ohne Ereignisse geblieben sein. Die wichtigsten Zwischenziele werden Halle, Magdeburg, Salzwedel, Lüneburg, Harburg und dann Hamburg gewesen sein. Die Reisegeschwindigkeit zu dieser Zeit betrug ungefähr 15 Meilen/Tag, was dann auf eine Reisezeit, inklusive der nötigen Übernachtungen, von gut sechs bis acht Tagen hindeuten würde. Bromme berichtet aber nicht davon, da nur das Ziel »Hamburg« wichtig war. Später berichtet Bromme vom Eintreffen in Hamburg:

>*»Über die Landreise viel zu sprechen, verlohnt der Mühe nicht. Ich hatte ja größere Reisen im Sinn. Mein Herz schwoll vor Freude über, als ich die Elbe passierte, und vor Jubel hätte ich jauchzen mögen, als ich entlich in Hamburg angelangt und die ersten Schiffe zu Gesicht bekam.«[116]*

Allgemein wurde der Zeit, in der der junge Bromme in der Hamburger Navigationsschule weilte, sehr wenig Beachtung geschenkt, obwohl ein genaueres Hinschauen schon lohnt, betrachtet man den Lehrkörper der Schule.

Die Navigationsschule als solche hatte durch ihre Leiter und Lehrer ein außerordentlich gutes Ansehen erworben. Von 1749 bis 1766 hatte Gerlof Hiddinga, Mathematik- und Zeichenleh-

---

116 **Schulz, H.:** a. a. O. S. 10f.

rer, die Verantwortung für die Navigationsschulung inne, bis er 84jährig starb. Sie erreichte einen guten Bekanntheitsgrad, weit über die Hamburger Grenzen hinaus. Es folgte ein Schüler der Navigationsschule, J. J. Früchtnicht, der von 1766 bis 1816 die Unterrichte leitete. Zwischen 1810 und 1816 war durch die französische Besatzung kein geregelter Unterricht möglich. So wurde aber das Lehrmaterial geschützt und für den Wiederbeginn 1816 gesichert. 1816 folgte in der neuen Aufbauzeit die Organisation unter Reinhard Woltman. Neuer Lehrer der Anstalt wurde J. M. Müller, der vorher in Reinbeck ein Privat-Institut geleitet hatte.[117]

Als Carl Rudolph Bromme 1819 sein erstes Semester begann, traf er auf den Lehrer Christian Karl Ludwig Rümker, der, wie er auch, später noch zu einem großen Ansehen gelangen sollte.

Karl Rümker, in Stargard, Südostmecklenburg, geboren, besuchte in Berlin das Gymnasium, verließ dieses aber vor dem Abitur und widmete sich den Bauwissenschaften. 1807 war er in Hamburg Mathematiklehrer, fuhr ab 1809 zur See und trat 1813 als Offizier in die britische Marine ein. 1819 bis 1820 war er Lehrer der Navigationsschule in Hamburg, wo er auch den jungen Bromme unterrichtete.[118].

Der Unterrichtsplan für das 1. Semester sah insbesondere die Vermittlung der Arithmetik vor, besonders:
- Proportions- und Logarithmenrechnen und Ausziehen der Quadratwurzel,
- sphärische Trigonometrie,
- Anfangsgründe der mathematische Geographie mit Sonderheit der Erd- und Himmelskugel und Astronomie vor.
- Kenntnisse über Ebbe und Flut, die beständigen Meeresströmungen und die regelmäßigen Winde in den verschiedenen Erdzonen.

Im 2. Semester lagen die Lehrschwerpunkte auf dem praktischen Gebrauch:
- des Sextanten,
- des Lots,
- des Loggs und des Minutenglases.
- des Lesens von Seekarten und Bestimmen des Weges des Schiffes auf See,
- weiterer Instrumente für die Navigation und Schiffssteuerung
- ebenso wie die ordnungsgemäße Führung der Journale an Bord.

Weiter ist über die zwei Semester auf der Hamburger Navigationsschule wenig bekannt, womit sich der junge Bromme auseinandersetzen musste, außer dass er sich finanziell sehr stark einschränken musste, und das Examen 1920 mit Auszeichnung bestand. Wichtig ist hier anzumerken, dass die bisherige Tätigkeit rein theoretischer Natur gewesen war und Bromme, außer eventuell auf privatem Wege, bislang keine Schiffsplanken unter seine Füße bekommen hatte!

Die bestandene Prüfung hätte Carl Rudolph Bromme gestattet, als Seekadett, eine gehobene Position auf dem Schiff einzunehmen, was er aber ausschlug, da er als Schiffsjunge den Beruf des Seemanns von der Pike auf erlernen wollte.

---

117 **Anm. d. Verf.:** Aus der Festschrift zum 150jährigen Bestehen der Hamburger Navigationsschule 1899, S. 70ff.
118 Internet: »Sterne ueber Hamburg«.

»(...) *Nun es war mir so ziemlich einerlei, vorausgesetzt, daß wir bald zur See gingen, obschon ich gestehen muß, daß es mir nicht recht behagte, Dienste in der Kajüte verrichten zu müssen, die zu Hause mir niemand zugemutet hätte. Indessen mich sah ja niemand von meinen Bekannten in Knechtsgestalt, und am Lande gefiel ich mir in meiner netten, blauen Matrosenbekleidung zu wohl, als daß ich nicht über mich selbst hätte entzücken sein sollen.*« [119]

119 **Schulz, Hedwig:** a. a. O. S. 13.

Kapitel VIII.

Carl Rudolph Bromme(y) als Seemann und

Seeoffizier in Griechenland 1820–1831

Unmittelbar nach der bestandenen Prüfung heuerte der junge Matrose auf der neu überholten Hamburger Brigg HEINRICH an, die unter dem Kommando von Kapitän Wolken eine Ausreise nach Westindien und Curacao unternehmen sollte.
(…) Ich ward dem Kapitän vom Reeder vorgestellt, freundlich empfangen und mit an Bord genommen, wo eine starke, kräftig aussehende Mannschaft und zwei Steuerleute verwundert den Hochdeutschen anschauten, der einer der ihren werden sollte. (….) Die Ladung wurde aufgenommen, der Lotse und Kapitän kamen mit den nötigen Papieren an Bord, die Taue wurden von den Delphinen losgeworfen, wir in den Stern bugsiert, die Segel fielen, der Hafenmeister verließ uns mit seinen Wünschen für glückliche Reise (…).[120]

Die begann auch zunächst ruhig. Wegen Windstille musste in der Elbe bei Stade sogar vor Anker gegangen werden. Nur mühsam gelang es wegen widriger Winde, bis Cuxhaven zu gelangen. Am 14. Tag der Ausreise war endlich der Wind da, um die Nordsee zu erreichen, und Carl Rudolph Bromme sah zum ersten Mal kein Land mehr. Während der Fahrt durch den englischen Kanal begann ein Sturm, der immer stärker wurde. Zur Überraschung von Kapitän Wolken und der Besatzung konnten diese bald feststellen, dass Bromme, trotz der hohen See, keinerlei Anzeichen von Seekrankheit aufwies, was die Besatzung erleichterte, da das Schiff schon bald bedenklich viel Wasser aufnahm und jede Hand an Bord dringend gebraucht wurde.

Noch in der Nordsee geriet das schlecht reparierte Schiff in einen Orkan und sprang dermaßen leck, dass der Untergang drohte. Das Hantieren in der unteren Takelage war für Bromme dabei kein Problem. Aber er musste erleben, wie ein Kamerad, ein Segelmacher, über Bord ging, ohne dass für ihn die Möglichkeit der Rettung bestand. Obwohl zwei Mann sich mutig aussetzen ließen, gelangten sie in der tosenden See nicht an den Ertrinkenden heran. Da aber alle Hände an Deck zur Rettung des Schiffs benötigt wurden, konnte nicht lange getrauert werden. Wegen der immer größer werdenden Wassermassen, die in das Schiff eindrangen, musste sich Kapitän Wolken zur Änderung des Kurses auf die irische Küste entschließen, wollte er nicht das Schiff und die Besatzung weiter in Gefahr bringen. In Cowes, auf der Insel Wight, wurde schnell festgestellt das eine große und längere Liegezeit anstand, um die Schäden zu beseitigen, wobei der Verdacht sich erhob, dass die schlechte Reparatur eventuell als Versicherungsbetrug geplant war.

---

120   **Schulz, Hedwig:** a. a.O. S. 14.

So unglücklich die bisherige Reise verlaufen war, Carl Bromme konnte mit sich zufrieden sein, hatte er bislang, und trotz des herben Sturmes keine Seekrankheit gehabt, hatte sich an Bord gut bewegt und so seine Seemannsbeine bekommen. Auch das Essen schmeckte ihm und das Studium der Schiffsgegenstände und des Schiffes zeigte gute Fortschritte. Er dachte wenig oder gar nicht mehr an daheim! Was wollte er mehr? Er heuerte unter diesen Umständen von der HEINRICH ab und begab sich auf das nächstbeste Schiff, um nach Amerika zu gelangen und seine Ausbildung weiter voranzutreiben.[121]

C. R. Brommy in der amerikanischen Handelsmarine 1820–1827

Die nachfolgenden Jahre auf amerikanischen Handelsschiffen waren für ihn insofern sehr lehrreich, da er schnell die amerikanische Sprechweise lernte, auf allen Weltmeeren fuhr und alle ihre Lieblichkeiten, aber auch Gefahren erfuhr. Eines aber, und das schmerzte den jungen Deutschen zunächst sehr, musste er erkennen: dass er als deutscher Seemann nicht geachtet war. Man traute ihm das Handwerk als tüchtiger Seemann schlichtweg nicht zu. Da die Amerikaner sowieso Schwierigkeiten mit der Aussprache seines Nachnamens hatten, gedachte er beim nächsten Wechsel eines Schiffes diesen in »Brommy« zu ändern. Die Kameraden konnten nun gut seinen Nachnamen aussprechen, und er hatte Ruhe mit seiner Herkunft!

Die vielen Begebenheiten und Erlebnisse, die Carl Rudolph Brommy nun bestehen musste, um sein Patent zum Steuermann, und 1826, mit 22 Jahren, zum Kapitän eines amerikanischen Handelsschiffes zu erreichen, werden wenig beschrieben. Zu dieser Zeit hatte er bereits begonnen, sich für die militärische Seite des Seemannsberufes, die Nautik und die militärische Organisation zu interessieren. Ungeachtet der Fahrenszeit auf amerikanischen Handelsschiffen hielt Carl Rudolph Brommy immer noch Kontakt nach Europa und zu seiner Heimat Sachsen. Hier erfuhr er vom Aufbegehren der Griechen gegen die Türken und entschloss sich, den Hellenen bei ihrem Befreiungskampf beizustehen.[122]

Diese Freiheitsbewegung der Griechen seit Beginn der 20er Jahre erfasste immer mehr Menschen in Europa und der Welt, die sich für die Bewahrung der großen antiken Kultur aussprachen und sich entsprechend dazu berufen fühlten, den Hellenen im Kampf um die Unabhängigkeit gegen das Osmanische Reich auch persönlich zu helfen. Viele von ihnen schlossen sich im Zuge der griechischen Revolution sogar den Truppen an und nahmen an Kämpfen teil wie der bekannte britische Dichter Lord Byron. Dieser nahm 1823 als Philhellene das ihm angebotene Kommando über die freien griechischen Streitkräfte an und erreichte einen hohen Bekanntheitsgrad.

---

121 **Anm. d. Verf.:** Nachfolgende Zeit bis zum Eintritt in die griechische Marine 1827 ist insofern schwierig, da es hier nur ungenaue Aussagen gibt. Nach Aussagen in seinen Bewerbungsschreiben soll er zunächst in der Westindienfahrt seine Ausbildung zum Matrosen erfolgreich abgeschlossen haben um dann auf US-Handelsschiffen zu fahren.

122 **Anm. d. Verf.:** Als Philhellenen galten die Menschen in Europa und in der Welt, die die Griechen bei ihrem Kampf gegen die türkische Besatzung unterstützten. Dieses geschah auf die verschiedenste Weise. Einerseits durch das Publikmachen der Situation in Griechenland, durch Geldspenden zur Unterstützung der Verteidigungsmaßnahmen, ebenso wie das persönliche Angebot als Kämpfer an die Seite der Griechen zu treten. Auch Brommy entschloss sich, persönlich für das Recht der Griechen auf Eigenständigkeit zur Verfügung zu stellen.

Ihm war auch der britische Kapitän Frank Abney Hastings gefolgt. Hastings erkannte, dass die leichten griechischen Flottenverbände der osmanischen Flotte unterlegen waren. Er verfasste 1823 eine Denkschrift für Lord Byron, die der Kapitän auch 1824 der provisorischen griechischen Regierung vorlegte, und entwickelte dabei neue strategische und taktische Gedanken, die den Einsatz von Dampfschiffen und Brandern neu bewerteten. Da die griechische Regierung seine Pläne, die die Anschaffung von Dampfern und die Einführung von Panzerungen bedeutete, nur teilweise umsetzen konnte, setzte Hastings zu deren Verwirklichung in erheblichem Umfang eigenes Vermögen ein. Er begab sich 1824 nach England, um ein Dampfschiff zu erwerben, und hatte 1825 die KARTERIA (»Ausdauer«), einen kleinen Raddampfer, ausgestattet. Das Schiff wurde 1826 in Griechenland in Dienst gestellt und war das erste Dampfkriegsschiff der Welt, das an Kampfhandlungen beteiligt war. Unter dem Kommando von Hastings erlangte die KARTERIA bald einen furchterregenden Ruhm. Dieses erste griechische dampfgetriebene Kriegsschiff war mit Engländern, Schweden und Griechen besetzt und mit neuartigen »Granatwerfern« ausgestattet, die beim Aufschlag explodierten.

Auch in den USA waren die Phihillenen in den gebildeten Kreisen ein Gesprächsthema, und seit bekannt wurde, dass in den USA zwei Segelschiffe für die Befreiungsarmee im Bau standen, war für Kapitän Brommy klar, dass er sich dieser Bewegung anschließen wollte.

Dem Handelsschiffkapitän Brommy war bewusst, dass der Schritt, den er beabsichtigte, ein großer und gefahrvoller sein würde. Gut, die Gefahr, den Tod zu finden, war auch auf Handelsschiffen ein tägliches Brot, lauerten Stürme, Krankheiten, Piraten und andere Unbilden auf jeden Seemann. Nun wollte er den Weg eines Soldaten, ungeübt und unerfahren im Umgang mit militärischer Disziplin und Ordnung, gehen! Aber da er schon auf seinen Handelsschiffen, die unter seinem Kommando gestanden hatten, als wichtigstes Disziplin, Ordnung und Gehorsam angesehen hatte und gerade darauf mit Erfolg zurückschauen konnte, was die Begleitschreiben und Empfehlungen für diese Reisen belegten, sah er diesem Schritt mit Freude und großer Hoffnung entgegen. Welche Person oder welches Ereignis ihn tatsächlich bewogen hatte, seinen sicheren Arbeitsplatz als Kapitän eines US-Handelsschiffes gegen eine ungewisse Zukunft in einem Befreiungskampf zu tauschen, würde er später in seinen Gedichten darlegen. So soll Brommy auf einem der Schiffe nach Griechenland gekommen sein, die von amerikanischen und englischen Philhellenen für den Kriegseinsatz für Griechenland angekauft waren.[123]

Der Eintritt von Carl Rudolph Brommy in die griechische Marine 1827

Sein tatsächlicher Eintritt in die »föderativstaatliche griechische Marine« erfolgte bereits am 18. Februar 1827![124] Brommy meldete sich beim Oberbefehlshaber, Admiral Miaoulis, der ihn *»freundschaftlich empfing«.* Der Admiral schickte Brommy an Bord einer gerade erbeuteten türkischen Korvette (später HYDRA benannt). Da an Bord des zur Reparatur liegenden Schiffes kein Dienst zu leisten war, erhielt der Deutsche die Erlaubnis, sich nach Leipzig zu begeben und private Dinge zu erledigen.

---

123 **Claus, Ulrich:** a. a. O. S. 18f.
124 **Wagner, Erwin:** Carl Rudolph Brommy (1804–1860) als Marineoffizier in Griechenland. Isensee Verlag Oldenburg 2009, S. 13.

Während sich Carl Rudolph Brommy in Leipzig aufhielt, traf auch der lang erwartete britische Admiral Cochrane am 18. März an Bord einer Brigg mit 18 Kanonen, einem Geschenk europäischer Unterstützer für Griechenland, und seiner privaten Goelette auf Poros ein. Der britische Admiral hatte zuvor in Chile und Brasilien gedient und wollte nun den Griechen im Kampf gegen die Türken und Ägypter beistehen. Die Umstände, warum der britische Admiral Brasilien verließ und sich nach Griechenland orientierte waren zunächst unbekannt. Tatsächlich bestanden schon seit 1825 Verhandlungen unter britischer Regie nach Griechenland. So wurde in einem Vertrag vom 6. August 1825 in London vereinbart:

(...)

1) *Die Abgeordneten Griechenlands nehmen Lord Cochrane während der ganzen Dauer des Krieges mit der Türkei als Befehlshaber der fremden Hilfsmarine in Dienst.*

2) *Die Abgeordneten Griechenlands liefern sechs Dampfschiffe, die spätestens in zwei einhalb Monaten bereit seyen müssen.*

3) *Lord Cochrane erkennt die griechische Regierung in Allen, was seinen Dienst betrifft, während der ganzen Dauer des Krieges zwischen Griechenland und der Türkei an.*

4) *Lord Cochrane verpflichtet sich, erforderlichenfalls eine gewisse Zahl englischer Matrosen an Bord der unter seinem Befehl stehenden Schiffe aufzunehmen.*

5) *Lord Cochrane hat daß Recht, seine Offiziere zu ernennen, und seine Matrosen zu wählen.*

6) *Die Deputierten Griechenlands stellen 150.000 Pf. Sterl. zur Verfügung des Lord Cochrane, theils als sein Etiolement theils zur Bereitstellung der Kosten der Expedition.*

7) *Lord Cochrane werde, nach Beendigung des Krieges mit der Türkei, die sechs Dampfschiffe, in dem Zustande, in dem sie sich befinden werden, zur Verfügung der Regierung stellen.*

8) *Die von den in Napoli di Romania niedergesetzten Seegericht bezeichneten guten Prisen werden nach dem in England geltenden Gesetzen vertheilt werden.*

9) *Von den Abgesandten Griechenlands sind 37.000 Pf. Sterl. zur Verfügung des Lord Cochrane gestellt, als Entschädigung dessen, was derselbe von der brasilianischen Regierung zu fordern hat.*

10) *Die griechische Regierung werde alle sechs Monate, und abgesondert, die fremden Matrosen bezahlen.*

11) *Die griechische Regierung werde die Lebensmittel und Provisionen der in Dienst Griechenlands befindlichen Schiffsmannschaften liefern.* [125]

Hier in Poros gab es gleich die ersten Schwierigkeiten, die Brigg mit zusätzlichen griechischen Soldaten zu bemannen. Da die Griechen ihre persönlichen Waffen nicht in das schiffseigene Magazin abgeben wollten, entließ der Admiral diese sofort wegen Befehlsverweigerung. Das war ein Vorgeschmack für den britischen Seemann, wie viele Probleme ihm die Disziplinlosigkeit der griechischen Schiffsbesatzungen noch bringen sollte.

---

125 **Allgemeine Zeitung München** 1828, Nr. 196, S. 784.

Bereits am nächsten Tag begab sich der britische Admiral nach Hydra. Welche Hoffnungen in sein Erscheinen dort gesetzt wurden, zeigte das Schreiben einer Deputation an Lord Cochrane, der seit Ende des Jahres 1826 (!) in Griechenland erwartet worden war.

(…) Seit langer Zeit wünschte unsere Seebevölkerung nichts sehnlicher als die Ankunft Ew. Herrlichkeit; sie war der Inhalt ihrer Gebete an den Himmel, (…) Wir beeilen uns daher, unseres Admirals Georg Sachtouris und der Kapitäne T. Slory und Georg Nenga mit dem Auftrage an Sie abzuschicken, Ihnen die Hochachtung unserer Insel zu bezeugen. und (…) unsere Marine nach Ihren Befehlen neu organisiert und zu neuen Siegen geführt (…) die Unabhängigkeit und Freiheit Griechenlands befestigt werden. Genehmigen Ew. Herrlichkeit den Ausdruck unserer tiefsten Hochachtung.
Hydra 19. März 1827
An den sehr erlauchten Lord Cochrane, Großadmiral von Griechenland, Admiral der Hilfsmacht des Staates.[126]

Die Lage für die griechische Marine sollte sich durch den Einsatz des britischen Admirals Cochrane deutlich verbessern, so hofften die Griechen.
Admiral Miaoulis, bis dahin Oberkommandierender der Marine, schrieb im Frühjahr 1827 in Erwartung dass der berühmte britische Admiral sich der griechischen Sache annahm:

(…) Dabei haben wir es einst weilen bewenden lassen, in der Hoffnung, der edle Lord werde bald eintreffen. Die Gewissheit seiner Ankunft belebt die Hoffnung der Griechen wieder; sie erwarten ihn mit offenen Armen. Ich bin gegenwärtig in Poros mit der Ausrüstung von zwei Schiffe zur geheimen Unternehmung des Lord Cochrane beschäftigt. Ich bin stolz darauf, mit diesem berühmten Admiral zum Wohle unseres Vaterlandes beitragen zu können. (…)
– Miaoulis[127]

Brommy kehrte derweil gegen Ende Februar 1827 nach Leipzig zurück, um sich, nach langer Zeit mit seiner Familie zu treffen. Er blieb gut einen Monat dort und nahm, er war mittlerweile 23 Jahre alt, Kontakte zu der Freimaurerloge »St. Johannesloge Appollo« auf. Im April, kurz vor der Rückkreise nach Griechenland, stellt Brommy einen Antrag zur Aufnahme in die Loge an deren Vorsitzenden der Loge er schrieb:

(…) »Ich stehe jetzt im Begriff, mein Vaterland Sachsen von Neuem zu verlassen, und mich von meinen Geschwistern, Verwandten und meinen Freunden auf, vielleicht immer zu verabschieden. (…), um in meiner jetzigen Charge, als Schiffs Capitain der Vereinigten Staaten Nordamerikas (…). Gern möchte ich, um den Schmerz der Trennung zu mildern, mit meinen Freunden (…) in geistiger Verbindung bleiben und wünsche daher, mich einer, durch viele vortreffliche Eigenschaften ausgezeichneten Gesellschaft, deren Vorsteher Sie sind, angeschlossen zu haben, ich wünsche, sag ich, Freymaurer zu werden.«[128]

---

126 **Allgemeine Zeitung München** 1827, S. 494.
127 **Allgemeine Zeitung München** 1827, S. 494. Hier die Inhalte der Briefe zw. Cochrane, der griechischen Regierung und Admiral Miaoulis.
128 **Anm. d. Verf.:** Bemerkenswert war die Tatsache, dass er im gleichen Jahr 1827 alle drei Logengrade »Lehrling«, »Geselle« und »Meister« zugestanden bekam.

Danach hat er sich sehr schnell wieder nach Griechenland begeben, da er wenig später, am 27. April 1827, an Bord der Segelfregatte HELLAS als 1. Leutnant in der föderativstaatlichen griechischen Marine seinen Dienst antrat.[129]

Diese Flotte, die im Freiheitskampf gegen die Türkei im Einsatz stand, bestand aus privaten griechischen Handelsschiffen, umgerüstet zu Hilfs-Kriegsschiffen, mit zumeist 20 bis 30 Kanonen. Sie umfasste 1827 ungefähr eine Stärke von 130 Schiffen.[130] Die meisten stammten von den Inseln Hydra, Spersia und Psara, deren Besatzungen von den Eignern der Schiffe selbst bezahlt wurden. Diese Marine war nicht vom Staat gelenkt, sondern wurde je nach Bedarf und Lage aktiviert, um Griechenland zu dienen. Sie hatte also weder die Organisation noch die Logistik einer aktiven Marine, wie sie die der Türkei, England, Spanien, die USA oder Russland hatten. Der Patriotismus der griechischen Seeleute war für die nationale Sache gegen die Türkei und ihre Verbündeten groß, doch sie endete schnell, wenn der versprochene Sold ausblieb. Dann konnte es vorkommen, dass sich die Schiffe und Besatzungen, ohne große Abmeldung, wieder in ihre Heimathäfen zurückzogen und dem normalen Gewerbe als Fischer oder Bauer nachgegangen wurde.

Die Eidesformel, die die griechischen Kämpfer für ihren Kampf gegen die Türken leisteten, hatte folgenden Wortlaut:

Ich schwöre zum wahren Gott, daß ich in meinem Herzen
unerbittlichen Hass gegen die Tyrannen meines Vaterlandes,
deren Vasallen und Gleichgesinnten hegen werde, und rastlos mich bemühen werde
stehts zu ihrem Verderben zu handeln.
Ich schwöre zu Dir heiliges und gedemütigtes Vaterland
Ich schwöre bei deinem langjährigen Qualen
Ich schwöre bei den bitteren Tränen, die für so viele Jahrhunderte
von deinen elenden Kindern beweint wurden.

Nach dem Eintritt von Carl Rudolph Brommy im April des Jahres 1827 kam es zu nachfolgenden Kämpfen der HELLAS, auf der er nun eingesetzt wurde. Der erste Einsatz war die Bombardierung des Klosters Spiritions in Piräus gegen türkische Truppen, der sich die Schlacht von Athen anschloss. Im Rahmen der Befreiung Athens von türkischen Truppen wurde Anfang Mai ein Großangriff durch den britischen Generalissimo Chuch und Admiral Cochrane geplant, der aber völlig fehlschlug. Anstatt die Stadt zu erobern, wurden die griechischen Landtruppen auf der der Meerseite zugewandten Küste von den Türken eingekreist. Nur durch Landbeschuss der HELLAS konnte deren Vernichtung verhindert werden. Es sollte die blutigste Niederlage der Griechen im gesamten Befreiungskrieg werden. Hierbei wurde die alte Burganlage der Akropolis mit ihren wertvollen Säulen und Skulpturen weitgehend zerstört.[131] Spätestens nach diesem Gefecht gerieten die »ausländischen« Heerführer schwer in Bedrängnis, kompetente Mitstreiter für die Sache der Griechen zu sein. Sie würden der Sache eher schaden als dienen. Das Ergebnis der Kämpfe Anfang Mai 1827 war, dass die Akropolis von

129   Dienstausweis für die Bewerbung nach Preußen 1845.
130   **Allgemeine Zeitung München** 1827 S. 486.
131   **Richter, J. W. Otto:** Die erste deutsche Flotte und ihr Admiral. Erinnerungsblätter aus der Zeit deutscher Zerrissenheit. Stephan Seibel Verlag, Altenburg 1906. S. 53.

griechischen Truppen am 5. Juni geräumt werden musste und Osthellas wieder ganz in türkische Hände fiel!

Im Sommer des Jahres 1827 kam es zu einem Zusammentreffen mit einem türkischen Geschwader zwischen Cap Clanuga und Cap Paga. Zu dieser Zeit operierte der britische Seeoffizier Hastings erfolgreich mit einem kleinen Geschwader, das aus der KATERIA, dem GOUVERNEUR und zwei Kanonenboten bestand. Am 30. September machte Kapitän Hastings im Bereich der kleinen Dardanellen einen türkischen Verband von Nachschub- und Kriegseinheiten aus und begann ihn, trotz des deckenden türkischen Feuers einer Batterie, unvermittelt anzugreifen. Die die Admiralsflagge führende Brigg flog sofort in die Luft und die anderen drei Schoner brannten schon wenig später, so dass sie nach einer halben Stunde Kampf vernichtet waren. Die restlichen Schiffe wurden aufgebracht.[132]

Trotzdem: Die Flotten der Ägypter und die der Türkei befuhren das Mittelmeer, ohne dass sie von griechischen Seestreitkräften daran ernsthaft gehindert werden konnten. Im Gegenteil, nach den Siegen von Athen musste nur noch die Insel Hydra, der Haupthafen der griechischen Flotte, zerstört werden und der griechische Aufstand konnte als gescheitert angesehen werden. Aus diesem Grund wollten die türkischen und ägyptischen Seestreitkräfte gemeinsam die letzte griechische Marinebasis vernichten.

Die Informationen, die auf der HELLAS nun eintrafen, besagten, dass sich Russland, Frankreich und Großbritannien für Griechenland einsetzen würden. Zum einen, um die barbarischen Kämpfe der Ägypter zu unterbinden, die unsägliche Gräueltaten gegen die griechische Zivilbevölkerung begingen, und um den vernichtenden Angriff der Türken und Ägypter gegen Hydra zu verhindern. Die Griechen hofften, dass dieses Signal der Alliierten Admiral Cochrane, in See stehend, veranlassen würde, aktiver für Griechenland zu operieren. Stattdessen ließ er einen türkischen Schiffsverband mit 28 Schiffen bei der Durchfahrt der Dardanellen passieren, ohne einen Angriff in die Wege zu leiten. Unverständlich für alle Beteiligten. Der türkische Verband steuerte ohne Behinderung Navarino an und ging dort am 14. Mai vor Anker. Langsam begann sich der Ring um Hydra zu schließen! Da die Ägypter zu dieser Zeit keine Flotte zum Angriff auf die griechischen Inseln bilden konnten, verließ der türkische Verband Navarino aber wieder.

Die unklaren Operationen des Admirals Cochrane 1827

So hatte Admiral Cochrane erfahren, dass Ibrahim Pascha, der führende ägyptische Seebefehlshaber, an Bord einer Brigg, von der er seine Operationen leitete, vor Chelemutsi lag, um sich mit den Türken über den Angriff auf die griechischen Inseln abzusprechen. Mit der HELLAS und der KARTERIA begab sich Admiral Cochrane dort hin und fand tatsächlich die Brigg gegen Ende Mai vor, die aber verlasen war. Ibrahim Pascha hatte die griechischen Schiffe rechtzeitig bemerkt und war an Land geflohen, so dass nur noch die Aufbringung weniger Transportschiffe der Ägypter vor Klarentsa zum Lohne gereichten.

---

132 **Mendelson, Batholdy:** Geschichte Griechenlands… S. 475. Auch Uhlrich.

Brommy verrichtete weiter seinen Dienst an Bord der HELLAS als 1. Leutnant und sammelte gute Erfahrung in der Sprache und der Gedankenwelt der Griechen. Die ihm aufgetragenen Aufgaben versuchte er mit großer Genauigkeit und Disziplin zu erfüllen, was ihm auch weitgehend gelang. Die Planungen von Admiral Cochrane für die Zukunft indes blieben den Mannschaften und den Offizieren der griechischen Marine vorenthalten! Am 10. Juni 1827 ging Brommy an Bord der HELLAS mit einem griechischen Flottenverband in See, der aus 30 Schiffen bestand, 22 Kampfschiffen der verschiedenen Größen und 8 Brandern. An Bord der HELLAS, dem Flaggschiff von Admiral Cochrane, befand sich auch Admiral Miaoulis, ohne zu wissen, wohin der Verband steuerte! Erst hinter Kreta wurde das Angriffsziel »Alexandria« bekannt gegeben, um dort das Auslaufen eines großen ägyptischen Flottenverbandes zu unterbinden. Getarnt als Handelsschiffsverband, unter der Deckung einer österreichischen Fregatte, näherte man sich der afrikanischen Küste und ging Mitte Juni 1827 vor dem Hafen von Alexandria ungehindert vor Anker.

Welche Absicht Admiral Cochrane wirklich gehabt hatte, war unklar, denn als die Tarnung durch ein ägyptisches Wachboot aufflog, geschahen ungereimte Dinge! Das Wachboot, eine Brigg mit 22 Kanonen, entdeckte die wahre Identität der Griechen und flüchtete überhastet in den Hafen, strandete aber. Zwei nachgesandte griechische Brander konnten das Schiff zwar vernichten, wobei ein Brander zu früh brannte und sich selbst vernichtete, ehe der er zur Brigg gelangte und sie in Brand stecken konnte. Statt die Konfusion der Ägypter zu nutzen und die unvorbereiteten Schiffe im Hafen anzugreifen und zu vernichten, geschah wieder, zum Unverständnis aller Offiziere, nichts! Eine kurz darauf eintretende Flaute verhinderte dann einen Angriff der griechischen Flotte auf den Hafen von Alexandria. Wenig später erschienen plötzlich alle verfügbaren Schiffe des ägyptischen Vizekönigs, vollbeladen mit Munition, und unternahmen einen Ausbruch, ohne von den griechischen Schiffen daran gehindert zu werden!

Das griechische Geschwader verließ daraufhin bei erstem Winde Alexandria und wurde dabei in »ehrfurchtsvoller Entfernung« vom ägyptischen Geschwader eine Weile begleitet.[133] Diese Operation war für die griechische Flotte eine klare Niederlage. Sollten die Briten, Russen und Franzosen nicht ihr Wort halten und dem barbarischen Treiben der Türken und Ägypter Einhalt gebieten, mit solchen Operationen konnte die griechische Flotte dem bedrängten türkischen Heer jedenfalls nicht helfen.

Nachdem der griechische Verband Hydra wieder erreicht hatte, traf die Nachricht ein, dass zum Schutz der griechischen Interessen am 6. Juni 1827 in London durch Großbritannien, Frankreich und Russland ein Schutzbund zu Gunsten der Griechen gegen die Türken und Ägypten geschlossen worden war. Der Hintergrund dieses Bündnisses lag in mehreren Faktoren begründet. Die durch die ägyptischen Truppen unter Ibrahim Paschas Kommando erzielten Siege waren immer auch mit Gräueltaten gegen die türkische Zivilbevölkerung versehen, ein Umstand, dem die christliche Seite Europas so nicht zusehen wollte. Als weiteres sahen die Briten, Franzosen und Russen eine gute Gelegenheit, die türkische Vormachtstellung im Mittelmeer zu beenden, wobei Großbritannien am wenigsten geneigt war, den Türken zu nahe zu treten.

---

133 **Mendelson, Batholdy:** Geschichte Griechenlands Bd.1 S. 469

Würde die Pforte[134] die Friedensbedingungen nicht innerhalb eines Monats akzeptieren, würden die Alliierten Konsule ernennen und nach Griechenland senden, was de facto einer Anerkennung des griechischen Staates gleichkam. Die Alliierten sollten die Versorgung der türkischen und ägyptischen Truppen mit Waffen, Munition und jeglichem weiteren Nachschub über See mit allen Mitteln verhindern.

Die griechische Marine machte sich indes kampfbereit. Hierfür erneuerte sie immer wieder ihre Besatzungen, um den Aufgaben gerecht zu werden. Wegen der Zuspitzung des Konfliktes und des erwarteten Angriffes auf Hydra war es nötig, auch ungeübte Besatzungen in den Einsatz zu bringen.

Brommy stand auf der HELLAS, zusammen mit der Nationalbrigg SAVEUR, seit Ende Juni 1827 erneut in See und verfolgte am 1. August ein türkisches Geschwader. Hierbei gelang es, eine ägyptische Korvette mit 38 Kanonen und einen tunesischen Schoner zwischen Clarentza und dem Kap Papas aufzubringen. Bei diesem Gefecht musste Admiral Cochrane mit ansehen, wie die ungeübte Besatzung seines Schiffes, immer, wenn die Ägypter eine Salve abgaben, auf die andere Seite des Schiffes flüchtete, um nicht getroffen zu werden. Das brachte den Admiral so in Rage, dass er die Brücke verließ und die Geschützbedienungen mit Fausthieben auf ihre Stationen zurücktrieb.

Eine beachtenswerte Situation, die auf Brommy Eindruck machte, aber auch offenbarte, wo noch Handlungsbedarf für die Ausbildung in der Marine bestand. Seit dieser Zeit warf der 1. Leutnant immer öfters die Blicke auf die Möglichkeiten einer geregelten und zielgerichteten Ausbildung in der griechischen Marine. So etwas durfte sich nicht wiederholen, dass ein leibhaftiger Admiral seine Untergeben schlug und den untergebenen Offizieren andeutete, dass diese ihre Aufgaben nicht erfüllen könnten. Beide Schiffe konnten später genommen werden, ohne sie ernsthaft zu beschädigen, und wurden ohne weitere Komplikationen am 14. August in Poros eingebracht.

Die griechische Flotte machte sich derzeit kampfbereit, um sich dieser ungleichen Auseinandersetzung gegen die türkisch-ägyptische Flotte stellen zu können, sollten die Verhandlungen der Alliierten fehlschlagen und es tatsächlich zum Kampf kommen. Unabhängig davon standen die griechischen Schiffe ständig in See, um kleine Einheiten der feindlichen Flotte zu bekämpfen, wo es nur ging. Sie agierten zu dieser Zeit mit dem Ziel, möglichst den türkischen Gegner zu beunruhigen.

Nachdem bekannt geworden war, dass die Ägypter mit über 90 Schiffen, von denen fast 50 Kriegsschiffe waren, in See mit Ziel Griechenland standen, war die größte Gefahr für Hydra und Spetzia angesagt. Die begleitenden ägyptischen Handelsschiffe führten große Mengen an Nachschub und Munition mit sich; auf einem der Schiffe sollte eine Million Dollar in barem Geld deponiert sein.[135] Als dies offenkundig wurde, verließ die britische Flotte Smirna am 11. August und strebte zunächst Nauplia an, den Sitz der National-Regentschaft, um die Unterla-

---

134 **Anm. d. Verf.:** Die Pforte, auch »Hohe Pforte« genannt, war die Verbindung der Türken mit den osmanischen (ägyptischen) Machthabern zu dieser Zeit, und ein Machtfaktor ersten Ranges im Mittelmeer.
135 **Mendelson, Batholdy:** a. a. O. S. 472.

gen der Friedensverhandlungen und des Waffenstillstandes aus England zu übergeben. Auch die französische Flotte lag in Bereitschaft. Da vermutet wurde, dass Hydra angegriffen werden sollte, begab sich der britische Verband anschließend dort hin und erreichte die Insel am 3. September.

Seit Mitte des Jahres wurden durch griechische Schiffseinheiten mehrere Exkursionen in das Mittelmeer unternommen. Ende August, Anfang September standen hier fünf griechische Kriegsschiffe unter dem Kommando von Admiral Sachturis im Bereich von Navarino um diese Bucht zu schützen. Als die Ägypter plötzlich am 9. September vor Navarino auftauchten – vermutet worden war ein Angriff auf Hydra – gelang es dem Admiral nur mit viel Glück, der Vernichtung durch die Ägypter zu entkommen.[136] Wenig später lief auch ein türkischer Verband in die Bucht ein und ging vor Anker.

Cochranes Verband stand seit Anfang September im Bereich von Zante mit gut 20 Schiffen, um türkische Schiffe zu verfolgen, aufzubringen oder zu vernichten.[137] So auch ein Verband unter Kapitän Hastings mit der inzwischen legendären KARTERIA (»Ausdauer«), der im Golf von Korinth operierte und am 29. September 1827 in der Bucht von Salona, nahe bei Itea, neun Schiffe der türkischen Flotte versenken konnte.

Navarino, der 20. Oktober 1827

Am 12. September waren die Ägypter sicher in der Bucht von Navarino liegend ausgemacht worden, wo sie am 9. eingelaufen waren und nun beschattet wurden. Der Alliierte Verband bestand nun aus nahezu einhundert Segelkriegsschiffen! Die Verhandlungen wurden durch die Türken und Ägypter abgelehnt und die Spannungen steigerten sich. Die griechischen Alliierten hatten klar signalisiert, dass sie das Auslaufen verhindern würden, wenn Hydra das Ziel sei.

In der Nacht vom 21. auf den 22. September war durch die Briten beobachtet worden, wie ägyptische Landtruppen auf die Kriegsschiffe eingeschifft wurden, worauf der britische Flottenführer seine Schiffe in Alarmbereitschaft setzte. Nicht zu früh, da bereits in den Morgenstunden des 22. um 6.00 Uhr die ägyptischen Kriegsschiffe ihre Anker lichteten und die Bucht von Navarino verlassen wollten. Unmittelbar danach stellte sich ihnen die britische Flotte entgegen. Nachdem das britische Parlamentärboot dann beschossen wurde, erwartete man den Kampf. Da in diesem Augenblick aber die französische und russische Flotte am Horizont erschienen, wurde der Ausbruchversuch abgebrochen und die Ägypter liefen wieder nach Navarino ein.[138] Nach Verhandlungen, die bis zum 25. des Monats andauerten, wurde vereinbart, zunächst keine Kriegshandlungen gegen Griechenland durch die türkischen und ägyptischen Schiffe zu unternehmen.

---

136 **Mendelson Batholdy:** a. a. O. S. 335.
137 **Neckar Nachrichten** Nr. 289 v. 22.10.1827.
138 **Neckar Nachrichten** Nr. 288 vom Sonntag, den 21. Oktober 1827.

Die Alliierten verließen Navarino und ließen nur zwei leichte Meldeschiffe zurück. Dieses wollte Ibrahim Pascha nutzen und brach mit zwei Geschwadern am 1. Oktober erneut aus und steuert zunächst Patras an, um es zu entsetzen. Das große Geschwader bestand aus sieben Fregatten, neun Korvetten, zwei Briggs und zwölf Transportschiffen. Das kleinere Geschwader bestand aus sechs Fregatten und acht Briggs. Ein weiteres Ziel der Verbände war das Geschwader von Hastings, um es wegen der Vernichtung vieler türkischer Schiffe entlich zu zerstören.[139]

Am 2. Oktober 1827 erschien vor Zante, das unter britischer Verwaltung stand, ein türkisches Geschwader von 14 Schiffen. In dessen Hafen war tags zuvor der britische Admiral Codrington mit seinem Admiralschiff ASIA, der Fregatte TALBOT, der Brigg ZEBRA und einem Kutter eingelaufen, um das griechische Geschwader unter Lord Cochrane zu überprüfen, das sich gerade in dem Seegebiet aufhielt und gegen Patras operierte. Die drei britischen Schiffe verfolgten den türkischen Verband, wobei nun ein größerer gegnerischer Verband aus 30 Schiffen erschien, so dass die Briten sich unverrichteter Dinge zurückzogen. Sie nahmen am nächsten Tag aber die Verfolgung erneut auf und stellten den Verband. Nun traf auch das Geschwader von Lord Cochrane ein und schaltete sich in die Verhandlungen ein, wobei es zu einem kurzen Gefecht kam. Nach einigen Verhandlungen kehrte der ägyptisch-türkische Verband, ohne seine Ziele erreicht zu haben, am 9. Oktober wieder nach Navarino zurück.

Während sich nun die beiden Flotten der Türken und Ägypter auf ihren vernichtenden Schlag gegen Hydra, den Hauptkriegshafen der Griechen, vorbereiteten, hatten die griechischen Alliierten Ibrahim Pascha die Friedensbedingungen unterbreitet, die dieser aber ignorierte. Wegen der Vernichtung der neun türkischen Schiffe vor Salona erteilte der ägyptische Oberbefehlshaber Befehl, alle erreichbaren Oliven- und Dattelplantagen durch Abholzung zu vernichten. Ziel war es, so einen vernichtenden Schlag gegen die griechische Wirtschaft zu führen, von dem sich der griechische Feind über Jahrzehnte nicht mehr erholen sollte!

Die griechischen Alliierten blockierten Navarino nun eng. Sie drangen hierzu am 19. Oktober in die Bucht ein und legten sich vor die beiden Flotten. Ziel dieser Blockade sollte es sein, den Ägyptern und Türken durch das Erzwingen der Einfahrt in die Bucht von Navarino klar vor Augen zu führen, dass die Alliierten ein erneutes Auslaufen auf jeden Fall verhindern würden. Den elf britischen Schiffen, darunter drei Linienschiffe und vier Fregatten, folgten sieben der Franzosen, darunter drei Linienschiffe und zwei Fregatten, sowie die acht der Russen, vier Linienschiffe und vier Fregattenn mit zusammen 1.270 Kanonen, und gingen vor Anker. Diesen 26 Schiffen lagen 82 gegnerische Schiffe der verschiedensten Größen gegenüber, die über 2.000 Kanonen führten.

Warum der Kampf nun unmittelbar nach der Mittagszeit des 20. Oktober ausbrach, blieb unklar. Der Auslöser soll der Beschuss einer britischen Schaluppe durch ein türkisches Schiff gewesen sein. Eine ägyptische Fregatte eröffnete wenig später das Feuer auf ein französisches Kriegsschiff.[140] Der Kampf, der bis gegen 6 Uhr abends dauerte, hatte zur Folge, dass der

---

139 **Mendelson Batholdy:** a. a. O. S. 472 auch: Mordal, Jaques: 25 Jahrhunderte Seekrieg, München 1963, S. 219.
140 **Mendelson Batholdy:** Geschichte Griechenlands S. 273.

größte Teil der türkischen und ägyptischen Flotte, über 50 Schiffe, versenkt wurden. Auch sollen über 4000 Gegner ihr Leben verloren haben, wogegen die Alliierten kein Schiff verloren, aber fast 200 Tote und doppelt so viele Verwundete zu beklagen hatten. Die Alliierten Kriegsschiffe hatten auch zum Teil erhebliche Schussschäden erlitten und verließen die Bucht nach und nach, um sie reparieren zu lassen.

20. Oktober 1827; C. R. Brommy zum Korvettenkapitän ernannt

Für Griechenland war dieser Ausgang, ganz gleich wie und warum dieses Gefecht begann, ein wichtiger Sieg um die Unabhängigkeit zu erreichen, obwohl man einsah, dass der Gegner zu Lande noch lange nicht besiegt war. Brommy befand sich zu dieser Zeit auf der HELLAS im Ägäischen Meer. Wegen seines selbstbewussten und sicheren Auftretens erhielt Carl Rudolph Brommy als Beweis seiner Leistung am 20. Oktober 1827, unter Ernennung zum Korvettenkapitän, die Stelle des 2. Kommandanten auf der Segelkorvette HYDRA[141] (28 Kanonen) zugewiesen.

»Es wird eingestellt durch diesen Befehl als zweiter Kommandant der griechischen Nationalkorvette HYDRA.
An Bord der Fregatte HELLAS, den zwanzigsten Oktober, eins acht zwei sieben Jahr.
An Herrn Kapitän Karolos Vramis.
Cochrane
Geheim
Unterschrift[142]

Kommandant der Korvette HYDRA war der britische Commodore Crosbie. Unter dessen Kommando kreuzte Brommy nachfolgend im Ägäischen Meer und nahm an der Belagerung von Chios teil.[143] Bei diesen Kämpfen um Chios fiel ein Freund von Brommy, Friedrich Stephann.

Durch den verheerenden Landkrieg war die Piraterie, durch griechische Schiffe, im Mittelmeer ein sehr großes Problem für alle handelsführenden Nationen geworden. Die Piraterie nahm Ausmaße an, die auch von den Alliierten so nicht gutgeheißen wurden. Eine dieser Piratenfestungen befand sich auf der Felseninsel Grabusa bei Kreta. Auch die HYDRA sollte gegen die Piraten operieren, wobei sie von der österreichischen Fregatte SOFIA unterstützt wurde, der es am 16. November gelang, vor der albanischen Küste zwei Piratenschiffe anzugreifen und zu versenken.[144]

Im Rahmen dieser Operation gegen die griechischen Piraten beabsichtigten Großbritannien und Frankreich, auch unterstützt von griechischen Seeeinheiten, zu handeln. Franzosen und Briten griffen Grabusa an. Da der Angriff aber von den Alliierten halbherzig vorgetragen

---

141 **Anm. d. Verf.:** Die HYDRA war eine ehemalige türkische Korvette, die während des Gefechtes bei Cap Clarenza 1927 gewonnen worden war.
142 **Wagner Erwin:** a. a. O. S. 21.
143 **Eilers, E.:** Rudolf Brommy S.18; **Hildebrand, H.H.** sagt auch, zeitweise Kommandant der »Ausdauer«.
144 **Röhr, A.:** Handbuch der deutschen Marinegeschichte. Stalling, Oldenburg, 1963 S. 37.

wurde, sollte in absehbarer Zeit ein erneuter Angriff unter alliierter Führung erfolgen, der dann auch tatsächlich am 29. November durchgeführt wurde. Da ein Angriff von See aus keinen Erfolg versprach, da nicht genügend erfahrene Truppen an Bord der Schiffe waren die eine Landung durchführen konnten, wurden Verhandlungen mit der Bevölkerung der Insel eingeleitet, das geraubte Gut, die Schiffe und zwölf Rädelsführer auszuliefern. Es kam zu keinem Ergebnis und somit schlug der erneute Versuch fehl, die Kaperei von dieser Insel aus zu unterbinden.

Für Brommy verlief diese Zeit wie im Fluge, hatte er durch sein neues Kommando als 2. Kapitän der HYDRA doch viel zu tun. Die Tagesroutine beanspruchte seine ganze Aufmerksamkeit und sein Durchsetzungsvermögen, um den Aufgaben gerecht zu werden, wobei eine ständige Gefahr durch Operationen im Raume stand.

Wie gefahrvoll solche Einsätze verlaufen konnten, zeigte der Vorfall zu dieser Zeit im Kampf gegen türkische Seeeinheiten. Eine griechische Mysta mit 20 Mann Besatzung kam in ein Gefecht mit zwei türkischen Galiotten, wobei die Galiotten schnell die Überhand gewannen. Daraufhin gab der griechische Kapitän den Befehl zur Enterung einer der Galiotten und stürmte vor. Indes folgen die Griechen nicht und der Kapitän griff allein an, ohne dies zu bemerken, verletzte den türkischen Kapitän und zwei Besatzungsmitglieder, bevor er selber niedergestreckt wurde. Als die türkischen Schiffe in ihren Hafen einliefen, hatten sie den Kopf des getöteten Kapitäns auf einer Lanze am Bug befestigt und stellen seinen zerschlagenen Körper im Hafen zur Schau! Dies zeigte dem deutschen Korvettenkapitän deutlich auf, wie gefahrvoll das Leben als Soldat war, sollte man in die Hände des Feindes gelangen!

Weil ein großer Teil der alliierten Flotten nach dem Gefecht vor Navarino zur Reparatur in Toulon und Malta lag, wurde die Belagerung von Navarino stark gelockert. Das ägyptische Heer brandschatzte und mordete indes auf dem Festland aus Rache weiter und schaffte Sklaven nach Navarino, um diese nach Afrika zu verschiffen. Im Dezember hatten sich auch die Reparaturen der türkischen und ägyptischen Schiffe dem Ende genähert, so dass die Schiffe die Bucht ohne große Gefahr verlassen konnten. An Bord waren ägyptische Invaliden und Verwundete der Gefechte und mehrere tausend griechische Sklaven und Gefangene, die nach Alexandria, in eine unbekannte Zukunft, verfrachtet wurden! Die Alliierten waren von der Ausfahrt überrascht und konnten sie somit nicht verhindern.

Das unerwartete Ausscheiden von Admiral Cochrane Ende 1827

Zu Beginn des Jahres 1828, die griechische Flotte lag im Winterlager von Hydra und anderen griechischen Inseln, wurde Graf Kapodistras, ein Bruder des Präsidenten, zum Kommandanten über die Marine ernannt. Obwohl dieser keinerlei maritime Ausbildung genossen hatte, war er für seine neuen Aufgaben zum Großadmiral befördert worden. Der Anstoß lag in der Situation begründet, dass Admiral Cochrane, ohne sich abzumelden, Ende des Jahres 1827, nach gut neun Monaten, Griechenland verlassen hatte! Ein sonderbarer Vorgang von einem international anerkannten und kommandierenden Oberbefehlshaber! Da es aber zwischen der griechischen Führung und Admiral Cochrane sehr oft zu Unstimmigkeiten gekommen war, soll

der Admiral, ohne sich von seinem Posten ordungsgemäß abzumelden, nach England zurückgekehrt sein.

Die Gründe, aus denen er gegangen war, sollen vielfältig gewesen sein. Vorwiegend wohl in
der Mentalität der Griechen selbst begründet, die mit der Denkweise des britischen Admirals
in Taktik und Menschenführung zusammenhingen. Andererseits verstanden die Griechen die
Vorgehensweise des Admirals bei den geplanten und durchgeführten Seeoperationen nicht
immer, zumal sie auch noch oft ohne Erfolg waren. Admiral Miaoulis ordnete sich zwar unter,
stand aber sehr oft in Opposition zu seinem berühmten britischen Vorgesetzten, nach dessen
Erscheinen er viele Erfolge der griechischen Flotte erwartet hatte. In der internationalen
Presse fand dieser seltsame Vorgang starke Beachtung, hatten doch alle Aktionen der griechischen Flotte seit dem Eintreffen unter besonderer Beobachtung gestanden.[145] Carl Rudolph
Brommy gedachte, sich aus politischen Diskussionen und Festlegungen heraus zu halten, da
sie nicht seine Geschäfte waren, obwohl ihn diese interessierten. Sie konnten aber, sollte er
sich auf die eine oder andere Position festlegen, seiner militärischen Laufbahn hinderlich sein.

Obwohl schon im April 1827 durch die griechische Nationalversammlung in Trizina für
sieben Jahre zum ersten Präsidenten Griechenlands gewählt. traf Graf Kapodistras erst am
18. Januar an Bord eines britischen Schiffes in Nauplia ein, um sich wenig später nach Ägina,
dem derzeitigen Sitz der stellvertretenden griechischen Regierung zu begeben.[146] Er beauftragte, obwohl noch ohne wirkliches Amt, Admiral Miaoulis, im Kampf gegen die Piraterie die
Teufelsinseln anzugreifen und das Treiben der Piraten dort zu beenden.

Da es die militärischen Aktivitäten gegen die Türken und Ägypter erlaubten, ging wenig später
ein griechisches Geschwader in See, um die Piraten auf der Teufelsinsel anzugreifen. Neben
der HELLAS, Flaggschiff von Miaoulis, und die HYDRA, auf der Brommy weiterhin 2. Kommandant war, nahmen weitere griechische Schiffe verschiedener Größe teil. Von dem Zeitpunkt
und der Masse an Kriegsschiffen überrascht, konnte die Insel innerhalb kurzer Zeit erobert und
die Hafenanlagen der Piraten völlig zerstört werden. Wie groß dieser Piratenstützpunkt war,
zeigte die Anzahl der Schiffe, die aufgebracht wurden: insgesamt 79, von der »Mistka« (Kanonenboote) über Goeletten und Briggs mit 10 und 22 Kanonen!

Auch die Insel Grabusa wurde Anfang Februar 1828 erneut angegriffen. Dieser Angriff, unterstützt durch Briten und Österreicher, hatten in einer kombinierten Aktion die Schiffe und Stellungen der Piraten zur See und an Land zum Ziel. Während die Österreicher Jagd auf Piratenschiffe vor den Spalmadoren und Psara machen, griffen britische Matrosen die Insel Grabusa
an. Sie landeten mit Infanteristen und machten alle Hütten und Häuser dem Erdboden gleich,
nachdem sie die gestohlenen Güter in Sicherheit gebracht hatten. Ein österreichisches Kommando entdeckte dabei am Kap Kassandra eine gut ausgebaute Falschmünzer-Werkstatt und
vernichtete sie.

---

145 **Allgemeine Zeitung München** 1828, S. 520.
146 **Pierers Universal-Lexikon:** Griechischer Befreiungskrieg… sagt am 18. in Nauplin, am 23. in Agina einge-
     troffen und am 4. Februar den Eid abgelegt.

Schon bald bemerkt Brommy, dass sich die Fronten der verschiedenen politischen Gruppierungen zu bilden begannen, wobei die Insel Hydra und deren Bewohner besonders stark gegen den Präsidenten und seine russisch orientierte Politik auftraten. Auch Admiral Miaoulis, geborener Hydriote, stand in Opposition zu Kapodistras, was ihm nachfolgend viele Probleme bringen sollte. Die Schiffe aus Hydra stellten Anfang März derartige Bedingungen, dass sie der Präsident nicht akzeptierte. Um Druck auszuüben hatten die Offiziere der Korvette HYDRA in ihrer Gesamtheit die Kündigung vom Dienst bekanntgegeben, dem sich Brommy aber so nicht anschließen wollte, zumal er nicht über den Inhalt dieses Schreiben unterrichtet worden war.[147]

Ungeachtet der »inneren« Angelegenheiten war die HYDRA, im Geschwader des Admiral Miaoulis, mit 1.200 Mann nach Agina abgegangen, um das Heer der Griechen zu unterstützen, wo das Geschwader Anfang Mai 1828 eintraf. Während die HYDRA beim Hauptverband blieb, gingen HELLAS unter Miaoulis, die ENTERPRISE und ein Brander nach der Insel Samos, um diese zu schützen. Schon wenig später konnte die HYDRA zwei türkische Briggen einbringen, wovon eine ungeladen war, die andere aber Öl, Tabak und Eier geladen hatte.[148]

Durch den Präsidenten Kapodistras wurde Miaoulis unter das Kommando von Vize-Admiral Sachturis gestellt worden, so dass er nicht mehr selbstständig entscheiden konnte, welche Operationen er für wichtig hielt, sondern musste sich den Weisungen des Vize-Admiral Sachturis beugen. Dieser trug ihm am 6. März auf, mit der Flotte den Nachschub der Ägypter zu blockieren. Ein Teil der Flotte, bestehend aus acht Kriegsgoeletten und Briggs, Schaluppen und anderen Fahrzeugen, sollten den von Türken besetzten Teil von Kreta abriegeln.[149]

Der Kampf gegen die türkische und ägyptische Flotte 1828

Als Folge der russischen Teilnahme an der Seeschlacht von Navarino hatte die ägyptisch-türkische Flotte begonnen, Blockaden gegen Russland vorzunehmen, so dass der Zar sich veranlasst sah, Anfang Mai den Krieg gegen die Türkei und auch gegen Ägypten zu beginnen. Auch die griechische Flotte wurde nun wieder verstärkt in Kampfhandlungen einbezogen, um Landoperationen gegen die Türken und Ägypter zu unterstützen. Präsident Kapodistras formierte einen neuen Angriff zu Lande, geleitet von Generalissimo Charch, gegen türkisch besetztes Gebiet und plante zur Unterstützung der Landeinheiten auch eigene Seestreitkräfte ein. Die Einheiten unter Admiral Miaoulis waren zunächst nicht daran beteiligt.

Die Schiffseinheiten unter Kapitän Hastings konnten derweil einen Konvoi mit Nachschub aus 200 Lastkähnen mit Proviant aufbringen, so dass die türkischen Truppen starke Not leiden mussten. Anfang Mai 1828 konnten die Kanonierschaluppen nachhaltig gegen die türkischen Truppen operieren und ihnen schwere Verluste beibringen. Bei diesen Kämpfen um die Festung Anatoliko, auf Höhe Eroico, einer kleinen Insel am Eingang der Lagune von Messolongi,

147 **Wagner, E.:** a. a. O. S. 24.
148 **Allgemeine Zeitung München** 1828 S. 615f.
149 **Allgemeine Zeitung München** 1828, S. 637f.

wurde Kapitän Hastings auf seiner von ihm kommandierten Dampfcorvette KARTERIA am 23. Mai 1828 schwer verwundet. Er erlag seinen Verletzungen einige Tage später am 1. Juni im Hafen von Zakynthos. Wie hoch das Ansehen des Kapitäns bei den griechischen Truppen war, zeigte sich schon wenig später. Nachdem die Meldung vom Tod des hoch angesehenen Kapitäns in Griechenland die Runde machte, brach die Kampfmoral der Landtruppe völlig zusammen, so dass der Angriff gegen die Türken abgebrochen werden musste![150]

Die HELLAS dagegen war erfolgreich und konnte am 30. und 31. Mai 1828 am Kap Baba zwei türkische Kriegsschiffe versenken:[151]

Für Brommy stellte sich die Lage auf der HYDRA Anfang Juni 1828 wie folgt dar: Ende Mai des Jahres traf in Smyrna ein weiteres britisches Dampfschiff ein, das von Griechenland übernommen werden sollte. Es sollte im Kampf gegen die Türken und Ägypter nun eine wertvolle Verstärkung bilden. Im Bereich von Griechenland waren zu dieser Zeit nur wenige ägyptische Schiffe, vermutlich zwei Briggen, zwei Versorgungsschiffe und eine Galeone[152] im Einsatz. Diese konnten nicht nachhaltig gegen Griechenland auftreten. Fatal für die griechische Marine war zu dieser Zeit der Umstand, dass Hydra und Spezzia von der Pest heimgesucht wurden. Durch die griechische Regierung wurden diese Inseln daraufhin unter Quarantäne gestellt, was der Präsident zusätzlich nutzte, um seine Gegner auf den Inseln zu schwächen.[153]

Im Rahmen der Kämpfe gegen türkische Truppen sollten griechische Seeeinheiten deren Nachschub weiterhin verhindern. Am 6. Juni erhielten die Seeeinheiten die Weisung, Preveza zu blockieren, um es vom Nachschub abzuschneiden. Als Nachfolger von Kapitän Hastings setzte der griechische Präsident den korsischen Kapitän Passano ein, der mit einer Flotte die Festung von Preveza von See aus sperren sollte. Die Gesamtleitung des Unternehmens hatte Generalissimo Church. Durch diese Blockade sollte auch der erneute Angriff auf das besetzte Mesolonghi vorbereitet und unterstützt werden.

1. Juni 1828 C.R. Brommy zum Fregattenkapitän ernannt

Mitten in die Vorbereitungen auf neue Seeoperationen erhielt Carl Rudolph Brommy am 1. Juni 1828 die Ernennung zum Fregattenkapitän der föderativstaatlichen griechischen Marine![154] Mit dieser Ernennung erhielt er auch das Kommando über die Dampffregatte ENTERPRISE (»Unternehmung«), die als Bewaffnung 8 × 68 Pfd-Kanonen führte, und schrieb schon bald auch an seine Schwester Caroline in Leipzig den Reim…
>»(…) Drum nehmt den Willen für die Tat,
>Es grüßt Euch Rudolph, cap'tain de fregatt.«[155]

---

150 **Anm. d. Verf.:** Kapitän Hastings wurde in einem Staatsakt beigesetzt und genießt bis in die heutige Zeit ein sehr hohes Ansehen in der griechischen Geschichtsdarstellung dieser Zeit.
151 Internet: HELLAS.
152 Schnelles und wendiges, zweimastiges Segelschiff, auch zum Transport von Lasten.
153 **Allgemeine Zeitung München** 1828, S. 651.
154 **Claus. Ulrich:** a. a. O. S. 20.
155 **Schultz, H.:** a. a. O. S. 18.

Während sich der junge Fregattenkapitän nun an Bord der ENTERPRISE begab, um dort das Kommando zu übernehmen, was einige Zeit in Anspruch nahm, steuerte Griechenland Mitte 1828 einem neuen Höhepunkt seines Befreiungskampfes zu. Mitte Juni 1828 wurde festgestellt, dass 15 ägyptische Kriegsschiffe am nördlichen Eingang des Bosporus lagen! Sollte es erneute Kampfhandlungen zur See geben? Wobei Hydra wohl wegen der Pestgefahr nicht das Ziel der Ägypter wäre! Oder sollten sie die Anlandung alliierter Truppen für Griechenland verhindern?[156]

Frankreich begann tatsächlich Mitte des Jahres Truppen zusammenzuziehen, um sie als Expeditionskorps nach Griechenland zu bringen und dort gegen die Pforte zu operieren. Mitten in dieser unklaren militärischen Lage sorgte eine internationale Pressemitteilung für Aufsehen, wonach sich Lord Cochrane in Frankreich befinden sollte und sich auf das britische Dampfschiff MERCUR begeben hatte, um nach Griechenland zurückzukehren![157]

Tatsächlich! Am 28. August 1828 gingen unter dem Kommando des Generals Maison gut 10.000 Mann französische Landungstruppen im Bereich des Golfs von Korun an Land. Ziel waren Modun und Navarino, um dort mit 4.000 Mann anzugreifen. Eine andere Abteilung, 5.000 Mann stark, sollte gegen Patras vorrücken. In Erwartung eines türkischen Geschwaders im Bereich von Navarino, das die dort kämpfenden türkischen Truppen unterstützen und versorgen sollte, gingen britische und französische Kriegsschiffe im Bereich der Einfahrt in Stellung, um ab dem 28. August ein Einlaufen des türkischen Verbandes zu verhindern.[158] Ein griechischer Verband konnte wenig später eine ägyptische Korvette stellen, die griechische Gefangene nach Alexandria bringen sollte.[159]

Die umfangreichen Militäroperationen der griechischen und französischen Landeinheiten sollten nun durch die griechische Flotte weitreichend unterstützt werden und Fregattenkapitän Brommy erhielt Befehl, sich mit seinem Dampfschiff ENTERPRISE nach Candila zu begeben, wo er am 2. September 1828 eintraf, um sich unter das Kommando von Kapitän Passono zu stellen,.

Der Kampfverband war ein Teil des Geschwaders, das zu dieser Zeit aus insgesamt 23 Einheiten bestand und zur Unterstützung der Landoperationen des Generalissimo Church operierte. Kapitän Passono hatte von Vizeadmiral Sachturis umfangreiche Anweisungen zur Blockade von Preveza erhalten, die Fregattenkapitän Brommy nun vom Kapitän der PERSEVERANCE ex »Karteria«, Leutnant Falanga, erfahren wollte. Brommy lud diesen noch am selben Tag ein ...
(...) »Monsieur,
ich wäre hoch erfreut Sie bei mir zu sehen, um einige mündliche Erklärungen über daß Thema unseres Befehls mit Ihnen zu erörtern.«
(...)[160]

---

156 **Allgemeine Zeitung München** 1828 S. 671.
157 **Allgemeine Zeitung München** 1828 S. 502f. **Anm. d. Verf.:** Tatsächlich betrat der britische Admiral das griechische Festland nicht, obwohl viele internationale Zeitungen, wie die Allgemeine Zeitung München 1828 S. 502f, dieses zu dieser Zeit stark vermuteten.
158 **Pierers Universal-Lexikon:** Griechischer Befreiungskrieg.
159 **Allgemeine Zeitung München:** 1828, S. 651.
160 **Wagner, E.:** a. a. O. S. 27.

Lt. Falanga meldete sich nicht an Bord, worüber der Fregattenkapitän sehr ungehalten war und ihm am folgenden Tag mitteilte:

(…) Monsieur,

Sie haben es gestern abgelehnt, mich bei mir an Bord zu besuchen, um die Befehle der Regierung zu hören. Nun befehle ich Ihnen zu kommen, sobald Sie dieses Schreiben erhalten; anderenfalls werde ich in die unangenehme Zwangslage versetzt, Sie zum Gehorsam zu zwingen und meinen Bericht darüber der Regierung vorzulegen. [161]

Die Gründe der Verweigerung durch Lt. Falanga blieben derweil unbekannt und Brommy erwartete weitere Befehle vom Kapitän Passano, die er am 6. September erhielt mit der Weisung, sich auslaufbereit zu machen.

An Bord la Golette »Lede«
am 6./18. Sbre. 1828
Monsieur,
sobald es daß Wetter erlaubt, werden Sie die Segel setzen und Euch nach Spalana oder St. Jean begeben, was zwischen Previsa und Parge liegt und Ihr werdet einen Angriff vortäuschen, in dem Ihr eine Serie von ungefähr 100 Kanonenkugeln und- granaten verschießt und sofort danach werdet Ihr uns an der Mündung des Kanals von Previsa treffen, wo ihr neue Anweisungen erhalten werdet.
Ich habe die Ehre der Kommandant der Marinestation von (unleserlich) zu sein.
Passano
K. Brommy
Com: Dampfschiff IENTERPRISE. [162]

Brommy erhielt als dienstgradältester Seeoffizier am 10. September 1828 das Kommando über den Verband gegen Preveza und verließ Candila am selben Tage. [163] Noch vor dem Verlassen schrieb der Fregattenkapitän einen Brief ans Ministerium, da der Kommandant der PERSEVERANCE es noch immer nicht für nötig gehalten hatte, sich an Bord seines Schiff zu begeben um mit ihm den Gefechtsverlauf gegen Preveza zu besprechen:

An Bord der
Enterpriese, Candila
Sehr geehrter Herr Minister
Ich kam gerade, nach einer siebentägigen guten Reise, hier an, wo ich daß Dampfschiff la Perseverance, den Leutnant Falanga und den Flottenverband unter Befehl des Kapitän Passano vorfand.
Der Generalissimo Sir Richard Chuch, bei dem ich mich vorstellte, behandelte mich mit höchster Höflichkeit, sowie auch der Kapitän Passano.
Ich verstehe mich, in Bezug auf den Operationsplan, ziemlich gut mit diesen Herren. Nur der Leutnant Falanga hat sich schlecht aufgeführt und war ungehorsam, nicht nur, daß er sich bei meiner Ankunft, bei mir an Bord nicht vorstellte, aber auch daß er sich versteckte, als ich ihn besucht hatte um uns über die erhaltenen Befehle zu verständi-

---

161 Ebenda: S. 27.
162 Ebenda: S. 27.
163 Dienstausweis anlässlich des Einstellungsgesuches nach Preußen 1845 . **Anm. d. Verf.: Es ist sein 24. Geburtstag!**

*gen. Ich habe vergeblich drei Tage auf seinen Besuch bei mir gewartet, dann schrieb ich
einen Brief. Ich sende Ihnen eine Kopie von diesem Brief und seine Antwort, sowie von
dem Befehl, den ich Ihnen anschließend sendete, damit Sie sehen können, in welchem
Maß er sich verfehlte.*

*Ich hoffe, daß Sie dieses regeln werden, da ich keinen Zwang anwenden möchte um
einen Skandal zu vermeiden. Immerhin, im Interesse der Griechischen Marine bin ich
gezwungen darauf zu beharren, daß Gehorsamkeit, mindestens im Geschwader dem ich
angehöre, herrscht.*

*In wenigen Tagen werden wir vor Previsa stehen; ich hoffe daß ein guter Erfolg unser
Unternehmen krönen wird.[164]*

Brommy traf wenige Tage später im zugewiesenen Seegebiet ein. Befehlsgemäß griff er mit
seinen Kanonen wenig später St. Jean an, um sich danach mit der ENTERPRISE zurückzuziehen, und strebte dann Previsa an, um sich mit den anderen Schiffen zu treffen.

Zu seiner Verwunderung war aber am 23. September von der PERSEVERANCE nichts zu
sehen. Da der Angriff durch den General aber geplant war, mußte Brommy ihn mit seinem
Schiff alleine durchführen, so dass er nicht gelingen konnte und der Angriff ins Leere ging.

Durch das Ausbleiben des Proviants für die weitere beabsichtigte Blockade des Golfes von
Arta und Preveza musste sich Brommy wieder nach Candila und dessen Hafenplatz Mitkas begeben, wo er am 28. September eintraf, ohne wiederum ein Schiff seines Verbandes anzutref-
fen. Er war über das Verhalten des Kapitäns Passano sehr erbost und wandte sich unmittelbar
nach seinem Eintreffen in Mitkas an den Kapitän.

An Herrn Kapitän Passano
Vor Candila
ENTERPRISE September 28.
Monsieur,
*Sie haben sich entfernt, ich werde nicht daß Wort, das Ihr Benehmen bezeichnet, benut-
zen. Sie haben mich schon vor Previsa im Stich gelassen, ohne mir ein eindeutiges Zei-
chen zu geben und ohne mir mitzuteilen, wohin Sie sich zu begeben gedachten.*

*Mit fehlt es an Brot, die jetzige Notlage, in der ich mich befinde, hat mich gezwungen,
den Golf zu verlassen und Sie hier aufzusuchen. Ich bitte Sie, mir sofort Brot zu schicken, anderenfalls werde ich heute Abend oder morgen früh aufbrechen.*

*Ich werde nicht versäumen, meinen Bericht über Ihr Benehmen an den Generalstabs-
chef, sowie der Regierung vorzulegen.[165]*

Am folgenden Tag erging ein weiterer Brief von Fregattenkapitän Brommy an das Ministerium, um die Situation darzustellen und die nötigen Mittel an die Hand bekommen, um seinen
Auftrag erfüllen zu können:

Monsieur le Ministre,
*Ihren Befehl entsprechend habe ich bis jetzt mit dem Kapitän Passano zusammen ge-
arbeitet. Dieser hatte zuerst die Expedition verzögert und schließlich uns vor Prevsia*

---

164 **Wagner, Erwin:** a. a. O. S. 27.
165 Ebenda: S. 28.

verlassen. – Ein Rückzug, ich schäme mich daß Wort zu benutzen, welches diesen Rück-
zug beschreibt- da der Generalissimo zum Angriff überging, hinterließ er mich allein
unter dem Feuer der Batterien. Passano werde für Sie einen Bericht darüber schreiben.
Dieser Rückzug hat mich auch gezwungen, mich nach Candila zu begeben, um Proviant
zu holen; die Versorgung war für zwei Monate vorgesehen, sie sind fast abgelaufen. Ich
bitte sie, mir Proviant zu schicken, damit ich in der Lage bin, die Blockade fortzusetzen;
ich habe den Verwaltungsmeister um Brot gebeten; dieser konnte mir keines geben. Ich
bin gezwungen, die Ausgaben für daß Schiff mit meinem eigenen Geld zu begleichen.
Ich hoffe, daß die Regierung mir helfen wird, weil ich in zwei Wochen nicht mehr in der
Lage sein werde, diese fortzusetzen und gezwungen sein werde, mich nach Korfu zu be-
geben, um den auf mich bezogenen Wechsel auszuhandeln.[166]

Tatsächlich aber war Brommy gezwungen, auf der Insel Itaca anzulanden, um Proviant für
seine Besatzung zu besorgen. Die Hirten gaben ihm aber keine ihrer Ziegen, da sie nicht dazu
berechtigt waren. So nahm er sich fünf von ihnen, ohne zu bezahlen. Einen Monat später traf
deswegen ein Protestschreiben wegen dieses Diebstahles bei der griechischen Regierung ein.

Brommys Einsatz gegen Arta 1828

Die Lage, in die Brommy nun gekommen war, entsprach nicht seinem Willen, sondern wurde
ihm durch Unzulänglichkeiten anderer zugemutet. Als dienstältester Kommandant auf der
ENTERPRISE hatte er weiterhin das Kommando über die Seeunterstützung gegen das von
türkischen Truppen besetzte Preveza. Sein Verband hatte sich Ende September auf vier große
Kampfschiffe und vier Mistikas verstärkt.

Unter Mitwirkung des Schwesterschiffes PERSEVERANCE, der Fregatte HELLAS, der Korvette ARES und vier aus Hydra stammenden Mistikas (Kanonenboote) konnte Brommy die
gefahrvolle Durchfahrt der Meerenge von Prevesa, trotz des Feuers der Festung aus 60 Kanonen, durchbrechen und den Golf von Arta erreichen. Dieser Durchbruch wirkte stark auf die
Kampfmoral der griechischen Landtruppen, die nun wieder voller Mut auf Prevesa zustrebten
und es nach sieben Tagen harten Kampfes einnehmen konnten.

Auch durch die von französischen und griechischen Streitkräften vorgetragenen Angriffe
gegen andere Teile ägyptischer Stellungen geriet Ibrahim Pascha enorm unter Druck und
wurde zur Aufgabe mehrerer Stützpunkte gezwungen. Unter anderem von Patras, das seit dem
16. September angegriffen wurde.

Am 4. Oktober 1828 kapitulierten die Truppen von Ibrahim Pascha, der sich mit gut 20.000
Mann zurückziehen musste. Zwei Tage später folgten Monon, Navarino, Koron und Pattrum,
so dass wenig später die ägyptischen Truppen nach Alexandria zurückgeführt wurden. [167]

---

166 Ebenda: S. 28f.
167 **Pierers Universal-Lexikon:** Griechischer Befreiungskrieg.

Einige Tage später, am 10. Oktober 1828 fiel auch Preveza und Brommy erhielt daraufhin den Posten als Kommandant der Station.[168] Der Fregattenkapitän verblieb über einige Zeit in diesem Bereich, da durch den hereinbrechenden Winter die Aktivitäten zu Lande und zu Wasser stark eingeschränkt waren. Unabhängig davon erhielt er den Auftrag, das Gebiet von See aus zu schützen.[169]

Anfang Oktober 1829 erlahmten die Gefechte nach der Kapitulation der türkischen Truppen merklich, so dass der Weg für eine diplomatische Lösung frei war. Für die Soldaten trat nun eine Phase der Neuorientierung und Organisation ein, um diese für eventuelle neue Kampfhandlungen vorzubereiten und zu wappnen.

Carl Rudolph Brommy war nun im Februar 1829 zwei Jahre in Griechenland als Seeoffizier im Dienst und hatte einiges an militärischem Wissen dazugelernt. Sein Ansehen war gut und so sah er der Zukunft mit Zuversicht entgegen. Er wurde am 4. März 1829 unter das Kommando des Admiral Miaoulis gestellt[170] und nahm als Kommandant der ENTERPRISE anschließend an mehreren Einsätzen teil. Erste Angriffsziele waren Anti Rion und Lepante. Beide wurden bis zur Eroberung unter Feuer genommen und belagert. Nachfolgend wurde die von den Türken gehaltene Festung von Missolunghis angegriffen, bis auch diese erobert war.

Gegen Ende des Jahres 1829 wurde Admiral Miaoulis durch Präsident Kapodistras zum Chef und Oberaufseher von Poros ernannt, um ihn an seine Politik zu binden. Wenig später ernannte der Präsident als Generalkommissar der griechischen Marine aber nicht Miaoulis, sondern seinen eigenen Bruder, was in der Marine wieder zu Unverständnis führte.

Die diplomatischen Bemühungen um Griechenland durch Großbritannien, Frankreich, Russland und auch den Deutschen Bund durch Fürst Metternich kamen nur schwerlich voran. Mit der Unterzeichnung des Londoner Protokolls am 3. Februar 1830 war der Aufstand gegen die türkische Herrschaft auch politisch beendet. Griechenland sollte ein souveräner Staat in Europa werden. Dieser neue Staat sollte nach dem Willen der Alliierten einen König erhalten, der aus einem europäischen Fürstenhaus stammte.

Als erster Aspirant war Prinz Leopold von Sachsen-Coburg-Gotha vorgesehen, der auch zunächst zustimmte. Die Verhandlungen zwischen Prinz Leopold und den Alliierten wurden aber durch den griechischen Präsidenten sehr stark negativ beeinflusst, da dieser es nicht verwinden konnte, nicht oberster Souverän von Griechenland zu werden.

---

168   **Schulz, H.:** a. a. O. S.18 ff.
169   **Schmitz, J.:** Admiral Brommy, seine Zeit und Werk. In MR 1941.
170   Entnommen: Dienstzeitbestätigung für das griechische Ministerium 1831.

20. Mai 1830, C. R. Brommy wird Flaggkapitän unter Admiral Miaoulis.

Nachdem die Kämpfe zur Befreiung Griechenlands von den Türken beendet waren, erhielt Brommy am 20. Mai 1830 auf der Fregatte HELLAS den Posten des Flagg-Kapitäns (Kapitän-Adjutant) unter Admiral Miaoulis. Er behielt aber das Kommando der ENTERPRISE bis zur Desarmierung des Kriegsschiffes im Herbst 1830. In diesem Jahr kam es zu keinen weiteren Kampfhandlungen und die Marine Griechenlands wurde neu organisiert. Unter anderem wurde die Fregatte HELLAS gegen Ende des Jahres entwaffnet, und Fregattenkapitän Brommy erhielt, trotz des Bürgerkrieges und obwohl er »Ausländer« war, am 27. November 1830 das provisorische Kommando über die mit 22 Kanonen bestückte Korvette IPSARA. Mit diesem Schiff nahm er wenig später an der Befreiung griechischer Flüchtlinge von Candia teil.[171]

Auf der Suche nach einem neuen Souverän für Griechenland wurde, nachdem Prinz Leopold abgesagt hatte, Prinz Adalbert von Preußen ins Gespräch gebracht. Durch die preußische Regierung wurde das Ersuchen am 18. Februar 1831 aber abgelehnt, da die politische Lage in Griechenland zu instabil und unsicher sei![172]

Im vierten Jahr seiner Tätigkeit in der griechischen Marine erhielt der deutschstämmige Seeoffizier neue Aufgaben zugewiesen. Hatte er bislang nur Bordkommandos innegehabt, wurde er an den Schreibtisch an Land beordert. Maßgeblich durch Admiral Miaoulis betrieben, wegen seines Organisationstalentes und seiner anerkannten Zuverlässigkeit, erhielt Brommy Anfang März 1831 einen Posten im Marineministerium.[173] Hier sollte er am Aufbau und der Organisation der griechischen Marine mitwirken. Dafür wurde er mehreren Sonderkommissionen zugewiesen, die sich mit der Neuorganisation der griechischen Nationalmarine beschäftigten. Eine seiner ersten Aufgaben war es, den gegenwärtigen Bestand an Schiffen der griechischen Marine zu ermitteln. Nach seinen Feststellungen bestand die Flotte zu diesem Zeitpunkt aus:

171 **Hildebrand, H. H.; Henriot, E.:** Deutschlands Admirale 1849–1945. Bd. 1. Biblio Verlag Osnabrück. S.179. Auch: **Pierers Universal-Lexikon** 1857–1865. »Bromme«.

172 **Richter, J. W. Otto:** Prinz Adalbert von Preußen und die Begründung der neuen deutschen Flotte, Stephan Seibel Verlag, Altenburg 1906. S. 30ff.

173 **Pierers Universal-Lexikon:** 1857–1865. »Bromme«. Auch: Dienstausweis zur Einstellung in die preußische Marine 1845.

2 Fregatten (HELLAS, SPETSIA),

3 Korvetten (HYDRA, ARES, IPSARA),

3 Dampfschiffen (ENTERPRISE, PERSEVERANCE und HASTINGS,

5 Briggen (THERMISTOKLES…,

5 Galeotos (Schoner),

5 Kanonenbooten,

18 Schnellbooten,

1 Geoletten (Schoner),

1 Schnellsegler,

1 Dampfschiff (SACHTOUTIA, auf Hydra gebaut),

1 Fischerboot,

1 Fähre,

3 Kutter,

2 Boote,

3 Mistikas (kleine Kanonenboote),

54 Schiffe total.

An Personal war eingestellt:

62 Offiziere,

90 Unteroffiziere,

1.187 Mannschaften,

26 Zivilpersonen,

1.365 Personal total.[174]

Zu seiner Freude verlor Brommy aber nicht den Kontakt zu den geliebten Planken eines Schiffes, da er zwischenzeitlich auch das Kommando der MERCUR übernehmen musste.[175]

Die innenpolitische Lage hatte sich in Griechenland indes stark zugespitzt. Der Präsident Kapodistras versuchte mit allen Mitteln, seine politischen Ziele durchzusetzen, ohne auf die Opposition eingehen zu wollen. Diese hatte sich schon zur Zeit des Unabhängigkeitskrieges gebildet und wurde bald durch Bewohner der Insel Syra und die Hydrioten der Insel Hydra unterstützt.

Die Alliierten sahen die Unruhen mit unterschiedlichem Interesse. Die Briten wollten sich in die »inneren Angelegenheiten« Griechenlands nicht einmischen und die Franzosen sahen die demokratischen Grundregeln durch die griechische Führung in Gefahr. Einzig Russland befürwortete die Gewalt von Kapodistras gegen die Opposition und unterstützte auch Aktionen gegen diese.

Seit feststand, dass die griechische Flotte, diese lag im Hafen von Poros, mit russischer Unterstützung gegen Hydra und Syra eingesetzt werden sollte, um den dortigen Widerstand zu brechen, versuchten Kräfte um Admiral Miaoulis dieses zu verhindern. Es gelang ihm in der Nacht vom 26. auf den 27 Juli 1831 mit ca. 50 Getreuen und der Unterstützung eines Teils der

174 **Wagner, E.:** a. a. O. S. 32f.

175 **Hildebrand, H.H.:** a. a. O. S.179.

Bevölkerung von Poros, die Militäranlagen des Hafens, das Arsenal und die Schiffsbesatzungen einiger wichtiger Schiffe der Flotte zu erobern.

Mitten in die Vorbereitungen zur Überführung der gesicherten griechischen Schiffe von Poros nach Hydra erschien ein russisches Geschwader unter der Führung von Admiral Rikord (Picard?), um Admiral Miaoulis aufzufordern, die Schiffe wieder zurückzugeben. Gleichzeitig wurden Truppen in Marsch gesetzt (200 Mann reguläre Kavallerie und ein Corps irregulärer Truppen), um von der Landseite Druck auf den Hafen von Poros auszuüben, das die Aktion von Miaoulis weiterhin unterstützte. Die britischen und französischen Admirale, inzwischen vor Poros eingetroffen, zeigten nicht eindeutig Flagge und wollten bloß ein Blutvergießen verhindern. [176]

Als aber der russische Admiral, entgegen den Absprachen, begann, die griechische Flotte zu Lande und über See anzugreifen, brach der Widerstand der Patrioten für Miaoulis zusammen und die Stadt wurde von russischen Truppen besetzt. Spätestens zu diesem Zeitpunkt signalisierte Admiral Miaoulis, dass er notfalls die Schiffe, vor einer Übergabe an die Russen, verbrennen würde. Als die russische Flotte am 13. August 1831 tatsächlich versuchte, in den Hafen einzudringen, setzte Miaoulis seine Warnung in die Tat um und sprengte die HELLAS und die HYDRA sofort in die Luft. An mehreren anderen Stellen im Hafen und dem Arsenal wurden die Lunten gezündet und weitere Feuer gelegt. Admiral Miaoulis selber begab sich auf ein Boot und erreichte, trotz massiven Beschusses durch die russischen Schiffe, unbeschädigt Hydra. In der Zwischenzeit gelang es den Russen nur unter Einsatz des Lebens, die Sprengung des Arsenals von Poros zu verhindern.

Die Rückkehr nach Deutschland 1831

Die Spannungen in Griechenland stiegen weiter an, so dass sich der deutsche Fregattenkapitän, nach der verhängnisvollen Katastrophe von Poros und der Ermordung des Präsidenten Kapodistras am 9. Oktober, entscheiden musste, den Dienst zu quittieren, da die politischen Vorgänge keine sinnvolle Arbeit in der Marine zuließen. Zudem wurden die Angriffe gegen die ausländischen Bewohner im Lande immer aggressiver. Er quittierte seinen Dienst in der griechischen Marine und kehrte im Herbst 1931 nach Deutschland zurück.

In Deutschland angekommen hatte Brommy viel vor. Neben seiner Familie, die er ja lange nicht mehr gesehen hatte, wollte er die Eltern seines Freundes Friedrich Stephann besuchen, der bei den Kämpfen um die Insel Chios gefallen war. Als weiteres wollte der junge deutsche Seeoffizier vor allen Dingen militärische Arsenale und Ausbildungsstätten europäischer Marinen besuchen, um sein Fachwissen zu erweitern. Geplant waren Reisen nach Frankreich, Dänemark und Großbritannien. Grund dafür waren seine fehlenden Kenntnisse über die Bereiche des Arsenalwesens und der Ausbildung, die er bei seiner neuen Aufgabe bei der Neuorganisation der griechischen Nationalmarine aber gebraucht hätte, um diese noch besser zu fördern.

---

176 **Wagner, E.:** a. a. O. S. 37f.

Carl Rudolph Brommy wurde im Hause der Familie Stephann sehr freundlich aufgenommen und lernte dort auch eine Schwester des verstorbenen Freundes Friedrich, Bertha, kennen. Bislang hatte der junge Deutsche mit dem weiblichen Geschlecht, seit dem Eintritt in die Seefahrt vor nun gut 13 Jahren, keinen ernsthaften Kontakt halten können, und war nun mit seinen 27 Jahren in einem Alter angelangt, in dem man sich darüber Gedanken machen konnte.

Indes wurde der Fregattenkapitän bald zum gefragten Unterhalter über seine Erlebnisse in der Fremde. Hatte er es doch berufsmäßig als Kapitän in der US-Handelsschifffahrt und als Fregattenkapitän der griechischen Marine zu etwas gebracht, worauf er stolz sein konnte. So musste er von den Geschehnissen auf Handelsschiffen und aus Griechenland bei seinen Freunden und Verwandten berichten und besuchte auch die Familie Stephann mehrmals.

Die Erzählungen über seine Erlebnisse als Handelsmatrose bis zum Kapitän oder die Geschehnisse als Offizier im griechischen Befreiungskrieg fanden regen Anklang in der Familie und bei Freunden. Da er immer wieder Aufzeichnungen seiner Erlebnisse als Seemann gemacht hatte, beschloss Brommy, diese in lockerer Form als Buch unter dem Titel »Blätter aus dem Tagebuch eines Seemannes« unter Pseudonym R. Termo zu veröffentlichen. In zweiundzwanzig Kapiteln führte er den geneigten Leser durch seine Abenteuer als junger Seemann auf amerikanischen und griechischen Schiffen.

Durch seine familiären Verbindungen konnte wenig später das Buch erscheinen und fanden einen guten Anklang, war es doch erstmals ein Reisebericht eines deutschen Seemanns in dieser Art.[177] Zu seiner großen Freude konnte er schon bald feststellen, dass im Laufe des Jahres die ersten Kritiken und Hinweise auf seine Erzählungen erschienen. Im »Morgenblatt für gebildete Stände«, Stuttgart und Tübingen, wurde unter der Rubrik Romane und Novellen das Buch aufgeführt. Auch in der »Jenaischen allgemeinen Literaturzeitung« erschien unter »T«. Termo »Skizzen aus dem Leben eines Seemanns« eine Information. Die »Allgemeine Literatur Zeitung« führte R. Termos »Skizzen aus dem Leben eines Seemanns« mit 212 Seiten auf. Auch im Königlich Württembergischen Amts- und Intelligenzblatt Nr. 93. Mittwoch, der 21. November 1832, unter der Rubrik Geschichte, Biographien, Erd- und Völkerkunde, Reisebeschreibung und Statistik wurde Brommy als »T«. Termo aufgeführt und vorgestellt. Er konnte zufrieden sein.

Bertha

Aber so sehr Bertha Carl Rudolph Brommy auch daran erinnert hatte, dass es noch etwas anderes als Schiffe, Masten, Takelage, Maschinen und Mannschaften gab, wollte er seine militärischen Forschungen in Frankreich und Großbritannien betreiben, um deren Arsenalwesen und Ausbildungsrichtlinien zu erfahren. So verließ er Anfang des Jahres 1832 Deutschland nach Frankreich und Großbritannien, um mit seiner Forschungsarbeit zu beginnen. Hier nun machte er viele Aufzeichnungen, die er später gut gebrauchen konnte.

---

177   **Eckhardt, Albrecht** (Hrsg.): Brake. Geschichte der Seestadt an der Unterelbe. Heinz Holzberg Verlag Oldenburg, 1981. S. 16.

Bertha hatte indes in seinem Herzen doch nachhaltig mehr »Verwirrung« angerichtet, als er es sich selbst zugestehen mochte! Sehr oft dachte er an sie und sein Willen dies zum Ausdruck zu bringen, ließ ihn erstmals den Versuch unternehmen, dieses zu Papier zu bringen. Aus Scham und um nicht dabei überführt zu werden, schrieb er diese ersten Gedanken seiner Liebe zu Bertha in Versform, aber in seiner Geheimschrift. Die nun folgenden Gedichte an Bertha stellen insofern ein neues »Gesicht« von Carl Rudolph Brommy dar. Seiner angebeteten Bertha schrieb er vom Februar bis September 1832, vorwiegend aus Leipzig, 23 Gedichte, bis er nach München abreiste und von dort aus weitere Gedichte verfasste.[178]

Nachdem die griechische Nationalversammlung am 8. August der Regentschaft des bayrischen Prinzen als Otto I. von Griechenland zugestimmt hatte, begab sich eine dreiköpfige Delegation nach München, um den neuen griechischen König, von Bayern nach Griechenland zu geleiten. Die griechische Delegation bestand aus Dimitri Koliopulus, Costa Bozaris und Admiral Andreas Vokos Miaoulis, dem Brommy als dessen Flaggkapitän schon unterstanden hatte.

Als Carl Rudolph Brommy davon erfuhr, dass der bayrische Prinz Otto die Regentschaft in Griechenland übernehmen würde, begab er sich Anfang Oktober 1832 nach München, um der Einladung der griechischen Delegation beizuwohnen. Dabei kam es zum beabsichtigten Zusammentreffen des griechischen Delegationsleiters, Admiral Miaoulis, mit Brommy.

---

178 **Gross, Detlef** (Hrsg.): Gedichte von Contreadmiral Brommy. Verlag Hausschild Bremen 1994.

Kapitel IX.

Carl Rudolph Brommy in der griechischen Marine 1832–1848

Zu seiner großen Freude erhielt er in Folge der Gespräche zwischen der Delegation aus Griechenland und dem Regentschaftsrat das Angebot, in der Funktion eines Kapitäns zum erneuten Dienst in der griechischen Marine zurückzukehren. Und tatsächlich, die am 4. November mündlich vereinbarte Übernahme wurde am 17. November bestätigt.

Beschluß.
Die Regentschaft des Königreichs Griechenland beschließt das frühere Dienstverhältnis des Charles de Brommy anzuerkennen, sowie zum Capitaine der griechischen Marine zu ernennen, und ihm daß Commando über ein Dampfschiff zu übertragen.
Bis der hierauf bezügliche Decret ausgefertigt werden kann, ist den benannten Capitaine eine Abschrift gegenwärtigen Beschlusses, in legaler Form durch daß expedirende Secreteriat der Regentschaft beglaubigt, zur Begutunation zuzustellen.

> *München den 16. November 1832*
> *Regentschaft des Königreichs Griechenland*
> *so unterzeichnet: /Graf von Armansperg, von Mauer, von Heideck.*

Für Übereinstimmung vorstehender Abschrift mit dem Original

> *München den 17. November 1832*
> *Der funktionierende geheime expedirende Secretaere*
> *der Regentschaft des Königreiches Griechenland*
> *Stadtmann*
> *?.? C. geheimer Registrath*
> *? Staatsrathes.*[179]

Die griechische Delegation verblieb sehr lange in München, um die protokollarischen und rechtlichen Grundlagen für die Übernahme der griechischen Königswürde zu regeln. Im Rahmen dieser Verhandlungen wurde Carl Rudolph Brommy zum Kapitän 2. Klasse (Fregattenkapitän) ernannt und war in der griechischen Marinehierarchie im Rang des Kapitäns 2. Klasse als Nr. 23 von 24 geführt.[180] Gleichzeitig erhielt er den Auftrag, die Neuorganisation der griechischen Marine und den Neuaufbau der Seepräfektur zu organisieren. Diese begann er nun von München aus zu organisieren.

Als die ersten bayrischen Truppen nach Nauplia abgingen und nach ihrem Eintreffen sofort die Aufgaben und Positionen der französischen Truppen an Land übernahmen, waren die wichtigsten Grundlagen für die Übernahme der Königswürde durch Otto I. König von Griechenland erreicht. Die bayrischen Truppen stellten nun die Sicherheit für den König. Ein weiterer Schritt für den jungen Monarchen war der 6. Dezember 1832, als er München verließ und sich

---

179   **Stadtgeschichtliches Museum Leipzig:** Sammlung Brommy/Lange. Auch: Wagner, E.: a. a. O. Anhang S.4.
180   **Ulrich, Claus:** a. a. O. S. 88.

auf den Weg nach Griechenland begab. Begleitet wurde er von den griechischen Deputierten, dem Regentschaftsrat und seinem Hofstaat. Die Reise ging aber nicht direkt nach Griechenland, sondern führte zunächst nach Italien, wo der junge König einen mehrwöchigen Urlaub begann. Hier sollte er auch weiter auf sein neues Amt als griechischer König vorbereitet und eingewiesen werden.

Da in Griechenland selbst kein gebrauchsfertiges Kriegsschiff zur Verfügung stand, wurde die Reise Otto I. von Italien nach Griechenland durch die britische Fregatte »MADAGASKAR« durchgeführt, als der junge Monarch am 6. Februar 1833, von Brindisi kommend, in Nauplia eintraf. Die Griechen empfingen ihren jungen König mit viel Freude und Zuversicht in die Zukunft.

Der wiederernannte deutsche Fregattenkapitän verblieb derweil noch in München und gestaltete seine Planungen für die Neuorganisation der griechischen Marine, die ihn stark in Anspruch nahmen und bis Mitte Februar 1833 in München banden. Hierbei traf er vorranging mit den griechischen Vertretern und den bayrischen Beratern des jungen und unerfahrenen Königs zusammen.

Im griechischen Marineministerium 1833–1834

Wenig später folgte Fregattenkapitän Brommy dem jungen König nach Griechenland, wo er Ende Februar 1833 eintraf. Hier erhielt er nun offiziell seinen neuen Arbeitsbereich vom Leiter des Marineministeriums, Kolettis, zugewiesen, der als erstes die Erstellung eines Zustandsberichts über die größeren Schiffe der griechischen Marine wünschte.

In einer Mitteilung vom 9. März 1833 an die griechische Regentschaft gab Brommy seinen Bericht über die drei größten griechischen Dampfschiffe ab, die schon im Befreiungskrieg gegen die Türkei im Einsatz gestanden hatten und seit dieser Zeit immer mehr verkommen waren. Die von Brommy selbst lange Zeit geführte ENTERPRISE war in sehr schlechtem Zustand und nur noch die Maschine war zu verwenden. Die MERCUR, auf der er ebenfalls zum Ende des Befreiungskrieges das Kommando zeitweise innehatte, war gleichermaßen durch die trockene Fäule befallen. Der Rumpf, mit Kupfer beschlagen, war, bis auf eine schadhafte Stelle infolge Auffahrens auf eine Klippe, in gutem Zustand. Auch ihre Maschine war noch so gut, dass sie in ein anderes Schiff eingebaut werden konnte. Ebenso waren Besegelung und Tauwerk in so gutem Zustand, dass sie eingelagert werden konnten.

Das am besten erhaltene Schiff war die PERSERVERANCE, die einen Schiffskörper hatte, der einen Einsatz als Kriegsschiff erlaubte. Für den Neubau von Schiffen schlug Brommy deren Bau in Italien vor, da in Griechenland weder die Baustätten, noch geeignetes Personal vorhanden waren. Die Kessel und Maschinen für neue Schiffe sollten dagegen aus England kommen.

Seit Brommy am 16. November 1832 in München in den griechischen Dienst übernommen worden war, tat er nun schon Dienst für die griechische Marine. Während seiner Anreise nach Griechenland, über Triest, war er ebenfalls im Dienst, da Besorgungen für die Marine gemacht werden mussten. Diese Zeit wurde bislang nicht vergütet. Auch sein erstes Kommando auf dem Dampfschiff HERMES, seit Übernahme des Kommandos am 27. März 1833, zeigte sich insofern kompliziert, als der Fregattenkapitän ein Schiff vorfand, das erst einmal repariert und hergerichtet werden musste, um es seetüchtig zu machen. Aus privaten Mitteln besorgte der Fregattenkapitän deshalb Leinen und Zubehör, um das Schiff überhaupt bewegen zu können. Weder Bezüge noch die bisher gemachten Ausgaben waren erstattet worden. Deshalb wandte sich Brommy im Mai 1833 erstmals in einem Brief an die Regentschaft, um seine Auslagen und seinen Sold einzufordern. [181]

Ungeachtet der »inneren Probleme«, mit der die griechische Marine zu kämpfen hatte, erhielt Fregattenkapitän Brommy am 8. Juni 1833 die Anweisung, die HERMES mit Steinkohle zu versorgen, so dass es der Regentschaft am 10. Juni ermöglicht wurde, verschiedenen griechischen Inseln einen Besuch abzustatten.

No. 100
Am 8. Juni 1833
Nauplion
Das Staatssekretäriat für die Marine
An den Kommandanten des Kgl. Dampfers »Ermis« (HERMES)
Betr.: In zwei Tagen bereit zu sein, mit der Regentschaft zu den Inseln der Ägäis auszulaufen.

Sie werden benachrichtigt, dass sich am Sonntag, den 10. cr. um 7. Uhr morgens die Mitglieder der Hohen Regentschaft auf dieses Schiff begeben, um zu den Inseln des Ägäischen Meeres zu fahren, und zwar nach Thermina, Kea, Andrus, Syra, Tinos, Dilos, Naxos, Poros und Milos, von wo aus sie dann die Rückreise nach Nauplios antreten werden.
Ihnen wurde also befohlen, alle notwendigen Maßnahmen zu ergreifen, damit daß Schiff vollständig vorbereitet war, wie Ihnen bereits befohlen wurde, so daß zur obengenannten Zeit die Segel gehisst werden können, damit sich die Mitglieder der Hohen Regentschaft auf daß Schiff begeben und Sie deren Befehle entgegennehmen können.
Der Sekretär
(Unterschrift)
Der Befehlshaber
(Unterschrift)[182]

Die Fahrt der HERMES mit dem König, seinem Hofstaat und der Regentschaft verlief zunächst ohne größere Probleme, wobei Brommy zusehends die Decksbalken über der Maschine Sorgen bereiten, da sie sich gefährlich nah zu den Kesseln durchgebogen hatten.[183]

Erst auf der Rückfahrt spitzte sich die Lage dramatisch zu, weil sich wegen der langen Seereise und dem starken Stampfen des Schiffes die Decksbalken anfingen so zu erhitzen, dass sie

---

181   **Wagner, E.:** a. a. O. S. 49ff.
182   **Ulrich, Claus:** Privatunterlage zu Brommy Nr. 3.11 Auch: **Wagner, E.** a. a. O. S. 50.
183   **Eilers:** a. a. O. S. 19. Bericht von Generalleutnant v. Heideck.

drohten zu entflammen. Durch Abstützen der Balken und Kühlen konnte, ohne dass die Passagiere auch nur eine Ahnung von der Gefahr mitbekamen, die Fahrt unbeschadet beendet werden.

Es sollte die letzte Fahrt der HERMES sein, da diese Situation Brommy veranlasste, beim Ministerium vorstellig zu werden, um zu erwirken, das Schiff außer Dienst zu stellen, da jede weitere Fahrt eine Zumutung für die gesamte Besatzung und ihre Gäste darstellte. Brommy führte aus:

(…) Das Dampfschiff, das ich die Ehre habe zu kommandieren, befindet sich zur Zeit in so einem Zustand, dass es nur unter großer Gefahr wieder einzusetzen ist; ich glaube, es ist meine Pflicht, Sie darüber in Kenntnis zu setzen.
Die Gründe diese Reise verhindern sind folgende:
1) Wegen des starken Windes und des hohen und aufgewühlten Meeres, dem ich letztlich in den Cycladen begegnete, nimmt daß Schiff mehr Wasser als gewöhnlich – heute stieg daß Wasser so sehr, dass es unmöglich war, das Schiff mittels der Pumpen zu lenzen.
2) Durch die kräftigen Bewegungen des Schiffes, bog sich die Brücke so stark, dass sie den Heizkessel berührte. In der letzten Nacht der Reise haben durch die verbreitete Hitze die Bohlen Feuer gefangen. Zum Glück waren sie vermodert, so dass sie sich nicht entflammten; das Feuer wurde bald gelöscht.
Ich habe die Sachlage vorgetragen und erwarte Befehl.[184]

Wenig später erhielt er, nach diesem dringlichen Appell, die Genehmigung zum Abbruch des Schiffes. Zum Jahresende sollte die HERMES dann in Poros aufgelegt und zur Verschrottung vorbereitet werden. Brommy erhielt nun das Kommando über die MERCUR zugewiesen und hielt sich deshalb vermehrt auf diesem Schiff auf, um es fahrtüchtig zu machen. Auch dieses Schiff machte ihm viele Sorgen, die er noch von der HERMES her kannte, besonders was die marode Maschinenanlage der MERCUR betraf. Etwas ärgerlich gestaltete sich für Brommy die Meinung des Ministers über die Art und Weise, wie er seine Aufgaben erledigte, denn dieser ermahnte den Fregattenkapitän, mehr im Ministerium zu arbeiten und weniger auf dem Schiff!

Derweil begann die Regentschaft ihre Strukturen für die Marine neu zu ordnen, da Athen in näherer Zukunft nicht als Hauptstadt und Haupthafen zu realisieren war. Für Brommy von Interesse war die Verfügung der griechischen Regentschaft, mit der sie ihn am 17. August 1833 anwies, die Seepräfektur in Poros einzurichten, deren erste vier Positionen aus Seeoffizieren der griechischen Marine gestellt werden müssten.

Indes arbeitete Brommy weiter, um die ihm gestellten Aufgaben ordnungsgemäß zu erledigen, ohne immer die geschuldete Aufmerksamkeit und Würdigung seiner Arbeit zu erhalten. Im Gegenteil. Er bemerkte zunehmend wieder eine Art von Feindlichkeit, auch ihm gegenüber, die ihn insofern verwunderte, da die ihm übertragenen Aufgaben in der Regel schnellem und mit gutem Ergebnis beendet wurden. Im Ministerium war man zum Beispiel ungehalten darüber, dass er sich auch für die Belange seiner Untergebenen stark machte und auf eine pünktli-

---

184 **Wagner, E.:** a. a. O. S 51.

che Soldzahlung drängte, ebenso auf die Abschaffung von Verwaltungsvorgängen, die hinderlich waren und unnötig Geld kosteten. Auch würde, so der Fregattenkapitän, durch unsachgemäße Lagerung von Schiffmaterial dieses einer vorzeitigen Zerstörung unterworfen. Überhaupt war die Lage in Griechenland nicht so, wie Fregattenkapitän Brommy es befürwortet hätte, was aber nicht nur den Griechen, sondern auch dem Handeln der königlichen Regentschaft geschuldet schien. Die Regentschaft meinte, sich in alle finanziellen Angelegenheiten einmischen zu können oder zu müssen, obwohl sie fachlich, gerade in Marineangelegenheiten, nur geringe Sachkenntnis vorweisen konnte.

Auch gegenüber zivilen Obliegenheiten in der griechischen Gesellschaft agierte die Regenschaft unglücklich und beachtete die griechische Mentalität ungenügend in ihrer Notlage. Die griechische Bevölkerung war durch die verheerenden Zerstörungen der Felder und Anbauflächen von Oliven und Feigen während des Krieges in große Not geraten, so dass sich dieses schon bald wieder in der verstärkten Aktivität griechischer Piraten bemerkbar machte. Auch die ca 5.000 ehemaligen Soldaten der Befreiungsarmee und ihre noch im Land lebenden ausländischen Führer machten Sorgen, weil sie von der Regentschaft nicht in die neuen militärischen Planungen einbezogen wurden, und begannen dagegen aufzubegehren. Der Regentschaftsrat, so meinte Brommy zu bemerken, handelte zum Teil unklug und unsensibel gegenüber den Nöten der Bevölkerung. Und dies nur, um fiskalische Grundsätze des westeuropäischen Systems durchzusetzen. Die Spannungen in Griechenland stiegen wieder an.

Unerwartet erhielt Brommy im September 1833 vom Sekretariat der Kriegsmarine eine Rüge, da er nicht die Abwrackung der HERMES persönlich überwacht, sondern noch dadurch behindert habe, dass seine Kommandantenkammer verschlossen und noch nicht geräumt gewesen sei. Er war irritiert ob solcher Anschuldigungen und stellte umgehend in einem Brief an das Ministerium die Sachlage aus seiner Sicht dar. Zum einen habe er sich vor der Abreise aus Poros beim Arsenaldirektor ordnungsgemäß abgemeldet und mit dessen Kenntnis auf einem von ihm zugewiesenen Schiff auf die Reise von Poros nach Nauplia gemacht, um dringende Befehle entgegenzunehmen. Um aber keine weiteren Beschwerden gegen seine Person zu provozieren, überwachte er die Abwrackung der HERMES nach seiner Rückkehr persönlich. Wenig später erhob sich ein neuer Vorwurf, unkorrekt zu arbeiten. Nachdem Brommy bei der Anreise nach Griechenland in Turin den Erhalt von vier Arzneikisten für die griechische Marine quittiert hatte, waren diese wenig später verschwunden. Brommy wurde aufgefordert, deren Verbleib zu klären.

C. R. Brommy als Seepräfekt und Hafenkapitän von Poros ab 1833

Im Rahmen der Neugliederung der griechischen Marine wurde Admiral Miaoulis am 9. Oktober 1833 zum Seepräfekten von Poros ernannt[185] und bereits am 20. Oktober 1833 übernahm Brommy den Posten des Hafen- und Arsenalkommandanten auf der Insel. Zugleich wurde er Mitglied der Königlichen Seepräfektur von Poros und interimistischer Seepräfekt. Seine

---

185 **Hildebrand, H.H.:** Dt. Admirale, S.174. **Richter, O.:** Die erste deutsche Flotte, S. 56f. **Pierers Universal-Lexikon** 1857–1865 »Bromme«.

rasche Auffassungsgabe, seine Entschlusskraft, sein Blick für das derzeit Notwendige und Mögliche machten ihn für diese Aufgaben besonders geeignet. Dabei konnte sich sein Einfühlungsvermögen für die griechische Mentalität sehr bezahlt machen, da diese doch zum Teil erheblich von der der Deutschen abwich!

Wegen der Übernahme des Postens auf der Insel Poros hatte Fregattenkapitän Brommy seine Unterkunft zum Jahreswechsel 1833 zu 1834 von der provisorischen Hauptstadt Nauplia nach Poros verlegt. Er befand sich nun wieder fast ein Jahr in Griechenland, ohne dass sich die Gelegenheit ergeben hätte, Urlaub zu nehmen, um nach Schloss Martinskirchen zu gelangen und seine geliebte Bertha in die Arme zu schließen. Wie oft hatte er ihrer gedacht, sich verzehrt, ihr geschrieben. Aber die Arbeit, die er übernommen hatte, band ihn in Griechenland, denn eines war gewiss: Sobald er seinen Posten verlassen würde, um nach Deutschland zu fahren, hätte er diesen verloren! Viele Griechen schielten bereits darauf, um ihn bei einem Fehler zu überraschen und seinen Posten zu übernehmen. Wollte er sein Einkommen und seine Position also nicht gefährden, musste er bleiben, fern von seiner Geliebten Bertha, die dies, so hoffte er innig, verstehen würde.

Welche Position hatte Brommy in Poros nun inne? Die Seepräfektur hatte die gleiche Stellung wie die des Generalinspekteurs der Landarmee. Geleitet wurde sie von Admiral Miaoulis, dessen Stellvertreter er nun wurde. Den Posten des Großadmirals hatte sich Otto I. König von Griechenland selbst vorbehalten.

Dem Seepräfekten unterstanden das gesamte Personal der Administration der Seepräfektur und des Arsenals sowie sämtliche Offiziere und Equipagen der Kriegsschiffe der griechischen Marine. Er hatte die Oberaufsicht über alle Konstruktionen und Reparaturen der vorhandenen Schiffe und den Erhalt der vorhandenen Gebäude durch Reparatur oder Neubau des Arsenals. Unterstützt und beraten wurde der Seepräfekt durch einen Präfekturrat. Unterstellt waren ihm der Hafenkapitän von Poros, die Inspektion des Personellen und der Musterung, der Direktor der Schiffswerften, der Kontrolleur, der Zeugwart, Proviantverwalter, Zahlmeister, Rechnungsbeamte und Schreiber. Diese Hierarchie war wichtig, sollte ein geordneter Arbeitsablauf gesichert sein. Für Fregattenkapitän Brommy war die Aufgabe und Kompetenz des Hafenkapitäns natürlich von großer Wichtigkeit. Dieser war mit der Polizei für die Ordnung im Hafen und dem Arsenal verantwortlich. Er hatte nach Art. 20–34 Kriegsschiffe zu be- und entwaffnen. Als weiteres oblag ihm die Aufsicht über die vorhandenen Magazine mit Tau- und Segelwerk, Rollen und Flaschenzügen, Hängematten, Wasser-, Wein- und Brandweinfässer, Koch- und Wassergeschirr, Laternen, Flaggen und Lebensmittel der Kriegsschiffe.

Der Direktor der Schiffswerft hatte nach Art. 44–55 die Oberleitung des Baues und der Reparatur der Königlichen Schiffe, für das benötigte Material, von Reparatur und Neubauten von Gebäuden im Arsenal und im Hafen sowie die Oberaufsicht über die Magazine zum Schiffbau wie Mastbäume, Bretter usw. zu verwalten.

Zu Jahresbeginn des Jahres 1834 hatte die griechische Flotte folgenden Bestand erreicht:
- Fregatte KARTERIA: (In Reparatur der Kesselanlage)
- Korvette KRONPRINZ VON BAYERN unter Admiral Kanaris mit 20 Kanonen.
- Vier Briggen: NERLON 20 Kan., HERCULES 16 Kan.,
  LANBRIAN 12 Kan., MINERVA 12 Kan.
- Gabarre PHÖNIX 16 Kanonen.
- Sechs Goeletten: LORD CORDINGTON unter Admiral Kriezis
  12 Kan.; LEDA 10 Kan., SMYRNA 8 Kan., KARAKALIS
  8 Kan., EUCHARIS 8 Kan., ARGUS 8 Kanonen.
- Vier neue Kanonenboote (aus Poros): MIAOULIS, HASTINGS,
  PHIHELLENE, DIE BAYRIN mit je 1x 68 Pfd. und 2x kl. Kanonen
- Zwei Bellous: ARIADNE, GORGO mit je 1 Kanone.
- Mystik: EUPLOUS mit 1 Kanone.
- Galiote: CLIO mit 1 Kanone.
- Trechandine: ST. NICOLAUS o. Bewaffnung zur Nachrichtenübermittlung.
- Kutter: AROLOS ohne Bewaffnung zur Nachrichtenübermittlung.[186]

Brommy widmete sich seit Anfang Februar 1834 verstärkt dem Aufbau und der Organisation der Marinepräfektur in Poros. Neben vielen Organisationsproblemen machte ihm besonders der Personalmangel in der nachfolgenden Zeit erhebliche Schwierigkeiten. In dieser Zeit erfolgte auch der erste Bericht an das Marineministerium eine Marineschule betreffend, die ihm eine Herzensangelegenheit war.

In mehreren Schreiben an General Heideck vom hohen Regentschaftsrat des Königs Otto I. von Ende März bis April 1834 versuchte Brommy, von Poros aus die Probleme der Marine im Allgemeinen und die in Poros im Speziellen zu schildern. Einerseits ging es um die Belange der griechischen Dampfkriegsschiffe, um deren Ausstattung mit Segeln, dann um Besatzungsfragen und um das Sanitätspersonal, bei denen es nicht zum Besten stand. Ein weiteres Problem stellte das Verhältnis der Bewohner von Poros zu den Matrosen dar, so dass Brommy vorschlug, dass eine Infanterieeinheit nach Poros entsandt werden sollte, um hier notfalls für Ruhe und Ordnung zu sorgen. Als weiteres machten die Kessel und die Maschine der KARTERIA Probleme, die ihre Betriebsfähigkeit in Frage stellten. Überhaupt war der Zustand der Schiffe der griechischen Marine in Bezug auf die Rümpfe, hervorgerufen durch Schmutz und Wurmfraß, der durch Bekupferung verhindert werden konnte, ein nicht guter!

Brommy bemerkte zu dieser Zeit verstärkt, dass es wieder Kräfte in der griechischen Marine gab, die ihm als Deutschem und Ausländer nicht gut gesonnen waren. Das begann mit Intrigen, Anschuldigungen und Verleumdungen bis zum Diebstahl der von ihm besorgten Gegenstände. Der deutsche Offizier ließ sich davon aber nicht beeindrucken. In seinem zweiten Bericht über die Schaffung einer Marineschule beschwerte er sich über die verleumderischen Berichte des Redakteurs des Journals »National«. Er wollte erreichen, dass er vor ein Gericht gestellt würde, weil er unwahre Aussagen machte. So zum Beispiel behauptete er, dass der Fregattenkapitän Brommy ein:

---

186 **Maurer, Georg, Ludwig v.:** Das griechische Volk in öffentlicher, kirchlicher und privatrechtlicher Beziehung. Heidelber 1835. S. 274ff.

»(…) Nichtsnutz« sei der *»(…)nichts geleistet habe, und während des Befreiungskrieges unerlaubt Reichtümer angehäuft habe«.* [187]

Eine Verleumdung, die nach Ansicht des Seeoffiziers auf keinen Fall ohne Antwort bleiben durfte. Zudem beschwerte er sich über eine sehr schlechte Übersetzung eines Reglements der Marineschule Marseille aus dem Französischen ins Griechische, die er dringend für die Bearbeitung der Regeln der Marineschule benötige.

Aber die Planung für die maritime Zukunft der griechischen Marine war das eine, die, in der sich Brommy bewegen musste, eine andere. In Folge des erwarteten Besuches des Königs von Bayern in Griechenland zum Ende des Jahres 1835, musste man feststellen, dass es wieder kein geeignetes griechisches Schiff gab, um seine königliche Hoheit gebührend von Brindisi nach Griechenland zu geleiten.

Da das Ministerium offenbar nicht von dem maroden Zustand der Schiffe und Einrichtungen der Marine informiert war, entstand nun einige Unruhe. An General Heideck schrieb Brommy am 28. März 1834 …

»(…)Mit nicht geringen Schrecken erfuhr Admiral Miaoulis aus Ihrem Schreiben an mich, dass ein Bau eines Dampfbootes jetzt zur Ehrensache der Präfektur geworden sey. Wirklich werde es kein gutes Licht auf die Marine werfen, sollten Sie bei Ankunft s.M. von Bayern kein Fahrzeug ihm anzubieten haben. Daß es schon früher Ehrensache jener Herren gewesen, die voriges Jahr meinen Rathschlag, ein Dampfboot im Ausland zu bauen durch Stimmenmehrheit darnieder schlugen, daran hat bis jetzt noch Niemand gedacht. Alles Betreiben von meines und des Intendanten Kolbe Seite ist noch nicht einmal der Kiel des Schiffes gefällt, geschweige, daß es auf dem Holm niedergelegt sey. (…)« [188]

Im weiteren Verlauf des Briefes bemängelte er erneut den Zustand aller griechischen Marineeinheiten, ganz gleich, ob es Segel- oder Dampfschiffe waren. Alle waren in einem Zustand, der unwürdig für den griechischen Staat sei. Deshalb forderte er in diesem Brief den Bau und die Reparatur nach den neuesten Kenntnissen des Kriegsschiffbaus. [189]

Fregattenkapitän Brommy meinte diese Vorschläge machen zu dürfen, hatte er sich doch im Laufe der Zeit derart umfangreiche Kenntnisse beschafft, dass er auf dem neuesten Stand der Entwicklung des Schiffbaus und der Neugestaltung der Takelage war, die sich zu dieser Zeit wieder im Umbruch befanden. Eine der wichtigsten Neuerungen war die dauerhafte Beplankung der Schiffsrümpfe mit Platten aus Kupfer und Zink, die seit neuestem in England Verwendung fanden und eine längere Gebrauchszeit versprachen. Auch die Anordnung der Takelage war im Umbruch, so dass sich die Segelfläche der einzelnen Segel halbierte und diese somit besser zu bedienen waren. Insgesamt hatte er während seiner Zeit in der amerikanischen Handels- und in der griechischen Kriegsmarine viele Aufzeichnungen zusammengetragen und ein umfangreiches Fachwissen angesammelt. Gerade in seiner jetzigen Position, bei der Orga-

---

187   **Wagner, E.:** a. a. O. S. 54.
188   Ebenda: S. 54.
189   Ebenda: S 52f.

nisation eines Arsenals in Poros, war dieses Wissen, welches er auch nutzen wollte, von sehr großer Bedeutung. Das Ministerium warf ihm wegen der gemachten Vorschläge, in dem Dokument Nr. 4619, die Verschwendung von Geldern bei der Durchführung diverser Reparaturen vor, wogen er sich natürlich wieder zur Wehr setzte.

Zu dieser Zeit erinnerte er sich auch seiner Heimat, seiner Bertha und auch seiner Familie in Leipzig. In einen Brief an seine Schwester Caroline schrieb er:

(…) Mit meiner Lage bin ich vollkommen zufrieden, da sie mir ganz anpassend ist. Außerdem ist bei meinem Alter mein Rang als Hafenkapitän und Kommandant des Arsenals bedeutend. Mit einem Wort, ich bin zufrieden, und was bei mir auch keine Kleinigkeit bedeutet, ein angesehener Mann. Umsonst bekomme ich mein Gehalt jedoch auch nicht, sondern muß arbeiten, das ich schier nicht weiß, wo aus noch ein. Lachen würdest du, wenn du mich so manchesmal beobachten könntest, in der Ausübung so mannigfacher Pflichten. Kaum habe ich 8 Uhr morgens die Rapporte der Offiziere der im Hafen und auf den Werften liegenden Schiffe angenommen und Befehle erteilt, so nehmen die Werkstätten der verschiedenartigsten Arbeiter mich in Anspruch. Vom Zimmermann, Tischler, Schmied u.s.f. bis zum Drechsler, Bötticher, Klempner, Gelbgießer u.s.w. bin ich geplagt und gebe manchmal in der Angst meines Herzens solch kluge Meinungen von mir, das ich selber darüber erstaune und meine, ich sei zu solchem Metier erzogen. Ein Glockengießer fragt um Rat, und von der anderen Seite klagt der Schneider, das ihm zu wenig Tuch für die Matrosen verabreicht werde. Dort plagt mich ein Maschinist, in die Hölle eines Dampfschiffes zu steigen, und da wartet ein Artilleriehauptmann, mir sein neustes Regelement vorzulegen. Kein Wunder, wenn ich den Abendrapport herbeisehne«.[190]

Der Fall des Bootsmanns Carvaelles 1834

Als Hafenkommandant hatte Rudolph Brommy von Amts wegen den Auftrag, für die Sicherheit im Hafen von Poros und des Arsenals zu sorgen. Das schloss auch die Angelegenheit der Gefangenen in diesem Bereich mit ein, von denen gerade zwei auf Schiffen in Poros einsaßen. Durch den Staatsanwalt wurde Brommy am Abend des 1. Mai 1834 darauf aufmerksam gemacht, dass es zum Ausbruchversuch dieser Arrestanten, die auf der Fregatte EMMANUEL und dem Kutter des Hafenwächters ZEPHYRE untergebracht waren, kommen könnte.

Nachdem Brommy von einigen ungeklärten Vorfällen im Bereich des Hafens erfahren hatte, schickte er seinen Adjutanten mit einem Schiff dorthin, um die ZEPHYRE zu überprüfen, was der Kommandant des Schiffes, der Bootsmann Caravelles, aber verweigerte. Unberechtigt lag neben der ZEPHYRE eine Trichaudire, ein zweimastiger Küstensegler mit einem Bootskörper, der vorn und achtern spitz zulief, deren Betreten dem Adjutanten ebenfalls verweigert wurde. Nach Meldung durch den Adjutanten begab sich Brommy persönlich auf das Schiff, um die Angelegenheit zu klären. Er näherte sich auf seinem Boot der ZEPHYRE und wurde

190 **Schulz, Hedwig:** a. a. O. S. 20f.

zweimal angerufen, worauf der Hafenkapitän mit »Arsenal« antwortete, was bedeutete, dass ein Boot des Arsenals mit einem Offizier an Bord war. Sein Adjutant ging an Bord und wenig später war lautes Geschrei in Arabisch zu hören. Als Brommy wegen des Tumultes nachfragte, aber keine Antwort erhielt, ging er selbst an Bord, um nach dem Rechten zu sehen. Gerade hatte er das Boot betreten, als der Führer, ein Bootsmann, unkorrekt bekleidet, in Hemd und Unterhose und offensichtlich stark betrunken, ihm entgegenstürzte, um Brommy anzugreifen und von Bord zu drängen. Dem angreifenden Bootsmann gab Brommy, als Abwehrreaktion, eine Ohrfeige und inspizierte danach das Schiff, auf dem der Gefangene noch einsaß.

Am nächsten Tage begannen die Verhöre aller Beteiligten, um die Sachverhalte zu klären. Dieser Vorfall hingegen sollte sich für den Fregattenkapitän noch dramatisch gestalten, wurde er deswegen vor das griechische Kriegsgericht gestellt, da die Ohrfeige im Rahmen des Angriffs des Bootsmannes auf ihn als gewalttätiger Angriff eines Vorgesetzten gegen einen Untergebenen dargestellt wurde! Indes sah sich Brommy im Recht, sich nur verteidigt zu haben. Zu seinem Problem war der Bootsmann ein Verwandter des Admirals Miaoulis, der ihm bislang schon viele Unannehmlichkeiten beschert hatte, da er sehr rechthaberisch und unzugänglich war.

Ungeachtet dieses Vorfalles hatte Brommy als stellvertretender Arsenalkommandant in der nächsten Zeit viel Arbeit auf den verschiedensten Ebenen. Er musste sich weiterhin um den Ausbau des Hafens von Poros kümmern, um ihn als Hafenstützpunkt für die Königlich Griechische Marine herzurichten und das Arsenal nach diesen Bedürfnissen auszurüsten. Die Hindernisse, die er dabei erlebte, waren für ihn nicht immer nachvollziehbar, aber er musste sich durchsetzen, auch wenn das für viele seiner Untergebenen nicht zu begreifen war.

Ordnung war nun einmal ein Prinzip, das half, ein Vorhaben zu organisieren und auch überprüfbar zu machen. Disziplin hat das Ziel, vorgegebene Wege und Anordnungen, die vorher befohlen oder angewiesen worden sind, umzusetzen. Beides erfasste alle Bereiche des Lebens eines Soldaten und war die Grundlage jeglicher Zusammenarbeit. Viele seiner Untergebenen hatten mit dieser Auslegung und Durchführung seiner Anweisungen und Befehle aber erhebliche Probleme, so dass er hart arbeiten musste, damit die von ihm vorgegebenen Anweisungen auch erfüllt wurden. Das brachte ihm viel Arbeit und durch die Untergebenen Verdruss, da nicht immer das Verständnis dafür vorhanden war. Bei einer Organisation wie dieser musste er auf Ordnung und Disziplin drängen! Aber er musste als wegweisendes Beispiel vorangehen und sich befleißigen, selbst danach zu handeln und zu streben.

Die Zeiten waren dermaßen gefüllt mit Anweisungen und Überprüfungen, dass er nicht sehr oft die Ruhe und Ausgeglichenheit fand, um an seine geliebte Bertha zu denken. Aber es gelang ihm wenigstens einmal im Monat, ihr ein Gedicht zu widmen, nicht immer viel, aber er dachte oft an sie in Wehmut, so weit weg von ihr zu sein und ihr seine Liebe nicht persönlich darbringen zu können. Brommy hatte deswegen ein sehr schlechtes Gewissen und hoffte auf das Verständnis seiner geliebten Bertha.

C. R. Brommy vor dem Kriegsgericht 1835

Neben all dieser Arbeit im Arsenal und im Stützpunkt von Poros schwebte immer noch das Damokles-Schwert über Fregattenkapitän Brommy wegen des angeblichen Angriffs auf den Bootsmann vom Mai des vorigen Jahres! Am 2. Mai 1835 sollte die Verhandlung darüber sein. Inhalt der Anklage gegen den deutschstämmigen Offizier war, dass er im Akt der Herrschsucht und der Tyrannei einen untergebenen Unteroffizier absichtlich und ohne erkennbaren Grund geohrfeigt haben sollte! Brommy sah sich ob dieses Vorwurfes in seiner Ehre als Offizier weiterhin stark angegriffen, wegen dieser falschen Darstellung vor einem Kriegsgericht erscheinen zu müssen.

Weil er merkte, dass die Richter den unrichtigen Aussagen seiner Gegner Glauben schenken wollten, wies er in einem Schreiben vom selben Tag darauf hin:
(…) Obwohl das Gericht vor welchen ich heute erscheine, weder durch seine Zusammensetzung noch durch die Zahl seiner Mitglieder nicht competent sei, und obwohl das Gesetz durch welches ich verurteilt werde, noch nie durch eine königliche Verordnung erlassen wurde, werde ich mich trotzdem unterwerfen, und ich möchte ein Beispiel der Gehorsamkeit sein, welche man einem Befehl schuldet, auch wenn das Tribunal als ungesetzlich anerkannt wird. (…)[191]

Die Richter in diesem Verfahren waren:
Georg Sachtouris, Kapitän 1. Klasse,
Georg Sachinis, Kapitän 2. Klasse,
Dr. Apostanis, Kapitän 2. Klasse,
G. Klosses, Kapitän 3. Klasse,
J. Zackes, Leutnant.[192]

Das Ergebnis war für den aufrichtigen und friedliebenden Offizier erschütternd und niederschmetternd zugleich. Fregattenkapitän Brommy wurde als Stellvertretender Arsenals-Kommandant zu vier Monaten Arrest und 60 Drachmen Strafe und der Räumung des Dienstpostens des Hafenkapitäns, des Präfekten der Seepräfektur von Poros und der Mitgliedschaft der Marinekommission verurteilt. Das Urteil war aber noch nicht rechtskräftig und so verblieb Brommy auf seinem Dienstposten. Wegen der für ihn nicht erwarteten Verurteilung wandte er sich am gleichen Tag mit seinem Anliegen an den Grafen von Armannsperg, Vorsitzender des hohen Regentschaftsrates des Königs Otto I.

1835, 2. Mai
Exzellenz, Graf v. Armansperg
Poros
Der Gegenstand, welchen ich vorzutragen mir die Freiheit nehme, war Ihnen zwar nicht neu, dennoch muss ich so kühn seyn, mir Ihre Aufmerksamkeit und Nachsicht zu erbit-

---

191 **Wagner, E.:** a. a. O. S. 55ff.
192 Ebenda: S. 57.

ten, indem ich mir einige Bemerkungen über eine Sache erlaube, in welcher meine Ehre zu lebhaft angegriffen war, als daß ich sie mit Schweigen übergehen könnte.

(…) – mein ganzes Verbrechen besteht darin, mich gegen den thätlichen Angriff eines Unteroffiziers in Ausübung meiner Dienstpflicht vertheidigt zu haben.

(…) Alle gegen mich gesponnenen Intrigen laufen darauf hinaus, mich von meinen viel beneideten Posten zu entfernen. Ich hoffe indes, daß ein Kriegsrecht aus unpartheischen Männern, die nicht zu meinen öffentlichen Feinden gewählt werden, diese meine Ehre wieder herstellen wird und dadurch Eur. Ex. den Beweis liefern, daß mein Diplom mir zu Recht ertheilt ward.

Ich hoffe auf Ihre Gerechtigkeitsliebe – die mir umso nöthiger, da eine starke Partei dagegen arbeitet – mögen mich hier meinen Hoffnungen nicht trügen.

(…).[193]

Ungeachtet dieser sehr unangenehmen Angelegenheit erwarteten Brommy neue Aufgaben. Als Stellvertreter des Seepräfekten, Admiral Miaoulis, musste der Fregattenkapitän wegen einer Erkrankung des Admirals auch noch dessen Geschäfte übernehmen, was nicht unerheblichen Aufwand für ihn brachte. Aber er hatte in dem Admiral einen Mann als Vorgesetzten, der seine Art, seinen Dienst zu leisten, voll anerkannte und nach bestem Können unterstützte, so dass mancher ungerechtfertigte Angriff durch seine vielen Widersacher nicht wirksam wurde. Aber leider verschlechterte sich der Zustand des Admirals dermaßen, dass er unerwartet am 24. Juli 1835 im Alter von 66 Jahren verstarb.

Tags zuvor hatte der Admiral noch mit dem König zu Abend gegessen und schien guter Dinge, obwohl die anwesenden Ärzte ihn ermahnt hatten, etwas mehr zu essen, um zu Kräften zu kommen. Unerwartet verschlechterte sich sein Wohlsein zusehends, nachdem der König den Raum verlassen hatte. Der Admiral begab sich in seine Gemächer, wo er bei vollem Bewusstsein, er hatte zuvor noch alle Angelegenheiten für sein Begräbnis geregelt, in den frühen Morgenstunden des 24. Juli 1835 um 1.00 Uhr verschied. Diagnose nach der Leichenschau: »Brechruhr«.[194] Gerade für Fregattenkapitän Brommy war dies ein herber Verlust, da er einerseits sehr gute Beziehungen zu dem Admiral hatte und dieser ihn auch bei vielen Verhandlungen unterstützte, die griechische Marine voranzubringen.

Im August erhielt Fregattenkapitän Brommy als Stellvertreter des Seepräfekten schriftlich das Urteil zugesandt. Einzig Fregattenkapitän Georg Sachinis, Kapitän 2. Klasse, hatte für seine Sache gestimmt. Brommy durfte aber weiterhin seinen Dienstgeschäften nachkommen. Einzige Behinderung: nach Dienst durfte er seine Unterkunft nicht verlassen. Eine Demütigung ohne gleichen! Aber er hatte angekündigt, das Gerichtsurteil so zu tragen, wie es ihn traf, aus Prinzip zu seinem Gehorsam, den er auch von seinen Untergebenen einforderte.

---

193   **Wagner, E.:** a. a. O. S. 54ff.

194   **Regensburger Zeitung** 1836 vom Donnerstag den 24. November 1836, auch Bayrische Landbötin Nr. 139 vom 19. November 1836.

Die Erarbeitung eines Dienstreglements für die Marine

Trotz der Demütigung verfolgte Brommy seine Arbeit im Arsenal weiter, um es auszubauen und zu organisieren. Neben seinen Aufgaben im Arsenal von Poros begann er die Ausbildung der Eleven der Marine separat zu der des Landmilitärs neu zu regeln. So begann er ohne offiziellen Auftrag, ein Reglement für die Dienststelle des Kommandanten eines Segelschulschiffes zu erarbeiten. Titel dieser Arbeit: *»Momorie die Fehler der Marine Organisation betreffend und der Versuch dieselben abzuhelfen«.* Ziel war es, ein Schulschiff für die griechische Marineoffiziersausbildung zu verwenden, da es in dieser Seefahrernation so etwas noch nie gegeben hatte. Brommy wies bei jeder möglichen Gelegenheit darauf hin, dass die griechische Marine dringend eine eigenständige Offiziersausbildung für die Marine benötige, um dieses Institut in die Lage zu versetzen, zu gedeihen.

Und tatsächlich: Der Fregattenkapitän erhielt am 16. November 1835 vom Ministerium die Anweisung zur Erarbeitung eines Dienstreglements für die königlich griechische Marine. Ein Auftrag, der ihn mit Stolz erfüllte und für sein gekränktes Herz Balsam war, trotz der Verurteilung des Kriegsgerichtes im Ministerium nicht in Ungnade gefallen zu sein. Diese Arbeit deckte sich ja weitgehend mit seiner über die des Seeoffiziers in der Position eines Schiffskommandanten eines Schulschiffes, die er in der Schublade hatte und nun herausholte und umgestaltete. Es verwirrt dabei nur das Ausfertigungsdatum dieser Anweisung, die auf den 15. Oktober datiert war, also einen Monat Verzug hatte! Sollte da wieder einer seiner Widersacher seine Hände im Spiel gehabt haben, um ihm diesen Auftrag streitig zu machen?

Seine Arbeiten in Poros, praktischer und theoretischer Natur, hatten es trotzdem ermöglicht, als der bayrische König, Vater des griechischen Königs Otto I., am 7. Dezember 1835 in Griechenland eintraf, ein repräsentatives Schiff aus Griechenland für die Überfahrt von Brindisi nach Nauplia in Fahrt zu bringen, dessen sich der griechische Staat nicht zu schämen brauchte.

Zum Jahreswechsel 1835 / 36 gingen die Arbeiten an dem Reglement für die Offiziersschule der Marine derweil in die Phase, in der Brommy einen Kopisten benötige, um die Unterlage vervielfältigen zu lassen. Er bat am 16. Januar um einen Kopisten, um den ersten Teil des Reglements betreffend der »Aufgaben und Pflichten höherer Offiziere bis zum Kommandanten« erstellen zu können. Warum dieser Kopist zunächst anstatt nach Poros in das Ministerium entsandt wurde, war ihm unverständlich und regte seine Phantasie an, wer ihm da ein Hindernis in den Weg legen möchte. Als der Kopist dann entlich in Poros eintraf, gelang es Ende Februar, das Dienstreglement für die königlich griechische Marine abzuliefern.

Obwohl Fregattenkapitän Brommy sechs Monate Zeit zur Überarbeitung des Dienstreglements erhalten hatte die Arbeit vorzulegen, erledigte er diese Arbeit in knapp drei Monaten! Das Ministerium wollte ihm aus diesem Grund auch nur den Sold für diesen Zeitraum zahlen mit der Begründung:

> *»(…) Wenn er eine Arbeit, für die er sechs Monate Zeit hat, in zwei Monaten schafft, dann braucht ihm die restlichen vier Monate nicht bezahlt zu werden….«*[195]

---

195 **Wagner, E.:** a. a. O. S. 57f.

Fregattenkapitän Brommy wollte sich mit dieser Sichtweise nicht abfinden und sandte am 6. März 1836 ein entsprechendes Schreiben an das Ministerium mit der Bitte, die Zahlungen für sechs Monate zu leisten:

> *»(…) Eine fleißige Arbeit erlaubte den Unterzeichnenden, dem Ministerium das Reglement in weniger als drei Monaten vorzulegen; der Unterzeichnende hofft, daß seine eifrige Arbeit belohnt würde (…). Der Unterzeichnende hofft, daß der Minister ihn nicht wegen einer zu eifrigen Arbeit bestraft, indem er seine Bezahlung kürzt!«* [196]

Ungeachtet dieser ungeheuerlichen Vorgehensweise durch das griechische Ministerium ließ sich der Fregattenkapitän nicht von seinem Weg abhalten, sein Bestes für den Aufbau der königlich griechischen Marine zu leisten, und arbeitete weiter an dem Dienstreglement, um es zu verfeinern. In der nachfolgenden Zeit waren es drei Dinge, die er besonders verfolgte. Das war zum ersten die Arbeit im Arsenal, als weiteres die Ausarbeitung des Reglements für eine Offiziersschule der Marine und als drittes die Genehmigung eines Schulschiffes für die Marineausbildung.

Zunächst aber hatte er damit zu tun, seine Arbeit im Arsenal zu erledigen, fehlte es doch massiv an Unterstützung durch die Hafenpräfektur von Poros, so dass er sich deswegen im April bei der übergeordneten Stelle beschweren musste. Wenn etwas nicht weisungsgemäß erfolgte wurde Brommy angegriffen, erhielt aber keine Unterstützung. Überhaupt war die Lage für ihn schwierig, musste er ständig seinem Lohn hinterherlaufen, wobei das Ministerium plötzlich von ihm verlangte, Gelder zu bezahlen, weil er angeblich seine Kompetenzen überschritten hätte. Dieser Vorgang über die Transportkosten von 1.100 Drachmen sollten ihn bis zu seinem Ausscheiden aus der königlich-griechischen Flotte 1848 verfolgen! Es kostete Brommy noch viel Zeit, Papier und Kraft, sich weiter solcher Angelegenheiten zu erwehren.

Zu dieser Zeit, es war Mitte 1836, ging der Aufenthalt des Bayrischen Königs zu Ende. Um seine angeschlagene Gesundheit zu verbessern, begab sich wenig später auch sein Sohn, der griechische König Otto I., im Juli 1836 ebenfalls nach München. Im weiteren Verlauf dieses Aufenthaltes in Bayern ging dieser auch auf Brautschau.

Wie Brommy aus Hofkreisen erfahren hatte, sollte im Sommer der Besuch des preußischen Prinzen Adalbert von Preußen anstehen, der an Bord der österreichischen Kriegskorvette MARIANNE das Schwarze und das Mittelmeer bereiste. So sollten Konstantinopel, Smyrna, Piräus und Triest angelaufen werden. Brommy würde sich freuen, könnte er mit seiner Durchlaucht Adalbert zusammentreffen, um zu erfahren, ob Preußen seine Bemühungen zum Aufbau einer preußischen Marine weiter anstrebte, wie es von der Kommission unter General Rauch ja zu dieser Zeit für Preußen geplant war.

In der Folgezeit wurde Fregattenkapitän Brommy wieder häufiger Ziel von Angriffen. Diese kamen aus dem Ministerium, aus den untergeordneten Institutionen seiner Dienststelle in Poros und Nauplia, aber auch durch die national ausgelegte griechische Presse, die gegen den erfolgreichen sächsischen Seeoffizier hetzte, um ihn zu Fall zu bringen. Überhaupt schaffte

---

196 Ebenda: S. 58.

sich in Griechenland wieder eine fremdenfeindliche Stimmung Raum, die viele Europäer bewog, das Land zu verlassen.

Am 6. Juli erhielt Carl Rudolph Brommy den Brief von Bertha, dem er so angstvoll, aber eigentlich auch mit Verständnis entgegensah, da diese das Ende ihrer Verbindung schrieb. Er selber vermochte diese Situation nur in Versform zu gestalten, um seiner Seelennot Herr zu werden:

> *Der sechste Juli 1836 war ein Tag, an dem ich*
> *Das verhängnisvolle Schreiben erhielt, das alle*
> *Meine Hoffnungen zerstörte, das Glück meines Lebens begrub.*
> *Die Träume meiner Jugend – sie liegen mit*
> *Ihren Blumen, ihrer Freude weit – weit*
> *Hinter mir; traurig blicke ich in die Zukunft,*
> *Eine Oede in meinem Herzen, die niemals*
> *Ausgefüllt werden wird, war Alles, was von*
> *Deinem schönen Träume mir zurück blieb!*
>
> *Möge Bertha nur glücklich*
> *seyn so wurde doch die*
> *Schönste Hälfte meiner*
> *Wünsche in Erfüllung gehen.*
>
> *Gott verleiht mir die Stärke, diesen*
> *harten Verlust zu ertragen, –*
> *Möge die Zeit lindernden Balsam in*
> *mein gebrochenes Herz träufen!*
> *Amen.* [197]

Sein Traum um Bertha war beendet, ohne dass er es hätte verhindern können, da ihn seine Arbeit in Griechenland fest umschlungen hatte! Er war traurig, niedergeschlagen, ohne Hoffnung! Was für einen Sinn hatte das Leben ohne seine Geliebte, der er so gerne einen Heiratsantrag gemacht hätte. Aber die Verantwortung, die dieser Schritt bedeutet hätte, wäre zu diesem Zeitpunkt nicht tragbar gewesen. Wann hätte er die Zeit erhalten, seiner Verantwortung gegenüber seiner jungen Gattin nachzukommen, unter diesen Bedingungen in Griechenland!?

2. Kommandant der Marineschule Evelpides im Juli 1836–1837

Während er weiter seiner Arbeit nachging und diese mehr als einmal gedanklich wegen Bertha verließ, erhielt er unvermittelt am 12. Juli 1836 ein Schreiben des Direktoriums der Kriegsmarine, ob er sich in der Lage sehe …

---

197 **Gross, Detlev G.:** Gedichte S. 84.

die seit 1834 in Aegina[199] auf der gleichnamigen Insel beheimatet war.[200] Als weiteres sollte er die Unterrichtung im Fach Navigation übernehmen. Kommandant der Schule war zu dieser Zeit der von Brommy hoch geschätzte Admiral Sachtouris, dem er schon im Befreiungskrieg als stellvertretender Kommandant auf der IPSARA unterstanden hatte.

Welch ein Tag für Fregattenkapitän Brommy! Eines seiner Ziele, an der Ausbildung der Offiziere der königlich-griechischen Flotte teilhaben zu dürfen, schien in greifbarer Nähe. Er willigte ein und wurde bereits am 23. Juli 1836 zum 2. Kommandanten (Stellvertreter) der Militärschule Evelpides ernannt.[201]

Welche Geschichte hatte die Schule bislang? Im Rahmen der Umorganisation der Offiziersausbildung war die Militärschule, die in Nauplia in sehr beengten Verhältnissen untergebracht war, 1834 auf die Insel Aegina in den gleichnamigen Ort verlegt worden.[202] Hier wurden alle Offiziere ausgebildet, die das griechische Militär benötigte. Das seinerzeit vom Präsidenten Kapodistras erbaute Waisenhaus, das größte Gebäude, das zu dieser Zeit in Griechenland bestand, wurde zur Militärschule eingerichtet, in dem ebenfalls auch ein Museum untergebracht war. Das Gebäude hatte eine Ausdehnung von gut 900 Fuß Länge und 600 Fuß Breite. Dieses als Parallelogramm gebaute Gebäude hatte an der einen Seite den Eingang und auf der gegenüberliegenden Seite des großen Hofes eine Kapelle. Das Bauwerk war aus schlechtem Bruchstein gebaut und mit schlecht proportionierten rechteckigen Löchern als Fenster konstruiert. Im Inneren des schattenlosen Hofes befanden sich ringsum die Türen zu den verschiedenen Räumen, Gemächern, den Studien- und Schlafsälen für die Eleven. Die Eleven schliefen auf dem Fußboden auf Matratzen, ohne Bettgestell, da die gesamte Einrichtung auf das Einfachste ausgelegt war und viele Klagen der Eleven heraufbeschwor.[203]

Das Institut wurde zu dieser Zeit von 120 Schülern besucht. 50 Plätze waren für verdiente Söhne von Staatsdienern, Militär- und Zivilpersonen kostenlos frei gehalten. Weitere 20 standen mit einer jährlichen Pension von 250 Drachmen, 30 mit 500 Drachmen und 20 mit 1000 Drachmen zur Verfügung. Die Schule gliederte sich in vier Vorbereitungs- und vier Ausbildungsklassen auf. In den Vorbereitungsstufen wurde folgender Unterricht erteilt: Alt- und Neugriechisch, Sprachunterricht in Deutsch und Französisch, Religion, Geographie, Griechische Geschichte, Mathematik, Zeichnen, Turnen, Fechten, Tanzen und Schwimmen.[204]

---

198 **Wagner, F.:** a. a. O. S. 56.

199 Auch Egina und heute Ägina genannt. Die Insel liegt 25 km südwestlich von Athen. Die Insel hat rund 13.500 Einwohner. Der Hauptort mit knapp 8.000 Einwohnern heißt ebenfalls Ägina.

200 **Augsburger Postzeitung** Nr. 179 vom 20. Juni 1842.

201 Dienstausweis zur Bewerbung in die preußische Marine 1845.

202 **Augsburger Postzeitung** Nr. 179 vom 28. Juni 1842.

203 **Klenze, Leo v.:** Aphoristische Bemerkungen gesammelt auf einer Reise nach Griechenland. Berlin bei G. Reimer 1838, S. 164f.

204 **Seewald, Berthold:** Karl Wilhelm v. Heideck. Ein bayrischer General im befreiten Griechenland (1826–1835). R. Oldenbourg Verlag München 1994 S. 160f.

Ziel des Unterrichts war, nach bestandener Prüfung, die Zulassung für ein Gymnasium oder die Übernahme in die **Ausbildungsklassen** der Militärschule, in der folgende Fächer gelehrt wurden:

- Geometrie, Bau- und Maschinenkunde, Mechanik, Statik, Waffenlehre,
- Feldbefestigungen, Batteriebau, ständige Befestigungskunst,
- Angriff und Verteidigung fester Plätze, Führen der Minengänge, Taktik,
- Recognoscierung und militärische Beschreibung eines Landesteils,
- Situations- und Landschaftzeichnung, Bergzeichnen,
- Fortifikationszeichnungskunst,
- Zivilbaukunst, Zivilbauzeichnungskunst, Straßen-, Wasser- und Brückenbau,
- Sprachunterricht in Griechisch, Deutsch, Französisch,
- Religion, Logik, Philosophie,
- Physik, Chemie,
- Tanzen, Turnen, Fechten, Schwimmen,
- Reiten und Voltigieren.

Nach bestandener Prüfung konnten die Junker in die Armee oder Marine eintreten, bei Nichtbestehen als gemeine Soldaten übernommen werden. Alles Personal und Schüler im Institut waren militärisch gekleidet und ausgerüstet und unterstanden der militärischen Disziplin.[205]

Fregattenkapitän Brommy begab sich nun nach Aegina, um dort seine Dienstgeschäfte zu übernehmen, und begann Mitte August, seinem Naturell folgend, die ihm übertragenen Aufgaben pflichtgemäß zu erledigen. Hierfür machte er sich für den Ankauf von geographischen Handbüchern und »Charten« stark, damit der geographische Unterricht in der Militärschule auf einen Standard gebracht wurde, der den neuesten Entwicklungen entsprach.

Der weitsichtige Offizier hatte bislang über die wichtigsten Ereignisse und Geschehnisse seines Schriftverkehrs ein »Copierbuch« angelegt, um seinen Schriftwechsel mit den Dienststellen und Behörden in Griechenland zu dokumentieren. Mit dem Antritt als Leiter der Militärschule begann Carl Rudolph Brommy am 8. August 1836 ein neues Kapitel in seinem Copierbuch. Erste Seite dieses Kapitels…
»Begonnen den 8./20. August 1836
Chas. Brommy
Fregattenkapitän und zweiter Kommandant der Königl. Militär Schule von Enalpiden[206]

An diesem Tag erfolgte als Nr. 1 das erste Schreiben an das Kommando in Poros, seinen Urlaub nach Athen betreffend.

Der Fregattenkapitän hatte mit der Übernahme als Stellvertreter der Militärschule eine Aufgabe erhalten, die ihm am Herzen lag, da er der Ausbildung aller Soldaten, besonders aber des Offiziersnachwuchses hohe Priorität beimaß. Er drängte deshalb auch immer wieder zu korrekter Haltung und Disziplin und trat gegen Pflichtverletzungen unnachgiebig auf.

205 **Maurer, Georg Ludwig:** a. a. O. S. 254ff.
206 **Stadtgeschichtliches Museum Leipzig:** Sammlung Brommy/Lange.

Hatte Brommy während seiner Dienstzeit bei der US-Handelsschifffahrt schon die wichtigen Erfahrungen gemacht, Ordnung, Wertschätzung und Disziplin in allen Dingen der Arbeit und im Umgang mit Untergebenen als sehr wichtig erachtet, so hatte er sich während der Zeit als Seeoffizier auf den Schiffen der griechischen Flotte, vom Leutnant bis hinauf zum Fregattenkapitän, nicht auch nur einen Deut von diesem Wege abbringen lassen. Obwohl er sich einige Sorgen und Schwierigkeiten mit Kameraden, aber auch mit Vorgesetzten eingehandelt hatte. Die meisten seiner Vorgesetzten schienen mit seiner Dienstauffassung, seiner Disziplin, Ordnung und seinem Pflichtbewusstsein hingegen keine Probleme gehabt zu haben. Im Gegenteil, die Karriere, auf die er ohne weiteres auch stolz sein konnte, lief unerwartet erfolgreich und so war er schon bald Korvettenkapitän, durch Lord Admiral Cochrane persönlich ernannt, und wenig später Fregattenkapitän und Kommandant eines Kriegsschiffes. Brommy glaubte, dass es die bis dahin gezeigten Leistungen waren, die ihm diesen Posten als 2. Kommandant der Militärschule ermöglicht hatten, auf den er mit Zuversicht und der Hoffnung, etwas bewirken zu können, hinblickte.

Meuterei in der Marineschule im Oktober 1836

Aber auch hier musste er bald feststellen, dass die Verhältnisse im Unterricht und die verwendeten Materalen weit von dem entfernt waren, was er als angebracht und nötig ansah. Zum einen musste er feststellen, dass die Bücher und Unterrichtsmaterialien unvollständig, zum Teil zerstört waren und nicht an den zugewiesenen Orten lagen. Das betraf im Besonderen den Bereich der von ihm unterrichteten Nautik, der ihm viel Kummer bereitete und einen umfangreichen Briefwechsel mit dem Ministerium zur Folge hatte. Im September 1836 wurde er allein wegen dieser Angelegenheit oft vorstellig, um zu erreichen, dass ein ordentlicher Unterricht ermöglicht wurde. Es gab viele Bereiche, die nun zu kontrollieren und zu verbessern waren. Er bemerkte schnell, dass er dafür noch einige Zeit benötigte, um seine vorgesetzten Dienststellen zu überzeugen, als er Mitte Oktober vor eine Situation gestellt wurde, die er ganz und gar nicht mochte: Meuterei!

In den Abendstunden des 15. Oktober 1836 wurde ihm während einer privaten Feier der Hinweis überbracht, dass die Kadetten der Anstalt einen Aufstand durchführten und den Weisungen des Kommandeurs nicht mehr Folge leisten würden. Brommy eilte sofort zum Ort des Geschehens. Der Versuch, durch den Trommler die Ordnung herzustellen, misslang, da dessen Trommel zerstochen war und er mit Steinen beworfen wurde. Brommy ließ die ältesten Kadetten zu sich befehlen, und gab ihnen den Auftrag, auf die jungen Kadetten einzuwirken. Auch dieses misslang. Die Lage hatte sich mittlerweile so zugespitzt, dass die Kadetten sich Zugang zum Magazin verschafften und den Kommandanten mit Waffengewalt zwingen wollten, die gegebenen Befehle zurückzunehmen bzw. zu ändern.

Nun begab sich Fregattenkapitän Brommy persönlich zu den aufständischen Kadetten, um sie zur Ruhe und Disziplin zu mahnen. Erst der zweite Versuch sich Gehör zu verschaffen gelang, wobei zur Entschuldigung gesagt wurde, dass sie ihren Vorgesetzten nicht sogleich an seiner Stimme erkannt hätten. Brommy ließ die Kadetten antreten, um die Ordnung und Disziplin sichtbar wiederherzustellen. Erst danach versuchte er den Grund des Aufstandes zu erfahren.

Dieser lag nicht, wie zunächst vorgetragen, im schlechten Essen begründet, sondern, bereits mehrfach vorgetragen, in anderen Bereichen der gesamten Schulorganisation. Neben dem Stundenplan, den allgemeinen Verhältnissen an der Kadettenschule und den Lehrmethoden einiger Lehrer, die zum Teil nicht einmal griechisch sprachen. Das Verhalten der Lehrer und ihr Umgang mit den Kadetten, die unnötige und als unangebracht empfundene Härte der Strafen waren die Hauptgründe des Aufstandes. Zudem war auch der Wachdienst vor der Tür des Kommandanten ein Punkt der nun geäußerten Unzufriedenheit.

Brommy hörte sich die Klagen ruhig an und versprach deren Überprüfung, ließ die Kadetten stillstehen und mit einem »Hurra« abtreten, mit der Weisung Ruhe zu bewahren und die Schlafquartiere aufzusuchen. Obwohl in der Nacht die Ruhe in der Kadettenschule wiederhergestellt worden war, kam es am folgenden Morgen zu erneuter Verweigerung des Wachdienstes vor der Tür des Kommandanten. Brommy erschien sofort vor Ort, wies die Aufständischen mit energischen Worten auf ihre Pflichten hin und setzte den Dienstbetrieb konsequent durch. Wachen und Schüler begaben sich auf ihre zugewiesenen Stationen und der Dienst verlief wieder nach alter Ordnung und in der geforderten Disziplin ab.[207]

Seinem Prinzip folgend, vor dem Einsatz von Gewalt das Gespräch mit den Beteiligten zu führen, ließ Brommy wenig später die Wortführer zu sich kommen, um anschließend in Einzelgesprächen die Meinung der Lehroffiziere zu den Vorwürfen der Kadetten zu klären. Nach diesen Gesprächen verfasste er einen ausführlichen Bericht über die Meuterei der Eleven gegen die Schulungsbedingungen an das Kriegsministerium. Im Verlauf dieser Ereignisse wurden Verweise an mehrere Lehrer, an die Herren Schinas, Ulminantis und Alexander, ausgesprochen.

Indes, vom Hof machte die Nachricht die Runde, dass der König am 22. November 1836 die Herzogin Amalie von Oldenburg geheiratet habe, was in dem norddeutschen Land eine sehr große Sympathiewelle ausgelöst haben sollte, und die Feierlichkeiten zur Hochzeit über zwei Wochen sich hingezogen hätten. Zu hoffen war, dass sich die Vermählung beruhigend auf die innere Struktur Griechenlands auswirken möge.

Bis zum Jahreswechsel 1836/37 stellte sich der Dienstbetrieb in der Kadettenanstalt weitgehend ohne Probleme dar, wobei Fregattenkapitän Brommy weiter versuchte, den Lehrbetrieb durch Beschaffung von geeignetem Material für alle Lehrbereiche zu unterstützen, was von den übergeordneten Stellen nicht immer mit Freude beschieden wurde. Er musste um jedes Buch, jeden Sextanten und jedes Heft kämpfen.

Neben dem Aufbau und der Weiterentwicklung der Schule hatte Rudolph Brommy mit der Kontrolle der Unterrichte und der Organisation derselben, einen erheblichen Aufwand zu betreiben, so dass zunächst die Zeit fehlte, sich auf die Weiterentwicklung und Neuerungen des Institutes zu konzentrieren. Ein ständiges Ärgernis war die unregelmäßige Soldzahlung an die Kadetten und auch an ihn. Bis zu seinem Dienstende in der griechischen Marine 1848 sollte sich dieses Problem nicht wirklich beheben lassen.

---

207 **Wagner, E.:** a. a. O. S. 58f.

Eines der weiteren großen Probleme war, die Angehörigen der Offiziersschule davon zu überzeugen, dass eine gewisse Ordnung von großer Bedeutung für Organisation und Erhalt der zu bewahrenden Gegenstände war.

Hatte sich der Fregattenkapitän zunächst auf die Organisation der Unterrichte konzentriert, musste er schon bald erkennen, dass es weitere Bereiche gab, die in Unordnung kamen, sobald sie unbeachtet schienen. Dies betraf vor allen Dingen das Magazin, das einer solchen Bezeichnung nicht würdig war. Es hatte keine heile Fensterscheibe, ohnehin alle die Gebäude keine gute Außendarstellung boten. Unordnung überall. Hier bedurfte es einer gänzlichen Neuordnung. Bücher konnten nicht gefunden werden, Gerätschaften, die in Kisten eingelagert waren, waren unvollständig oder falsch zugeordnet, kaputte Instrumente nicht zur Reparatur angemeldet, sondern einfach weggelegt usw. Brommy sträuben sich die Haare. So war keine geordnete Ausbildung von Offiziersanwärtern möglich!

Neben dem reinen Unterricht und dessen Ordnung beschworen auch andere Bereiche seinen Unmut herauf, so zum Beispiel das Hospital der Schule, dessen Ordnung und Organisation zu bemängeln waren. Überhaupt war das Verhältnis der verschiedenen Bereiche zueinander ein Hort ständiger Unruhe und Unklarheit. Welche Probleme und Schwierigkeiten würden noch auf ihn zukommen?

Gerade hatte er den Dienstbetrieb einigermaßen in Schwung gebracht, taten sich gänzlich andere Schwierigkeit auf, die so zunächst Mitte des Jahres 1837 gar nicht zu erwarten waren. Es ging um ungenügende Verpflegung, Kleidungsstücke, Uniformteile und Tschakoüberzüge für die Teilnehmer bis hin zur Unterwäsche und Socken. Brommy wusste sich öfters nicht anders zu helfen, als die Angelegenheiten mit Witz und Ironie zu ertragen. Wenn es mit der Bereitstellung von Socken für den täglichen Gebrauch nicht klappen würde, so meinte Brommy, wäre die Überlegung nicht von der Hand zu weisen, die Füße täglich zu waschen! [208]

Indes hatte er die Hoffnung, in absehbarer Zeit ein besseres Umfeld für die Schule zu erhalten, da die Regierung plante, die Schule nach Pyräus zu verlegen in ein Haus, das ganz neu gebaut war und nun ungenutzt dastand. Ob es wirklich soweit käme, stand indes in den Sternen, aber die ersten Schritte waren getan.

Nachdem die Ordnung der Lernmittel den Stand erreicht hatte, den Brommy wünschte, und der Lehrbetrieb eine zuverlässige Gleichmäßigkeit erreicht hatte, konnte er sich wieder auf Ziele konzentrieren, die dazu führen sollten, in die Zukunft zu schauen. Eines der Hauptziele der Militärschule sollte die Schaffung einer Organisation sein, die es erlaubte, die Lehrgänge zum Seeoffizier auf einem Schulschiff durchführen zu können. [209]

Seit der Übernahme der Verantwortung als 2. Kommandant der Offiziersschule war die Organisation das eine, das Personal derselben das andere Problem. Wenn dieses nicht gewillt oder nicht in der Lage war, einen geordneten Dienstbetrieb zu ermöglichen, würde es zu Zuständen kommen, wie sie im Frühjahr 1837 in der Schule herrschten: chaotisch!

---

208 **Wagner, E.:** a. a. O. S. 65.
209 Ebenda: S. 53f.

Die Durchsetzung der gegebenen Anweisungen und Befehle erbrachte einiges Ungemach, wobei Brommy nicht von der Grundlage jeglicher militärischer, aber auch ziviler Organisation abweichen wollte, die durch Disziplin und Gehorsam getragen wurde! Einige seiner Untergebenen, vorrangig der Unter-Leutnant Ulminantis, waren Individuuen, das fast aus Prinzip meinten, gegen jede Entscheidung des stellvertretenden Schulleiters opponieren zu müssen. Als Brommy dann auch noch feststellen musste, das dieser Offizier als »Inspektionsoffizier« ein Verhältnis zu einem Eleven hatte, musste er einschreiten.

Aber auch andere Lehrer und militärische Untergebene meinten, sich mit Fregattenkapitän Brommy anlegen zu müssen, um ihre Unkorrektheiten, ihr undiszipliniertes Verhalten oder schlicht ihre Faulheit ausleben zu können. Wegen dieser Herren hatte er so manche schlaflose Nacht im Wissen, dass der nächste Tag wieder von Hinterlistigkeiten und Arglist geprägt sein würde. Und so ging es tagein und tagaus.

An der Militärschule in Pyräus 1837–1843

Trotz aller Behinderungen und wohl auch aus dem Willen aller in der Militärschule, den ungastlichen Ort der Schule auf Aegina schnell verlassen zu können, konnte die Verlegung der Militärschule nach Pyräus Mitte September 1837 abgeschlossen werden. Die Schule konnte nun in ein neu erbautes Gebäude einziehen, das als Spekulationsbau geschaffen worden war, in der Hoffnung, dass der griechische König dort einziehen würde.[210] Hier waren nun viel bessere räumliche Voraussetzungen, die einen gut organisierten Schulungsablauf gewährleisten konnten. Am 10. September 1837, es war der 33. Geburtstag von Brommy, nahm sich dieser in der geringen Freizeit die Muße, seine Gedanken über die Zeit auf der Insel Aegina in Versform zu gestalten, da ihm dies, nach dem Ende der Beziehung zu seiner geliebten Bertha, nicht mehr oft gelang.

Im Aufbruch
Fünfzehn Monate habe ich an diesem einsamen Orte gelebt,
unglücklich verbannt,
Fern von meinem schönen Land, fern vom Dach meiner Vorfahren,
lebte ich vereinsamt.

O stille Mauern, Zeugen meiner Qual,
an diesem Tag verlasse ich Euch.
Möget Ihr in Euch die Herzen voller Hoffnung, Glück und
Liebe einschließen können.
Ich werde die Sehnsucht, die mich verzehrt woandershin tragen,
meine traurige Erinnerung.
Fern von jenen, die ich liebte, fern von dem, was ich
anbetete, werde ich armselig sterben.
10. September   Egine 1837.[211]

---

210   **Augsburger Postzeitung** Nr. 179 vom 28. Juni 1842.
211   **Wagner, E.:** a. a. O. S. 68. Original In: **Gross D.G.:** a. a. O. S.85 in Französisch.

Weiterhin musste sich Carl Rudolph Brommy hinterhältiger Intrigen erwehren. Wegen dieser bedrückenden Lage wandte sich der Fregattenkapitän persönlich an den griechischen König Otto I. Er erhielt tatsächlich die Gelegenheit, persönlich die ständigen Bedrohungen, Intrigen, falschen Zeugnisse und den ständigen Druck durch das Marineministerium und die öffentliche Presse beim König vorzutragen. Um die Lage auch schriftlich zu bestätigen, schrieb Brommy seine Anliegen in einem Brief an den König erneut auf.

Zunächst beschrieb Brommy den Fall, als er sich gegen den tätlichen Angriff des betrunkenen Bootsmannes Carvaelles des Kutters ZEPHYRE wehren musste und diesem, in Abwehr des Angriffes, eine Ohrfeige gab. Ergebnis: vier Monate Arrest durch ein französisches Marinegesetz, das in Griechenland gar keine Anwendung fand! Ein späteres, weitaus schwereres Vergehen des damaligen Marinerichters wurde dagegen nicht geahndet. Brommy vermutet in dem Brief an den König, dass sich andere in das von ihm in Ordnung und Disziplin gemachte Nest des Arsenals von Poros setzen wollten. Als nächstes wurde der Fall der Erstattung der Holzlieferung angesprochen, die er als provisorischer Präfekt veranlasst hatte. Das Ministerium vertrat die Meinung, dass Brommy seine Vollmachten überschritten hatte, und verlangte die Erstattung der 1.100 Drachmen der Transportkosten zurück. Nachfolgend wurde die Einbehaltung des Solds während der Arrestzeit angesprochen. Den Gipfel der Ungeheuerlichkeiten stellte dann die Tatsache dar, dass Brommy sich die Dienstvorschrift, die er selber geschrieben hatte, auch von eigenem Geld kaufen musste, da ihm vom Ministerium kein Exemplar zur Verfügung gestellt wurde!

Ein Kommando, das auf Antrag von Brommy die Diensttauglichkeit der Vorschriften hätte unter Beweis stellen können, wurde aber abgelehnt.
Mit der Berufung auf den Posten des Stellvertreters der Militärschule ließen die Angriffe durch Offiziere und des Ministerium aber nicht nach. So wurde wieder sein Sold gekürzt. Als sich absehen ließ, dass es zu der Audienz beim König kommen würde, wurde Brommy plötzlich ins Kriegsgericht gerufen, um gegen die Mitglieder der alten Präfektur zu richten!

Brommys Stellung und sein Ansehen in der Marine und bei Hofe Otto I. von Griechenland war somit ambivalent, obwohl er rege am gesellschaftlichen Leben der Marine und des Hofes teilnahm. Kapitän Brommy war geachtet wegen seiner Disziplin, seiner straffen soldatischen Haltung, seiner Zuverlässigkeit, seiner schlichten Gradlinig- und Bescheidenheit. Er hatte aber viele Neider, die ihm weiterhin das Leben schwer machten, um in den Genuss seiner Arbeit zu gelangen.

Die Jahre 1838 bis 1839 waren angefüllt mit Schreiben des Fregattenkapitäns, um Missstände in der Schule, die das Lehrpersonal genauso betrafen wie die Ausstattung des Lehrmaterials, der Unterkünfte, den Umgang der Lehrer mit ihren Schülern, zu beschreiben und zu beheben. Sein Wirken und Drängen nach Verbesserung des Lehrbetriebes trugen indes langsam, aber sicher die Früchte, deren Saat er ausgelegt und überwacht hatte, so dass es in diesem Jahr zu weniger Spannungen im inneren Gefüge der Anstalt kam. Carl Rudolph Brommy, und das war ein Umstand, den er mit Sorgen betrachtete, war zu dieser Zeit der einzige ausländische Offizier in der griechischen Marine!

Das Jahr 1839 war ein Jahr, in dem die griechische Marine einen Umfang an Schiffen und eine Organisation erreicht hatte, die einerseits zu Stolz, aber auch weiterhin zur Sorge gereichte. Im Lehrinstitut waren 58 Zöglinge eingeschrieben, wovon 30 gratis ausgebildet wurden, und nur 3 die volle Lehrsumme bezahlen mussten. Die Kosten der Schule beliefen sich auf 99.437 Drachmen, wovon durch die Zöglinge 16.963 Drachmen aufgebracht wurden, der griechische Staat mithin 82.474 Drachmen trug.[212]

Die griechische Marine bestand zu dieser Zeit aus folgenden Einheiten:
  2 Korvetten mit je 26 Kanonen,
  2 Dampfschiffen,
  3 Briggs,
  7 Schoner,
  5 Kutter,
  12 Kanonenboote,
  2 Barken.
  Total 33 Kriegsschiffe.

Das Offizierskorps bestand aus 70 Offizieren als Kommandanten von Schiffen oder Dienststellen, zusätzlich 33 Sekretären, Zahlmeistern usw., weitere 1000 Offiziere mit geringem Dienstgrad und Matrosen taten bei der Flotte ihren Dienst. Die Disziplinarordnung verbot die körperliche Züchtigung, was Brommy befürwortete. Als einzige Maßnahmen standen die Soldkürzung und Gefängnis zur Verfügung, ein System, das sich als unwirksam herausstellte und seiner Meinung nach einer rechtlichen Prüfung bedurfte.[213]

Der deutsche Offizier musste Anfang Januar 1840 mit Schrecken feststellen, wie fragil die innere Lage Griechenlands für den König, seine Familie und die ausländischen Bediensteten war. Dies zeigte der Vorgang des entdeckten Aufstandes durch den Grafen Georg Kapodistras, den Bruder des ermordeten Präsidenten. Jener wollte durch einen Überfall auf die katholische Kirche in Pyräus, in der sich die königliche Familie befand, den König zwingen, den orthodoxen Glauben zu übernehmen. Sonst würden alle Katholiken in Pyräus getötet. Aus diesem Grund hatte Kapodistras in der ganzen Stadt 1000 Bewaffnete und um die Kirche herum 100 Mann in Stellung gebracht.[214] Tatsächlich wurde das Komplott vorher bekannt und der Überfall konnte so verhindert werden. Trotzdem sagten die Gerüchte, die sehr schnell in Umlauf gerieten, dass die Attentäter die königliche Familie ermordet hätten, was aber nicht zutraf.

Zu dieser Zeit hatte die Militärschule von Pyräus einen sehr guten Ruf erworben. Die aus der Schule entlassenen Eleven hatten nicht nur im militärischen Dienst Aufnahme gefunden, sondern auch im zivilen Bereich, da die Schule wegen ihrer guten Zucht, Ordnung und ihrer hervorragenden Unterrichte von vielen Eltern in Anspruch genommen wurde, deren Söhne nicht zwangsläufig zum Militär wollten.[215] Ein Erfolg, der aber mit viel Schweiß, Ansprache, aber auch durch Unnachgiebigkeit gegen Disziplinlosigkeit, Desinteresse und Ungehorsam mühsam erkämpft war.

---

212 **Augsburger Postzeitung** Nr. 179 vom 28. Juni 1842.
213 **Augsburger Postzeitung** Nr, 181 vom 28/30. Juni 1842.
214 **Journal des österreichischen Lloyd.** Januar 1840. Auch: **Allgemeine Zeitung München** Januar 1840.
215 **Allgemeine Zeitung München** vom 24. Januar 1840.

Obwohl Brommy mit den Ergebnissen zufrieden war und er weiterhin Anfeindungen aus dem Ministerium und der Presse ausgesetzt war, arbeitete er immer noch an einer umfassenden Dienstvorschrift, die nur für die griechische Marineschule gelten sollte. In den Jahren 1831/1832, als sich Brommy wegen des Bürgerkrieges in Griechenland aus der griechischen Marine entlassen ließ und Informationsreisen durch Frankreich, England und Dänemark antrat, hatte er auch die bereits existierenden Unterlagen der Marineschulen von Venedig, Brest und Kopenhagen erhalten. Die Organisationen dieser Marineschulen stellten für Brommy den Grundstein seiner Überlegungen dar. Die älteste der drei angegebenen Marineschulen war Kopenhagen und es hatten sich offensichtlich auch die Marineschulen in Brest und Venedig mit ihren Organisationen danach ausgerichtet, wobei Brest in der Kadetten-Ausbildung später eigene Wege ging.

Der Plan zur Organisation einer griechischen Marineschule 1840

Am 19. April 1840 übersandte der Fregattenkapitän sechs Rapporte an »se. Majestät« über den Unterrichtsplan »die Marine Zöglinge betreffend«, in denen er dem griechischen Marineministerium einen Plan für die Einrichtung einer Marineschule nach Organisation, Ausstattung, Ausbildung und Durchführung vorlegte.

Plan
einer Marine Schule
Von Fregatten Kapitän Brommy entworfen.

Die wiederholten Angriffe in den öffentlichen Blättern, die Erziehung der für die Marine bestimmten Eleven betreffend, welche die Vernachlässigung dieses Zweiges des allgemeinen und öffentlichen Unterrichtes dem gehorsamst Unterzeichnenden beständig zur Last legen, veranlassen ihn, von Neuem einen Rapport darüber abzustatten, damit er durch denselben darthun kann, das wenigstens von seiner Seite alles das jenige geschehen war, was in seinem Kräften stand, um diesem Makel abzuhelfen.
Mit der Bildung der Eleven der Königlichen Marine bereits seit fast vier Jahren beauftragt, glaubt Er mehr als irgend Jemand im Stande zu seyn, über dieselbe ein Urtheil zu fällen. Hier zu nothwendig war ein gutes Erziehungssystem für die königliche Marine, die noch auf einer zu niederen Stufe der Bildung steht, als daß sie mit den anderen Staaten rivalisieren könnte. An den Mitteln etwas Gutes zu leisten, fehlte es bis jetzt nicht; es handelt sich blos um die richtige Verwendung derselben. (…)
Um die Ausarbeitung eines Systems für die Erziehung der Marine Eleven zu beschleunigen, dürfte es nöthig erscheinen eine Commission von verdienten und sachverständigen Offizieren zu ernennen, welche auf die Basis der vorgelegten Pläne eine zweckmäßige Organisation einer Marine Schule ausarbeitet und die, sich darbietenden Mittel in's Auge fassend, mit gehöriger Umsicht zu Werke gehe, um schnell und auf dem besten Wege das vorgesteckte Ziel zu erreichen. Der königlichen Marine würden durch eine wohleingerichtete Marine Schule die Mittel in die Hand gegeben, sich durch brauchbare und kenntnisreiche, disciplinirte Offiziere zu ergänzen und zu regenerieren. Der

beigelegte Versuch einer Organisation des gehorsamst Unterzeichnenden soll nun die ungefähre Basis angeben, nach dem eine bessere sich ausarbeiten lassen würde.

Chat Brommy
Pyreus, 19. April 1840   *Fregattenkapitän* [216]

Im Anhang dieses Schreibens sandte Brommy gleich einen Organisationsplan für die Struktur der zu errichtenden Institution mit 40 Artikeln ein. [217]

Er orientierte sich größtenteils an den Einstellungs- und Ausbildungsbedingungen der Schulorganisation der »*Kopenhagener Marineschule*«. Er sah Brest (1810 gegründet, ab 1830 eine Schule an Land), wie er in seinem Anschreiben ausführt, als ungeeignet an, weil zum einen die Einstellungsbedingungen zu hoch waren und zum anderen, weil zwei Schiffe als Ausbildungseinheiten für die griechische Marine nicht machbar waren. Es fällt aber noch ein dritter Punkt auf, der Brommy dazu gebracht haben könnte, die französische Schule abzulehnen. Im Gegensatz zu Kopenhagen und Venedig wurde in Frankreich darauf verzichtet, dass die Eleven nur aufgenommen wurden, wenn sie aus dem *Adelsstand* kamen oder *Söhne verdienter Familien* waren. Brest gab jedem – sozusagen dem Mann von der Straße – die Möglichkeit, bei Bedarf in die Marineschule aufgenommen zu werden. Dies mag mit den Auswirkungen der französischen Revolution zusammenhängen, nachdem dem Adel ein erheblicher Teil seiner Privilegien entzogen und diese dem Volk zugesprochen worden waren. Brommy dagegen beharrte auf der vorzugsweisen Aufnahme von Söhnen (…) *verdienter Offiziere und Beamten der königlichen griechischen Marine*.

Sein größter Wunsch war es natürlich, selbst das Kommando über ein Schiff als eine schwimmende Marineschule zu haben. Als geeignetes Schiff hatte sich die LUDOVICOS (Ludwig) herausgestellt, eine Korvette von 1000 tons Größe, die in den Jahren 1837–38 in Poros gebaut worden war. Wegen schlechter See- und Navigationseigenschaften war sie als Kriegsschiff nicht gut zu gebrauchen und wurde außer Dienst gestellt.[218]

Seit der Übernahme seiner Geschäfte als zweiter Kommandant der Militärschule vor vier Jahren hatten sich die zum Teil massiven Behinderungen seiner Tätigkeit weitgehend beruhigt, was sich so auf andere ausländische Bedienstete in anderen Bereichen der Regierung und auch Forschungsarbeit, nicht sagen ließ. Diese Lage nutzte Brommy nun, um sein Ziel der Eigenständigkeit der Seeoffiziersausbildung voranzutreiben.

Hatte der deutsche Offizier seit dem traurigen Ende der Beziehung zu seiner geliebten Bertha keine große Ablenkung vom schwierigen Arbeitsalltag gehabt, so versuchte er doch über Studien der Geschichte des Landes und auch von Studien der Technik zur See für sein Fortkommen in der Hinsicht zu sorgen, dass er immer auf dem neusten Stand der gesellschaftlichen wie auch technischen Entwicklungen war. Seit das Königspaar 1841 in das von Friedrich von Gärtner erbaute Schloss nach Athen umgezogen war, entfaltete sich ein reges höfisches Treiben, an dem Brommy, wenn es die Zeit erlaubte, rege teilnahm.

---

216 **Anm. d. Verf.:** Mit Datum 24. April 1840 an das griechische Marineministerium übersandt/vorgelegt.
217 Siehe Anhang I.
218 **Wagner, E.:** a. a. O., S. 61.

So konnte er seine Kontakte zum Altertumsforscher Ludwig Ross[219] wieder neu beleben da er sich nun häufiger in kleiner Runde mit einer Gruppe von Deutschen traf, was sehr viel Freude und Ablenkung schuf. Der Philologe und Altersforscher vertrat die Meinung, dass Deutschland den Aufbau und die Organisation einer vom Deutschen Bund geleiteten Marine vortrefflich für die Entwicklung der Handelsbeziehungen übernehmen sollte, anstatt sie den konkurrierenden Deutschen Küstenstaaten zu überlassen. Die Binnenländer könnten so viel besser ihre Handelsbeziehungen ausbauen. Neben Ross waren auch Heinrich Ulrich und Peter Wilhelm Furchhammer, auch Professor der Altertumswissenschaften, Teilnehmer dieser Runde, die von den Griechen aber nicht gerne gesehen wurde.[220] Die Spannungen spitzten sich so zu, das Ludwig Ross das Verbot ausgesprochen bekam, seine öffentlichen Forschungsergebnisse über Griechenland an das Ausland weiterzugeben, und diese nur dem griechischen Ministerium zu übergeben habe.

Indes verlor Carl Rudolph Brommy aber die maritimen Dinge in seinem Umfeld, und besonders im Mittelmeer, nicht aus den Augen. Besonders die militärpolitischen durch die USA fanden seine Aufmerksamkeit ab 1839, weil sich ein kleines US-Geschwader, bestehend aus dem Flaggschiff, dem Linienschiff USS OHIO, unter Kapitän Isaac Hull, der Fregatte USS Brandywine, kommandiert von Kapitän William C. Bolton, und zeitweise die Korvetten USS Preble unter dem Kommando von John Perciva und die USS Cyane dort aufhielt. Das Geschwader hatte die Aufgabe gegen die im Mittelmeer agierenden Piraten, vorwiegend Berbereksen, zu operieren und zusätzlich den Sklavenhandel vor der afrikanischen Küste zu verhindern. Im Rahmen dieser Operation kam es auch zu einem Zusammentreffen des Kapitäns Smidt von dem Linienschiff USS OHIO mit Fregattenkapitän Brommy[221]

Carl Rudolph Brommy beeilte sich währenddem, weiter das Institut voranzutreiben, da er seit einiger Zeit bemerke, dass der Dienstbetrieb wieder nicht gut ablief. Die Ursache schien erneut im Verhältnis zwischen dem Lehrkörper und den Schülern zu liegen, das ungeordnet schien. Er sah sich in die Anfänge seiner Arbeit zurückversetzt und beabsichtigte deshalb, unangemeldet eine Begehung der Schule, der Lehrräume und der Stuben der Schüler durchzuführen die er am 17. Mai 1841 auch vornahm. Was ihn dort erwartete, spottete jeder Beschreibung und veranlasste ihn, in der Hoffnung um Unterstützung, einen Bericht über die Zustände an das Kommando der Marine zu übersenden.

Pyräus den 23. Mai 1841

An den Kommandanten

(…) man braucht viel Mühe sich gezwungen zu fühlen, dem Kommandanten zu erklären, das in der gesamten Schule, in den Klassen und Schlafräumen eine sehr große Unordnung herrscht, eine Unordnung, die man sich nicht vorstellen kann, wenn man nicht Augenzeuge gewesen wäre.

(…)[222]

---

219   Die Schreibweise war uneinheitlich, zum Teil auch Roß geschrieben.
220   ADB Heinrich Ulrich, ADB Ludwig Roß.
221   **Museum Brake**, Visitenkartenbuch von C.R.Brommy, als Leihgabe der Bromme-Gesellschaft Leipzig.
222   **Wagner, E.:** a. a. O., S. 61f.

Nachfolgend beschreibt Brommy, was er vorfand: Instrumentenkoffer für Mathematik, obwohl erst kurz zuvor den Schülern übergeben, unvollständig, Bücher zerrissen, Modelle zerstört, Hefte unordentlich geführt, viele Teile des Unterrichtsmaterials, für gutes Geld erworben, verschwunden! Zeichenpapier, teuer und schwer zu erhalten, missbraucht und »(...) *von den Schülern verdorben(...)* sei.

Es müsse so werden, so die Meinung von Brommy, dass die »*Herren Lehrer*« für das Material in der Art verantwortlich gemacht würden, als wenn es ihr Eigentum wäre, und es so auch zu überwachen und auf Vollständigkeit zu überprüfen hätten. Auch sein Gang durch die Schlafsäle trieb die Zornesröte ins Gesicht des Fregattenkapitäns!

(...) Die gleiche Unordnung herrscht in den verschiedenen Schlafräumen, wo die Kisten der Eleven mit nichts zu vergleichen sind, was die Sauberkeit angeht. Die Art und Weise wie die Schüler ihre Kleidung und Ausrüstung beschädigen, selbst unter den Augen der Offiziere, ist wirklich empörend.
Auch in den Schlafräumen befinden sich Bücher und Unterrichtsmaterial, so daß sich die Unordnung der Klassenzimmer hier wiederholt – hier befinden sich auch teure Bücher in den Händen der jungen Leute, die eigentlich in die Bibliothek gehören (...)

Er frage sich bei diesem Zustand, warum durch Offiziere Befehle erteilt würden, die Unterrichte zu überprüfen, die Berichte der Unteroffiziere zu prüfen und bei Fehlverhalten zu reagieren?

(...) – aber wenn kein offizieller Bericht darüber gemacht wurde, bedurfte es der Inspektion vom 17. Mai, um zu der Überzeugung zu kommen, dass man strenge Maßnahmen ergreifen muß, und zwar sofort, damit der Kommandant der Schule es verhindert, daß aus der Unordnung eine vollkommene Anarchie wird.
Br.
C. de Fr..[223]

Brommy beschloss ob dieser Lage in der kommenden Zeit öfters ein Auge auf diese Zustände zu werfen, in der Hoffnung, dass sein Bericht seine Wirkung nicht verfehlte. Im Rahmen dieser Kontrollen war ihm aufgefallen, dass sich in dem Magazin und anderen Räumen viele nutzlose und beschädigte Gegenstände befanden, die er nach einiger Zeit zusammentragen und verbrennen ließ. Dieses brachte wieder einiges Ungemach in der Art ein, dass er im August 1842 von der Direktion der Schule einen Verweis und vier Tage Ausgangssperre erhielt, trotz seines vehementen Protestes.

Dieser Ärger ließ ihn aber nicht schweigen, wenn er Unkorrektheiten oder Missstände feststellte, die den geordneten Dienstbetrieb störten oder gefährdeten. So ein Umstand war immer die Beköstigung der Schüler, da er die Lebensmittelzuteilung für die Schüler als zu gering erachtete und sich deshalb Mitte August 1843 an die Direktion der Marineschule mit Bitte um Erhöhung derselben an das Ministerium wandte.

---

223 **Wagner, E.:** a. a. O. , S. 61.

Revolution in Griechenland und Brommys
Versetzung in das Kriegsgericht 1843

Seit Mitte des Jahres 1843 feststand, dass die bayrischen Truppen vertragsgemäß Mitte des Jahres abgezogen würden und die Sicherheit des Königspaares nun von griechischen Truppen zu gewährleisten war, machte sich Sorge um das Königreich breit. Könnte es weiter zu den Treffen mit den Gelehrten und des Hofstaates kommen? Brommy jedenfalls war, wenn es die Zeit und der Dienst erlaubten, oft in Athen und bei Hofe, da ihm die Gesellschaft gut tat, mit Gleichgesinnten Konversation zu betreiben, und hier auch gerne zu tanzen.

Der geordnete Lehrbetrieb erhielt einen gehörigen Rückschlag, als es durch den Obristen Dimitrios Kallergis zur befürchteten Revolte kam. Nachdem er mit seinen Truppen den königlichen Palast umstellt hatte, forderte dieser:
1. Die Änderung der Zinslast zur Deckung der Anleihen,
2. Die Entlassung aller ausländischen Mitarbeiter aus dem Staatsdienst und
3. die Zusammenrufung einer Nationalversammlung.

In der Umgebung der Militärschule tat sich zunächst nichts, obwohl Brommy stündlich mit seiner Abberufung von seiner Dienststellung als 2. Kommandant der Schule rechnete, im Gegenteil: überraschend wurde ihm am 5. September deren Leitung übertragen![224] Das musste ihn wundern, hatte er sich mit der Durchsetzung von Disziplin und Ordnung doch viele Feinde unter den griechischen Lehrern und Offizieren geschaffen, die bestimmt schon darauf warteten, ihn aus seiner Position gedrängt zu sehen. Die Spannungen in Griechenland stiegen täglich an und die wenigen Phihellenen aus Deutschland, Frankreich und Italien, die noch nicht geflohen waren, machten sich große Sorgen um das Königspaar.

Das änderte sich auch nach dem 15. September nicht, als der Aufstand durch den nun beginnenden Bürgerkrieg außer Kontrolle geriet. Wegen der zum Teil massiven Angriffe gegen alle Ausländer verließen diese, zum Schutz des eigenen Lebens, Griechenland zum Teil fluchtartig. Einer der wenigen Ausländer in gehobener Stellung war Brommy, der nicht seinen Posten räumen musste. Er wurde sogar am 26. September in das Königlich Griechische Kriegsgericht der Marine bestellt, dessen Vorsitz er wenig später übernahm. [225] Die Marineschule wurde schon wenig später, Ende 1843, aus Geldknappheit geschlossen und Brommy zur Disposition gestellt.[226]

Seine Tätigkeit im Kriegsgericht war so unspektakulär, dass er sich weiter der wissenschaftlichen Darstellung der Marine für seine Lehrzwecke widmen konnte, die immer mehr Gestalt annahm. Er war davon überzeugt, dass nur wenige Berufe ein so breitgefächertes Wissen verlangen wie der des Seemannes, besonders des Seeoffiziers. Dieses Wissen sollte in dem Buch dargestellt werden. Von den Grundkenntnissen über die See, den Wind, die Gezeitenströmungen usw., über den Bau eines Segelkriegsschiffes und all seine Einrichtungen, über den Dienst-

---

224 Dienstzeugnis zur Übernahme in die preußische Marine 1845.
225 **Schulz, H.:** a. a. O. S. 22. **Richter, O.:** a. a. O. S. 58.
226 **Pierers Universal-Lexikon:** 1857–1865 »Bromme«.

betrieb eines solchen, über die Ausrüstung durch ein Arsenal, um es für eine Kriegsfahrt auszurüsten, bis zur Seeschlacht sollte dieses Fachbuch den Bogen schlagen.

Wie der Fregattenkapitän aus gut unterrichteten Kreisen erfahren hatte, stand zu dieser Zeit das preußische Schulungsschiff AMAZONE seit einiger Zeit in See und zu dieser Zeit, Mitte des Jahres 1844, bereits im Mittelmeer. Obwohl es während des Baues der AMAZONE zwischen dem Schiffbaumeister Elbertzhagen und dem Navigationshauptdirektor Dirckinck-Holmfeld zu erheblichen Auseinandersetzung gekommen sein sollte, konnte der Termin für die 1. Ausreise eingehalten werden. Die ersten Übungsfahrten wurde Mitte Mai 1844 in der Ostsee begonnen.[227] Nach der Besichtigung durch Prinz Adalbert von Preußen, dem bei diesem Anlass die Mannschaft den Treueeid leistete, trat die AMAZONE ihre Reise ins Mittelmeer an. Die Reise ging von Danzig aus über Kopenhagen, einige Häfen in Großbritannien, Lissabon, Gibraltar, Toulon, Palermo und Neapel nach Athen.

Die Reiseziele sowie die Zeit der Aufenthalte wurden der Besatzung grundsätzlich durch Kapitän Dircknick-Holmfeld nicht mitgeteilt. Der Kapitän gab in der Regel erst nach dem Betreten des Schiffes die Weisungen, wohin gesegelt wurde. Die Ausbildung auf See wurde betrieben, und der Tagesdienst war mit Übungen und Reinigen des Schiffes ausgefüllt. Es wurde auf eine gute Arbeit, Ordnung und Disziplin geachtet. Der Navigationshauptdirektor Dirckinck-Holmfeld aß alleine und lud während der Woche gelegentlich die Offiziere zum Essen. Die Steuerbordseite des Vordecks war für die alleinige Nutzung des Kapitäns bestimmt und musste von anderen Offizieren, wenn dieser das Vordeck betrat, durch Wechseln auf die andere Seite verlassen werden. Erst auf Weisung durften sie zum Kapitän hinzutreten. Während der Fahrt wurden die eingeschifften 50 Navigationsschüler durch die als Lehrer eingesetzten Kapitäne Domke und Wienhoff unterrichtet. Sie erhielten täglich einige Stunden Unterricht in wissenschaftlichen Fächern. Zusätzlich mussten sie alle normalen Bordtätigkeiten der Schiffsbesatzung durchführen, Wache stehen, schießen lernen. Als »Nächstkommandierender« fungierte der dänische Oberleutnant Fröhlich. [228]

Dem deutschen Fregattenkapitän Brommy indes gelang es nicht, das preußische Schiff in Athen zu besuchen, da ihn dienstliche Dinge abhielten. Die Rückreise ging über Konstantinopel, Bojukdre, Malta, Gibraltar und Kopenhagen nach Danzig, wo das Schiff am 27. Oktober 1844 eintraf. Das Schiff wurde nun abgetakelt und zur Winterpause vorbereitet. Brommy war von dieser Organisation auf dem preußischen Übungsschiff grundsätzlich begeistert, entsprach sie in vielen Teilen seinen eigenen Vorstellungen vom Dienst in der Marine, besonders aber vom Dienst auf einem Schulschiff.

Am 10. September 1844 feierte Brommy seinen 40. Geburtstag im kleinen Kreis seiner deutschen und griechischen Freunde. Da hier in Griechenland in absehbarer Zeit keine Tätigkeit als Marineoffizier mit praktischer Tätigkeit zu erwarten war, entschloss er sich, seinen König darum zu bitten, ihm den Dienst in der preußischen Marine zu erlauben. Bis dieses geschehen war, ging das Jahr 1844 zu Ende.

---

227   **Auerbach, Horst:** Preußens Weg zum Meer. Pommern, die Wiege der königl.-preußischen Marine. S. 29.
228   **Gröner:** Die deutschen Kriegsschiffe. »Amazone« S. 90.

Brommys Orientierung nach Preußen 1845

Noch immer zur Disposition gestellt, bewarb sich Rudolph Brommy am 16. Februar 1845 erstmals um eine Anstellung in der preußischen Marine.

(…) Allerdurchlauchster, großmächtigster König, allergnädigster König und Herr!
Die Gründung einer Kriegs Marine in Eur. K. Majestät Staaten und der gleichzeitige
Mangel an deutschen Offizieren, die bereits in einer solchen gedient und die Erfahrungen gesammelt haben, welcher zur Leitung von Kriegsfahrzeugen befähigen, beides vereint macht den allergehorstamst Unterzeichnende so kühn, Eur. K. Majestät seine Dienste alleruntertänigst anzutragen.
Durch einen fast acht und zwanzig jährigen Seedienst gebildet, von davon die letzten achtzehn Jahre in Griechenland verbracht, – glaube der allergeh. Unterz. befähigt zu seyn, mit Ehren in Eur. K. Marine dienen zu können.
Den Beweis, dass er die nöthigen praktischen Fähigkeiten besitzt, liefert der Rang den er bereits seit siebzehn Jahren hier in verschiedensten Commandos bekleidete; auf seinenes Fachs theoretisches Wissen glaubt er sich stützen zu dürfen, da er früher sowohl an der Organisation der griechischen National Marine, als wie später an derjenigen der königlichen thätig mit wirkte, das Dienstreglement für die letztere ausarbeitete und mehrere Jahre mit der Bildung der für die K. Marine bestimmten Zöglinge beauftragt war.

Die Umwälzungen bestehender Ordnung in Griechenland welche in ihren Folgen einen treuen Offizier des Königs immer mehr die Ansicht nehmen, diesem Staate ferner nützen zu können, verbunden mit der Hoffnung, im Vaterland in einem neuen, von Jugend auf ersehnten Wirkungskreis, die in einem bewegten Leben erworbenen und gesammelten Erfahrungen bethätigen zu können, sind die Gründe, welche den allergh. Unterz. es wagen lassen, Eur. K. Majestät sein allerunterth. Gesuch zu Füßen zu legen:
»ihn in der neubegründeten Marine nach seinen Fähigkeiten allergnädigst verwenden zu wollen.«
Möchte es Eurer K. Majestät gefallen, ihn durch eine geeignete Stellung in der neuen Marine in den Stand zu setzen, beweisen zu dürfen, dass er fähig sey, die preußische Flagge ebenso aufrecht zu erhalten, als wie er dies lange Jahre für die Griechenlands und unter den nachteiligsten Verhältnissen mit der griechischen gethan.
In tiefster Ehrfurcht und Unterthänigkeit
Eur. K. Majestät
Aller unterthänigster
C.R.B. Ritter,
Ältester Capitän der königlich griechischen Marine
Athen, den 4./16. Februar, 1845 [229].

---

229   **Wagner E.:** a. a .O. S. 71f.

Neben einem Anschreiben legte er ein umfassendes Dienstzeugnis aus der griechischen Marine mit Datum vom 29. Januar 1845 vor, das vom Minister der Marine, Kanaris, beglaubigt war.

Zu seinem Bedauern erhielt er auf sein Ersuchen noch im Februar 1845 folgendes Schreiben aus Berlin:

(...)

»Ew. Hochwohlgebohren benachrichtige ich, daß Ihr Immediantgesuch vom 16. Februar 1845, worin Sie die Anstellung in der preußischen Marine beantragen, von des Königs Majestät mir zu Ihrem Bescheid zugefertigt worden war.

Ew. Hochwohlgebohren eröffne ich demnach, daß die Gründung einer preußischen Kriegsmarine zur Zeit nicht beabsichtigt wird. Ihr Wunsch im Preußischen Seedienst eine Anstellung zu erhalten kann daher keine Berücksigtigung finden.« [230]

Diese Antwort traf den tatendurstigen Offizier schwer, zumal er wenig später erfahren musste, dass die preußische Marine den niederländischen Offizier Jan Schröder eingestellt hatte.

Die Zustände in Griechenland kamen indes nicht zur Ruhe, so dass auch die Militärschule von den Unruhen erfasst wurde. Während Brommy im Kriegsgericht seiner Arbeit nachging, brachen seine mühsam erreichten geordneten Zustände in der Militärschule immer mehr in sich zusammen. Am 23. März 1846 kam es in der Militärschule in Pyräus, die unter dem Kommandos des Obersten Karadske standen, erneut zu einer Meuterei durch die Eleven, da diese nicht mit der Verpflegung zufrieden waren. Die Eleven versperrten die Türe und brachten eine kleine Kanone in Stellung, zertrümmerten das Kochgeschirr und Fensterscheiben. Einige Lehrer und Hauptmann Paschalis entfernten sich, wogegen acht Unteroffiziere sich verbarrikadierten und so nicht das Ende des Aufstandes angingen. Erst am nächsten Morgen wurde, nach dem Erscheinen des Kriegsministers, der Aufstand beendet, und die Eleven nachträglich bestraft.[231] Wegen der großen Unordnung wurde die Militärschule am 25. Mai 1846 geschlossen.[232] Einzig die Abteilung der Ausbildung der Seeoffiziere erfuhr eine Aufwertung durch die Inbetriebnahme der LUDOVICOS als »Naval Training School«. Es war ein bitterer Beigeschmack für den ehemaligen Leiter der Schule dabei. Hatte er doch lange Zeit dafür geworben, so ein Schiff für die Ausbildung der griechischen Marineoffiziere betreiben zu dürfen, immer ohne Erfolg. Nun wurde dieses, wo er auf ein Abstellgleis des Kriegsgerichtes verschoben worden war, umgesetzt.

---

230 **Schulz, H.:** a. a. O. S.23.

231 **Augsburger Postzeitung** Nr. 133 vom 13.5.1846 und **Österreichischer Beobachter** vom 10.5.1856 S. 515.

232 **Allgemeine Militärzeitung** von einer Stelle deutscher Offiziere und Militärbeamter. 1846 Spalte 365.

C.R. Brommys Hinwendung zum Deutschen Bund

Unabhängig von der fehlgeschlagenen Bewerbung in Preußen arbeitete er weiter an seinem wissenschaftlichen Lehrbuch »Die Marine«.[233] Im Vorwort schrieb Brommy Endes des Jahres 1847:

(…) Warum aber soll gerade der Deutsche mit einem Gegenstande unbekannt bleiben, der ihm doch eben so interessant sein müsste, als wie dem Engländer, dem Franzosen des Binnenlandes?

Hat auch Deutschland bis jetzt keine Kriegsmarine – denn die Oesterreichs ist doch mehr italienisch als deutsch – so hat es doch ausgebreiteten Seehandel und bedeutende Küsten, seine Nachbarstaaten sind maritime Mächte, die Verbindungen sind jetzt so leicht gemacht, eine Reise nach den transatlantischen Staaten so schnell abgethan, daß es wohl der Mühe werth scheinen dürfte, sich mit der Marine mehr bekannt zu machen, als bis jetzt geschehen.

In Oesterreich wurde seit Jahren daran gearbeitet, die Marine so viel als immer möglich durch Deutsche zu ergänzen; – Preussen werde auch hierin ein Muster sein, Deutschland den Weg zu bahnen, um die Ehre seiner Flaggen herzustellen, diese auf fremden Meeren wiederum geehrt und gefürchtet wehen zu lassen und die seit Jahrhunderten verschollenen Sagen in das Leben zurückzurufen. Was einst die Hansa, was Preussens großer Churfürs vermochte, soll das im neunzehnten Jahrhundert dem kräftigen deutschen Willen nicht möglich sein?

Athen, im Dezember 1847 [234]

Die politischen und militärischen Ereignisse wurden vom Fregattenkapitän in Griechenland mit wachem Interesse verfolgt. Die Probleme der Revolution auf dem europäischen Kontinent, gepaart mit der dänischen Erhebung um Schleswig-Holstein und dem Ruf nach einer deutschen Flotte, um diese Bedrohung zu beenden sah Brommy mit unruhigem Herzen. Wie aufmerksam der in Griechenland lebende Fregattenkapitän Carl Rudolph Brommy die Geschehnisse in Deutschland beobachtete, zeigen seine Aufzeichnungen, die er im Juni 1848 niederschrieb:

– »Die deutsche Kriegs-Marine.

Athen, Juni.

Inmitten der großen Aufregung welches im jetzigen Augenblick das gemeine deutsche Vaterland ergriffe wird mit vollem Recht am großen Theil des allgemeinen Interesses der Gründung einer deutschen Kriegs- Marine gewidmet.

Es ist hier nicht die Aufgabe, zu untersuchen, ob dieses gezeigte Interesse mehr der Besorgnis unsern deutschen Seehandel gestört zu sehen angehört,- was vorzüglich momentan die reichen Seestädte für diese Idee, die ihnen Chimäre scheint, begeistert,- oder vielmehr dem Ruhme des Vaterlandes. Zur Ehre des deutschen Namens wollen wir glauben daß endlich das Verlangen nach einer Seemacht, auch in den Herzen derjenigen unserer deutschen Brüder Wurzeln gefaßt, deren bis jetzt das Meer und Alles was darauf Bezug hat (unkenntlich) und bleibt zu wollen schien.

---

233 **Hildebrand, H.H.; Henriot, E.:** Deutschlands Admirale a. a. O. S. 138 Brommy lebte seit 1843 weitgehend in Berlin, schied aber offiziell erst 1848 aus der griechischen Marine aus.

234 **Brommy, Carl Rudolph.** Die Marine. Vorwort.

Zum bestandenen unbesiegbaren Vorurtheil gegen die Gründung einer deutschen Kriegs-Marine, obschon Tausende und aber Tausende unserer Mitbürger die Meere auf Handelsschiffen in allen Richtungen durchkreuzten und den deutschen Namen bis in die entferntesten Theile der Erde trugen. Dieses Vorurteile scheinen nicht allein in deutschen Binnenlande und bei denen zu finden, die keinen Begriff von Wichtigkeit und Ausdehnung unseres Seehandels haben, sondern auch in nordische Meere mündende Flüsse an Ströhme wohnen hat, wenn es einen so bedeutenden und ausgebreiteten Seehandel besitzt, der Deutschland zum dritten Handelsstaate der Welt macht, wenn ein großer Theil dieser Bevölkerung fortwährend bereit ist, auf zahlreichen Handelsschiffen die entlegensten Punkte der Erde aufzusuchen, so ist dies ein Zeichen, dem nur der Unverstand zu widerstehen vermag.

In Wahrheit hänge es nicht mehr von Deutschland ab, da doch einmal das Meer unsere Küsten bespült, uns von demselben fern zu halten; wir können nicht sagen, das wir ruhig an unseren Küsten bleiben wollen, wenn die Bewohner ferner Länder uns über das Meer aufsuchen.

Wenn aber unser Mitbürger sich über alle Meere zerstreuen, so muß auch unser gemeinsames Vaterland, unser einiges Deutschland ihnen folgen, sie beschützen, es muß ihnen folgen, indem sie die Geschwader seiner bewaffneten Kreuzer auslaufen läßt, es muß sie schützen mit der Aegiede der neuentstehenden Flagge….« [235]

Durch gute Kontakte zum bayrischen Königshaus bleibt Carl Rudolph Brommy in Griechenland immer über die Geschehnisse in Deutschland ausgezeichnet unterrichtet. Sein im Sommer 1848 in Berlin erschienenes Buch »Die Marine« hatte unter Marinefachleuten Aufsehen und Zustimmung gefunden.

Brommy hielt sich zu dieser Zeit sehr häufig in Berlin auf, um die Belange zur Veröffentlichung seines Buches zu klären. Zwangsläufig beobachtete er dabei die maritimen Vorgänge in Preußen und Österreich und dem Deutschen Bunds seit den Spannungen um Schleswig-Holstein. Er machte sich seine Gedanken darüber, ob nicht für seine patriotische Einstellung seinem Heimatland Deutschland gegenüber die Zeit gekommen war, sich zum Dienst in der Marine anzubieten.

Wie schon 1845 reichte er erneut ein Gesuch zur Übernahme einer leitenden Position ein. Diesmal aber nicht nach Preußen sondern nach Frankfurt, das er am 23. Juli an den Präsidenten der National-Versammlung, Heinrich von Gagern schickt:

»Ehrwürdige Exzellenz
Muß der Unterzeichnete um Entschuldigung bitten, daß er, als ein Ihnen gänzlich Unbekannter wagt, Ihre kostbare Zeit mit seinen eigenen Angelegenheiten in Anspruch zu nehmen. Unter den Großen Zeitfragen, welche das gesamte deutsche Vaterland jetzt erwegen, war die, eine deutsche Kriegs-Marine betreffende, eine der wichtigsten geworden. (…) «
Stets von dem Wunsche beseelt, (…) dem Vaterlande in dem, von frühster Jugend an erwählten Wirkungskreise dienen und nützen zu dürfen, versuchte der Unterzeichnete

---

235 **Stadtgeschichtliches Museum Leipzig:** Sammlung Brommy/Lange.

schon vor einigen Jahren, als in Preußen der Anfang einer Kriegs-Marine gemacht wer-
den sollte, um in derselben um Anstellung zu erhalten. (...)
Jetzt ist diese langersehnte Zeit herangekommen und die Umstände haben die Nothwen-
digkeit einer deutschen Flotte bewiesen. Der Unterzeichnete hielt es für seine Pflicht als
Deutscher, in einem Augenblick wo ein Jeder dem Vaterland seine Kräfte widmen muß,
Deutschland seinen Dienst anzubieten,- um somehr glaubt er es thun zu müssen, da es
an Offizieren mangelt, die befähigt sind eine Marine zu organisieren und zu befehli-
gen.(...)
Der Unterzeichnete wendet sich jetzt an Ew. Exzellenz und bittet durch Ihre gütige Ver-
mittlung Deutschland seinen Dienst um so bereitwilliger an, da Mangel an Seeoffizieren
abzuhelfen, Deutschland für den Anfang doch benötigt sein wird, die Ehre seiner
Flagge fremden Mietlingen anzuvertrauen. Indem er dieses Gesuch einreicht, erlaubt er
sich zugleich, eine biographische Notiz über sich zur geneigten Durchsicht beizulegen
und die Bitte hinzuzufügen, sie beikommendes Werk über Marine als ein schwachen Be-
weis der ausgezeichneten Hochachtung annehmen zu wollen, die der Verfasser für den
ausgezeichneten Staatsmann, den deutschen Präsidenten der Deutschen National Ver-
sammlung empfindet«
>   *Athen 23. Juli 1848*
>   *Ew Excellenz ergebenster*
>   *R. Brommy Ritter*
>   *Erster Capitän der Königlich Griechischen Marine«.*[236]

Als wenig später das Einladungsschreiben des Reichshandelsministers Duckwitz bei ihm eintraf, setzte er alle Hebel in Bewegung, um bei seinem Dienstherren, dem griechischen König
Otto I. um seine Demissionierung nachzusuchen, um mitzuhelfen, Deutschland eine wehr-
hafte Marine zu schaffen. Nach der Befreiung aus griechischen Diensten für ein halbes Jahr
verließ Carl Rudolf Brommy zum Jahreswechsel 1848/1849 Griechenland, um sich in seine
Heimat zu begeben, wo er Anfang Januar 1849 in Frankfurt eintraf und wenig später seinen
Dienst in der Technischen Marinekommission, am 20. Januar, antrat.

---

236 **DB 59/51.** Brommy an Vorsitzenden der Nationalversammlung 23.6.1848 Athen.

Teil D

Der Aufbau der Reichsmarine ab 1849

Kapitel X.

Die Tätigkeit der TMK zu Beginn des Jahres 1849

Das Deutsche Reich hatte zum Jahreswechsel 1848/1849 vier verschiedene Flottillen.

Die österreichische Flottille war praktisch weiterhin nicht einsatzfähig, weil sie reorganisiert wurde, materiell wie personell. Zu dieser Zeit war die personelle Stärkung durch österreichisches Personal, zumal auf der Führungsebene, gegenüber der bisherigen Vormachtstellung durch italienisches Personal, noch nicht abgeschlossen.

Die preußische Flottille wurde gebildet, bzw. die Schiffe befanden sich in der Ausrüstung.
Oberkommandierender: Prinz Adalbert von Preußen (z.Z. TMK)

Segelfregatte AMAZONE,	12 Kanonen,
PREUSSISCHER ADLER gemieteter Postdampfer	3 Kanonen,
KÖNIGIN ELISABETH gemieteter Postdampfer	
DANZIG gemieteter Raddampfer	3 Kanonen,
DELPHIN gemieteter Raddampfer	
TARTAR gemieteter Raddampfer	
6 Kanonenschaluppen, verschiedene Modelle je	2 Kanonen,
6 Kanonenjollen je	1 Kanone
18 Schiffe insgesamt mit	36 Kanonen.

Die schleswig-holsteinische Flottille wurde gebildet:
Oberkommandierender: Capitain-Lieutenant Donner (z.Z. TMK)

Dampfer BONIN ex Postdampfer CHRISTIAN	4 Kanonen,
Dampfer KIEL ex. Schleppdampfer	4 Kanonen,
Dampfer LÖWE ex Löwen«	3 Kanonen,
Schoner ELBE (Ausbildungsschiff)	8 Kanonen,
Bugsierdampfer RENDSBURG	
Bugsierdampfer EIDER	
Segelkutter TUMMLER (Übungsschiff der Seekadettenschule Kiel)	
4 Kriegslogger (Kanonenboote) je	2 Kanonen,
11 Schiffe insgesamt mit	27 Kanonen.

Die Flotte des Deutschen Reiches bestand aus folgenden Schiffen:
Oberkommandierender: Unbesetzt

Dampfcorvette HAMBURG (in Ausrüstung)	4 Kanonen,
Dampfcorvette BREMEN (Kesselreparatur)	4 Kanonen,
Dampfcorvette LÜBECK (in Ausrüstung)	4 Kanonen,
1 Kanonenboot ST. PAULI [237]	2 Kanonen
Segelfregatte DEUTSCHLAND (als Segelschulschiff)	28 Kanonen
5 Schiffe insgesamt mit	42 Kanonen

Zusammen in Nord- und Ostsee waren somit 34 Schiffe mit 117 Kanonen vorhanden.

Durch die Marinebehörde des Reiches waren zum Jahreswechsel die drei Neubauten INCA, CACIQUE und CORA geordert worden, die so umgebaut werden sollten, dass sie zu Kriegszwecken nutzbar wurden. Gleichzeitig waren die Verhandlungen über den Jahreswechsel wegen der zwei britischen Schiffe (BRITANNIA und ACADIA) ebenfalls erfolgreich zum Abschluss gekommen. Bereits am 3. Januar 1849 wurde mit der Fa. Robinson and Russel ein Vertrag abgeschlossen. Für 80.000 Pfd. Sterling wurden die Schiffe vorbehaltlich erworben. Für weitere 20.000 Pfd. Sterling sollten die schon verstärkten Schiffe so hergerichtet werden, dass im Bereich dieser Verstärkungen Kanonen aufgebaut werden konnten. Die Überholung der Maschinen war ebenfalls in dem Preis enthalten.

Kapitän Kuper trat wegen der Missachtung seines Kaufvorschlages der HINDUSTAN von seinem Posten als Berater der Marinekommission zurück. Minister Duckwitz wies Morgan aber an, trotzdem mit Kapitän Kuper in Verbindung zu bleiben und wegen Bewaffnungsfragen dessen Rat einzuholen. Im weiteren Bemühen, Handelsschiffe zum Umbau für Kriegsschiffe zu erwerben, wurden von der Huller-Dampffahrts-Kompanie in Bremen erneut zwei Schiffe, die HENGIST und HORSA, zum Kauf angeboten. Da nach deren Überprüfung aber festgestellt wurde, dass sie zu schwach ausgelegt waren und auf keinen Fall schwere Geschütze tragen konnten, wurden die Verhandlungen eingestellt.

Wegen der Gefahr eines erneuten Krieges war natürlich nicht an den Bau eigener Schiffe zu denken. Da, außer eventuell in Danzig, hierzu keine Werft an Nord- und Ostsee in der Lage war, unterblieben weitere Schritte dazu. Trotzdem sollen die Sachverständigen in England versuchen, eventuell Pläne von Schiffen und Maschinen zu erhalten, die dann in Deutschland gebaut werden sollen. Auch die neuartige Art des Antriebs per Schraube, in den USA schon mit Erfolg bei kleineren Kriegsschiffen angewandt, sollte mit in die Planungen einbezogen werden.

---

237 **Anm. d. Verf.:** Die Darstellung der Kanonenboote und deren Einsätze in der Reichsmarine sind in der Marineliteratur leider unvollständig, da man allgemein diese Schiffsklasse überging. Aus diesem Grund waren Daten über Größe, Bewaffnung und Indienststellung der Kanonenboote nur in Bruchstücken zu erhalten.

Die Personalplanung für die Marine Anfang 1849

Die personelle Lage der Reichsmarine war zu Anfang des Jahres alles andere als ausreichend. Mittlerweile war Fregattenkapitän Brommy Mitte Januar in Deutschland eingetroffen.[238] Nach seiner Ankunft gab es zunächst Gespräche mit dem Minister Duckwitz und mit dem Reichsverweser Erzherzog Johann von Österreich, um die Formalien für seinen Dienst und die weitere Verwendung für den Aufbau der Reichsmarine abzusprechen. Demnach war zunächst die Verwendung in der Technischen Marinekommission geplant, um dort sein Wissen für die Gestaltung der Reichsmarine einzubringen. Zwischen dem aus Griechenland gekommenen Fregattenkapitän und der Reichsregierung kam es hinsichtlich seiner Verwendung und der Verweildauer zu keinerlei Verhandlungen oder Verträgen, da Carl Rudolph Brommy seine Tätigkeit für den Aufbau einer deutschen Reichsflotte als seine patriotische Pflicht ansah, nachdem er 1848 offiziell durch den Reichsminister Duckwitz dazu eingeladen worden war.[239]

Eines der nächsten Ziele von Fregattenkapitän Brommy war dann das Tagungsgebäude der Technischen Marinekommission, wo sich der Fregattenkapitän mit Prinz Adalbert von Preußen ins Benehmen setzte, um zu erfahren, welche Aufgaben er zur Schaffung der Reichsmarine übernehmen sollte. Angesichts seiner Vorkenntnisse und seiner Erfahrung im Aufbau der griechischen Marine war er eine willkommene Verstärkung in der TMK.

Am 20. Januar 1849 begann Fregattenkapitän Brommy offiziell seinen Dienst in der Technischen Marinekommission der Reichsmarine. Hier traf er erstmalig mit Prinz Adalbert von Preußen, Kap. Lt. Donner, den Herren Gevetkoht, Glünder, dem Wasserbau Ing. Hübbe, den Marineräten Jordan, Kerst und Marcard, Kapitän Kudriaffsky, Commodore Schröder, Major Teichert, Gen. Radowitz und Major Wangenheim zusammen.[240] Die erste Unterlage, die unter seiner Mitwirkung erstellt wurde, war ein Schreiben an das Marineministerium mit Vorschlägen der TMK zur Aufgabe der Reichsmarine. Die Reichsmarine sollte in der Lage sein:
1) Die Küsten an Nord- und Ostsee vor dänischen Angriffen zu schützen.
2) Operationen der Landtruppen gegen die dänischen Inseln zu ermöglichen.
3) Dänemark nach Möglichkeit selber auf offener See angreifen zu können.[241]

Es war zu dieser Zeit eine Art Aufbruchsstimmung im Ministerium zu verspüren, die sich in viele Bereiche erstreckte. In absehbarer Zeit standen Schiffserwerbungen an und der Hafen musste bestimmt werden, um der Flotte eine Heimat zu geben und sie ordnungsgemäß zu versorgen und auszurüsten zu können. Neben den vielen weiteren organisatorischen Aufbauarbeiten für die Marine, waren auch der Aufbau der Führung und die Sanitätsversorgung der Reichsmarine eine der dringendsten Aufgaben für Minister Duckwitz.

---

238 **Jorberg F.:** Carl Rudolf Brommy. S. 41, **Anm. d. Verf.:** Die genaue Ankunftszeit von Brommy in Deutschland und sein Eintritt in die Reichsmarine werden in keiner Quelle genau belegt!
Böll, Hans Jürgen: a. a. O. S.12, schreibt, dass Brommy am 4.9.1848 in Frankfurt eingetroffen sein sollte. (!) In den Unterlagen des Bundesarchivs, vom Verfasser in Berlin 2017 eingesehen, ergab sich der 20. Januar 1849 als erstes Auftreten von Brommy in der TMK.
239 **Anm. d.Verf.:** Ein Versäumnis, seine Tätigkeit auf vertraglicher Ebene festzuhalten, das sich Jahre später auf erniedrigende Weise rächen sollte. Aber daran dachte zu dieser Zeit des Aufbruchs niemand, besonders nicht Carl Rudolph Brommy!
240 **DB 59/204** . Protokolle der Technischen Marinekommission.
241 **Zilligers, W.:** a. a. O. S.166.

Mit der Übernahme der Hamburger Schiffe waren ein Arzt (stationiert auf der DEUTSCH-LAND) und ein Chirurg (stationiert auf der LÜBECK) von der Reichsmarine übernommen worden. Da der Etat keinen Chirurgen vorsah, sollte dieser als Schiffsbader im Rang eines Unteroffiziers 3. Klasse übernommen, wegen seiner Fähigkeiten aber als Unterarzt eingesetzt werden. Mitte Januar stellte sich der in Göttingen lebende Privatdozent Dr. Heins zur Verfügung und begann unverzüglich seinen Dienst als Arzt in der Reichsmarine. Die Besonderheit hierbei war der Umstand, dass Dr. Heins ohne förmliche Bewerbung sofort angestellt wurde. Die Reichsmarine erhielt somit einen nicht militärisch ausgebildeten Arzt, hatte also das Glück, von einem Mann geleitet zu werden, der nicht mit eingefahrenen militärischen Strukturen belastet war. Er konnte und musste von Null anfangen. Er begann unverzüglich mit der Ausarbeitung von Vorschlägen für die Einrichtungen von Schiffsapotheken und Medikamentenkisten für Schiffe »ohne besonderes Lokal für die Schiffsapotheke«, also für Ruderkanonenboote. Durch das Reichsministerium wurde Dr. Heins provisorisch dann am 16. März 1848 zum Marinearzt der Reichsmarine ernannt.

Um dem Problem der Mannschaften zu begegnen, waren an die USA, die Niederlande und Belgien Gesuche mit der Bitte um Unterstützung ergangen. Kapitän Kuper hatte vorgeschlagen, die Kommandostellen zunächst mit ausländischen Offizieren zu besetzen, die von deutschen Seeoffizieren der Handelsmarine unterstützt würden. Als Nachwuchs sollte man dann 13–15jährige Jungen aus gutem Hause anwerben und ausbilden. Sie könnten dann später das Deutsche Offizierskorps stellen. Schon im April 1848 hatte der preußische Generalkonsul Bunsen in London darauf hingewiesen, dass durch britische Offiziere wenig Unterstützung zu erwarten sei. Zum einen würde kein britischer Offizier der etwas auf sich hielt, den Dienst in der Royal Navy quittieren. Zum anderen war es britischen Untertanen verboten, einen Dienst anzutreten, der gegen ein Land geführt wurde, mit dem Großbritannien nicht im Krieg stand. Aus den Vereinigten Staaten von Amerika waren dagegen bislang keinerlei negativen Reaktionen zu hören gewesen, so dass Minister Duckwitz davon ausging, dass ein Teil der erbetenen Offiziere tatsächlich in absehbarer Zeit in Deutschland eintreffen würde.

Ein Hauptproblem bei der Einstellung von allgemeinen Seeleuten war und blieb die Rechtsunsicherheit im Dienst der Reichsmarine, ob diese Zeit auf den allgemeinen Wehrdienst ihres Heimatlandes auch angerechnet wurde.

Durch den Leiter der Hamburger Flottille, Kapitän Strutt, wurden die Schiffsfähnriche Möring und Kinderling nach Mecklenburg geschickt, um Mannschaften für die Reichsmarine zu werben. Der Marinerat Jordan beauftragte den Steuermann Reinhold Werner, um in Hamburg und St. Pauli nach geeigneten Mannschaften zu suchen. Als weitere Maßnahme wurde angestrebt, die Überführungsmannschaften der britischen Um- und Neubauten anzuheuern, mit der Maßgabe, sie in die Reichsmarine zu übernehmen. Hierbei wurden zwei Fliegen mit einer Klappe geschlagen. Zum einen wurde verhindert, dass dänische Spione von der Überführung der Schiffe erfahren konnten wenn plötzlich unnatürlich viele deutsche Seeleute in England auftauchten, und zum anderen wurde dem Personalmangel mit qualifizierte Besatzungen entgegengetreten.

Die Hamburger Schiffe wurden zu dieser Zeit geführt:

HAMBURG	Kap. Reichel (Deutscher)
BREMEN	Kap. Th. King (Engländer)
LÜBECK	Kap. Thatcher (Engländer)
DEUTSCHLAND	Kap. Strutt (Engländer).

Auch die Technische Marinekommission widmete sich intensiv dem Themenkomplex. Um die gesamte Marine in ihrer vielfältigen Art organisieren zu können, wurde durch die Kommission der TMK die Marine in vier eigenständigen Abteilungen geplant: '
1) Das Matrosenkorps.
2) Das Marinierkorps.
3) Das Maschinistenkorps.
4) Das Werftkorps.

Jedes dieser Korps sollte ein eigenständiges Unteroffizierskorps erhalten. Hierbei wurde unterschieden zwischen:

Deckoffizier (Bootsmann, Zimmermann, Feuerwerker, der ersten und zweiten Klasse),

Unteroffizier (Bootsmannsmaat, Zimmermannsmaat, Feuerwerkermaat, Quartiermeister.)

Die Uniformierung sollte der preußischen Kanonenboots-Besatzungen angeglichen sein.[242]

Die Küstenschutzplanung an Nord- und Ostsee

Der Handel an Nord- und Ostsee hatten unter der Blockade stark gelitten. Alle Häfen der Nord- und Ostsee spürten die Sperrung des Sundes und die enge Sperrung der Flussmündungen. So stellte man zum Jahreswechsel 1848–49 in Swinemünde fest, dass der Eingang von Seeschiffen und Küstenfahrern erheblich gegenüber dem Jahre 1847 um über 1000 Schiffe zurückgegangen war.

Auch in den Nordseehäfen waren starke Einbußen zu verzeichnen. Um direkte Angriffe oder Blockaden der Häfen an der Nordsee zu verhindern, sollen Küstenverteidigungswerke errichtet werden. Die vom Reich geplanten Schutzmaßnahmen kamen nach dem Waffenstillstand aber nur sehr zögernd voran, da die Küstenstaaten sich scheuten, die Kosten dafür auch nur vorzustrecken, ganz zu schweigen davon eine Zusicherung abzugeben, für den eigenen Küstenschutz zu sorgen.

Für die Bestückung der Batterien wurden in der TMK umfangreiche und zeitraubende Erkundigungen und Vergleiche erstellt. Zur Auswahl standen die bewährten langen preußischen 25 Pfd. Bombenkanonen, mit der auch die preußischen Kanonenboote ausgerüstet waren, oder die britischen 8 Fuß langen 32 Pfd. Kanonen. Nach eingehender Beratung wurden für die Küstenverteidigung und für die Bewaffnung der Schiffe insgesamt 80 Stück 32 Pfd. und 85 Stück 25 Pfd. Kanonen ermittelt. Bestellt wurden:

---

242 **Martin, Paul:** a. a. O. S. 53ff.

169

Größe	Fa. Ferichs & Co, Rönnebeck bei Bremen	Sayner Hütte, Egesstorf bei Linden	Waffenfabrik, Lüttich
25 Pfd.	50	5	30
32 Pfd.	25	25	30

Die erforderlichen Lafetten sollten, auf Vorschlag des preußischen Artillerie-Hauptmanns Teichert, aus Schmiedeeisen gefertigt sein, da die hölzernen Modelle nur schwer zu beschaffen waren. Der Auftrag hierzu erging an eine Hamburger Firma.[243]

Neben den Stellungen des Küstenschutzes sollten, nach Meinung von Prinz Adalbert von Preußen, vorrangig Ruderkanonenboote eingesetzt werden, die groß genug waren, um zwei Geschütze zu tragen. Diese Diskussion nahm eine lange Zeit in Anspruch. Fregattenkapitän Brommy vertrat die Auffassung, dass die Kanonenboote an der Nordsee wenig Sinn hatten, da die See keinen ordnungsgemäßen Einsatz zuließ. Er verstand deshalb nicht den Zeitaufwand, der diesem Thema gewidmet wurde. Für ihn waren andere Themen wichtiger auf der Tagesordnung. Es musste wegen der Kanonenboote starke Meinungsverschiedenheiten gegeben haben! Trotzdem: um vor Ausbruch des Krieges noch genügend Boote bauen zu können, sollten in Nord- und Ostsee getrennte Bauvorhaben für Kanonenboote in Angriff genommen werden, die unter der Oberaufsicht von Commodore Schröder stehen sollten. Als Kosten wurden 5.900 bis 6.200 Reichstaler veranschlagt. Sollten die Verträge nicht eingehalten werden, drohten sogar Bußgelder.

Die Mission des US-Commodore Foxhall Parker

Auch in den Vereinigten Staaten von Amerika wurde verstärkt nach einem großen Schiff Ausschau gehalten, da man annahm, dass nur dort der Umbau und die Ausrüstung ohne Komplikationen vonstattengehen würde. Die vom US-Gesandten Donelson überbrachten politischen Signale ließen weiterhin auf eine gute Zusammenarbeit hoffen. Der Reichskommissar, Kommissionsrat Wilhelm Wedding aus Berlin, sollte in Verbindung mit den beiden Handelshäusern Farber & Bierwirth und Bietor & Duckwitz mit Sitz in New York die finanziellen Belange erledigen, so dass der Reichsgesandte v. Rönne die Möglichkeit erhielt, ein großes Dampfschiff zu erwerben.

Der Hauptgrund zum Erwerb eines großen Dampfschiffes in den USA lag in der Gefahr begründet, dass die Schiffe aus England eventuell nicht abgehen durften, da politische Hindernisse dieses verbieten könnten. Zur Unterstützung der Reichsmarine beurlaubte der US-Marineminister Mason den Commodore Foxhall Parker für zwei Monate, um ihn in geheimer

---

243 **Martin, Paul:** a. a. O. S. 40ff.

Mission die Probleme der deutschen Flottengründung sondieren zu lassen.[244] Anlässlich dieser Kontakte mit der Provisorischen Zentralgewalt wurde am 15. Januar 1849 durch die Vereinigten Staaten die Notifikation der Reichs-Kriegsflagge zugestellt.

In der zweiten Hälfte des Januars, am 21. Januar 1849, Fregattenkapitän Brommy hatte gerade seine Arbeit in der TMK begonnen, traf Commodore Foxhall Parker im Auftrag des US-Marinesekretariats in Frankfurt ein, um für seine Regierung zu erkunden, welche Unterstützungsmöglichkeiten im Einzelnen von den Vereinigten Staaten gewünscht wurden, und sollte folgende Punkte abklären:

1) Welche Art von Dienst sollten die US-Seeoffiziere leisten?
2) Über welchen Zeitraum sollten die US-Offiziere Dienst leisten?
3) Unter welchen Bedingungen sollte der Dienst geleistet werden?
4) Wie viele US-Offiziere wurden gewünscht?
5) Welchen Rang sollten die US-Offiziere haben?

Nach mehreren Gesprächen zwischen Reichs-Handelsminister Duckwitz und dem Vertreter der Vereinigten Staaten in Frankfurt Donalson, hatte Commodore Parker sich sein Urteil über die maritime Situation des Deutschen Reiches, der provisorischen Regierung und der Lage gegenüber Dänemark schnell gebildet. Hierbei ging der amerikanische Offizier davon aus, dass die angeforderten Offiziere nur im anstehenden Krieg gegen Dänemark zum Einsatz kommen sollten. Obwohl die Verhandlungen mit Minister Duckwitz noch nicht abgeschlossen waren, für den 25. Januar 1848 war ein abschließendes Gespräch anberaumt, gab Commodore Parker in einem Schreiben vom 24. Januar 1849 an den zuständigen Marinesekretär Mason im US-Marineministerium seine Beurteilung der Lage für eine Deutsche Flotte ab:

»(…) Ich fand, das wenig geschehen, und nicht einmal Gesetze über die Marine erlassen sind. Vor meiner Ankunft sind zwei britische Postdampfer, die BRITANNIA und ACADIA gekauft, welche jetzt zu Kriegsschiffen ausgerüstet werden. Ein Dampfer soll in den Vereinigten Staaten gekauft werden, und Herr Duckwitz sagte mir, das mehrere deutsche Dampfer und Kanonenboote angeschafft sind.
Dies war die ganze Macht, sowie ich vernommen habe, die man den Dänen, bestehend aus 1 035 Kanonen und 9 755 Mann, wobei 5 Linienschiffe von 84 Kanonen entgegenstehen will. Da der Waffenstillstand am 26. März abläuft, scheint es ganz außer Frage zu sein, das Deutschland irgend eine Macht zu Stande bringen kann, die sich mit Dänemark messen könnte. Ich sehe kein Feld auf welchem amerikanische Offiziere Ehre für sich oder ihr Land gewinnen könnte. Im Fall der deutschen Bundesstaaten zu Stande kommen soll, werde Prinz Adalbert von Preußen sich an die Spitze der Flotte stellen. Aber wenn ich nicht irre, so kann und werde jener Fall nicht eintreten, ohne einen Bürgerkrieg, das heißt des Volkes gegen die Könige und Fürsten.
Bei dieser Sachlage scheint es mir unweise zu sein, das amerikanische Offiziere irgend etwas mit Deutschland zu Thun haben bis die Centralgewalt definitiv errichtet ist, es sei denn im Wege des guten Rates«. [245]

---

244 **Anm. d. Verf.:** Leider wird die Ankunft in der Literatur nicht erwähnt. **Martin, P.:** a. a. O. S. 25 sagt (...) *dass gegen Ende Dezember 1848 eine nautische Kommission aus Amerika, geführt von Mr. Parker mit einem Oberkonstrukteur und verschiedenen praktischen Schiffbauern in Deutschland zu erwarten stand.«*
245 **Duckwitz, A.:** Denkwürdigkeiten. S. 56.

Zum abschließenden Gespräch zwischen Reichshandelsminister Duckwitz und Commodore Parker hinsichtlich der konkreten Wünsche der Provisorischen Zentralgewalt gegenüber der US-Regierung kam es am 25. Januar 1849. Während des Gespräches bot Duckwitz dem US-Offizier das Amt des Oberkommandierenden der Reichsmarine an, was Parker aber ablehnte. Duckwitz legte dem Commodore eine Personalliste vor, in der Hoffnung, die aufgeführten Offiziere aus den Vereinigten Staaten ausgeliehen zu bekommen:

1) Ein Contreadmiral als Oberbefehlshaber.
2) Ein Kriegsschiffbaumeister.
3) Ein Leutnant mit Deutsch-Französisch-Kenntnissen.
4) Zehn Leutnants, die kleine Dampfschiffe führen könnten.
5) Drei Leutnants im Rang von Fregattenkapitänen, die Korvetten kommandieren könnten.
6) Vierundzwanzig Kadetten mit abgeschlossener Ausbildung.

Der US-Kapitän verließ anschließend Deutschland, um in den USA seine Eindrücke persönlich darzustellen. Über die Intensität und die Gesprächspartner, mit denen sich der US-Commodore sonst noch ins Benehmen setzte, ob es Gespräche mit Mitgliedern der TMK oder Vertretern anderer deutscher Staaten gegeben hatte, wird in den Quellen nichts erwähnt. Sollte die Verweildauer des US-Offiziers tatsächlich nicht länger als eine Woche gedauert haben, müsste in Frage gestellt werden, betrachtet man die Verweildauer von Kapitän Paulding zur Beratung der preußischen Regierung gegen Ende des Jahres 1848, wie ernsthaft diese Mission von den USA gesehen wurde! Oder sollten die USA bereits ihren Rückzug im Willen eingeleitet haben die Reichsregierung zu unterstützen, weil sich bereits abzeichnete, dass es in absehbarer Zeit zu erneuten Kriegshandlungen mit Dänemark kommen könnte?

In der Hoffnung auf die amerikanische Unterstützung wurde indes die Arbeit der Marineabteilung und der TMK weiter betrieben. In einem Bericht des Vorsitzenden der TMK vom 25. Januar an den preußischen Ministerpräsidenten Graf Brandenburg gab dieser neben »Technischen Spezialitäten« auch weitere Fragenkomplexe an, die in der TMK bearbeitet wurden, so zum Beispiel:

1) Welche Streitmittel könnte Deutschland gegen Dänemark bei Wiederausbruch des Krieges im Frühjahr 1849 bereitstellen?
2) Welche Wehrhaftigkeit könnte gegen Dänemark erfüllt werden.
3) Wie war die deutsche Flotte organisiert?
4) Wie viele Häfen und Werften beanspruchte die deutsche Flotte, und wo und wie waren diese anzulegen?
5) Welche Finanzmittel standen zur Verteidigung zur Verfügung?
6) Bemannungsfragen, Stärke der Truppe, Ausbildung usw.

Das Ende der Technischen Marinekommission am 8. Februar 1849

Prinz Adalbert kündigte in einem Brief vom 26. Januar 1849 dem preußischen König an, dass seine Arbeit in acht bis vierzehn Tagen beendet sein würde. Auch in diesem Schreiben stellte der Prinz kurz die Arbeit dar und konkretisierte für das »erste Studium« die Beschaffung und den Kauf von Dampfschiffen und Kanonenbooten, um Operationen des Heeres entlang der Ostseeküste zu unterstützen und die Blockade möglichst zu erschweren.

Zum Ende Januar setzte noch einmal eine rege Tätigkeit der TMK ein, die zu dieser Zeit aus den Mitgliedern; Prinz Adalbert von Preußen, Fregattenkapitän Brommy, Kapitän Donner, den Herren Gevetkoht, Wasserbau Ing. Hübbe, Jordan, Kerst, Marcard, Commodore Schröder, Major Teichert, Major Wangenheim gebildet wurde.[246] Zu dieser Zeit erfolgte auch die Abreise der *»Reichs-Commission für die Befestigung der deutschen Küste«*. Die vom Österreicher Kudriaffsky geleitete Küsten-Kommission verließ Frankfurt, um sich zunächst nach Hannover zu begeben.[247]

In Voraussicht der Beendigung der Arbeit der TMK wurde durch das Reichsministerium der Finanzen eine Einladung an alle Bevollmächtigten der deutschen Staaten gerichtet mit der Bitte, am 10. Februar 1849 an einer Sitzung zwecks des Vollzuges der Verordnung des Reichsverwesers vom 10. Oktober 1848 zu beraten, da nicht alle Staaten die bisher fälligen Matrikularabgaben geleistet hatten.

Da es in absehbarer Zeit, ab dem 26. März 1849, wieder zu Kampfhandlungen zwischen Dänemark und dem Deutschen Reich kommen konnte, begann der britische Außenminister Lord Palmerston verstärkt zwischen den Konfliktparteien um Schleswig-Holstein zu vermitteln. Lord Palmerston sah das für ihn künstliche Gebilde eines »Deutschen Reiches« unter einer »Provisorischen Zentralgewalt«, geleitet von einem »Reichsverweser« als nicht existent an und wollte so auch Preußen den Rücken stärken. Hauptziel des Briten war es den Waffenstillstand zu verlängern, um somit den politischen Verhandlungen wieder Raum zu geben. Da die dänische Regierung aber keinerlei Entgegenkommen zeigte, musste mit dem erneuten Ausbruch der Feindseligkeiten gerechnet werden. Die Gründe für Dänemark, an keiner Verlängerung des Waffenstillstandes Interesse zu zeigen, lagen in der Erwartung der Dänen begründet, dass es dem Deutschen Reich gelingen könnte, auf See eine stärkere Position zu erlangen, sollten alle Planungen, die erkennbar waren, umgesetzt werden.

In der Erkenntnis, dass es wieder zum Krieg kommen könnte, wurde durch die Provisorische Zentralgewalt in Frankfurt am 3. Februar 1849 eine Zirkularnote an alle Bevollmächtigten der Bundesstaaten abgesandt, um auf die erneute akute Gefahr eines Krieges gegen Dänemark aufmerksam zu machen. Aus diesem Grund wurden konkrete Vorbereitungen in Angriff genommen, um die Reichsmarine wenigstens planungsmäßig in die Lage versetzen zu können, Abwehrmaßnahmen in die Wege zu leiten. In einer Denkschrift der TMK befasste sich diese

---

246 **DB 59/204.** Protokolle der Technischen Marinekommission.
247 **Porth, Wenzel:** Denkwürdigkeiten aus dem Leben des k. k. Feldmarschall-Leutnants Ludwig Freiherr von Kudriaffsky. Wien 1895, S. 108.

mit der Lage der Reichsmarine gegenüber dem potentiellen Gegner Dänemark im Kriegsfall. Welchen militärischen und politischen Optionen müsste entgegengesehen werden?

1) Zunächst wurde ein Embargo gegen alle deutschen Schiffe in den dänischen Häfen erwartet.
2) Der Sund und die Belte würden durch Dänemark gesperrt.
3) Die deutschen Küsten in Nord- und Ostsee würden wieder blockiert.
4) Die dänische Marine würde zur Unterstützung des Heeres eingesetzt.
5) Vermutete Verteilung der dänischen Seestreitkräfte in der Nordsee:
   Fregatte GEFION mit 52 Kanonen,
   Fregatte THETIS mit 52 Kanonen,
   Fregatte BELLONA mit 46 Kanonen,
   Fregatte FREYA mit 46 Kanonen.
6) Die restlichen Schiffe der dänischen Marine würden in der Ostsee gegen Schleswig-Holstein und Preußen eingesetzt.

Tatsächlich wurde die Tätigkeit der Technischen Marinekommission am 8. Februar eingestellt, ohne alle Kommissionsberichte und geplanten Verordnungen abschließend besprochen und grundlegend ausgearbeitet zu haben![248] Einer ihrer letzten erarbeiteten Schwerpunkte war die Schaffung der Disziplinarordnung für die Reichsmarine und die **»*Organisation der Seebehörden.*«**[249]

Die umfangreichen Beratungen der TMK hatten somit vom 14. November 1848 bis zum 8. Februar 1849 angedauert. Also gut 2 ½ Monate. Neben den Fragen zum Aufbau und der Ausrüstung der Deutschen Flotte und des Küstenschutzes mit Unterstützung des In- und Auslands standen Fragen der rechtlichen Grundlagen, der Organisation, des Strafrechtes wie alle weiteren Fragen, die Marine und ihre Organisation betreffend, zur Diskussion. Die erarbeiteten Unterlagen wurden dem Reichsministerium des Handels, Abt. der Marine, inklusive des Abschlussberichtes, übergeben. Hauptbereich der Planung war die Erstellung eines Aufbauplanes für die Reichsmarine mit einer Laufzeit von zehn Jahren. Bestehen sollte die Flotte innerhalb dieser Aufbauphase aus:

15 Segelschiffen mit 60 Kanonen, Hilfsdampfmaschinen und Schraubenantrieb (!),
 5 Dampffregatten mit Schaufelradantrieb,
20 Dampfcorvetten mit Schaufelradantrieb,
10 Dampfavisos mit Schaufelradantrieb,
 5 Segelschonern,
80 Kanonenschaluppen.[250]

---

248 **Anm. d. Verf.:** Betrachtet man die von Prinz Adalbert geplante Gesamtdauer für die beiden ersten Phasen von gut 10 Wochen und der anschließenden Beschlussphase ohne Zeitangabe muss das verhältnismäßig schnelle Ende zum 8.2.1849 abrupt erscheinen. Auch die Küstenschutz-Kommission hatte ihre Tätigkeit noch nicht beendet und befand sich noch an der Küste. Der Hauptgrund muss in der Tatsache zu suchen sein, dass der preußische König seinen Oberbefehlshaber wieder bei seiner Flotte sehen wollte, um diese für einen eventuellen Kampf gegen Dänemark bei der preußischen Flotte zu wissen. Das gleiche traf auch für Schleswig-Holstein zu.
249 **Martin, Paul:** a. a. O. S. 64.
250 Ebenda: S. 77.

Der geplante Etat dieser Flotte war auf ca. 6 Millionen Thaler veranschlagt. Die erste Aufgabe dieser Flotte sollte es sein, den Küstenschutz in Nord- und Ostsee zu übernehmen. Als weiteres sollte nach der Aufbauphase die Flotte den Schutz des deutschen Handels auf der Hohen See gewährleisten. Die verschiedenen Kommissionen erarbeiteten weitere wichtige Unterlagen hierzu aus.

Der Flottenaufbau nach dem Ende der Technischen Marinekommission

Im Hinblick auf das Ende der Tagungen der Technischen Marinekommission und der dadurch erreichten Planungsvorgaben wurden Entscheidungen auf den Weg gebracht, wie die Mittel, die zur Verfügung standen und die noch benötigt wurden, aufzubringen waren. Der Reichsminister der Finanzen, Beckerath, erörterte die Problematik der zu leistenden Matrikularumlagen während der Sitzung der Nationalversammlung am 10. Februar 1849. Von allen Bundesländern waren nur Österreich, Sachsen-Weimar, Anhalt-Bernburg, Lippe, Schaumburg-Lippe und Waldeck unvertreten. Trotzdem erklärte der Finanzminister darauf hin, dass es zu keinem neuen Beschluss kommen müsse, da die 6 Millionen bereits am 14. Juni 1848 genehmigt worden waren. Daraufhin wurde durch die Provisorische Zentralgewalt am 12. Februar 1849 die 2. Rate von 3 Millionen Thaler für die Marine freigegeben. Von den bisher zur Verfügung stehenden 3 Millionen Thalern waren verbraucht worden:

300.000	Thaler für die Hamburger Flottille (Beschaffung der drei Schiffe)
900.000	Thaler für Anteil der österreichischen Flotte (!)
100.000	Thaler für die Unterhaltung der Hamburger Flottille
1.300.000	Thaler Total.

Es verblieben 1.700.000 Thaler zur Bezahlung der Schiffe in England und deren Aus- und Umrüstung.

Trotz des Angebotes, Posten in der Reichsmarine übernehmen zu können, hatten alle Marineoffiziere und Beigeordnete der TMK Frankfurt verlassen und waren wieder zu ihren Dienststellen zurückgekehrt. Wie von Minister Duckwitz geplant, blieb Carl Rudolph Brommy in Frankfurt, um dort die Geschäfte der Marineabteilung zu übernehmen und die wichtigsten Fragen zum Aufbau und der Struktur der Marine für Bremerhaven zu klären. Mit der Freigabe der zweiten Rate der Marinemittel konnte der Aufbau in die Tat umgesetzt werden, die da waren:

1) Schaffung von Kriegshäfen,
2) Schaffung des Raumes für Arsenale,
3) Beschaffung von Schiffen,
4) Schaffung von Grundlagen für Baukontrakte,
5) Schaffung der Grundlagen zum Bau von Werften für Kriegsschiffe durch deutsche Schiffsbaumeister,
6) Beschaffung von Schiffbaumaterial,
7) Anwerbung von Offizieren und Mannschaften für die Marine.

Hauptproblem war und blieb zu diesem Zeitpunkt die Besetzung des Postens eines Commodore in Bremerhaven als militärischem Führer vor Ort. Handelsminister Duckwitz rechnete immer noch mit der Freistellung eines US-Offiziers. Da in Bremerhaven aber unbedingt eine verantwortliche Person eingesetzt werden musste, sollte zunächst ein »Admiralitäts-Collegium« diese Aufgabe übernehmen. Ungeachtet dieser ungeklärten Personalfrage des Leiters in Bremerhaven, seiner Aufgaben und Befugnisse, begann Fregattenkapitän Brommy seine Arbeit in der Marineabteilung in Frankfurt mit der Sichtung der Unterlagen der TMK und den Möglichkeiten, diese in die Tat umzusetzen.

Die Reichskommission der TMK, die an der Nordseeküste die Bereiche der Ems, Jade, Weser, Elbe, Trave und Warnow hinsichtlich deren Verteidigungsmöglichkeiten und vorhandenen Anlagen untersuchen sollte, hatte am 8. Februar (dem Tag des offiziellen Endes der Tätigkeit der TMK!) endlich die nötigen Instruktionen erhalten und begab sich wenig später auf die Reise. Durch die Reichsregierung war der oldenburgischen Regierung der Besuch der Küstenkommission bereits am 19. des Vormonats angekündigt worden. Natürlich wurde nun durch die oldenburgische Regierung alles vorbereitet, um die Gespräche auch auf einen Hafen im Jadebusen bei Heppens zu lenken. Die Kommission, der Marineoberst v. Kudriaffsky (Österreich), Oberleutnant Glünder (Hannover) und der preußische Artilleriemajor v. Truschke angehörten, traf am 12. Februar 1849 in Oldenburg ein und begann mit ihrer Arbeit. Hauptaufgabe für die »Arbeitsgruppe Küstenverteidigung« sollte es sein, Unterlagen für Pläne zu erarbeiten, die man zur Unterstützung des Heeres benutzen konnte, da der Küstenschutz die Angelegenheit des Heeres war. Die Kommission sollte hier nur beratend wirken, um spezielle Marinewünsche und Vorstellungen einfließen zu lassen.

In einer Denkschrift der TMK vom 16. Januar 1849 war vorgeschlagen worden, entlang der Nord- und Ostseeküste neben den Kanonenbooten und Kanonenjollen 34 schwere Batterien zu errichten. Zusätzlich sollten in problematischen Ein- und Durchfahrten Blockschiffe versenkt werden. Um eine Annäherung von feindlichen Schiffen rechtzeitig zu melden, wollte man entlang der Küsten vier Telegraphenlinien bauen, damit Landtruppen besser an eventuelle Anlandungsstellen delegiert werden könnten. Ebenso sollten bestehende Batterien verstärkt werden.

Nach einem freundlichen Empfang der Reichs-Kommission wurde die Batterie von Blexen besichtigt. Am darauffolgenden Tag besuchte die Kommission Varel, um die Dampfermole, die Schleuse und mehrere Fabriken zu besichtigen. Der Jadebusen im Bereich von Heppens wurde am 15. Februar besichtigt. Der steife Westwind deutete zwar die geschützte Lage dieses Gebietes an, verhindert aber gleichzeitig die geplante Lotung der Fahrrinne. Die nächsten Ziele der Kommission waren nun Bremerhaven, Cuxhaven, Hamburg und die preußischen Ostseehäfen.

Der Leiter der Küstenschutz-Kommission, Kudriaffsky, erhielt nach der Besichtigung der Hamburger Hafenanlagen aus Frankfurt die Anweisung, sich mit der preußischen Regierung ins Benehmen zu setzen, um die wichtigsten Küstenpunkte bezüglich der Anlage eines Reichskriegshafens und die Verteidigung der Küste zu erkunden. Hierbei sollte besonders Danzig und Swinemünde überprüft werden.[251]

---

251 **Porth, Wenzel:** a. a. O. S. 171; **Weiden, Helge bei der:** a. a. O. S. 52ff stellt vorrangig die Mecklenburgischen Häfen Rostock, Wismar und Riebnitz dar, die von der Kommission wohl auch besucht worden sind.

In Berlin hatte sich die politische Lage derart geändert, dass der verärgerte preußische König wegen der bevorstehenden Wahl zum Kaiser des Deutschen Reiches, den Kommissar des Frankfurter Parlamentes gar nicht empfangen wollte.[252] Hier warfen sich Schatten, die den Minister Duckwitz ernsthaft am Willen von Preußen zweifeln ließen, ob die gemachten Zusagen des preußischen Königs die Flotte unter einheitlicher schwarz-rot-goldener Flagge segeln zu lassen, tatsächlich in die Tat umgesetzt werden könnte.

In Erwartung des Kriegszustandes wurde durch die schleswig-holsteinische Regierung begonnen, die Ausrüstung der Schiffe zügig voranzutreiben. In Kiel war durch die Werft Hulbert Anfang Februar das erste in Deutschland gebaute Schraubenkanonenboot für die schleswig-holsteinische Marine übernommen und auf den Namen VON DER TANN getauft worden. Das Schiff, als Dreimastschoner getakelt, erhielt eine Maschine mit 150 PS Leistung, die von zwei liegenden Lokomotivkesseln erzeugt wurde. Länge des Schiffes 25,6m, Tiefgang 1,83 m. Bewaffnet war das Schiff mit zwei 60 Pfd. Bombenkanonen. Die Reichweite der Kanonen mit 5 kg Pulver sollte ca. 1250 m bei einer Trefferwahrscheinlichkeit von 20% betragen.

Auch in Großbritannien wurde mit aller gebotenen Eile an den Reichskriegsschiffen gearbeitet, um die Umbau- und Verstärkungsarbeiten durchgeführt zu bekommen. Wichtigste Maßregel war dabei weiterhin die Geheimhaltung, um die Dänen nicht auf den Plan zu rufen. In einem Schreiben schilderte Morgan aus Liverpool, weitere zum Verkauf anstehende Schiffe ausfindig gemacht zu haben, und bot an, deren Pläne einzusehen. Außerdem sollte versucht werden, die beiden gekauften und in der Umrüstung befindlichen Gunard-Schiffe so schnell als möglich fertig zu bekommen.

Minister Duckwitz hatte die besten Voraussetzungen geschaffen, so glaubte er, die deutsche Flotte in der Nordsee ausrüsten zu können, nachdem die Gespräche mit den USA unproblematisch und vielversprechend verlaufen waren. Auch um die in England befindlichen Bauten schien es gut bestellt zu sein. Die Ausrüstungsgegenstände der im Umbau befindlichen britischen Schiffe BRITANNIA und ACADIA, ebenso die für die drei als Frachtschiffe getarnten Neubauten wurden Mitte Februar auf ein großes britisches Segelschiff verladen und verließen London ohne besondere Behinderung durch den britischen Zoll. Das Unglück wollte es aber, dass der Segler auf Hoher See eine Havarie hatte und wieder umkehren musste. Die Ladung wurde anschließend, wegen ihrer Brisanz, in aller Eile und unter großer Geheimhaltung auf drei kleinere Schiffe verladen. Wegen der Eile wurde die Ladung aber total durcheinander gebracht, so dass nun zum Beispiel Lafetten und Kanonenrohre auf verschiedenen Schiffen transportiert wurden.

Die Verstärkungsarbeiten an den beiden ehemaligen britischen Passagierdampfern der Gunard Line ACADIA und BRITANNIA waren derweil unter der ständigen Kontrolle von William Morgan so weit fortgeschritten, dass mit einer Verlegung Mitte März 1849 gerechnet wurde. Obwohl zur Überführung zunächst deutsches Personal vorgesehen war, verfolgte man diese Planung nicht weiter, da die dänischen Spione schnell herausbekommen könnten, welche Aktion hier vonstattenging. Stattdessen sollte britisches Personal die Überführung durchführen, das dann eventuell auch später in deutschen Dienst übernommen werden könnte.

---

252 **Batsch:** Deutsch Seegras S. 331.

Seit die Finanzierung der Flotte gesichert war, und die *»Verordnung vom 12.2.1849 betreffend die Beschaffung von 5.250.000 fl. (3.000.000 Thaler) für die deutsche Marine«* per Reichs-Gesetz-Blatt verkündet worden war, konnte Reichs-Handelsminister Duckwitz von einer gewissen Planungssicherheit für die Reichsmarine ausgehen. Nun wollte Duckwitz noch zur Sicherheit ein US-Dampfschiff erwerben und als Kriegsschiff in den USA umbauen lassen. Nachdem der Reichsgesandte Rönne in New York am 14. Februar 1849 den Brief von Duckwitz vom 19. Januar 1849 erhalten hatte, setzte sich dieser unverzüglich am nächsten Tag mit dem »Sekretär of the Navy«, in Verbindung, und nachfolgend mit dem Präsidenten der Vereinigten Staaten, um den Dank für die Übersendung des Sachverständigen auszusprechen. Konkret erbat der Reichsgesandte dabei erneut die Dessinierung eines Seeoffiziers zum Aufbau der Reichsmarine und die Unterstützung bei der Beschaffung und Ausrüstung eines Zivilschiffes zum Kriegsschiff.

Auf Anraten des Marinesekretärs Mason sollte der Reichsgesandte Rönne formell einen Antrag dazu an den US-Kongress stellen. In der Zwischenzeit waren durch den nach New York gesandten Kommisionsrat Wilhelm Wedding mehrere Schiffe besichtigt worden, von denen die Transatlantik- Dampfer FRANKLIN, HERMANN, WASHINGTON und UNITED STATES als grundsätzlich geeignet in die engere Wahl kamen. Unmittelbar nach den Gesprächen mit der US-Regierung begab sich der Gesandte Rönne von Washington nach New York, um die von Wedding avisierten Schiffe selber zu besichtigen und offizielle Verhandlungen in die Wege zu leiten. Durch die Vermittlung von Wedding wurden Kontakte mit dem Kommandeur der Navy Guard in New York, Capitain Evers, geknüpft, der den sachkundigen Capitain Hudson bewegen konnte, die vier in Frage kommenden Schiffe genauer zu untersuchen. [253]

Da der Dampfer FRANKLIN aber eine Reparatur zu erwarten hatte, deren Dauer ca. sechs Monate in Anspruch nahm, kam das Schiff auf gar keinen Fall in Betracht. Die besten Aussichten, übernommen zu werden, hatte die UNITED STATES wegen ihrer Verkaufskonditionen, obwohl das Schiff nicht als Kriegsschiff verstärkt war.

Nachdem der amerikanische Transport- und Passagierdampfer UNITED STATES als einzig akzeptables Schiff verblieben war, musste der Kauf trotzdem überstürzt geschehen, da der Eigentümer das Angebot von 270.000 Dollar nur bis zum 17. Februar 1849 aufrecht erhalten wollte. Da der zugesagte Offizier der US-Regierung, Commodore Perry, noch nicht in New York eingetroffen war, um beratend einzugreifen, musste der Gesandte Rönne den Kauf in Absprache mit den Handelshäusern Wedding & Duckwitz und Farber & Bierwirth kurzfristig selber abwickeln. Zu diesem Zeitpunkt schienen die Aussichten noch gut, das erworbene Schiff mit Unterstützung der US-Regierung, wie geplant, verstärkt, umgebaut und als Kriegsschiff armiert zu erhalten. Die Kanonen sollten aus US-Depot-Beständen kommen. Doch schon bald schreibt Rönne an Duckwitz, dass er eine Gestellung von US-Offizieren in Zweifel zieht, da er seit längerem eine auffällige Zurückhaltung der US-Regierung und Marinebehörden zu bemerken glaube. Auch die Herrichtung zu einem Kriegsschiff schien noch lange nicht gesichert. Arnold Duckwitz veranlasst aus diesem Grund, dass der Kommissionsrat so disponieren sollte, dass das verstärkte Schiff, notfalls mit der Ausrüstung zum Kriegsschiff als Ladung, nach Deutschland zu überführen sei. Zunächst wurde alles in geplanter Weise in die Wege geleitet, ohne von der Regierung der Vereinigten Staaten behindert zu werden.

---

253 **DB 59/6** Reichsgesandter Roenne an Duckwitz vom 17. Febr. 1949.

Teil E

Die Reichsmarine unter der Leitung von

Carl Rudolph Brommy ab 1849

Kapitel XI.

Der Organisationsaufbau der Flotte unter

Brommy als Reichskommissar

Wie befürchtet bestätigte Dänemark Ende Februar 1849 den Waffenstillstand zum 26. März 1849. Angesichts dieser Lage entschloss sich Minister Duckwitz schweren Herzens, Fregattenkapitän Brommy als Reichskommissar an die Nordsee zu schicken, da in Bremerhaven kein ordentlicher Leiter der Reichsregierung eingesetzt war, der den verstärkt einlaufenden Zustrom von Material, Personal und Ausrüstung für die Reichsmarine verwaltete. Am 25. Februar 1849 erhielt Brommy die Instruktionen von Reichshandelsminister Duckwitz, als Reichskommissar und Bevollmächtigter des Reichsministeriums der Handels, Abteilung der Marine, in Bremerhaven tätig zu werden. Ausdrücklich wurde auf die Kompetenzverteilung hingewiesen. Fregattenkapitän Brommy war gegenüber allen Offizieren der Reichsmarine als militärischer Führer weisungsbefugt, was auch gegenüber gleich- oder höhergestellten Offizieren zutraf, so zum Beispiel gegenüber Kapitän Strutt, dem Leiter der ehemaligen Hamburger Flottille. Das sollte vor allen Dingen bei unvorhergesehenen Ereignissen und einem plötzlichen Ausbruch der Feindseligkeiten gegen Dänemark gelten. Im Einzelnen erhielt der Fregattenkapitän hierzu die Instruktionen:

(…) Sie sollen sich in der Eigenschaft als Reichskommissar und Bevollmächtigter des Reichsministeriums, Abteilung für die Marine nach Bremerhaven begeben, und sich die folgenden Instructionen zur Richtschnur dienen lassen.(…)

Aufbau und Organisation der Seezeugmeisterei hinsichtlich der Anlegung eines Arsenals, der Beschaffung von Unterkünften, Anlegung eines Pulvermagazins in Absprache mit den zuständigen Behörden und dem Kommandanten von Fort Wilhelm.(…)

Aufnahme der Kontakte zu den regionalen Behörden im Bereich der Weser-, der Jade- und Elbmündung. Die Behörden von Bremen, Hannover, Oldenburg und Hamburg sind von der Provisorischen Zentralgewalt gebeten worden, Unterstützung zu leisten.(…)

Schaffung und Einrichtung von Marinedienststellen, die unter der Leitung von Fregattenkapitän Brommy die Finanzangelegenheiten der Flotte vor Ort, gemäß den Weisungen aus Frankfurt, regeln sollten.

Aus diesem Grund sollte der neue Reichskommissar Kontakt zu folgenden Personen aufnehmen, die befugt waren, Geschäfte für das Deutsche Reich durchzuführen. Neben Dr. Schmidt; Syndikus und Referent für Deutsche Angelegenheiten, waren dies die Herren Wätjen; Senator und Teilhaber der Firma D. H. Wätjen und Co. und Herr Oeltermann Gabian vom Handelshaus Wätjen und Co.

Wegen der zum Teil sehr teuren Ausrüstungsgegenstände für die zu erwartenden Kriegsschiffe sollte der Reichskommissar Sorge tragen, das diese ordnungsgemäß in Arsenalen untergebracht würden. Hierfür sollte die Firma Schoon & Co die erforderlichen Geldmittel a conto ohne Verzug beschaffen. In diesem Zusammenhang sind alle Rechnungen der Handelshäuser und der Fa. Schoon und Co. mit einer Stellungnahme von Brommy zu versehen, die an das Handelsministerium gesandt werden. Auch für die Kosten der Lagerung der Geschütze, Lafetten und anderer Ausrüstungsgegenstände in den Arsenalen sollte so verfahren werden.

Unter Hinzuziehung der beiden Bremer Kapitäne Hederich und Körper sollte die Ankunft und Verbringung der Neuzugänge BRITANNIA und ACADIA geregelt werden. Zur Instruktion der neuen Mannschaften für die Flotte wurden die Steuerleute Halst und Mölting aus Hamburg kommandiert. Wenn weiter Bedarf an Mannschaften bestand, sollte sich der Reichskommissar mit Kapitän Strutt in Verbindung setzen und weitere Unteroffiziere anfordern. Zur Rekrutierung von Mannschaften konnte der Reichskommissar Personal aus dem Gebiet der Weser und Ostfriesland bevorzugen und die nötigen Erkundigungen der Personen selber in die Wege leiten, sich aber auf das Nötigste beschränken.

Nach der Ankunft der Neuzugänge sollen diese durch den Fregattenkapitän zwecks Abnahme der Schiffe überprüft werden. Weitere Arbeiten zur Ausrüstung zum Kriegsschiff sollen unter der Leitung eines zuverlässigen Schiffbaumeisters geschehen, damit Vorfälle wie auf der BREMEN nicht wieder vorkommen konnten.[254] Der Aufbau und die Placierung der Lafetten sollte bei den Neuzugängen durch Herrn Ingenieur Herson erfolgen. Wegen der Übernahme der Artilleristen werde gesondert Instruktion erteilt, ebenso über die Vervollständigungen des Personals der HAMBURG, LÜBECK und BREMEN.

Die Rechnungsstelle der Verwaltung übernahm die Zahlungen für die Mannschaften aller etatmäßig erfassten Schiffe auf der Weser und deren Kosten zur Unterbringung an Land sowie deren Verpflegung. Die Rechnungsstelle war vom Reichskommissar zu kontrollieren.

Zur Betreibung der Rechnungsstelle, der Arsenale und weiterer Einrichtungen der Marineverwaltung sollte Fregattenkapitän Brommy als Reichskommissar das Personal nach Rücksprache mit ihm bekannten Vertrauenspersonen selber einstellen. Einiges Personal würde aus Frankfurt delegiert. Als Reichskommissar sollte Brommy wegen der

---

254 **Anm. d. Verf.:** Hierbei handelte es sich um folgende Umstände; a) dass einerseits immer neue Mängel entdeckt wurden, je länger man an dem Schiff und der maroden Kesselanlage arbeitete, und b) dass zum anderen diese Arbeiten durch Streiks der Arbeiter behindert wurden, weil Arbeiter höhere Löhne forderten. Da aber der Waffenstillstand in absehbarer Zeit auslief, wurde das Schiff dringend benötigt.

Batterie von Blexte an der Jade mit Oldenburg in Verbindung treten, ebenso mit Hanno-
ver wegen der neuen Batterie bei Bremerhaven. Die Anlage der Batterien erfolgt auf
Kosten der Staaten, deren Bewaffnung aber aus Mitteln des Reiches, da dieses die Ge-
schütze aus Lüttich leihweise zur Verfügung gestellt erhielt.[255]

Als Vertreter bei Abwesenheit des Reichskommissars sollte, auf Vorschlag von Duckwitz, Kapitän King eingesetzt werden. Damit die Post aus Frankfurt umgehend in die Hände des Reichskommissars gelangen konnte, sollte dieser seine Privatanschrift dem Postamt mitteilen. Als eine der wichtigsten Aufgaben des Reichskommissars stand zunächst an, sich den örtlichen Honoratioren vorzustellen. Das war, neben den vom Minister Duckwitz angewiesenen Personen der Handelshäuser der Amtmann von Bremerhaven, Thulesius, um die nötige Unterstützung zu erbitten.[256]

Die Marine, die Reichskommissar Brommy in Bremerhaven vorfand, war ein Torso, im wahrsten Sinne des Wortes. Ohne Kopf und ohne Glieder, die etwas bewirken konnten. Der Reichskommisar begann konsequent seine Aufgaben anzugehen.

1. Die bereits am 28. Februar 1849 im Rahmen der Arbeit der TMK begonnen Verhandlungen mit der Firma S&K über den Erwerb von Blankwaffen für die Marine wurden sofort intensiviert.
2. Um die Ordnung der zu schaffenden Marine zu sichern, wurde am 1. März die von der TMK erarbeitete:
   »Verordnung über die Uniformierung der Offiziere und Mannschaften der Reichs-
   marine«[257]
und die:
   »Verordnung zur Einführung des Exerzier-Reglements der Marine-Artillerie des
   Reiches«
sofort in Kraft gesetzt.

Als weiteres wurde durch Fregattenkapitän Brommy die Infrastruktur in Bremerhaven eingerichtet und koordiniert. Die Örtlichkeiten für die Arsenale wurden besichtigt, angemietet und eingerichtet. Je nach Zulauf mussten die Materialien neu disponiert werden. Bereits am 2. März 1849 trafen 30 Schiffsladungen Kohle ein; zur Tarnung an die Fa. Schwoon & Co. Hierfür hatte Brommy den geeigneten Platz zu besorgen. Vorrangig beansprucht die Fertigstellung der von Hamburg übernommenen Schiffe HAMBURG, LÜBECK und BREMEN die meiste Zeit. Hierzu musste er zunächst nach Hamburg reisen und sich mit Kapitän Strutt und weiteren offiziellen in Hamburg ins »Benehmen« setzen.

Handelsminister Duckwitz hatte die Verantwortlichen in Hamburg, den Senat, die Hafenbehörden und Kapitän Strutt über die Übernahme der Verantwortung für den Aufbau der Reichsmarine in Bremerhaven durch den Fregattenkapitän und Reichskommissar Brommy informiert. Während bei HAMBURG und LÜBECK die Instandsetzungsarbeiten gut voran

---

255 **DB 59/ 5.** 25.2.1849 Instruktionen von Minister Duckwitz an den Reichskommissar Brommy.
256 **DB 59/5** 25.2.1849 Minister Duckwitz an Amtmann Thulesius.
257 Siehe Anhang: VI.

gingen, war die BREMEN wegen der Reparaturen weiter das Sorgenkind des Reichskommissars. Bereits bei diesem Besuch musste er feststellen das hinsichtlich der Disziplin auf den Schiffen noch einiges zu verbessern sein würde, und er darauf ein waches Auge werfen werde, was vor allen für die Besatzung der DEUTSCHLAND als Schulschiff zutraf.

Die Kompetenzen in der Reichsmarine waren indes von Reichshandelsminister Duckwitz klar geregelt worden. An den ranghöheren Kapitän Strutt, bisheriger Befehlshaber der von Hamburg übernommenen drei Schiffe, erging die Weisung, sich zu unterstellen und zwei Seeleute und zwei Unteroffiziere dem neuen Reichskommissar in Bremerhaven zur Verfügung zu stellen. Desgleichen an den Kommandanten der BREMEN, Kapitän Thomas King. Er sollte sich ebenfalls den Anweisungen von Fregattenkapitän Brommy beugen.

Ein wesentliches Problem bestand weiterhin in dem zu geringen Personalbestand auf allen Ebenen. Auf Weisung des Ministers Duckwitz sollte der Rat Jordan nach der Nordseeküste fahren und vor Ort klären, warum es nicht gelungen war, Matrosen zu werben, obwohl so viel Kauffahrteischiffe bewegungslos lagen, da die Blockade ein Auslaufen verhinderte. Einer der Gründe, so Jordan, lag in der Situation, dass die Matrosen ihre Kost und Logis beim Schiffseigner nicht gezahlt hatten, und deswegen nicht freigegeben wurden. Jordan bot deshalb an, diese auszulösen und dann in die Flotte einzustellen.

Eines war Reichskommissar Brommy schon kurz nach seiner Ankunft in Bremerhaven klar geworden: diese noch im Aufbau befindliche Enklave von Bremen konnte nicht alle Bereiche der Reichsmarine aufnehmen, ohne dass der Handelsverkehr erheblich behindert würde. Für die Arsenale und das Personal der Reichsflotte konnte Platz geschaffen werden, nicht aber für die Ausrüstung und Reparatur der Flotte. Dafür musste ein anderer Ort gesucht werden. Hierzu kamen seiner Meinung nach nur das hannoversche Geestemünde, wegen der unmittelbaren Nähe zu Bremerhaven, besser aber noch das oldenburgische Brake in Frage. Über diese Sachlage informierte der Reichskommissar seinen Minister umgehend, in der Hoffnung bald einer Entscheidung entgegensehen zu können.

Reichskommissar Brommy organisierte als eines seiner ersten Ziele, die beiden einsatzbereiten Corvetten HAMBURG und LÜBECK nach Bremerhaven verlegt zu bekommen. Einher ging die Organisation für die Versorgung der Truppe mit Lebensmittel und Trikotage. Auch mussten die wichtigsten Organisatorischen Belange für den Dienstbetrieb an Land und auf den Schiffen in Gang gesetzt werden.

Die Offiziere mussten an Bord wohnen und erhielten ihre Kammern nach Rang und Dienstalter zugewiesen. Ihre nautischen Instrumente und Bücher mussten sie sich auf eigene Kosten besorgen. Ebenso Ihre Waffen. Als Entgelt erhielten sie Landgehalt mit Bordzulage. Alle Offiziere hatten eine »biedere, offene Erklärung« abzugeben, die prompten Gehorsam verlangte und Disziplin einforderte. Dieses traf auch dann zu, wenn die ehemalige Tätigkeit, Dienststellung und Rang nicht gewährt werden konnten. Zudem hatten alle Offiziere einen selbst erstellten Lebenslauf abzugeben, der mit begleitenden Zeugnissen belegt werden musste. Nach Eintritt in die Marine wurde durch den Reichskommissar streng auf das Erscheinungsbild und das Auftreten geachtet ebenso auf Äußerungen der Offiziere. Die Offiziere wurden angehalten, die tagespolitischen Geschehnisse in der Presse nicht öffentlich zu diskutieren.

Wie für die Offiziere bestand auch für die Unteroffiziere die Pflicht an Bord zu wohnen. Mannschaften, die sich im Heuerverhältnis, nicht aber in Erfüllung ihrer Dienstpflicht (Eid) befanden, beließ man z.B. auch bei längerer Beurlaubung ihre Löhnung. Sie wurde aber nur zur Hälfte ausgezahlt, als Gewähr für ihre »getreulich Rückkehr«.

Mit der Übernahme der Hamburger Schiffe waren ein Arzt und ein Chirurg von der Hamburger Flottille übernommen worden. Dr. Heins arbeitete in Absprache mit Reichskommissar Brommy an den Anweisungen für den Dienstbetrieb des Sanitätskorps und deren Einrichtungen. Ebenso waren Vorschläge für die Einrichtung der Schiffsapotheken der großen Schiffseinheiten und der Medikamentenkisten für die Ruderkanonenboote erstellt worden, inklusive deren Kostenberechnung.

Zu dieser Zeit erging aus Frankfurt die Weisung, die noch nicht fertig ausgerüsteten Schiffe BRITANNIA und ACADIA so schnell als möglich in die Weser zu verlegen, damit sie nicht bei einer späteren Überführung Gefahr liefen, von dänischen Schiffen aufgebracht zu werden. Im Bereich der britischen Schiffe wurde aus diesem Grund die Meldung verbreitet, dass die Schiffe später als beabsichtigt auslaufbereit sein würden.

Die Kriegsvorbereitungen in Nord- und Ostsee im Frühjahr 1849

Durch das Reichsministerium in Frankfurt wurde am 5. März 1849 eingehend über die Finanzlage der Marine und der zu erwartenden Kriegführung gegen Dänemark debattiert. Reichsminister Mathy hatte als Entwurf für die Küstenverteidigung und Kriegführung eine Reichsanleihe in Höhe von 20 Millionen Gulden geplant. Der Ministerialrat errechnete, dass die Marine an laufenden Kosten monatlich ca. 40.000 Thaler verbrauchen würde. An Spenden waren bis zu diesem Zeitpunkt ca. 70.000 Thaler eingegangen.[258] Die vom Parlament freigegebenen 6 Millionen Thaler waren durch die Nichtbezahlung der Matrikularumlage gerade zur Hälfte eingegangen. Von diesem Geld war verbraucht worden:

450.000	Thaler für die Herrichtung der Hamburger Flottille,
432.430	Thaler für die Küstenverteidigung und die Beschaffung der Kanonenboote an der Nordsee,
900.000	Thaler für Anteile der österreichischen Flotte,
1.000.000	Thaler für die Beschaffung der preußischen Kanonenboote in der Ostsee,
1.953.773	Thaler für den Ankauf der Kriegsschiffe in England und USA.
4.736.203	Thaler Total

---

258 **Kuby, Eva:** Politische Frauenvereine und ihre Aktivitäten 1848 bis 1850 In: Lipp, Carola; (Hrg.) Schimpfende Weiber und patriotische Jungfrauen. Frauen im Vormärz und in der Revolution 1848/49. **Anm. d. Verf.:** Hier nun tat sich eine bis dahin weitgehend unbeobachtete Gruppe in Erscheinung! Die Frauen! Obwohl schon im Vormärz an den Seiten ihrer Männer beim Bau von Barrikaden, und im Kampf bei diesen in Erscheinung getreten, begannen sie 1848 alleinverantwortlich zu handeln! Sie organisierten sich in Frauenkreisen der verschiedensten Art um ihren Teil zur Unterstützung der Flotte und der kämpfenden Soldaten und Freiwilligen zu leisten.

Durch den Reichsminister der Finanzen wurde deutlich darauf hingewiesen, dass, wenn keine Gelder für den Marineetat der Einzelstaaten (Matrikularumlage) eingingen, die Marine als solche nicht zu finanzieren sei und alle Planungen eingestellt würden, um so Mittel zu sparen.[259] Durch Minister Mathy wurde deshalb die Idee geäußert, Papiergeld als »**Marine-scheine**« in Umlauf zu bringen, und mit diesen den Marineetat zu bestreiten. Neben den Marinefragen wurde auch intensiv über die Mobilmachung der Reichstruppen gegen Dänemark beraten.

Nach der Aufkündigung des Waffenstillstandes zum 26. März 1849 begann auch Dänemark am 7. März 1849 mit der Mobilmachung seiner Streitkräfte zu Lande und auf dem Wasser. Als Antwort auf die Mobilmachung durch Dänemark verfügte die Provisorische Zentralgewalt am 8. März die Mobilmachung von Reichstruppen. Nach den Beratungen vom 5. März 1849 sollten vom 17. bis zum 26. März 1849 drei Divisionen durch den Reichsminister des Krieges in Marsch gesetzt werden, um die zugewiesenen Verfügungsräume in Schleswig-Holstein einzunehmen und sich kampfbereit zu halten. Wie richtig diese Schritte waren, die dänischen Kriegsvorbereitungen ernst zu nehmen, zeigte der Umstand, dass Dänemark begann militärisch aktiv zu werden. Nach der Mobilmachung der Dänen kam es ab dem 14. März 1849 zu den ersten Truppenaufmärschen entlang der schleswig-holsteinischen Grenze. Zusätzlich begann die dänische Marine, entlang der Nord- und Ostsee durch Spähschiffe die Lage an den Küsten zu sondieren. Ohne dabei behindert zu werden, gingen die Schiffe bis sehr dicht unter Land, um die neuen und zum Teil noch im Bau befindlichen Küstenverteidigungswerke zu beobachten.

Während das Reich händeringend nach geeignetem Marinepersonal suchte, bauten Preußen, Schleswig-Holstein und auch Österreich ihre maritime Führungsstruktur konsequent aus und schwächten so die Aufbaubemühungen des Reiches. Mit ACO vom 1. März 1849 wurde die preußische Marine neu gegliedert. Prinz Adalbert wurde zum »**Oberkommandierenden sämtlicher in Preußen ausgerüsteter und auszurüstenden Kriegsfahrzeuge**« ernannt. Auf Antrag des Kriegsministeriums erhielt die preußische Marine die Stelle eines Seebefehlshabers, dessen Stelle durch den niederländischen Commodore Schröder besetzt wurde.

Auch in Schleswig-Holstein machte man sich kampfbereit. Das aus Spendengeldern des »Frauenverein zur Mitbegründung einer Deutschen Flotte in Rendsburg« gefertigte Ruderkanonenboot wurde durch die Erbauerfirma Jäger am 26. Februar 1849 in Niebüll der Marine übergeben und als Kanonenboot Nr. 11 in die Marine eingereiht. Die Organisation der Marine der Herzogtümer lief somit erfolgreich an. Auch die Werbung für Offiziere und die Verwaltung der schleswig-holsteinischen Marine hatte Erfolg. Neben einer Anzahl von Mannschaften wurde auch für die obere Verwaltungsebene und für das Sanitätswesen Personal gewonnen, unter anderem:
- –) Oberarzt Dr. Valentiner,
- –) Arzt Dr. Habrofsky (aus Wien),
- –) Konstrukteur für Schiffsneubauten V. Schierach,
- –) Kassierer für die Marinekasse F. Wolf,
- –) Proviantverwalter in Holtenau Herr Teysen.

---

259   **DB 52 / 17 ;** Batsch, F.: Dt. Seegras, S.188 f; **DB Findbuch Bd.24,** S.61.

Die im Januar 1849 begonnene Personalwerbung für die schleswig-holsteinische Marine sah einen Eintritt zum 1. Februar vor. Die Planungen gingen von ca. 500–600 Bewerbungen aus. Dieses sollte dann in dem Kanal- Zollpakethaus in Holtenau untergebracht werden. Zusätzlich wurde ein kleines Hospital in Holtenau für eine Aufnahme von 20 Betten eingerichtet. Während die Reichsmarine noch einen Führer für ihre Flotte suchte, wurde Capitain-Lieutenant Donner, nach seiner Rückkehr aus Frankfurt, per Dekret vom 27. Februar 1849 zum Oberkommandierenden der schleswig-holsteinischen Marine ernannt. [260]

Wenige Tage später wurde der Befehl erteilt, den Schoner ELBE und die beiden in Glückstadt und Elmshorn gebauten Kanonenboote nach Kiel zu verlegen. Fast gleichzeitig trafen die in Belgien bestellten Kanonen zur Ausrüstung der Marineeinheiten in Kiel per Bahn ein.

Das Hauptproblem der Herzogtümer war die ausgedehnte Küste zu beiden Seiten des Landes an Nord- und Ostsee. Wegen des Fehlens einer schleswig-holsteinischen Marine konnte Dänemark hier ohne große Gefahr schalten und walten, wie es beliebte. Gerade im Bereich von Kiel und Eckernförde waren Küstenverteidigungswerke in dem Ausmaße geplant und im Aufbau begriffen, die dem Gegner Paroli bieten konnten. Neben dem Ausbau der 1848 eingerichteten Minensperre vor Kiel plante Werner Siemens auch die Strandbatterien von Eckernförde und deren Aufbau. General Wrangel, mit dem Werner Siemens in Flensburg zusammengetroffen war, wollte auch die Eckernförder Bucht mit solch einer Minensperre belegen, was Siemens als zur Zeit nicht möglich beschrieb, worauf sich die beiden preußischen Offiziere darauf einigten, dass Werner Siemens die Strandbatterien bauen sollte. [261]

Er legte hierbei besonderen Wert auf die Beschussfestigkeit der Stellungen, indem er gerade den Unterbau sehr stark auslegte und mit viel Großen Steinen, Kies und Sand verfestige. Als weitere wichtige Maßnahme zur Abwehr jedweder Art von Annäherung an die Küste durch gegnerische Schiffe im Bereich der Nord- und Ostsee entlang der schleswig-holsteinischen Küste sollte eine Telegraphenlinie errichtet werden. Am 9. März 1849 genehmigte die Gemeinsame Regierung von Schleswig-Holstein in Rendsburg, Departement des Kriegswesens, die optische Telegraphenlinie Bülk-Friedrichsort- Kiel-Rendsburg. Zurückgreifend auf die Pläne des Zimmermanns und Tischlermeisters Callegen wurden Kugeltelegraphen errichtet. Eine zweite Linie zwischen Eckernförde über Gettort nach Rendsburg sollte in einer weiteren Bauphase angeschlossen werden.

Hauptmann Eduard Julius Jungmann wurde zum Chef der 5. Festungsbatterie ernannt, die auch die Strandbatterien von Eckernförde zu besetzen hatten. Jungmann war als Phihellene seit 1845 auf dem Bosporus als Artillerie-Offizier tätig gewesen und begab sich 1848 sofort nach Schleswig-Holstein, als er vom Kampf gegen die dänischen Truppen zu Lande und zur See erfahren hatte, um sich der Freiheitsbewegung zur Verfügung zu stellen. Unmittelbar nach der Übernahme des Postens wurde mit den neu rekrutierten Soldaten das Exerzieren begonnen, wobei dies zunächst noch in der Kaserne geschah, da die Batterien noch nicht fertig waren. Auch die Schiffe der Herzogtümer wurden bemannt. Die Gemeinsame Regierung von

---

260 **Wurm, C. F.:** Schleswig-Holsteins Kriegsmarine 1848– 849. 1850. S.385.
261 **Jessen, Willers:** Vor hundert Jahren. Ein Gedenkbüchlein an den Tag von Eckernförde, den 5. April 1849. (Hrsg.) Buchhandlung Rohde, Eckernförde, 1984, S. 6.

Schleswig-Holstein bestimmte am 13. März, dass die schleswig-holsteinische Kriegsmarine wieder die Deutsche Reichs-Kriegsflagge führen sollte. [262]

Nachdem der dänische Kriegsdampfer HEKLA am 14. März 1849 unter Kapitän Aschlund die Strandbatterien von Eckernförde ganz unverhohlen inspiziert hatte, wurde durch das Kriegsministerium von Schleswig-Holstein mit der Verlegung des Reserve-Bataillons unter Hauptmann Irminger nach Eckernförde reagiert. Die Truppen trafen bereits am 15. März 1849 zum Schutz der Stadt und der Schanzen ein, um einen eventuellen Landungsversuch der Dänen in der Eckernförder Bucht zu verhindern. Durch Hauptmann Jungmann konnten die beiden Strandbatterien von Eckernförde am 17. März 1849 übernommen werden. Die Besatzung der Batterien hatte eine Stärke von 80 Mann ungeübten Kanonieren, deren Ausbildung in den Schanzen, nach der Fertigstellung, unverzüglich begann.

Anlässlich einer umfangreichen Inspektionsreise entlang der schleswig-holsteinischen Ostseeküste durch den preußischen General Bonin kontrollierte dieser auch die beiden neuen Schanzen in der Eckernförder Bucht. Fast gleichzeitig lief ein dänisches Dampfschiff in die Förde ein, dessen Offiziere aufmerksam die Küstenregion beobachteten und sondierten. General Bonin, davon überzeugt dass in diesem Bereich der Ostsee mit einer Anlandung der Dänen zu rechnen war, ordnete an, dass Hauptmann Jungmann während des bevorstehenden Kampfes sein Quartier in der Nordschanze zu beziehen hatte, um jederzeit verfügbar zu sein.

Durch Preußen wurden ab dem 22. März die ersten vier Ruderkanonenboote, je zwei an die Mündung der Peene und der Divenow, verlegt. Die in Danzig liegende AMAZONE wurde mit Mannschaften vervollständigt, wogegen die Danziger Ruderkanonenjollen nicht mehr einsatzfähig waren. Unverständlich dagegen war, dass an den Dampfschiffen noch keine Hand angelegt war, diese in den Einsatz zu bringen, das sollte erst ab Anfang April erfolgen.[263]

Die Ostseeküste blieb weiter das vorrangige Seegebiet, in dem dänische Schiffe Aufklärungsfahrten unternahmen. Am 21. März 1849 näherten sich drei Kriegsschiffe den Eckernförder Schanzen, ohne sich zu erkennen zu geben. Erst ein scharfer Schuss vor den Bug eines der Schiffe veranlasste die Kapitäne der Fregatte und der beiden Briggs, sich als Dänen auszuweisen. Die in Schleswig-Holstein durchgeführten Maßnahmen zum Schutz gegen die erwarteten dänischen Angriffe zu Lande und zu Wasser traten in ihre entscheidende Phase, nachdem die Reichskontingente des Heeres ihre zugewiesenen Ausgangsstellungen im Norden des Landes eingenommen hatten. Auch die am 9. März 1849 genehmigte Telegraphenlinie Kiel-Rendsburg und Eckernförde- Rendsburg wurden in Betrieb genommen, ebenso wie die am 17. März 1849 genehmigte Strandbatterie bei Düsterbrok zum 23. März 1849.

262   **Wurm, C.F.:** a. a. O. S.387.
263   **Wendlandt, Heinrich:** a. a. O. S.19. Tatsächlich war der PREUSSISCHE ADLER erst Mitte Mai 1849 einsatzbereit! Die KÖNIGIN ELISABETH musste sogar vor Kriegsbeginn wegen Reparaturen wieder außer Dienst gestellt werden. Was hatte die preußische Marine während des Waffenstillstandes für ihre Einsatzbereitschaft getan?

Organisation und Aufbau der Reichsmarine durch C. R. Brommy

Die Arbeit in Bremerhaven war scheinbar ohne Ende und hatte Reichskommissar Brommy sehr an seine Zeit in Griechenland erinnert. Aber kleine Schritte waren auch Schritte nach vorn. Die am 28. Februar 1849 begonnenen Verhandlungen mit der Waffenfirma S&K über Blankwaffen konnten am 8. März 1849 abgeschlossen werden. So war ein wichtiger Schritt zur Ausrüstung der Besatzungen in die Wege geleitet worden. Ein weiterer wichtiger Schritt war die Inkraftsetzung der:

>> *Verordnung des Reichshandelsministeriums, Abt. für die Marine, über die Disziplinar-Bestrafung (Dienststrafgewalt)«* [264] am selben Tage.

Im Allgemeinen ging die Aufbauarbeit der Küstenverteidigung in Brommys Augen aber viel zu schleppend vonstatten und wurde seiner Meinung nach von administrativen Regelungen aus Frankfurt behindert. Trotzdem waren durch den Reichskommissar schon bald die wichtigsten Schritte in die Wege geleitet worden, um die Organisation und die Verwaltung der Arsenale und deren Betrieb sicherzustellen. Der Fregattenkapitän begann als Reichskommissar unverzüglich den Dienstbetrieb auf den Schiffen der Hamburger Flottille zu organisieren und seine Anweisungen und Befehle auch streng zu kontrollieren, um klar zu machen, das er Unkorrektheiten und Pflichtversäumnisse nicht dulden würde.

Fregattenkapitän Brommy setzte deshalb sofort einen fest umrissenen Dienstplan auf, deren Zeitrechnung erfolgte nach international üblichen Standards in Glasen. Die Wachen waren unterteilt im vier-Stunden-Rhythmus. 1– 4, 4 – 8, 8 – 12 (usw). Zur einheitlichen Zeitnahme wurde durch das Führungsschiff (Flaggschiff) ein »Zeitball« aufgezogen, nach dem sich die Schiffe im Verband zu richten hatten. Die Zeitangaben waren im 12-Stundenrhythmus, vormittags und nachmittags, unterteilt, wie zu dieser Zeit üblich. Die täglichen Dienste an Bord fielen im Winter von 5 Uhr morgens bis 8 Uhr abends, im Sommer von 4 Uhr morgens bis 9 Uhr abends an. [265]

Indes, der Reichskommissar hatte alle Hände voll zu tun um, die ihm übertragenen Aufgaben zu erfüllen. Viel Ruhe bekam er nicht. Zudem war immer noch kein militärischer Führer für die Marine bestimmt worden, so dass er diesen Posten auch noch kommissarisch inne hatte. Eines von vielen Problemen war zum Beispiel die Bewachung der Schiffe und Anlagen der Marine. Dem Reichskommissar standen zu dieser Zeit für das Marinekorps insgesamt 6 Gewehre zur Verfügung, mit denen Dienst geleistet und geübt wurde. Zur Bewachung der Marineanlagen und Schiffe musste Brommy deshalb zunächst auf eine bremische Kompanie zurückgreifen, solange die Reichsmarine nicht genügend Personal und Waffen hatte. Auch Hannover stellte dem Reich wenig später eine Kompanie Infanterie und eine Abteilung Artillerie zur Verfügung, um die Reichs-Militäranlagen der Marine in Bremerhaven zu bewachen und die Küstenverteidigung aufzubauen, die ja vom Landmilitär organisiert und befehligt wurde. Hier begannen die Arbeiten für eine Reichsbatterie nördlich der neuen Schleuse. Der Bau erfolgte unter Zusammenarbeit hannoverschen Militärs und der Bremer Zivilverwaltung.

---

264 **DB Findbuch** Bd. 24 S. 30 ; **Max Bär, M.:** a. a. O. S.57. **Ohne:** Illustrierter Kalander- Marinekalender Jg. 1850 S. 182 der Illustrierten Zeitung, Leipzig. Siehe Anhang II.
265 Siehe Anhang Nr. III:

Am 14. März 1849 erhielt der zum Premierleutnant beförderte Ludwig Weber den Auftrag, das Marinebataillon des Marinecorps der Seezeugmeisterei zu übernehmen. Die Mariniers, Seesoldaten, hatten vielfältige Aufgaben zu erfüllen. Hauptaufgabe war die Ausbildung zum Gefecht auf See zur Verteidigung des Schiffes, zum Angriff (Entern) feindlicher Schiffe oder bei Landungen. Hierzu sollte besonders an den Enterwaffen exerziert werden. Zusätzlich wurde das Corps zur Bewachung der Schiffe, der Magazine und Arsenale verwandt. Da zunächst zu wenig Seesoldaten eingestellt wurden, stellte Bremen am 5. April Füsiliere zur Verfügung. Die Wachen an Bord waren gleichzeitig auch als eine Art Militärpolizei zu verstehen, die zur Unterstützung des Kommandanten eingesetzt werden konnten, um die Disziplin zu erhalten oder durchzusetzen. Bei dem zum Teil sehr groben Schiffsvolk und den zum Teil dunklen Gestalten, die sich zum Dienst in der Marine meldeten oder geworben wurden, teilweise sogar ehemalige Sträflinge, war diese Art des Einsatzes der Seesoldaten mehr als einmal notwendig, um die Disziplin durchzusetzen. Aus seiner Erfahrung in Griechenland war Fregatten-Kapitän Brommy bei der Zusammensetzung seiner Truppe jederzeit auch auf eine Meuterei vorbereitet. Je nach Rang des Kommandanten konnte auch eine »Schildwache« vor der Tür postiert sein. So zu Beispiel an Bord des zukünftigen Flaggschiffes, wenn der Oberkommandierende an Bord war.

Die »Mariniers« hingegen wurden von den »richtigen« Matrosen als halbwertige Seeleute betrachtet. So gab es auch sehr oft Reibereien zwischen Matrosen und diesen. Um die Ordnung und Disziplin an Bord und in den Anlagen der Marine zu dokumentieren, wurde auf ständige Einsatzbereitschaft geachtet. Aus diesem Grund standen die Gewehre der Wachen immer zu Pyramiden zusammengestellt und geladen an Bord. Brommy wies seine Offiziere an, oft das Exerzieren mit den Gewehren, mit Trommel und Trompete zu üben, damit das neue Schiffsvolk schnell erkennen möge, dass die Disziplin durchgesetzt wurde. Das gleiche traf für die Wachen zu.

Die Wache zog jeden Morgen neu auf. Die »Schildwache«, die am »Flaggenpfahl« Posten bezog, hatte neben der Bewachung des Marineeigentums die Pflicht, fremde Personen und dienstlich nicht berufene der eigenen Flotte fernzuhalten. Die Überprüfung der Wache durch den wachhabenden Offizier sollte öfters erfolgen. In der Nacht sollte diese Überprüfung aber mindestens zweimal durch den Wachhabenden im Dienstanzug durchgeführt werden! Wie auch die Rapporte an Bord über Vorkommnisse und Losungsworte geführt wurden, erfolgte dieses bei der Schildwache. Die Wachen wechselten immer schiffsweise. Der Durchsetzung dieser Regelungen maß der Seezeugmeister sehr große Bedeutung bei, wie allen disziplinarischen Regelungen, ob sie durch das einfache »Schiffsvolk«, oder durch seine Offiziere zu leisten war. Der Reichskommisar ließ es sich nicht nehmen, seine Weisungen auch persönlich zu kontrollieren, um seinen Offizieren und Mannschaften aller Grade aufzuzeigen, wie wichtig ihm die Disziplin unter seinem Kommando war.

Die Regelung bezüglich des Schriftverkehrs, der Formalien, der Registraturen und Rapporte war streng. Fregattenkapitän Brommy legte größten Wert darauf und mahnte Ungenauigkeiten und zu lasche Handhabung mehrmals bei den Verantwortlichen an. So hatte jedes Schiff ein »Orderbuch« anzulegen. Brommy verlangte hierin die Aufzeichnung aller Tagesbefehle des Flottenchefs sowie alle allgemeinen Bekanntmachungen von Verfügungen der Zentralgewalt in Frankfurt a. M. in Abschrift aufzuführen. Dem Oberkommandierenden waren jederzeit die

Zustandsberichte der Schiffe vorzulegen, die in Wochenberichten an jeden Samstag zu erstellen waren. Diese beinhalteten zum einen den Zustand des Schiffes (Rumpf, Segel und Bemastung) und Bewaffnung. Als weiteres den Personalbestand des Offizierscorps und des gesamten Besatzungsstammes mit allen Untergliederungen der Besatzung (Matrosen, Köche, Kanoniere, Urlaub usw.). Offiziere, wie alle anderen Verantwortlichen, wurden nicht selten wegen der nicht ordnungsgemäßen Führung der Rapporte bestraft. Es wurde auch eine Disziplinlosigkeit in Wort, Schrift und Sprache nicht geduldet So strebte der Reichskommissar an, eine Besatzung heranzubilden, die im gesamten Gefüge pflichtbewusst ihre Aufträge ordnungsgemäß und mit Freude erfüllte und wusste dies mit gerechtem Lob und Tadel zu unterstützen.

Die Havarie der ACADIA

Angesichts der unmittelbaren Kriegsgefahr an der Nordseeküste und der erneuten Schutzlosigkeit zur See wie im Vorjahr 1848 bei der Blockade der Nordsee durch Dänemark, sehnte sich Fregattenkapitän Brommy bald die Schiffe aus England und Amerika herbei, um sie ordnungsgemäß auf einen Kampf ausrüsten und vorbereiten zu können. Anfang März trafen in Frankfurt Meldungen aus New York ein, die besagen, dass zu Beginn des April 1849 mit der Ankunft der zum Kriegsschiff umgebauten UNITED STATES gerechnet werden konnte. In Anbetracht der zu erwartenden britischen Schiffe könnte das Reich in der Nordsee eine Flotte aufstellen, die es den Dänen schwer fallen ließ, eine Blockade in der Nordsee durchzuführen. Während in Bremerhaven zur Tarnung immer noch die Vorbereitungen liefen, die beiden Gunard Schiffe mit deutschem Personal nach Bremerhaven zu überführen, traten in Liverpool die Auslaufvorbereitungen in die entscheidende Phase.

Ohne große Ankündigung verließ die ACADIA am 9. März 1849 Liverpool, um mit einer in England angeheuerten Mannschaft die Überführungsfahrt durchzuführen. Auch auf der BRITANNIA sollte so verfahren werden. Mit diesem Schritt plante man, die beiden Schiffe, an jedweder Art von dänischer Blockade vorbei, auf die Weser zu bekommen. Die BRITANNIA verließ unter den gleichen Umständen am 12. März Liverpool, um überraschend in die Nordsee zu gelangen. Die Fahrt der BRITANNIA verlief ungetrübt, wogegen die ACADIA zur gleichen Zeit der Ausreise des Schwesterschiffes in arge Probleme geriet.

Auf Höhe von Terschelling geriet der Seitenraddampfer am 12. März durch einen Lotsenfehler auf Grund und wurde sehr schwer beschädigt. Obwohl die Besatzung schwer durcheinandergewirbelt wurde, konnten, dank der konsequenten Befehlsgebung, unverzüglich die Arbeiten zur Rettung des Schiffes eingeleitet werden.[266] Durch den Aufprall waren mehrere eiserne Balken gebrochen. Das Ventil des großen Dampfkessels blockiert, so dass heißer Dampf austrat, und nur durch das beherzte und aufopferungsvolle Einschreiten des Ersten Ingenieurs, eines Schotten, wurde Schlimmeres verhindert. Der Offizier erlitt dabei »furchtbare Brandwunden«. Ein weiterer britischer Offizier brach sich bei dem Aufprall einen Fuß, ohne anschlie-

---

266 **Jordan, U.:** a. a. O., S.135 Fußnote* schreibt folgendes: Die ACADIA war am 10. (!) März unter Führung des Capitain Jackson von Liverpool ausgelaufen, doch schon am 13. bei Terschelling auf eine Sandbank geraten wobei die Besatzung bis auf 10 Mann ertrank. (Sic).

ßend seinen Posten zu verlassen. Als es auf dem Deck zu Disziplinlosigkeit kam, weil sechs Matrosen ohne Anweisung und mit Gewalt versuchten ein Rettungsboot zu Wasser zu lassen, schien eine Meuterei unausweichlich. Dies konnte der Kommandant mit Ruhe und Umsicht ohne weitere Eskalation verhindern, zumal jede Hand zur Rettung des Schiffes dringend benötigt wurde. Der Aussetzversuch des Bootes scheiterte indes, da die See das Boot an der Bordwand zertrümmerte und die Matrosen in den Tod riss. Tatsächlich wurde der Havarist unter großen Anstrengungen gehalten. Nachdem die Maschine wieder in Gang gebracht worden war, konnte die Fahrt unter dem ständigen Einsatz aller Pumpen langsam fortgesetzt werden.

Währenddessen liefen unter strenger Geheimhaltung in Bremerhaven alle Vorbereitungen, die erwartete ACADIA in Empfang zu nehmen. Sorgen bereitete Fregattenkapitän Brommy indes unter anderem, die Rekrutierung der zukünftigen Besatzungen der im Zulauf befindlichen britischen Schiffe. Er hoffte zur Indiensthaltung der ACADIA die Überführungsmannschaft aus England in den Reichsdienst verpflichten zu können.

Durch Minister Duckwitz war, auf Brommys Hinweis hin, mit Oldenburg Kontakt aufgenommen worden, um die neuen Schiffe nach Brake zur Ausrüstung überführen zu können. Die Erkundigungen hinsichtlich der Wassertiefe der Weser ließen das zu, solange die Schiffe nicht voll ausgerüstet waren. Auf der Fahrt von Bremerhaven über Land nach Brake musste der Reichskommissar viele Unbequemlichkeiten erfahren. Zum einen war die Strecke nicht durchgängig und er musste mehrere Male mit der Postkutsche umsteigen, zum anderen unbefestigt. Da die Fahrt auf der Weser von Bremerhaven nach Brake noch unregelmäßig war, musste der Reichskommisar diese Mühen auf sich nehmen.

Endlich in Brake angekommen gab es vor Ort die wichtigen Gespräche mit dem Geheimen Rat Erdmann, mit dem Brommy nun erstmalig zusammentraf. Hier in Brake sollen die Schiffe dann, sicher vor dänischen Angriffen, ausgerüstet werden, um sie zu Kriegsschiffen herzurichten. Der Geheime Rat Erdmann schien von der Entscheidung die Schiffe in Brake ausrüsten zu lassen, sehr erfreut, und sicherte dem Reichskommisar die Unterstützung seiner Regierung im vollen Umfang zu. Sogleich verwies er auch auf die Möglichkeit, die Schiffe insgesamt in den vor Stürmen sicheren Bereich des Jadebusens bei Heppens zu verbringen, wo Oldenburg bemüht sein werde, einen sicheren Hafen zu errichten. Dieses Thema würde Brommy, zu seiner Sorge, noch die weiteren Jahre verfolgen. Ein weiterer wichtiger Adressat war der dortige Amtmann von Brake, Rassmus, mit dem sich der Reichskommisar ebenfalls ins Benehmen setzte, um die zukünftigen Belange der Reichsmarine hier vor Ort anzukündigen und sich als Reichskommissar vorzustellen.

Wieder nach Bremerhaven zurückgekehrt, machte sich Brommy bereit, weiter die Küstenverteidigung zu organisieren, um den Hafen zu sichern, da er durch Schleswig-Holsteinische Gewährsleute erfahren hatte, dass es nach der Mobilmachung der Dänen seit dem 14. März 1849 zu den ersten Truppenaufmärschen entlang der Schleswig-Holsteinischen Grenze gekommen war. Zusätzlich begann die dänische Marine entlang der Nord- und Ostsee durch Spähschiffe die Lage an den Küsten zu sondieren. Indes, vor der Weser oder der Elbe war noch kein Däne erschienen.

Seit Mitte des Monats saß Fregattenkapitän Brommy auf heißen Kohlen! Die ACADIA hätte eigentlich seit mehr als vier Tagen hier einlaufen sollen. Nichts war seitdem geschehen, weder eine Meldung noch eine Nachricht. Wilde Gerüchte kursierten. Einige vermuteten, dass die ACADIA von den Dänen aufgebracht worden war, andere sprachen von einer Havarie und dem Untergang des Schiffes. Endlich, am 16. März, wurde am Horizont ein Schiff gemeldet, welches die ACADIA sein könnte. Seezeugmeister Brommy begab sich zum Hafen und verfolgte mit seinem Fernrohr das Annähern des Dampfers. Just zu dieser Zeit, es war Mittag, erhielt er vom Fernmeldeamt Bremerhaven, von der Niederlassung des Hauses Vätjen & Co, aus Holland, folgende Nachricht:

> *Bremen, den 16. März 1849, 11 Uhr 25 min*
>   *Herr Kapitän Brommy*
>   *Die Acadia ist laut holländischer Zeitungsmeldung*
>   *bei Terschelling geblieben.*
> *Vätjen & Co.* [267]

Mit Schrecken und Verwunderung musste Fregattenkapitän Brommy in Bremerhaven tatsächlich feststellen, dass das gemeldete Schiff nicht die erwartete ACADIA, sondern die später abgegangene BRITANNIA war, die in die Geestemündung einlief. Auch sie hatte beim Einlaufen in die Weser Grundberührung gehabt, rutschte aber über das Hindernis hinweg, ohne Schaden zu nehmen. Ein schwerer Schlag für Brommys Bemühungen, schnellstmöglich eine kampfkräftige Flotte in der Nordsee aufzubauen. Schweren Herzens macht er unverzüglich am Abend Meldung nach Frankfurt:

> *»Sehr geehrter Herr Minister!*
> *So sehr ich mich gefreut habe Ihnen die glückliche Ankunft des ersten Dampfers zu melden, so unangenehmer war es mir dieselbe jetzt gemacht. Mit Wehmut ergreife ich die Feder, um die Ankunft der Britannia, aber auch den wahrscheinlichen Verlust der Acadia zu melden ... «* [268]

Ungeachtet des vermuteten Verlustes musste der Fregattenkapitän weiter planen. Um die Umbauarbeiten an der BRITANNIA so schnell als möglich zu beginnen, verlegte man das Schiff bereits am 18. März 1849, unter dem Kommando von William Morgan, von Bremerhaven nach Brake. Hervorzuheben war in diesem Zusammenhang, dass die BRITANNIA diese Dienstreise ohne Reichsflagge durchführen musste, da noch keine zur Verfügung stand. Hier in Brake wurde das Schiff von einer begeisterten Menschenmenge freudig begrüßt und zu Ehren von Reichskommissar Brommy und dem neuen Schiff sieben Schuss Salut abgefeuert.

Mittlerweile schienen sich die Meldungen zu bestätigen, dass die ACADIA nicht unmittelbar an den Folgen des Auflaufens gesunken, sondern von mehreren Schiffen in See mit Havarie gesichtet worden war. Trotz der schweren Beschädigungen gelang es der Besatzung, die ACADIA am 25. März nach Bremerhaven einzubringen. Das Schiff konnte aber nur durch ständiges Pumpen über Wasser gehalten werden. Sofort begann Fregattenkapitän Brommy, die Instandsetzungsarbeiten einzuleiten und eine eventuelle Reparatur der ACADIA in Brake zu sondieren.

---

267 **DB 59/ 5** Expedition des electr. Telegraphen Nr. 836 vom 16. März 1849.
268 **DB 59/10** Reichskommissar Brommy an Minister Duckwitz 16. März 1849.

In Frankfurt hatte man zu den Kriegsvorbereitungen gegen Dänemark noch weitere Probleme, die den Aufbau der Marine in Frage stellte. Trotz der akuten Kriegsgefahr und der Bedrohung des Handels und der Küsten war die Zahlungsmoral einzelner deutscher Staaten für die Marine (Matrikularumlagen) weiterhin sehr schlecht. Der Präsident der Nationalversammlung von Gagern wandte sich aus diesem Grund an den Reichsverweser Erzherzog Johann und stellt ihm die Lage dar:

> **»(...) Durch das Ausbleiben der Beiträge zur Gründung der Flotte ist dieses nationale Institut in Frage gestellt.«** [269]

Die Beschaffung und Einlagerung des Materials für die Marine war vorwiegend mit Geld zu lösen, die Frage der Gestellung von Personal für die neuen Schiffe dagegen war nicht so einfach. Haupthindernis für den Eintritt in die Reichsmarine war und blieb die ungeklärte Rechtslage für die Mannschaften hinsichtlich ihres Status und der Anrechnung der Dienstzeit auf die allgemeine Militärzeit. Diese administrativen Behinderungen durch die Bundesstaaten hemmten die Werbung der Matrosen und Seesoldaten sehr stark. Bis wenige Tage vor dem erneuten Kriegsbeginn fehlte noch immer ein erheblicher Teil an Mannschaften, so dass nach Abhilfe geschaut werden musste. Da Fregattenkapitän Brommy die Erlaubnis erhalten hatte, aus dem Gebiet der Nordsee Personal einzustellen, die offizielle Werbung aber sehr schleppend verlief, begann dieser, seinem ungeduldigen Naturell entsprechend, diese Angelegenheit in die eigenen Hände zu nehmen. Deshalb ließ Brommy in der Ostfriesischen Zeitung eine Werbeanzeige veröffentlichen, in der Hoffnung, so seinem Personalnotstand zu begegnen. [270]

Waren die Kriegsvorbereitungen des Deutschen Reiches zu Lande weitgehend abgeschlossen, traten für die Marine plötzlich immer größere Probleme auf. Nach der Havarie der ACADIA kam eine weiter Unheil versprechende Meldung. Die so hoffnungsvoll begonnenen Beziehungen der Reichsregierung zu den Vereinigten Staaten von Amerika verflachten immer mehr, je klarer es wurde, dass es zu einem erneuten Ausbruch von Feindseligkeiten mit Dänemark kam. Durch diese Lage kam die USA in eine missliche Situation, da die Monroe-Doktrin untersagte, einem Land Waffenunterstützung zu gewähren, gegen das die USA nicht selbst im Kriegszustand stand. In einem Schreiben an Reichshandelsminister Duckwitz vom 20. März teilte der deutsche Konsul für die Vereinigten Staaten mit, dass die US-Regierung definitiv erklärt hatte, sie halte an dem Gesetz von 1818 (Monroe-Doktrin) fest, nach dem kein Kriegsschiff für kriegführende Staaten armiert werden dürfe. Aus diesem Grund könnte die UNITED STATES nicht armiert werden. Auch wurde kein Personal zur Verfügung gestellt. Es bestehe sogar die Gefahr der Beschlagnahme des Schiffes.

269　**Zilligers, W.:** a. a. O. S.84 Zitiert bei Valentin, S. 34.
270　**Marineschule Mürwik:** Unterlage Reg. Nr. 11042.

Kapitel XII.
Der zweite Krieg gegen Dänemark 1849

Die Kriegsvorbereitungen und die Kaiserwahl in Frankfurt

Die militärische Lage Dänemarks Ende März 1849: Der Einsatzplan der Landtruppen sah vor, gegen die Reichstruppen starke dänische Verbände an der Südgrenze gegen Flensburg vorstoßen zu lassen und die Stadt möglichst schnell zu nehmen. Vor Kolding lagen 20.000 Mann. Auf Alsen nochmals 12.000 Mann. Diese beiden Kontingente hatten Flensburg zum Ziel und sollten danach gemeinsam nach Süden vorstoßen. Der dänische General von Krogh plante, dass die dänische Flotte zunächst gegen Flensburg operierte. Diese sollte danach entlang der Ostseeküste die gegnerischen Truppen beunruhigen. Hauptangriffsziel war Eckernförde, da hier der sicherste Erfolg bei einem kurzen Vorstoß eines kleinen Truppenkontingentes erreicht werden konnte. Ziel des Angriffes war es, die Reichstruppen zu spalten, so dass der Angriff gegen Flensburg gelingen konnte. Als weiteres stand ein Angriff gegen Appenrade an.

Dem dänischen Heer standen 55.000 Mann Reichstruppen unter General Wrangel entgegen. Das Deutsche Reich und die Länder an Nord- und Ostsee hatten ihre Verteidigungsmaßnahmen abgeschlossen oder führten diese unter ständiger Kriegsbereitschaft weiter fort. Zur See war die Lage des Reiches weitaus ungünstiger, obwohl diesem auf dem Papier vier Flottillen zur Verfügung standen. Neben der im Aufbau befindlichen Reichsmarine an der Weser waren das die preußische Flottille und die der Schleswig-Holsteiner. Österreich hatte mit dem Waffengang nichts zu tun, da es sich politisch neutral verhielt und auch keine Schiffe hatte, die in die Nordsee verlegt werden könnten. Mit Ablauf des 26. März 1849 wurde mit Kriegshandlungen an Land und zur See durch dänische Truppen gerechnet.

In Erwartung des ersten Angriffs durch dänische Truppen zu Lande und zu Wasser hatten alle Stellungen der Schleswig-Holsteiner und der Reichstruppen am 27. März 1849 die deutschen Farben Schwarz-Rot-Gold aufgezogen. Der Angriff unterblieb aber an diesem Tag an allen Fronten. Die Dänen schienen die politischen Vorgänge in Deutschland und die Ergebnisse der Kaiserwahl abwarten zu wollen.

Die »Deutsche Flagge« war überhaupt ein Thema, das landauf, landab mit großem Interesse verfolgt wurde, besonders dann, wenn es, wie unmittelbar vor dem Ausbruch eines Krieges, um deren »Ehre« ging. So wurde durch interessierte Bürger von der Stadt Oldenburg die »Aufforderung« zur Schaffung eine »Deutschen Kriegsflagge« in der Presse veröffentlicht, um:

(…) ihr lebhaftes Interesse für die Deutsche Kriegsmarine zu bestätigen, fordern die Unterzeichnenten dieselbigen auf, durch freiwillige Beiträge die Kosten einer =Deutschen Kriegsflagge= zusammenzubringen. Dieselbe soll nach Absicht der Unterzeichnenten einem der ersten Deutschen Kriegsschiffe zu Brake bei Gelegenheit seiner Taufe geschenkt werden.[271]

---

271 **Staatsarchiv Oldenburg** Best. 33.2. 2. **Oldenburgische Anzeigen** 1849 . Nr. 38 v. 29. März 1849 als Beilage.

193

Die politische Lage im Deutschen Reich war derweil desolat. Die Verfassungsfrage war weiterhin unklar, und die Wahl des Deutschen Kaisers stand unmittelbar bevor. Die deutschen Parlamentarier hatten für die Debatte um die Grundrechte der Deutschen und die Reichsverfassung viel Zeit verwandt, die die beiden Großmächte Österreich und Preußen genutzt hatten, um verlorengegangenes Terrain der Monarchie wieder gut zu machen. Im Gerangel um die »großdeutsche« oder »kleindeutsche« Lösung war in Frankfurt die politische Ernüchterung eingekehrt, dass die Demokratie gegen den Willen der Monarchen nicht durchzusetzen war. Unmittelbar vor der Entscheidung zur Kaiserwahl durch das Parlament stand nun der erneute Waffengang gegen Dänemark an.

Nach der 2. Lesung wurde an diesem 27. März 1849 in Frankfurt durch die provisorische Zentralgewalt die Verfassung des Deutschen Reiches verabschiedet, so dass diese am 28. März 1849 in Kraft treten konnte. Noch am gleichen Tag wurde durch die Nationalversammlung das Oberhaupt des Deutschen Reiches gewählt. Mit 290 Stimmen bei 248 Enthaltungen wurde die Kaiserkrone König Friedrich Wilhelm IV. von Preußen angetragen. Der amtierende Präsident der Nationalversammlung erinnerte den preußischen König in einer nachfolgenden Rede an seine Worte, dass Preußen in Deutschland aufgehe, mit den Worten:
> *»(…) Möge der Fürst, der wiederholt und öffentlich in unvergessenen Worten den warmen Herzschlag für die deutsche Sache sein kostbarstes mütterliches Erbe genannt hat, sich nun zum Schutz und Schirm der Einheit, der Freiheit der Größe unseres Vaterlandes bewähren, nachdem eine Versammlung aus dem Gesamtwillen der Nation hervorgegangen (…).«*

Die politische Zukunft des Deutschen Reiches schien gesichert, wenn der preußische König die Kaiserwürde annahm. Vorrangig im bevorstehenden Waffengang gegen Dänemark bedeutete es innere Stabilität. Nach außen wäre ein wichtiger Schritt zur Anerkennung des Deutschen Reiches gelungen. Während in Frankfurt alle Kirchenglocken die Wahl des Preußischen Königs zum Deutschen Kaiser bekanntgaben, gelangte diese Meldung durch die von Werner Siemens gebaute Telegraphenleitung Frankfurt-Berlin in kurzer Zeit in das königliche Schloss.

Der preußische König war indes sehr erbost über seine Wahl zum Deutschen Kaiser! Er beabsichtigte, schlichtweg die Deputation, die bereits auf dem Wege nach Berlin war, nicht zu empfangen! Er sah es als unmöglich und zutiefst erniedrigend an, sich vor Bürgerlichen über seine politische Haltung äußern zu müssen. Die Haltung des preußischen Königs hatte sich seit den Märztagen des Vorjahres stark geändert. Seine Worte *»Preußen geht fortan in Deutschland auf«* galten nicht mehr! In einem Brief vom 23. Dezember 1848 hatte der König an den Abgeordneten General von Radowitz seine Haltung zur Übernahme einer Kaiserwürde für das Deutsche Reich bereits dargestellt:
> *» (…) Jeder Edelmann, der ein Kreuz oder Strich im Wappen führt, ist hundertmal zu gut dazu, um solch ein Diadem aus Dreck und Lettern der Revolution, des Treuebruchs und des Hochverrats geschmiedet, anzunehmen (…) Und wehe dem ! der sie annimmt, wenn ihr Preis der Verlust eines Drittels von Deutschland und der edelsten Stämme unseres deutschen Volkes ist. Gott helf uns! Ahmen.«* [272]

---

272 **Meinecke, Friedrich:** Radowitz und die deutsche Revolution. Berlin 1913, S. 197.

Am 3. April 1849 kam es, auf Betreiben der Berater des Königs, doch noch zum Treffen mit den Abgesandten aus Frankfurt. Im Rittersaal des königlichen Schlosses zu Berlin empfing der preußische König die Kaiserdeputation der Nationalversammlung unter der Leitung von Eduard Simon, die aus insgesamt 33 Abgeordneten bestand. In seiner Antwortrede zeigte sich der preußische König zwar geehrt, verwies aber darauf, dass eine Übernahme der Kaiserwürde ohne das freie Einverständnis der gekrönten Häupter, der Fürsten und der Freien Städte nicht möglich sei. König Friedrich Wilhelm IV. von Preußen lehnte die Kaiserwürde für das Deutsche Reich ab, solange dieses nicht geschehen war. Erst dann würde er getrost den Titel des Deutschen Kaisers übernehmen. Die Deputation war von dieser ausweichenden Antwort mehr als enttäuscht, zumal der König obendrein den einzelnen Mitgliedern der Deputation gegenüber sehr diskriminierende und verletzende Bemerkungen entgegenbrachte.[273]

Im preußischen Staatsministerium wurden nach dem denkwürdigen Empfang und der Ablehnung der Kaiserwürde, die weiteren Schritte beraten und man kam dabei zu Schluss:
>*»(…) Verhandlungen durch Preußen mit beteiligten Regierungen in Frankfurt der künftigen Stellung des deutschen Oberhauptes, sowie über die, durch die Gefahren des Augenblicks geboten, zunächst zu ergreifenden Maßregeln zu verständigen. Preußen wird keiner Regierung einen Zwang auflegen, jedoch bereit sein, sich an die Spitze derjenigen Regierungen zu stellen, die sich dem deutschen Bundesstaate anschließen wollen.«* [274]

Innenpolitisch stark angeschlagen musste sich das Deutsche Reich nun des Angriffs der Dänen erwehren!

Die Lage der Marinen in Nord- und Ostsee

Die ohne nominellen Führer bestehende Reichsmarine an der Weser, mit Liegeplatz in Bremerhaven, Geestemünde, Vegesack, Hamburg und Brake war weiterhin ein Torso. Ohne Kopf, sprich militärische Führungsperson, wurde sie weiter von Reichskommissar Brommy aufgebaut und verwaltet. Nur mit politischem Mandat ausgestattet, versuchte er mit allen ihm zur Verfügung stehenden Mitteln, die Reichsmarine zu organisieren und einsatzbereit zu machen. An Schiffen standen am 26. März zur Verfügung:

HAMBURG Dampffregatte. 1 × 56 Pfd., 1 × 32 Pfd., 2 × 18 Pfd.
            120 Mann Besatzung.
LÜBECK   Dampffregatte. 1 × 84 Pfd., 1 × 32 Pfd., 2 × 18 Pfd.
            100 Mann Besatzung.

Nur diese beiden Schiffe waren bedingt einsatzbereit, da sie bereits eingeübte Mannschaften hatten und auch das Exerzieren an den Kanonen geübt worden war. Aus Kostengründen war aber bislang kein »scharfer Schuss« abgegeben worden.

---

273 **Schönbrunn, Günter:** Das bürgerliche Zeitalter 1815–1914, S. 221 ff.
274 **Holtz, Bärbel**: Akta Borussica. Die Protokolle des Preußischen Staatministeriums 1817–1834, Bd. 4/1, 30. März 1848 bis 27. Oktober 1858. S. 83.

BREMEN war wegen der Kiel- und Kesselreparatur auf absehbare Zeit nicht einsatzbereit und lag vor Krautsand.

BRITANNIA war wegen der fehlenden Bewaffnung nicht einsatzbereit, da diese noch nicht von England aus in Bremerhaven eingetroffen war. Zudem wurde das Schiff in Brake noch zum Kriegsschiff umgebaut. Erst mit dem 26. März 1849 hatte Fregattenkapitän Brommy aus Frankfurt die Unterlagen erhalten, wie die Aufstellung der Kanonen auf der **BRITANNIA** und **ACADIA** vorzunehmen sei.

ACADIA lag auf unbestimmte Zeit mit Havarieschaden vor Brake fest. Da das Schiff nur notdürftig zu reparieren war, wurde ein Sinken nur durch das ständige Pumpen verhindert. Auch dieses Schiff verfügte über keine Kanonen.

UNITED STATES in den USA im Umbau. Wegen der politischen Unklarheiten nicht zu disponieren.

DEUTSCHLAND war nur als Schulschiff zu verwenden.

Ruder-Kanonenboote: Sie waren zum Teil noch ohne Besatzung und Bewaffnung.

Reichskommissar Brommy sah zudem in den Kanonenbooten keinerlei Wert für den Einsatz in der Nordsee. Einzig als Vorpostenlinie zur See wollte er sie einsetzen. Zu dieser Zeit lagen zwei Boote vor Cuxhaven und zwei Boote vor der oldenburgischen Küste als Wachboote. Der Küstenschutz existierte im Bereich der Nordsee weitgehend nur auf dem Papier, da wegen Finanz- und Kompetenzgerangel der Nordseestaaten sinnlos Zeit verstrichen war. Somit waren die meisten Verteidigungswerke entlang der Nordsee noch nicht fertig.

Die Lage der Schleswig-Holsteinische Marine

Die unter dem Kommando von Capitain-Lieutenant Donner stehende Marine von Schleswig-Holstein hatte mit ihren sehr beschränkten Mitteln einiges bewegt. Obwohl noch im Aufbau begriffen, war durch die Begeisterung der Besatzungen bereits eine gute Einsatzbereitschaft erreicht worden. An Schiffen standen zur Verfügung:

BONIN Dampfboot. Bewaffnung: 1 × 84 Pfd., 1x 60 Pfd., 2 × 30 Pfd. Kanonen. Besatzung: 80 Mann. Das Schiff war noch nicht voll einsatzbereit, da die Kanonen für das Schiff, 2 × 84 Pfd. von der Provisorischen Zentralgewalt zur Verfügung gestellt, erst um diese Zeit eintrafen.

LÖWE Dampfboot. Bewaffnung 1 lg. 18 Pfd. Kanone für Vollkugeln, 2 krz.12 Pfd. Kanonen. 40 Mann Besatzung.

11 Kanonenboote. Bewaffnung je Boot 2 × 60 Pfd., 2 × 3 Pfd. Drehbassen. Besatzung je Boot 48 Mann.

Neben diesem Schiffspotential hatte die Gemeinsame Regierung aber dem Küstenschutz weit mehr Beachtung geschenkt als die anderen Staaten. Die Minensperre vor Kiel, aufgebaut durch Werner Siemens, hatte sich schon in der Vorbereitungsphase »bemerkbar« gemacht, als sich durch unglückliche Umstände eine der Minen, die in Vorbereitung lagen, plötzlich entzündete und mit ungewöhnlicher Energie von 5 Zentner Pulver hochging. Werner (v.) Siemens berichtet später:

(…) Während die ganze Festungsbesatzung bei dem Appell war, entlud sich plötzlich die eine der gelegten Minen. Dieselbe war noch nicht bedeckt und richtete weiter keinen Schaden an als das eine große Zahl Fensterscheiben zertrümmert ward und ein Teil der schon etwas morschen Dachziegel herunterfiel. (…)

Die Entstehung dieses Unfalls ist noch nicht vollständig ermittelt (…) Im Ganzen ist mir der Vorfall, da er so glücklich abgelaufen ist, gewünscht angekommen. Meine Leute haben das erste Schreckfieber glücklich und rühmlich bestanden. Man glaubte Verrat oder feindliche Bomben und in wenigen Minuten stand die ohne Waffen zur Arbeit angetretene Mannschaft kampffertig auf den Wällen. (…)[275]

Als weitere Strandbatterien wurden die bei Düsterbrock und Laboe am 26. März übergeben. Zur Alarmierung der Truppen waren zwei Signallinien, eine von Eckernförde aus, die andere von Kiel aus, angelegt worden. Die Schiffe der Schleswig-Holsteinischen Marine fuhren alle unter den Reichsfarben Schwarz-Rot-Gold, unterstanden aber dem Kommando von Schleswig-Holstein.

Die Lage der preußische Marine

Die unter der Führung von Prinz Adalbert von Preußen stehende Flottille hatte während des Waffenstillstandes einige Verstärkung erhalten, die aber zumeist aus Ruder-Kanonenbooten bestand. Zur Sicherung der preußischen Küste waren vier Divisionen gebildet worden, die die wichtigsten preußischen Häfen und Flussmündungen zu sichern hatten. Obwohl die Ruderkanonenboote zum Teil mit Reichsgeldern beschafft waren, stand Preußen zur Reichsgewalt weiterhin auf Distanz da es keine Kompetenz über die preußischen Schiffe abgeben wollte. Es sah mit Beginn des erneuten Konfliktes mit Dänemark die Gelegenheit gekommen, seine Eigenständigkeit und Unabhängigkeit von der Reichsgewalt zu unterstreichen. In einem Schreiben an Reichshandelsminister Duckwitz stellt der Kriegsminister Preußens fest, das die ihm unterstellten Einheiten die preußischen Farben führen würden und nicht wie zunächst angedeutet die Reichsfarben. Neben den zum Küstenschutz eingesetzten Kanonenschaluppen und Kanonen-Jollen standen der preußischen Marine folgende Schiffe zur Verfügung:

Segelfregatte AMAZONE 4 krz. 24 Pfd., 8 leichte 18 Pfd., als Kriegsschiff nicht zu verwenden.

PREUSSISCHER ADLER, Dampfaviso. 2 × 25 Pfd., 2 × 32 Pfd., Besatzung: 5 Offiziere und 82 Mannschaften.

KÖNIGIN ELISABETH, Dampfaviso. Bewaffnung 1 krz. 24 Pfd. und 2 leichte Corronaden.

DANZIG Dampfer. Bewaffnung: 1 krz. 24 Pfd. und 2 leichte Corronaden. Besatzung: 3 Offiziere und 31 Mann.

---

275 **Stolz, Gerd:** Die Schleswig-Holsteinische a. a. O., S. 18f.

Die vier Divisionen des Küstenschutzes gliederten sich wie folgt:

Die 1. Küsten-Flottillen-Division sicherte **von Lauterbach** auf Rügen weiter den Roggenschen Bodden, Zickerbucht, Süd-Pferd/Rügen, Scharpröder Bucht/Rügen Hiddensee, West-Divenow bis Wollin. Der Division standen zur Verfügung:

9 Kanonen-Schaluppen.

4 Kanonenjollen.

Bewaffnung: 13 × 25 Pfd. Kanonen und 9 × lg. 24 Pfd. Kanonen,

Besatzung: 11 Auxiliar-Offiziere, 1 Artillerie-Offizier und 587 Mann.

KÖNIGSBERG als Schleppdampfer ohne Bewaffnung.

Die 2. Küsten-Flottillen-Division sicherte den West-Bereich von Swinemünde ab. Der in drei Sektionen unterteilten Division standen zur Verfügung:

9 Kanonen-Schaluppen.

Bewaffnung: 9 × 25 Pfd., 9 × lg. 24 Pfd. Kanonen.

Besatzung: 9 Auxiliar-Offiziere und 532 Mann.

1 Transportschiff.

Die 3. Küsten-Flottillen-Division sichert den Bereich von Swinemünde.

9 Kanonen-Schaluppen.

Bewaffnung: 9 × 25 Pfd., 9 × lg., 24 Pfd. Kanonen.

DANZIG als Schleppdampfer.

Die 4. Küsten-Flottillen-Division sichert Danzig ab.

2 Kanonen-Jollen (Nr.1 und Nr.2).

Bewaffnung: je eine Kanone.

Besatzung: 3 Auxiliar-Offiziere und 179 Mann.

»NORMA«, Kauffahrer Bark, zur Unterbringung des Flottenchefs angemietet.

Die Lage der österreichischen Flotte im Mittelmeer

Die österreichische Flotte war zu diesem Zeitpunkt gerade im Konflikt um Venedig stark eingebunden. Zu dieser Zeit wurde ein erneuter Versuch unternommen, Venedig zu blockieren. Sie stand also zum Einsatz in der Nordsee nicht zur Verfügung. Überhaupt war die österreichischen Flotte für einen Einsatz weder in der Lage noch zu dieser Zeit dafür gerüstet, da weder Organisation noch Planung einen Flotteneinsatzes außerhalb des Mittelmeeres möglich war.

Kriegsbeginn am 3. April 1849

Dänemark begann seinen Angriff gegen die Reichstruppen am 3. April 1849 wie geplant gegen Flensburg. Unterstützt wurde das dänische Heer dabei durch die Schiffe der Marine. Die Anlandung der Truppen bei Alsen wurde durch das Linienschiff CHRISTIAN III, unter dem Kommando von Kommandant Paludan, gesichert. Auch Appenrade wurde von der Dänischen Flotte angegriffen und von Truppen besetzt. Durch eine dänische Fregatte wurde die Flensburger Förde blockiert, wogegen die Segelfregatte GEFION die Kieler Förde absperrte. Gleichzeitig griffen während des Tages der bewaffnete Dampfer GALATHEA mit Unterstützung von sechs Ruder-Kanonenbooten den Sundewitt bei Gravenstein an.

Vor Mammark bei Alsen sammelte sich gegen Abend ein Geschwader, das am nächsten Tag Eckernförde angreifen sollte, und das aus folgenden Schiffen bestand:

CHRISTIAN III Linienschiff. 84 Kanonen, 664 Mann Besatzung,
Kommandant Kapitän F.A. Paludan.
GEFION Segel-Fregatte. 2 × 60 Pfd., 2 × 24 Pfd., 12 × 18 Pfd., 393 Mann Besatzung,
Kommandant Orlogskapitän J. A. Meyer
GEYSER Kriegsdampfer. 1 × 60 Pfd., 6 × 18 Pfd., 118 Mann Besatzung, Kommandant
Wulf
HEKLA Kriegsdampfer. 2 × 60 Pfd., 6 × 18 Pfd., 220 Mann Besatzung, Kommandant
Aschlund
GALATHEA Segel-Korvette. 216 Mann Besatzung
Kommandant Prasilius.
Zusätzlich zum Transport der Landungstruppen:
2 Briggen und 2 Transporter.

Das Seegefecht vor Eckernförde am 5. April 1849

Planmäßig lief das dänische Geschwader am 4. April aus und näherte sich gegen Nachmittag der Eckernfördener Bucht. Hier musste es aber das Einlaufen und den Angriff abbrechen, da die Winde ungünstig standen. Zudem konnten die Landungstruppen nicht ausgesetzt werden, da sie allesamt seekrank waren. Ein trotzdem von der GALATHEA vorgetragener Einlaufversuch wurde abgebrochen, da das Schiff schon bald im deckenden Feuer einer 24 Pfünder Salve lag. So legte sich das dänische Geschwader gegen Abend, gedeckt hinter der Landzunge von Aschau, vor Anker.[276] Diese Lage brachte den gesamten Angriffsschwung der Dänen ins Stocken, zumal auch die Truppen unter General Krogh bei Hardersleben haltmachten, da von Sonderburg aus die Warnung vor einem zu schnellen Vorgehen gegeben worden war.

---

276 **Jungmann, Eduard:** Eine artilleristische Episode aus den Deutsch-Dänischen Kriege aktenmäßig dargestellt.
     Hamburg Perthes, Besser und Rauke 1852 S. 8f.

Den wachsamen Schleswig-Holsteinern war die Annäherung des dänischen Geschwaders nicht entgangen. Von Holtenau aus wurde am 4. April per Signallinie gemeldet, dass sich ein Linienschiff, 5 Korvetten, 2 Briggs und 2 Dampfschiffe nebst 2 Transportern der Schleswig-Holsteinischen Küste näherten.[277] Die Truppen im Bereich von Eckernförde wurden, ebenso wie die Strandbatterien, in Alarm versetzt. Zwischen Eckernförde und Kiel hatte seit dem 1. April 1849 die Reserve-Brigade unter dem Kommando des Generalmajors Herzog von Sachsen-Gotha Stellungen bezogen, um diesen Küstenabschnitt vor Anlandungen der Dänen zu schützen. Sie verfügte über zwei Haubitzen, die bei einem Angriff auf die Stadt zur Nord-Batterie verlegt werden sollten. Die weiteren vier 16 Pfd. Kanonen sollten zwischen Kiel und Eckernförde nach Lage zum Einsatz kommen. Die Dispositionen der Kontingente der Res. Brig. der Reichsarmee bei Alarm:

- Das Bataillon Meininger, unter Oberst von Busch, verlegt vom Standquartier Neuwittenbeck nach Gettort.
- Das Bataillon Gotha, unter Major von Brandenstein, verlegt vom Standquartier Gettort nach Eckernförde.
- Das Bataillon Reuß, unter Oberst von Heringen, verlegt vom Standquartier Windeby und Kochendorf nach Eckernförde.
- Das Bataillon Coburg-Gotha, verlegt mit seinen vier 16 Pfd. Kanonen zum Schnellmarker Holz.
  Zwei Haubitzen verlegten zur Nordschanze.

Auch die beiden Strandbatterien von Eckernförde machten sich einsatzbereit.
Die Nordschanze war 54 Mann stark und ausgerüstet mit:

2 × 18 Pfd. Kanonen.	199 Vollkugeln und 50 Kartäschen.
2 × 24 Pfd. Kanonen.	178 Vollkugeln und 50 Kartäschen.
2 × 84 Pfd. Kanonen.	100 Vollkugeln und 50 Kartäschen.
Total 6 Geschütze	477 Vollkugeln und 150 Kartäschen.

Leiter: Hauptmann Jungmann

Die Südschanze hatte eine Besatzung von 39 Mann. Ausgerüstet war sie mit 4 × 18 Pfd. Kanonen, 373 Vollkugeln und 100 Kartäschen.
Leiter: Unteroffizier Preußer[278]

In den sehr frühen Morgenstunden des 5. April 1849 befahl Kapitän Paludan die Schiffsführer seiner Flottille zu einer abschließenden Gefechtsbesprechung auf sein Linienschiff CHRISTIAN III, wo der Verlauf wie folgt geplant wurde:

Unmittelbar nach 6.00 Uhr sollten die Segelschiffe, gefolgt von den Raddampfern, in die Förde einlaufen und in der Vorbeifahrt zunächst mit je einer Breitseite die Nord- und nach einem Schwenk die Südschanze niederkämpfen. Obwohl vermutet wurde, dass diese Breitseiten bereits das Ende der Strandbatterien bedeuten würden, sollten das Linienschiff und die Segelkorvette wieder in die Förde zurückkehren und sich anschließend zwischen die Batterien

---

277 **Anm. d. Verf.:** Diese Meldung enthält 11 dänische Schiffe verschiedener Klassen, wogegen nur 9 tatsächlich in die Eckernfördener Bucht eingelaufen waren. Übereifer oder Übermittlungsfehler?
278 **Jungmann, Eduard:** a. a. O. S. 10ff.

legen, so dass sie eine eventuelle Gegenwehr der Schanzen sofort mit Breitseiten im Keim ersticken konnten. Die bisherigen Gefechte zwischen solchen leichten Strandbatterien und den überlegenen Kriegsschiffen hatten stehts nur die Segelschiffe als Sieger gesehen, da die Wälle aus Sand meist der ersten Salve schon nicht widerstanden hatten. Die Segel-Korvette GALATHEA sollte sich nur begrenzt an Kampfhandlungen beteiligen, da sie nominell zur Blockade von Kiel vorgesehen war, um die GEFION zu ersetzen. Zu Anfang des Angriffs erhielt GALATHEA den Auftrag, die ungeschützte Seite der Nordbatterie mit anzugreifen, um die Besatzungen zu verwirren und zu beunruhigen. Die beiden Raddampfer GEYSER und HEKLA sollte zunächst den beiden Segelkriegsschiffen folgen, die Erfolge überprüfen und gegebenenfalls beim Niederkämpfen des Restwiderstandes mit eingreifen. Alsdann waren sie gehalten, die mit Landungstruppen beladenen Schiffe zu begleiten und diesen Feuerschutz bei der Besetzung von Eckernförde geben. Soweit die Planung der Dänen.

Der dänische Angriff von 6.00 bis gegen 8.00 Uhr morgens.

Der dänische Angriff begann, wie von deutscher Seite vermutet, in den frühen Morgenstunden gegen 6.00 Uhr. Von Aschau aus steuerte der dänische Verband zum Erlangen der Gefechtsformation zunächst in die Ostsee hinaus, um danach bei steifem Ostwind Kurs auf die Nordschanze zu nehmen. An der Spitze segelte das Linienschiff CHRISTIAN III, dicht gefolgt von GEFION. Leicht Steuerbord zum Linienschiff achtern versetzt, segelte die Fregatte GALATHEA, um ihre zugewiesene Position zur Nordbatterie zu gewinnen. Den Abschluss des Kampfverbandes bildeten die Raddampfer HEKLA und GEYSER.

In beiden Schanzen war alles seit dem vorherigen Tag kampfbereit. Als das Linienschiff den Bereich der zwei 24-Pfd. und der 18-Pfd. Kanonen, also gut 600 Fuß, passierte, eröffnete auf Befehl von Hauptmann Jungmann die Nordschanze das Abwehrgefecht. Unmittelbar danach kam als Antwort die erste Breitseite des Linienschiffs auf die Schanze. Die Auswirkung des Einschlagens von achtundvierzig Geschossen gegen die Schanze hatte Hauptmann Jungmann erwartet, da seine Untergebenen noch nie im scharfen Feuer gestanden hatten. Obwohl nicht eine Kugel die Schanze traf, die Salve lag viel zu hoch, brach unter der Bedienung die erwartete Panik aus. Dank des konsequenten Eingreifens und des Durchsetzens der nun gegebenen Befehle gelang es den Geschützführern und dem Kommandanten innerhalb kurzer Zeit, die prekäre Lage in den Griff zu bekommen. Die Geschütze wurden nachgeladen, neu eingerichtet und zur nächsten Salve vorbereitet. Mitten in dieser Arbeit begann die GALATHEA mit ihrem Beschuss, während sich die beiden Segelschiffe der Südschanze zuwandten, um sie im Passiergefecht niederzukämpfen. Wie die Nordschanze erwiderte die Südschanze mit ihren vier Geschützen tapfer das weit überlegene Feuer der dänischen Kriegsschiffe mit einer ersten Salve.

Gerade hatten die dänischen Segelschiffe die Südschanze passiert und fuhren wieder aus der Förde hinaus, wurde zur Verwunderung der Dänen, aber auch der schleswig-holsteinischen Batterien, das Feuer auf die Schiffe von Land her eröffnet. Die aus vier Geschützen bestehende Batterie unter Hauptmann von Müller hatte unerwartet für alle das Feuer aus dem Wäldchen in Höhe von Altenhof, am Schnellenbacher Holz, eröffnet. Obwohl mit wenig Aussicht auf Erfolg wurden, nach dem Passieren der Segelschiffe, die beiden Raddampfer von der Nassauer Batterie unter Feuer genommen. Für die Dänen wurde klar, dass eine Anlandung in diesem Gebiet nur mit Verlusten zu erreichen war.

Die Südschanze lieferte sich zunächst mit den Raddampfern HEKLA und GEYSER, die Nordschanze mit der GALATHEA ein Gefecht, ohne jedoch Erfolge erzielen zu können.

Die beiden großen Segelschiffe hatten derweil in der Ostsee den Kurs gewechselt und liefen wieder in die Förde ein. Sie hatten vor, so in Position vor Anker zu gehen, dass sie beide Schanzen mit ihren Breitseiten unter Feuer nehmen und den letzten vorhandenen Widerstand ersticken konnten. So sollte den Landungstruppen eine ungefährdete Anlandung ermöglicht werden. Wegen des ungünstigen Windes, der in die Förde hinein gedreht hatte, mussten beide Schiffe Hilfsmittel einsetzen, um sich in die richtige Gefechtslage zu bringen. Kapitän Paludan befahl auf dem Flaggschiff, neben dem Hauptanker einen Warpanker[279] zu werfen und sich mit den Winden dieser Anker in die günstigste Position zu bringen. Auf GEFION verfuhr man anders. Die Segelfregatte legte sich mit dem Hauptanker fest und befestigte an diesem vor dem Werfen ein weiteres starkes Tau (Spring), das nun am Heck befestigt wurde. Mit diesem manövrierte die GEFION in geringem Maß in die gewünschte Gefechtslage.

Bereits zu diesem Zeitpunkt mussten die Dänen erkennen, dass ihr Vorhaben weit größere Anstrengungen erfordern würde, als zunächst geplant. Die Besatzungen der Landbatterien hatten nicht in heilloser Flucht ihr Glück gesucht, sondern erwiderten das Feuer.
Gerade die GALATHEA war mit dieser Situation sehr unzufrieden, lag sie doch unerwartet gut im gegnerischen Feuer und hoffte nun auf Entlastung. Die Takelage war bereits arg zerschossen und darum versuchte man, die GALATHEA aus dem Gefecht zu lösen. Trotz des gut liegenden Feuers konnte die Nordschanze keinen direkten Treffer auf der Korvette landen, so dass sie zur Sperrung der Kieler-Förde abkommandiert wurde, ehe sie ernsthafte Schäden davontrug. Die sich zuletzt auf die Südschanze konzentrierenden zwei Raddampfer ließen ebenfalls vom Gegner ab und überließen nun den Segelkriegsschiffen das Feld, um die Restarbeit der Zerstörung zu erledigen. Gegen 8.00 Uhr begann der Wind immer mehr aufzufrischen. Unmittelbar nach dem Vor-Anker-Gehen der beiden dänischen Segelschiffe begann deren wirkungsvolles Feuer gegen die beiden Schanzen. Während sich das Flaggschiff CHRISTIAN III vorwiegend auf die Nordschanze konzentrierte, kämpfte GEFION gegen die Südschanze an.[280]

Die Lage zwischen 8.00 und 10.00 Uhr vormittags.

In beiden Batterien waren in dieser Anfangsphase die ersten Toten und Verwundeten zu beklagen. Die Stellungen wurden dermaßen durcheinandergewirbelt, dass bald kein Geschütz mehr in seiner alten Stellung war. Die Nordschanze konnte dabei nur vier ihrer sechs Geschütze zum Tragen bringen, da die schweren Mörser wegen der zu geringen Reichweite die Dänen nicht erreichen konnten. Dass die Schanzen diesen Ansturm der ständigen und gleichmäßigen Salven beider Schiffe überstanden, hatte zwei wesentliche Gründe.

---

279 **Anm. d. Verf.:** Ein Warpanker wird i.d.R. dazu verwandt, um ein Schiff im Hafen ohne Segel manövrieren zu können. Hierzu wird der (kleinere) Warpanker von einem Ruderboot so ausgebracht, dass er entfernt vom Schiff auf Grund gelegt wird und durch die Winde auf dem Schiff so hingezogen werden kann, wie es die Schiffsführung anstrebt.

280 **Werner, R.:** Das Buch von der deutschen Flotte, S. 250 sagt, beide Schiffe griffen zunächst gemeinsam die Nordschanze, später die Südschanze an.

Die von Werner Siemens konstruierten Stellungen und Einrichtungen waren durch die starken und sehr stabilen Wälle und Palisaden gut geschützt und erwiesen sich als äußerst beschussfest. Zum zweiten wurde der Verlust an Bedienungspersonal dadurch verringert, dass die Dänen nur in vollen Salven schossen. Die Geschützführer hatten bald den Salventakt herausgefunden und konnten somit rechtzeitig in Deckung gehen, die dänische Salve abwarten und dann in verhältnismäßiger Ruhe und Sicherheit die Geschütze neu richten und selber abfeuern. Die großen, vor Anker liegenden Schiffe gaben dabei für die 18-Pfd. ein gutes und sicheres Ziel ab. Die Schiffe schossen Salve um Salve, ohne wirklichen Schaden anrichten zu können, wogegen die Schanzen garantiert Treffer um Treffer erzielten. Wer würde den längeren Atem haben; die starken Schiffe mit ihren Salven oder die Schanzen, die dem übermächtigen Gegner immer nur mit ihren Einzelschüssen Nadelstiche versetzen konnten?

Von der Südschanze aus wurde ab 8.30 Uhr festgestellt, dass die GEFION langsam zu treiben begann, da der Druck des Windes sehr zugenommen hatte, so dass der eine Anker das Schiff nicht halten konnte. Bis gegen 10.00 Uhr war ein ständiges Geschützfeuer zu hören. Regelmäßig von den Schiffen, vereinzelt von den Stellungen. Die besorgten Bürger von Eckernförde waren immer wieder froh, wenn nach einer deckenden Salve der dänischen Segelschiffe vereinzelt ein Geschütz der beiden Schanzen antwortete.

Das Breitseitfeuer hinterließ zwangsläufig Schäden an den Schanzen, die im Gefecht nicht zu reparieren waren. Die Palisaden erhielten immer größere Löcher, so dass das Blockhaus der Nordschanze, in dem die Munition lagerte, erheblich bedroht war. Als tatsächlich ein Direkttreffer den Eingangsbereich der Blockhütte schwer beschädigte, war höchste Gefahr für die Stellung angesagt. Trotz des deckenden Feuers des Linienschiffes wurde unter der Leitung des Feldwebels Clairmont alles verfügbare Holz herbeigeschafft und das Blockhaus in diesem Bereich verstärkt. Auch die vom Blockhaus weggeschossene schwarz-rot-goldene Reichsflagge wurde, an einer Stange angenagelt, wieder aufgestellt.

Als gegen 10.00 Uhr vormittags der Raddampfer GEYSER erneut in das Geschehen eingriff, wurde es zeitweise sehr kritisch für die Nordschanze. Genau in dieser prekären Situation gingen die zwei detachierten Mörser der Nassauer Batterie am Fuß des Luisenberges in Stellung. Sie hatten zwar keinen nennenswerten Kampfwert, zwangen die Dänen aber, ein zusätzliches Ziel bekämpfen zu müssen. Allein das schaffte der Nordschanze Entlastung. Bis zu diesem Zeitpunkt konnte keiner der Gegner wesentliche Erfolge verbuchen. Die Schiffsbesatzungen konnten die Trefferwirkungen der Schanzen ohne große Mühe beseitigen. Auch die Verluste an Menschen schienen nur gering zu sein. Die Schanzenbesatzungen hatten es dagegen weitaus schwerer, und mussten in den von den Salven durchwühlten Stellungen immer wieder das eine oder andere Geschütz notdürftig reparieren, einrichten, laden und abschießen. Die Besatzungen der zerschossenen Geschütze lagen derweil in Reserve und unterstützen die Bedienungen der intakten Geschütze.

Während dieser Zeit wurde begonnen die zwei Verwundeten der Nordbatterie auf einen Wagen zu legen um sie nach Barby zu bringen. Die Gerüchte die von allen Seiten die Runde machten waren schlimm. So sollten die Batterien mit Toten und Verletzten übersät, und dem Hauptmann Jungmann beide Beine abgeschossen sein. Nichts stimmte außer den beiden Verwundeten. Mitten in diese Aktion krachte eine neue Salve in die Batterie hinein und tötete einen

Kanonier, der gerade das Fuhrwerk aus der Batterie bringen sollte, und so stoben die Pferde allein los und retteten die Verwundeten. [281]

Das Kampfgeschehen von 10.30 Uhr bis zum Waffenstillstand.

Ab 10.30 Uhr begann eine neue Phase im Kampf um die Verteidigung der Stadt Eckernförde, als es der Südschanze gelang, die Spring der GEFION zu treffen und diese zu zerstören. Die Segelfregatte, nun nur noch vom Haupt-Anker gehalten, drehte wegen des Winddruckes so, dass sie der Südschanze ihr Heck anbot und nur noch aus den beiden Heckgeschützen schießen konnte. Hier war nun ein Patt; zwei Heckgeschütze gegen zwei verbliebene 18-Pfd. der Südschanze.

Die Lage für die GEFION hatte sich dadurch erheblich verschlechtert. Schuss um Schuss schlug in das Heck der Segelfregatte ein und richtete unter den Bedienungsmannschaften, ein um das andere Mal, ein Blutbad an. Die Situation um die Geschütze war bald so schlecht, dass sich keine Freiwilligen mehr fanden, um an diesem Selbstmordkommando teilzuhaben. Kapitän Meyer signalisierte aus diesem Grund zum Flaggschiff, um einen zusätzlichen Arzt und einen Warpanker zu erhalten. Mit diesem wollte er sich wieder in Breitseitlage zur Südschanze ziehen. An beide Raddampfer erging die Anweisung, die Segelschiffe in Schlepp zu nehmen, um sie in die jeweils günstigere Breitseitlage zu den Schanzen zu bringen. Während HEKLA das Flaggschiff ansteuerte, versuchte GEYSER, eine Leinenverbindung zur GEFION herzustellen.

Die Schanzenführer sahen sehr wohl die Absicht der Dampfer, entweder die Segelschiffe aus ihrem Wirkungsbereich herumzuschleppen oder aber in bessere Breitseitposition zu ziehen. Es musste auf alle Fälle verhindert werden, dass die Dampfer überhaupt eine Leinenverbindung herstellen konnten. Unteroffizier Preußer, Kommandant der Südschanze, ließ die Kanonen neu einrichten und konzentrierte sein Feuer jetzt auf die GEYSER.

Trotz dieses deckenden Feuers versuchte GEYSER unter Kapitän Wolff, mit Hilfe eines Ruderbootes eine Leinenverbindung zur Segelfregatte herzustellen. Die mutigen und gefahrvollen Versuche der Ruderbootsbesatzungen wurden nicht belohnt. Entweder rissen die Verbindungen bei Belastung oder aber die Leinenverbindung wurde zerschossen. Die Versuche der Südschanze, GEYSER direkt zu treffen, gelangen zunächst nicht. Mehrere Nahtreffer konnten den Kapitän nicht davon abhalten, weiter zu versuchen, eine Schleppverbindung herzustellen. Erst als ein Treffer mittschiffs in die Machinenanlage einschlug, wurden alle Verbindungen schnell losgeworfen und GEYSER zog sich zurück, ehe ein weiterer Treffer das Ende der Maschinenanlage und des Schiffes bedeutet hätte. [282]

---

281 **Jungmann, Eduard:** a. a. O. S. 25ff. **Anm. d. Verf.:** In diesem Gefechtsbericht von Jungmann wird der Kampf dermaßen beschrieben das sich die beiden Segelschiffe zunächst hauptsächlich mit der Nordbatterie, und ab ca, 10,00 Uhr vormittags der Südbatterie zuwandten. Wie von R.Werner oben auch beschrieben!

282 **Stenzel, Alfred:** Seekriegsgeschichte in ihren wichtigsten Abschnitten mit Berücksichtigung der Seetaktik. 4.Teil von 1720 bis 1850. Hansche Buchhandlung, Hannover und Leipzig 1911. S. 444.

HEKLA hatte ebenfalls mit dem Beschuss durch die Nordschanze zu kämpfen. Unmittelbar vor der Übernahme der Schlepptrosse erzielte die Nordschanze einen Treffer auf dem Dampfschiff. Die Wirkung schien nur gering gewesen zu sein. Erst als ein weiterer Treffer, diesmal von der Südschanze, das Ruder zerstörte, brach auch die HEKLA alle Versuche ab, eine Schleppverbindung herzustellen. [283]

Das Linienschiff der Dänen schien dagegen von den Nadelstichen der Nordschanze unbeeindruckt zu sein, hatte aber seinerseits, bis auf eine 18-Pfd., alle Kanonen der Nordschanze zum Schweigen gebracht. Die GEFION dagegen war in einer weitaus ungünstigeren Lage. Ihr Heck war schwer zerschossen worden, und seit dem Abdrehen der Dampfer verlegte Unteroffizier Preußer gnadenlos das Feuer wieder auf die Segelfregatte, um sie zu Aufgabe oder Rückzug zu zwingen. Da die beiden Raddampfer in absehbarer Zeit nicht wieder in den Einsatz zu schicken waren, sie beseitigten fieberhaft ihre Beschädigungen, waren die Segelkriegsschiffe wieder auf sich allein gestellt. Sie versuchen nun, mit dem Ausbringen der Warpanker durch Ruderboote ihre Lage zu verbessern. Auf beiden Schiffen gingen Besatzungen in die Ruderboote, um die Warpanker in Richtung offene See zu verbringen. Beide Schanzen unternahmen daraufhin sofort den Versuch, dieses durch Beschuss der Ruderboote zu verhindern. Tatsächlich wurde das Ruderboot der GEFION durch einen Volltreffer der Südschanze zerstört. Die gesamte tapfere dänische Besatzung fiel. Nach diesem Verlust stiegen gegen 12.30 Uhr nacheinander auf dem Linienschiff und auf der Segelfregatte die weißen Parlamentärflaggen auf, zum Zeichen, dass die Dänen verhandeln wollen.

> **Die Ereignisse während des Waffenstillstandes von 12.30 bis 4.40 Uhr nachmittags.**

Die Landtruppen und die Bevölkerung von Eckernförde, die dem Kampf bisher tatenlos zusehen musste, atmeten zunächst einmal auf. Noch hatte keine der total zerschossenen Schanzen aufgegeben. Nach jeder Salve des Linienschiffes setzte ein banges Hoffen ein, ob die Geschütze wieder einsatzbereit gemacht werden konnten. Die Nordschanze verfügte zu diesem Zeitpunkt nur noch über ein feuerbereites Geschütz, wogegen die Südschanze zwei Geschütze im Einsatz hatte. Wie kritisch die Lage aber zum Beispiel für die Südschanze mittlerweile geworden war, zeigte der Umstand, dass diese zu diesem Zeitpunkt nur noch über acht Kugeln verfügt! Die Bevölkerung reagierte sehr schnell auf die Feuerpause und versuchte den Schanzenbesatzungen so viel Hilfe und Versorgung zukommen zu lassen, wie irgend möglich. Während die erschöpften Soldaten mit Nahrung und Trinken versorgt wurden, behandelte man auch die Verwundeten und transportiert die Toten ab.

Durch Leutnant Ulrich, Parlamentär der Dänen, wurden per Ruderboot die Forderungen des dänischen Geschwaderchefs überbracht. Das Militär musste einschreiten und die Sicherheit für das Leben des Leutnants übernehmen, da die aufgebrachte Bevölkerung den Parlamentär gar nicht erst an Land lassen wollte. Das Schreiben, das Leutnant Ulrich im Namen von Kapitän Paludan übergab, hatte folgenden Wortlaut:

---

283   Ebenda: S. 445.

»(…) Der Unterzeichnete schlägt eine Einstellung der Feindseligkeiten unter der Bedingung vor, das die Schiffe frei passieren, ohne das von den Batterien auf sie geschossen werde.

Werde dieses nicht angenommen, so werde Eckernförde in Brand geschossen und die Folgen werden Sie zu verantworten haben« [284]

Da der ranghöchste Offizier, Herzog Ernst, zu diesem Zeitpunkt nicht in Eckernförde war, sondern bei seinen Truppen am Schnellenbacher Gehölz, nahmen der Bürgermeister Langheim und Hauptmann Irminger diese Depesche entgegen. Der unentschlossene Bürgermeister wollte nicht entscheiden und ließ deshalb die Nachricht durch den Ratsherren Lange zur Nordschanze bringen, um Hauptmann Jungmann von dieser in Kenntnis zu setzen. Um den Schanzen aber nicht zu lange Zeit zur Ruhe und Instandsetzung zu geben, versuchte der dänische Parlamentär, schnell eine verbindliche Antwort zu erhalten und stellte ein Ultimatum. Die beiden deutschen Offiziere Irminger und Jungmann waren sich einig, auf gar keinen Fall dieser Drohung zu weichen. Im Gegenteil, jederzeit den Kampf wieder aufzunehmen, solange auch nur ein Geschütz feuern konnte und noch Munition vorhanden war.

Während der Feuerpause wurde auf den dänischen Kriegsschiffen die Zeit ebenfalls genutzt, um klar Schiff zu machen, die Toten und Verwundeten zu versorgen und die erschöpften Mannschaften zu stärken. Auch an den Schanzen wurde derweil gearbeitet. Die Bevölkerung und die Soldaten begannen die Palisaden und Verhaue wieder herzurichten, so gut es ging. Von den vier Geschützen der Nordschanze, die zum Einsatz in Frage kamen, die zwei 18-Pfd und die zwei 24-Pfd. war nur noch eine 18-Pfd. einsatzbereit. Hier wurde nun alles darangesetzt, wenigstens eine der 24 Pfd. aufzurichten und erneut in Stellung zu bringen, was eine wichtige Verstärkung bedeutet hätte. Aus Rendsburg wurde die dringend benötigte Munition für die beiden Schanzen herangeführt. Auch die Südschanze hatte schwer gelitten. Zwei der vier Kanonen waren so zerschossen worden, dass sie nicht zu reparieren waren. Aus diesem Grunde wurde viel Wert auf die Verstärkung der Palisaden im Bereich der noch einsatzbereiten 18-Pfd. Kanonen gelegt. Zusätzlich wurde auf Weisung des Batteriechefs Jungmann, Befehl von Unteroffizier Preußer gegeben den Glühofen angeheizt, um im kommenden Gefecht mit glühend gemachten Kugeln auf die dänischen Schiffe zu schießen.[285]

In der Zwischenzeit versuchte die notdürftig reparierte HEKLA, sich mit ebenfalls gesetzter weißer Flagge den Segelschiffen zu nähern. Da man vermutete, dass diese versuchen wollte, eines der Segelschiffe in Schlepp zu nehmen, wurde der Dampfer sofort von der Südschanze unter Feuer genommen. Tatsächlich drehte der Dampfer sofort ab und verließ den Kampfver-

---

284 **Jessen, Willers:** Vor hundert Jahren. S. 15.
285 **Stenzel, A.:** Seekriegsgeschichte a. a. O. S. 445 sagt, dass Jungmann Anweisung gab von der Süd-Batterie aus mit glühend gemachten Kugeln zu schießen. **Jungmann, Eduard:** a. a. O. S. 35. **Anm. d. Verf.:** Der Einsatz der glühend gemachten Kugeln wird in den Quellen sehr unterschiedlich dargestellt. Zum einen werden die Stellungen unterschiedlich benannt, die die glühenden Kugeln verschossen. Zum anderen auch der Beginn des Einsatzes. Ohne die einzelnen, sich widersprechenden Aussagen kontrollieren zu können meint der Verfasser festgestellt zu haben, dass die Südschanze über einen Glühofen verfügte, was auch zeitgenössische Zeichnungen belegen. Als weiteres war zu bemerken, dass die wenigsten authentischen Berichte der Zeit von Feuer oder Rauchentwicklung durch glühend gemachte Kugeln berichten. Dieses wurde zumeist erst nach dem Waffenstillstand erwähnt. **Jungmann, Eduard:** gibt S. 12f. an, dass in beiden Batterien Öfen gestanden haben.

band mit Kurs auf Sonderburg. Auch der erneute Versuch, einen Warpanker mit einem Ruderboot auszubringen, wurde abgebrochen, da der Wind dies nicht zuließ.

Um 4.30 Uhr nachmittags erhielt Leutnant Ulrich das Antwortschreiben an Kapitän Paludan mit folgendem Inhalt:

> *»An den Flottenkommandanten Paludan!*
> *In Erwiderung Ihres Schreiben von heute Dato bemerken die Unterzeichneten hierselbst höchst commandierende Offiziere, daß sie sich nicht veranlaßt finden, das Schießen der Batterien auf die Schiffe einzustellen. Sollen Sie Ihre Drohung, eine offene Stadt in Brand zu schießen, zu vollführen für gut befinden, dann fiele selbstverständlich der Fluch eines solchen Vandalismus auf Dänemark, das Sie hier vertreten.«*
> *Nordbatterie, den 5. April 1849*

Irminger,	***Wiegand***	***Jungmann***[286]
Hauptm. u. Bataillonskommand	Etappenkommand	Hauptm. u. Batterie-Chef

Leutnant Ulrich bestieg das Ruderboot, und als er erneut zurückkehrte, überbrachte es die Meldung, dass ab 4.40 Uhr nachmittags der Waffenstillstand beendet war.

Während des Waffenstillstandes hatte sich die Nassauer Batterie mit ihren vier 18-Pfd. Kanonen vom Schnellenmarker Gehölz nach Eckernförde verlegt. Sie bezog nun ihre neue Stellung unmittelbar am Strand auf Höhe des Exerzierplatzes zwischen der Südschanze und der Stadt. Obwohl hier total schutzlos den Salven der Dänen ausgeliefert, versprachen sich die Offiziere einen weitaus besseren Erfolg als in der alten Stellung. Von beiden Seiten wurde der Kampf mit unverminderter Härte wieder aufgenommen. Während die Nordschanze mit normalen Kugeln weiter schoss, begann die Südschanze mit den glühend gemachten Kugeln zu feuern.

Dieses Schießen, noch nicht lange bei der Seeverteidigung in der Anwendung, hatte folgenden Vorgang. Nachdem die Kugeln im Glühofen aufgeheizt worden, wurden die Kanonen zuerst mit der Kartusche, in der das Pulver untergebracht war, geladen. Dann wurde eine vorbestimmte Menge an frischem Gras und danach trockenes Gras in das Rohr eingeschoben. Nun konnte das Geschütz ausgerichtet, und wenn das geschehen war, wurde mit zwei Mann, mittels einer Zange, die glühende Kugel aus dem Ofen genommen und in das Rohr eingelegt, so dass diese hinunterrollen konnte und wenig später die Ladung zum Entzünden brachte. Die immer noch glühende Kugel schlug nun in den Rumpf des Schiffes ein, und durchschlug dabei mehrere Bereiche. Da sie nur schwer zu löschen war, breiteten sich wenig später mehrere Brände auf den beiden Schiffen aus.[287]

Die Dänen hatten sich entschlossen, unter Segel zu gehen und einen Ausbruchversuch zu unternehmen, obwohl die Schiffe gegen den Wind kreuzen mussten. Unabhängig davon sollten die gegnerischen Schanzen weiter unter Feuer genommen werden. Beide Schiffe wollten dabei, ohne Rücksicht auf das andere Schiff, versuchen, sich in Sicherheit zu bringen.

286 **Jungmann, Eduard:** a. a. O. S. 25ff. auch: **Jessen, Willers:** Vor hundert Jahren. S. 15.
287 **Jessen, Willers:** Vor hundert Jahren. S. 16.

Vom eigenen Geschützfeuer nicht unterbrochen begann das Linienschiff mit dem Hieven des Ankers, um zu versuchen, die offene See zu gewinnen. Schon während des Segelsetzens konnte die Nassauer Batterie am Strand in ihrer neuen, ungedeckten Stellung die Arbeiten stark behindern, als sie mit Kartäschen voll in die Takelage zielten. Trotzdem bekam das Linienschiff schnell Fahrt und begann dicht unter Land einen Bogen einzuschlagen. Fast schon auf Gegenkurs machte sich das Beschießen der Takelage durch die Nassauer bemerkbar, da die Besatzung erheblich an der Bedienung und Handhabung der Segel behindert wurde. Das Schiff konnte nicht im Wind gehalten werden, geriet außer Kontrolle und saß wenig später auf einer Sandbank fest. Nun lag auch das Linienschiff im Wirkungsbereich der Südschanze mit ihren glühend gemachten Vollkugeln. Schon die ersten Treffer verursachten auf beiden Schiffen Brände.

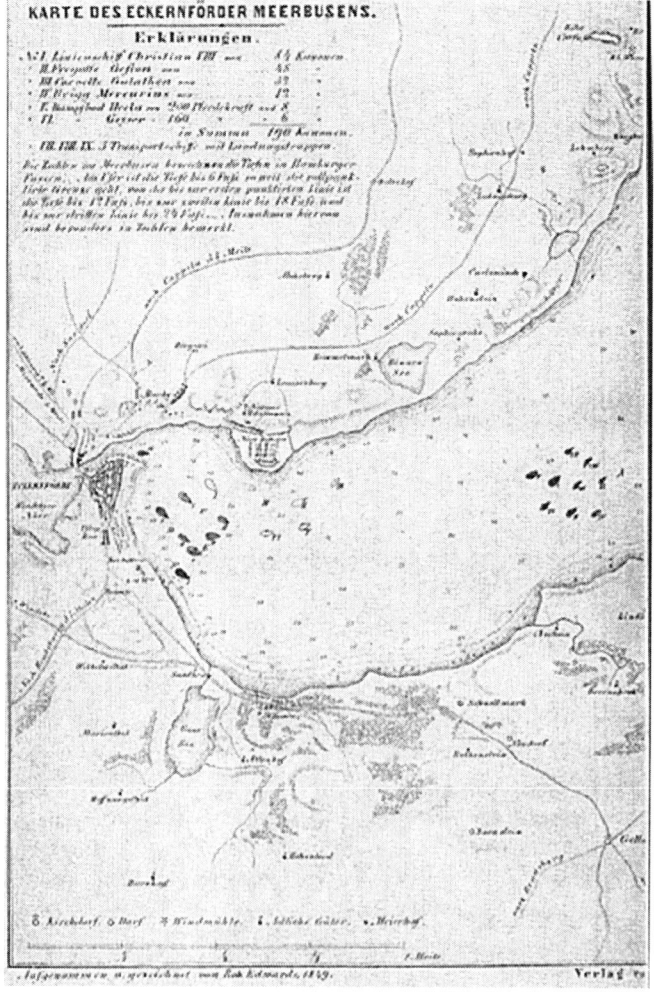

Lageplan des Gefechtes, gezeichnet von Otto Speckter 1849 [288]

288 **Schmalenbach, P.:** Die erste deutsche Flotte 1848–1852 S. 55 (Kartenausschnitt).

Obwohl die dänischen Schiffe weiterhin das Feuer erwiderten, hatten die schleswig-holsteinischen Truppen die Lage aber fest im Griff. Schuss um Schuss schlug von den beiden Batterien und den Nassauern in die Schiffskörper ein, ohne dass die Besatzungen der Schiffe dieses wirkungsvoll erwidern konnten. Die glühend gemachten Kugeln der Südschanze begannen auf den beiden Schiffen Brände zu verursachen, die die ohnehin ermüdeten Besatzungen zusätzlich beschäftigten. Trotzdem schienen die Dänen nicht aufgeben zu wollen, obwohl das Linienschiff ohne Hilfe nicht freikommen würde, da die dänischen Dampfer schon lange entlassen worden waren und mit den Transportern das Weite gesucht hatten. Auch GEFION war nicht mehr in der Lage, ihren letzten Ankerplatz zu verlassen. Die Gegenwehr der dänischen Schiffe wurde immer geringer, wogegen die Rauchentwicklung auf dem Linienschiff immer stärker wurde.

Die Niederlage der Dänen vor Eckernförde

Um 5.30 Uhr nachmittags strich zunächst GEFION die Flagge. Keine halbe Stunde später fiel auch auf CHRISTIAN III der Danneborg. Da die Schanzen dieses maritime Signal der Aufgabe nicht verstanden, wurde zunächst das Feuer auf die Schiffe nicht eingestellt. Erst als ein weiteres Parlamentärsboot die Sachlage erklärt hatte, wurde das Feuer sofort eingestellt.[289]

Der Brand auf dem Linienschiff hatte, betrachtete man die Rauchentwicklung, immer weiter um sich gegriffen. Von Land zu den Schiffen gesandte Boote übernahmen die Verwundeten und die zum Teil total erschöpften dänischen Seeleute. Einer der ersten (!), die an Land kamen, war Kapitän Paludan, der dem nun in Eckernförde erschienenen Herzog Ernst seinen Degen übergab. Mit weiteren Booten wurde die Besatzung des Linienschiffes von Bord geholt und an Land gebracht. [290]

Der Brand, so wurde bald erkennbar, war auf dem Linienschiff nicht mehr unter Kontrolle zu bringen. Somit wurde mit dem Verlust dieses wertvollen Schiffes gerechnet. Um ca. 7.30 Uhr abends explodierte die Munitionskammer des Linienschiffes und zerstörte das Schiff total. Die Wucht der Explosion war so stark, dass herumfliegende Holz- und Eisentrümmer auch Menschen am Strand verletzten und sogar einen Menschen töteten. Auch fielen einige Schleswig-Holsteiner, die versuchten, das Schiff zu besetzen und die Verwundeten zu bergen. Unter ihnen auch der Kommandant der Südschanze, Unteroffizier Preußer.

Die genauen Umstände, warum der Unteroffizier unerlaubt seine Stellung verlassen hatte und sich an Bord des Linienschiffes begab, blieben ungeklärt. Er hatte wohl mit dem Premierleutnant v. Lilienstein den Abtransport der Gefangenen von dem Linienschiff leiten und das Kommando über dasselbe erlangen wollen.[291]

Der Brand und die Explosion auf der CHRISTIAN VIII brachte einige Unruhe in die bisherige Ordnung der Bundestruppen. So unterblieb zum Beispiel die Besetzung der GEFION zunächst total, so dass der an Bord gebliebene Kommandant Meyer und ca. 220 unverwundete

---

289 **Jungmann, Eduard:** a. a. O. 2 S. 25ff.
290 **Jessen, Willers:** Vor hundert Jahren. S. 17.
291 Ebenda: S. 17f.

dänische Besatzungsmitglieder unbewacht vor der Küste verblieben. Die Detonation in der unmittelbaren Nähe und der Verlust der vielen Kameraden schien die Besatzung der GEFION aber an einem Ausbruchversuch, der nun möglich gewesen wäre, gehindert zu haben. Erst das Kommissionsmitglied Hauptmann Karberg und der Marineoberarzt Dr. Valentiner, die von Kiel nach Eckernförde gekommen waren, unternahmen Schritte, das Schiff zu sichern und gegebenenfalls in den Hafen zu bringen. Das konnte aber nicht sofort durchgeführt werden, da das brennende Wrack des dänischen Linienschiffes dieses verhinderte. Somit bestand die große Gefahr, dass die Segelfregatte doch noch von den Dänen weggenommen werden könnte.

Die Explosion hatte das Linienschiff in mehrere Teile zersprengt. Die Seitenteile waren nach Backbord und Steuerbord vom Rumpf abgetrennt worden, genauso wie das Heck und der Bug, auf Grund gegangen waren. Die Trümmer der weggesprengten Teile des Linienschiffes, vorrangig die Decks und Masten, waren über die ganze See und an Land bis zum Gut Windeby verstreut worden. Der Rest des dänischen Linienschiffes, das noch aus dem Wasser ragte, brannte noch lange oberhalb der Wasserfläche ab.[292]

Insgesamt hatten die Dänen auf beiden Schiffen 134 Tote und 69 Verwundete zu beklagen. Einschließlich der Offiziere von CHRISTIAN VIII 566 Mann, von GEFION 258 Mann, gingen 824 in Gefangenschaft. Sie wurden, bis auf die 69 Verletzten, die in Eckernförde blieben, am nächsten Tag zunächst nach Rendsburg und später nach Glückstadt gebracht.

Auf Schleswig-Holsteiner Seite waren 4 Tote und 17 Verletzte zu beklagen. Während des Gefechtes waren von beiden Seiten fast 7.000 Schuss abgegeben worden.

Durch CHRISTIAN III	3 580 Schuss
Durch GEFION	2 000 Schuss
Durch die Nordschanze	295 Schuss
Durch die Südschanze	330 Schuss
Durch die Nassauer Batterie	300 Schuss

Die Ansprüche der Verfügungsgewalt über die GEFION entbrannten sofort und ließen vermuten, welche Probleme es wegen der erworbenen Segel-Fregatte noch geben würde. Zunächst beanspruchte General v. Prittwitz das Schiff, da der Krieg unter der Oberleitung der ihm unterstellten Truppen geführt wurde und somit Reichssache war. Auch die Marineabteilung sah die Sache so und unterstellte das Schiff dem neu ernannten Kommando von Seezeugmeister Brommy.

Da die dänische Fregatte aber von einem schleswig-holsteinischen Truppenteil erobert worden war, glaubte der Oberkommandierende der schleswig-holsteinischen Truppen, General v. Bonin, das Schiff in seine Verfügungsgewalt zu erhalten, zumal dieses auch der unter Reichskommando stehende Befehlshaber dieses Bereiches, der Herzog v. Coburg, und der örtliche Befehlshaber von Eckernförde ebenfalls glauben. Spannungen waren angesagt. Da der Krieg gegen Dänemark aber Reichssache war, wurde das gewonnene dänische Kriegsschiff automatisch durch das Reich beansprucht und dieses übernahm formell auch am 6. April die Hoheit über die Segelkorvette und die Trümmer und Wertgegenstände des gesprengten Linienschif-

---

292 Ebenda: S. 34ff.

fes. Reichsminister Duckwitz machte den Vorschlag, das gewonnene Schiff in ECKERN-
FÖRDE umzubenennen.

Die Neuorganisation der Reichsmarine nach dem 5. April 1849

Reichshandelsminister Arnold Duckwitz musste sich im Frühjahr 1849 verstärkt der Marine zuwenden, um die unheimliche Flut von Entscheidungen und Weisungen zu bewältigen. Während dieser kritischen Zeit, Ende der Tätigkeit der Technischen Marine Kommission und Umsetzung von deren Vorschlägen, Verweigerung der Kaiserwürde durch Preußen und einhergehend damit der Verlust an Souveränität der Provisorischen Zentralgewalt gegenüber den Fürstenhäusern, und des beginnenden Krieges gegen Dänemark, berief Arnold Duckwitz die Marineabteilung am Vormittag und Nachmittag zu Sitzungen zusammen. Schon zu diesem Zeitpunkt machte sich die Entfernung zwischen Bremerhaven und Frankfurt negativ bemerkbar.

Die Hoffnung von Reichshandelsminister Duckwitz, Fregattenkapitän Brommy in Frankfurt für die Marineorganisation einsetzen zu können, war durch das Fernbleiben eines amerikanischen Offiziers nicht mehr zu halten. Der Minister musste also die provisorische Organisation in Bremerhaven auf eine neue, geordnete Basis stellen.

Unter Ernennung zum Kapitän zur See wurde Reichskommissar Brommy am 5. April zum Seezeugmeister ad interim ernannt und erhielt gleichzeitig den Oberbefehl über die Reichsmarine in der Nordsee. Gleichzeitig wurden die weiteren Dienstposten und Kommandos bestimmt. Als Offiziere in der Reichsmarine wurden ihm unterstellt: [293]
Für die Seezeugmeisterei:
Stabsarzt Dr. Heins für das Sanitätswesen.
Leutnant 1. Klasse William Georg Jackson.
Zahlmeister 1. Klasse E.H. Rudolph, Intendant ad interim der Seezeugmeisterei.
Zahlmeister C.J. Chr. Döring, Sekretär.
Als Kommandanten der Schiffe:
Kapitän Hammel Ingold Strutt, Kommandant ad interim des Segelschulschiffes
DEUTSCHLAND.
Leutnant 1. Klasse Thomas William, Kommandant ad interim der Dampf-Corvette
BREMEN und LÜBECK.
Leutnant 1. Klasse Thomas King, Kommandant ad interim der Dampf-Corvette
BARBAROSSA.
Leutnant 1. Klasse Theodor Julius Reichert, Kommandant ad interim der Dampf-Corvette
HAMBURG.
Leutnant 1. Klasse Eduard Francois Zephirin Pougin, Kommandant ad interim der
Dampfcorvette ERZHERZOG JOHANN.
Das Kommando der ECKERNFÖRDE war unbesetzt.[294]

---

293 **DB 59/51** Minister Duckwitz an Capitain zur See, ad interim Seezeugmeister für die Nordseeküste Herrn Brommy in Bremerhaven.
294 **Stadthistorisches Museum Leipzig** a. a. O. Nr. 1062 *Das Reichsministerium des Handels Abtheilung für die Marine.*

Unter der Leitung von Reichsminister Duckwitz wurde in der Sitzung der Marineabteilung vom 12. April 1849 vorrangig die Medizinalversorgung der Flotte bearbeitet. Besprochen wurden u. a. das Regelarium zur Einstellung der neuen Marineärzte, die Einrichtung von Schiffsapotheken und weitere Anstellungen. Für Dr. Heins und für die Hospitalärzte in Hamburg wurden Instruktionen herausgegeben, um für die Examination der in der Marine angestellten Ärzte Grundlagen zu schaffen.

Capitain-Lieutenant Donner erhielt, nach Rücksprache mit der Reichsregierung, am 17. April von der Statthalterschaft das Kommando über die ECKERNFÖRDE mit dem Auftrag, die Segelfregatte wieder zu reparieren und gegen eine Wegnahme durch Dänemark zu sichern. Dieser inspizierte noch am selben Tag das Schiff, um den Schadensumfang zu ermitteln und nach Frankfurt zu melden.[295]

Die ECKERNFÖRDE hatte insgesamt ca. 132 Treffer erhalten:
    ca. 65 Treffer in die Steuerbordseite,
    27 Treffer in das Batteriedeck, von denen 20 das Schiff durchschlugen,
    10 Treffer oberhalb des Batteriedecks,
    20 Treffer im Heck hatten den Heckbalken, und den Backbord
    Kranbalken, sowie die Steuereinrichtung beschädigt,
    ca. 8 bis 10 Karteschenkugeln zerstören die Takelage zwischen Wind und Wasser.[296]

Fast alle Geschützlafetten waren beschädigt, aber nur eine im Heck total zerstört. Vom gesamten Geschützzubehör war über die Hälfte zerstört. Bis auf zwei Boote waren diese alle unbrauchbar oder beschädigt. In der gesamten Takelage entstanden erhebliche Beschädigungen. Bugspriet und Klüverbaum waren stark in Mitleidenschaft gezogen worden. Der Großmast hatte 3 Volltreffer durch die Mitte, der Fockmast hatte einen Schuss durch die Mitte erhalten. Fast alles Rundholz war durch Trefferwirkung beschädigt, ebenso das laufende Tauwerk und die Blöcke. Da die Besatzung des ehemaligen dänischen Kriegsschiffes in Gefangenschaft gegangen war, wurde sie zunächst durch Besatzungsmitglieder von Schleswig-Holsteinischen Kanonenbooten gestellt, deren Boote noch nicht voll einsatzbereit waren.

An Kapitän Brommy ergingen derweil von Frankfurt aus mehrere Instruktionen, um den Dienstbetrieb zu organisieren, da schon mehrere Beschwerden von Offizieren der ehemaligen »Hamburger Flottille« wegen deren Zurückstufung eingegangen waren. Besonders Kapitän Strutt sträubte sich dagegen vehement. So verweigerte er jede Post ohne seinen alten Dienstrang als Kapitän zur See anzunehmen. Die Stellung des Seezeugmeisters hinsichtlich der Per-

---

295 **Anm. d. Verf.:** Der Übertritt von Kapitän Donner liegt hier in einer Grauzone, da allgemein die Darstellung dazu so lautet, dass dieser bereits am 6. 4. in Reichsdienste gewechselt haben sollte. Dieses war vom Reichsverweser so gewünscht (durch den Reichsverweser befohlen worden). Wenig später, die Statthalterschaft war über die Art und Weise von der Bestallung Donners nicht erbaut, wurde dem Kapitän nahegelegt, aus der schleswigholsteinischen Marine auszuscheiden. Der Hauptgrund der Unstimmigkeit lag im Umstand, dass man Donner als ehemaligen dänischen Offizier diesen Posten nicht zutraute hinsichtlich seiner früheren Dienstzeit in der dänischen Marine.

296 **Steltzer**, Hans Georg: Die deutsche Flotte. Ein historischer Überblick von 1640 bis 1918. Societäts-Verlag Frankfurt 1989, S. 61. Hier wird der Bericht auf den 24.4.1848 datiert und die Gesamttrefferzahl auf nur 86 festgelegt.

sonalplanung wurde dadurch gestärkt, dass es am 17. April gelang, nach langen Verhandlungen zwischen den Vertretern der Marine und dem Kriegsminister Peuker, Einvernehmen über die Befreiung der Dienstpflicht vom Landheer für Seeleute zu erzielen, wenn sie in der Reichsmarine Dienst leisten. Kapitän Brommy erhielt gleichzeitig die offizielle Vollmacht, als Reichskommissar die Leitung der »Seezeugmeisterei für die Nordsee« zu übernehmen. Zunächst war nur die Bezeichnung »Seezeugmeisterei« geplant. Preußen protestierte gegen diesen Titel, da es einen solchen ebenfalls hatte. Um Verwechslungen auszuschließen, wurde dann die Bezeichnung **»Seezeugmeisterei für die Nordsee«** benützt.

Mit der Übernahme der Verantwortung als Seezeugmeister, Reichskommissar und Oberbefehlshaber der Flotte, setzte Rudolph Brommy sofort seinen fest umrissenen Dienstplan fest, der auch schon in groben Zügen bis zu diesem Zeitpunkt Gültigkeit hatte.

Vormittags: 04.00 Uhr
Wecken mit Kanonenschuss und Trommeln der Raveille.

05.00 Uhr **Reinigung der Decks.**
Per Pumpen wurde das Deck unter Wasser gesetzt und alle Decks, Gänge und Treppen geschrubbt und anschließend mit einem Sandstein (holystone/ heiliger Stein) gereinigt. Zusätzlich wurden alle Messingteile gereinigt und poliert.

Signal »Alle Hände an Deck«
Ungefähr eine halbe Stunde vor Sonnenaufgang wurde alles zur Flaggenparade vorbereitet. Hierbei kam ein umfangreiches Ritual zur Ausführung. Die Mariniers nehmen Aufstellung auf dem Quarterdeck. Die Matrosen verteilen sich auf den Rahen, lösten die Segel, um sie auf Kommando fallen zu lassen. Die Brahmraahe, die zweitgrößte Segelstange, die über Nacht niedergelassen wurde, wurde zum Aufheißen vorbereitet. Die Schaluppen, seitwärts ausgeschwenkt, wurden zum Niederlassen vorbereitet. Die große Kriegsflagge lag ebenfalls zum Aufziehen bereit. Mit Blick auf das Flaggschiff wartete der wachhabende Offizier auf das Setzen des Wimpels. Wurde dieser beim Erscheinen der ersten Sonnenstrahlen gesetzt, stiegen auf allen Schiffen die Flaggen auf, fielen die Segel, wurde die Bramraahe aufgezogen, die Schaluppen zu Wasser gelassen. Die Mariniers präsentierten das Gewehr, und der Parademarsch wurde angeschlagen. Anschließend wurden durch die verschiedenen Abteilungen Arbeiten und Exerzieren an Waffen und Gerät vorgenommen.

07.30 Uhr **Hängematten an Deck und verstauen.**
08.00 Uhr **Musterung der Besatzung.**
08.30 Uhr **Frühstück**
Kaffee mit Zucker und Butterbrot.
09.00 Uhr **Rapporte der Detailoffiziere über die Ordnung im Schiff.**
09.30 Uhr **Exerzieren.**
Das Hauptexerzieren fand an den Geschützen auf den Schiffen statt, sobald deren Aufstellung abgeschlossen war. Dieses wurde durch Matrosen durchgeführt, die »ihre Batterie« bedienten. Zusätzlich wurde durch die Mariniers fechten und das Exerzieren mit den Enterwaffen geschult. Die Arbeit in der Takelage, mit den Tauen und Segeln, wurde in den verschiedenen Divisionen genauso weiter exerziert, wie der Umgang mit den Booten und Schaluppen. Aufsicht führen Offiziere und Bootsleute.

Im Winterlager sollte das tägliche Exerzieren an Land stattfinden. Bei schlechtem Wetter sollte dazu eine Halle genutzt werden da keine eigene Exerzierbehausung vorhanden war. Die Tätigkeit des Exerzierens wurde nur durch die Verabreichung von der Ration Rum unterbrochen.

2. Frühstück: Branntwein mit Butterbrot.

Diese Ration musste unmittelbar getrunken werden, war also nicht an Kameraden übertragbar oder auf einen späteren Zeitpunkt zu verschieben. Der Entzug der Rum-Ration war eine Disziplinarmaßnahme!

11.30 Uhr **Wachwechsel des Marinecorps.**

Auf dem Achterdeck des Schiffes oder zu Lande trat die Wache an. Nach festgelegtem Ritual wurde die Wache gewechselt. Der Parademarsch wurde angeschlagen, Trommelwirbel erschallte. Die Mariniers wechselten ständig ihre zugewiesenen Schiffe. Einzig die Besatzung der HAMBURG, auf dem ein besonderes Kommando lag, wechselte alle drei bis acht Tage die Wache.

12.00 Uhr **Mittagessen. (Fünf Minuten Trommeln!)**

1 ¼ Pfd. Fleisch, Gemüse und Kartoffeln

Die »Proviant-Skala« der Deutschen Flotte enthielt als Besonderheit ihrer Zeit und gegenüber anderen europäischen Marinen die Bestimmung, wenn immer möglich, frisches Fleisch und Gemüse zu den Hauptmahlzeiten zu verwenden. Auch sollte frisches Brot zu den anderen Mahlzeiten gereicht werden. Als Verpflegung führte die »Skala« neben Brot, Fleisch und Gemüse auch Schiffszwieback, verschiedene Salzfleischsorten, Kartoffeln, Reis, Butter, gelbe und getrocknete grüne Erbsen.

Nachmittags:

01.00 Uhr **Arbeitsdienst nach besonderer Anweisung.**

Hier wurden besondere Aufgaben durchgeführt. Neben Landkommandos zur Beschaffung von Proviant, zum Kohlen oder Exerzieren und Marschieren, setzten andere Divisionen ihre Ausbildung weiter fort, die sie am Vormittag begonnen hatten. Auch diese Tätigkeit wurde nur durch die Verabreichung der Rum-Ration unterbrochen, die wiederum vom Gehilfen des Zahlmeisters verabreicht wurde und nicht übertragbar war.

05.30 Uhr **Aufklaren des Decks.**

06.30 Uhr **Abendbrot.**

Tee mit Zucker und Butterbrot.

07.30 Uhr **Aufklaren der Hängematten.**

08.00 Uhr **Wachposten wurden besetzt.**

Wieder besetzen die Matrosen und Mariniers ihre zugewiesenen Posten, um das Schiff für die Nacht vorzubereiten. Die Boote wurden zum Hochhieven, die Segel zum Aufreffen, die Bramraahe wurde zum Niederholen vorbereitet. Auch die Flagge war zum Niederholen bereit.

Sonnenuntergang: Zapfenstreich.

Mit Signalschuss des Flaggschiffs setzte die rege Tätigkeit ein, um das Schiff in den Ruhestand zu versetzen. Parademarsch und Raveillie beendeten den Zapfenstreich. **Licht und Feuer gelöscht,**
Ruhe im Schiff.

Die Tätigkeit der Marineabteilung in Frankfurt

Von Frankfurt aus wurden durch Reichsminister Duckwitz die ersten Schritte eingeleitet, um die Besitzansprüche über die ehemalige dänische Segelfregatte in Eckernförde zu sichern. In einem Schreiben an Capitain-Lieutenant Donner wurde dieser informiert, dass er mit seinem alten Dienstgrad in die Reichsmarine übernommen wurde und dass er das Kommando über die GEFION erhielt. Es war sofort mit den nötigen Reparaturen zu beginnen. An die Seezeugmeisterei erging eine Verfügung, von anderen Schiffen des Reiches Offiziere und Unteroffiziere für die Segelfregatte in Eckernförde abzustellen. Gleichzeitig sollte Kapitän Brommy dafür Sorge tragen, dass es den Dänen nicht gelingen sollte, die Schiffe auf der Weser oder Eckernförde anzugreifen oder sogar zu entführen.

Während der Sitzung der Marineabteilung in Frankfurt vom 10. April wurden das sofortige Armieren der neuen Batterie von Bremerhaven und die Bemannung von drei Kanonenbooten zum Schutz der Weser angeordnet.[297] Damit sollte die Sicherung der Reichsmarine vor dänischen Angriffen über See und über die Weser gewährleistet werden.

Um die Finanzen der ihm unterstellten Marineabteilung endlich auf eine sichere Basis zu bringen, wurde der aus Berlin stammende Herr Riel als Rechnungsführer der Marineabteilung eingestellt und die Organisation des Rechnungswesen der Marine »gänzlich umgestaltet«. Am Nachmittag wurde die Anwendung des Disziplinarrechtes der Flotte in Bezug auf die Landtruppen, die auf den Kriegsschiffen verwandt und transportiert wurden, besprochen. Als weiteres die Examinierung der Ärzte für die Flotte in Angriff genommen. In der Sitzung der Marineabteilung wenige Tage später wurde vorrangig der Bereich der »Medizinalversorgung« der Flotte bearbeitet. Besprochen wurden u. a. das Regelarium zur Einstellung der neuen Marineärzte, die Einrichtung von Schiffsapotheken und weitere Anstellungen.

Anläßlich der preußischen Erklärung, die Kriegsschiffe nicht unter den Reichsfarben Schwarz-Rot-Gold in Dienst zu stellen, sondern unter der preußischen Kriegsflagge zu belassen, wurde eine Antwort formuliert. Arnold Duckwitz war sehr erbost über die preußische Verweigerung, die deutsche Flagge zu führen, zumal die preußischen Kanonenboote vorwiegend mit Reichsmitteln gebaut worden waren. Hier machten sich die ersten negativen Folgen der Verweigerung der Kaiserwürde durch Preußen bemerkbar, die sich seit längerem abzeichneten. Preußen wollte nicht mehr »in Deutschland aufgehen«! Der Reichshandelsminister beabsichtigte, dass Preußen wegen dieser Umstände die Matrikularabgaben ohne Abzug der Kosten für die Boote zurückzahlen sollte. Als weitere Themen, die als Folge der Beratungen der Technischen Marinekommission umgesetzt werden sollten, um eine geregelte Ausbildung auf allen Schiffen zu gewährleisten, wurden besprochen. So die einheitliche Verwendung eines Signalbuches und die Unterlagen von Schusstabellen für die Geschütze der Marine in Angriff genommen.

---

297 **Duckwitz, A.:** Denkwürdigkeiten S. 286.

Die Bedrohung der Nordseeküste durch dänische Kriegsschiffe

Der Konflikt um Schleswig Holstein war noch lange nicht entschieden! Neben den Landkämpfen kam es auch verstärkt zu Einsätzen der dänischen Marine in der Ost- und Nordsee. Durch den Bremerhavener Kaufmann Thulesius wurde aus Helgoland an den Amtmann gleichen Namens nach Bremerhaven ein ausführlicher Bericht abgesandt, um über die dänischen Bemühungen zu Berichten, von Helgoland aus Erfahrungen über die Abwehrmaßnahmen der Reichsmarine in der Nordsee zu erlangen:

> *(…) Gestern am 7. April war Steen Bille auf Helgoland; Die Bellona und Rosa denselben Morgen erst hier in Sicht gekommen, die Thetis aber schon am 30. März. Steen Bille diniert beim Gouverneur. Capitain John Hindmarsh, R.N., der mehr als Dänenfreund war, den man als einen Danemanen bezeichnen kann. Bille verlangt 6 Lotsen, 2 sind schon auf der Thetis (…), dies mag Ihnen bekannt sein: nicht aber folgendes, weshalb ich eile, es Ihnen zur Kenntnis zu bringen, <u>selbst auf die Gefahr hin</u> unnötiges Geschrei gemacht zu haben. Nämlich: Steen Bille hat sich hier sorgfältig erkundigt, nach den <u>Militärkräften</u> in <u>Bremerhaven und genau</u> nach der Lage der <u>Kriegsdampfschiffe</u>. Was er erfahren hat, weiß ich nicht. (…), das ein Handstreich <u>gegen Bremerhaven</u> beabsichtigt wurde. Bis heute, 8. April 2 Uhr, war kein neues Schiff in Sicht. Die Fregatten kreuzen zu Westen Helgolands, hielten aber bis jetzt zusehends keine Schiffe an.*
>
> *Helgoland den 8. April 1849 2 ½ Uhr nachmittags.*[298]

Infolge des Briefes erstellte der Amtmann Thulesius in Bremerhaven am 12. April 1849 einen Bericht über den Zustand der Küstenbefestigung im Bereich der Wesermündung bei Bremerhaven. Bei den beiden von der Reichskommission angeordneten Werken war die »Flechte« bis auf die Palisaden, an denen gearbeitet wurde; und die Strandbatterie bis auf die Bettungen, das Blockhaus und eines der beiden Pulvermagazine, fertig. Die Kanonen für die Werke und die Kanonenboote, vom Reich gestellt, waren noch nicht vor Ort, nach Zusicherung von Kapitän Brommy aber zu Rönnebeck schon gegossen und sollten bald eintreffen. Die 32 Lafetten aus Hamburg waren unvollständig angeliefert worden, auch die angelieferten Bomben à la Saixhans, sie waren für die Kanonen nicht zu verwenden, wurden aber ausgetauscht. Die Batterie (Flechte) sollte mit einer Vorrichtung zum Glühen der Kugeln versehen werden. Eine Maßnahme, die auf Anweisung von Brommy zurückging, da er diese Technik aus griechischen Diensten kannte und deren Vorteile gegenüber Holzkriegsschiffen zu schätzen wusste, wie Eckernförde gezeigt hatte.

Der Brief von Thulesius aus Helgoland vom 8. April brachte einige Unruhe nach Bremerhaven. Einzig Reichskommissar Brommy sah die Sache gelassen, da er dieses Wagnis, Bremerhaven anzugreifen, den Dänen nicht zutraut. Eine Bombardierung des Hafens würde auch die internationale Schifffahrt treffen, und deren Regulierung für Dänemark zu teuer werden.

Wohl aber vermutete er einen Handstreich gegen die Kriegsschiffe. In einem Brief an das Reichsministerium stellt er seine Einschätzung dar:

---

298   **DB 59/200** Herr Thulesius Helgoland an Amtmann Thulesius Bremerhaven.

(…) Dagegen wäre allerdings zu fürchten, das die Dänen sich nachts mit der Fluht in ihren Böten heranschleichen und durch Brandraketen die Kriegsschiffe in Brand stecken; gegen ein solches hereinschleichen würde vornehmlich schützen:
  1) Wegnehmen der Baarken, oberhalb des äußeren Leuchtschiffes (…)
  2) Auslegung eines kleines Signalschiffes eben unterhalb der Bremen-
     Baake.
Die Maaßregel ad 1) ist bereits im Gange bis zur Bremer Baake. (…)
Die Maaßregel ad 2) ist auch bereits so gut wie versorgt. Das im vorigen auch das von der Elbe gekommene Kriegsdampfschiff Hamburg auf der Reede bei Bremerhaven. Die Küstenverteidigung in Bremerhaven betreffend so soll die neue sogenannte große oder Reichsbatterie mit 1x 32 Pfd. und 4 Saixhano 48 Pfd. besetzt werde. (…) Die Bremerhaven gegenüber liegende Blexter Schanze ist mit 4 × 12 Pfd. armiert, welche später durch größere Geschütze ersetzt werden sollen. 47 Mann bilden die Besatzung.

In der Sitzung der Marineabteilung in Frankfurt vom 13. April wurde wegen der Meldungen aus Helgoland und Bremerhaven, unter dem Vorsitz von Minister Duckwitz, nochmals der Küstenschutz der Nordsee behandelt. Hierbei wurden verschiedene Anweisungen erlassen, um die Verteidigungswerke an Weser, Elbe und Trave in die gewünschte Verteidigungslage zu bringen. Zu diesem Zweck sollten endlich ausreichend Geschütze und Munition besorgt werden. Als weiteres wurde über die Verwendung der angebotenen Versicherungssumme für die ACADIA in Höhe von 12.500 Pfund Sterling beraten. Minister Duckwitz hatte sich deswegen bereits mit dem Seezeugmeister Brommy in Verbindung gesetzt. Dieser sollte erkunden, ob nicht ein neues Schiff erworben werden könnte, das dann die Maschine des Havaristen erhielt. Nach der Ansicht von Duckwitz war und blieb die ACADIA ein beschädigtes Schiff. Weit mehr Sorgen machten dem Minister Meldungen von einer angeblichen Zusammenarbeit britischer Lotsen auf Helgoland mit dänischen Kriegsschiffen. Sollte dieses zutreffen, war es ein klarer Verstoß der britischen Neutralität.

Nach den Meldungen aus Helgoland und der Vermutung, dass dänische Schiffe angreifen könnten, wurde verstärkt Sorge für eine Abwehrbereitschaft getragen. Gegen einen nächtlichen Angriff dänischer Schiffe mit Brandraketen gegen die deutschen Kriegsschiffe sollte ein Kanonenboot als Signalschiff in der Weser vor dem Hafen in Position gehen. Zusätzlich sollten die Baarken im Fahrwasser der Weser zu Helgoland eingezogen werden. Die HAMBURG würde kurzfristig mit bremischen Soldaten verstärkt, zum Einsatz bereit sein. Sollten dänische »Kriegsböte« versuchen, bis nach Brake zu gelangen, könnte die HAMBURG ihnen den Rückweg verlegen.

Die Küstenverteidigung in Bremerhaven war wie folgt im Aufbau begriffen. Die Reichsbatterie sollte eine Bewaffnung von 1 × 32 Pfd. und 4 × Saixhano 84 Pfd. erhalten, die in Kürze von Rönnebeck und aus Lüttich eintreffen sollten. Die Lafetten dagegen erst in 3 Wochen. Besatzungsstärke ca. 100 Mann, zusätzlich 46 Mann Artillerie, und 32 Mann Infanterie, die auf ca. 150 Mann verstärkt werden konnten. Oberkommandierender dieser Truppen war Major Grimsehel. Die oberhalb der Reichsbatterie angelegte hannoversche Strandbatterie war mit 4 × 24 Pfd. ausgestattet, die zusätzlich zum glühend machen der Kanonenkugeln ausgerüstet wurde. Das Fort Wilhelm hatte innerhalb der Festung 7 × 12 Pfd. und oben im Freien 2 × 24 Pfd. Carronaden und 6 × 9 Pfd. stehen. Auf oldenburgischem Boden, gegenüber von Fort Wilhelm lag die mit 4 × 12 Pfd. armierte Schanze Blexen. [299]

Der Bremerhavener Amtmann Thulesius gab der Seezeugmeisterei wenig später bekannt, dass die Verpalisierung der hannoverschen Strandbatterie abgeschlossen sei, an den Bettungen, dem Blockhaus und einem Pulvermagazin der Reichsbatterie würde noch gearbeitet. Zwei hannoversche Geschütze waren einstweilen in der Reichsbatterie eingesetzt. Am selben Tag erhielt Brommy aus Frankfurt vom Minister Duckwitz die Weisung, das sofortige Armieren der neuen Batterie von Bremerhaven und die Bemannung von drei Kanonenbooten zum Schutz der Weser anzuordnen. Damit wurde die Sicherung der Reichsmarine vor einem Angriff dänischer Schiffe gewährleistet. [300] Die gute Zusammenarbeit mit dem Geheimen Rat Erdmann aus Oldenburg machte sich derweil in der Art bemerkbar, dass durch Oldenburg als einem der ersten deutschen Staaten 37 wehrpflichtige Seeleute der Reichsmarine zur Verfügung stellten. [301]

Deshalb musste durch die Seezeugmeisterei an der Ausrüstung der Seesoldaten und Besatzungen der Kriegsschiffe gedacht werden. Zwischen der Seezeugmeisterei in Bremerhaven und der Waffenfirma S+C aus Suhl waren Verhandlungen über den Kauf von Gewehren begonnen worden.[302] Nachdem am 10. März 1849 das Suhler Konsortium S.& C. den Zuschlag für den Bau von Marinegewehren und Pistolen erhalten hatten, legten diese am 11. April ihr Muster für ein Marinegewehr vor. Die Vorlage der Pistole sollte am 28. d.M. erfolgen.[303]

Unabhängig von der Aufbauarbeit musste der Reichskommissar in absehbarer Zeit eine Entscheidung fällen, ob er wieder nach Griechenland zurückkehren wollte oder dem Deutschen Reich weiter zur Verfügung zu stehen. Brommy hatte sich entschieden, die patriotisch begonnene Arbeit in der Reichsmarine mit ganzer Kraft zu unterstützen, um seinem Vaterland zu dienen. Deshalb quittierte er mit Schreiben vom 12. April 1849 als »Le Capitain de Fregatte Brommy« an das »Ministerie Royal de la Marine«, den Dienst in der königlich griechischen Marine.

> *»An den*
> *König von Griechenland*
> *Allerdurchlauchigster König,*
> *(…)*
> *Berufen, an dem großen Werke der Gründung einer deutschen Kriegs Marine schaffend wirken zu dürfen, wagte ich es E. K. M. um einen sechsmonatigen Urlaub nach Deutschland zu ersuchender mir auch allerg. bewilligt ward. .*
> *Es war mir im Vaterland vergönnt, der aufblühenden Marine durch meine schwachen Kräfte zu nützen. (…) Durch ein darselbiges Dekret vom 5. April war ich als erster Capitain der Kriegs Marine zum Seezeugmeister für die Nordseeküste ernannt.*
> *Da der gegenwärtige Feindeszustand der K. Marine die längere Abwesenheit eines ihrer*

299 **DB 59/200** Küstenschutz.
300 **Duckwitz, A.:** a. a. O., S. 286.
301 **Hansen, Heinrich E.,** a. a. O., S. 48.
302 **Hubatsch u.a.:** a. a. O., S. 63.
303 **Lander, Udo:** In: Waffensammler-Kuratorium.

Offiziere erlaubt, so gebe ich mich der Hoffnung hin, dass Ere. k. M. es nicht ungerne sehen werden, wenn einer der Offiziere derselben würdig befunden ward, einen der höchsten Posten bei der deutschen Kriegs Marine anzunehmen, um die erworbenen Kenntnisse und Erfahrungen im Vaterland zu bestätigen. Daher wage ich es eure k. M. zu ersuchen, mir die allerg. Erlaubniß ertheilen zu wollen, die mir im Vaterlande angetragene, ehrenvolle Stellung annehmen zu dürfen. (…)

Mein Stolz wird es stets ein, in der Marine und unter der Flagge er. k. M. gedient zu haben.

Bremerhaven, 12. April 1849«[304]

In einem weiteren Schreiben, mit gleichem Datum, bitte Carl Rudolph Brommy im griechischen Marineministerium als griechischer Marineoffizier um seine Entlassung. Ein Schritt der ihm wenig abverlangte, sah dieser auf die letzten Jahre in Griechenland zurück. Hiernun, in seiner Heimat, hoffte er wirkungsvoll an dem Aufbau der Reichsmarine mitwirken zu können.

Nachdem der Angriff für die dänische Marine gegen Eckernförde ein Fehlschlag gewesen war, wurde Mitte April ein Angriff gegen die schleswig-holsteinischen Inseln der Westsee (Nordsee) eingeleitet, da hier praktisch keine Seeverteidigung durch Schleswig-Holstein existierte. Neben der Segelkorvette VALKIEREN nahmen mehrere Zollboote und bewaffnete Kriegsdampfer an dem Angriff gegen die Inseln Fanoe, Sylt und Föhr teil. Die 600 Mann starke Invasionstruppe stieß hierbei nur auf geringen Widerstand, da kein Militär in diesem Bereich stationiert war. In einem Bericht des Kieler Corespondenzblattes vom 17. April 1849 behandelte die Vorgänge der dänischen Besetzung von Sylt und Föhr. Es sollte, so der Berichterstatter, zu einer wahren Flucht auf das Festland gekommen sein. Zum Teil sei die Angst vor den Dänen allgemein, und für die Männer im Besonderen groß gewesen, zum Militärdienst gegen Deutschland gepresst zu werden. Aus diesem Grund hatte es schon Tote auf Fühnen gegeben, weil Flüchtlinge ertrunken waren, die die ablaufenden Boote in ihrer Panik nicht mehr erreicht hatten. Nach der Besetzung der schleswig-holsteinischen Westsee-Inseln durch dänische Truppen vom 15. April 1849 wurden durch die Gemeinsame Regierung in Rendsburg die ersten Schritte eingeleitet, um diese Besetzung zu beenden. Es wurde beschlossen, in kurzer Zeit mehrere Ruder-Kanonenboote durch den Eiderkanal in die Westsee zu verlegen.[305]

Diese Angriffe der Dänen gegen die schleswig-holsteinischen Westsee-Inseln machen allen Verantwortlichen im Reich klar, dass diese Angriffe ebenso gegen die Küsten von Hannover, Hamburg, Bremen und Oldenburg geführt werden konnten. Aus diesem Grund wurde in der Marineabteilung zum wiederholten Male der Küstenschutz erörtert. Einerseits klagten die Küstenstaaten an der Nordsee, dass sie praktisch schutzlos den dänischen Angriffen ausgeliefert waren, andererseits leisteten sie selber praktisch nichts auf eigene Kosten. Sie stellten weder Material noch Personal zur Verfügung, sondern warteten auf die Mittel aus Frankfurt. Minister Duckwitz war darüber sehr erbost und brachte dieses in Schreiben an die Landesre-

304 **Wagner, Erwin:** a. a. O. S. 78f.
305 **Anm. d. Verf.:** Die Schreibweise »Westsee« wird beibehalten, da die Inseln westlich von Schleswig-Holstein lagen. In älteren Quellen wird die »Nordsee« ebenfalls als »Westsee« bezeichnet.

gierungen auch klar zum Ausdruck. In einem Schreiben vom 17. April 1849 teilte der Bremer Bürgermeister Smidt dem Reichshandelsminister Duckwitz daraufhin mit, dass hannoversche Truppen und Artillerie unter dem Kommando des Major Gimpfel in Bremerhaven eingetroffen waren, um die neue Batterie zu bemannen. Daraufhin wurden von Duckwitz die Mittel freigegeben, um die Batterie weiter auszurüsten. Gleichzeitig erhielt Major Spieß den Auftrag, im Namen des Kriegs- und Marineministeriums eine Inspektionsreise an die Nordsee zu beginnen, um die Küstenverteidigungswerke zu kontrollieren. Die »Maßregeln« zur Sperrung der Weser sollten aber unter der Beteiligung von Kapitän Brommy getroffen werden.

Die Medizinische Versorgung der Reichsmarine

Wie auch Kapitän Brommy macht sich Arnold Duckwitz Sorgen wegen der Rekrutierung der Mannschaften. So war er zufrieden, als er die Mitteilung aus Bremerhaven erhielt, dass es dem preußischen Fähnrich Kinderling gelungen war, 26 Matrosen aus Mecklenburg für die Reichsmarine in Bremerhaven anzuwerben. Damit war das Problem der Besatzungen für alle Schiffe der Nordseeflotte weiterhin nicht behoben worden. Zwar hatte sich durch die Bemühungen von Kapitän Brommy der Stand vom Oktober 1848 mit 176 Mann auf 557 im April 1849 gesteigert, was aber immer noch nicht ausreichte. Mit diesem Personal konnten weder die beiden britischen Neuerwerbungen, noch das in Aussicht gestellte amerikanische Schiff ausreichend bemannt werden. Da sich die britischen Offiziere der havarierten ACADIA als gute Schiffsführer bewiesen hatten, erhielten sie den Auftrag vom Seezeugmeister, in England geeignete Matrosen für die Reichsmarine anzuwerben. Um auch in Deutschland werben zu können, sandte Fregattenkapitän Brommy am 20. April 1849 einen Brief an Minister Duckwitz mit der Bitte, ihm aus seinen Personalengpässen zu helfen und eine offizielle Werbeaktion an der Nordseeküste durchzuführen. Hierzu übersandte der Seezeugmeister eine Liste. Benötigt wurden: drei Bootsleute, ein ausgebildeter Kanonier, vier Bootsmannsmaate, acht Geschützmaate, vier Profors, sechzehn Quartiermeister und vierzig Matrosen für die Geschützbedienung.

Ein weiterer Bereich der Personalplanung, die Kapitän Brommy als Seezeugmeister in die Wege zu leiten hatte, war die Schaffung der medizinischen Versorgung für die Reichsmarine. In dem provisorisch eingestellten Stabsarzt Dr. Heins fand er einen engagierten und kompetenten Mitarbeiter. Mit der Übernahme der Hamburger Schiffe wurden ein Arzt von der DEUTSCHLAND und ein Chirurg von der LÜBECK für die Reichsmarine übernommen. Dr. Heins hatte unmittelbar nach seiner Einstellung begonnen, Vorschläge für den Dienstbetrieb des Sanitätskorps und die Einrichtungen zu erarbeiten. Ebenso waren durch diesen Vorschläge für die Einrichtung der Schiffsapotheken der großen Schiffseinheiten und der Medikamentenkiste für die Ruderkanonenboote erstellt worden, inklusive deren Kostenberechnung. Am 19. April 1849 wurden die neuen Ärzte nach Hamburg eingeladen, um sich einer umfangreichen Prüfung zu unterziehen, die sich bis in den Mai 1849 hinziehen sollte. Durch Dr. Heins, Kapitän Brommy, die Marineabteilung, und andere Kommissionsmitglieder waren folgende Grundvoraussetzungen festgelegt worden:
  1) Eigene körperliche und geistige Eignung für den Dienst an Bord.
  2) Sicherheit in der Diagnose.

3) Kenntnisse in der Anatomie hinsichtlich chirurgischer Erkrankungen, von Frakturen und deren Wundbehandlung.
4) Gewandtheit in der chirurgischen Operation, z.B. von Schussverletzungen.
5) Wissen über die Gesundheitspflege an Bord und über Schiffskrankheiten und deren Vorbeugung.
6) Vertrautheit mit der Pharmazie.
7) Beurteilung der Diensttauglichkeit von Matrosen für den Dienst.

Alle Aspiranten hatten an einer Leiche operative Eingriffe vorzunehmen. Hiermit sollte sichergestellt werden, die Schiffe der Reichsmarine mit gut ausgebildetem medizinischem Personal zu versorgen. Die hierfür aufgestellte Provisorische Marine-Medizinalkommission wurde gebildet von Stabsarzt Dr. Heins, dem Medizinischen Direktor Dr. Gotthard Bülau, in dessen Krankenhaus die Überprüfung stattfand, dem leitenden Arzt der inneren Abteilung, Dr. Conrad Knorre und den Ministerialräten Dr. Fischer und Jordan aus Frankfurt. Insgesamt hatten sich zwölf Bewerber gemeldet, unter denen auch ein Apotheker (Herr Cassius) war. Zwei Bewerber konnten wegen ihres hohen Alters nicht berücksichtigt werden, ein weiterer wurde nicht zugelassen, da er nur unzureichende Unterlagen vorgelegt hatte. Einer der acht Erschienenen wurde als nicht geeignet beurteilt; ein weiterer wurde als unbrauchbar und ein dritter deswegen nicht eingestellt, da es Dr. Heins als zu gewagt ansah, ihm eine Schiffsmannschaft anzuvertrauen.

Von den fünf eingestellten Ärzten bewährten sich alle bis auf einen, der ohnehin nur nach einem »Spezialkolloquium« als »brauchbar, indes nur provisorisch anzustellen« war.[306] Hinsichtlich der weiteren Eignungsprüfungen wurde man sich einig, anders vorzugehen. So sollten die zukünftigen Bewerber schon bei der Bewerbung das Doktordiplom, Atteste über das Staatsexamen und glaubwürdige Beweise ihrer selbstständigen Tätigkeit beibringen. Das Höchstalter sollte während der Aufbauphase 38 bis 40 Jahre der Aspiranten nicht überschreiten. Später sollten die Einstellungen des Arztes 2. Klasse zwischen 30 und 32 liegen. Für das Jahr 1849 sollten als weiteres neben dem Oberarzt und Stabsarzt, je nach Zulauf an neuen Schiffen, weitere Schiffsärzte 1. und 2. Klasse eingestellt werden.

Das Sanitätswesen wurde genauen Regelungen und Kontrollen unterworfen. Neben der Rapportführung über die Kranken auf den Schiffen wurde auch streng darauf geachtet, dass die Verlegungen von Bord an das Lazarett und zurück genau vermerkt wurden. Der Überwachung der Gesundheit wurde durch Kapitän Brommy und Dr. Heins große Bedeutung zugemessen. Der Sanitätsdienst im Verband wurde durch einen täglich wechselnden Tagdienst im Geschwader garantiert. Eintretendes und ausscheidendes Personal erhielt eine intensive Untersuchung. Alle Mannschaften wurden grundsätzlich…
– vor dem Eintritt in die Reichsmarine,
– nach dem Aufenthalt im Hospital,
– nach dem Aufenthalt im Gefängnis,
an Bord gründlich untersucht.

---

306 **Anm. d. Verf.:** Da er nicht den Erwartungen entsprach, sollte er zum Dienst an Land versetzt werden. Er wurde dann an Bord der DEUTSCHLAND versetzt. Wenig später ertrank er bei einem Bootsunglück auf der Elbe.

Mindestens einmal in der Woche fand eine Untersuchung der Mannschaften an Bord statt, die in Anwesenheit eines Offiziers durchgeführt wurde. Die Mannschaften hatten mit entblößtem Oberkörper anzutreten. Weiter wurden die Füße und die Genitale auf Krankheiten untersucht. Ebenso wurden die Haare überprüft. Im Bedarfsfall wurden die Kranken in das »Schiffshospital«, bei schwereren Krankheiten, oder bei Gefahr der Epidemie, wurden sie an Land überwiesen.

Die Krankenstuben, bzw. »Schiffshospitäler« waren, mit geringen Abweichungen wegen der verschiedenen Schiffsgrößen, gleichartig gestaltet. So auch die »Krankenstube der Fregatte Deutschland«. Sie war im Batteriedeck vorn untergebracht und war durch Segeltuch abgetrennt. Hier war Platz für 12 Hängematten. Die Krankmeldung hatte an Bord der DEUTSCH-LAND bis um 9.00 Uhr morgens beim Kommandanten zu erfolgen. Die Apotheke des Schiffes lag ein Deck tiefer im Wohndeck der Offiziere und hatte eine Ausdehnung von 2 × 2,5 Meter. Zunächst wurde in Bremerhaven eine Sanitätsstation für die Marine aufgebaut. Dieses Marine-Hospital, zunächst als »Arsenal-Hospital«[307] bezeichnet, war ein:
> »(…) kleines Privathaus, jedoch für den augenblicklichen Bedarf mehr als hinreichend geräumig. (…) Das Hospital ist einfach, zweckmäßig und mit viel Ordnung geführt. (…) dem Hospital ist eine kleine Apotheke angegliedert.[308]

Das Hospital unterstand der Leitung des Stabsarztes. Als weiteres waren dort ein Arzt 2. Klasse, und zeitweise sechs, Krankenwärter beschäftigt.
Die »Marine-Hauptapotheke« in Bremerhaven war im gleichen Haus wie die Marine-Hauptverwaltung, An der Karlsburg 14, im Haus des Apothekers Büttner untergebracht worden. Die Verpflegung, notfalls auch Diät; wurde vom Schiffsarzt angeordnet. Die zu verabreichenden Medikamente wurden nach der »Pharacupoer maritima germanica« angefertigt.[309]

Trotz der Versuche der Seezeugmeisterei und der Marineabteilung, die Reichsmarine in den Umstand zu setzen, sich gegen einen Angriff Dänemarks zur See zu wehren, waren noch immer viele Hindernisse und Hürden zu überwinden. Der Ruf in der Presse nach Taten der Deutschen Marine wurde immer deutlicher. Kritik wurde gegen Duckwitz laut und lauter, dass dieser nicht genug geleistet hätte um die Reichsmarine kampfbereit zu bekommen. Um die militärischen Vorhaben nicht zu gefährden, beantwortete der Minister Fragen der Presse und der Abgeordneten ausweichend und wenig konkret. Um diesem Katz- und Maus-Spiel ein Ende zu machen, beabsichtigte Minister Duckwitz eine umfangreiche Darstellung für die Nationalversammlung zu erarbeiten. Hierin sollte die Arbeit des Ministeriums und der Seezeugmeisterei in Bremerhaven dargestellt werden, obwohl die Aufbauarbeiten noch lange nicht abgeschlossen waren.

Für die Armierung der Batterien entlang der Küste und der inzwischen fertig gestellten Ruderkanonenboote war es notwendig, dass diese endlich die Kanonen von den Gießereien erhielten. Durch Minister Duckwitz erging daraufhin die Anweisung an den in Hamburg weilenden Major Teichert, zur Fa. Rönnebeck zu fahren, um den Stand der Kanonenlieferung zu erkun-

307   **Adams, Hans-Anton:** Deutsche Marinelazarette von den Anfängen bis heute. S. 12.
308   **Bär, M.:** a. a. O. Anm. 11 S. 67.
309   **Schmidt, J.:** a. a. O. S. 89.

den. Anschließend sollte er sich nach Bremerhaven begeben, um sich dem Seezeugmeister zu unterstellen und diesen in seiner Arbeit zu unterstützen. Die Überprüfung durch Major Teichert war niederschmetternd. Die Fa. Rönnebeck musste die gesamte Kanonenlieferung stoppen und stornieren, da bei den ersten Probeschüssen die Rohre gesprungen waren!

Die einheitliche Belieferung der Kanonen für die Ruderkanonenboote und der Küstenbatterien war somit zunächst gescheitert. Vorrangig die Hamburger sahen den Vorfall mit Genugtuung, wetterten sie doch gegen fast alle maritimen und handelspolitischen Unternehmungen von Duckwitz. Dieser erhielt am 20. April offiziell Kenntnis von der Zurückweisung der gesamten Kanonenlieferung der Fa. Rönnebeck. Während dieser Sitzung in der Marineabteilung wurde erneut die Lage für die Küstenverteidigung besprochen.

Ein weiteres Thema war ein Brief des Kapitän Strutt an den Minister. In diesem beschwerte er sich über die Anweisung des Capitain-Lieutenant Donner, ihn nach Eckernförde zu befehlen. Nach Aussage von Kapitän Strutt wurde die Segelfregatte in Eckernförde sehr schlecht behandelt. Das Schiff war desarmiert und die Kanonen und Lafetten waren, trotz des vehementen Protestes des Capitain-Lieutenant, nach Düppel verbracht worden. Auch sei die Stimmung der Mannschaften auf den Schiffen der ehemaligen Hamburger Flottille sehr schlecht. Der ehemalige Führer der Hamburger Flottille schlug vor, die Offiziere der Schiffe gegen die der BARBAROSSA auszutauschen. Minister Duckwitz lehnte diesen Austausch ab, sondern wollte erst prüfen, ob die Offiziere an der schlechten Stimmung an Bord Schuld träfe.

Die einzig gute Nachricht dieser Tage war die Meldung von der UNITED STATES aus New York, die besagte, dass die Arbeiten weiter gut vorangingen. Daraufhin erhielt Kapitän Brommy aus Frankfurt die Weisung, er sollte in einer kombinierten Operation das Einlaufen des unbewaffneten Schiffes in die Weser ermöglichen und sichern.

Als ob das Ministerium nicht schon genug Sorgen hätte, kamen immer neue hinzu. Aus Eckernförde traf die Meldung von Capitain-Lieutenant Donner ein, das die schleswig-holsteinische Militärbehörde das Segelschiff des Reiches übernommen hatte. Mit der blanken Waffe sei er gezwungen worden, den Befehlen der Behörde Folge zu leisten! So wurde auch, ohne seine Einwilligung begonnen, Material und Ausrüstungsgegenstände der CHRISTIAN III aus der Förde zu bergen. Zurzeit sei für die ECKERNFÖRDE nur noch die Verlegung in den Innenhafen möglich, sie abzutakeln, um sie so vor einer Wegnahme durch schleswig-holsteinische Behörden oder im schlimmsten Fall durch Dänemark zu schützen.

Wegen dieser unhaltbaren Zustände in Eckernförde richtete die Marineabteilung sofort ein Schreiben an die Gemeinsame Regierung in Rendsburg, dass alle Gegenstände der ECKERNFÖRDE und der CHRISTIAN VIII Eigentum der Marinebehörde des Reiches seien! Da die weggenommenen Geschütze durch das Reichsheer in absehbarer Zeit wohl nicht wieder zurückgegeben würden, wollte das Kriegsministerium Sorge tragen, für die Fregatte Ersatzgeschütze zu beschaffen. Gleichzeitig wurden durch die Marineabteilung in Frankfurt umfangreiche Instruktionen für Capitain-Lieutenant Donner erarbeite, die die Reparatur der Segelfregatte betrafen. Gleichlautende Depeschen ergingen an die Gemeinsame Regierung von Schleswig Holstein und an Kapitän Strutt.

Während sich die unklare Lage um die ECKERNFÖRDE noch lange nicht besserte, hatte Kapitän Brommy ein unerwartetes Erlebnis. Der lang ersehnte britische Segler VESUV MARIA traf gegen Ende April als letztes der drei Frachtsegler mit Ausrüstungsgegenständen in Bremerhaven ein. An Bord befanden sich achtzehn 68 Pfd. Kanonenrohre für die BARBAROSSA und die ACADIA, 900 Granaten des Kalibers 25 Pfd., 250 Granaten des Kalibers 32 Pfd., 39 Granaten des Kalibers 68 Pfd., 1980 Kartuschen (2 Pfd.), 1200 Kartuschen 1/2 Pfd. und neun Kisten mit Waffen![310] Diese wurden zunächst in das Arsenal eingelagert und in den Papieren aufgenommen. Sofort begann in Brake die weitere Ausrüstung der BARBAROSSA, um sie kriegsfertig zu machen.

Schleswig- Holsteins Kampf um die Westsee im Sommer 1849

Die Regierung von Schleswig-Holstein versuchte unterdessen, die dänische Besetzung der Westsee-Inseln so schnell wie möglich zu beenden. Nachdem der Capitain-Lieutenant Donner überraschend in die Reichsmarine gewechselt war, wurde Leutnant zur See Kjer am 7. April 1849 zum vorläufigen Befehlshaber der schleswig-holsteinischen Marine ernannt. Unter seiner Leitung gingen am 19. April vier Kanonenboote in Marsch.

Kanonenboot Nr. 4 unter dem Kommando des Leutnants Dittmann,
Kanonenboot Nr. 7 unter dem Kommando des Leutnants Jacobsen,
Kanonenboot Nr. 10 unter dem Kommando des Leutnants Diewitz,
Kanonenboot Nr. 11 unter dem Kommando des Leutnants Hensen.

Von Kiel-Holtenau aus fuhren die Schiffe durch den Eiderkanal, um so zur Westsee zu gelangen und der dänischen Bedrohung entgegenzutreten. Bereits am 23. April warfen die Kanonenboote auf der Reede von Husum ihre Anker. Um keine Zeit zu verlieren und dem Gegner keine große Möglichkeit zu Gegenmaßnahmen einzuräumen, begann unmittelbar nach dem Einlaufen in Husum die erste Erkundung gegen die Insel Föhr, um die Lage vor Ort zu sondieren.

Durch das Erscheinen der vier schleswig-holsteinischen Ruderkanonenboote in der Westsee gerieten die Bemühungen der Dänen, von dieser Seite des Landes eine Bedrohung gegen die Landtruppen des Reiches aufzubauen, ins Stocken. Aus Angst vor den kleinen, aber beweglichen Kanonenbooten zogen sich die großen dänischen Kriegsschiffe bereits am 24. April wieder auf die Westsee zurück, so dass ein an diesem Tag geplanter Angriff der Schleswig-Holsteiner ins Leere ging. Die dänischen Besatzungstruppen auf den Inseln waren weiterhin dort verblieben. Da die Landtruppen unter dem preußischen Oberbefehlshaber, General Prittwitz, aber keinerlei Anstalten machen, die dänischen Besetzungen zu beenden, blieb Leutnant Kjer nichts anderes übrig, als die Angelegenheit mit seinen geringen Kräften selber zu versuchen. Durch seine ständigen Kontrollfahrten wurde so am 28. April ein Ausbruchversuch der Dänen verhindert.

---

310 **Anm. d. Verf.:** Die Bestandsliste war am 3. April 1849 begonnen worden und wies einen Bestand von 966 Granaten des Kalibers 25 Pfd. auf. Am 11. April kamen in den Bestand des Magazins 16 Rahmen und Lafetten für 32 Pfd. Kanonen, 16 Rahmen und Lafetten für 25 Pfd. Bombenkanonen nebst 199 Tonnen Pulver hinzu.

Am 1. Mai begaben sich die vier schleswig-holsteinischen Kanonenboote von Hoyer aus weiter in See, um noch in den Nachtstunden die Insel Sylt zu erkunden. Die Anlandung auf Höhe Nasse Odie, mit einem Boot unter der Leitung des Leutnant Kjer und 45 Mann, musste von den Dänen bemerkt worden sein, da um ca. 10.00 Uhr nachts von List und Föhr Lärmstangen ertönten. Trotzdem wurde die Erkundung fortgesetzt. Auf dem Marsch von der Anlandungsstelle nach Morson wurde weder Feind noch Freund festgestellt, so dass man sich noch in derselben Nacht wieder zum Anlandungspunkt zurückzog. In den frühen Morgenstunden des 2. Mai wurde die Rückreise nach Hoyer angetreten.

Den Dänen schien die Lage um die Inseln zu bedrohlich zu werden. Die Besatzungstruppen verließen, scheinbar überstürzt, am selben Tag noch unbemerkt die Insel Föhr. Sie ließen dabei eine 18 Pfd. Kanone und einen Pulverwagen unzerstört zurück. Ebenso überstürzt wurde am nächsten Tag die Insel Führen geräumt. Auch hier blieb Material zurück, darunter 1.000 t sehr wertvolle Steinkohle.

Diese dänischen Aktionen in West- und Ostsee zwangen die Schleswig-Holsteiner zu reagieren. Um weitere Schiffe der schleswig-holsteinischen Marine bemannen zu können, wurden die auf die ECKERNFÖRDE detachierten Kräfte wieder auf ihren ehemaligen Posten zurück beordert. Der Personalrapport von Capitain-Lieutenant Donner wies nach diesem Aderlass folgende Stärke für die Segelfregatte aus: 1 Kapitän, 1 Fähnrich, 1 Bootsmannsmaat, 1 Quartiermeister, 24 Matrosen. Da man mit dieser Besatzung weder das Schiff halten, geschweige denn reparieren konnte, kündigte der Capitain-Lieutenant die Erhöhung der Zahl der Tagelöhner auf 40 an.

Der Streit um die Kommando- und Disziplinargewalt an der Weser

Während mit Hochdruck an der Ausrüstung der BARBAROSSA gearbeitet wurde, musste auch für den weiteren Ausbau der Reichsmarine gesorgt werden. Nachdem die Bremer Landtruppen zur Unterstützung des Marinepersonals in Bremerhaven eingetroffen waren, mussten durch Handelsminister Duckwitz die Kompetenzabgrenzung und die Kommandobefugnisse des leitenden Generals Marschalk gegenüber der Seezeugmeisterei der Nordseeküste geregelt werden.

Am 24. April 1849 befasste sich die Marineabteilung in Frankfurt mit diesem Themenbereich. Minister Duckwitz versuchte die Regelung zu erreichen, dass Land- und Seebefehlshaber Eigenkompetenz erhielten, sich aber einvernehmlich besprechen sollten über Aktionen und Vorhaben. Wegen dieser Fragen kam es bereits am folgenden Tag zu einer Konferenz zwischen Reichs-Handelsminister Duckwitz und Reichs-Kriegsminister v. Peuker. Der Kriegsminister wollte, dass General Marschalk das Oberkommando über alle Truppen in Bremerhaven erhalten sollte, also auch über die der Reichsmarine! Handelsminister Duckwitz sah klar die Problematik für die Marine und versuchte aufzuzeigen, welch unterschiedliche Aufgaben und Kompetenzen ein Seebefehlshaber gegenüber einem Landbefehlshaber hatte. Zunächst wurde keine einheitliche Richtlinie gefunden. Erst ein Vermittlungsvorschlag des Handelsministers brachte die Einigung in Fragen der Kompetenz zwischen Heer und der Seezeugmeisterei unter Kapitän Brommy.

Auch hinsichtlich der Disziplinargewalt der Marine gegenüber Landtruppen, die sich an Bord von reichsdeutschen Kriegsschiffen befanden, entstanden Meinungsverschiedenheiten zwischen Kriegsminister Peuker und dem Handelsminister. Peuker sprach sich gegen die Regelung aus, dass Landtruppen, die sich auf Schiffen befanden, den Disziplinarregelungen der Marine unterliegen sollten. Er trat für die umgekehrte Regelung ein! Das Heer beanspruchte die Grundausstattung der Disziplinarordnung, wenn beide Truppenverbände zusammen auftraten. Wie das im praktischen Dienst, bei einem Seegefecht aussehen sollte, war unklar. Nach einigem Hin und Her und einigen Briefwechseln wurde an Generalmajor Marschalk und Seezeugmeister Brommy folgende Anweisung erlassen:

(...) zur Beziehung der Stellung des Oberbefehlshabers der Nordsee-Flottille, des Capitän Brommy zum Ober-Commando des Landheeres und in Berücksichtigung, das die obere Leitung der Vertheidigung-Maßregeln nur von einem Commandierenden ausgehen kann, ist der Capitän Brommy von dem Reichsministerium, Abtheilung für die Marine, angewiesen worden, die von dem General Marschalk angeordneten Dispositionen als maßgeblich für die Mitwirkung der seinem speciellen Befehl übergebenen Kräften der Marine zu betrachten, wobei ihm die Wahl der besonderen, dahin führenden Maßregeln überlassen bleiben muss. Beide Befehlshaber werden sich zu diesem Zweck die erforderlichen Mittheilungen rechtzeitig machen.
Es versteht sich dabei von selbst, das die Dispositionen über die größten Kriegsschiffe, soweit es sich nicht um Abwehr feindlicher Angriffe handelt, und soweit sie der Vertheidigungs-Dispositionen des Generals nicht widerstreiten, selbstverständlich dem Capitän Brommy überlassen bleiben.« [311]

Wegen der unsicheren politischen Lage des Deutschen Reiches entschloss sich Arnold Duckwitz Ende April 1849, nur die dringendsten Mittel für die Marine freizugeben. Insbesondere die Bemannungsfrage musste für die Dampfschiffe BARBAROSSA, HAMBURG und LÜBECK gesichert werden. Die BREMEN, mit Kessel- und Schiffsreparatur in Krautsand, sollte als armiertes Blockschiff verwandt werden. Auf dem Segelschulschiff DEUTSCHLAND, in Hamburg liegend, sollte nur so viel Personal verbleiben, wie nötig war, um es zu sichern. Die Ruderkanonenboote in Vegesack erhielten zunächst keine Bemannung, was Kapitän Brommy ohnehin recht war.

Marinerat Jordan, der wegen der schleppenden Rekrutierung an die Küste gereist war, schildert eindringlich die Schwierigkeiten der Werber. Neben der unklaren politischen Zukunft der Provisorischen Zentralgewalt waren es die, vorrangig im Hamburger Bereich zutreffenden, Unzulänglichkeiten in der Reichsmarine, die eine Rekrutierung enorm behindern. Jordan schrieb an Minister Duckwitz:

(...) dazu kommt für Hamburg das abschreckende Beispiel der fast zehnmonatigen Faulenzerei auf den Schiffen des Elbgeschwaders; dem Seemann ist nichts unerträglicher, als nichts zu thun, fortwährend im Hafen zu liegen. Wie sollen wir Euch trauen, so sagt man in sehr verschiedenen Variationen gleichen Themas, wenn wir sehen, wie Eure Offiziere nichts besseres zu Thun haben, als Liebschaften in der Stadt anzuknüpfen und mit ihren Epauletten den Bürgermädchen den Kopf zu verdrehen, wie die Cadetten, übermüthig aufgereizt, die Säbel zwischen den Beinen baumelnd, sich an Land rumtreiben, oder wenn sie ja an Bord sind, mit Cigarren im Munde auf Deck auf und nieder

---

311 **Duckwitz, A.:** a. a. O. S. 302, Stelzer: a. a. O. S.64.

stolzieren, wie die guten Mannschaften dabei verwildern und zuletzt ausreißen, bis nur die dicke Hefe übrig bleibt, und Ihr Herren in Frankfurt das alles geschehen laßt, ohne Jemanden herzuschicken, während einen halben Jahres, der diese saubere Wirtschaft steuern könnte…«.

Derweil wurde durch die Presse und die Parlamentarier in Frankfurt immer dringender versucht, die Tätigkeit der Marineabteilung zur Offenlegung ihrer Marineplanung und Aktivitäten zu bewegen. Hintergrund dieser Forderungen waren die dänischen Aktivitäten in der Nord- und Ostsee, der die Reichsgewalt tatenlos zuzuschauen schien. Immer wieder wurde im Parlament die Frage nach einer Verstärkung der Reichsmarine erhoben. Am 29. April war zu diesem Thema in der »Kölner Zeitung« zu lesen, dass in Bristol wohl an drei »Kriegsdämpfer« gebaut wurden, die unter der besonderen Aufsicht eines britischen Flottenoffiziers standen und die angeblich für den Dienst in der Deutschen Flotte bestimmt waren. Die verantwortlichen Politiker und Kapitän Brommy waren über diese Meldung nicht erfreut, da die Dänen ihre Vermutungen bestätigt bekamen, dass in England, auf deutsche Staatsrechnung, Kriegsschiffe gebaut wurden. Nun war mit dänischem Protest in England zu rechnen und eine Auslieferung der Schiffe fast unmöglich.

Wegen der angespannten politischen und militärischen Lage legte Handelsminister Duckwitz dem Ministerrat seinen lange geforderten Bericht über die Arbeit der Marineabteilung vor. Hierin wurden die enormen Probleme der Marineabteilung und der Seezeugmeisterei detailliert aufgezeigt, um zu belegen, warum es bis zu diesem Zeitpunkt noch zu keinen Aktionen gegen die dänische Blockade in der Nordsee gekommen war. Die Abgeordneten billigen den Vortrag mit geringen Änderungen.

Durch Kapitän Brommy wurde die beschleunigte Einsatzbereitschaft der Raddampfer BARBAROSSA, HAMBURG und LÜBECK gefordert. Obwohl aus Kostengründen der scharfe Schuss unterbleiben musste, wurde auf den Schiffen das Exerzieren mit den Kanonen geübt. Auf der BARBAROSSA waren indes die neuen Kanonen zur Aufstellung gebracht worden. [312]

Durch die Seezeugmeisterei wurde weiter an der inneren Organisation der Reichsmarine gearbeitet, um sie von den Strukturen her immer besser führen und leiten zu können. Neben der Sanitätsversorgung war das auch die Versorgung mit Proviant für die Land- und Seestreitkräfte. Ende April 1849 erging durch die Seezeugmeisterei die Anweisung für die Verproviantierung der Flotte. Hiernach war für die Besatzungen auf den Schiffen der Reichsflotte Verausgabung des Proviants vorgesehen:

(…)

Sonntag:	*Rindfleisch und Pudding*
Montag:	*Schweinefleich und gelbe Erbsen*
Dienstag:	*Rindfleisch mit Graupen und Kartoffeln*
Mittwoch:	*Schweinefleisch und grüne Erbsen*
Donnerstag:	*Rindfleisch und Pudding*
Freitags:	*Schweinefleisch und weiße Bohnen*
Sonnabend:	*Stockfisch und Kartoffeln*

---

312 **Schmits, J.:** Contreadmiral Brommy, a. a. O. S. 696.

Sobald das Schiff im Hafen liege und sich frisches Fleisch und Gemüse beschaffen läßt, wird dieses abwechselnd den Mannschaften verabreicht, das hierbei zu beachtende Verhältnis ist folgendes:

1 Pfd. gesalzenes Rindfleisch = 1 ¼ Pfd. frisches

¾ Pfd. gesalzenes Schweinefleisch = 1 Pfd. frisches

An den Tagen, an welchen frisches Gemüse verabreicht werden soll, erhält der Mann hiervon ½ Pfd mit ½ Pfd Kartoffeln. Ebenso kann auch, wo es sich beschaffen läßt frisches Brot statt der Zwiebacks gegeben werden und wird dann

1 Zwieback = 1 ¼ Brot gerechnet

Einverstanden

Der Seezeugmeister für die Nordseeküste
Kapitän zur See
gez. Brommy
Bremerhaven 28. April 1849 [313]

der Marine Stabs- Arzt
gez. Heins Dr.

Preußens Planungen zur »Ewigen Union« und die politischen Folgen

Hatte die Marineführung in Frankfurt und in Bremerhaven nicht schon genug zu tun, eine Verteidigung der Nordseeküste zu organisieren, kamen nun noch politische Unklarheiten hinzu. Nach der niederschmetternden Niederlage der Provisorischen Reichsregierung in Sachen Verfassung für das Deutsche Reich waren sich Preußen und Österreich nicht einig über den weiteren Weg. Aus diesem Grund ergriff Preußen die Initiative und lud Ende April alle deutschen Regierungen zur Schaffung einer Reichsverfassung nach Berlin ein. Diese sollte, als »Ewige Union« unter preußischer Führung, einen Bundesstaat bilden, der im engen Bund mit Österreich stand. Die Verhandlungen sollten am 17. Mai in Berlin beginnen. [314] Diese unternommenen politischen Schachzüge, um Preußens Position gegenüber Österreich zu stärken, bedrohte die Provisorische Zentralgewalt auf das Stärkste.

Da Reichshandelsminister Duckwitz die Tage der amtierenden Reichsregierung Gagern als gezählt ansah, leitete er am 2. Mai die nötigen Schritte ein, um die Sache der Marine unter der Führung von Kapitän Brommy zu stärken. Um eigenständiger und unabhängiger zu werden und nicht wegen jeder Kleinigkeit in Frankfurt um Genehmigungen nachzusuchen, erweiterte der Minister die Kompetenzen der Seezeugmeisterei, soweit er es vertreten konnte, da er zu Kapitän Brommy volles Vertrauen hatte. Um die umständlich langen Wege zwischen Bremerhaven und Frankfurt zu verkürzen, beriet man, die Marineabteilung in die unmittelbare Nähe der Küste zu verlegen.

Ganz anders die Haltung des Ministers gegenüber Preußen seit der Weigerung, die preußischen Schiffe unter der Flagge der Reichsfarben Schwarz-Rot-Gold fahren zu lassen. Nach der Ablehnung der Kaiserwürde durch den preußischen König wurde auch die Abgrenzung zur

---

313 **Staatsarchiv Oldenburg 33-2-3. Dok: Ol-21c.**
314 **Bär, Max:** a. a. O. S. 81.

Reichsmarine verstärkt, obwohl Prinz Adalbert grundsätzlich ein Verfechter einer einheitlichen Flottenstruktur war. Es war ein herber Rückschlag für die gesamte Sache der Marine des Deutschen Reiches, als auch der Versuch fehlschlug, die gemieteten preußischen Raddampfer PREUSSISCHER ADLER, ELISABETH und KÖNIGSBERG unter die Verfügungsgewalt des Deutschen Reiches gestellt zu bekommen. Die Ablehnung durch Preußen war schwach begründet und ließ vermuten, kein preußisches Schiff aus der eigenen Verfügungsgewalt abgeben zu wollen.

Diese Politik der Verweigerung durch Preußen war ein wesentliches Moment, das der Minister der Finanzen, Becketath, sein Amt niederlegte. In einem Gespräch zwischen den Ministern Peuker (Krieg) und Duckwitz (Handel) deutete der Kriegsminister ebenfalls seine Rücktrittsabsichten an. Duckwitz verneinte diesen Schritt, da dadurch die Zentralgewalt stürzen würde und Republikaner und Demagogen die Plätze in der Regierung einnehmen könnten. Beide Politiker kamen überein, ihre Posten so lange zu halten, wie es sich für wahre Patrioten geziemte.

Die Meuterei auf der BARBAROSSA

Da die politische Krise um die Schaffung der »Ewigen Union« unter Preußens Führung Tagesgespräch war und sie auch an der Küste rege debattiert wurde, hatte Kapitän Brommy mit vielen Problemen zu kämpfen. Trotz der schwebenden Regierungskrise in Frankfurt, oder gerade deshalb, versuchte die Seezeugmeisterei mit allen Mitteln die Schiffe und Anlagen so herzurichten, dass diese bald kriegsbereit waren. Auch die Vertretung nach außen musste gestärkt werden. Aus diesem Grund machte der Seezeugmeister als einen ersten Schritt am 5. Mai 1849 dem Großherzog von Oldenburg seine Aufwartung. Im Rahmen dieses Besuches verabredete der Geheime Rat Erdmann mit dem Seezeugmeister, wegen der Überwinterungsfrage der Reichsmarine zu konferieren. Wieder in Bremerhaven angekommen, konnte Fregattenkapitän Brommy am 8. Mai endlich die Blankwaffen der Firma S&K aus Solingen in Empfang nehmen und somit seine ihm unterstellen Besatzungen ausrüsten. Nun wurde nur noch auf die Lieferung der Gewehre und Pistolen erwartet. Bevor Kapitän Brommy die Blankwaffen übernehmen konnte traten aber unerwartet Probleme auf der BARBAROSSA auf!

Eine der anfänglichen Schwierigkeiten, mit denen sich Kapitän Brommy sehr oft auseinanderzusetzen hatte, war die Durchsetzung der Disziplin auf den Schiffen. Hierbei machte sich die unterschiedliche Herkunft der Offiziere hinsichtlich früherer Tätigkeit und Nationalität stark bemerkbar. Ein britischer Offizier hatte eine andere Gewohnheit, seine Befehle durchzusetzen, wie ein deutscher oder belgischer Offizier. Zusätzlich kam noch die Sprachschwierigkeit der ausländischen Offiziere gegenüber den deutschen Untergebenen hinzu. Ein weiteres Problem war die von den deutschen Besatzungsmitgliedern empfundene »Ungerechtigkeit« der britischen Offiziere den deutschen Untergebenen gegenüber. Britische Matrosen bekamen »bessere«, deutsche erhielten die schwereren, unangenehmeren Arbeiten zugewiesen. Kam es zu Streitigkeiten, geschah es nicht selten, dass die britischen Offiziere die deutschen Seeleute weitaus härter bestraften oder britische gänzlich ungeschoren ließen. Diese Spannungen zwischen den Seeleuten untereinander und der Ungerechtigkeit eines Teils des britischen Offizierskorps musste dann zu ernsthaften Konflikten führen.

Wegen des Krieges mit Dänemark mussten aber schleunigst die vorhandenen Schiffe kriegsbereit gemacht werden. Bei der von Kapitän King geführten BARBAROSSA bedeutete dieses umfangreiche und tiefgreifende Umbauarbeiten, um die Kanonen einzusetzen. Da das Material für die Ausrüstung, die Lafetten und Kanonen, wegen der Havarie des britischen Segelschiffes nicht rechtzeitig aus England nach Bremerhaven gelangt waren, begann die Ausrüstung verspätet. Als diese endlich eintrafen, sollte mit Hochdruck daran gearbeitet werden, um das Flaggschiff einsatzbereit zu bekommen. Diese mussten aber wegen des Fehlens von Fachkräften und aus Sparsamkeitsgründen, durch die Besatzung selber durchgeführt werden. Da die junge Marine aber weder eingeübtes Personal, noch die Materialien, noch Werkzeug im ausreichenden Umfang hatte, konnten die Arbeiten nicht immer im vorgegebenen Zeitrahmen oder in der geforderten Qualität erstellt werden. Unter dem Zeitdruck verschärften sich die Spannungen zwischen der Schiffsführung und der deutschsprachigen Besatzung zunehmend.

Am frühen Morgen des 8. Mai 1849 kam es wegen vielfacher Spannungen zur Befehlsverweigerung eines großen Teils der deutschen Arbeiter und Matrosen auf der BARBAROSSA. Als Kapitän Brommy von dieser Lage erfuhr, sandte er sofort einen Melder auf den ERZHERZOG JOHANN, um die Bremer Füsiliere einzusetzen, die Meuterei zu beenden. An den Kommandanten des bremischen Corps übersandte er die Weisung:
>*(…) Kommen Sie doch sogleich an Bord der Barbarossa mit fünfzig Mann Ihrer Truppe. Kommen Sie aber bewaffnet, da die Leute die Arbeit verweigern und ich sie zwingen will.«* [315]

Das geforderte Kontingent ging schon wenig später in die Boote, um zur BARBAROSSA zu rudern. Hier wurde ein Anlegen durch die Meuterer nicht behindert. Während Kapitän King mit seinen Offizieren und Unteroffizieren auf dem Hinterdeck stand, hatten sich die »Meuterer« auf der Back in einer Anzahl von gut einhundert Mann versammelt. Um die Lage nicht unnötig auf die Spitze zu treiben, aber vorwiegend, um die Angelegenheit nicht zu hoch zu spielen, schritt Brommy nicht persönlich ein, sondern verblieb an Land, um von dort aus die Geschehnisse zu beobachten. Er hatte Vertrauen zu Kapitän King, die Angelegenheit auch ohne sein persönliches Erscheinen zu regeln. Zudem wollte er die Autorität von Kapitän King auch nicht in Frage gestellt sehen.

Tatsächlich konnte nach dem Erscheinen der Füsiliere die Ruhe schnell hergestellt werden. Die Soldaten nahmen, die scharfe Waffe in der Hand, eine Doppellinie gegen die Meuterer ein, ohne daran gehindert zu werden. Auf Anweisung von Kapitän King ließ der Bremer Offizier seine Leute »zum feuern fertig« machen. Zunächst sollten die Anführer der Meuterei festgesetzt werden. Danach musste weiter entschieden wurden, wie vorzugehen war. Zur Übernahme der Rädelsführer wurde ein Bootsmann der BARBAROSSA mit einer Patrouille des bremischen Corps unter die Meuterer geschickt. Ihre Gefangensetzung wurde durch die übrigen Meuterer nicht behindert, da sie schnell erkannt hatten, dass gegen die fünfzig Gewehre wenig auszurichten war. Die Rädelsführer, gut ein Dutzend, wurden ausgesondert und unter starker Bewachung zum Verhör zur ERZHERZOG JOHANN gebracht. Danach war den verbliebenen Meuterern schnell klarzumachen, dass es besser war, wieder an die Arbeit zu gehen.

---

315   **Wilcken, P.:** Bilder aus dem deutschen Flottenleben 1849. Verlag von Karl Rümpen, Hannover 1861. S. 210.

Wenig später erschien der Seezeugmeister persönlich an Bord seines Flaggschiffes, um sich die Lage erklären zu lassen. Nach einem einstündigen Gespräch mit den Offizieren verließ er das Schiff und ließ sich wieder an Land rudern. Als Konsequenz der Gespräche mit den Offizieren und dem Verhör der Wortführer musste der Seezeugmeister feststellen, dass die zum Teil übergroße Schroffheit der englischen Offiziere der Hauptgrund zur Meuterei war. Er musste deshalb schnell Abhilfe schaffen. Das Ziel des Seezeugmeisters, die Arbeit an seinem Flaggschiff nicht unterbrochen, ja bald beendet zu sehen, war erreicht. Zunächst bei Wasser und Brot, mussten die Meuterer anschließend an die Pumpen, da der ERZHERZOG JOHANN immer noch leck war und ständig abgepumpt wurde! Nur ein Mann musste wegen des Vorfalls aus der Marine entlassen werden.

Der Seezeugmeister hatte beim Großherzog von Oldenburg einen guten Eindruck hinterlassen und so erwiderte Großherzog Paul Friedrich August den Besuch bei der Reichsmarine schon wenig später, um die Schiffe und Anlagen zu besichtigen, die in Brake vorhanden waren. Von den Problemen der Meuterei war nichts mehr zu bemerken. Zur Verstärkung des Flottenkontingentes war die HAMBURG ebenfalls nach Brake beordert worden. Der hohe Gast wurde gegen die Mittagszeit bei den Schiffen erwartet. Bis zu dieser Zeit wurde, nach dem allmorgendlichen Reinigen des Schiffes, das Besetzen der Masten und Rahen geübt, ebenso weitere genaueste »Instruktionen« an die Mannschaften und Offiziere erteilt.

Die Anreise des Fürsten erfolgte über die Hunte mit einem Dampfschiff bis nach Brake.[316] Nachdem der Großherzog von Oldenburg nebst Gefolge, darunter auch der Geheime Rat Erdmann, den bremischen Dampfer verlassen hatte, wurde die Delegation vom Oberkommandierenden und Seezeugmeister und seinem Stab empfangen. Unter den Gästen, die der Großherzog in seinem Gefolge hatte, war auch seine älteste Tochter Amalie, Königin von Griechenland. Da der Oberkommandierende diese schon aus seiner Dienstzeit in Griechenland kannte, gab es eine freundliche Begrüßung. Als weitere Gäste waren anwesend der Erzherzog Stephan, Prinzessin Friederike von Oldenburg und mehrere griechische Edelleute im Gefolge der Königin Amalie.

Nun begaben sich die Gäste auf verschiedenen Booten zu den Schiffen auf der Weser. Kapitän Brommy bestieg das Boot, in dem auch die Königin von Griechenland und der Großherzog Platz genommen hatten. Mit allem seemännischen Zeremoniell wurde die Fahrt zur Flotte durchgeführt, um zur BARBAROSSA zu gelangen. Mit dem Ertönen der Bootsmannspfeife enterten die Matrosen in die Rahen, um zu paradieren. Unzählige Flaggen wurden aufgezogen. Für den Besuch war eigens eine breite Treppe angefertigt worden, auf der die Gäste das Schiff betraten. Auf Kommando wurde den Gästen ein dreifaches »Hurra« ausgebracht und die Hüte geschwenkt. Es folgte eine Besichtigung des besonders herausgeputzten Schiffes. Nun wurden für die Gäste mehrere Manöver in den Segeln gezeigt, um anschließend in der Kommandanten-Kajüte einen kleinen Imbiss einzunehmen. Während die Herren anschließend die HAMBURG und GROSSHERZOG JOHANN besichtigten, verblieben die Damen auf dem Flaggschiff. Der Besuch endete, nach Übersetzen der Gesellschaft, in einem Braker Gasthof. Hierzu hatte der Großherzog von Oldenburg auch die Offiziere der Flotte eingeladen. Der Geheime Rat berichtet später:

316 **Hansen, Heinrich Egon,** a. a. O. S. 49.

»(…) Wir fanden dieselben von oben bis unten von Flaggen bedeckt, die Rahen mit Matrosen, das Verdeck mit Seesoldaten im Paradeanzug besetzt, das Ufer von Menschenmassen erfüllt. Dabei Kanonendonner von den Schiffen und vom Lande Hurrarufe; alles zusammen machte einen sehr hübschen Eindruck. Auf der Fregatte Barbarossa ward gefrühstückt, später gab der Großherzog im Gasthof ein großes Diner, wozu die Schiffsofficiere gezogen wurden, und ließ während desselben unten im Hause jedermann verabreichen, was man wünschte.« [317]

Der Besuch war ein gelungener Versuch durch den Seezeugmeister, das Erscheinungsbild der Reichsmarine in den Augen der oldenburgischen Verantwortlichen zu heben. Zwei Tage später erließ Kapitän Brommy folgenden Tagesbefehl:

(…)
Den Offizieren, Mannschaften und Soldaten des Weser-Geschwaders der Reichsmarine spreche ich hiermit meine volle Zufriedenheit für die am 17. d. M. bei der Gelegenheit der Anwesenheit sr. Königl. Hoheit des Großherzog von Oldenburg an Bord der Fahrzeuge bewiesenen Haltung und zugleich die Hoffnung aus, das sie sich stets derselben befleißigen werden und dadurch den Beweis liefern, das sie würdig sind, unter der deutschen Reichsflagge zu dienen.
B r e m e r h a v e n , den 19. Mai 1849
(gez) der Seezeugmeister für die Nordseeküste
Capitän zur See.   *R. Brommy* [318]

Bei diesem Besuch zeigten sich in hervorragender Weise die bislang von Brommy einstudierten und befohlenen Dienstvorschriften, die zum Beispiel wie folgend das Verhalten der Offiziere, Seejunker und Mannschaften betraf:

(…)
§ 40. *Die Offiziere müssen salutierend an den Hut greifen, wenn sie das Halbdeck betreten. Sie dürfen nur in Uniform erscheinen; sie haben zu vermeiden, daselbst Gruppen zu bilden; sie haben endlich sich auf der entgegengesetzten Seite von Kapitän und des Offiziers der Wache zu halten. Sie dürfen sich weder auf die Kanonen noch auf die Verschanzung setzen und haben jede lärmende Unterhaltung zu vermeiden.*
Die Seejunker:
Sie haben sich auf dem Halbdeck mit der größten Ordnung zu betragen, dürfen daselbst nicht spielen, sich nicht in Gruppen zusammenstellen, und wenn sie dort auf- und abgehen, so dürfen sie nur paarweise und nur auf der entgegengesetzten Seite von der gehen, wo sich Kapitän und der Offizier der Wache sich befindet. Verboten ist es sich mit dem Boot eines höheren Offiziers auf einen Wettlauf einzulassen oder an demselben vorbei zu rudern, »es sei denn, das man Befehle zu überbringen habe.«
Das Dienstabzeichen des Wachhabenden Offizier ist das Sprachrohr, durch das alle Befehle gegeben werden.
Wenn der Kapitän des Schiffes oder sonst ein Stabsoffizier auf Deck erscheint, so haben alle anwesenden Personen mit Ausnahme des 1. Offizier und des wachhabenden Offi-

317 **Albrecht, Eckhardt: Gross, Detlef G.:** Brake, Brommy und die Bundesflotte. In: Schriftenreihe des Schifffahrtsmuseums der Oldenburgischen Weserhäfen e.V. Band 4. S. 17.
318 **Wilken, P.:** a. a. O. S. 262.

ziers sogleich auf die der von dem höheren Offizieren besetzten gegenüberliegenden
Seite zu gehen.
Die Mannschaften:
(…) bloßen Kopfes ist, bis in die Jeder, der mit einem Vorgesetzten spricht, hat die rechte
Hand an den Hut zu erheben; (…).

Abschnitt: VIII.
Dem ärztlichen Personal oblag:
Die Gesundheitspflege der Mannschaften der Reichsmarine, die Behandlung der Kran-
ken, sowie die Handhabung der Gesundheitspolizei.
(…)[319]

Diese Durch- und Umsetzung der Disziplin war eine der wichtigsten Grundvoraussetzungen,
so die Meinung des Seezeugmeisters, um dieses junge Institut in die richtige Lage zu versetz-
ten, zu gedeihen und sich zum Wohle des Vaterlandes zu entwickeln.

Schon wenig später kam es auch wieder zum Treffen zwischen dem Seezeugmeister und dem
Geheimrat Erdmann. Bei diesen Gesprächen erfuhr Erdmann, dass der Reichskommissar von
den Ergebnissen der Besichtigung durch die Kommission der TMK im Februar gar keine
Kenntnis erhalten hatte, was Erdmann aber gehofft hatte, um den Fährhuk bei Heppens als
eventuellen zukünftigen Hafen der Reichsmarine in besonders günstiges Licht zu stellen.
Brommy wies klar darauf hin, dass er mit dem Aufbau der Flotte so gebunden sei, um sie erstmals in den Einsatz schicken zu können, so dass über einen Kriegshafen der Flotte und auch
über einen Überwinterungsplatz für dieselbe noch nicht nachgedacht werden könnte. Aber da
dieses natürlich nicht aus dem Auge gelassen werden dürfe, werde er sich zu gegebener Zeit
mit dem Geheimen Rat verständigen. [320]

Noch unmittelbar vor dem Ende der Regierung Gagern waren durch Minister Duckwitz die
Möglichkeiten der Verbesserung der administrativen Arbeit der Marine in Angriff genommen
worden. Um die umständlich langen Wege zwischen Bremerhaven und Frankfurt zu verkürzen, sollte die Marineabteilung in die unmittelbare Nähe der Küste verlegt werden.[321] Grundsätzlich konnte der Seezeugmeister diesen Gedankengängen einiges abgewinnen, diese Idee
musste nur noch eine politische Tragkraft gewinnen.

Da die neue Regierung noch keine Wirkung hatte, es war nicht einmal ein Minister für die Marine ernannt, hatte Brommy mit dem Geschäftsführenden Minister Duckwitz die nächsten
wirtschaftlichen Belange abgesprochen. So waren gegen Ende Mai mehrere Entscheidungen
zu fällen. So die Beschaffung der Pistolen und Gewehre. Für diese schien nur die Firmen-
gruppe S&C [322] aus Suhl geeignet. Die Kontrakte wurden am 14. Mai für die Gewehre, und am
19. Mai 1849 für die Pistolen abgeschlossen. Der Kontrakt belief sich auf:

---

319 **DB 59/20** Übersicht Nr. 1702.
320 **Staatsarchiv Oldenburg 33-2-2.** Kommissionsakte des Geh. Rates Erdmann vom 4. – 24. Mai über Treffen mit
     Seezeugmeister Brommy.
321 **Bär, M.** a. a. O. S. 82.
322 **Anm. d. Verf.:** Die Firma S&C war ein Herstellerkonsortium der Suhler Waffenfirmen Spangenberg, Sauer &
     Sauer; C.G. Haenel; V.C. Schilling.

1200 Gewehre mit Krätzer/Kugelzieher zu je 10 Thaler und 22 Silbergroschen,
1000 Pistolen zu je 6 Thaler.
Geplant war die Auslieferung der Gewehre und Pistolen für den Oktober 1849.

Trotz der politisch unklaren Lage wurden die zwischen Geheimrat Erdmann und dem Seezeugmeister abgesprochenen Verhandlungen über die Belange der Reichsmarine und eine Unterstützung durch Oldenburg am 19. Mai 1849 eingeleitet. Auf oldenburgischer Seite waren
neben dem Geheimen Rat Erdmann auch der Deichgraf Peters, der Deichdirektor Wöbcken
und der Ministerialrat Zedelius anwesend. Hauptverhandlungspunkte waren die Reparatur der
ERZHERZOG JOHANN und die Überwinterung für sieben Kriegsschiffe in Brake. Auch
wurde durch den Geheimen Rat versucht, wieder die Jade bei Heppens als geeignet zur Anlage
eines Kriegshafens anzubieten. Der letzte Punkt war ein Wunschtraum von Oldenburg, die Reparatur der ERZHERZOG JOHANN dagegen ein wichtiger. Brommy wünschte ein provisorisches Trockendock auf dem Klippkamer Groden durch Ausbaggern eines Loches, dessen
Damm wieder verschlossen würde, wenn das Schiff eingebracht war. Der Geheime Rat Erdmann versuchte, zum Vorteil von Oldenburg, so viel wie möglich von der Reichsmarine nach
Brake oder nach Heppens zu holen. Deshalb bat Erdmann die Delegation der Reichsmarine,
auf Kosten von Oldenburg, den Fährhuk bei Heppens zu besichtigen.[323]

Die Arbeiten auf der BARBAROSSA gingen nach dem Heranziehen von qualifizierten Hand-
werkern und der Gestellung von Dolmetschern stetig voran. Die Ausbildung lief auf vollen
Touren. Einzig die ERZHERZOG JOHANN lag, nur notdürftig gegen ein Sinken gesichert,
fest vertäut an den Duckdalben bei Brake.

Die Reichsmarine unter dem Kabinett
M. Grävell und A. Wittgenstein-Berleburg

Wie befürchtet war das Kabinett Gagern am 9. Mai zurückgetreten, führte aber die Amtsgeschäfte bis zur Bildung einer neuen Regierung fort. Der Reichsverweser, Erzherzog Johann
von Österreich, beauftragte Maximilian Grävell am 12. Mai mit der Bildung einer neuen Regierung. Im Rahmen der noch nicht abgeschlossenen Regierungsneubildung versuchte General Jochmus, die ehemaligen Minister Peuker und Duckwitz zum Wiedereintritt in die neue
Regierung zu bewegen. Beide lehnten dieses ab. Arnold Duckwitz wollte zudem seine ange-
griffene Gesundheit wieder in Ordnung bringen, hatte er doch eine große Standhaftigkeit bewiesen, denn immerhin über die Regierungszeit von drei Reichskabinetten hinweg war er, wie
auch Reichskriegsminister von Peuker, im Amt geblieben.[324] Nach einem Misstrauensvotum
am 17. Mai wechselte der Vorsitz am 21. Mai 1849 an August Ludwig zu Sayn-Wittgenstein-
Berleburg, der das Amt bis zur Einsetzung der Bundes-Zentral-Commission als Reichsminis-
terpräsident leitete.

---

323 **Staatsarchiv Oldenburg 33-2-2. Dok: Ol-10.**
324 **Hubatsch u.a.** a. a. O. S. 35.

In einem Briefwechsel zu dieser Zeit schrieb Kapitän Brommy an Duckwitz, nach der Meuterei auf der BARBAROSSA und wegen des Fehlens von deutschen Offizieren:

>*(…) Was in meinen Kräften – die leider nur schwach sind – steht, um mitzuwirken, das unsere Flotte rein deutsch werde, will ich tun und ich bin voller Überzeugung, daß Sie mir die Gelegenheit widerfahren lassen und mir dies glauben.«[325]*

Generalleutnant Jochmus wurde neuer Reichsminister des Äußeren. Das Ministeramt des Handels blieb unbesetzt und wurde nur kommissarisch geleitet. Auch die Marineabteilung blieb in Art und Umfang zunächst bestehen. Marinerat Jordan versuchte nun wieder verstärkt, als Standort der Marinebehörde Hamburg ins Spiel zu bringen, um so eine bessere und direktere Verbindung zur Flotte auf der Weser zu erhalten. Als eine der ersten und wichtigsten Entscheidungen der neuen Regierung trat die am 28. März 1849 verkündete Reichsverfassung, am 18. Mai 1849 in Kraft.

Sie bedeutete indes Rechtssicherheit für die Reichsmarine:

>*Abschnitt I:*   *Das Reich*

Artikel I.

§1 Das deutsche Reich besteht aus dem Gebiet des bisherigen Deutschen Bundes …
     (…)

§5 Die einzelnen deutschen Staaten behalten ihre Selbständigkeit, soweit sie nicht durch die Reichsverfassung beschränkt ist …
     (…)

Abschnitt II   *Die Reichsgewalt*

Artikel II

(…)

§5 Die Reichsgewalt ausschließlich übt dem Auslande gegenüber die rechtliche Vertretung Deutschlands und der einzelnen Staaten aus.
     (…)

§10 Der Reichsgewalt ausschließlich steht das Recht des Krieges und des Frieden zu.

Artikel III

§11 Der Reichsgewalt steht die gesamte bewaffnete Macht Deutschlands zur Verfügung ….
      (…)

§17 Den Regierungen der einzelnen Staaten bleibt die Ernennung der Befehlshaber und Offiziere in ihren Truppen, sowie deren Stärke sie erheischen, überlassen …
      (…)

§19 Die Seemacht ist ausschließlich Sache des Reiches. Es ist keinem Einzelstaat gestattet, Kriegsschiffe für sich selber zu halten oder Kaperbriefe(…) Die Mannschaften, welche aus einem einzelnen Staat für die Kriegsflotte gestellt wurde, ist von der Zahl der vondemselben zu haltenden L auszugeben. Die Bemannung der Kriegsschiffe bildet einen Teil der deutschen Wehrmacht. Sie ist unabhängig von der Landmacht.

---

325 **Eilers, E.:** Rudolf Brommy, S. 35.

Die Mannschaft, welche aus den einzelnen Staaten für die Kriegsflotte gestellt wurde, ist von der Zahl von demselben zu haltenden Landtruppen abzurechnen. Das nähere hierüber, sowie über die Kostenausgleichung zwischen dem Reiche und den Einzelstaaten bestimmt ein Reichsgesetz.
Die Ernennung der Offiziere und Beamten der Seemacht geht allein vom Reiche aus. Der Reichsgewalt liegt die Sorge für die Ausrüstung, Ausbildung und Unterhaltung der Kriegsflotte und die Anlegung, Ausrüstung und Unterhaltung von Kriegshäfen und Seearsenalen ob.
Über die Einrichtung von Kriegshäfen und Marine Etablissements nötigen Enteignungen, sowie über die Befugnisse der dabei anzustellenden Reichsbehörden bestimmen die zu erlassenen Reichsgesetze.
(…)[326]

Eines der großen Probleme der neuen Reichsregierung war die Durchsetzung dieser Reichsverfassung. Die zunächst weitgehend friedlich verlaufenden Kundgebungen schlugen immer mehr in einen offenen Aufstand um, als einige Regierungen, darunter Österreich, Preußen und Sachsen, die Umsetzung der Reichs-Verfassung verweigerten. In Dresden musste der König von Sachsen fliehen, als das Volk das Zeughaus stürmte. Der Aufstand konnte erst durch preußische Truppen nach sechs Tagen niedergerungen werden! Nun brachen Aufstände in der Pfalz und in Baden aus. Nachdem Österreich schon seine Abgeordneten Anfang April aus der Nationalversammlung abgerufen hatte, erklärte auch Preußen das Mandat seiner Abgeordneten für erloschen. Die Abwendung der deutschen Großmächte von der Nationalversammlung und die inneren Spannengen führten dazu, dass die europäischen Staaten immer weniger Vertrauen in die Handlungsfähigkeit der amtierenden provisorischen Reichsregierung hatten. Die Außenpolitischen Aktivitäten wurden weitgehend eingefroren. Die Fähigkeit des Deutschen Reiches sich durchzusetzen, tendierte gegen Null.

Als einer der ersten europäischen Staaten reagierte Russland auf die politische Schwäche des Deutschen Reiches und begann verstärkt außenpolitischen Druck auszuüben. Mitte Mai 1849 meldete der britische Gesandte Bockmann aus St. Petersburg, dass sich eine Division der Baltischen Flotte zur Unterstützung Dänemarks in See befand und mit Kurs auf Alsen stand. Dort sollte die Division notfalls den Rückzug der Dänen decken, ebenso eine Landung der Reichstruppen gegen Alsen oder Seeland verhindern. Auch Dänemark verstärkte seinen Druck auf die Ostseeküste von Schleswig-Holstein. Seit dem Konfliktbeginn wurde Kiel ständig und weiträumig durch dänische Schiffe blockiert. Die Nahblockade gegen Kiel dagegen unterblieb, seit durch Werner Siemens Seeminen in der Förde verlegt worden waren.

Anfang Mai 1849 griff der Dampfer BONIN unter Auxiliar Leutnant Wahrlich ein dänisches Kriegsschiff an, das zu einer Gruppe von Schiffen gehörte, die die Kieler Förde blockierten. Obwohl während des kurzen Schusswechsels keine Treffer erzielt wurden, zogen sich die Dänen weiter auf die offene See zurück. Vor Bülk kam es am 11. Mai zu einem dreistündigen Seegefecht zwischen einem dänischen Geschwader, das aus dem Dampfer HEKLA, einer Segelfregatte und einer Brigg bestand. Ihnen stellten sich die schleswig-holsteinischen Schiffe BONIN, ELBE, VON DER TANN und vier Kriegsloggern entgegen.

---

326 **Hubatsch u.a.:** S. 33. **Schönbrunn, Günter:** a. a. O. S. 224.

Die Übergabe der Reichskriegsflagge an Bord der BARBAROSSA

Ungeachtet der Regierungsbildung unternahm der Oberkommandierende weitere Schritte, die Organisation der Reichsmarine zu sichern. Neben den Gesprächen mit Oldenburg wegen der Reparaturmöglichkeit der ERZHERZOG JOHANN in einem Trockendock und der anstehenden Frage der Überwinterung der Flotte wurde auch wieder das für den Seezeugmeister leidige Thema des Hafens für die Reichsmarine am Fährhuk bei Heppens angesprochen. Die Idee fand bei Brommy aus vielerlei Gründen weiterhin keine Zustimmung.

Trotz der wichtigen Gespräche über den Bestand der Flotte ließ es sich Kapitän Brommy am 20. Mai nicht nehmen, die angekündigte Überreichung einer selbstgestickten Reichskriegsflagge anlässlich der Indienststellung seines Flaggschiffes mit großem Protokoll und in seiner Gegenwart zu organisieren.[327] Bei schönem Wetter wurde die Deputation, bestehend aus fünf Männern und fünf Jungfrauen, von einem Boot der Marine auf die mit festlichem Flaggenschmuck versehene BARBAROSSA übergesetzt. Alle Offiziere und Mannschaften waren angetreten, ein Teil an Deck unter dem Gewehr, ein weiterer in den Rahen, als sich die Deputierten zur Begrüßung auf dem Achterdeck mit militärischer Ehrenbezeugung einfanden. In vorderster Reihe die Männer, die die Flagge trugen, dahinter die Damen. Der Redner trat nach der Begrüßung durch Kapitän Brommy vor:

»Mein Herr Capitain, meine Herren Offiziere und Ihr braven Kämpfer für die Ehre, die Größe und die Freiheit des theuren deutschen Vaterlands. Einige deutsche Männer, Frauen und Jungfrauen haben die Ehre, Ihnen, Herr Capitain, eine mit Fleiß und sinnigem Ernst gearbeitete deutsche Kriegsflagge für die Fregatte BARBAROSSA darzubringen.

Man hat mich beauftragt, den Gesinnungen und Empfindungen, welche diese kleine Gabe veranlaßt haben, Ausdruck zu geben, und ich habe mich dieser ehrenden Auftrage gern unterworfen.

Mit deutschem Stolze, oder vielmehr mit dem erhebenden Bewußtsein, einer großen Nation anzugehören, mit freudigen Hoffnungen für die Ehre, die Größe, die Einheit und die Freiheit des deutschen Vaterlandes, sahen die Bewohner des Freihafen im März dieses Jahres das erste deutsche Kriegsschiff vor seinem Hafen Anker werfen. Für uns war es ein Anker der neuerwachten Hoffnung für die wachsende Herrlichkeit des deutschen Vaterlandes. Vaterlandsliebe beseelte uns, Vaterlandsliebe durchströmte auch das Herz der Jungfrauen und schuf den gewaltigen Adler, der vor Ihnen seine Schwingen entfalten wird.

Deutschlands Handel, Deutschlands Ströme sind geknechtet und gefesselt von einem kleinen übermüthigen Feinde; Ihnen, meine Herren, Euch Allen, Ihr braven Kämpfer, ist die Aufgabe gestellt, den Anfang zur Befreiung des Vaterlandes von dieser schmachvollen Kette zu wagen, in einem schweren aber ehrenvollen Kampf zu gehen, und wie es einst dem Kaiser Friedrich von Schwaben, genannt Barbarossa, vor nun beinahe 700 Jahren vergönnt war, den Ruhm, die Ehre der deutschen Waffen in aller Welt

---

327   **Siebs, Benno:** Karl Rudolf Brommy. In: Niedersächsische Lebensbilder S. 33. **Anm. d. Verf.:** Durch die Bewohner von Oldenburg und Brake wurde nicht nur eine Flagge für die BARBAROSSA geschaffen, sondern auch für die ERZHERZOG JOHANN.

zu tragen, wie es beim Beginn seiner Laufbahn vergönnt war, dem Dänenfürsten Knut die Krone aufs Haupt zu setzen und ihn zum Vasallen des deutschen Reiches in Gnaden aufzunehmen, so möge es der Fregatte seines Namens vergönnt sein die Ehre und den Ruhm der deutschen Waffen zur See zuerst zu begründen, Deutschlands Ströme zu befreien, und dem lebenden König der Dänen die Krone vom übermüthigen Haupte zu nehmen, oder ihn wieder zum Vasallen des Reiches zu machen.

Des Reiches Herrlichkeit erstehe. Der alte Barbarossa war erwacht, er war auferstanden aus den Fluthen, worin er seinen Tod fand, um auf dem Ocean seine unsterbliche Laufbahn zu erneuern; er lebt in dem Geiste des Volks, das dir Freiheit will und die Einheit; er lebt in der ersten thatsächlichen Erscheinung und Verkörperung dieser Einheit, in der deutschen Flotte!

Wir begrüßen den herrlichen Anfang dazu in diesem vortrefflichen Schiffe und der dazu gehörigen Flottille mit der wehrhaften Bemannung.

Das sei der erste deutsche Aar, der die Raben der Zwietracht und der Tyrannei zuerst von den Pforten des deutschen Vaterlandes mit gewaltigem Flügelschlage zurückscheucht. Hinauf denn du deutscher Aar, der auch in dieser Flagge seine mächtigen Flügel entfalte, hinauf! zu den Höhen seiner Berge und Masten, zerstreue die alten Raben in alle Winde! Erhebe dein Gefieder, öffne die Fänge und zermalme die Feinde des Vaterlandes, wo und wann sie dir trotzen!

Gott schütze die d e u t s c h e n Waffen!

Ehre, Sieg und Ruhm dem Barbarossa!«[328]

Hierauf übernahmen die Jungfrauen die Flagge aus ihrer Mitte und übergaben sie dem Kapitän:

»Herr Capitain! Ich bestätige die Worte des Vorredners, in welchen er die Gesinnungen ausspricht, welche unsere Arbeit begleiteten. Vaterlandsliebe, die schönsten Hoffnungen, die reinsten Wünsche begleiten sie ferner bis hinaus auf das wilde Meer, in die brausende Schlacht, bis zurück in den heimischen Port! Hierin wollen Sie diese Flagge aus unseren Händen entnehmen. Mit Ruhm und Sieg gekrönt möge sie die tapferen Kämpfer für die deutsche Freiheit heimführen! Heil Deutschland. Heil; Heil diesem Schiffe!«[329]

Kapitän Brommy sprach im Namen der Offiziere und Mannschaften seinen Dank aus mit der Versicherung, unter dieser Flagge dem Feind entgegen zu treten. Die Flagge wurde dann von den Frauen aufgezogen und entfaltete sich im Wind. Von der Besatzung wurde ein freudiges »Hurrah« ausgebracht und von Land aus wurde Salut geschossen.

Auch die Presse beobachtete die Feierlichkeiten der Indienststellung des Flottenflaggschiffes BARBAROSSA in Brake mit großem Interesse. Ein Zeitungsartikel anlässlich des Taufaktes schließt mit den Worten:

(…) Damit war die Feierlichkeit ihrem officiellen Theil nach abgeschlossen; der andere Theil kann für Ihrem weiteren Leserkreis von keiner Bedeutung sein, und es möge die Bemerkung genügen, daß die Mühe, die die Offiziere, den Capit. Brommy an der Spitze,

---

328 **Die Neuen Blätter,** Extrablatt zu Nr. 42, vom 26. Mai 1849, Seite 176.
329 Ebenda: Seite 176.

sich gaben, ihre Gäste zu unterhalten, mit einem so guten Erfolg gekröhnt wurde, das uns dieser Tag auf lange hin ein unvergesslicher sein wird.[330]

Am 22. Mai übernahm der Außenminister August v. Jochmus auch die Geschäfte über das neu eingerichtete Marineministerium der Provisorischen Zentralgewalt. Finanziell war die Marine weiterhin ein Ressort ohne eigene Mittel. Es vegetierte weiter ohne wirkliche politische und finanzielle Legitimation dahin und war auf die Almosen der anderen Ressorts angewiesen, die der Marine so jeden Handlungsspielraum raubte. Im Mai sollte die zweite Rate der Matrikularumlagen erfolgen, so dass die Marine über 6 Millionen Thaler verfügen könnte. Da die politischen Gegebenheiten aber dieses verhinderten, traf die Matrikularumlage für die Marine nicht ein. Die Marineverwaltung besaß zu dieser Zeit nur noch 2,5 Millionen Thaler zur Verfügung, hatte aber bereits 3 Millionen ausgegeben. Das Reich musste deshalb mit 0,5 Millionen Thaler in Vorleistung gehen.

Außer dieser finanziellen Unausgewogenheit übernahm der neue Marineminister eine weitgehend geordnete Marine. Die Schiffe der ehemaligen »Hamburger Flottille« LÜBECK und HAMBURG waren soweit hergerichtet, dass sie als (Hilfs)-Kriegsschiffe eingesetzt werden konnten. Die BREMEN lag weiterhin mit Rumpf- und Kesselreparatur inzwischen auf der Weser. Die Segelfregatte DEUTSCHLAND war stark desarmiert worden und stand für die Ausbildung der Kadetten in Hamburg zur Verfügung. Die BARBAROSSA, Kapitän Brommys Flaggschiff, war inzwischen mit Kanonen bestückt und die Ausbildung an diesen war begonnen worden.

Ein wichtiger Schritt hinsichtlich der medizinischen Versorgung der Schiffe war indes abgeschlossen und mehrere Ärzte begannen ihren Dienst, und für Bremerhaven wurde in Geestemünde, Bülowstraße 63 durch Dr. Heins ein »Arsenal-Hospital« eingerichtet. Um die Sanitätsdienststellen auch an Land ordnungsgemäß zu besetzen, beantragte Dr. Heins die Einstellung eines Apothekers für die Leitung des »Depot der Marine-Medicinal-Ausrüstung«. Zunächst sollte er neben diesem Posten auch den des Leiters des »Arsenal-Hospitals« übernehmen. Diesen Posten übernahm wenig später der Apotheker Cassius, der ohne Überprüfung, wegen seiner bisherigen Tätigkeit als Verwalter des »Feldarzt-Lazaretts« von Altona als hinreichend qualifiziert galt, eingestellt worden war. Es sollte nicht viel Zeit ins Land gehen, bis sich das erste Problem einer unbekannten Epidemie auf der ERZHERZOG JOHANN einstellte, die weiterhin an den Duc-Dalben vor Brake lag.

Hinsichtlich des Personals und Materials der Reichsmarine wurde Seezeugmeister Brommy immer klarer, dass die Bremer Enklave Bremerhaven die Marine des Reiches mit ihrer geringen Kapazität weiterhin nicht allein aufnehmen konnte. Brommy musste so auch Brake als günstigsten Platz für seine Schiffe an der Weser immer mehr mit in Betracht ziehen. Nach langwierigen Verhandlungen konnte die Seezeugmeisterei nach Frankfurt melden, dass sich Oldenburg bereit erklärt hatte, in Brake mit den Baggerarbeiten zur Schaffung des Trockendocks zu beginnen und den anderen Schiffen der Flotte 1849/50 ein sicheres Winterlager zu schaffen.

---

330   Ebenda: Seite 176.

Die politische Lage des Deutschen Reiches war durch die Regierungsumbildung unter A. Wittgenstein-Berleburg nicht stabilisiert worden. Im Gegenteil. Durch die ablehnende Haltung Preußens und Österreichs, das Deutsche Reich zu unterstützen, wurde dessen Stellung auf internationaler Ebene nahezu unhaltbar. So wurden politische Fingerzeige regelrecht provoziert. Die Kämpfe in Baden und der Pfalz schwächten das Ansehen des Deutschen Reiches stark. Die politische Instabilität, durch die Ablehnung der Kaiserwürde durch den preußischen König erheblich mit verursacht, ließ in Preußen wieder den Wunsch nach Übernahme der Führungsposition in Teilen des Deutschen Bundes als »Ewigen Bund« aufleben. Das Ziel sollte es sein, vorwiegend Nord-, Ost- und Mitteldeutschland unter der Führung Preußens zu organisieren. Die verbleibenden Süddeutschen Staaten, Österreich und seine Länder außerhalb des Deutschen Bundes sollten einen eigenen Staatenbund bilden, die in dem »Ewigen Bund« zueinander traten. Die Nationalversammlung beschloss wegen der angespannten Lage Ende Mai in Frankfurt a.M., die Verlegung nach Stuttgart, da die Sicherheit der verbliebenen Abgeordneten nicht mehr garantiert werden konnte.

Die außenpolitische Reaktion durch England gegen die Provisorische Zentralgewalt, und die Flagge Schwarz-Rot-Gold ließ nicht lange auf sich warten. Am 25. Mai kam es zu einem ersten Flaggenzwischenfall vor Kiel, als das britische Kriegsschiff HECATE unter Kapitän Ildram nicht die schwarz-rot-goldene Flagge der Festung Friedrichsort bei Kiel salutierte. Das britische Kriegsschiff befand sich auf einer Inspektionsfahrt in der Ostsee, um die Blockade der Dänen zu überprüfen. Auf der Rückreise von Danzig aus steuerte die HECATE in Begleitung eines dänischen Kriegsschiffes Kiel an. Erst der Warnschuss der Festung wies auf die unterlassene, international übliche, Ehrenbezeugung hin. Auf der Weiterfahrt wurde auch Eckernförde angesteuert. Auch hier machte erst ein Schuss der Strandbatterie auf den unterlassenen Gruß aufmerksam. Nachfolgend wechselte London wegen des Flaggenzwischenfalls vom 25. Mai 1849 eine Note mit der Regierung von Schleswig-Holstein. Der Geschäftsträger für die Hansestädte, Hodges, verlangte darin auf Anweisung von Lord Palmerston die Entschuldigung durch den Festungskommandanten. Lord Palmerston vertrat die Ansicht, dass der Gruß von dem kleinen Kriegsschiff gar nicht zu entrichten sei, da es gar nicht »Salutfähig« war.

Die Bildung des »Dreikönigsbundes« am 26. Mai 1849

Die politischen Unklarheiten, die Kapitän Brommy seit Anfang des Jahres zu spüren bekam, waren noch lange nicht zu Ende, da sich neues politisches Ungemach andeutete.
Aus Berlin kamen Information, dass der von Preußen maßgeblich geförderte »Ewige Bund« zunächst als »Dreikönigsbund« am 26. Mai 1849 gebildet worden war. Mitglieder waren neben Preußen und Sachsen völlig überraschend auch Hannover, das sich bislang politisch als regelrechter Erbfeind zu Preußen entwickelt hatte. Diese neue politische Komponente sollte für die Reichsmarine eine neue Herausforderung werden, und diese in ihrer Entwicklung stark gefährden!

Die neue preußische Politik, von General Radowitz maßgeblich initiiert, strebte nach dem Scheitern in der Frankfurter Nationalversammlung einen Zusammenschluss deutscher Staaten unter der Führung Preußens auf der Basis freier Vereinbarungen an. Diesem »engeren Bund«

sollten Österreich und dessen befreundete Staaten aber nicht angehören. Gerade der preußische König sah in diesem Bund die Möglichkeit, Preußen in seiner Entfaltung besser zur Geltung zu bringen.[331] Als »geschäftsführender Teil« des »Dreikönigsbundes« agierte der »Verwaltungsrat«. Dieser sollte die finanziellen Belange der Bundesstaaten, die diesem Staatvertrag beitreten wollten, klären, was auch für die Belange der Marine so sein sollte. Ein weiteres sehr wichtiges Ziel des neuen Bundes sollte zur Untergrabung der demokratischen Kräfte im Deutschen Reich unter dem Reichsverweser Erzherzog Johann gereichen, um diesen letztentlich zu beseitigen!

Um die Situation des geplanten Bundes aus preußischer Sicht darzustellen, sollte der preußische König sich persönlich an den Reichsverweser wenden. Ziel dieser Maßnahme war es, diesem in versöhnlicher Weise den Vorschlag durch Preußen auseinanderzusetzen, das Rücktrittsverlangen gegenüber der Provisorischen Zentralgewalt als einen Akt der politischen Vernunft darzustellen. In gleicher Weise sollte das preußische Ministerium für auswärtige Angelegenheiten mit dem Reichsministerium verfahren. Zeitgleich wurde dem Reichsverweser der Verhandlungsstand mit Hannover, Sachsen und eventuell auch Bayern mitgeteilt, um so anzudeuten, dass ein politisches Überleben dieses demokratischen Experimentes als gescheitert anzusehen sei, da die mächtigsten Fürsten Deutschlands dieses nicht wollten. General Radowitz arbeitete eilig weiter daran, das Verfassungswerk zu modifizieren, um auch Bayern tatsächlich mit einschließen zu können.[332]

In einer Denkschrift des preußischen Kriegs- an das Staatsministerium vom 26. Mai 1849 wurde der bisherige Weg unter der provisorischen Zentralverwaltung kritisiert, da dadurch nichts für Preußen erreicht worden war. Das traf auch für die Belange der Marine zu! Sollte weiterhin eine deutsche Marine gewünscht werden, müsse unverzüglich der Ausbau der heimischen Werften und der Bau von zwei Dampfavisos, zwei Dampfcorvetten und zwei Segelfregatten durch Preußen in Angriff genommen werden, die auf Basis der Erkenntnisse der Technischen Marinekommission gebaut werden sollten. Zudem mußte die Marineangelegenheit des Reiches dem Kriegsministerium unterstellt werden. Diese war aber bislang deshalb unmöglich gewesen, weil das von einem Preußen geleitete Reichskriegsministerium dieses kategorisch und mehrmals verweigert hatte! Selbst in Preußen war dieser Akt der Unterstellung mit sehr großem Wiederstand durch Prinz Adalbert von Preußen zu diesem Zeitpunkt noch nicht gelungen!

Kapitän Brommy hingegen schwante indes Böses, nun zwischen die politischen Walzen der Provisorischen Zentralgewalt, der er sich unter Eid verpflichtet hatte ihr zu dienen, und der neuen politischen Konstruktion des »Dreierbundes« zu geraten! Wehe ihm, hier nun einen politischen Fehler zu begehen, die seiner Ehre als Soldat widersprachen und zu Ungunsten der Marine genutzt werden konnte! Brommy wurde immer mehr gezwungen, als Soldat politisch zu denken und zu handeln, um seine ihm unterstellte Marine zu fördern und zu schützen. Durch die neue, von Preußen dominierte politische Organisation entstanden für die Marineführung und Kapitän Brommy weitere marinepolitische Unklarheiten, die die Aufbauarbeit und die Bestandssicherung der Reichsmarine erneut in ein unsicheres Fahrwasser brachten.

---

331 **Krüger, Henning:** Zwischen Küstenverteidigung und Weltpolitik. S. 69f.
332 **Holtz, Bärbel:** a. a. O. S. 96f.

Überraschen erklärte der britische Geschäftsträger in Frankfurt wenig später, im Auftrag des britischen Außenministers Lord Palmerston, dass die britische Regierung annehme, dass Preußen die Provisorische Zentralgewalt unter Reichsverweser Erzherzog Johann von Österreich aufgelöst habe! England sah mit Genugtuung die politische Zerstrittenheit an, da es ohnehin die Nationalversammlung und den Reichsverweser als politische Führung des Deutschen Reiches nicht akzeptieren, sondern Preußen oder Österreich anerkennen wollte, was auch besser in das politische Europabild der Briten passte.

In Anbetracht der Tatsache, das sich das Deutsche Reich im Kriegszustand mit Dänemark befand, war diese politische Unsicherheit ein weiterer großes Problem für den Oberkommandierenden. In einem Schreiben vom 22. Mai 1849 hatte Kapitän Brommy über den Zustand seines Flaggschiffes nach Frankfurt gemeldet, dass es zum Monatsende einsatzbreit sein würde und danach versuchen werde, mit seinen einsatzbereiten Schiffen, zur Ehre des Deutschen Reiches versuchen werde, die dänische Blockade der Nordsee zu beenden.

Um die Besatzung der BARBAROSSA im Gefecht verteidigungsfähig zu machen, wurden fünfzig Gewehre vom oldenburgischen Militär bereitgestellt, so dass die von der DEUTSCHLAND nicht benötigt wurden. Die Segel der BARBAROSSA und ERZHERZOG JOHANN alle nicht gut, würden aber den Sommer über reichen.[333]

An diesem Tag erging an den Oberkommandierenden der Seestreitkräfte des Deutschen Reiches die Verfügung des neuen Ministers Jochmus, so bald als möglich mit dem Reichs-Geschwader in See zu gehen, um »Flagge« zu zeigen.[334] Die militärische Lage schien sich zu dieser Zeit auch in der Nordsee zu verschärfen, als vom dänischen Blockadegeschwader aus ein Hamburger Staatsewer beschossen worden war. Zwar gelang es einem dänischen Parlamentär, die Angelegenheit auf dem Schloss Ritzebüttel gütig zu regeln.[335] Die Spannungen aber blieben!

Kapitän Brommy nahm den Vorfall ob des Beschusses des Hamburger Staatsewers sehr ernst und gab die Weisung, dass die HAMBURG unter Leutnant Reichert und die LÜBECK unter Leutnant Thatcher in See gehen sollten um die Elbe zu kontrollieren und um Kohle und Munition in Cuxhaven zu übernehmen. Die HAMBURG lichtete morgens um 2.00 Uhr die Anker bei frischer Brise aus Ost. Wenig später lichtete auch die LÜBECK ihre Anker und folgte der HAMBURG auf anderem Kurs.

Das Logbuch der HAMBURG gab folgende Informationen zu der Fahrt:
Um 3 ¾ Uhr passieren der Jungfern Baak, 4 ¼ Uhr passieren der Bremer Baake und dort reinigen das Schiff. Um 5 ½ Uhr peilen N.O. Feuerschiff der Elbe mit Kompass. Aufkommender Regen. Um 6 ½ vor Anker gegangen, da LÜBECK noch nicht in Sicht, zwischen der Weser und Feuerschiff Elbe. Peilen Kirchturm von Wangerooge W z S. Um 9 ½ Uhr lichten wir Anker und steuern ONO zur Elbe, zugleich werden die beiden großen Geschütze scharf geladen. Um 10 Uhr sichten Dampfer O z S und halten darauf zu

---

333 **DB 59/27** Nr. 1761. 2 Seiten Dock: DB49/23
334 **DB 59/20** Übersicht. Nr. 1702.
335 **Borrmann, Hermann:** a. a. O. S. 171.

in der Meinung LÜBECK zu sehen. Es war aber brit. Dampfer »WIBERFARCE«. Erfuhren von ihm daß LÜBECK bei der Goscher Tonne auf Grund säße, worauf wir die Elbe hinaufgingen um zu helfen. Um 11 Uhr 40 Minuten passieren der Baak von Schar-hörn, W z N, um 11 Uhr 50 Minuten Elblotse an Bord genommen. 12 Uhr passieren Neuwerk Leuchtfeuer. Um ½ Uhr P.M. sichten LÜBECK mit zwei Kanonenbooten im Schlepp auf Höhe kleine Baak. Laufen Cuxhaven an und gehen um 1.Uhr P.M. zu Anker. Auch LÜBECK geht vor Anker und nimmt Munition und Kohle auf.[336]

Nachdem die Schiffe zum Morgen des 24. Mai wieder in Bremerhaven eingelaufen waren, machen die beiden Kommandanten ihre Meldungen. Die Dänen waren nicht gesichtet worden, aber das Auflaufen der LÜBECK bedurfte einer Überprüfung, obwohl kein Schaden zu erkennen war. Der Lotse und Leutnant Thatcher mussten über den Vorfall einen Bericht abgeben.

Wie vom Minister gefordert, bereitete Brommy indes die erste Ausfahrt eines Geschwaders von Kriegsdampfern vor, um eine Erkundungsfahrt in die Nordsee durchzuführen. Hierzu gab dieser einen Bericht über den Zustand der HAMBURG, LÜBECK und BARBAROSSA ab. Hiernach war HAMBURG fast vollständig, die LÜBECK bedurfte noch einiger Ausrüstungs-gegenstände. Auf BARBAROSSA hapert es bei den Schlössern und Aufsätzen der Kanonen, was durch Leutnant Kriege aber augenblicklich behoben wurde.

Die schleswig-holsteinische Westsee-Division war derweil am 28. Mai durch das Ruderkanonenenboot Nr. 5 unter Lt. Beck verstärkt worden.[337] Da auch in der Westsee von Schleswig-Holstein mit dänischen Kriegshandlungen gerechnet wurde, kam es zur neuen Aufteilung der Seestreitkräfte. Durch den Kommandanten der Division Leutnant Kjer, wurden die Boote hinsichtlich ihrer Einsatzbereiche wie folgt aufgeteilt: Im Bereich von Föhr operierten die Boote Nr. 11 (Führerboot) und Nr. 7, im Bereich des Lister Tiefs operierten die Boote Nr. 4 (Führerboot), Nr.5 und Nr. 10. Sie sollten eine erneute Anlandung der Dänen verhindern. Da diese zu dieser Zeit ihre großen Schiffe verstärkt in der Nordsee operieren ließen, vermutete man einen Angriff über die Westsee gegen Schleswig-Holstein.

Das Seegefecht vor Helgoland am 4 Juni 1849

Neben der Blockade in der Ostsee und der schleswig-holsteinischen Westsee wurden auch die Flussmündungen der Ems, Jade, Weser und Elbe weiterhin weiträumig durch dänische Kriegsschiffe blockiert. Seit Anfang Mai 1849 operierte das dänische Blockadegeschwader unter Admiral Bille zumeist auf Höhe von Helgoland, welches aus den Einheiten:
Segelfregatte ROTA mit 48 Kanonen (Flaggschiff von Admiral Bille),
Segelfregatte BELLONA mit 48 Kanonen,
Segelfregatte THETIS mit 48 Kanonen,
Segelkorvette VALKIEREN mit 20 Kanonen,
Raddampfer GEYSER mit 6 Kanonen bestand.

---

336 **DB49/24** auch 23.5.1849 **DB-59/1**. Abschrift zu 1794.
337 **Schmalenbach, P.:** Die erste deutsche Flotte, S. 8 gibt Boot Nr. 3 als Verstärkung an.

Gerade der dänische Raddampfer GEYSER unternahm ständig Kontrollfahrten entlang der Nordseeküste und stieß dabei sehr häufig bis tief in die Elbemündung vor, beunruhigte vorwiegend das hamburgische Cuxhaven und sperrte so die Elbe und die Küstenschifffahrt nachhaltig.

Mitte Mai liefen bei der Reichsmarine die Vorbereitungen auf Hochtouren, das Geschwader zur Beseitigung der dänischen Blockade in der Nordsee zusammenzustellen. Die beiden ehemaligen Schiffe der Hamburger Flottille, HAMBURG und LÜBECK, waren einsatzbereit und verkehrten zum Schutz der Küste mehrmals zwischen der Elbe und der Weser. Mitten in diese angespannte militärische Lage wurde durch Preußen die politische Lage der Provisorischen Reichsgewalt enorm belastet. Zur Sorge von Kapitän Brommy musste dieser hierbei vermuten, dass die zwei wichtigen Persönlichkeiten im Marineministerium in Frankfurt, die Marineräte Wilhelm Jordan und Samuel Gottfried Kerst, ohne weiteres die Möglichkeit sahen, das dieser »Ewige Bund«, in der Presse allgemein als »Union« bezeichnet, die Reichsmarine übernehmen könnte.[338]

Um dieser Gefahr, einer unstatthaften Übernahme der Reichsmarine durch die »Union« entgegenzuwirken, die durch Kapitän Brommy ohne weiteres als gegeben angesehen werden konnte, wies er mit aller Dringlichkeit das Marineministerium in Frankfurt darauf hin. Zu seiner Erleichterung erließ der Generalsekretär der Reichsmarine, Samuel Kerst, auf Befehl des Ministers Jochmus sofort die Weisung, die Mannschaften und Offiziere der Marine und der Marinekorps der Flotte, auf die neue Reichsregierung Wittgenstein-Berleburg und den Reichsverweser zu vereidigen. Unverzüglich wurden am 27. Mai 1849 alle Schiffe und Dienststellen auf die neue Regierung vereidigt.[339] Kapitän Brommy nahm selber die Vereidigung der Mannschaft seines Flaggschiffes in Brake vor. Nach dieser Vereidigung verließ das Schiff dann am 28. Mai Brake, um am Nachmittag neben der HAMBURG und LÜBECK seinen Liegeplatz auf der Reede von Bremerhaven einzunehmen.

Gerade hatte Brommy sich in Bremerhaven wieder an Land begeben, erhielt er ein Schreiben von Minister Jochmus mit der Frage, wann BARBAROSSA, HAMBURG und LÜBECK einsatzbereit seien, um in See gehen zu können. Als weiteres wollte der Minister den Zustand der BREMEN erfahren und wann diese auslaufbereit sei.[340]

Obwohl das schlechte Wetter eine Übernahme der Munition auf BARBAROSSA, HAMBURG und LÜBECK bislang verhinderte, hoffte der Kapitän, in den nächsten Tagen die Munition auf die Schiffe übernehmen zu können.[341] Die erteilten Instruktionen des Ministers trugen ihm auf, im gegenwärtigen Krieg mit Dänemark dem Feinde oder dessen Bundesgenossen jeden nach See- und Völkerrecht zulässigen Schaden zuzufügen, Kriegs- und Handelsschiffe aufzubringen, letztere als gute Prise zu erklären und dänische Häfen zu blockieren.[342]

Im Antwortschreiben versicherte Brommy dem Minister, der Reichsflagge und der Provisorischen Zentralgewalt zur Ehre, sobald es das Wetter und der Zustand der Schiffe erlaubten, eine

338 **Krüger, Henning:** a. a. O. S. 69f.
339 **Zimmermann, Alfred Dr.:** a. a. O. S. 647f.
340 **DB Nr: 1702.**
341 **DB Nr: 1822.**
342 **Eilers, E.:** Rudolf Brommy. S. 40.

Erkundungsfahrt in die Nordsee zu unternehmen. Im selben Schreiben erläuterte er, zum wiederholten Male und ausführlich, warum die Ruderkanonenboote gegenwärtig und in Zukunft nicht für die Reichsmarine zu bemannen waren. Zum einen, weil der Dienst an den Rudern unattraktiv war. Auch Sonderzahlungen und zusätzliche Bekleidung würden nur genutzt, um diese zu entwenden und zu desertieren. Mit diesem Brief hoffte er, endlich das leidige Thema der Ruderkanonenboote und deren Bemannungs- und Einsatzfragen für längere Zeit beendet zu wissen, da ihm dieses Thema viel Zeit und Kraft raubte.[343]

Indes nahm der Seekrieg in der Nord- und Ostsee seinen Verlauf. Die dänische Flotte bedrohte besonders im Bereich von Kiel und Eckernförde die Schifffahrt weiter. Anfang Juni lagen in diesem Gebiet vor Kiel das Linienschiff SKJOLD, der Raddampfer HEKLA und eine weitere Segelfregatte. Während einer Übungs- und Kontrollfahrt des Dampfers BONIN von Kiel nach Eckernförde kam es am 2. Juni 1849 zu einem Schusswechsel auf See. Das von Leutnant Schau befehligte Dampfboot BONIN wurde schon während der Hinfahrt nach Eckernförde von HEKLA beschattet. Auch das Linienschiff und die Segelfregatte lagen in Bereitschaft und verhinderten demonstrativ ein Wiederauslaufen der BONIN aus der Bucht von Eckernförde.

Die Marineführung der Schleswig-Holsteiner hatte dieses vermutet und setzte zur Sicherung der BONIN sechs Ruderkanonenboote von Kiel-Holtnenau aus in Marsch, um die Rückkehr des Dampfbootes zu unterstützen und durchzusetzen. Die unter dem Kommando von Leutnant Köhler stehenden Kanonenboote griffen sofort das Dampfschiff der Dänen an und zwangen es zum Rückzug, nachdem es mehrere Treffer erhalten hatte. Während BONIN sofort auslief, stießen die Ruderkanonenboote der Schleswig-Holsteiner sofort nach und bedrängten auch die beiden dänischen Segelschiffe. BONIN schloss zu den Kanonenbooten auf und nahm diese in Schlepp, um die Dänen zu verfolgen. Da sich die Dänen aber überraschend kampflos zurückzogen, war eine Verfolgung nicht sinnvoll und zu gefährlich. Der Rückweg wurde eingeschlagen, ohne von den Dänen daran gehindert zu werden.[344]

Am selben Tag erhielt Kapitän Brommy die freudige Nachricht, dass der angekaufte und verstärkte US-Dampfer UNITED STATES, nach der Hinterlegung von 300.000 US-Dollar Kaution, Newport verlassen konnte.[345] Das Schiff, unter dem Kommando von Kapitän Palmer, sollte unter der Reichsflagge Schwarz-Rot-Gold in See gehen. An Bord sollten ein weiterer Kapitän, Howard,[346] und drei Kadetten sein, die beabsichtigten, in deutsche Dienste zu treten.

Während Brommy also in Bremerhaven, im Namen der Provisorischen Zentralgewalt, seine Schiffe auf ihre erste Ausfahrt gegen den dänischen Feind vorbereitete, erreichten ihn aus Frankfurt beunruhigende, ja Unheil verkündende Nachrichten. Wegen der brisanten politischen Lage im Deutschen Reich, seit der Installation der »Union« durch Preußen, musste zum Schutz der Abgeordneten nach einer Lösung gesucht werden. Deshalb beschloss die Nationalversammlung die Verlegung ihres Tagungsortes von Frankfurt am Main nach Stuttgart![347]

---

343 **DB Nr. 1843.**
344 **Admiralität;** Marineverordnungsblatt 1881 S.3ff.
345 **Güht, R.:** Von Revolution zu Revolution S. 24 sagt 31.5.1849 um 8.00 Uhr morgens Abreise.
346 **Bär, Max:** a. a. O. S. 56 sagt, dass Howard das Kommando für die Überführung innehatte.
347 **DB 52/ 10 , DB 54/ 14.**

Unabhängig von dieser politisch undurchsichtigen Situation: Nachdem der Kapitän Brommy sicher festgestellt hatte, dass sich das dänische Geschwader im Bereich von Helgoland aufhielt, wollte er bei erster Gelegenheit gegen dieses Geschwader mit seinen einsatzbereiten Dampfschiffen eine Erkundungsfahrt führen.

Am 3. Juni 1849 erreichte Kapitän Brommy die Anweisung:
»An die Seezeugmeisterei f. d. N.K.
Capitain zur See R. Brommy
in Bremerhaven

Nach einer so eben eingelaufenen offiziellen Mitteilung hat das dänische Dampfschiff Geyser, angeblich von 200 Tonnen u. mit 5 schweren Geschützen armiert, die Mündung der Elbe gesperrt. In der Tat ist eine solche Sperrung möglichst mit überlegenen deutschen Dampfschiffgeschwader keinen Augenblick zu dulden und ich fordere Sie auf mit dem Geschwader unter Ihrem Befehl, falls es noch nicht geschehen sein soll, umgehend auszulaufen.

Frankfurt d. 3. Juni 1849
der Generalsekretär der Marine.[348]

In den Morgenstunden des 4. Juni 1849, es war ein Sonntag, machte sich das Geschwader der Reichsmarine auslaufbereit, um zu seiner ersten Erkundungsfahrt in die Deutsche Bucht auszulaufen und das dänische Dampfboot von der Elbe zu verscheuchen.

Kapitän Brommy sandte unmittelbar vor dem Auslaufen eine Information an das Reichsministerium der auswärtigen Angelegenheiten, das er beabsichtigt *»nach der Mündung der Weser«* auszulaufen.[349]
No. 619
Hiermit mache ich dem Reichsministerium die ergebene Anzeige, dass ich in diesem Augenblick mit der Fregatte BARBAROSSA und den Corvetten LÜBECK und HAMBURG nach der Mündung der Weser abgehe.
Ich habe die nötigen Anordnungen getroffen, dass die Verbindung mit mir, so wie der Lauf der Arbeiten hierselbst nicht unterbrochen werden, und zu diesen Behuf dem Oberleutnant Weber und dem Secretair der Seezeugmeisterei Schwagerus eine bedingte Stellvertretung übertragen.
Bremerhaven, den 4. Juni 1849
  Morgens 9 Uhr
  R. Brommy
  Capitain zur See
  An
  Das Reichsministerium der
  auswärtigen Angelegenheiten
  Abteilung für die Marine [350]

---

348 **DB** Nr 1807.
349 **DB** 59/ 20 Nr. 619 vom 4.6.1849. Die Information wurde mit »Eingang d. 7. Juni« quittiert.
350 **DB 59/20** Nr. 619, Nr. 1911.

Die Vorbereitungen zum Auslaufen des Geschwaders wurden von der Bevölkerung mit Begeisterung verfolgt. Auslaufbereit waren:

Dampffregatte BARBAROSSA, 9 × 68 Pfd. Kanonen, Kommandant Lt. King Flaggschiff unter Kapitän zur See Brommy

Dampfcorvette LÜBECK, 1 × 84 Pfd., 1 × 32 Pfd., 2 × 18 Pfd. Kanonen Kommandant, Lt. Thatcher

Dampfcorvette HAMBURG, 1 × 56 Pfd., 1 × 32 Pfd., 2 × 18 Pfd. Kanonen Kommandant, Lt. Reichert

Das dänische Blockadegeschwader lag bei ruhiger See und mäßigem Wind in der unmittelbaren Nähe von Helgoland. Während der dänische Oberbefehlshaber Bille mit seinem Flaggschiff ROTA und einem weiteren Schiff ca. 2 sm nördlich vor Helgoland lag, standen je ein weiteres Schiff südwestlich und südöstlich vor Helgoland in See. Der Dampfer GEYSER war wieder nach der Elbe detachiert worden, um die Küste der Elbeeinfahrt zu beunruhigen.

Vor Cuxhaven war derweil helle Aufregung! Der dänische Kriegsdampfer GEYSER war an diesem Morgen wieder in die Elbe eingelaufen und machte um 10.00 Uhr auf Höhe des Leuchtturms von Cuxhaven Anstalten, den Hafen anzugreifen oder zu beschießen. An der Küste wurde Alarm geschlagen.[351] Ungeachtet der Unruhe an Land beobachteten die dänischen Offiziere die Hafenanlagen und die Vorbereitungen der Cuxhavener und Ritzebütteler Bürger in scheinbar großer Ruhe. Als sich plötzlich der Kriegsdampfer in Bewegung setzte, befürchteten an Land alle den erwarteten Angriff. Der dänische Dampfer nahm zwar wieder Fahrt auf, griff aber nicht an, sondern ging mit Kurs auf die offene See ab, da er vom Erscheinen des deutschen Geschwaders informiert worden war, und sich nun zum Geschwader zurück begab.

Die nun begonnene Erkundungsfahrt des deutschen Geschwaders dokumentierte Kapitän Brommy in seinem Logbuch auf der BARBAROSSA:

»9h30' AM machen Signal zum Ankerlichten.[352]

»10.00 Uhr Vormittags lichten die drei Reichsdampfer die Anker und steuern, unter dem Jubel der Bevölkerung, mit Kurs offene See ab.«

Das deutsche Geschwader hatte zu dieser Zeit ohne irgendwelche Hindernisse die Weserfahrrinne verlassen und steuerte zunächst die Elbeausfahrt an, um zu überprüfen, ob der dänische Kriegsdampfer weiter die Elbe blockiert.

»1h15 PM sehen eine dänische Fregatte, mit Commanders Stander«.

»1h30' PM sehen wir eine zweite Fregatte nördlich von der ersten- ein Dampfschiff kam aus der Elbe- steuerte nach der Fregatte«

---

351 **Stadtarchiv Cuxhaven:** Zeitung für das Amt Ritzebüttel, dessen Hafen und Umgebung. No. 44 Mittwoch den 6. Juni 1849: » (...) vorgestern Morgen um 10 Uhr kam das dänische Kriegsdampfboot GEYSER in die Elbe und ging ungefähr bis zum Leuchtturm gegenüber, unserer Reede hinauf; sehr deutlich sahen wir, das er seine Kanonen lud und die Entergewehre aufgesetzt sind.«

352 **DB 59/ 20** Nr. 789 vom 29.6. Alle mit Zeitangaben versehenen Angaben sind aus dem Logbuch der Barbarossa vom 4. Juni 1849.

»2h00' PM sehen eine dritte Fregatte östlich von uns.- Die zwei ersten Fregatten legen an den Wind und lancieren uns zu- die dritte hielt sich in See bei der Wesermündung.«

Auf den drei Reichsdampfern wurde »Klar zum Gefecht« getrommelt. Zum Entsetzen des Kapitäns der BARBAROSSA, King, musste dieser nun feststellen, dass sich bei den Kanonen die Ansetzkolben nicht mehr aus den Kanonen ziehen ließen! Da die Kanonen bislang nur mit Übungskartuschen betrieben worden waren, nun aber scharfe Munition verwandt wurde, waren die Ansetzer für diese Munition nicht an Bord. Als Kapitän Brommy von dieser Lage erfuhr, hagelte es ein gehöriges Donnerwetter. Schnell wurden die zu großen Ansetzer abgehobelt, so dass nachfolgend scharfe Munition geladen und abgeschossen wurden konnte. Um also überhaupt einen scharfen Schuss abgeben zu können, mussten die Ansetzer wieder herausgeschossen werden! Während dieser Zeit wurde um 2.45 Uhr nachmittags eine Segelkorvette südöstlich von Helgoland mit Kurs West gesichtet.

»2h45' PM sehen eine Corvette westlich von Helgoland vor dem Winde – wir (…)«
»3h30' PM (…) steuern danach – Zeigt sich als eine dänische Corvette.«

Die nun »blinden Schüsse« zum Herausschießen der Ansetzer verursachen bei den Dänen einige Irritation, da keine Aufschläge der Geschosse festgestellt wurden. Auf die britische Insel Helgoland zusteuernd versuchte die dänische Segelkorvette VALKIEREN, sich in die neutralen Gewässer von Helgoland zu begeben und steuerte den Hafen von Helgoland an.

Als durch die dänische Korvette das Feuer eröffnet wurde, standen die Schiffe ca. 28 hm (1 hm = 100 meter) voneinander entfernt.

»4h20' PM Die Corvette feuert eine volle Lage nach uns
(…) als die Corvette ihre Kanonen an Backbord noch einmal abfeuerte, was meine Mannschaft mit feurigem Hurrah beantwortete und selber zu schießen begann.«
»4h25' PM Barbarossa beginnt sein feuern »
»4h30' PM Hamburg beginnt zu feuern«
»4h35' PM Lübeck ebenfalls«

Während des nun laufenden Gefechtes frischte der Wind zusehends auf, so dass erkennbar wurde, dass in Kürze die beiden nördlich stehenden Segelfregatten in den Kampf eingreifen konnten. Das nun südwestlich stehende Schiff mit Kurs auf Wangerooge versuchte, dem deutschen Geschwader den Rückweg in die Weser zu verlegen. Der dänische Raddampfer blieb erkennbar bei den beiden Segelfregatten.

»Von 4.25 Uhr bis 4.47 Uhr fielen zwanzig Schüsse Granaten und Vollkugeln von der BARBAROSSA und siebzehn von der HAMBURG und ebenso viele von der LÜBECK.

Nachdem die deutschen Schiffe das dänische Segelschiff mit Kurs West passiert hatten, wurde eine Gefechtswendung gefahren und auf Gegenkurs gegangen, um erneut die VALKIEREN mit ihren Backbordgeschützen anzugreifen. Plötzlich bemerkte Kapitän Brommy, dass sich die hinter ihm fahrende HAMBURG aus dem in Kiellinie laufenden Verband löste und die dänische Segelkorvette ansteuerte. Auf die Frage, wohin der Kommandant steuerte, antwortete Leutnant Teichert, er wolle die Segelkorvette entern. Kapitän Brommy beorderte die HAMBURG energisch und bestimmt wieder in die Kiellinie zurück, da er dazu keinerlei Befehl gegeben hatte.

Unmittelbar bevor es zum erneuten Schusswechsel mit der dänischen Segelkorvette kam, ertönte um 5.20 Uhr nachmittags der erste von insgesamt drei Schüssen von der Insel Helgoland. Kapitän Brommy brach das Gefecht daraufhin ab. Die Besatzungen aller drei Schiffe waren über den Gefechtsabbruch enttäuscht.[353]

»5h20' PM Von Helgoland wurde gefeuert – signalisiert an das Geschwader nach der Elbe zu steuern, da wir dem neutralen Grunde uns nahen. Helgoland circa vier Meilen.«

Durch den auffrischenden Wind waren die beiden dänischen Segelfregatten bedenklich nah an die deutschen Raddampfer herangekommen, und die dritte Segelfregatte blockierte die Weser. Aus diesem Grund ließ Kapitän Brommy nicht Kurs auf die Weser nehmen, sondern steuerte Cuxhaven an. Der dänische Verband, bestehend aus den Segelfregatten ROTA, BELLONA, THETIS und dem Raddampfer GEYSER verfolgten das deutsche Geschwader, ohne es am Einlaufen in Cuxhaven hindern zu können.

In Cuxhaven waren unterdessen die Kanonenschüsse des Seegefechtes vernommen worden, ohne vom Auslaufen des deutschen Geschwaders zu wissen. Helle Aufregung deshalb, als gegen 8.00 Uhr abends plötzlich drei Dampfschiffe die Elbe hinauf dampften. Wieder wurde ein dänischer Angriff gegen Cuxhaven und Ritzebüttel erwartet. Es wurde sogar vermutet, dass der Angriff gegen die in Glückstadt liegende Segelfregatte DEUTSCHLAND gerichtet sei oder gegen die Bewachung der Gefangenen der dänischen Fregatte GEFION bei Glückstadt. Mit großer Erleichterung wurde deshalb wenig später festgestellt, dass es das deutsche Geschwader unter Kapitän Brommy war.

Das dänische Geschwader blockierte Cuxhaven nun, um ein Auslaufen der Reichskriegsschiffe zu verhindern. Die Segelkorvette VALKIEREN steuerte indes Helgoland Hafen an, um ihre Schäden in der Takelage zu reparieren, die sie durch den Beschuss der deutschen Schiffe erhalten hatte. Durch das dänische Schiff waren insgesamt 71 Schuss 18 Pfd. gegen das deutsche Geschwader abgegeben worden, ohne Treffer erzielt zu haben.

---

[353] **Anm. d. Verf.:** Der Gefechtsverlauf wurde bislang selten dargestellt. Auch hat der Verfasser noch keine Gefechtsskizze von diesem Zusammentreffen vor Helgoland gefunden!

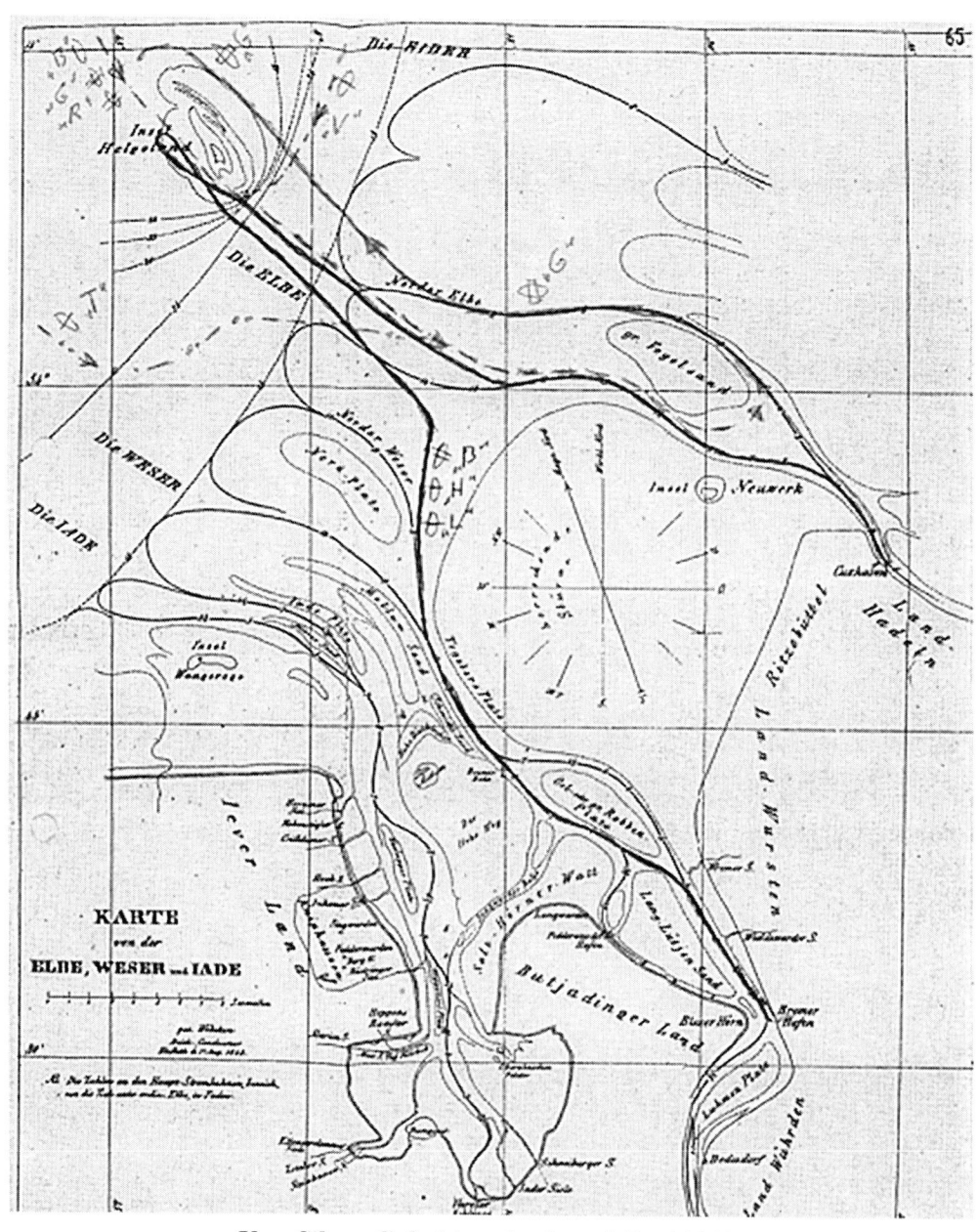

Ungefährer Gefechtsverlauf am 4. Juni 1849
Deutsches Geschwader: »B« Barbarossa, »H« Hamburg, »L« Lübeck.
Dänisches Geschwader:»R« Rota, »B« Bellona, »T« Tetis, »V« Valkieren,
»G« Geyser.[354]

354   Karte: Bundesarchiv Berlin 59/14, Zeichnung Gefechtsverlauf, W. Meironke.

Unmittelbar nach dem ungehinderten vor-Anker-gehen fertigte Kapitän Brommy einen Gefechtsbericht für das Reichs-Marineministerium an:

«(...) *Im ganzen wurde gut gezielt, aber die Entfernung war zu bedeutend, als das großer Schaden hätte angerichtet werden können.*
(...) Mit der größten Freude erfüllt es mich, zu sehen mit welchem frohen Muth die nicht einexerzierte Mannschaft zum ersten male in das Feuer ging. Ich habe mich in meiner Erwartung über die Tüchtigkeit meiner Matrosen nicht getäuscht und glaube vom Reichs-Ministerium entschuldigt zu sein, wenn ich es wage, eine undisziplinierte Mannschaft, die ihr Schiff noch nicht kennt, keine eine Kanone losgefeuert hat, dies(e) Kanonen noch erprobt, plötzlich beim ersten scharfen Schuss zu gewöhnen. Offiziere, Unteroffiziere, Matrosen, Soldaten und Jungen sind vom gleichen patriotischen Eifer beseelt. Sie kannten nur einen Schmerz, nach der Elbe gehen zu müssen, ohne ein Zeichen des Sieges. Leider muss ich die Verfolgung der Corvette aufgeben, die zwei Fregatten und das Dampfschiff sie zu unterstützen herankamen, die dritte eben nach Wangerooge steuerte, um uns die Rückkehr zu versperren. Gleichzeitig wurden von Helgoland drei Kanonen gegen uns gefeuert, uns zu warnen, das wir auf neutralen Grunde waren; mithin mussten wir umkehren, besonders, da der Wind sich verstärkte, mithin den Fregatten den Vorzug über uns einräumte, besonders die der Windstärke. Endlich war es der deutschen Flotte gelungen, einmal in See zu gehen – der Anfang war gut und ich habe den gerechten Grund zu hoffen, es werde stehts besser gehen.»
Reede von Cuxhaven, an Bord der
Barbarossa 4. ~~Mai~~ 1849.
 Juni

R. Brommy
Capitän zur See [355]

Das Problem des Seejunkers Nr. 4 nach dem Seegefecht vom 4. Juni 1849

Unerwartet erhielt Kapitän Brommy am nächsten Tag, den 5. Juni, die Aufwartung des Amtmannes von Ritzebüttel. Da er dieser Hamburger Amtsperson auf jeden Fall Gehör geben musste, empfing er ihn umgehend. Nach der Begrüßung übergab ihm dieser eine Ansammlung von durchnässten Papieren, die ein Cuxhavener Fischer am frühen Morgen im Watt gefunden hatte. Die erste Einsicht des Fischers erbrachte, aufgrund von Zeichnungen von Schiffen, Personen und Texten, dass es sich eventuell um Unterlagen eines dänischen Spions handeln müsse. Er übergab deshalb dieselben schnellsten dem Amtmann von Ritzebüttel. Nach dessen Durchsicht begab sich dieser in großer Eile nach Cuxhaven auf das Flaggschiff BARBAROSSA, um die gefundenen Unterlagen dem Flottenchef persönlich zu übergeben. Brommy übernahm die immer noch feuchten Unterlagen und bat den Amtmann zu bleiben, während er sich zurückzog, um die Papiere zu studieren.

355 **DB 52/ 20** Nr. 1872.

Schon nach kurzer Einsicht musste er schmunzeln, da es sich wahrlich nicht um Unterlagen eines dänischen Spions, sondern um Privatpapiere des Seejunkers Nr. 4 von der DEUTSCH-LAND handelte, den er am 3. Juni auf die LÜBECK versetzen ließ, um die Mannschaft des Schiffes für die Erkundungsfahrt zu verstärken. Außerdem wollte er die Seejunker an dieser ersten Ausfahrt seines Geschwaders teilhaben lassen, um Erfahrung auf einem Kriegsschiff zu sammeln. Es waren private Briefe und etliche Bleistiftzeichnungen von Schiffen der Reichs-marine und besonders einer Zeichnung, die wohl seine Wenigkeit darstellen sollte. Die Zeich-nung stellte eine Person von mittlerer Größe und etwas beleibt dar. Die faltenreiche Stirn und das finster blickende Augenpaar schienen ein nahes Donnerwetter zu verkünden.

Natürlich musste Kapitän Brommy dem nachgehe und befahl den Seejunker Nr. 4 von der LÜBECK auf sein Flaggschiff. Der Seejunker Nr. 4 stellte später diese Begebenheit in einem Bericht wieder:

(…) *Kurz vor Mittag wurde am Besanmaste des Barbarossa, auf welchem sich Kapitän Brommy als Befehlshaber des Geschwaders befand, das Signal aufgehißt: »Der Seejun-ker Nr. 4« – das war ich – »soll an Bord kommen!« Da ich speciell genannt war, so konnte es sich nicht um einen abzuholenden Befehl handeln, sonst wäre ein beliebiger Seejunker oder der Schiffssecretair gerufen worden. In weniger als fünf Minuten war ein Seitenboot bemannt, ich saß darin und fuhr dem Flaggschiff zu. Es war erbärmli-ches Wetter, ein steifer Südwest mit starkem Regen und hohem Seegang; dies focht mich aber wenig an, und ich merkte nicht einmal, das ich bis auf die Haut durchnäßt wurde, da ich in der Eile ohne Regenmantel und Südwester abgefahren war. All mein Denken concentrirte sich im Nachgrübeln über die Ursache meiner Berufung auf das Flaggschiff. Wie Mancherlei durchkreuzte mein armes Gehirn! Vor Allem aber quälte mich die an Bord noch im letzten Augenblick von meinen Cameraden ausgesprochene Vermuthung, ich sei gerufen worden, um vor ein Kriegsgericht gestellt zu werden, weil ich während des Gefechts, mit dem Beobachten der Signale betraut, das Signal »Um-kehren«, welches den Rückzug der Schiffe befahl, nicht – wie es auch wirklich der Fall war – augenblicklich gesehen und dem Commandanten der Lübeck gemeldet hätte.*

Das Boot ging auf und nieder und die hohen Wellen verbargen mitunter den Barba-rossa, auf welchen mein Blick gerichtet war. Ich glaube, ich wünschte damals, wir möchten ihn nie erreichen! Kriegsgericht, strenge Strafe oder gar Entlassung aus dem Flottendienst, das waren die Popanze, die mich bis unter Bord des Flaggschiffes geleite-ten. Nur mit Mühe konnte angelegt werden, nachdem man uns von Bord aus ein Tau zu-geworfen hatte. Mit einem kühnen Sprung schwang ich mich, als das Boot durch eine Welle hoch genug emporgeworfen worden war, auf die Fallreepstreppe, im nächsten Au-genblicke stand ich auf Deck. Zum Glück blieb ich ruhig stehen und wartete auf einen weiteren Befehl; denn ich wäre sicherlich, statt nach dem Quarterdeck, nach vorn ge-gangen, was übrigens auch einem weniger befangenen Anfänger begegnen kann, aber stets Spötteleien und Witze der Anwesenden nach sich zieht. Die Ordonanz führte mich schweigend hinunter zur Kajüte des Kapitän; die Thüre öffnete sich, ich trat ein. Um einen schwarzbehangenen Tisch, o schrecklicher Anblick, saßen fünf oder sechs Offi-ciere; am untern Ende Kapitän Brommy, ihm zur Rechten der Commandant des Barba-rossa, Capitain King, zur Linken ein Herr in mir fremder Uniform; die übrigen Officiere kannte ich nicht. Es herrschte eine feierliche Stille. Der Kapitän winkte mir, heranzutre-

ten. Ich glaube, ich habe damals gezittert; jedenfalls hätte ich mich viel behaglicher an Bord eines brennenden Schiffes, als in besagter Gesellschaft befunden. Doch ich faßte Muth und ging in militärischer Haltung auf den Kapitän zu. Eine strenge Bewegung seiner Hand gebot mir Halt; ich war noch drei Schritte von ihm entfernt. »Herr Seejunker,« *begann er hierauf,* »vermissen Sie keine Papiere, Briefschaften und dergleichen?« »Das ich nicht wüßte, Herr Kapitän,« *war meine Antwort.* »Keinerlei Zeichnungen, Bleistiftskizzen und dergleichen«? »Nein, Herr Kapitän.«. »Treten Sie näher«, *sprach er nun und deutete nach einem Haufen Papiere, die, vorher in ein Paket zusammengebunden, auf dem Tische ausgebreitet waren. Sofort erkannte ich diese Papiere. Ein jäher Schreck fuhr mir durch die Glieder. Mit bebender Stimme antwortete ich auf die Frage des Kapitäns:* »Kennen Sie diese Papiere?«: »Ja, Herr Kapitän, sie gehörten mir zu, ich warf sie gestern Abend über Bord, um sie zu vernichten.«*

Mit diesen Papieren hatte es aber folgende Bewandtniss. Nachdem ich mich eingeschifft hatte, war ich zu meinem Leidwesen gewahr geworden, das es in der engen Seejunker-Kajüte keinen verschließbaren Raum für jeden Einzelnen gab, das vielmehr daselbst Gütergemeinschaft in des Worts verwegenster Bedeutung herrschte. Ich besaß aber einige Briefe, Scripturen und Zeichnungen, die ich ungern den Augen meiner nichts weniger als discreten Cameraden ausgesetzt hätte und daher zu vernichten beschloß. Ich erhaschte hierzu, es war gerade vor dem Einlaufen in die Elbe, einen freien Augenblick, band die der Vernichtung geweihten Papiere zusammen, und übergab sie der hochgehenden See, fest überzeugt, diese werde meine kleinen Geheimnisse in ihrem dunklen Schooße am besten und auf ewig verbergen. Dem war aber nicht so: die See hatte vielmehr, wie ich sah, den schmählichsten Verrath an mir geübt. Unter den erwähnten Papieren befand sich nämlich nicht nur eine Anzahl rosarother Briefchen mit getrockneten Blümchen und Blättchen darin, sondern auch nebst andern ganz harmlosen Skizzen und das war das Schrecklichste! – ein Blatt, auf welchem ich den Kapitän in nicht zu verkennender Aehnlichkeit skizzirt hatte. Eine Caricatur konnte man zwar die Skizze nicht nennen, nur hatte ich Schnurrbart und Leib des Mannes nicht unbedeutend vergrößert, seiner Körperlänge aber unverhältnißmäßig Abbruch gethan.

Kapitän Brommy war nämlich von mittlerer Statur, hatte einen etwas starken Leib und trug einen über die Lippen fallenden, ziemlich langen Schnurrbart. Die faltenreiche Stirn und das finster blickende Augenpaar schienen auf meiner Skizze ein nahes Donnerwetter zu verkünden. Außerdem hatte ich dem Hute eine der napoleonischen ähnliche Form und dem Säbel eine etwas mehr als türkische Krümmung beigelegt. Mit einem Worte, ich hatte meiner Phantasie freien Spielraum gelassen, um der Figur etwas recht Tyrannisches zu geben. Der Kapitän konnte mitunter sehr heftig sein und fürchterlich poltern, zumal wenn er Verweise gab. Davon war mir schon einmal eine Probe geworden, als ich in Bremerhaven eines Tages versäumt hatte, einen höheren Officier zu salutiren. Ueber den Gruud meines Verfahrens hinsichtlich der Vernichtung jener Papiere befragt, machte ich dem Kapitän eine kurze, aber genügende Mittheilung. Seine Stirn, die vorher in ernste Amtsfalten gelegt war, glättete sich plötzlich, und indem seine Züge jenen freundlichen Ausdruck annahmen, der ihm stets so gut stand, sprach er lächelnd zu mir, der ich wie neu belebt nun wieder aufathmete: »Sehen Sie, junger Herr, diese Papiere hat soeben der Herr Amtmann hier« – *er deutete auf den Herrn in der mir fremden Uniform* – »an Bord gebracht. Ihm hat sie ein Fischer, der sie am Elbestrande, anderthalb Meilen stromaufwärts, gefunden hat, heute Morgen übergeben. Für die Zukunft*

rathe ich Ihnen, um die Leute nicht wieder unnöthigerweise zu beunruhigen und zu be-
mühen, Ihre entbehrlichen Papiere lieber zu verbrennen, als über Bord zu werfen. Auch
lassen Sie sich über die Verhältnisse von Ebbe und Fluth an den Flußmündungen beleh-
ren, denn es scheint Ihnen merkwürdig vorzukommen, das Ihre Papiere, die Sie vor der
Elbemündung über Bord warfen, anderthalb Meilen stromaufwärts am Elbeufer gefun-
den werden. Nicht wahr, so war es?« Ich verzog den Mund zu einem verschämten Lä-
cheln. Der Kapitän machte eine kleine Pause, dann fuhr er fort: »An der Adresse der
Briefe hat man den muthmaßlichen Besitzer des Pakets erkannt; aber wer war denn,
wenn man fragen darf, der Künstler, der diese vortrefflichen, leider ein wenig durchnäß-
ten Bleistiftskizzen verfertigt hat?« Vertrauend auf die freundliche Sprache des Kapi-
täns erwiderte ich offenherzig: »Ich, Herr Kapitän«! »Nun«, sagte dieser, »ich gebe
Ihnen hiermit Ihre Papiere bis auf eines zurück; eine Ihrer Skizzen werde ich nämlich
so frei sein, für mich zu behalten, das heißt dem Fischer abzukaufen, dem das Paket
doch eigentlich jetzt zugehört, da er es am Strande gefunden hat. Denn, nichtwahr, Herr
Amtmann, hier gilt ja noch das alte Strandrecht, und es wurde sogar auf der Kanzel
jeden Sonntag gebetet: »»Gott segne unseren Strand«, « – nämlich mit gestrandeten
Schiffen?« Hierauf reichte der Kapitän die ihn vorstellende Skizze dem Amtmann,
der mit offenbar großer Mühe sein steifes Actengesicht zu einem Lächeln zwang, und
bat denselben, sie im Kreise weitergehen zu lassen. Dann stand er auf und holte eine ver-
schließbare Briefmappe herbei, die er mir mit den Worten übergab:»Hier haben Sie
etwas zur Aufbewahrung Ihrer Papiere, und nun können Sie wieder an Bord zurückkeh-
ren. Guten Morgen«! Ich war wahrhaft gerührt und machte eine tiefe, ich glaube, recht
unmilitärische Verbeugung. Wer war aber froher als ich mit meiner Mappe! Wie benei-
dete man mich in der Seejunker-Kajüte um mein kleines Erlebniß! [356]

Es waren diese kleinen Erlebnisse, die auch Kapitän Brommy Vergnügen machten, Flottenchef zu sein, zumal der Verdacht, ein Spion zu ertappen für ihn ja auch nicht uninteressant gewesen wäre, so war es ein Seejunker der, das musste man nun erkennen, mit viel Liebe zu seinem Beruf, vor ihm gestanden hatte. Die Zeichnung seiner Person hatte er persönlich behalten
und beauftragte den Amtmann, dem Fischer das versprochene Geld zu übergeben.

Ernennung von C.R. Brommy zum Commodore am 8. Juni 1849

Während sich Kapitän Brommy den Kopf zerbrach, wie er ohne Schaden für seine Besatzungen und Schiffe, wieder nach Bremerhaven gelangte, behielt er auch die politischen Gänge an
Land, besonders in Frankfurt, im Auge. Die Zeitungen gaben hierzu, zwar zum Teil der politischen Richtung geneigt, die Geschehnisse wieder. Diese konzentrierten ihr Augenmerk zum
größten Teil auf die revolutionären Bestrebungen in der Pfalz. Die Marinebelange waren in
den Hintergrund gedrängt worden. In der »Neuen Preußischen Zeitung« wurde lediglich eine
Kurznotiz über die von den Dänen verhängte Nordseeblockade veröffentlicht. Zur Erkundungsfahrt nach Helgoland und dem Seegefecht hingegen keine Information! In der oldenbur-

---

356 **Die Gartenlaube,** 1864 Heft 13, S. 201–203. Auf der Reede von Cuxhaven.

gischen Presse wie »Der Beobachter« oder »Der oldenburgische Volksfreund« wurde das Seegefecht gar nicht erwähnt, obwohl über die Vorgänge in Schleswig- Holstein intensiv berichtet
wurde. Es musste verwundern! In der »Vossnischen Zeitung« wurde dagegen ein Bericht über
das Seegefecht vor Helgoland vom Vortage veröffentlicht:

*»(…) 6 Uhr Morgens. Die drei deutschen Kriegsdampfböte Barbarossa, Hamburg und
Bremen sind gestern Abend spät von der Weser hier angekommen und auf der Reede vor
Anker gegangen. Kommandeur Abendroth ging bald darauf an Bord derselben. (…)
Ziemlich übereinstimmenden Mitheilungen zufolge von Leuten, welche gestern Abend
an Bord der deutschen Kriegsschiffe gewesen sind, sollten die letzteren Morgen 9.00
Uhr von Bremerhaven auslaufen, waren aber erst um 11.00 Uhr abgegangen. Sie bekamen die dänische Corvette diesseits Helgoland in Sicht, diese aber setzte beim Erscheinen der Dampfböte sogleich alle Segel und ging, unter immerwährendem Alarm-Schie-
ßen für die westwärs stehenden dänischen Fregatten seewärts.«*

*»Von der frischen nördlichen Briese begünstigt gelang es der Corvette, bei Helgoland
vorbeizukommen. Während der Zeit war auch der GEYSER, aus der Elbe kommend, sogleich westwärts nach den Fregatten gegangen und kehrte jetzt mit denselben zurück,
was den Kommandanten der deutschen Kriegsdampfböte bewog, um nicht Alles aufs
Spiel zu setzen,, sich nach der Elbe zurückzuziehen. Der Geyser und eine Fregatte verfolgten unsere Dampfböte noch bis in die Nähe des großen Feuerschiffes vor der Elbe
und der Geyser warf von dort noch eine Bombe, welche in der Luft zerplatzte.«*

*»Es war überhaupt von beiden Seiten sehr viel, aber ohne besonderen Erfolg geschos-
sen, von den dänischen Kugeln hat keine unsere Dampfböte erreichen können, währen
behauptet wurde, dass einige Schüsse der Unsriegen gut getroffen haben. Die Befehlshaber der deutschen Dampfböte sprechen sich höchst befriedigend über den Muth ihrer
Mannschaften aus.«*

*»Nachmittags 4.00 Uhr. Unsere Umgebung hat heute ein festliches Aussehen, denn der
deutschen Dampf Flotille zu Ehren flaggt hier jeder, der nur irgend im Besitz einer
Flagge ist. Man hat hier gegen Mittag eine Zeit lang wieder ganz deutlich Kanonendonner seewärts wahrgenommen. Die deutschen Kriegs-Dampfböte Barbarossa, Lübeck, so
wie die Schiffe »Ellen Simpson«, »Rapide« und »Anita« liegen hier noch auf der Reede
vor Anker. Deutsches Kriegs-Dampfboot Hamburg um 2.45 Uhr von hier aufgegangen,
vermutlich nach Glückstadt. 4.00 Uhr nichts in Sicht.«*[357]

Die politische Landschaft wurde durch die Verlegung der Nationalversammlung von Frankfurt am Main nach Stuttgart belastet, vorrangig in der Wirkung der Umbenennung in »Reichs-
regenschaft« am 6. Juni 1849! Zur selben Zeit machten wieder wilde Gerüchte die Runde, die
besagen, dass es zu weiteren Waffenstillstandsverhandlungen zwischen Dänemark und Preußen gekommen war. In der Weserzeitung erschien dazu einen Artikel, in dem Preußen verdäch-
tigt wurde:

»(…)Treuebruch am deutschen Volk (…) ja Verath des Vaterlandes…«
zu begehen![358]

357 **Vossnische Zeitung** vom 5.6.1848.
358 **Meyer**, **Dora, Henny:** a. a. O. S.167.

Das alles waren Nachrichten die Brommy insofern interessierten, da sie den politischer Unterbau, auf dem sich die ihm unterstellte Marine bewegte, betrafen. Wo befand sich das Fundament der Provisorischen Zentralgewalt nach dem Weggang der Nationalversammlung nach Stuttgart und woher kamen die Gerüchte, dass Preußen und nicht die Provisorische Zentralgewalt als rechtmäßiger politischer Verhandlungspartner gegenüber den Dänen genannt wurde! Was stimmte an diesem Gerüchten?

Für den Kapitän völlig überraschend erhielt dieser am 8. Juni des Jahres ein Schreiben des Reichsministers der Marine Jochmus:

Nr. 1865
Das Reichsministerium der Marine
an
den Seezeugmeister für die Nordseeküste,
Capitain zur See, Herrn Brommy
An Bord der Reichs-Dampffregatte Barbarossa.
Nachdem Seine Kaiserliche Hoheit der Erzherzog Reichsverweser Sie zum Commodore
des Nordseegeschwaders berufen hat, unterstellt das Reichs-Ministerium der Marine
unter Ihr Commando:
1. die Reichsdampffregatte Barbarossa,
2. die Reichsdampfcorvette Hamburg,
2. die Reichsdampfcorvette Lübeck,
4. die Segelfregatte Deutschland,
Alle kriegsmäßig bewaffnet und bemannt.

Diesem Geschwader sollen in der nächsten Zeit, sobald als möglich, sich anschließen
und gleichfalls unter Ihr Commando gestellt werden:
5. die Reichdampffregatte Hansa,
6. die Reichsdampfcorvette Bremen.
Die Bestimmung dieses Geschwaders ist, solange das Deutsche Reich im gegenwärtigen
Kriege mit Dänemark ist, oder ein Waffenstillstand von der deutschen Centralgewalt mit
der Krone Dänemark nicht abgeschlossen ist, dem besagten Feinde und seinen etwaigen
erklärten Verbündeten jeden nach dem See- und Völkerrechte zulässigen Schaden zuzu-
fügen namentlich dänische Kriegs- und Handelsschiffe aufzubringen und letztere als
gute Priese zu erklären und bewaffnete Feinde als Kriegsgefangene zu machen. Sie sind
gleicherweise ermächtigt und beauftragt, dänische Häfen in Blockadezustand zu erklä-
ren und in Blockade zu erhalten, auf dänischem Gebiet Coutribution zu erheben, kurz
alle Mittel und Macht, welche Ihnen durch das Commando der gedachten Schiffe über-
tragen werden, zum Ruhm und Ehre der deutschen Kriegsflagge und Vortheile des Rei-
ches zu verwenden.
Frankfurt a/M, den 8. Juni 1849
Der Reichsminister der Marine
Jochmus.[359]

---

359 **Stadtgeschichtliches Museum Leipzig:** Sammlung Bromme/Lange Nr. 1865, auch **Bär, M.:** a. a. O. S. 53.

Kapitän Brommy fühle sich durch diese Benachrichtigung seines Ministers geehrt und schrieb dieses als Bestätigung unvermittelt nach Frankfurt zurück.

Anschließend informierte Brommy die Offiziere seines Geschwaders auf der BARBA-ROSSA, über die Ernennung zum Commodore, und um sie von der Weisung des Erzherzogs Johann und des Ministers zu unterrichten. Gleichzeitig begann die Planung, um das Geschwader wieder nach Bremerhaven zurückzuführen. Der neuernannte Commodore Brommy hatte zwar eigene Vorstellungen, wollte aber auch die Vorschläge seines Offizierscorps zu der Lage und einem Ausbruchversuch hören. Sie sollen sich darüber Gedanken machen und darüber Bericht erstatten.

Ungeachtet der Zwangslage, in der sich die Reichsflotte im blockierten Cuxhaven befand, lief der Dienst an Bord der Schiffe weiter. Der Commodore und die Kommandanten der Schiffe folgten gerne den Einladungen der Hamburger und hannoverischen Honoratioren von Cuxhaven, Ritzebüttel und der Umgegend. Hier nun wurde die Idee geboren, wie man den Dänen aus Cuxhaven entweichen könnte. Aber das wurde zunächst nur zwischen den Kommandanten erörtern um diese dann reifen zu lassen.

Ob der großen Gastfreundschaft der Cuxhavener beschloss man, in absehbarer Zeit ein Fest auf dem Flaggschiff zu geben. Auch auf den beiden anderen Schiffen sollte den Bürgern eine Besichtigung ermöglicht werden. In der Hoffnung dass auch die Dänen auf der Elbe von diesem Feste Kenntnis erhielten, da vermutet wurde, dass so mancher Beobachter im Hafen von Cuxhaven ein dänischer Spion war, der alle Bewegungen auf den Schiffen der deutschen Flotte meldete.

Mitten in die Vorbereitungen zu den Festlichkeiten erreichten politische Nachrichten die Flotte, die der Oberkommandierende erst einmal so hinnehmen musste. Aus Stuttgart erhielt er als Rechtsnachfolgerin der Nationalversammlung, die ersten Weisungen der »Reichsregentschaft« aus Stuttgart: [360]

(…) Wir setzen Sie hierdurch in Kenntnis, dass die deutsche konstituierende National-versammlung in ihrer Sitzung vom 6. d.M. beschlossen hat:
Die bisherige Zentralgewalt ihres Amtes zu entheben, und eine Regentschaft für Deutschland einzusetzen, welche in allen Angelegenheiten, die allgemeine Sicherheit und Wohlfahrt Deutschlands betreffen, die vollziehende Gewalt zu üben hat.
Infolge dieses Beschlusses hat die konstituierende Nationalversammlung uns, die Unterzeichnenden, als Mitglieder dieser Regentschaft erwählt und uns die vollziehende Gewalt übertragen(…)
Indem wir Ihnen Herr Seezeugmeister, Nachricht erteilen, fordern wir Sie auf künftig nur von uns, der provisorischen Reichsregentschaft, und von Niemandem, Befehle oder Instruktionen anzunehmen.
Zugleich erteilen wir Ihnen hierdurch die Weisung, den Krieg gegen die Dänen rasch und energisch fortzuführen, damit baldigst ein ehrenvoller Friede geschlossen werden könne.
(…).

360 **Richter, O.:** Die erste deutsche Flotte, S. 65.

Wir benutzen diese Gelegenheit, um Ihnen unser vollste Anerkennung über die unter Ihrer Leitung vollführte, erste Waffentat der deutschen Marine auszusprechen und hoffen, dass es Ihnen gelingen werde, den deutschen Namen auch zur See die verdiente Achtung zu verschaffen.
Stuttgart am 10. Juni 1849
Fr. Raveau(?) K. Vogt Heinrich Simon August Becker[361]

Mit gleicher Post erhielt der Commodore ein Schreiben der Marineabteilung des Rates Jordan auf der Reede von Glückstadt. Er gratulierte zu diesem Erfolg mit der Bitte, der gesamten Mannschaft in einem Tagesbefehl diese Glückwünsche mitzuteilen. Ferner hoffte Jordan auf weitere solche Einsätze der Flotte.[362]

Trotz der vielversprechenden Aktionen der Reichsmarine schien die Stimmung innerhalb der Marineverwaltung nicht unbedingt loyal eingestellt zu sein. Während seiner Inspektionsreise der Marinestationen der Reichsmarine an der Nordsee schrieb Samuel Kerst an dem Marineminister Jochmus:

> *»(…) Ohne den Ballast der Marine kann die Centralgewalt noch Monate bestehen; mit der Marine geht sie schnell zu Grunde. Ohne Geld kein Einfluss, keine Macht sc. ec.«* [363]

Während dieser Inspektionsreise an die Nordsee informierte Samuel Kerst das Ministerium in laufenden Berichten über die Zustände in der Reichsmarine. Bei der Überprüfung der Seezeugmeisterei seien die Journale mit großer Sorgfalt und Regelmäßigkeit geführt, obwohl durch Frankfurt noch Titel und Positionen gegeben werden müssten, um die Seezeugmeisterei in die Lage zu versetzen, in Übereinstimmung mit Frankfurt zu arbeiten. Die Bekleidung und Disziplin der Mannschaften und Offiziere zeigten bereits einen *»Anflug von militärischer Haltung«*, wogegen die Disziplinarordnung den Offizieren zum *»Studium derselben ernstlich empfohlen«* werden müsse. Für die Briten sollte sie übersetzt und von Kapitän Brommy revidiert werden.

Gegen den Versuch der Dänen, dicht unter Land den Küstenverkehr mit Kanonenbooten zu behindern, sollten diesen die eigenen Kanonenboote entgegengestellt werden. Dieses wurde aber durch die Verweigerung Hannovers behindert, Kanoniere für diese Boote zu stellen. Auch eine Intervention durch Samuel Kerst beim befehlshabenden General Marschalk konnte nichts an diesem Umstand ändern. Kerst vertrat die Meinung, dass sich das Reich dieses nicht bieten lassen dürfe und sich an Oldenburg oder Bremen wenden sollte. Nach Meldungen aus Helgoland war die dänische Segelkorvette VALKIEREN so schwer in der Takelage getroffen worden, dass sie zur Reparatur nach Kopenhagen müsse. Auch sollte es Tote und Verwundete auf dem dänischen Schiff gegeben haben.

Auf dem wenig später inspizierten Segelschulschiff DEUTSCHLAND herrschte unter dem Kommando des Leutnants Pougin eine straffe Disziplin und gute Ordnung. Der Kapitän hatte eine Inventarliste erstellt und dabei bemerkt, dass sich im Kiel des Schiffes große Mengen an

---

361 **Schulz, H.:** Ein Kranz der Erinnerung, S. 29f.
362 **DB DB 52/ 20** Nr. 1874.
363 **Batsch, F.:** Deutsch Seegras, S. 235.

Material befanden, das heillos durcheinander lag, aber nicht benötigt wurde. Nach der Beseitigung sei nun genügend Platz vorhanden für die Schulung der Junker und Fähnriche. Die spätere Besichtigung der Seebefestigung von Cuxhaven durch Samuel Kerst verlief zufriedenstellend. Die Batterie mit sechs Geschützen war gut armiert und organisiert. Zusätzlich standen der Batterie noch zwei Ruderkanonenboote der Reichsmarine, ebenfalls in gutem Zustand und guter Ordnung, zur Verfügung. Dagegen verweigert die Batterie von Glückstadt Samuel Kerst den Zutritt. Trotzdem meint der Sekretär, erkannt zu haben, dass sie mit 24-Pfd. oder 30-Pfd. bestückt war. Das geräumige Kohlenlager in Glückstadt war ebenfalls in gutem Zustand, wogegen ein Teil der Kohle mehr aus Staub bestand. Entweder sei durch Betrug oder Überlagerung dem Reich hier ein großer finanzieller Schaden entstanden. Nach Absprache mit Commodore Brommy sollte Capitain-Lieutenant Donner die in Liverpool liegende UNITED STATES nach Bremerhaven überführen. Leutnant Poppe sollte das Kommando auf der ECKERNFÖRDE übernehmen.

Die politischen Unruhen im Inneren des Reiches und die entsprechenden innenpolitischen Unsicherheiten führten zu außenpolitischen Reaktionen, wie sie sich vor Kiel im Mai, bereits abzeichneten. So sandte Lord Palmerston am 9. Juni (!) zunächst eine Note an den preußischen Gesandten in London, Bunsen, wegen des Seegefechts vor Helgoland vom 4. Juni:

> (…) *Ich habe die Ehre Ihnen mitzuteilen, daß die Regierung Ihrer Majestät Bericht vom Gouverneur-Leutnant von Helgoland erhalten hat, in denen mitgeteilt wurde, das am 4. dieses Monats, drei Kriegs-Dampf-Schiffe mit der Schwarz-Gold-Roten Flagge von der Weser aus mit Richtung auf die dänische Korvette VALKIEREN zu liefen, die mit 22 Kanonen unter Segel im territorialen Bereich von Helgoland war. Das auf diesen Schiffen, die sich der Korvette mit voller Geschwindigkeit näherten und offensichtlich, wie der Gouverneur-Leutnant von Helgoland durch eigene Betrachtung zu berichten weiß, in feindlicher Absicht. Die Korvette eröffnete das Feuer, woraufhin sich ein Gefecht zwischen ihr und den drei Kriegs-Dampfschiffen entwickelte. Dieses dauerte einige Stunden und endete damit, das die Dampfschiffe abdrehten und ihren Kurs Richtung Elbe setzten*
> *Dieser Akt der Aggression von Seiten, wie die Regierung Ihrer Majestät annehmen muss, Deutschen Dampfschiffen, fand in britischen Gewässern statt. Ich ersuche sie Order auszugeben, das eine ähnliche Verletzung von britischem Territorialrecht verhindert werde. (…).*[364]

Dieser Vorgang allein schon war ein Affront gegen die Reichsregierung unter dem Reichsverweser Erzherzog Johann. Dieses Schreiben an Preußen signalisierte aber, mit welchem Staat im Deutschen Reich England in Kontakt treten wollte und wem es die Regelung dieser Angelegenheit überlassen wollte: Preußen! Zum anderen wurde dieser erste Protest gegen Schiffe unter einer **Schwarz-Gold-Roten** (!) Flagge erst fünf Tage später, am 9. Juni, offiziell erhoben. Unüblich, wenn die britische Regierung dieses als einen schweren diplomatischen Verstoß ansah! Durch die Reichsregierung wurde sogleich eine Anfrage an Commodore Brommy gerichtet,[365] um die Angelegenheit auch von seiner Seite aus darzustellen, woraufhin dieser die Auszüge aus seinem Logbuch der Regierung übersandte.[366]

---

364 **DB 59/13** Lord Palmerston an den Pr. Gesandten Bunsen.
365 **DB 59/20** Anfrage vom 9. Juni 1849 an Commodore Brommy.
366 **DB 59/20** Antwort am 22. Juni 1849 von Commodore Brommy.

Die Kriegslist vom 17. Juni 1849

C ommodore Brommy verfolgte in Cuxhaven die britischen Attacken mit sehr gemischten Gefühlen. In Frankfurt wurde über seine ihm unterstellte Marine debattiert und Großbritannien versuchte seine Flagge zu ignorieren und ihm Verletzung der Hoheitsgewässer vorzuwerfen. Wie nicht anders zu erwarten, lagen die dänischen Schiffe weiterhin in unmittelbarer Nähe von Cuxhaven und blockierten die Elbe. Auch war die Gefahr nicht von der Hand zu weisen, dass die Dänen probieren könnten, die Reichsschiffe durch Kaperung zu erhalten. Der Commodore gedachte aber nicht länger in der Hamburger Enklave zu verbleiben. Aus diesem Grund beabsichtigte er, mittels einer Kriegslist die dänische Blockade zu durchbrechen.

Am 11. Juni war wieder starker Westwind, der ein Auslaufen des Geschwaders unmöglich machte. Der Nebel, der nun aufkam, deutet eine Wetteränderung, eine Beruhigung des Windes an. Der Commodore versucht die Feier für die Honoratioren und für die Bevölkerung auf den 16. oder 17. Juni zu legen, dann musste der Ausbruch gelingen.

Mitten in die Vorbereitungen zum Fest erhielt der Commodore die Anweisung der neuen Regierung, die Besatzungen auf diese zu vereidigen, was dieser noch am selben Nachmittag des 12. Juni auf den Schiffen in Bremerhaven und vor Cuxhaven anwies. Er nahm die Vereidigung auf der BARBAROSSA ab, nachdem alle Mannschaften und Offizier angetreten waren:

Ich R.R. schwöre, dass ich dem Deutschen Reiche und der Reichsregierung in allen und in jeden Vorfällen, zu Wasser und zu Lande, im Kriegs- und Friedenszeiten und an welchem Orten es immer sey, getreu und redlich – die ganze Zeit hindurch, für die ich mich zum Dienst auf der deutschen Reichsmarine verpflichtet habe, – dienen, die Vorschriften und Befehle meiner Oberen mit Gehorsam, Genauigkeit und Tapferkeit befolgen und mich allenthalben so betragen will, wie es einem rechtschaffenden, pflicht – und ehrliebenden Seemann gebührt, so wahr mir Gott helfe.[367]

Schon einige Tage vorher ergingen die Einladungen zu der Besichtigung der Flottenschiffe und es wurden ganz offen Vorbereitungen dazu getroffen, deren Vielseitigkeit ein großartiges Fest erwarten ließen. Am Lande wurden Bestellungen aller Art gemacht, und am Tage vor dem Frühstück sah man Boote in Mengen zwischen der Stadt und der BARBAROSSA unaufhörlich hin- und herfahren. Sie brachten der Herrlichkeiten und Leckereien gar viele an Bord, Wildbret und Geflügel, Fische, Austern und selbst Schildkröten, Gemüse und Obst aus dem Süden, aber auch Körbe voll Flaschen, darunter zahlreiche »Silberköpfe« und »rheinische Langhälse«. Am Lande wurde von nichts anderem gesprochen, als von dem Feste, welches der Commodore geben würde. Manchen wässerte wohl schon der Mund nach den Leckerbissen und den köstlichen Weinen, die von Hamburg und noch weiter her angelangt waren. So waren der Abend und die Nacht des 16. Juni herangekommen.

---

367 **Bayrisches Hauptstaatsarchiv** Bundestag 778 Beilage A-F zu dem Protokoll der 29. Sitzung Bundesversammlung vom 25. November 1851. S. 579f. Auch Privatunterlage von **Böll, Hans Jürgen**. Priv. Unterlage. (Nr. 348) Matrosen- und Soldaten-Eid.

Durch die dänische Flotte wurde Cuxhaven von der Elbe aus weiterhin eng gesperrt. Jeden Tag lief die GEYSER in die Elbe bis auf Höhe von Cuxhaven, um die deutschen Schiffe und ihre Aktivitäten genau zu beobachten.

Bislang wussten nur die drei Kommandanten von dem Vorhaben des Ausbruches. Die Unterführer und die Mannschaften standen im Wissen, dass der große Empfang für den nächsten Tag, den 17. Juni, anberaumt war, und bis in die frühen Morgenstunden des nächsten Tages gehen sollten. Auch auf LÜBECK und HAMBURG wurden Vorbereitungen getroffen, um Besuchern das Schiff zu zeigen, so dass jeder Außenstehende glauben musste, dass, wie angekündigt, ein großer Ball stattfinden würde, der bis in die frühen Morgenstunden andauern würde. Auf den deutschen Schiffen wurden offen und mit viel Liebe alle Vorbereitungen getroffen, die Cuxhavener Gästen ab dem nächsten Morgen auf das freundlichste zu begrüßen und zu bewirten.

Die Mannschaften kriegten diesen Dienstbetrieb mit und vermuteten, wenn sie danach gefragt wurden, dass sie noch einige Zeit in Cuxhaven verweilen würden. Jetzt lagen die Schiffe noch auf der Reede, sollten aber am Morgen direkt an den Hafen verlegt werden, um den Gästen ein bequemes Besteigen der Schiffe zu ermöglichen. Girlanden wurden gespannt und weitere Vorbereitungen für den morgigen festlichen Empfang getroffen. Es sollte mit der LÜBECK für geladene Gäste eine Lustfahrt stromaufwärts nach Hamburg veranstaltet werden.[368]

Der Commodore durchdachte den Plan, der gelingen sollte, und wurde dabei gewahr, dass zu dieser Zeit vor einem Jahr, am 14. Juni 1848, die Gelder zur Schaffung der Flotte genehmigt wurden. Hätte er das Geld wirklich erhalten, hätte er andere Sorgen! Aber zuerst musste er seine Schiffe sicher nach Bremerhaven zurückbringen, und dann würde man weitersehen …

Der 16. Juni, ein Samstag, lief im gewohnten Ablauf der Tagesroutine, zusätzlich der Vorbereitungen für den nächsten Tag, Sonntag, den 17. Juni 1849. Die Schiffe wurden besonders gereinigt und in Ordnung gebracht, so dass kein Tauwerk die Gäste behindern konnte. Die Offiziere fertigten ihre vom Oberbefehlshaber geforderten Wochenberichte über den Zustand der Schiffe an.[369]

Lt. Reichert beantragte, dass die Kombüse aus dem Zwischendeck in die Radkästen verlegt werden sollte, da Hitze und Qualm die Gesundheit der Mannschaft beeinträchtigte und belästigte. Die von der Fregatte ERZHERZOG JOHANN erhaltene Pinasse hatte keine Segel und Riemen, die bitte beschafft werden sollten.[370]

Bei hereinbrechender Dunkelheit hatte sich der GEYSER, wie jeden bisherigen Tag, wieder zur Flotte auf die Nordsee zurückgezogen, da die Dänen Angst hatten von deutschen Kanonen-

---

368 **Röhr A.** Unter fünf Flaggen. In: Köhlers Flotten-Kalender 1959, S. 118.
369 **DB 49/77** Wochenberichte der HAMBURG und BARBAROSSA.
370 **DB Nr: 1982.**

booten in der Nacht geentert zu werden. Der Nebel verdichtete sich und der Commodore mochte hoffen, dass er über Nacht und am Morgen noch dichter würde.

Während der Hundswache in den Morgenstunden des Sonntags, dem 17. Juni, gab Brommy zwei Seejunkern die Anweisung, je ein Boot von der Wache vorsichtig aussetzen zu lassen, um die überreichten Briefe ohne Aufsehen den Kommandanten der LÜBECK und HAMBURG zu übergeben und sofort wieder zurückzukehren. Er beobachtete die Tätigkeit auf den Schiffen in der Hoffnung, dass wenig Geräusche gemacht würden, wenn nun auf den drei Schiffen die Feuer unter den Kesseln angemacht würden. In Kürze sollten dann die Schiffe so viel Dampf aufgebaut haben, dass sie im frühsten Morgengrauen und im Schutz des Nebels auslaufen konnten.

Während die Wachen an Deck ihren Dienst ohne Erregung fortführten, war unter Deck reges Leben. Rasch waren die Hängematten in die Finknetze verstaut, und in der Maschine wurde es hell und lebhaft. Die Feuer wurden angezündet. Inzwischen waren auch sämtliche Offiziere und Seejunker auf Deck gekommen. Nach Verlauf einer halben Stunde, während alles seeklar gemacht worden war, eilte auf einen halblaut erteilten Befehl die Mannschaft zum Gangspill, welches sich alsbald, diesmal ohne die belebende Musik von Trommel und Pfeife, aber dennoch so rasch wie nur jemals, zu drehen begann. Schnell waren die Anker gelichtet als BARBAROSSA seine Räder in Bewegung setzte und nach See zu dampfen begann. Es war 2.00 Uhr morgens, als unmittelbar nach dem Flaggschiff auch HAMBURG und LÜBECK im Kielwasser des Flaggschiffes nachsteuerten.

Vom Gegner war im Morgennebel nichts zu sehen. Unmittelbar nach dem Verlassen der Reede klarte es aber auf, und die Dänen auf der ROTA stellten den Ausbruchversuch fest, da die anderen Schiffe des dänischen Geschwaders, wie erhofft wegen der angekündigten Feierlichkeiten, weiter nach Helgoland in See gegangen waren. Schon wenig später begann die Verfolgung.[371] Da die drei Reichsdampfer einen geringeren Tiefgang hatten als die dänischen Segelschiffe, konnten diese dichter unter Land fahren. Commodore Brommy ließ die beiden kleineren Schiffe wenig später, noch weiter unter Land zu fahren, wo sie von den tiefer gehenden dänischen Segelschiffen nicht erreicht werden konnten, und zog so die Dänen hinter der BARBAROSSA her. Er beobachte das Abdrehen der HAMBURG und LÜBECK um sicherzugehen, dass sie den richtigen Weg gingen und wandte sich dann dem Flaggschiff der Dänen zu, dem schnellsten Schiff mit dem dänischen Oberkommandierenden an Bord, das bei dem günstigen Winde stark aufkam.

Nach Verlauf von zwei Stunden hatte die ROTA soweit aufgeholt, dass man den Standort des Commodore Steen-Bille am Vortop mit dem Fernrohr gut unterscheiden konnte. Einige Kugeln, welche die Dänen mit ihren Jagdgeschützen abfeuerten, fielen indes mehrere Kabellängen von Bord des BARBAROSSA entfernt in See. Das Flaggschiff erwiderten die Schüsse mit den weittragenden Zweiunddreißigpfündern, liefen aber gleichzeitig zwischen zwei Watten hindurch. In dieses enge und niedrige Fahrwasser konnten die tiefgehenden dänischen Schiffe nicht folgen. Unmittelbar vor der Wendetonne in die Weser, als die Gefechtsentfernung nur

---

371 **Batsch, F.:** Deutsch Seegras S. 221; Auch Illustrierter Kalander – Marinekalender Jg. 1850, S. 182.

noch eine Kabellänge betrug, ca. 750 rheinländische Fuß, also Kernschussweite der Geschütze, brachen die Dänen die Verfolgung durch Abdrehen ab. Beide Kommandanten grüßten sich durch das Abnehmen der Hüte und die Flotten strebten auseinander. Das Einlaufen der deutschen Flotte auf der Weser sprach sich wie ein Lauffeuer herum, und so kam es zu einer herzlichen Begrüßung durch die Bevölkerung, als die Schiffe unversehrt in Bremerhaven einliefen.

Wie mögen sich die Cuxhavener am Morgen dieses Tages gewundert haben, als sie sahen oder erfuhren, dass die deutschen Schiffe nicht mehr auf ihrer Reede lagen, und wie sehr hat sich wohl mancher der Eingeladenen über das zu Wasser gewordene Frühstück auf der BARBAROSSA geärgert! Den für das unterbliebene Frühstück angekauften frischen Proviant ließ der Commodore derart verteilen, dass auch die Mannschaften davon erhielten.

Die Dänen verließen nach der erfolglosen Jagd die Nordsee, so dass diese von Brommy wenig später als nicht mehr blockiert gemeldet werden konnte. Ein guter Erfolg für die junge Reichsmarine!

Nachdem Berlin die Zuständigkeit des britischen Protestes vom 9. Juni zurückgewiesen hatte, wandte sich Lord Palmerston über den britischen Geschäftsträger in Hamburg, Lord Hodges, am 15. Juni in einem weiteren Protestschreiben mit fast gleichlautendem Inhalt an die Senate von Hamburg und Bremen.

»(…)
Herr Senator!
Infolge mir von Lord Palmerston gemachten Instruktionen beehre ich mich anzuzeigen, das die Britische Regierung Depeschen des Gouverneurs von Helgoland erhalten hat, dahingehend: das am 4. dies drei Kriegsdampfer unter Schwarz-rot-goldener Flagge, aus der Weser kommend auf die dänische Corvette Valkieren von 22 Kanonen, welche sich damals innerhalb des Hoheits-Bezirkes von Helgoland befand, losgesteuert, das da diese Dampfschiffe sich der Corvette in voller Eile und offenbar, wie der Gouverneur von Helgoland nach eigener Anschauung meldet, in feindlicher Absicht näherten, die Corvette ihr Feuer eröffnete, und das ein Gefecht zwischen ihr und den drei Kriegsdampfern folgte, welches eine Zeitlang anhielt und damit endete, das die Dampfschiffe anhielten und ihren Lauf nach der Elbe richteten.
Da diese Angriffsart von Seiten Deutscher Dampfschiffe – als wofür die britische Regierung dieselben halten muss- in britischen Gewässern stattgefunden hat, so habe ich, laut Instruktion der britischen Regierung, die Regierung der Hansestädte zu ersuchen, die geeigneten Befehle erteilen zu wollen, das der Wiederholung einer solchen Verletzung des Britischen Hoheitsgebietes vorgebeugt werde.
Ich habe die Ehre (Unterschrift)
Gez. G. Lord Hodges[372]

Auch die Hansestädte antworteten auf dieses Schreiben nur ausweichend, da die Schiffe unter Reichsgewalt standen. So antwortet Bremen auf die britische Protestnote:

---

372   **DB 59/13** Nr. 1986.

(…) In Beantwortung Ihres Schreiben vom 15. des Monats, das Gefecht zwischen eini-
gen deutschen Dampfschiffen und einer dänischen Corvette betreffend, kann ich das
nur so betrachten, das die Regierung der Hansestädte und Bremen speziell keine Kon-
trolle über diese Schiffe, bewaffnet und ausgestattet durch Befehl von der deutschen
Zentralmacht in Frankfurt, haben. Und alles was wir zu dieser Sache wissen, entstammt
den Tageszeitungen. Wenn es mir gestattet ist, meine persönliche Meinung auszudrü-
cken, so glaube ich nicht, das eine Verletzung britischen Territorialrechts beabsichtigt
war.« [373]

Diese politischen Vorgänge liefen vor dem Hintergrund ab, dass das Reichsgeschwader immer noch vor Cuxhaven lag und vom dänischen Verband in der Elbe blockiert wurde. Aber die Probleme nahmen für Commodore Brommy kein Ende. Die am 31. Mai abgegangene UNITED STATES musste wegen einer Kesselhavarie auf Höhe der Mantucketbank Liverpool anlaufen. Wie groß der Schaden war und wie lange das Schiff dort bleiben musste war zunächst unklar.

In dieser Situation schien es gerade passend, dass Arnold Duckwitz Mitte Juni 1849 seinen eingeforderten Rechenschaftsbericht über die Belange der Marinetätigkeit unter seiner Amtsführung ablegt. Zu diesem Zeitpunkt verfügt die Centralgewalt über einen Bestand von ca. 160.000 Thalern für die Marine, ohne die Möglichkeit zu besitzen, weitere Mittel zu erhalten. An wichtigsten Verpflichtungen standen aus:

1) Die Bezahlung der drei Neubauten in Bristol,
2) Die Reparatur der ERZHERZOG JOHANN in Brake,
3) Die Kosten zur Schaffung des Trockendock in Brake,
4) Die Kosten der Kesselhavarie der HANSA ex UNITED STATES in Liverpool,
5) Die Kosten der Reparaturen der ECKERNFÖRDE
6) …

Wegen der britischen Proteste machte sich der ehemalige Reichshandelsminister Duckwitz ernste Gedanken. Am 18. Juni übersandte er aus Bremen ein Schreiben nach Frankfurt wegen der Proteste von Lord Palmerston gegenüber den Senaten der Hansestädte. Hierbei machte er vor allen Dingen auf die Gefahr der Missachtung der Reichsflagge durch dritte Staaten aufmerksam:

» (…) Es geht daraus hervor, das England die Reichsflagge nicht anerkennt, und die sie
führenden Schiffe für eine Art von Piraten halten. Es ist daher doppelt nothwendig, das
die Führer der Nordsee Flotte ein gehöriges Mandat von der Central-Gewalt zur Kriegs-
führung haben, und dass den betreffenden Staaten die nötigen Mitteilungen über die
Flagge gemacht werden, wenn, was ich nicht weiß, solches noch nicht geschehen sein
soll. Aus diesen Umständen mache ich darauf aufmerksam, dass es sehr bedenklich sein
werde, dem Schiff United States zu Coes die Reichsflagge zu geben, so lange diese nicht
von England anerkannt ist. Das Schiff könnte leicht kassiert werden. Das hohe Ministe-
rium wurde gewiß dafür gesorgt haben, dass in dieser Beziehung mit Vorsicht verfahren
werde.« [374]

---

373 **DB 59/13.**

374 **DB49/46 Anm. d. Verf.:** In diesem Schreiben taucht zum ersten Mal der Begriff »Piraten« auf. Als Vermutung des Senators Duckwitz, hier eine Gefahr für die Flotte andeutete. Erst sehr viel später wurde durch **Minister Palmerston** diese Drohung ausgesprochen!

Wie zur Bestätigung der ernsten Befürchtungen von Senator Duckwitz kam es noch am gleichen Tag zu einem ernsten Zwischenfall gegenüber der Flagge des Reichsgeschwaders vor Bremerhaven. An diesem Tage lief überraschend die amerikanische Dampffregatte ST. LAWRENCE wieder in Bremerhaven ein. Der internationalen Gepflogenheit folgend salutierte das US-Kriegsschiff das Bremer Fort Wilhelm ordnungsgemäß. Das auf Reede liegende, gerade aus Cuxhaven eingelaufene Flaggschiff der Reichsmarine BARBAROSSA, das den Kommandantenwimpel gesetzt hatte, wurde dagegen nicht gegrüßt. Eine deutliche Missachtung der Reichs-Kriegsflagge mit den Farben Schwarz-Rot-Gold.[375]

Commodore Brommy konnte als Oberbefehlshaber diese Missachtung auf keinen Fall dulden und wandte sich umgehend in einem Schreiben an das Marineministerium in Frankfurt, dafür zu sorgen, dass der US-Gesandte in Frankfurt den US-Kapitän anweisen sollte, den unterlassenen Gruß gegenüber der Reichsflagge nachzuholen. Wegen dieses Zwischenfalls entspann sich ein reger Briefwechsel zwischen Bremerhaven, Frankfurt und dem US-Gesandten Donelson.

Der Grund für das unplanmäßige Anlaufen von Bremerhaven war, dass sich der US-Kapitän vergewissern wollte, ob die vier preußischen Offiziersanwärter wegen des erneuten Krieges gegen Dänemark noch auf dem US-Kriegsschiff aufhalten durften. Deswegen trat der Kapitän des US-Kriegsschiffes ST. LAWRENCE mit dem in Berlin akkreditierten US-Botschafter Hannegan in Kontakt:

(…)
Ich übersende Ihnen hiermit einen Auszug aus dem vor meiner Abfahrt von den Vereinigten Staaten von dem Marine-Departement erhaltenen Instructionen, wonach vier preußische Seekadetten durch unseren Gesandten in Berlin an Bord des »ST. Lawrence« aufgenommen sind.
Da sich seitdem die Verhältnisse zwischen Preussen und Dänemark geändert haben, indem sich diese Staaten gegenwärtig mit einander im Kriege befinden, erbitte ich mir Ihre Aeusserung darüber, ob die Gentlemen in Übereinstimmung mit unserer Neutralität an Bord der »St. Lawrence« verbleiben können; wenn dies nicht der Fall, ersuche ich Sie, die Sache dem Preussischen Marine-Minister vorzustellen ppp.
Gez. Paulding[376]

Bis zur Klärung der Situation verblieben die preußischen Offiziersanwärter zunächst an Bord der US-Fregatte, die nun einen regen Notenwechsel zwischen Bremerhaven und Berlin hatten, um dem Verbleib der Midshipman's auf dem US-Kriegsschiff zu klären. Sie wurden Mitte des darauffolgenden Monats in Bremerhaven an Land gesetzt und begaben sich wieder an die Ostsee. In Preußen erhielten sie zunächst Urlaub und wurden wenig später wieder in den regulären Dienst in der preußischen Marine übernommen. Die ST. LAWRENCE blieb derweil in Bremerhaven liegen und versuchte, über Depeschen zwischen Berlin, Frankfurt und Washington

---

375 **Anm. d. Verf.:** Wie unterschiedlich doch die Bewertung dieses »Flaggenzwischenfall« in der Literatur war, zeigen die Quellen. Die meisten erwähnen diesen Vorfall gar nicht oder streifen ihn geflissentlich. Auch Batsch »Deutsch Seegras...« versucht die Angelegenheit der Missachtung der Reichsflagge (es war ja auch die ungeliebte schwarz-rot-goldene!) als Bagatelle und unwichtig abzustufen!

376 **Batsch, E.:** Auszug aus der Acte…

die Lage der preußischen Offiziersanwärter zu klären, was sich aber bis in den September des Jahres hinziehen sollte.[377]

Die Reichsregierung musste wegen der sich nun häufenden Missachtung ihrer Flagge zur See und wegen der britischen Proteste bezüglich des Seegefechtes vor Helgoland reagieren. Am 21. Juni 1849 wurden durch das Reichs-Marineministerium erneut diplomatische Schritte eingeleitet, um die Deutsche Flagge international anzuzeigen. Da eine offizielle Notifikation der durch das Gesetz vom 31. Juli/12. November 1848 eingeführten deutschen Kriegs- und Handelsflagge an die britische Regierung nicht erfolgt war, wurde versucht, diese nach den britischen Protesten nachzuholen. Das Reichsministerium der auswärtigen Angelegenheiten gab aus diesem Grund am 24. Juni ein Memorandum betreffend der Anerkennung der Deutschen Flagge gegenüber fremden Mächten heraus. Speziell an die britische Regierung erfolgte eine Note des Reichsministers der auswärtigen Angelegenheiten, Generalleutnant Jochmus:

> *»(…) Mit Bezugnahme auf das in Abschrift beiliegende Aktenstück des Hamburger Bevollmächtigten bei der provisorischen Zentralgewalt vom 21. Juni des Jahres und der darin bezogenen Mitteilung des Obersten Hodges vom 15. Juni habe ich die Ehre Ew. Herrlichkeit zu unterrichten, das ich bereits bei dem hiesigen Marineministerium nachgesucht habe um Mitteilung des offiziellen Berichtes des Kapitän Brommy über das Seegefecht bei Helgoland am 4. Juni.*
> *Sobald mir dieser Bericht vorliegt werde ich nicht ermangeln, Ew. Herrlichkeit eine weitere Mitteilung über diesen Gegenstand zu machen, erlaube mir aber einstweilen schon Ihre geneigte Aufmerksamkeit auf den Umstand zu leiten, das die deutsche Kriegsflagge in dem offiziellen Schreiben des Obersten Hodges als »die Schwarz rot goldene Flagge« in unbestimmter Weise genannt wurde. Ich erachte daher für Notwendig, ew. Herrlichkeit anliegend das Reichsgesetz vom 13. Novbr. 1848 sowie eine Zeichnung der deutschen Kriegs- und Handelsflagge zu übersenden mit dem ergebensten Ansuchen, die besagten Dokumente der Königlich Großbritannischen Regierung zugehen zu lassen, da zur Zeit der Mission des Freiherr von Adrian in England eine ähnliche Mitteilung an das Foreign Office durch meinen Vorgänger im diesseitigen Ministerium unterblieben zu sein scheint…«* [378]

Dem Seezeugmeister und Oberkommandierenden Commodore Brommy kam am 26. Juni ein Schreiben von Marineminister Jochmus zu, in dem die Staaten bekannt gegeben wurden, die die Reichsfarben Notifiziert hatten. Dies waren neben den Vereinigten Staaten von Amerika die Niederlande, Belgien und Neapel. Von den aufgezählten Staaten hatten aber nur die USA die Note ratifiziert! An alle anderen Staaten von Europa war die Notifizierung ebenfalls ergangen. Wegen der inneren politischen Gegebenheiten des Deutschen Reiches wurde aber auf diese politische Note nicht reagiert.

---

377 **Batsch, E.:** Auszug aus der Acte. **Anm. d. Verf.:** Während der neun Monate an Bord der »St. Lawrence« waren die vier preußischen Seekadetten den amerikanischen Midshipmen gleichgestellt worden. Sie waren dadurch unvergleichlich besser gestellt als ihre in Preußen verbliebenen Kameraden. Diese Bevorzugung mussten sie noch lange Zeit nach Verlassen des US-Kriegsschiffes durch nachträgliche Abzüge von ihrem knappen Gehalt teuer bezahlen, bis man schließlich ihren wiederholten Gesuchen stattgab und einen noch verbliebenen Restbetrag erließ!

378 **DB59/13:** Es erfolgte zunächst unter dem 25. Juni die kurze Empfangsanzeige des Lord Cowley.

Noch immer war aber das Problem der Missachtung der Reichskriegsflagge gegenüber dem Flottenflaggschiff BARBAROSSA durch die US-Segelfregatte ungeklärt. Nachdem der Protest des Commodore Brommy in Frankfurt eingetroffen war, versuchte das Außenministerium sofort mit dem amerikanischen Gesandten Donelson Kontakt aufzunehmen, um die Angelegenheit zu klären. Da dieser bemüht war, die Probleme zu lösen, kam es schnell zur Verständigung und zur Beilegung der Spannungen, als der Gruß durch das amerikanische Kriegsschiff nachgeholt wurde und eine Entschuldigung erfolgt war.

Das Seegefecht vor Brüsterort vom 26. Juni 1849

Nach dem geglückten Ausbruchversuch der Reichsmarine aus Cuxhaven verlegte die dänische Marine, durch Abzug aus der Nordsee, ihre Tätigkeit verstärkt in die Ostsee. Neben einigen kleineren Gefechten vor Kiel und Eckernförde machte sie auch weiterhin Jagd auf preußische Schiffe. Die preußische Marineführung unter Prinz Adalbert sah die rege Tätigkeit der schleswig-holsteinischen Einheiten mit wachem Blick. Seit auch das Nordseegeschwader in Aktion getreten war, forderte der Prinz von seinen Marineeinheiten ebenfalls verstärkte Aktionen gegen die dänischen Einheiten in der Ostsee. Die preußische Marine verfügte Mitte des Jahres über dreißig bewaffnete Schiffe. Die Segelkorvette AMAZONE, die beiden geliehenen Rad-Postdampfer DANZIG und PREUSSISCHER ADLER, 21 Kanonenschaluppen und sechs Kanonenjollen.

Am 26. Juni 1849 wurde an Bord des PREUSSISCHEN ADLER, der zu diesem Zeitpunkt im Stettiner Haff vor Anker lag, bekannt, dass ein dänisches Schiff Jagd auf preußische Handelsschiffe machte. Daraufhin ging das Dampfschiff sofort in See. Kommandant war Leutnant 1. Klasse Parandon. 1. Offizier Lt. 2. Kl. Heldt. Als weiteres die Auxiliar-Offiziere Klatt und Topp sowie als Arzt Dr. Steinberg. Obermaschinist war der Brite Lewbourne. Während des Auslaufens stieg überraschend Commodore Schröder an Bord. An diesem Tag konnte kein dänisches Kriegsschiff gesichtet werden. Man blieb aber über Nacht in See, um am nächsten Tag weiter zu suchen.

Zur Sicherheit der Küstenfahrt schleppte der Aviso am 27. Juni zwei Handelsschiffe in den Bereich des Hafens. Durch Kanonenfeuer aufmerksam gemacht, sichtete die Besatzung des PREUSSISCHEN ADLER die dänische Kriegsbrigg ST. CROIX auf Höhe von Brüsterort und ging sofort zum Angriff über. Das mit 16 Kanonen bewaffnete dänische Schiff war gerade im Begriff, ein preußisches Handelsschiff zu jagen. Um die kurz tragenden Kanonen seines Raddampfers gegenüber den weitreichenden des Gegners zum Einsatz bringen zu können, versuchte Kapitän Parandon näher an den Gegner zu steuern, Gefahr laufend, dabei selber getroffen zu werden. Notfalls wollte der preußische Kommandant die Brigg entern. Commodore Schröder vertrat dagegen die Meinung, das Schiff dieser Gefahr nicht auszusetzen, da die dünnen Metallwände einem Treffer nicht viel entgegenzusetzen hätten.

Nach einem heftigen Wortwechsel zwischen Kapitän Parandon und Commodore Schröder warf Parandon seinem Vorgesetzten den Säbel vor die Füße! Um 5.00 Uhr nachmittags begann der Angriff durch das preußische Schiff und dauerte ca. viereinhalb Stunden. Trotz mehrerer

Treffer, die einen Toten und mehrere Verwundete zur Folge hatten, wurde der Kampf durch das preußische Schiff nur deswegen abgebrochen, da die überlegene Segelkorvette GALATHEA aufkreuzte. Trotz des Treffers im Radkasten konnte sich der PREUSSISCHE ADLER ungehindert zurückziehen. Schon am 1. Juli 1849 inspizierte Prinz Adalbert von Preußen die Segelfregatte AMAZONE und die Kanonenboot-Flottille vor Swinemünde und sprach der Besatzung des Avisos seine Anerkennung aus.

Ein Problem, mit der sich die preußische Marine nicht zu befassen hatte, war die Suche nach einem geeigneten Platz für die Schiffe des Reiches während der Winterphase. Um die Überwinterungsfrage weiter zu verfolgen, stand das Marineministerium eng mit Oldenburg in Kontakt und stellte den Antrag gegenüber der oldenburgischen Regierung, das Trockendock für die Reparatur der ERZHERZOG JOHANN zu bauen. Die Kosten dafür sollte Oldenburg zunächst vorstrecken. Von Oldenburg wurde daraufhin ein Angebot unterbreitet, alle Schiffe der Reichsmarine in Brake überwintern zu lassen. [379] Überhaupt zwangen die Geschäfte wegen der Anlegung des Dry-Dock und der Überwinterungsfrage den Commodore, die Geschäfte verstärkt von Brake aus zu leiten, wo er nun Zeitweise sein Quartier aufgeschlagen musste.

Er bereitete zum Monatsende eine für das Ansehen der Reichsmarine erfreuliche protokollarische Veranstaltung vor. Zu Ehren der Herzöge Friedrich August von Oldenburg, Stephan von Österreich und der Königin Amalie von Griechenland nebst weiterer Vertreter der Küstenstaaten und der Hansestädte organisiere er als Oberkommandierender Commodore und Seezeugmeister vor Bremerhaven eine Flottenparade. Neben den in Dienst stehenden Schiffen der Reichsmarine sollten die Batterien von Blexte, Fort William ebenso am Salutschießen teilnehmen, wie die immer noch in Bremerhaven liegende US-Dampffregatte ST. LAWRENCE. [380]

Obwohl der Commodore durch die Vorbereitung der Flotte auf die Winterpause organisatorisch ebenso gebunden war, wie ihn die diplomatischen Querelen um die Missachtung der Reichsflagge weiter in Atem hielten, war der Commodore über die Vorgänge in Frankfurt und der Situation an der Küste stark irritiert.

Für ihn unverständlich und in großem Maße unverantwortlich war der Umstand, dass zu dieser höchst unruhigen politischen Zeit der Minister der Marine, der er ja auch für das Äußere verantwortlich zeichnete, dem Reichsverweser in die Kur nach Bad Gastain folgte und seinen Amtsbereich der Marine dem Minister der Finanzen Merk übertrug! Das bedeutete für den Commodore den Umstand, mit einem Vorgesetzen über Dinge verhandeln zu müssen, die ihm im Detail fremd sein mussten.

Einzig der Generalsekretär Kerst und die Marineräte Jordan und Marquardt des Ministeriums waren eingewiesen. Nur wie die ihre Kompetenz nun zum Wohle der Flotte obwalten lassen würden, war dem Commodore unheimlich und unklar! Der Commodore hatte von offizieller Seite keine klaren Aussagen erhalten, wer in der Zeit seiner Abwesenheit aus Frankfurt das Sagen hatte! Nur dem Sekretär Marquard traute Brommy. Herr Jordan schien stark nach Hamburg ausgerichtet, wogegen der Generalsekretär Kerst stark der preußischen Politik zuge-

---

379 **Archiv Oldenburg:** Best. 33-2/3.
380 **Hubatsch u. a.**, a. a. O. S.10. **Batsch, E.:** Deutsch Seegras S. 255.

wandt schien. Finanzminister Merk, selber Hamburger, hingegen riet, die Marine aufzulösen und die Schiffe der Paketfahrt zuzuordnen! Der Oberkommandierende hingegen sah die Gefahr:

> *(…) die traurige Nothwendigkeit eintreten, unsere endlich in See gebrachten Schiffe im Angesicht des Feindes alsbald wieder abzutakeln (…) – eine Maßnahme, die genügen würde, der jungen deutschen Marine vor der Nation und vor ganz Europa moralisch den Todesstoß zu geben.*«[381]

Nach der Meinung des Finanzministers Merk bestand Gefahr für die Marine dahingehend, da sie, nach dessen Meinung, von unwissenden Bürokraten wie Kerst und Jordan, ehrgeizige Kaufleute wie Duckwitz und fremde Abenteurer wie Kapitän Morgan beeinflusste, Gelder vergeudete und kostbare Zeit verschwendet würde. Ob dieser Beschuldigungen sah sich Brommy in die Situation von Griechenland zurückversetzt, wo er in der Presse all dieser Missstände bezichtigt wurde. Und nun dies von einem deutschen Reichsminister! Die Angelegenheit der Marine dürfe nicht als bremische Familien-Angelegenheit betrieben werden, so Merk. Auf eine eigenständige Reichsmarine solle verzichtet, und nur ein paar bewaffnete Schiffe unterhalten werden. Wie sollte es da mit der Marine weiter gehen, so fragte sich Brommy, oder würde sie zerrissen zwischen den Parteien, wenn selbst das Ministerium sich uneinig war?

Während Commodore Brommy in Bremerhaven sich weiter Gedanken um seine Flotte machte, geschah dieses auch in Brake. Anlässlich seines Besuches der Nordseeküste, um die Anlagen der Reichsmarine zu überprüfen, traf der Generalsekretär Kerst zu dieser Zeit auch in Brake ein und begann mit den Gesprächen. Demnach sprach sich Kerst für die Überwinterung der drei großen Schiffe in Fäderwarden und der restlichen Schiffe in Brake aus. Gegenüber dem Staatsrat Schoisser äußerte sich Kerst dahingehend, dass es in nächster Zeit gegebenenfalls Probleme mit der Organisation und dem Fortbestand der Reichsmarine geben könnte. Die Regierung von Oldenburg solle:

> *(…) politischer Wandlung zu bewegen, solche Staatsregeln vorzukehren, welche unerläßlich und schleunigst notwendig sind, wenn die kaum ins Leben gerufene deutsche Kriegsmarine vor einem schmächlichen Ende bewahrt bleiben soll.*« [382]

Der Generalsekretär äußerte sich derart, dass ihm durch den Reichsverweser die Vollmacht übertragen ward, nebst den Räten Jordan und Markard, die inneren Belange der Reichsmarine zu koordinieren, wogegen dem Minister Jochmus nur die politischen Belange oblagen.

Ob dieser Lage machte sich der Geheime Rat Erdmann seine Gedanken, wie die Flotte überhaupt gehalten werden könnte? Wenn nicht bald klare Verhältnisse für die Bezahlung der Kosten für die Flotte geschaffen würden, die sich monatlich auf 40.000 Taler beliefen, sähe es tatsächlich schlecht aus. Es sollten insbesondere die Nordseestaaten, voran Oldenburg, Hannover, Bremen und Hamburg zusammentreten, denen sich eventuell Lübeck, Mecklenburg, Braunschweig und Kurhessen anschließen könnten, um die Flotte in Ehren zu halten. Der Geheime Rat riet in einem Kommissionsbericht, um Vorteile für Oldenburg zu erlangen, dem Generalsekretär nicht abschlägig zu erscheinen.

---

381 **Boetticher:** Die erste deutsche Kriegs-Flotte, S. 644.
382 **Staatsarchiv Oldenburg 33-2-2.** Zweiter Kommissionsbericht von Erdmann 18.6.1849.

(…) Der sicherste Weg dies zu erreichen besteht darin, die provisorische Einrichtung zur Überwinterung und der Reparatur der deutschen Kriegsschiffe sicher zu sehen. Man bringt damit die ganze Sache näher an sich heran, kann nie vergessen werden, wenn von Anlagen für die Flotte die Rede ist und hat dabei in der Zeit (unleserlich) das schon bestehende eine Unterlage, woran sich demnächst die Anlagen sich anlehnen.(…)Die Herren Duckwitz und Brommy vereinigen sich in dem Wunsche, die vorläufige Winterstation und das trockene Dock am Oldenburgischen Ufer. (…)Eine so günstige Konjunktur kehrt vielleicht nie wieder. Es gilt diese entschlossen zu benutzen dem augenblicklich eine helfende Hand suchenden Reichsministerium diese entgegenkommend freundlich zu greifen. (…)

(…) ganz gehorsamst (Abkürzung)[383]

»(…) sie der Gefahr unterliegen als Piraten behandelt zu werden.«

Die Flaggenprobleme waren weiterhin das beherrschende Thema für die Flotte. Commodore Brommy versuchte trotz der diplomatischen Rangeleien nach dem Seegefecht vor Helgoland und der Missachtung seiner Flagge durch die Briten und Amerikaner, das Ansehen seiner Flotte zu untermauern.

Indes: Die Lage um die Segelfregatte ECKERNFÖRDE war weiterhin unklar. Ihrer Bewaffnung beraubt und weiterhin stark beschädigt, hatte das Segelschiff keinen praktischen Kampfwert mehr. Zum Ausgleich, dass sich die Statthalterschaft grundsätzlich bereit erklärte, Kosten zum Aufbau der Segelfregatte zur Verfügung zu stellen, bot die Reichsregierung die Überlassung von Ruderkanonenbooten an. Schleswig-Holstein lehnte dieses Angebot dankend ab mit der Begründung, die in Dienst stehenden Boote schon nicht ausreichend bemannen zu können.

Auf der ECKERNFÖRDE waren nach gut zwei Monaten noch keine Reparaturen vorgenommen worden, da die politischen Rangeleien dieses verhindert hatten. Preußen drängte zwar auf eine schnelle Wiederherstellung der Fregatte, um sie schnell in einen anderen Hafen der Ostsee verlegt zu wissen, wo sie dann vor einer Wegnahme durch die Dänen geschützt sei. Auch für die in England zur Reparatur liegende HANSA ex UNITED STATES musste in absehbarer Zeit ein Kommandant zur Überführungsfahrt gefunden werden. Auf Antrag des Seezeugmeisters sollte Capitain-Lieutenant Donner die Überführung der HANSA leiten. Am 30. Juni 1849 ging dieser an Bord des englischen Dampfers JOHN BULL, um sein Kommando in Liverpool anzutreten. Das Kommando auf der ECKERNFÖRDE übernahm provisorisch Leutnant Lützen. Auf Weisung der Seezeugmeisterei wurde wenig später Leutnant zur See Poppe im Beisein des Kommissars Marcard das Kommando der Segelfregatte übertragen.

Großbritannien war weiter über die Verletzung seiner Hoheitsgewässer und über die politische Reaktion von Preußen und den Hansestädten ungehalten, da es bislang nicht gelungen war, die

---

383 **Staatsarchiv Oldenburg 33-2-2.** Zweiter Kommissionsbericht von Erdmann 18.6.1849. **Anm. d. Verf.:** Bereits nach einem Jahr, die Marine war noch nicht einmal voll ausgebildet, begann schon die Diskussion um ihren Erhalt!

Provisorische Zentralgewalt zu umgehen. Obwohl Generalleutnant Jochmus am 24. Juni 1849 bereits offiziell die Reichsflagge der britischen Regierung bekanntgegeben hatte, wurde dieses von Lord Palmerston einfach ignoriert. Trotz der Waffenstillstands-Verhandlungen in Berlin, die kurz vor ihrem Ende standen, versuchte England erneut die Provisorische Zentralgewalt als nicht existent hinzustellen. Am 2. Juli 1849 erhielten der Hamburger und Bremer Senat ein erneutes Protestschreiben des britischen Geschäftsträgers, Lord Hodges, wegen des Gefechtes vor Helgoland:

(…) In Verweisung auf meinen Bericht an Ihre Magnificenz vom 15. des Monats über den Gegenstand der ernsthaften Verletzung von Britischer Territorialer Gerichtsbarkeit durch drei, die Schwarz, rot goldene Flagge tragende Dampfschiffe in den Gewässern vor Helgoland am 4. des Monats und auch auf Ihre Antwort darauf, eine Kopie welche ich Ihrer Majestät Regierung übermittelte, bin ich von Viscount Palmerston beauftragt Sie mit Information des Bremer Senats vertraut zu machen, das infolge der Deklaration, vorgenommen durch die preußische Regierung an die Zentralmacht von Deutschland, dass Preußen selbst die allgemeine Regelung der Schleswig-Holstein- Frage übernommen hat. Ihre Majestät Regierung nimmt an, das es die preußische Regierung war, von wo der Order für die Operation beider deutscher Kräfte, zu See und zu Land, ausging, als daselbe Ihre Majestät Regierung Beschwerde gegen die Verletzung Britischer Territorialer Zuständigkeit durch dies Operation verwendeten Schiffen einzulegen hat, richteten diese sich selbst an die preußische Regierung und an die Regierungen der Hanse Städte, als den Autoritäten welche diese Operation geführt hat und zu deren Häfen, von welche diese Aggression durchgeführt wurde, sie gehören. Ihre Antwort verweist Ihrer Majestät Regierung an eine andere Authorität. Eine de facto Aufhebung von dem was der König von Preußen selber öffentlich erklärt hat. Ich bin daher unterwiesen die Regierung von Bremen zu Informieren, <u>das, wenn keine existierende Regierung diese unter ihrer Autorität handelnde anerkennt, sie der Gefahr unterliegen als Piraten behandelt zu werden.</u>« [384]

Diese Note wurde in Bad Gastain, wo der Erzherzog Johann und Minister Jochmus noch immer weilten, mit »höchstem Befremden« aufgenommen. Außen- und Marineminister Jochmus schrieb an den Präsidenten des Reichsministeriums, Fürst Wittgenstein:

(…) Das Gesamtministerium kam überein, das Ew. Durchlaucht sich vorläufig über den Inhalt des bezogenen Aktenstückes mit Lord Cowley mündlich zu benehmen haben, und Sr. Kaiserlichen Hoheit wollen gern der Hoffnung nicht entsagen, das der Centralgewalt in Folge jenes Schrittes die vollkommenste Genugthuung nicht versagt werde.

Der Erzherzog Reichsverweser ist der legitime Träger der alten Bundesgewalt, seine Stellung als solche und als Berufener zur obersten Reichsgewalt ist feierlich anerkannt von allen Fürsten und Regierungen Deutschlands. Die Reichsfarben flaggen am Belte und an der Nordsee und weht im sardinischen Krieg an den Hochmarken Italiens und den Wällen von Triest.(…)«

---

384 **DB 59/13.** Unterstreichung durch den Verfasser.

Die Aufmerksamkeit des Commodore betreffend die Tagesgeschäfte wurde hingegen durch einen tragischen Unfall auf der HAMBURG unterbrochen. Nach einem Sturz rückwärts über die Reling, auf der er saß und in das Wasser fiel, verlor der Matrose 2. Klasse Johann Hanrath am 3. Juli 1849 sein Leben. Sofort wurde ein Boot ausgesetzt, um den Abgestürzten zu retten. Alle Versuche, ihn zu bergen, schlugen aber fehl, da er nicht mehr auftauchte. Durch die Seezeugmeisterei wurden die Angehörigen in Lübeck über den tragischen Verlust ihres Sohnes informiert.[385] Genauso erging unverzüglich eine Meldung der Seezeugmeisterei an das Marineministerium über den tragischen Unfall, ebenso an die Heimatadresse der Verunfallten.

Erst nachdem auch Lord Palmerston erkennen musste, dass er die Provisorische Zentralgewalt nicht umgehen konnte, erfolgte am 7. Juli die erste offizielle Note wegen des Seegefechtes an das Außenministerium in Frankfurt durch Lord Cowley…

(…) Mit Verweis auf General Jochmus's Nachricht an mich vom 24. des Monats bezüglich der ernsthaften Verletzung Britischer Territorialer Gerichtsbarkeit durch drei, die Schwarz, rot und goldene Flagge tragende Dampfschiffe, bin ich durch Viscount Palmerston unterwiesen den Minister zu informieren, dass wann immer ein deutsches Reich zweifellos organisiert und dauerhaft errichtet sein werde, werde die britische Regierung ohne Zweifel, gemäß seines gängigen Recht', in Hinblick auf solche Angelegenheiten, die neue politische Körperschaft und sicher auch seine maritime Flagge anerkennen, aber die Zeit für solch einen Schritt scheint jetzt noch nicht gekommen zu sein. Wie auch immer, Ihre Majestät Regierung folgt aus Generals Jochmus Nachricht, dass die Dampfschiffe, (…) unter Befehl der Frankfurter Regierung sind. Ihrer Majestät Regierung hofft, dass die Frankfurter Regierung solche Befehle wie erforderlich geben möge, um diese Dampfschiffe davon abzuhalten die Neutralität der Gewässer von Helgoland wieder zu verletzen.
Ich habe die Ehre diese Nachricht in Anwesenheit von General Jochmus ihrer Hoheit zur Kenntnis zu bringen.« [386]

Die Verhandlungen über den Konflikt zwischen dem immer noch nicht akzeptierten Deutschen Reich und Dänemark waren in der Zwischenzeit soweit fortgeschritten, dass der Waffenstillstand erreicht war. Während in Berlin am 10. Juli 1849 die Unterschriften unter den zweiten, von Preußen und Dänemark verhandelten, Waffenstillstand gesetzt wurden, beantwortete Prinz Wittgenstein die britische Note vom 7. d. Monats, die dieses Mal weitaus diplomatischer und lange nicht so scharf formuliert war:

Frankfurt a/M den 10. Juli 1849
Aus Ew. Exzellenz Note vom 7. d. Mts. habe ich mit Vergnügen ersehen in welch wohlwollender Weise die Königlich Großbritannische Regierung den Vorfall bei Helgoland aufgefaßt hat. Indem ich die hierdurch bestätigte freundliche Gesinnung der Regierung Ihrer Majestät der Königin dankbar anerkenne versichere ich zugleich, das dafür Sorge getragen ist, das ein ähnlicher Vorfall sich nicht wiederhole. Übrigens wurde Ew. Exzellenz Regierung der Versicherung nicht bedürfen, das eine Verletzung der Englischen Seengebiets nie in der Absicht der Centralgewalt gelegen hat, noch gelegen haben kann.

---

385 **DB 59/13** Nr. 2045.

386 **Anm. d. Verf.:** In dieser, der Provisorischen Zentralgewalt direkt zugeführten politischen Note ist nicht mehr die Gefahr angedeutet die Schiffe unter Schwarz-Rot-Gold als Piratenschiffe zu behandeln!

Die fragliche Operation der drei deutschen Kriegsfahrzeuge hat ganz ohne Vorkenntnis der Centralgewalt stattgefunden, welche diesen Fehler aufrichtig bedauert.

Indem ich diese Angelegenheit hierdurch als erledigt ansehen darf kann ich nicht umhin bei dieser Veranlassung den aufrichtigen Wunsch der Centralgewalt auszuspre-chen, den Frieden mit Dänemark baldmöglichst auf billiger gerechter Grundlage her-beigeführt zu sehen. Leider sieht sich die Centralgewalt in ihren dahin gerichteten Be-strebungen dadurch gelähmt, das die Königlich Preußische Regierung die Führung des Krieges sowie den Friedensmithandlungen eigenmächtig an sich genommen hat. [387]

Mit diesen politischen Noten endete praktisch dieses Kapitel deutsch-britischer Verstimmung wegen der Flotte und den Farben Schwarz-Rot-Gold.

---

387   **DB 52/ 12.**

Kapitel XIII.
Die Reichseeflotte nach dem 2. Waffenstillstand
bis zum Jahresende 1849

Obwohl latent in der Presse gehandelt, offiziell aber nicht bestätigt, waren immer wieder Informationen zu angeblichen Waffenstillstandsverhandlungen zwischen Preußen und Dänemark in den Gazetten zu lesen. Umso überraschender traf die Meldung in Bremerhaven ein, dass ein Waffenstillstand abgeschlossen worden sein sollte. Russische Drohungen und britische Vermittlungen waren die Grundlage zu dem von Preußen ausgehandelten zweiten Waffenstillstand, der am 10. Juli 1849 in Kraft treten sollte. Gleichzeitig wurden Friedensverhandlungen begonnen.[388] Der Waffenstillstand wurde von den Herzogtümern aber abgelehnt und auch die dänische Marine zog ihre Schiffe nicht aus der Nord- und Ostsee ab. Wegen des Waffenstillstandes zum 10. Juli 1849 wurden die hamburgischen Truppen zum Schutz der Elbmündung und Cuxhaven, Amt Ritzebüttel, aus Sparsamkeitsgründen sofort zurückbeordert.[389]

Unmittelbar danach fragte der Amtmann von Ritzebüttel bei Brommy an, da die Ruderkanonenboote nicht mehr vor seiner Küste vonnöten waren, ob diese aus Ritzebüttel abgezogen würden. Brommy vermutete, dass sich die Kommandanten der Kanonenboote, die wohl gerne den Dienst vor Ort beendet gesehen hätten, an den Amtmann gewandt hatten, da der Dienst bei den Kanonenbooten sehr unbeliebt war.

Anstatt auf Ruhe nach dem Abschluss der Waffenstillstandsverhandlungen zu hoffen, besagten Informationen, dass sich die Bedrohung der Küste der Ostsee durch die dänische Marine indes sogar verstärkte. Ein dänischer Kriegsdampfer brachte am 14. Juli 1849 vor dem preußischen Hafen von Swinemünde 13 preußische Handelsschiffe auf! Das Besondere an der Aktion war die Inaktivität der preußischen Marine die zu diesem Zeitpunkt in Swinemünde über:
 Kriegskorvette AMAZONE
 Kriegsdampfer PREUSSISCHER ADLER
 Schleppdampfer für die Ruderkanonen Dampfer PFEIL
 Schleppdampfer für die Ruderkanonenboote NECKAR
 neun Ruderkanonenboote
 bewaffnetes Kasernenschiff HULL
verfügte. Es entstand eine gehörige Unruhe und Unwillen über das nicht Eingreifen der preußischen Kriegsschiffe an der Küste und in den Gazetten.[390] Vor dem Hintergrund des Gefechtes vor Eckernförde und Helgoland stand die preußische Marine sehr schlecht da.

---

388 **Batsch, F.:** Zur Vorgeschichte..(II). S 399. **Bessell, Georg:** Die Geschichte Bremerhavens. Bremerhaven, F. Morisse 1927. S. 35.

389 **Borrmann, Hermann:** Bilder zur Geschichte des hamburgischen Amtes Ritzebüttel und der Stadt Cuxhaven Cuxhaven 1983. S.169.

390 **Ohne:** Illustrierter Kalander-Marinekalender Jg. 1850, S. 182.

Der von Preußen ausgehandelte zweite Waffenstillstand wurde durch die Herzogtümer abgelehnt. Trotz des Waffenstillstandes änderte sich nichts an der Bedrohung der Küste der Herzogtümer durch die dänische Marine. Die Schleimündung, verteidigt durch die Kanonenboote Nr. 8 und Nr. 2, wurde von der Segelfregatte FREYA (350 Mann, 54 Kanonen) bereits am 12. Juli angegriffen. Wegen der ungünstigen Winde für die dänische Fregatte konnten die beiden Kanonenboote das Segelschiff abdrängen. Eine Verfolgung durch die Kanonenboote musste abgebrochen werden, da die Segelfregatte aus Sonderburg zwei Kanonenboote und von der Kieler Förde die SKJOLD zur Verstärkung erhielt.

Die schleswig-holsteinische Flottille ihrerseits suchte ebenfalls, wann immer möglich, den dänischen Gegner zu attackieren. Mitte Juli schien diese Gelegenheit günstig, da das auf Höhe von Bülk liegende dänische Linienschiff SKJOLD in der andauernden Windstille bewegungsunfähig war. Die Raddampfer BONIN und ELBE sollen am 17. Juli dicht unter Land eine Kontrollfahrt von Kiel nach Eckernförde unternehmen. Da vermutet wurde, dass die dänischen Kräfte die beiden Schiffe daran hindern und eventuell in Eckernförde blockieren würden, sollten zur Deckung der Rückfahrt alle verfügbaren Ruderkanonenboote im Schlepp der LÖWE zum Einsatz kamen. Als BONIN und ELBE vormittags in See gingen, wurde schnell festgestellt, dass sich zur Sicherung des Linienschiffes der dänische Raddampfer GEYSER in unmittelbarer Nähe aufhielt. Zur Sicherung des Rückweges gingen am frühen Nachmittag im Schlepp des Raddampfers MÖWE die Kanonenboote Nr. 3, Nr. 6, Nr. 9 und Nr. 12 in See, gefolgt vom Schraubenraddampfer VON DER TANN unter Leutnant Lange.

Um ca. 1.00 Uhr nachmittags griffen die Kanonenboote das Linienschiff an, in der Hoffnung, das Dampfschiff abdrängen zu können. Die Dänen stellten aber ihrerseits eine Verbindung zum Dampfer her, der nun das Linienschiff so dreht, das die Breitseiten gegen die kleinen Ruderkanonenboote voll zum Tragen kamen. Trotz dieser Lage versuchten die Schleswig-Holsteiner, zwei Stunden diesen ungleichen Kampf zu bestehen, in der Hoffnung, bald durch die beiden detachierten Dampfer verstärkt zu werden. Das Kanonenboot Nr. 6 erhielt einen Volltreffer in das Laibholz und einen Streifschuss. VON DER TANN bekam einen Treffer auf Höhe der Wasserlinie und ebenfalls einen Streifschuss. Auch das Boot Nr. 12 erhielt zwei Streifschüsse, zusätzlich wurde dem Schiff die Jolle im Kielwasser weggeschossen. Da der Druck durch die dänischen Schiffe zu groß wurde, musste der Kampf vor dem Eintreffen der beiden Dampfer aus Eckernförde abgebrochen werden.

Trotz der angespannten Lage gegenüber den dänischen Seestreitkräften erhielt die Flottille der Schleswig-Holsteiner am 24. Juli 1849 den Befehl, zunächst alle Feindseligkeiten gegenüber Dänemark einzustellen. Beide Flottillen in West- und Ostsee sollten sich zurückziehen. Die Einheiten der Westsee erhielten die Anweisung, bei Gelegenheit zurückzuverlegen.

Planungsphase zur Änderung der Reichsmarinestruktur im Juli 1849

Der Waffenstillstand, der von der Reichsregierung akzeptiert worden war, bedeutete für die politische Führung, die geplanten strukturellen Änderungen so schnell wie möglich umzusetzen. Während der Abwesenheit des Marineministers hatten der Generalsekretär Kerst und die Marineräte Jordan und Marcard sehr viel Spielraum, den sie auch nutzen wollten, zumal Finanzminister Merk auch ein Verfechter der Idee war, anstatt Bremen mehr Hamburg an die Marine zu binden.

Aus diesem Grund wurden durch General Jochmus und Reichsfinanzminister Merck alle Mittel und Wege genutzt, um Hamburg zur Drehscheibe aller folgenden Marineaktivitäten zu machen, da seit dem Ausscheiden von Arnold Duckwitz endlich die Möglichkeiten besser standen, Bremen oder Brake als Reichsmarinehäfen auszubooten. In einem Entwurf zu einer Verordnung der Reichsverweser, im Juli 1849 eine Weisung erlassen, die insgesamt 11 Paragraphen umfasste:

»Verordnung betr. die Errichtung des Delegierten Reichs-Marine-Departements.
Der Reichsverweser in Betracht, das die bisherigen Erfahrungen in der Marineverwaltung überzeugend die Notwendigkeit herausgestellt haben für die erste Organisationsperiode den Schwerpunkt der Verwaltung in der Nähe der Küste zu verlegen, damit nach Maßnahme des Bedürfnisses die geeigneten Kräfte ohne große Kosten und Zeitverzug zu Rat und Mitwirkung herbeigezogen, die spezielle Verwaltung mit Leichtigkeit überwacht und den Verordnungen die prompteste Ausführung gesichert werden kann, verordnet wie folgt:

§1   Von dem gegenwärtigen Reichsmarine-Ministerium wurde eine besondere provisorische Behörde unter der Bezeichnung »Delegiertes Reichs-Marine-Departement« abgezweigt.
§2   Das »Delegierte Reichs-Marine-Departement« nimmt seinen Sitz in der Freien Stadt Hamburg.
§3   Der Vorsitz im »Delegierten Reichs-Marine-Departement« wurde dem General-Sekretär der Marine übertragen.
§4   Die Ausfertigungen des »Delegierten Reichs-Marine-Departements« werden collegialisch beraten und vom Vorsitzenden unterzeichnet.
(…)
§10   Von allen an das »Delegierte Reichs-Marine-Departement« angelegten Verwaltungsübersichten, Rapporten und von dem Stande der Verwaltung erhält dasselbe der Minister fortlaufend Kenntnis.
§11   Der Minister der Marine ist mit dem Vollzug der gegenwärtigen Verordnung beauftragt.

den   ten Juli 1849
Der Reichsverweser
Der Reichsminister der Marine«[391]

---

[391]   **DB 59/ 4**

Während dieser Zeit war die Position von Kerst noch schwankend, entweder die Reichsflotte vernichten zu wollen oder aber wenigstens stark zu reduzieren. Einerseits sprach er sich gegenüber Oldenburg für den Erhalt der Marine aus und ermutigte den Geheimen Rat Erdmann, notfalls finanziell in Vorleistung zu gehen[392]. Andererseits stand er eng mit den Unionsplänen Preußens in Kontakt. Marinerat Jordan dagegen war und blieb ein uneingeschränkter Befürworter der Flotte. Marinerat Marcard dagegen war schon zufrieden, wenn er die Flottenverwaltung an der Nordseeküste angesiedelt sah.

Gerade die Verlegung der Flottenverwaltung war das Ziel aller maßgeblich Beteiligten, so auch von der Seezeugmeisterei in Bremerhaven, würden die Entscheidungswege doch erheblich verkürzt. Auch Hannover sah diese Vorgänge mit Wohlwollen, da es dadurch näher an die Entscheidungsorte der Marine gelangte, zumal es in seiner ständigen Angst vor seinem großen Nachbarn Preußen stand, übergangen zu werden. Gerade das kleine Bremen ermutigte Hannover ständig, sich mehr für die Nordseeflotte einzusetzen. Hierdurch geriet Hannover aber in den Konflikt mit den Zielen der »Union«, die sich weiter in der Entwicklung befand und auch anfing, sich für dieses Institut in der Nordsee zu interessieren.

Unter diesen Voraussetzungen begannen vorsichtige Gespräche zwischen dem Marineministerium und Hannover wegen der Übernahme der Marineverwaltung. Hierbei war ein Ziel, die Flotte eventuell unter die Flagge von Hannover zu stellen, um das leidige Flaggenproblem endlich aus der Welt zu bekommen. Die diplomatischen Querelen wegen der angeblichen Verletzung britischer Hoheitsgewässer und dem anschließenden Streit um die Reichsflagge wirkte immer noch nach. Hauptproblem war und blieb die unklare politische Lage im Inneren des Deutschen Reiches, das von zum Teil heftigen Unruhen geprägt war. Um die Anerkennung auf diplomatischer Ebene in die Wege zu leiten, wurde durch den Reichsverweser Erzherzog Johann von Österreich erneut versucht, offiziell die diplomatischen Verbindungen zum Britischen Königshaus aufzunehmen. Großbritannien reagierte sehr unterkühlt auf diesen Versuch und signalisierte, dass es zurzeit keinen Handlungsbedarf zur Anerkennung dieses Deutschen Reiches sah.

Offizielles Ende der Feindseligkeiten des Deutschen Reiches gegen Dänemark

Offiziell erhielt Commodore Brommy am 8. August 1849 den Befehl, die Feindseligkeiten gegen Dänemark als beendet zu betrachten. Er erhielt die Anweisung, sich mit dem wieder vor Helgoland liegenden dänischen Geschwader ins Benehmen zu setzen und dieses offiziell zu bestätigen.

Auf die Anfrage des Amtmanns Dr. Sthamer von Ritzebüttel wegen der Rückführung der Kanonenboote erwiderte Brommy diesem:
> *»(…) Auf Ihre geehrte Zuschrift im Betreff der bei Cuxhaven liegenden Kanonenboote beeile ich mich im Zorn zu erwidern, das ich noch keine Veranlassung habe, die den*

---

392   **Staatsarchiv Oldenburg 33-2-3.** Vierter Kommissionsbericht des geh. Rates Erdmann vom 22. Juni 1849.

Commandanten jener Fahrzeuge gegebenen Instructionen aufzuheben oder abzuän-
dern nur das es mich freuen werde wenn diese Herren ihre Pflicht tun.
Sobald eine andere Instruction nothwendig werde, werde ich selbige auch ohne Ihre
gefällige Erinnerung erteilen.
An Bord der Dampffregatte Barbarossa vor Anker bei der Bremer Barke
den 9. August 1849.
Der Seezeugmeister für die Nordseeküste
Capitain zur See
Gez. R. Brommy[393]

Schon wenig später erhielt der Commodore einen Brief des Senates von Hamburg, in dem sich dieser über, seiner Meinung nach *»durchaus unangemessene Antwort«* durch den Commodore beschwerte![394]

Tatsächlich kam wenige Tage später aus Frankfurt die Order, die aktiven Kanonenboote ins Depot zu legen. Die vor Cuxhaven nach Glückstadt, die auf der Weser und den Watten nach Vegesack. Ihre Bewachung sollte dem Ministerium mitgeteilt werden. Die Besatzungen waren zu ihren Schiffen oder der HANSA zuzuordnen. Das war eine gute Verstärkung für die Dampfschiffe, die dringend benötigt wurden, da auch in Kürze die Indienststellung der BREMEN anstand.

Nachdem Preußen per Telegramm des Gesandten von Balan erfuhr, dass durch den Sekretär Kerst General Eberle und Major Witzleben vom Marineministerium abgesandt worden waren, um die Mannschaften und Offiziere der BREMEN auf *»das Reich und dessen Regierung«* zu vereidigen, reagierte Preußen sofort, dieses noch nicht in Dienst gestellte Schiff als »Herrenloses Objekt« zu übernehmen. Preußen leitete sofort politische Schritte ein, um zu unterbinden, dass die BREMEN in Dienst des Deutschen Reiches gestellt würde.

Als der Commodore von diesen Vorhaben erfuhr, wies er unverzüglich die Vereidigung der Mannschaften und Offiziere der BREMEN auf das Reich an. Am 9. August 1849 wurde durch Leutnant G.W. Jackson, neuer Kommandant der Dampfcorvette BREMEN, die Mannschaft vereidigt. Anwesend als Vertreter der Seezeugmeisterei war der Premierleutnant Weber. Die Veranstaltung begann um 11.00 Uhr mit der Vereidigung, die zunächst nur für ein Jahr galt.[395]

Die Benachrichtigung vom Waffenstillstand traf offiziell bei Commodore Brommy am 11. August vormittags ein, und er unterrichte wenig später seine Offiziere und Mannschaften davon. Auf Weisung des Commodores ging noch am Nachmittag die Corvette HAMBURG unter Lt. Reichert um 4 Uhr nachmittags in See, um eine Depesche mit den Waffenstillstandsunterlagen dem Kommandeur des dänischen Blockadegeschwaders zu übergeben und quittieren zu lassen. Um 5 Uhr 25 Minuten morgens des 12. August legte die Corvette HAMBURG ca. eine Meile von Helgoland bei. Östlich von der HAMBURG lagen zwei dänische Fregatten und eine Corvette vor Anker. Unter Parlamentärflagge ging ein Boot von der HAMBURG mit Fähnrich Mattihsen an Bord zur Fregatte ROTA.

---

393 **DB** Nr. 2006. Brommy an Amtmann Sthamer, Ritzebüttel.
394 **DB** Nr. 2789, Nr. 2302. Amt Bremen an Brommy.
395 **Zimmermann, Alfred Dr.:** a. a. O. S. 647f.

Der Oberkommandierende war aber an Land auf Helgoland. Der Kommandant der HAM-BURG wurde ersucht, bis zum Eintreffen der Antwort von Land mit seinem Ruderboot beizulegen. Um 10 Uhr nachts war dann das Antwortschreiben durch eine dänische Corvette auf der HAMBURG angelangt. Die HAMBURG verließ Helgoland um 2 Uhr 10 Minuten morgens des 13. August wieder, um später bei der Bremer Barke vor Anker zu gehen. Im Antwortschreiben von Steen Bille wurde der Eingang des Schreibens von Commodore Brommy bestätigt mit dem Hinweis, dass vom 11. August mit Sonnenaufgang alle Feindseligkeiten entfallen.[396]

Commodore Brommy unterrichtete das Ministerium umgehend von dem Vorgang und bat im Schreiben die DEUTSCHLAND, die die Mannschaften der im Depot liegenden Kanonenboote von der Elbe übernommen hatte, nun nach Bremerhaven verlegen zu dürfen, um alle Schiffe unmittelbar unter seiner persönlichen Aufsicht zu haben. Als Weiteres würde er auf der Weser liegen bleiben um die sichere Einbringung der HANSA nach Bremerhaven garantieren zu können. Die beiden von der Ems kommenden Ruderkanonenboote unter dem Kommando von Hilfsoffizier Clodius sollten in Bremerhaven die Kanonen und Munition abgeben und anschließend nach Vegesack segeln, abtakeln und die Mannschaften würden der ERZHERZOG JOHANN unterstellt.

Während durch Commodore Brommy die Anweisungen zum Waffenstillstand behutsam und vorsichtig umgesetzt wurden, war sich die Regierung in Schleswig-Holstein nicht sicher. Am 16. August 1849 erhielten die Kanonenboote Nr. 4, Nr. 5 und Nr. 10 die Anweisung, von Sylt nach Tönningen zu verlegen. Wegen der ungewissen politischen Lage wurde die weitere Rückführung der schleswig-holsteinischen Kanonenboote in die Ostsee aber bereits am 17. August in Tönningen unterbrochen. Auch die bei List stationierten Boote Nr. 7 und Nr. 11 sollten dort bleiben. Alle Boote sollten neue Weisungen abwarten.

Obwohl sich für die Reichsmarine seit dem Waffenstillstand die Lage geklärt hatte, wollte der Commodore kein Risiko irgendeiner Art eingehen und beabsichtigte, zum Ende der Überführung der HANSA von England aus, eine Eskorte in der Nordsee zu geben. Am 17. August gingen BARBAROSSA, HAMBURG und LÜBECK in See, um dem neuen Schiff der Reichsmarine entgegenzufahren.[397] Die unter dem Kommando von Capitain-Lieutenant Donner stehende Dampffregatte HANSA ex UNITED STATES lief am 18. August 1849 unter reger Teilnahme der Bevölkerung in Bremerhaven ein. Als das Dampfschiff unter der Reichskriegsflagge einlief, hatte es bereits die aus dem Arsenal von Woolwich stammende Bewaffnung von 8 × 84 Pfd. Bombenkanonen an Bord. Das Schiff hatte 1857 BRT und eine 750 PS-Maschine.

Für den Oberbefehlshaber schloss sich hier ein Kapitel größter Unruhe ab, da seit Anfang Juli die Reichsregierung mit Preußen und auch anderen europäischen Staaten der Nordsee, auf diplomatischem Wege die Überführung der HANSA von Liverpool nach Bremen vor den Dänen gesichert sehen wollte, da zu dieser Zeit ein Waffenstillstand nicht absehbar war. [398]

396   **DB** Nr 2263 / Nr. 1118. Sten Bille an Brommy.
397   **Röhr, A.:** Unter fünf Flaggen a. a. O. S. 119.
398   **Holtz, Bärbel:** a. a. O. S. 103.

Die politische Situation der provisorischen Regierung unter Reichsverweser Erzherzog Johann von Österreich war mehr als unbefriedigend! Durch den Reichsverweser wurde deshalb Mitte August erneut versucht, offiziell die diplomatischen Verbindungen zum Britischen Königshaus aufzunehmen. Es sollte die politische Schwäche der Provisorischen Regierung sein, erst nach vollständiger »innerer Installation« der politischen Kräfte die politischen Kontakte nach »außen« knüpfen zu wollen. Die Zeit lief den Verantwortlichen der Provisorischen Zentralgewalt davon und die reaktionären Fürsten verbuchten Tag für Tag Zugewinn an politischem Boden und Einfluss auf allen Ebenen.

Gerade Großbritannien und Russland sahen diesen Vorgang mit Genugtuung, waren sie doch nicht gewillt, die europäische Karte zu Gunsten eines mächtigen Deutschen Reiches zu ändern, das sich von der Nord- und Ostsee bis zum Mittelmeer erstreckte und keine monarchischen Strukturen hatte! Viel lieber wurde ein politisches Gebilde von fast 50 Einzelstaaten mit deutscher Zunge gesehen. Dieses zerstückelte deutsche Sprachgebiet war besser zu überwachen und im Zaum zu halten, als eine »Großdeutsche Lösung«.

Der Versuch die Reichsmarine Hannover zu unterstellen

Um der weiterhin unklaren Rechtslage der Reichs-Kriegsflagge zu begegnen, erhielt Generalsekretär Kerst am 19. August, in Abwesenheit des Marineministers Jochmus, durch den Finanzminister Merk offiziell die Vollmacht, mit Hannover in Verhandlungen einzutreten, um die Marineverwaltung und die Flotte nach Hannover zu übergeben. Wegen dieser Verhandlungslage, deren Ergebnis durch Signale aus Hannover nicht ungünstig bewertet werden konnten, wurde durch Kerst am 29. August 1849 eine Bedarfsaufstellung für die Offiziers-, Beamten- und Ärztestellen der Reichsmarine erstellt und an das Reichsministerium der Marine in Frankfurt überwiesen.

Um die Korvetten nicht durch Leutnants führen zu lassen, sollten diese als Schiffsführer zu Korvettenkapitänen ernannt werden. Generalsekretär Samuel Kerst schlug zudem vor, den britischen Offizier T.H. King als Ausrüstungsdirektor mit dem Titel eines Korvettenkapitäns einzusetzen. Speziell die Versorgung der Marine durch Ärzte lag im Argen. Kerst stellte mit Stand vom 2. September folgende Tabelle auf.

Bezeichnung	Stabsarzt	Arzt 1. Kl.	Arzt 2. Kl.	Assistent	Summe
Seezeugmeisterei	1		(1)	1	2 (1)
Hansa	(1)		(1)	(1)	(3)
Barbarossa		(1)	1		1 (1)
Erzherzog Johann			1		1
Eckernförde			1		1
Cora			(1)	(1)	(2)
Deutschland		1	1		2
Hamburg			1		1
Bremen			1		1
Lübeck			1		1
Inca			(1)		(1)
Cazique			(1)		(1)
TOTAL	**2**	**2**	**12**	**3**	**19**
Vorhanden	1	1	7	1	10
Unbesetzt/Fehlen	**1**	**1**	**5**	**2**	**9**

Bemerkung: Zahlen in Klammern waren unbesetzt.

Gleichzeitig bat Generalsekretär Kerst den Reichsminister der Marine, General-Leutnant Jochmus, am 8. September um Klarstellungen der Prioritäten im Aufbauprogramm der Reichsmarine, um die vom Reichsministerium der Finanzen geforderte Budgetaufstellung erstellen zu können:

(…) In den drei früheren Berichten habe ich die Ehre gehabt, einen Zahlennachweis des Bedarf an Offizieren, Verwaltungsbeamten und Ärzten zu liefern (…)

1.) Soll die Reparatur der Dampffregatte ERZHERZOG JOHANN, sobald sie im Trockenen Dock war, was in etwa 8 Tagen der Fall sein werde, sofort in Angriff genommen werden?

2.) Soll die Segelfregatte ECKERNFÖRDE wenn die Reparaturen beendet ist in Dienst gesetzt werden?

3.) Ist es Absicht alle Dampfschiffe im aktiven Dienste zu erhalten?
Ich erlaube mir zu dieser Hauptfrage folgende Bemerkungen.

(…) Hält das Gesamtministerium aber den Abschluss eines definitiven Frieden für mehr als wahrscheinlich oder gebiete Mangel an Fouch in zwingender Weise die Frage in ihrer ganzen Ausdehnung nicht zu bejahen, so würde ich teils um die Offiziere und einen tüchtigen Kern von Seeleuten in allen Zweigen des Dienst der Geschützbedienung, des Gefechts und der Evolutionen einzuüben, teils um die größten Schiffe, welche nicht in deutschen Häfen überwintern können, andererseits zu sichern, teils um Geld zu sparen, beauftragen.

1) Ein Geschwader zusammenzusetzen (…) für welches die Dampffregatte HANSA und BARBAROSSA die Corvette 1ter Classe »der Königliche Ernst August« und ein Aviso (einer der kleineren Dampfer) wohl genügen dürften.

2) Dieses Geschwader eine Reise nach den Vereinigten Staaten machen zu lassen, wo unsere Flagge anerkannt und acceptiert wird.(…)
3) Die übrigen Dampfer aber in Hamburg in Depot zu legen, mit der für die Bewachung und Instandhaltung der Schiffe und Maschinen unumgänglichen Besatzung.
4) Die Fregatte DEUTSCHLAND soweit abzutakeln, als es ihre Bestimmung als Lehrschiff für den Winter zuläßt.

Der Generalsekretär
gez. Samuel Kerst« [399]

Wie erwartet erhielt Commodore Brommy aus Brake am 9. September 1849 die Nachricht von der Vollendung des Trockendocks. Zunächst konnte er aber nicht die nötigen Anweisungen für die Einbringung des Havaristen erteilen, da sich eine preußische Kommission angesagt hatte, die unter der Leitung des preußischen Oberstleutnants von Wangenheim stand. Sie beabsichtige, die Schiffe und Einrichtungen der Reichsmarine in Bremerhaven und Brake zu mustern. Zu diesem Zeitpunkt verfügte die Reichsmarine über Schiffe mit folgender Stationierung:

Dampffregatte BARBAROSSA	Gambacher Loch auf der Weser,
Dampfcorvette HAMBURG	Gambacher Loch auf der Weser,
Dampfcorvette LÜBECK	Gambacher Loch auf der Weser,
Segelfregatte DEUTSCHLAND	Hamburg,
Dampffregatte ERZHERZOG JOHANN	Reparatur in Brake,
Dampfcorvette BREMEN	vor Bremerhaven,
Dampffregatte HANSA	vor Bremerhaven, Ausrüstung,
Segelfregatte ECKERNFÖRDE	Beschädigt, Eckernförde,
Dampfcorvette CORA	Bristol, England, im Bau,
Dampfcorvette INCA	Bristol, England, im Bau,
Dampfcorvette CACIQUE	Bristol, England, im Bau,
26 Ruderkanonenboote in	Bremen-Vegesack und Krautsand bei Hamburg.

Am 11. September 1849 verfasste v. Wangenheim einen Bericht an das preußische Ministerium, in dem er besonders hervorhob, dass die Schiffe der Reichsmarine einen befriedigenden Anblick böten und auf der HANSA und BARBAROSSA » *(…) eine vortreffliche Geschützaufstellung«* vorgenommen war. Die Besatzungen der deutschen Schiffe waren tüchtige Seeleute, ebenso wie der Oberkommandierende und Seezeugmeister. Der Commodore sei ein rühriger Mann mit einem offenen und festen Charakter. Zudem sei der Oberbefehlshaber mit einem außergewöhnlichen Befehlstalent ausgestattet. Hinsichtlich der Hafenanlagen wurde durch den preußischen Offizier auf die Nachteile von Bremerhaven und der Elbe hingewiesen. Von Wangenheim sprach sich gegen jede Art von Verhandlungen für die Schaffung einer Hafenanlage an der Jade aus, aber schlug vor, Swinemünde als Winterlager in Aussicht zu nehmen.

Nach diesem Besuch aus Preußen wurden unter der Leitung von Seezeugmeister Brommy die Vorbereitungen zum Eindocken der ERZHERZOG JOHANN eingeleitet.

---

399 **Stadtgeschichtliche Museum Leipzig.** Sammlung Lange/Brommy. 9.9.1849 Kerst an Jochmus.

Brommys private Verbindung zum Hause Gross

Hatte Carl Rudolph Brommy bislang seinem privaten Angelegenheiten wenig Beachtung geschenkt, die Dienstangelegenheiten erforderten seine ganze Aufmerksamkeit und ließen das Private an zweite, ja an dritte Stelle treten, hier nun, zu seinem 45. Geburtstage, ließ er ihnen den Vortritt.

Seit dem Verlust von Bertha war es, was das weibliche Geschlecht betraf, einsam um ihn geworden, obwohl ihm eine gewisse Geselligkeit nach dem Verlust seiner Bertha nie abhanden gekommen war. Man schätzte ihn in der griechischen Gesellschaft und am Hofe des Griechischen Königs, und seiner von Brommy verehrten Gemahlin Amalie, als Gesprächspartner über alle Dinge des Lebens ebenso, wie auch als gerne gesehenen Tänzer. Wie sehr hatte sich Brommy dem Besuch seiner königlichen Hoheit dieses Jahr entgegengesehnt, und welche Freude hatte es ihm gemacht, ihr die Reichsmarine in Brake und Bremerhaven, als ein von ihm gestaltetes Werk, vorzustellen.

Seit Brommy als Fregattenkapitän in Bremerhaven 1849 sein Lager aufgeschlagen hatte, war die Aufbauarbeit der Marine so besitzergreifend gewesen, dass auch hier die Pflicht obwaltete, und das Private ganz nach hinten treten musste. So war zunächst sein Wirt, Dr. Philippi in Bremerhaven, ein sehr guter Gastgeber, dem seine Offiziere und er gerne Gesellschaft gaben, wo gelacht, getrunken, viel geredet und auch schon mal getanzt worden war.

Seine Tätigkeit als Seezeugmeister und auch später als Oberkommandierender der Reichsmarine ließ ihn mehr als einmal bei den Honoratioren von Bremerhaven und Brake vorstellig werden, die dann, er hatte es gerne wahrgenommen, seine Gesellschaft zu schätzen wussten. Ob es die Amtmänner der Orte Bremerhaven und Brake oder die Höfe von Hannover und Oldenburg waren, Rudolph Brommy erhielt, wie auch sein Offizierskorps, oft Einladungen, denen er immer mit Freude Folge leistete, im Wissen, der Reichsmarine einen Dienst zu erweisen.

Eine der sich langsam entwickelnden Verbindungen, zunächst von Amts wegen auf Grund der Verbindung des Handels mit Gütern für seine Marine, war die mit dem Handelshaus Gross, das in Brake beheimatet war, aber auch in Bremerhaven eine Niederlassung hatte. In beiden Städten trat der Seezeugmeister immer wieder in geschäftlichem Bezug auf, wobei sich hier eine Vertraulichkeit entwickelte, die der gebürtige Leipziger immer mehr, auch privat, erleben durfte. Seit der Übergabe der von Braker Jungfrauen gestickten Reichskriegsflagge hingegen war diese Verbindung noch enger geworden, da auch Töchter des Handelshauses Gross daran beteiligt waren. Traf Brommy in Bremerhaven doch immer wieder mit der Jungfrau Adeline Gross zusammen, die die Geschicke des Hauses Gross als Hausfrau in Bremerhaven auf das Vortrefflichste leitete. Er war von der Jungfrau Adeline sehr angetan und verweilte seit dieser Zeit auch privat im Hause Gross in Brake.

Im Kreise der Familie Gross verbrachte der Commodore am 10. September 1849 in froher Runde seinen 45. Geburtstag. Wie immer in der großen Familie waren auch alle weiteren Mitglieder der Familie anwesend. Von großer Lieblichkeit hierbei war die Gattin des Hausherren Gerhard Gross, Cornelia, die immer mit großer Mühe versuchte ihre geladenen Gäste auf das

Beste zu bewirten und die Umgebung zu gestalten, was stets mit viel Freude durch den Commodore wahrgenommen wurde. Diese schönen Stunden vergingen aber viel zu schnell, da schon am nächsten Tag die Dienstgeschäfte seine volle Aufmerksamkeit verlangten.

Eindockung der ERZHERZOG JOHANN ...

Unmittelbar nach Fertigstellung des Trockendocks in Brake Anfang September 1849 hatte der Seezeugmeister die Vorbereitungen zum Eindocken der ERZHERZOG JOHANN eingeleitet. Mitten in diese Vorbereitungen platzte die Anweisung aus Frankfurt, dass sich der Oberkommandierende unverzüglich nach Eckernförde begeben sollte, um die Segelfregatte ECKERN-FÖRDE zu besichtigen. Ziel der Überprüfung war es, die Möglichkeit der Überführung der Segelfregatte nach Kiel abzuschätzen. Der Grund, die ECKERNFÖRDE endlich auf der Weser in sicheren Gefilden zu sehen, waren die wieder aufflammenden Kämpfe in Schleswig-Holstein.

Der Versuch des schleswig-holsteinischen Generals Willsen, am 12. September bei Missunde die Schlei zu überqueren und die dänischen Truppen aus Schleswig-Holstein zu drängen, scheiterte kläglich. Im Gegenangriff besetzten die Dänen weiteres Terrain. Noch am gleichen Tag wurden Teile der Stadt Eckernförde besetzt. Ein gleichzeitiger Angriff von See her durch mehrere dänische Ruderkanonenboote brachte die Segelfregatte des Reiches in ernste Gefahr, besetzt zu werden. Dieses wurde durch den Kommandanten der Segelfregatte unverzüglich gemeldet. Das Ministerium sah die Gefahr für die ECKERNFÖRDE als so groß an, dass bereits am 14. September eine erneute Weisung an Commodore Brommy erging...
»Vertraulich.
Weisung des Reichsministeriums der Marine an den Seezeugmeister für die Nordseeküste Herrn Commodore Brommy zu Bremerhaven.
(…) werden Sie sich auf den Weg an den Sitz der Statthalterschaft für die Herzogtümer Schleswig-Holstein begeben und mit ihr sich über die Ergreifung derjenigen Mittel und Wege benehmen, welche dem drohenden Verlust der Fregatte ECKERNFÖRDE vorbeugen können, auch sind Sie ermächtigt alle Dispositionen zu treffen, welche nötig werden könnten die gedachte Fregatte und das geborgene Material des Christian VIII den Händen der Dänen sicher zu entziehen.
Was die Ehre des deutschen Volkes gebiete, werden Sie durch Ihre Maßnahmen zu erreichen und zu verhindern trachten. Ich füge noch hinzu, das laut Privatmitteilung zwischen Kiel und Eckernförde dänische Kriegsschiffe kreuzen sollen, und das Ihre Maßnahmen auch diesen Umstand in Rechnung zu nehmen haben.(…)

Frankfurt a/M den 14. September 1849
der Minister
-/- gez. -/- Jochmus [400]

---

[400] **DB 52/ 14** auch **Stadtgeschichtliches Museum Leipzig:** Sammlung Brommy/Lange. Jochmus an Brommy wegen ECKERNFÖRDE.

Mit gleicher Post erhielt der Commodore den Inhalt einer »Cirkularnote« aus Schleswig-Holstein in dem darauf hingewiesen wurde, dass der schleswig-holsteinische Zoll angewiesen wurde, das Verbringen von Schiffsteilen der CHRISTIAN VIII ebenso wenig zu dulden wie eine Verbringung der ECKERNFÖRDE.

»(…) gestatte ich mir bereits in dem obrigen Erlaß mit dem Namen GEFION bezeichnete Fregatte ECKERNFÖRDE sich empfehlen möchte. Die Ansicht wurde derzeit nur im Hinblick auf eine gewisse Eventualität ausgesprochen, um für alle Fälle die bisher in Eckernförder – Hafen bewahrten, zur deutschen Reichsmarine gehörigen wertvollen Gegenstände sicher zustellen, bis deren etwaige Gefährdung nicht allein die Rechte der hohen Central – Gewalt, sondern eben so sehr die Ehre Deutschlands auf das erheblichste beleidigt sein würde. – Der oben angegebene völlig unberechtigt erscheinende Auftrag der =Landesverwaltung für das Herzogtum Schleswig= läßt augenscheinlich die Besorgnis von einer solchen Gefährdung nahe treten und zeigt die ganze Dringlichkeit einer baldigen Erlassung der zur Sicherstellung jener Reichsgegenstände erforderlichen Anordnung.-
Indem ich daher hierauf das ebenso angelegentliche wie ergebene Ersuchen der Stadthalterschaft zu richten, bin ich zugleich angewiesen die Versicherung zu erteilen, das meine Regierung ihrerseits jeder ihr möglichen Dienstleistungen zu diesem Behufe auf das Willfährigste sich unterziehen werde.
Um baldigste Mitteilung des Beschlusses darf ich gehorsamst bitten.

Frankfurt a/M den 14en September 1848
In Vertretung des Schleswig-Holsteinischen Bevollmächtigten bei der Centralgewalt ganz gehorsamst
-/- gez. -/- Stemann« [401]

Der Oberkommandierende entschied sich aber, zunächst die dringendere Einbringung der Dampfcorvette in das Trockendock selber zu leiten und zu überwachen, und lehnte schriftlich aus diesem Grund die Reise nach Kiel ab.[402]

Zunächst wurde der Zeitpunkt des höchsten Standes der Flut abgewartet, um das Schiff mit eigenem Antrieb in das offene Dock zu bringen und sofort zu verschließen, indem der Erdwall aufgeworfen wurde. Danach ward das Wasser aus dem Bassin wieder entfernt, und so konnte das aufgesetzte Schiff mit Stangen und Stützen so stabilisiert werden, dass bald die Reparatur beginnen konnte.

Das Eindocken der ERZHERZOG JOHANN in das neu errichtete Trockendock von Brake erforderte mehr Zeit, als von Commodore Brommy zunächst veranschlagt wurde. Aus diesem Grund konnte dieser erst am 17. September 1849 seine Reise nach Eckernförde antreten, um die angewiesenen Gespräche mit der dortigen Regierung zu tätigen.

---

401   **Stadtgeschichtliches Museum Leipzig:** Sammlung Brommy/Lange. Stresemann an Jochmus.
402   **Batsch, F.:** Dt. Seegras S.266.

… und die Probleme mit der ECKERNFÖRDE

Brommy meldete die erfolgreiche Einsetzung der ERZHERZOG JOHANN in das Trockendock dem Ministerium, um gleichzeitig anzuzeigen, dass er sich nach Eckernförde begeben
würde, um die angewiesenen Gespräche zu führen. An Bord der BARBAROSSA fuhr
Brommy die Weser aufwärts bis nach Krautsand in die Elbe, um von dort über Land nach Kiel
zu gelangen und die angewiesenen Gespräche mit der dortigen Regierung zu tätigen. Anschließend beabsichtigte der Commodore, sich nach Eckernförde zu begeben, um die Lage der
ECKERNFÖRDE vor Ort genau zu erkunden.

Nach der Meinung des derzeitigen Kommandanten der ECKERNFÖRDE, Leutnant Poppe,
würden die Arbeiten zur sicheren Überführung nach Kiel noch ca. drei Monate in Anspruch
nehmen. Danach traf Commodore Brommy erneut mit den zuständigen Behörden in Eckernförde und Kiel zusammen, um die Forderungen des Reiches darzustellen und die Lage zu sondieren.[403] Am 22. September 1849 schickte der Oberbefehlshaber der Reichsmarine ein
Schreiben aus Kiel an das Marineministerium mit seiner Einschätzung der Lage:

>*»(…) In Folge des Bescheides Sub 2426 d.d, 14. September begab ich mich nach Kiel um
>mich mit der Statthalterschaft (…) im Benehmen zu setzen. Nach geschehener Rück-
>sprache ging ich nach Eckernförde wo ich die Fregatte – trotz der fortschreitenden und
>ausgezeichneten Reparatur – doch noch in einem Zustande antraf, der ein sofortiges
>Überbringen derselben nach Kiel außer Frage stellt. (…) Ist die Barre weg gebaggert, so
>steht augenblicklicher Wegbringung der Fregatte nichts im Wege, Leutnant Poppe werde
>dann sich direkt an die Statthalterschaft wenden um zwei Dampfboote zu requirieren,
>das Schiff nach Kiel zu schleppen. Das Überbringen kann selbstredend nur des Nachts
>geschehen da fortwährend dänische Kriegs- Fahrzeuge vor Eckernförde kreuzen. (…)
>Um nun zu verhindern, das die völlig unbewaffnete Fregatte in solchem Fall in die
>Hände des Feindes gerät, habe ich dem Leutnant Poppe die gemessenen Befehle erteilt,
>das Schiff nicht wegnehmen zu lassen (…) Es sind bereits die betreffenden nötigen Vor-
>kehrungen getroffen worden, um somit die Ehre der deutschen Marine sicher ge-
>stellt.(…)*

>*Kiel den 22. September 1849*
>*-/- gez -/- R. Brommy*
>*Commodore und Seezeugmeister«*[404]

Die aufmerksamen Journalisten der »Hamburger Börsenhalle« schreiben dazu:

>*»(…) Kapitän Brommy war hier angekommen, um sich die Fregatte GEFION deren
>Eigenthum die Zentralgewalt beansprucht, zu besehen. An eine Auslieferung derselben
>an Dänemark (wie viele Blätter melden) wurde schwerlich gedacht. Diese Auslieferung
>würde auch in Eckernförde schwer zu realisieren sein. Es heißt, das das Preußische
>Kriegsministerium befohlen habe, die Eckernfördener Schanzen wieder vollständig zu
>armieren, um jedem Eindringen der Dänen in den dortigen Hafen zu begegnen.«* [405]

403   **Koch, P.:** Zeitungsausschnitte aus den Gefionakten S. 251.
404   **Stadtgeschichtliche Museum Leipzig:** Sammlung Brommy/Lange. Brommy an Jochmus aus Kiel.
405   **Koch, P.:** Marinerundschau 1893 Zeitungsausschnitte aus den Gefionakten. S. 251.

Trotz der reichhaltigen Beanspruchung um die Einbringung der ERZHERZOG JOHANN und der in Gefahr geratenen ECKERNFÖRDE mussten durch Brommy und seinen Stab weitere wichtige Entscheidungen auf den Weg gebracht werden. Neben der weiteren Verstärkung der Offiziers- und Mannschafts-Corps mussten auch die Überwinterungs- und Flaggenfragen dringend geregelt werden. Zunächst wurde am 14. September der britische Kapitän Strutt aus dem Dienst entlassen, nachdem er sich nicht den Weisungen der Regierung und Commodore Brommys unterwerfen wollte.[406] Das war zu verkraften, da bereits am 30. Juli der US-Kapitän William A. Howard in Reichsdienste getreten war.

Die Abläufe in der Marine waren vielschichtig und erforderten die Aufmerksamkeit des Oberkommandierenden auf allen Ebenen. Das traf für die Kontrolle der Arsenale und Magazine genauso wie die der Belege für die tägliche Tagesroutine der Verpflegung zu. Die Werbung der neuen Mannschaften musste einhergehen mit der Beschaffung der Uniformen. Auch die Versorgung der Matrosen und Soldaten hinsichtlich der ärztlichen Betreuung von Beginn ihres Dienstes bis zum Ausscheiden muss nach seiner Meinung durchgehend gesichert sein. Dieses alles erforderte gut ausgebildetes und williges Personal, auf das Brommy aber nicht immer zurückgreifen konnte. Hauptproblem war das Fehlen einer Disziplinarordnung für die Reichsmarine, die zu dieser Zeit kurz vor der Inkraftsetzung stand, und die von Brommy wesentlich mitgestaltet wurde.

Eines der wichtigsten Grundlagen der militärischen Ordnung war auch die Kompetenz der verschiedenen Dienstgradgruppen zueinander:

»(...) *Auf die Offiziere folgen, im Range zwischen diesem und den Unteroffizieren stehend, der Bootsmann, der Konstabler (Feuerwerker) und der Meister, welche in einigen Marinen eine Bestallung der Regierung erhalten, in anderen aber Junkersrang haben. Der Bootsmann hat unstreitig einen der wichtigsten Posten auf dem Schiffe inne. Er muss ein praktisch gebildeter Seemann und imstande sein, das Schiff auf – und abzutakeln und den Raum zu stauen. Er war verantwortlich für Anker, Tauwerk, Segel, Takelage und das Äußere des Schiffes. An allen Manövern des Schiffes war er persönlich beteiligt. Bootsmannsmaate und Segelmacher sind ihm als Gehilfen zugeteilt. Dem Konstabler (Feuerwerker) untersteht Pulverkammer, Kanonen mit Zubehör und alle Waffen des Schiffes. Er hat die Arbeit der Waffenschmiede zu überwachen und war für den guten und jederzeit gebrauchsfertigen Zustand aller Waffen veranmtwortlich. Geschützmunition und Patronen hat er herstellen zu lassen und mit seinen Maaten die Instandhaltung der Kanonen zu überwachen. Dem Meister (Zimmerer) war alles zugeteilt, was zu seinem Fach gehört. Er hat täglich Revisionen des Schiffskörpers, der Masten, Rahen und Boote selbst vorzunehmen und war für die Pumpen verantwortlich. Seine Maate und Kalfaterer sowie Tischler und Böttcher arbeiten unter seiner Aufsicht. Das notwendige Handwerkszeug muss er sich gegen Geldentschädigung selber beschaffen und unterhalten*«[407]

---

406   **DB** 54/ 4 .
407   **Bund der Deckoffiziere.** Deckoffiziere S.10f.

Commodore Brommy versuchte selber immer ein tätiges Beispiel von Disziplin vorzustellen, um als Vorbild zu fungieren. Seine Stellung als Oberbefehlshaber erheischte von ihm, wollte er Ordnung und Disziplin verlangen, diese selber auf das peinlichste vorzuleben und einzuhalten. Auch von seinen Offizieren verlangte er unbedingtes Einhalten von Anweisungen, um so als Vorbilder gegenüber ihren Untergebenen aufzutreten. Wobei der Seezeugmeister sich nicht schrecken ließ, Offizieren, die seine Gebote und Befehle missachteten oder nicht ordnungsgemäß befolgten, mit Strafe zu belegen. Bislang hat ihm die gezeigte Strenge keinen Verlust an Dienstfreudigkeit und Vertrauen eingebracht. Im Gegenteil, gerade der Offiziersnachwuchs, den er immer mit väterlicher Strenge, aber auch viel Freude beobachte, zeigte ihm aufs deutlichste, dass gerechte Strenge auch viel Vertrauen, Selbstbewusstsein und Dienstfreude als Ergebnis erreichten. Der Commodore machte sich um seinen **Offiziersnachwuchs** wenig Sorgen. Auch für den aktuellen Dienst bei der Flotte wurden Mitte September vier belgische Marineoffizier als Leutnante 1. Klasse eingestellt. Es waren die Offiziere:

Ducumbier, Oscar Edmund Viktor,
Ducumbier, Themistukles Scipion Charles Albert,
Gernard, Carl,
Tack, August Hippolyto Ludwig.

Die Suche nach einem Überwinterungsplatz für die Flotte 1849/50

Als nächstes muss die Überwinterungsfrage für die Reichsflotte für den kommenden Winter angegangen werden. In einem Schreiben an Marineminister Jochmus fragte der Commodore Mitte September vertraulich:

»(…) *was wohl mit dem Geschwader während der Wintermonate anzufangen werde? Denn diese Frage drängt sich zu gebieterisch mir auf. Sollen die Schiffe nach dem Süden, was wohl am besten wäre, so muss ich die nötigen Vorkehrungen treffen. Schaden könnte es nicht, wenn wir nach dem Mittelmeer gehen, versteht sich nur teilweise mit Dampf, Rest mit Segeln. Aber ich muss inständigst bitten, mich mit dem nötigsten Bedarf an Geld zu versehen. Für den eintretenden Fall, das ich wieder in See gehen muss, dürfte ein Haupterfordernis sein, das unsere Flagge anerkannt würde.*«[408]

General-Leutnant Jochmus beantwortete am 17. September 1849 die Anfrage von Commodore Brommy wegen der Überwinterung der Nordseeflotte:

»(…) *Was die Geldfrage anbetrifft, so wäre es gewiss wohlfeiler die HANSA und die BARBAROSSA im Fall der Not in Antwerpen überwintern zu lassen. Kann man die CORA (ERNST AUGUST) nach Hamburg schicken, oder muss sie auch nach Antwerpen gehen?*
Was die Flaggenfrage anbetrifft, so ist in Belgien keine Schwierigkeiten, aber England, Frankreich, Spanien und verschiedene Staaten des Mittelmeeres haben unsere Flagge noch nicht anerkannt und werden es erst tun, wenn die deutsche Constitionsfrage durch ein Definitivum entschieden ist. Wir können aber dieses Devinitivum auf keinen Fall (…)

---

408 **Stadtgeschichtliches Museum Leipzig:** Sammlung Brommy/Lange. Brommy an Jochmus Überwinterung.

abwarten. Wir müssen also dadurch vorbereitet sein, das Geschwader aus obigen drei Schiffen entweder nach Amerika (United States) oder nach Belgien zu schicken (…). [409]

Die Flaggenfrage und die daraus resultierende Unsicherheit für die Flotte sollte durch die Übernahme der Reichsmarine endlich beseitigt werden, indem sie Hannover unterstellt würde. Die Verhandlungen, an denen auch der Oberkommandierende der Reichsflotte beteiligt war, verliefen zunächst vielversprechend. Das schon bis zur Vertragsreife gediehene Werk wurde durch die plötzliche Verweigerung der Ratifizierung durch den König von Hannover am 17. September 1849 zum Scheitern gebracht. Dieses war ein herber Schlag für die Marineplanung des Reiches, stand man nun genauso unsicher da wie vorher.

Dieser Vorgang musste im Zusammenhang mit den Verhandlungen Preußens und Hannovers gesehen werden, die im Rahmen der derzeit laufenden Verhandlungen mit Sachsen zur Schaffung und Erweiterung des »Dreikönigsbundes« auf geheimer Ebene abliefen. Hannover geriet mit seinen maritimen Vorstellungen, die immer in der Angst vor Preußens Übermacht stand, nun in Konflikt zu den politischen Verhandlungen mit Preußen. Die Reichsregierung geriet dadurch in die Situation, mit einem König zu verhandeln, der die Macht der Flotte gerne gegen Preußen eingesetzt hätte, sich aber selber die Hände band, weil es mit Preußen einen Bund schließen wollte, das Hannover politisch aber aufwertete.

Wieder in Bremerhaven angekommen, widmete sich Brommy sofort der dringenden Lösung der Überwinterungsfrage. In einer Antwort vom 26. September 1849 gab Brommy auf das Schreiben vom 17. September 1849 folgende Einschätzung:
»(…) Es bleibt nichts als Antwerpen übrig, dann aber ersuche ich Sie alle Schiffe nach diesem Hafen zu senden, denn sie teilen ist ebenfalls schwierig und soll der Krieg im Frühjahr losbrechen, so ist es zweckmäßiger, das ich das ganze Geschwader bei mir habe.« [410]

Indes beunruhigte den Commodore das Gerücht, dass durch Preußen bei den Waffenstillstandsverhandlungen ein Separatabkommen mit Dänemark verhandelt worden war, das ermöglichen sollte, die ECKERNFÖRDE wieder Dänemark zuzuführen. Wenn man nun das offizielle preußische Gebaren dem zur Seite stellte, bekamen die Aktionen um die Segelfregatte einen Sinn!

Die vom Flottenchef lange geforderte Verlegung der DEUTSCHLAND von der Elbe zur Weser erfolgte am 24. September 1949. Für die sichere Überführung der Segelfregatte hatte Brommy die Dampfkorvette BREMEN als Begleitung befohlen. Die DEUTSCHLAND hatte von Eckernförde beordertes Ballasteisen übernommen. Nach Berechnungen von Leutnant Pougin und dem Flottenchef mussten ca. 120 Tonnen Ballast eingelagert werden. Um Kosten zu sparen, sollten zusätzlich in Hamburg lagernde vier lange 8 und 12 kurze Karronaden und die dazugehörige Munition eingelagert werden, um dem Schiff diesen Ballast zugeben.

---

409 **Erdmann, W.:** a. a. O. S. 179 f. Im Auftrag des Ministers Jochmus begibt sich Marinerat Jordan nach England um die Korvette »Cora« nach Bremerhaven zu begleiten.
410 **Rüder, August**: Theodor Erdmann Großherzogl. Oldenburgischer Geheimer Rath. Oldenburg 1895, S. 48.

Während man die Reise bei günstigem Winde und ruhiger See sonst bequem in einem halben Tage hätte machen können, hatte das Schiff auf der Strecke nicht weniger als dreimal festgesessen, und drei schwere Kabeltaue waren bei den Versuchen, es wieder flott zu machen, gebrochen. Da die DEUTSCHLAND aus gutem, solidem Teakholz gebaut war, hatte ihr das ‚Aufbrummen' nicht weiter geschadet, als höchstens etwas Kupfer vom Boden abgescheuert, und so hatte der Kommandant den Vorfall lediglich vom pädagogischen Standpunkt aus betrachtet und schmunzelnd gemeint, die Seejunker hätten viel Profit von der Reise gehabt und gelernt, wie man ein an Grund geratenes Schiff wieder abbrächte. [411]

Die Planung des Oberkommandierenden für die Flotte war das eine, Unglücke und andere Schwierigkeiten kamen hinzu. Nachdem in Brake im September 1849 die Cholera ausgebrochen war, wurde für die Bevölkerung im Telegraphengebäude ein Cholera-Hospital eingerichtet. Da das Marinehospital auf der ERZHERZOG JOHANN wegen der Lage ungeeignet war, musste eine andere Lokalität gefunden werden, damit das Marinepersonal, das ebenfalls im Verdacht stand sich mit Cholera infiziert zu haben, untergebracht und versorgt würde. Nach einigem Hin und Her konnte das Kriegsche Haus in Brake für 100 Thaler Pacht und auf eine Dauer von sechs Monaten gemietet werden. Durch das schnelle Reagieren der Marineführung konnte die Epidemie bald eingegrenzt, und ein Übergreifen auf die Schiffe der Reichsmarine verhindert werden. Es gab auf ziviler Seite einige Opfer zu beklagen, indes kam kein Mann der Marine zu Schaden. [412]

Unter dem Vorwand der Geldknappheit wurde überraschend der Posten des Generalsekretärs im Marineministerium ersatzlos gestrichen und Samuel Kerst Ende September 1849 aus dem Dienst der Marineverwaltung entlassen. Die Hintergründe schienen im Dunkeln. Zum einen wurde Samuel Kerst keine loyale Haltung gegenüber der Reichsmarine nachgesagt, zum anderen wurden bei ihm starke Verbindungen zu Preußen vermutet. Dass dieses nicht unbegründet schien, zeigten nachfolgende Vorkommnisse. Bereits am 26. September schlug Kerst in einem Schreiben an den preußischen Minister Schleinitz vor, ihm die nötigen Vollmachten zu geben, um die Marine im Sinne des Dreikönigsbundes unter dessen Kontrolle zu bringen. Dabei schlug dieser vor, den Beamten und Offizieren eine Beförderung zu sichern, dem Commodore Brommy anzukündigen, dass er Admiral würde und zu bestätigen, dass beabsichtigt würde, die Flottillen der Nord- und Ostsee zu vereinigen. Nachfolgend leitete Samuel Kerst alle Informationen über die Flotte in Bremerhaven und Brake nach Berlin weiter. Auch versuchte er, Politiker zu finden, die die Idee des Dreikönigsbundes mittrugen. Notfalls wollte er sogar mit preußischer Genehmigung die Nordseeflotte mit Gewalt unter preußische Kontrolle bringen!

411   **Peter, Karl H.:** Seeoffizieranwaerter – ihre Ausbildung von 1848 bis heute. 2009. 165f.
412   **Schmidt, Johann:** Der Sanitätsdienst der deutschen Flotte von 1848/52. In: Oldenburgisches Jahrbuch Bd. 86, Oldenburg 1986. S 90.

Die Bedrohung der ECKERNFÖRDE durch preußische Truppen

Nach den Kämpfen um Eckernförde und dem nachfolgenden Besuch durch Commodore Brommy waren Wege gesucht worden, die Segelfregatte möglichst bald aus dem Bereich von Eckernförde nach Kiel zu verlegen. Als erstes sollte durch Leutnant Poppe versucht werden, die Barre zu überwinden. War dieses geschafft, sollte so schnell als möglich die Reichsfregatte nach Kiel geschleppt werden.

In den späten Abendstunden des 27. September 1849 wurde der erste Versuch unternommen, mit dem starken Hochwasser die ECKERNFÖRDE über die Natursperre (Barre) aus dem Hafen zu verlegen. Da der erwartete Wasserstand aber nicht erreicht wurde, sich das schleswig-holsteinische Dampfboot BONIN aber bereits in See befand, wurden die preußischen Truppen auf die Verlegungsbemühungen aufmerksam, als das Dampfboot überraschend in Eckernförde eintraf. Unmittelbar nachdem erkannt wurde, dass das Segelschiff im Begriff stand, in See zu gehen, schlugen die in Eckernförde liegenden preußischen Truppen den Generalmarsch an und umstellten die Reichs-Fregatte, trotz des energischen Protests des Kommandanten Leutnant Poppe. Die Besatzung der Fregatte bezog Stellung, um eine Besetzung durch die preußischen Truppen zu verhindern. Der preußische Kommandant, Major Lehmann vom 2. Bataillon des 12. preußischen Infanterie-Regiments gab daraufhin Befehl, scharf zu laden. Um die Lage zu entschärfen, schlug Leutnant Poppe vor, ein Gespräch an Bord der BONIN zu führen.

Major Lehmann verfasste nach dem Gespräch noch an Bord des Raddampfers folgende Erklärung für seine Maßnahmen, die als Depesche sofort von Leutnant Poppe, als Anlage zu seinem Bericht, an Commodore Brommy abging:

»(…) In Betracht, das sich die Fregatte GEFION in einem Hafen befindet, der unter dem Schutz der Königlich-Preußischen Macht gestellt ist- ferner in Betracht, das die vormalige Reichsgewalt nur durch Sanktion der Königlich Preußischen Regierung über gedachte Fregatte verfügen kann, auch in Betracht, das keine sekundären Regierung es zustehen kann, ohne Einwilligung derjenigen deutschen Regierung, welche die Waffenstillstands-Convention abgeschlossen, die Fregatte GEFION aus dem Eckernförder Hafen fortzunehmen, – protestiere ich gegen diese offizielle Handlungsweise der schleswig-holsteinischen Statthalterschaft, welche in der Nacht vom 27ten zum 28ten September das Paketschiff BONIN nach erwähntem Hafen abgesandt um die Fregatte GEFION nach Kiel abzuführen und erkläre schließlich, das ich jeden dieser Deklaration zuwider laufenden Akt als einen Casus Belli betrachten werde.

Eckernförde ausgefertigt in der Nacht vom 27/28ten September 1849
Der Major und Commandeur des 2ten Bataillons
Königlich-Preußischen 12ten Infanterie-Regiments
Gez. Lehmann. [413]

413　**Stadtgeschichtliches Museum Leipzig:** Sammlung Brommy/Lange. Poppe an Brommy. Auch **Batsch, F.:** Dt. Seegras, S. 306f.

Nachdem der preußische Offizier wieder an Land war, zogen sich die preußischen Truppen noch in der Nacht wieder vom Gelände des Hafens zurück, ohne das Schiff besetzt zu haben.

Die Presse verfolgte die politischen und militärischen Aktionen um die ECKERNFÖRDE mit großer Aufmerksamkeit! So blieb es nicht aus, dass auch dieser Vorgang vom Vortage behandelt wurde. Die »Hamburger Nachrichten« berichteten aus Kiel am 28. September 1849:

> *»(...) Gestern Abend lief der Kriegsdampfer BONIN von hier aus, um bei dem Herumbringen der Reichsfregatte ECKERNFÖRDE in den hiesigen Hafen behülflich zu sein. Derselbe ist indessen diesen Morgen allein zurückgekommen, weil er bei seiner Ankunft an der Eckernförder Brücke das dort stationierte Bataillon aufmarschiert gefunden hat, um in Gemäßigkeit der Befehle der Landesverwaltung das Wegbringen des Schiffes zu verhindern.«* [414]

Die »Norddeutsche freie Presse« berichtete am gleichen Tag:

> *»(...) Der Preußische Kommandant von Eckernförde habe erklärt, die GEFION[415] müsse als das Eigentum des Königs von Preußen betrachtet werden, und jeder eigenmächtige Versuch, dieselbe von Eckernförde zu entfernen, würde einer Kriegserklärung gleich erachtet werden.«* [416]

Die Lage um die ECKERNFÖRDE blieb derweil weiterhin gespannt. Leutnant zur See Poppe konnte die Anweisungen von Commodore Brommy nicht in die Tat umsetzen, das Schiff auslaufbereit zu machen, da ihn die preußischen Truppen weiterhin mit Waffengewalt am weiteren Auftakeln hinderten.

Um Klarheit über die Haltung der Statthalterschaft in Kiel zu bekommen, wandte sich Reichs-Marineminister Jochmus am 4. Oktober an den Bevollmächtigten für Schleswig-Holstein in Frankfurt, von Stemann, um zu erfahren, wie sich die Situation für die ECKERNFÖRDE darstellte. Die Bedrohung der Segelfregatte wurde durch das Reich zunächst als nicht offizieller Akt Preußens bewertet. Die Arbeiten zur Verlegung der Reichsfregatte nach Kiel sollten ohne Verzug weiter vorangetrieben werden.

Aus diesem Grund erging noch am selben Tag erneut die Aufforderung an Commodore Brommy, Anweisungen für die Verlegung der ECKERNFÖRDE nach Kiel einzuleiten. Als erstes sollten die Arbeiten auf dem Segelschiff beschleunigt werden. Zweitens sollte Leutnant Poppe dafür Sorge tragen, dass die Barre beseitigt würde. Als weiteres sollte der Kommandant der Segelfregatte ungefähr den Zeitraum und den Auslauftermin nennen. Als letztes und wichtigstes erhielt Leutnant Poppe Befehl, dem Ministerium und der Seezeugmeisterei alle Vorkommnisse in Eckernförde sofort zu melden. Die Geschehnisse überschnitten sich hier. Während die Post mit der Mitteilung der Bedrohung vom 27. d. M. von ECKERNFÖRDE über

---

414 **Koch, P.:** Zeitungsausschnitte aus der Gefionakte S. 521.

415 **Anm. d. Verf.:** Während die Benennung des ehemaligen dänischen Segelschiffes GEFION durch das Deutsche Reich immer als ECKERNFÖRDE bezeichnet wurde, wurde das Segelschiff durch die Presse wechselseitig GEFION oder ECKERNFÖRDE benannt, wogegen in der preußischen Sprachregelung **nur** die Benennung GEFION Verwendung findet.

416 **Koch, P.:** Zeitungsausschnitte aus der Gefionakte S. 521.

Bremerhaven nach Frankfurt unterwegs war, um die Besetzung zu melden, wurde vom Ministerium eine Verlegung erwartet, die in ihrer Durchführung wegen der bereits erfolgten Behinderung durch die preußischen Truppen praktisch unmöglich wurde.

Eine für den Oberbefehlshaber schwere Zeit der Ungewissheit. Aber es gab trotzdem hier und da die Möglichkeit, Abwechslung in den Alltag der Marine zu bringen. Wenig später besuchte der Reichsverweser Erzherzog Johann die Reichsmarine in Bremerhaven und konnte sich nun mit eigenen Augen ein Bild vom Stand der Flotte machen.

Alle Schiffe waren über die Toppen geflaggt und in den Rahen paradierten die Matrosen. Diese waren in blauen Hemden und Hosen angetreten. Die Offiziere, Beamten und Seejunker trugen Große Uniform. Ein Kutter von Brommys Flaggschiff BARBAROSSA, unter dem Kommando eines Schiffsfähnrichs, brachte den Reichsverweser und die Gäste von Schiff zu Schiff, wo er von den jeweiligen Kommandanten am Fuß der Staatstreppe empfangen wurde. Der Parademarsch wurde angeschlagen und die Marinesoldaten präsentierten das Gewehr. Von jedem Schiff wurde ein Salut von 21 Schuss abgegeben. Während der Vorüberfahrt wurde von den Mannschaften ein dreifaches Hurra ausgebracht.[417]

Die Auswirkungen der politischen Gegensätze auf die Flotte

Trotz der Verweigerung der Ratifizierung des hannoverschen Königs wurden weitere Versuche unternommen, die Reichsmarine unter die Flagge von Hannover zu stellen. Diese Verhandlungen scheiterten aber endgültig Anfang Oktober 1849, da die politischen Verhältnisse den weiteren Ausbau des Dreikönigsbundes, seit der Schaffung der Bundes-Zentral-Commission, als unwahrscheinlich erkennen ließen.

Wegen der politischen Unstimmigkeiten waren die Matrikularumlagen vieler Staaten ausgeblieben, so dass zu allen politischen Unwägbarkeiten auch die finanziellen hinzukamen. Durch die laufenden Kosten und Löhne war ein Soll von 30.000 Thalern als Rückstand zu verbuchen. Zusätzlich hatte die Flottenverwaltung ein Soll von 40.000 Thalern auf ihrem Konto. Total also 70.000 Thaler. Der tatsächliche Kassenbestand der Seezeugmeisterei belief sich Anfang Oktober auf 400 Thaler. Trotz der ständigen Mahnungen von Commodore Brommy schien sich an der Mangelwirtschaft für die Marine nichts zu ändern. Die Situation innerhalb der Marine wurde derart brisant, dass man Offiziere, die am Vortage *»polemische Bemerkungen«* über den Zustand der Flotte gemacht hatten, rügen musste.

Commodore Brommy spielte zu dieser Zeit mit dem Gedanken, mit der Flotte einfach auszulaufen und in einem anderen europäischen Hafen vor Anker zu gehen, bis alle finanziellen und politischen Probleme geklärt waren. Das Reich würde blamiert sein, nicht er oder seine ihm unterstellte Flotte. Folgende Punkte mussten dringend geklärt werden:

---

417 **Koch, P.:** Beiträge zur Geschichte unserer Marine. Orderbuch der deutschen Flotte Mittler & Sohn, Berlin 1900. S.122.

1) Die ungesicherte Finanzlage der Marine.
2) Die innere Lage der Marine durch den Versuch einzelner Staaten des Reiches, Sonderrechte einzufordern, wenn Gelder für die Marine gezahlt würden. (So durch Oldenburg oder Preußen).
3) Die ungeklärte Lage der ECKERNFÖRDE.
4) Die Verhinderung der Überführung der beiden noch in England liegenden Schiffe wegen der Verweigerung der Restzahlung von 15.000 Pfund Sterling.
5) Die Überwinterungsfrage für seine Flotte.
6) Die ungeklärte Flaggenfrage.
7) Das Verhalten gegenüber dem ehemaligen Generalsekretär Kerst, der mit allen Mitteln versucht, die Reichsmarine unter die Kontrolle von Preußen dominierten »Union« zu bekommen.

Es war weiter politisch undurchsichtig. Um die unhaltbaren Zustände im Deutschen Reich zu beenden, war auf Druck des Reichsverwesers, Erzherzog Johann von Österreich, am 30. September 1849 in Wien der Vertrag zur Schaffung der Bundes-Zentral-Commission von Preußen (Herr Bernstdorff) und Österreich (Herr Schwarzenberger) unterschrieben worden[418]. Ihre Mitglieder sollten für Österreich Karl v. Kübeck und Karl Schönhals, für Preußen Carl v. Börticher und Josef v. Radowitz sein. Die Kommission hatte lediglich Kompetenzen im Bereich der Verwaltung des Reiches und konnte keine Gesetze erlassen oder ändern. Mit diesem Schritt sollten die beiden deutschen Großmächte gezwungen werden, eine gemeinsame Politik für Deutschland zu betreiben.[419]

Durch diese politische Lage waren alle Verhandlungen über die Marine praktisch wirkungslos geworden, und der Überlebenskampf für die Reichsmarine begann erneut, da die provisorische Reichsregierung keine Verträge schließen oder weiterreichende Entscheidungen treffen konnte.

Österreich und Preußen sollten als Hauptaufgabe die deutsche Verfassungsfrage bis Mai 1850 endgültig regeln. Preußen gedachte, diese Zeit zu nutzen, um seine Unionspläne weiter zu betreiben und neue Mitglieder zu werben. Österreich sollte während dieser Zeit besänftigt werden, indem Preußen scheinbar auf dieses zuging. Im Rahmen dieser Gespräche waren auch die Schwierigkeiten um die ECKERNFÖRDE ein Thema, ohne zunächst Fortschritte zu erzielen. Oldenburg sah dieser politischen Konstellation mit großen Bedenken entgegen, sah es doch seine guten Beziehungen zur Reichsmarine gefährdet. Zudem vermutete Oldenburg, dass auch Österreich versuchen würde, Einfluss auf die Reichsmarine zu erhalten.[420]

Für Commodore Brommy ging der Dienstbetrieb indes in Bremerhaven und Brake weiter. Nach gut 6 Monaten der Verhandlung konnte endlich mit der Reparatur der ERZHERZOG JOHANN im »Dry-Dock« zu Brake begonnen werden![421] Der Oberkommandierende beabsichtigte, trotz der Reparatur, den verfügbaren Raum weiter zum Unterrichten der Kadetten

418   **Holtz, Bärbel:** a. a. O. S. 110.
419   **Bär, M.:** a. a. O. S. 121, **Batsch, F.:** Deutsch Seegras, S. 285.
420   **Hansen, Heinrich Egon:** a. a. O. S. 50.
421   **Rüder, August:** Theodor Erdmann, S. 47.

und als Lazarett für den Bereich Brake zu nutzen.[422] Zusätzlich war immer noch die Einheit der bremischen Dragoner an Bord. Der Bau des Trockendocks hatte Oldenburg, einschließlich eines Hauses als Kaserne mit Ausmaß von 60 × 25 Fuß, in das später der Dragonerwachmeister einzog, einer Dampfpumpe und eines Schuppens, 22.059,5 Thaler gekostet.[423]

Wegen der fortgeschrittenen Jahreszeit wurde eine Entscheidung, wo die Reichsmarine ihr Winterlager beziehen sollte, immer dringender. Die politischen Reibereien standen dem aber im Wege. Durch die Presse, die die Vorgänge der Marine weiterhin mit großem Interesse verfolgte, wurde zu dieser Zeit das Gerücht in Umlauf gebracht, dass die Reichsdampfer, anstatt außer Dienst gestellt zu werden, als Paketdampfer zum Einsatz kommen sollten. So verursachten sie keine Kosten, sondern brächten Geld ein. Würde es zum erneuten Krieg kommen, könnten sie ja sofort wieder in Dienst gestellt werden. Der Marineminister, General Leutnant Jochmus, bat Commodore Brommy in einem vertraulichen Schreiben:

> *»(…) ohne Zeitverzug sich sicher zu begeben damit wir die nötigen Besprechungen hinsichtlich der Winterstation für die Flotte, dann der absolut notwendigen Anstellung u.s.w. pflegen können. Von beabsichtigter Verwendung unserer Dampfer zu Paketbooten ist mir bisher nichts von irgend einer Seite zu Ohren gekommen.*
>
> *Nach albernen Zeitungsartikeln ist natürlich nicht zu gehen. Ich nehme nicht die geringste Notiz davon, so z.B. von dem Gerücht: das Reichsministerium beabsichtige die Flotte an Österreich zu überliefern, während wir ein Einverständnis mit Hannover anzubahnen suchen, und ich Ihnen gerade die Ursachen auseinandersetzte, warum Antwerpen als die geeignetste Winterstation für unsere größten Schiffe erscheint.«*[424]

Der Versuch einer Auslandsreise wurde aber immer unwahrscheinlicher, da zum einen das Geld fehlte und zum anderen die Flaggenfrage weiterhin ungeklärt war, zumal Hannover seine Unterstützung abgesagt hatte. Aufbauend auf die guten Beziehungen zu Oldenburg, und hier im besonderen zum Geheimen Rat Erdmann, vertrat Commodore Brommy in einem Schreiben an das Marineministerium in Frankfurt die Auffassung, dass Brake als Winterlager für alle Schiffe der Reichsflotte in Betracht komme, wenn sofort damit begonnen würde, die Fahrrinne der Weser für die großen Schiffe auszubaggern…

> *»(…) der Marine erlaube ich mir den ergebenen Vorschlag zu machen, einige kleine Dampfcorvetten, wenn selbige nicht mit dem Geschwader diesen Winter auslaufen sollen, im Hafen von Brake überwintern zu lassen. Ich habe mich mit den betreffenden Autoritäten ins Benehmen gesetzt und die Zusicherung erhalten, das sofort mit den nötigen Arbeiten begonnen werden soll, ein Lager für dieselbigen herzustellen, in welchem sie ohne Gefahr untergebracht werden können.*
>
> *Ich ersuche das Reichsmarine ergebenst mir geneigtest die betreffenden Befehle zukommen lassen zu wollen.*
>
> *gez. Brommy*
> *Commodore und Seezeugmeister«.*[425]

---

422 **Schifffahrtsmuseum Brake** S. 160. **Batsch, F.:** Deutsch Seegras S.273.
423 **Eckhardt, A.:** Brake, S. 161.
424 **Stadtgeschichtliches Museum Leipzig** Sammlung Brommy/Lange. Jochmus an Brommy
425 **Bär, M.:** a. a. O. S. 104.

Hingegen die Beschaffung des Flussbaggers aus Hamburg wurde verweigert, da dieser angeblich in Hamburg selber benötigt wurde.[426]

Wegen der Gerüchte um die Verlegung der Reichsflotte von der Weser in das Mittelmeer, um dort zu überwintern, versuchte der aus Reichsdiensten entlassene Samuel Kerst alle nur möglichen Informationen nach Berlin zu melden. Im Dunstkreis der Gerüchteküche sollte die Flotte angeblich schon Mitte Oktober 1849 als Auslauftermin für die Fahrt in die Adria ins Auge gefasst haben. In einem Brief vom 6. Oktober 1849 teilte Samuel Kerst nach Berlin mit, dass er versuchen würde, Commodore Brommy für Preußen zu gewinnen, um so in den Besitz der Reichsflotte zu gelangen. Um das eventuelle Auslaufen der Reichflotte aus der Weser zu verhindern, schlug Samuel Kerst in einem Brief nach Berlin vor, die Verproviantierung der Schiffe durch preußische Truppen verhindern zu lassen. Zusätzlich sollten die beiden in Brake liegenden Reichsschiffe DEUTSCHLAND und ERZHERZOG JOHANN besetzt werden. Samuel Kerst wandte sich in einem weiteren Schreiben an den oldenburgischen Oberst Mosle, um Möglichkeiten zu sondieren, die ein Auslaufen der Flotte unmöglich machten. Als Alternative sollte die Flotte in Brake überwintern.

In einer Weisung der Ministerien des Äußeren und der Marine erging an den Reichsgesandten in Brüssel, Freiherr von Drachenfels, Anfang Oktober 1849 die Bitte, bei der Belgischen Regierung über die Gegebenheiten der Überwinterung eines Teils der Deutschen Flotte in Antwerpen nachzusuchen:

»(…) Da es in der kurzen Zeit seit der Gründung einer deutschen Flotte nicht möglich gewesen ist einen Kriegshafen anzulegen und die vorhandenen deutschen Handelshäfen teils nicht die genügende Schleusenbreite, teils in ihren Zugängen nicht das hinlängliche Fahrwasser besitzen, um unsere größten Kriegs-Dampfer HANSA und BARBAROSSA aufzunehmen, (…) Kein anderer Hafen aber scheint uns weder in politischer Beziehung so empfehlenswert, noch im Bezug auf die Entfernung und die Leichtigkeit der Communication so wohl gelegen als von Antwerpen. (…) Wir ersuchen Sie daher, Herr Reichsgesandter, sofort die einleitenden Schritte zu tun, die bei der Königlich Belgischen Regierung notwendig sein dürften, um deren Zustimmung zu erlangen.(…) denn ein Handelshafen wurde ja durch den so häufig eintretenden Fall, dass er von Kriegsschiffen vorübergehend benutzt wurde, noch nicht zum Kriegshafen. Gleichzeitig ersuchen wir Sie (…) Über die materiellen Bedingungen, den Betrag der Hafengelder und die ungefähren Kosten, welche die Verpflegung der Mannschaften dort verursachen werden, wollen Sie die Güte haben Erkundigungen einzuziehen. (…)

Frankfurt den 7ten Oktober 1849
der Minister
Gez. A. Jochmus« [427]

---

426 Ebenda: S. 102f.
427 **Stadtgeschichtliches Museum Leipzig:** Sammlung Brommy/Lange. Jochmus an belgischen Gesandten in Brüssel.

Wegen der politischen Ungereimtheiten begab sich Brommy zu dieser Zeit nach Frankfurt. Die drängenden Probleme waren weiterhin die Überwinterungsfrage der Flotte, die Flaggenfrage und die Lage der Reichsfregatte ECKERNFÖRDE in der Ostsee. Durch den Commodore ergingen deshalb erneut Anweisungen bezüglich des weiteren Vorgehens zur Sicherung der ECKERNFÖRDE. Es sollten, auf Druck der Preußen, nun wieder die Takelarbeiten eingestellt werden, nicht aber die Zimmererarbeiten im Schiff.[428]

Der aus England eingetroffene Zugang CORA ging im allgemeinen Trubel fast unter. Ihr konnte sich Commodore Brommy auch nicht im beabsichtigten Umfang widmen. Er wartete aber die sichere Überführung und das Einlaufen in Bremerhaven ab, ehe er sich nach Frankfurt begeben wollte. Die der CORA entgegengesandten Reichsdampfer gaben ein prächtiges Bild beim Einlaufen auf der Weser vor Bremerhaven ab, das von vielen Schaulustigen betrachtet wurde. Nun konnte sich Commodore Brommy ruhigen Herzen Mitte Oktober nach Frankfurt begeben. Er beabsichtigte einige Tage in Frankfurt Quartier zu nehmen und nicht eher nach Bremerhaven zurückbegeben, bevor er nicht klare und ausreichende Zusagen erhalten hatte.

Hier in Frankfurt erfuhr der Oberkommandierende auch den Sachstand zu den Verhandlungen mit Hannover. Trotz der Weigerung von Hannover, die Reichsmarine unter die anerkannte Hannoversche Flagge zu stellen, wurden weitere Gespräche über die Möglichkeiten der Übernahme der Marineverwaltung geführt. In einem Bericht des Reichsministers Merck (Finanzen) wurden die Verhandlungsergebnisse mit Hannover dargestellt, ebenso eine Stellungnahme zu einer Vereinbarung der Übernahme der Marineverwaltung durch Hannover.

Noch während der Commodore in Frankfurt in Unterhandlungen stand, erfuhr er aus Bremerhaven, dass der aus Reichsdiensten entlassene Kerst wieder in Aktion getreten war. So sollte dieser geäußert haben, um ein eventuelles Auslaufen der Reichsmarine aus der Weser zu verhindern, die Verproviantierung der Schiffe durch preußische Truppen verhindern zu lassen. Ungeachtet dieser vorgeschlagenen Aktionen durch Kerst gegen die Schiffe in Brake, wandte sich dieser an den Oldenburgischen Oberst Mosle, um Möglichkeiten zu sondieren, ein Auslaufen der Flotte unmöglich zu machen.[429]

In Frankfurt stand der Commodore derweil vorwiegend mit Minister Jochmus im Gespräch. Hautnah erlebte er die Aktivitäten, die zwischen Österreich und Preußen zur Behebung der politischen Krise der Provisorischen Zentralgewalt und zur Hinführung der Bundes-Zentral-Commission führen sollten. Zwischen den Regierungen von Preußen und Österreich kam es am 10. Oktober 1849 zur Einigung bezüglich des Vorschlages zur Bildung einer neuen provisorischen »Bundes- Zentralkommission«.

Wie sich die politische Entspannung auf die Belange der Reichsmarine auswirkten, und wie eng diese damit verbunden war, zeigen bereits tags darauf die Ereignisse in Eckernförde. Plötzlich erhielt Leutnant Poppe, Kommandant der Reichsfregatte ECKERNFÖRDE, durch den preußischen Major Lehmann die volle Verfügungsgewalt über die Segelfregatte zurück,

428 Staatsarchiv Oldenburg 33-2-3. Dok:Ol-9.
429 Staatsarchiv Oldenburg 33-2-3. Dok:Ol-9.

mit der Zusicherung, einer Auftakelung keine Hindernisse in den Weg zu legen. Unverzüglich wurde alles daran gesetzt, das Schiff über die Barre zu bringen und es aufzutakeln. Noch am gleichen Tag erging eine diesbezügliche Meldung an das Reichsministerium, wo auch der Commodore umgehend informiert wurde.

Um die Lage der Reichsmarine darzustellen, veröffentlichte das Marineministerium am 12. Oktober eine Zirkularnote an die Bevollmächtigten der Bundesländer. Thema war das Problem der Überwinterungsmöglichkeit der Reichsmarine in der Adria oder im belgischen Hafen von Antwerpen und die Behinderung durch Preußen. Am selben Tag ging ein Memorandum wegen der preußischen Eingriffe gegen die Souveränität der Reichsfregatte ECKERN-FÖRDE heraus. Ziel dieser Veröffentlichungen war es, die schlechte Stellung der Reichsmarine und das unverständliche Verhalten des preußischen Militärs gegenüber der Reichsfregatte ECKERNFÖRDE aufzuzeigen. Noch kurz vor seiner Abreise aus Frankfurt teilte der Commodore dem Geheimen Rat Erdmann mit, dass es gelungen sei, alle Schiffe der Reichsflotte für die Winterzeit 1849/50 in Oldenburgische Gewässer zu verlegen.[430] Wenig später kehrte der Commodore nach Bremerhaven zurück, um seine komplizierten Geschäfte wieder aufzunehmen.

Die Presse an der Nord- und Ostseeküste beobachtete ihrerseits die Geschehnisse um die ECKERNFÖRDE mit Interesse und Argwohn. Die in Stettin erscheinende »Ostseezeitung« kommentierte die Zustände um die Reichsfregatte ECKERNFÖRDE:

(...) schreibt der Indèpendance: Die Fregatte »Gefion« sei der Preis, um welchen Dänemark nachgegeben habe, das die Verwaltungskommission ihre Erlasse im Namen des Königs von Dänemark als Herzog von Schleswig veröffentlichen dürfe. – Offenbar emparrassiert uns unsere zahlreiche deutsche Flotte so sehr, dass es nur gebilligt werden kann, wenn man ihren schönsten und kostbarsten Bestandtheilen anfängt, sich ihrer zu entledigen. Ein wahres Glück, das nicht auch der CHRISTIAN VIII in Preußische Hände gefallen ist, was würde man mit ihm erst anfangen?« [431]

Auch in Berlin befasste sich der Verwaltungsrat des Dreikönigsbundes eingehend mit dem Problem der Überwinterung der Reichsmarine. Unter anderem wurde die Überlegung, die Reichsmarine nach Antwerpen zur Überwinterung zu verlegen, erörtert. **Preußen lehnte solches Vorhaben energisch ab, da es in diesem Schritt eine Verletzung der »Deutschen Ehre« sah.** Sollte die Reichsflotte an irgendeinen anderen Ort als an die Ost- oder Nordseeküste zur Überwinterung verlegt werden, würde Preußen dieses **mit militärischen Mitteln zu verhindern** suchen. Preußen ging in seinen Planungen soweit, einen Teil der Nordseeflotte unter hannoversche Flagge zu stellen und diese dann in die Ostsee verlegen zu lassen, wenigstens in dem Umfang, wie Preußen Matrikularumlagen für diese Flotte gezahlt hatte.

Heinrich von Gagern, ehemaliger Ministerpräsident der Provisorischen Reichsgewalt und ein immer noch populärer und beliebter Politiker, begab sich anlässlich der Taufe eines Handelsschiffes auf seinen Namen von Bremen nach Bremerhaven. Im Rahmen dieser Reise beabsich-

---

430 **Staatsarchiv Oldenburg 33-2-3.** Brommy an Erdmann, Frankfurt, 22. Okt. 1849.
431 **Koch, P.:** Zeitungsausschnitte aus den Gefionakten, S. 522.

tigte der beliebte Politiker, auch der Reichsmarine seine Aufwartung zu machen. An Bord des Dampfers ROLAND waren neben von Gagern auch der Bremer Senator Duckwitz, Carl Mathy und auch der aus Reichsdiensten entlassene Samuel Kerst (!), der weiterhin versuchte, jede Möglichkeit auszuschöpfen und eine Verlegung der Reichsmarine außerhalb des Reiches zu verhindern. Während der Fahrt am 16. Oktober nach Bremerhaven sollte in Brake Zwischenstation gemacht werden, um die Reichsmarine zu besichtigen. Hier wurde die Gesellschaft von Commodore Brommy begrüßt. Da aber in Brake außer der im Trockendock liegenden ERZHERZOG JOHANN nur die noch nicht in Dienst gestellte CORA unter Kapitän Reichert lag, wurde die Fahrt noch am gleichen Tag fortgesetzt und Bremerhaven angesteuert. Der Commodore der Reichsmarine blieb in Brake, da ihn dringende Geschäfte hinderten, die Gesellschaft nach Bremerhaven zu begleiten.

Hier lagen die DEUTSCHLAND, BARBAROSSA, HANSA BREMEN, HAMBURG und LÜBECK. Zusätzlich wurde das immer noch im Hafen liegende US-Kriegsschiff ST. LAWRENCE besichtigt. Zu Lande wurden die Arsenale, Lager und Waffen der Reichsmarine besichtigt. Bevor es zum Abschluss des Besuches auf dem Flottenflaggschiff einen Empfang gab, wurde die mit acht Kanonen bestückte Neue Reichsbatterie am Neuen Hafen besichtigt.

Am folgenden Tag kam es zu einem Gespräch zwischen Samuel Kerst und Commodore Brommy in Brake. Samuel Kerst versuchte den Oberkommandierenden der Reichsmarine in der Tat zu überreden, die Flotte dem Dreikönigsbund zu unterstellen! Er ging bei diesem Gespräch so weit, Brommy zum Ungehorsam, ja, zum Verrat gegenüber der Provisorischen Zentralgewalt und dem Reichsverweser überreden zu wollen. Eine wahrhaft ungeheure Begebenheit, die den Oberkommandierenden schwer traf. Samuel Kerst schien Brommy wirklich nicht zu kennen, ihm so einen Verrat zuzumuten. Eher würde er bestimmt die Flotte selber versenken oder verbrennen lassen, wie in Griechenland zu seiner Zeit Miaoulis, ehe er seinen Eid gebrochen hätte. Aber dieses Treffen verdeutlichte dem Oberkommandierenden, welche Gefahr für die Reichsmarine von Preußen ausging!

Trotz dieser vielen politischen Behinderungen, die Flotte von Brommy war weiter im Aufbau begriffen. Vieles fehlte aber noch. Trotz vielfacher Anmahnung war es dem Ministerium der Marine bislang nicht gelungen, für die Reichsmarine rechtsverbindliche Disziplinarregelungen zu schaffen. In einem Schreiben Ende Oktober bat Brommy Minister Jochmus, bis zur Erledigung des Rechtsverfahrens für die Reichsmarine das Militärgesetzbuch und die Kriegsartikel des Königreiches Hannover als das für die Reichsmarine geltende Gesetz zu »promulgieren«.

Um die Schiffe kriegsbereit zu halten und für einen eventuellen neuen Waffengang im Frühjahr 1850 ausgebildet zu sehen, erstellte Commodore Brommy für das Marineministerium neben einer Liste über die Beamten der Seezeugmeisterei auch eine »Soll-Rolle der Bemannung der Reichs-Kriegsschiffe«. Bei einem etatmäßigen Sollbestand von 1.503 Stellen waren nur 814 Mann eingestellt. Es fehlten also tatsächlich 689 Mann.

Indes konnte Commodore Brommy einen weiteren Bereich seiner Aufbauarbeit abschließen. Nachdem am 8. Mai 1849 die Kontrakte für die Gewehre und am 19. Mai 1849 die Kontrakte für die Pistolen der Reichsmarine abgeschlossen worden waren, wurden diese Waffen nun im Oktober geliefert. Somit konnte endlich die Ausrüstung der Marine mit eigenen Waffen durchgeführt werden.

Die Schiffe, die nicht für die Reichsmarine zur Verfügung standen, beschäftigen Brommy und die Politiker weiterhin. Die CORA wurde in Brake weiterhin ausgerüstet und war in der Zwischenzeit in DER KÖNIGLICHE ERNST AUGUST umbenannt worden. Am 22. Oktober 1849 wurde durch den Reichsverweser die Namensgebung für die beiden noch in England liegenden Reichsschiffe genannt. Die als INCA gebaute Dampfkorvette sollte den Namen GROSSHERZOG VON OLDENBURG und die CACIQUE den Namen FRANKFURT erhalten. Das Gesamtministerium beschloss, die Überführung der beiden Schiffe aus Kostengründen noch nicht zu billigen. Die so gesparten 55.000 Pf. Sterling sollten für andere dringende Marineausgaben genutzt werden.

Trotz der derzeitig positiven Haltung durch Preußen gegenüber der Segelfregatte ECKERNFÖRDE erhielt deren Kommandant Leutnant Poppe durch Marineminister Jochmus in einem Schreiben konkrete Weisungen, wie er sich bei einer gleichgearteten Bedrohung verhalten müsste. Das Schiff war und blieb Reichseigentum und war als solches zu verteidigen. Aus diesem Grund trug der Kommandant dafür Sorge, dass das Schiff notfalls durch Sprengung oder durch Verbrennen jeglicher Wegnahme entzogen würde. Das Schiff blieb unter der Flagge Schwarz-Rot-Gold oder aber würde vernichtet!

Erneute Irritationen um die ECKERNFÖRDE im Herbst 1849

Die Gründe für das seltsame Verhalten der preußischen Regierung gegenüber der Reichsfregatte ECKERNFÖRDE wurden in einem Schreiben an den Grafen von Berstoell dargestellt. In diesem Schreiben wurde ausgeführt, dass die Verfügungsgewalt des Reiches durch Preußen gar nicht bestritten würde, wohl aber der Anspruch der Statthalterschaft von Schleswig-Holstein! Der Hauptgrund für die Differenzen zwischen Preußen und der Statthalterschaft lag in dem umstrittenen Waffenstillstand, den Preußen ausgehandelt hatte, von Schleseig-Holstein aber so nicht akzeptiert wurde. Eine Verlegung der Segelfregatte nach Kiel oder der Verbleib in Eckernförde wurde durch die preußische Regierung als Anerkennung der Rechtsansprüche der Statthalterschaft durch die Provisorische Zentralgewalt angesehen! Zum einen war Preußen über die Besitzansprüche des Deutschen Reiches gegenüber der ehemaligen dänischen GEFION und dem verbliebenen Material des gesprengten Linienschiffes über diplomatische Noten informiert worden.[432]

---

432 **Anm. d. Verf.:** Die umfangreichen und schwierigen Bergungsarbeiten für das Wrack des Linienschiffes in der Eckernförder Förde sind weitgehend unbehandelt, hatten aber wohl im Streit um die Schiffe einen nicht unerheblichen Stellenwert. Die Bergung der vielen und sehr wertvollen Ausrüstungsteile des weggesprengten dänischen Linienschiffes waren aber seinerzeit eine technische Meisterleistung ersten Ranges, die eine bessere Beachtung verdienen würde!

Einer Verlegung stellte Preußen nichts entgegen. Sie musste aber unter preußischer Flagge (!) und in einen preußischen Hafen (!) erfolgen, und nicht nach Kiel! Das misstrauische Preußen ließ aus diesem Grund zum einen die Segelfregatte besetzen, was als ein klarer Rechtsbruch anzusehen war, solange das Reich dem Schritt der Sicherung nicht zustimmte. Als weiteres wurde der Raddampfer PREUSSISCHER ADLER aus dem Winterlager heraus reaktiviert, um jederzeit bereit zu liegen, die ECKERNFÖRDE in einen preußischen Hafen zu schleppen. Lag das ehemalige dänische Schiff erst einmal in Kiel, war es für die preußischen Truppen nicht mehr ohne weiteres zu erreichen und fortzuführen.

Auch durch die dänische Regierung wurde weiter auf den verschiedensten Ebenen versucht, doch noch in den Besitz der ECKERNFÖRDE ex GEFION zu kommen. Hinsichtlich der Besitzverhältnisse der Segelfregatte und des Standes der Wahl des Winterlagers des Schiffes trafen sich am 23. Oktober 1849 der dänische Admiral Bille und der britische Gesandte Oberst Hodges! Ziel des Treffens war es, eine Vereinbarung wegen der Segelfregatte zu erreichen hinsichtlich eines sicheren Winterplatzes. Dänemark bot deshalb einen sicheren Platz für die ECKERNFÖRDE in Alsen oder Urroe-Sund an![433]

Die Mitglieder der Bundes-Central-Commission, Preußen und Österreich schienen sich bezüglich der Reichsfregatte ECKERNFÖRDE immer einiger zu werden, wobei sie sich über die Interessen der Provisorischen Zentralgewalt hinwegsetzten. In einem Schreiben an den Bevollmächtigten von Österreich Anfang September wurden wegen der Überführung der Segelfregatte mehrere Ostseehäfen untersucht. In Betracht kamen neben Rostock-Warnemünde und Wismar auch Lübeck-Travemünde. Zur selben Zeit wurde durch das Marineministerium bekanntgegeben, dass die Segelfregatte ECKERNFÖRDE weiter als Eigentum des Deutschen Reiches betrachtet werde und nicht der Verfügungsgewalt der Bundes-Zentral-Commission unterstehe.

Preußen schien dieses aber nicht weiter zu interessieren und begann mit konkreten Vorbereitungen, die Reichsfregatte unter seine Kontrolle zu bekommen. Weitgehend unbemerkt versuchte Preußen deshalb gegen Ende des Jahres 1849 einen Handstreich gegen die Interessen des Deutschen Reiches. Mit Hilfe des Avisos PREUSSISCHER ADLER sollte das Segelschiff in einen preußischen Hafen geschleppt werden. Zu diesem Zweck wurde der Aviso wieder in Dienst gestellt und alle Vorbereitungen zum Einsatz eingeleitet. Da aber die Wetterverhältnisse, ebenso die politischen Zustände, einer erzwungenen Verlegung entgegenstanden, konnte die Verlegung der Reichsfregatte nicht erfolgen.[434]

Auch gegen die anderen Schiffe der Reichsmarine wurden weiter Intrigen geschmiedet. Samuel Kerst versuchte weiter mit allen Mitteln, die Flotte unter die Kontrolle des Dreikönigsbundes (Union) zu bekommen. Aus diesem Grund musste er zunächst einmal erreichen, dass die Schiffe nicht ausliefen sondern an der Nordsee ihr Winterlager nahm. Deshalb stand Kerst

---

433 **Anm.d.Verf.:** Dieses Treffen war nicht unbeobachtet geblieben und als »geheime Meldung« des schl.-holst. Gesandten der Reichsregierung in Frankfurt gemeldet worden. Siehe: Stadtgeschichtliches Museum Leipzig, Sammlung Brommy/Lange 28.10.1849.

434 **Anm. d. Verf.:** Aus diesem Grund wurde die ganze Aktion abgeblasen und der Aviso am 18. Dezember 1849 wieder a. D. gestellt.

seit Herbst des Jahres verstärkt mit Oldenburg in Kontakt. Bei einem Gespräch mit dem olden-burgischen Oberst Mosle Ende Oktober beschwert sich dieser bei Kerst, das trotz der Dring-lichkeit der Überwinterungsfrage durch die Verantwortlichen der Reichsmarine keinerlei An-stalten gemacht wurden, die Jade und Heppens auch nur in Augenschein zu nehmen. Kerst unterstützte die Bemühungen der oldenburgischen Regierung, wenigstens einen Teil der Reichsmarine zur Überwinterung in »Kost und Logis« zu bekommen[435].

Auch Commodore Brommy war grundsätzlich bereit, die Flotte in Brake zu überwintern und hatte schon am 8. November einen Bericht wegen der Überwinterungsfrage und der Maßnah-men durch die oldenburgische Regierung nach Frankfurt abgeschickt. Oldenburg wollte dafür sorgen:

dass das Braker Tief so schnell wie möglich ausgebaggert wurde,

dass für die Unterkünfte der Marinesoldaten gesorgt wurde,

dass eine Schmiede aufgebaut wurde zur Reparatur der Schiffe.

Die Arbeiten für die Beseitigung des Schlicks sollten verstärkt werden. Aus Bremerhaven kommend sollte ein Dampfbagger mit den Arbeiten beginnen. Gleichzeitig mahnte Brommy trotzdem eine Übungsfahrt als die beste Lösung für die Flotte an, um die Überwinterungspro-blematik zu überwinden. Anfang November begannen die Baggerarbeiten nach einigen Schwierigkeiten dann endlich.

Indes machte sich Brake bereit, die Arbeiten am Hafen und im Bereich des Trockendocks nach den Wünschen des Commodore zu beginnen, wobei der Geheime Rat Erdmann darauf hoffte, dass auch die Verwaltung der Seezeugmeisterei, der Not gehorchend, vor Ort agieren zu müs-sen, wenn alle Schiffe in Brake lagen, nach Brake verlegt würde.[436]

Commodore Brommy erhielt Mitte November aus Frankfurt konkrete Weisungen betreffs der Überwinterung der Flotte. Als Bericht waren Schreiben von Oldenburg über die Möglichkeit der Aufnahme der gesamten Flotte in Brake und ein Bericht des belgischen Marineinspektors, Kapitän Latture, über die Möglichkeit der Überwinterung im Hafen von Antwerpen beigefügt. Gleichzeitig gab das Marineministerium ein Memorandum an alle Regierungen über die Pro-blematik der Überwinterung der Flotte heraus. Hierin wurde vor allem die finanzielle Lage der Flotte durch die unterlassenen Matrikularumlagen dargestellt.

Durch den Geheimen Rat Erdmann persönlich wurde der Oberbefehlshaber der Reichsflotte am 15. November von den Verhandlungen mit Oldenburg dahingehend informiert, dass alle fi-nanziellen Belange zu Überwinterung geregelt seien. In einem nachfolgenden Bericht des Ge-heimen Rates Erdmann an seine Regierung berichtet dieser:

(…) Herr Brommy empfing die überbrachte Nachricht mit dem Ausruf »Gott sei Dank« welches er im Laufe der Unterhaltung wiederholt hinzufügte, es sei ihm ein schwerer Stein vom Herzen gefallen. Wie guten Grund er hatte dies zu sagen ergab sofort die mit größter Bereitwilligkeit vorgelegten Etats und Rechnung nebst dazu erhalten Erläute-rungen. (…)

---

435 **Staatsarchiv Oldenburg 33-2-3.**
436 **Staatsarchiv Oldenburg 33-2-3.** Erdmann an Oldenb. Regierung am 8. November 1849.

*An ein Zutreten Preussens schien er am wenigsten zu denken, indem er sich munter da-
rüber erging, wie Preussen welches gar nichts für die Flotte tue dennoch Ansprüche auf
dieselbe erhebe und geltend machen wolle. Vielleicht trägt Herr Kerst mit an der Schuld
dieser Verstimmung, indem er Herr Brommy gar zu plump zu Preussen hat herüber ziehen wollen und dabei auch dessen Äußerung in seiner leidenschaftlichen Heftigkeit sich
so weit vergessen hat, ihm persönlich Vorteile für einen Treuebruch in Aussicht zu stellen. Bei dieser Gelegenheit sprach sich Herr Brommy im Allgemeinen über seine Lage
dahin aus: er sei weder Österreicher noch Preuße sondern Deutscher und wenn es kein
Deutschland gebe Sachse. Er wäre frei von persönlicher Absicht ohne für sich etwas zu
bitten noch etwas zu wollen, aus Griechenland zurück gekommen habe sich als Deutscher der Bildung einer deutschen Flotte gewidmet und sei als solcher von der provisorischen Zentralgewalt für Deutschland in die Pflicht genommen. Er werde dennoch die
Flotte Deutschland erhalten wollen und wenn ein Deutschland oder eine Zentralgewalt
für Deutschland zu exestieren aufhören sollte, sie den Weserstaaten Oldenburg Hannover und Bremen überliefern. (...)*[437]

Im Rahmen der Verlegung der Schiffe in das Winterlager nach Brake zeigten sich wenig später
weitere Schwierigkeiten, als der Amtmann von Brake zu bedenken gab, dass die Gefängnislo-
kale für die Arrestierung des Marinepersonals nicht ausreichen würden. Um Ausschreitungen
des Marinepersonals in Brake vorzubeugen, sollten zusätzlich Dragoner in die Stadt beordert
werden. Stationskommandant der »German Naval Station Brake« war zunächst der englische
Kapitän W.A. Howard.

Alle Planungen wurden durch einen plötzlichen Kälteeinbruch in Norddeutschland über den
Haufen geworfen. Die Baggerarbeiten in der Weser wurden am 25. November eingestellt, da
dies im Eis nicht mehr möglich war. BARBAROSSA, HANSA, DER KÖNIGLICHE ERNST
AUGUST und DEUTSCHLAND mussten in der Geestemündung ihr Winterlager nehmen, da
die Fahrrinne für die Durchfahrt nach Brake nicht tief genug war. So konnten nur HAMBURG,
LÜBECK und BREMEN nach Brake verlegt werden. Die oldenburgische Regierung war über
diesen Zustand sehr verärgert!

Carl Rudolph Brommy zum Contreadmiral ernannt

Bis Ende Oktober hatte die Finanzlage der Marine sich nicht verbessert. Die Gründe lagen im
Umstand, dass die Marine weiterhin keine eigenen gesicherten Mittel erhielt. In einem Zirku-
larschreiben des Marineministeriums an die säumigen Zahler der fälligen Matrikularumlage
versuchte Minister Jochmus, seine Finanzprobleme in den Griff zu bekommen. Angesichts
dieser prekären Finanzlage der Reichsmarine war die Existenz der Einrichtung Flotte zum
Ende des Jahres 1849 bereits mehr als fraglich geworden. Noch immer standen 400 Korinttaler
im Haben 68.000 Korinttaler im Soll gegenüber.

---

437 **Staatsarchiv Oldenburg 33-2-3.** Erdmann an Oldenb. Regierung am 18. November 1849. Unterstreichung
     durch den Verfasser.

Mitten in dieser drangvollen Zeit erreicht den Commodore ein Schreiben des noch amtierenden Reichsverwesers:

»(…) hat die Gründung einer deutschen Flotte Meine Aufmerksamkeit stehts in ganz besonderem Grade auf sich gezogen. Je größer die Schwierigkeiten und Hindernisse waren, mit welchen die Ausführung dieses Planes zu kämpfen hat, – desto mehr muss es mich erfreuen, das die junge Flotte in Ihnen Herr Commodore Brommy, einen Chef gefunden hatte, dessen Umsicht und Energie so manches fehlende Ersatz leistete, ohne Ihnen einen besonderen Beweis Meiner Zufriedenheit mit Ihrer Amtsführung zu geben, und habe zu diesem Zweck Sie unterm heutigen Datum zum Contre-Admiral ernannt.

Frankfurt a.M. den 21ten November 1849
der Reichsverweser« [438]

Der zum Contreadmiral Ernannte konnte sich nicht lange über seine Beförderung freuen. Große Probleme standen ins Haus. Hannover sah diesen Schritt der Beförderung mit großer Genugtuung. Durch die Bestätigung im Amt des Oberkommandierenden der Reichsmarine durch Ernennung zum Contreadmiral war jeglicher Versuch, den in preußischen Diensten stehenden Commodore Schröder in diese Position zu lancieren, zum Scheitern verurteilt.

Das politisches Verwirrspiel durch Preußens Unionbildung

Ein schwerer Rückschlag für die Seezeugmeisterei war der Erlass des Marineministeriums vom 26. November, der Contreadmiral Brommy anwies, die Vorschusszahlungen von Oldenburg in Höhe von 10.000 Korinttaler abzulehnen!

Auch die von Österreich zu diesem Zeitpunkt zur Verfügung gestellten 300.000 Gulden wurden vom Reichsministerium abgelehnt, da die Vorbedingungen Österreichs unannehmbar waren. Gleichzeitig wurde durch das Reichsministerium der Finanzen erneut ein Memorandum herausgegeben, welches die Sachlage erklärte. Demnach sollten die kleinen Schiffe auf jeden Fall in Brake überwintern, wogegen die großen Dampffregatten entweder in Hamburg-Altona oder Antwerpen »Zuflucht suchen« sollten. Die von preußischer Seite angesprochenen Bedenken gegen Brake wegen der geringen Wassertiefe bei Ebbe wurden als unbedenklich eingestuft. Auch wegen der Restzahlung der zwei in England neu gebauten Korvetten INCA und CAZIQUE entspann sich ein unwürdiger Streit durch Preußen.

An Kosten standen für die Schiffe in England 48.750 Pfund Sterling zu Buche. Für die Maschinen der drei Schiffe mussten zusätzlich 34.220 Pfund Sterling ausgegeben werden. Von diesen Geldern waren noch 15.000 Thaler in Rückstand. Zunächst schien die Anleihe bei dem Bankhaus Rothschild gesichert, so dass die Regierung ein weiteres Angebot eines Frankfurter Bankhauses dankend ablehnen konnte. Auf Druck der preußischen Regierung erklärte sich das

---

438 **Ulrich, Claus:** a. a. O. S. 88. **Stadtgeschichtliches Museum Leipzig,** Sammlung Brommy/Lange. Reichsverweser an Brommy, auch Siebs, Niedersächsische Lebensbilder Brommy S. 36.

Bankhaus Rothschild plötzlich nicht mehr zahlungsbereit, außer, die im Pfand liegenden Schiffe sollten nicht an die Weser, sondern nach Swinemünde verlegt werden! Preußen begann verstärkt, Druck auf die Reichsmarine auszuüben. Diese Schritte begannen aber das Klima zu vergiften, da immer deutlicher zu Tage trat, dass Preußen versuchte, mit dem Druckmittel der schon gezahlten Matrikularmittel Einfluss auf die Schiffe zu nehmen, die unter der Verfügungsgewalt von Contreadmiral Brommy standen.

Obschon die Großmächte Preußen und Österreich eine Bundes-Zentral Commission planten, wurde im Verwaltungsrat der Union durch Oberst Mosle, Bevollmächtigter von Oldenburg im Verwaltungsrat, und dem Vorsitzenden des Verwaltungsrates, von Bodelschwingh, folgender Vorschlag verhandelt. Preußen und Oldenburg sollten durch Deckung der Kosten der Flottenverwaltung möglichst viel Einfluss auf die Reichsmarine erhalten. Hauptziel war, dass die Reichsmarine ihr Winterlager nur in Brake nehmen sollte. Preußen hatte Angst dass die Schiffe eventuell sogar eine Mittelmeerreise unternehmen könnten, wo sie dann eventuell Österreich in die Hand gespielt werden könnte. Ein Alptraum preußischer Politik.

Durch die Oldenburgische Regierung wurden, ungeachtet des Protestes des Marineministeriums, die zuvor angebotenen 10.000 Korinttaler an die Marinehauptkasse in Bremerhaven überwiesen. Durch diese Zahlung konnte ein geringer Teil der dringendsten Zahlungen beglichen werden. Auch die Reichskasse überwies plötzlich 10.000 Thaler, so dass durch Commodore Brommy immer noch ein Fehlbestand von 30.000 Thalern in einem Schreiben vom 21. November 1849 nach Frankfurt angemahnt wurde. Durch das Memorandum des Reichs-Finanzministers aufgeschreckt, bot auch Hannovers Bevollmächtigter, Herr Witte, für die Überwinterung der Reichsmarine auf der Geeste dem Reichsministerium der Marine eine finanzielle Unterstützung an. Brommy war eher skeptisch, da er in einer Geheimverfügung des Marineministeriums die Anweisung erhalten hatte, sich wegen der Finanzmittel aus Oldenburg und Hannover erst mit dem aus Frankfurt entsandten Geheimen Rat Alexander von Bally »ins Benehmen« zu setzen.

Trotz dieser inneren Probleme waren doch noch Lichtblicke hinsichtlich des Auf- und Ausbaus der Reichsmarine unter der regen und strengen Führung von Contreadmiral Brommy nicht zu übersehen. Die Dampfkorvette CORA wurde am 27. November offiziell in DER KÖNIGLICHE ERNST AUGUST umbenannt. Zur Taufe war auch der König von Hannover eingeladen worden. Da dieser wegen »bewegter Gründe« nicht erscheinen konnte, überbrachte dessen Vertreter die besten Glückwünsche, einen Silberpokal für die Offiziersmesse und einige Orden für die Offiziere, sowie eine Geldspende von 200 Thalern für die Mannschaften.

Die lange vorbereitete Dienstvorschrift für die Reichsmarine konnte Ende November 1849 endlich offiziell eingeführt werden. Ein wichtiger Schritt für den Contreadmiral, die Disziplin der ihm unterstellten Marine im Allgemeinen, und auf den Schiffen im Besonderen, geregelt zu wissen. Eines der ersten Exemplare der neuen Dienstvorschrift übersandte der Contreadmiral an Prinz Adalbert von Preußen, damit dieser sich ein Bild von den Vorschriften in der Reichsmarine machen konnte. Zum einen wollte der Befehlshaber der Reichsflotte versuchen, die Kontakte zur preußischen Marine und zum weiteren zur »Union« zu verbessern, da er in Prinz Adalbert immer noch einen wichtigen Mann sah, der seinen Einfluss auf das Wohl der Reichsflotte hatte.

In einem Schreiben vom 31. Dezember 1849 bedankte sich Prinz Adalbert von Preußen bei Contreadmiral Brommy später für die Zusendung der »Dienstvorschriften für die deutsche Reichs-Marine«. Wörtlich führt der Prinz aus:

>*(...) Mit großer Freude habe ich Ihre Ernennung zum Konteradmiral vernommen. Sie haben sich ein großes Verdienst um die vaterländische Seemacht erworben, der Name Brommy hat einen guten Klang er wird stets in der fernen Zeit mit Anerkennung genannt werden, wenn man an die erste Schöpfung der deutschen Marine zurückdenkt, wo Sie fast aus dem nichts ein Nordseegeschwader hervorzauberten, und was noch mehr sagen will – es disziplinieren; es ist schön, dass die Wahl des ersten deutschen Admirals auf einen so würdigen, tüchtigen Offizier gefallen ist! – Lassen Sie uns alle, mein lieber Admiral, die wir an dem großen Werk einer Marine für unser großes Vaterland bauen, vereint sein in Freundschaft und es für immer bleiben, so wie wir es in Frankfurt waren, denn unser Werk ist ja ein gemeinschaftliches, und über kurz oder lang muss es zu einem innigeren, festen Aneinanderschließen der deutschen Staaten kommen, namentlich derer, die ein maritimes Interesse haben, und dann kann die Vereinigung der maritimen Bestrebungen und der bisher noch vereinzelt stehenden Anfänge einer Seemacht zum Heile des Vaterlandes nicht ausbleiben.*

>*Ew. Hochwohlgeboren aufrichtiger Freund*
>*Adalbert.*[439]

So sehr die Worte des preußischen Prinzen der Seele des Oberkommandierenden der Reichsmarine auch schmeichelten, er konnte, ob der tatsächlichen Lage durch das politische Gebaren Preußens, diesen Worten allenfalls eine private Neigung einer *»gemeinschaftlichen«* durch den Prinzen erheischen. Die Realität sprach für eine feindliche Haltung der preußischen Regierung ihm gegenüber, dachte er an die Vorfälle um die ECKERNFÖRDE! Freunde gingen anderes miteinander um!

Auch die schleswig-holsteinische Regierung hatte enorme Finanzprobleme für ihre Flotte während des anstehenden Winterlagers. Aus akutem Geldmangel musste die Statthalterschaft von Schleswig-Holstein mehrere Offiziere unter Vorbehalt aus dem Dienst entlassen. Andere Offiziere leisteten Dienst zum halben Sold, so dass der Personalbestand der Marine der Herzogtümer Anfang November sieben Offiziere und 107 Seeleute aufwies. Trotz dieser Lage wurde die Marine der Herzogtümer kriegsbereit gehalten, so gut es ging. Dänemark sah dieses mit Argwohn und England ließ wenig später in einer Note verlauten, dass die Regierung der Herzogtümer eine erneute Aufrüstung unterlassen sollten, in der Hoffnung, dass diese ihren militärischen Widerstand wegen der angespannten Finanzlage im Frühjahr nicht wieder aufnehmen konnten.

Wegen der weiterhin schlecht zu befahrenen Wege nach Brake und nach Oldenburg konnte der Contreadmiral ein persönliches Treffen mit dem Geheimen Rat nicht einhalten und schrieb ihm deshalb ausführlich, wie es um die Überwinterungsfrage der Flotte bestellt war. Hierin

439 **Poeschel, Prof. Dr.:** Brommy. Zum 100. Geburtstage des ersten deutschen Admirals. In: Wissenschaftliche Beilage der Leipziger Zeitung Nr. 108 vom 10. September 1904 S. 432

legte er diesem nochmals die komplizierte Lage des Seezeugmeisters hinsichtlich der politischen Situation dar, der er als Oberkommandierender verpflichtet war, und den Bemühungen Preußens, oder der »Union«, die Gewalt über die Flotte zu erhalten. Genauso die bedauerliche Zurückweisung der Gelder von Oldenburg, die aber dringend benötigt wurden, und schließlich die Umstände, die dazu führten, durch den Frost des Vormonats die großen Schiffe nicht wie beabsichtigt in Brake, sondern nun auf der Geeste überwintern zu lassen.[440]

Ein besonderes Licht auf die Verhältnisse Preußens zu der von Contreadmiral Brommy geführte Reichsmarine wirft ein Brief des »Königlich Preußischen Ministerium der auswärtigen Angelegenheiten« an den »Herrn Regierungsrat Erdmann geneigten Berücksichtigung«:

»(…) Dem hiesigen Königlichen Kriegs-Ministerium ist es wünschenswert zur Feststellung hier entworfener Projekte zum Bau von Kriegsdampfschiffen, mehrere detail-Einrichtungen an den Geschützen, Lafettierungen und Maschinen der auf der Weser liegenden Schiffe der deutschen Nordsee-Flottille, so wie an den Schiffen selbst kennen zu lernen. Zu diesem Zwecke entsendet dasselbe den Königl. Premier Leutenant im Ingeneur Corps Haering und den Schiffsbaumeister Klawitter nach Bremen, Brake und Bremerhaven. Das unterzeichnete Ministerium beehrt sich deshalb dem Großherzoglich Oldenburgischen hochlöblichen Staats Ministerium die genannten Personen angelegentlich zu empfehlen und den ganz ergebensten Wunsch auszudrücken, das denselben Seitens der Großherzoglichen Behörden jede mögliche Vorschub zur Erlangung ihres Auftrages geleistet werden wolle.

Mit Vergnügen benutzt das unterzeichnete Ministerium zugleich diese Gelegenheit zu erneuter Versicherung seiner dem Großherzoglich Oldenburgischen hochlöblichen Ministerium gewidmeten ausgezeichneten Hochachtung.
Berlin den 4. Dezember 1849
Königlich Preußisches Ministerium der auswertigen Angelegenheiten
Im Auftrage
Bülow

An das Großherzogliche Oldenburgische
Hochlöbliche Staatsministerium zu Oldenburg.[441]

Die Familie Gross, mit der der Oberkommandierende in geschäftlichen, wie auch privaten Belangen in Verbindung stand, trat im Herbst des Jahres an den Oberkommandierenden heran, ihren Sohn, der sich anschickte, in die Reichsmarine als Seejunker einzutreten, aufzunehmen. Im Oktober war die Genehmigung dazu erteilt worden, so dass der Oberkommandierende dem Vater des zukünftigen Seejunkers Dieter Adolph Karl mit Rufnamen, schreiben konnte:

(…) das Patent für Ihren Sohn als freiwilliger Seejunker. Ich werde die See-Zeugmeisterei anweisen, ihn einstweilen auf die Fregatte DEUTSCHLAND zu beordern. Jetzt hat

---

440 **Staatsarchiv Oldenburg 33-2-3.** Schreiben von Brommy an Erdmann vom 29.11.1849
441 **Staatsarchiv Oldenburg 33-2-3.** Schreiben des preußischen Außenministeriums an das oldenburgische Staatsministerium vom 4. 12.1849. **Anm. d. Verf.:** In keiner Quelle wird der Besuch dieser Kommission erwähnt. Auch konnte der Verfasser in keinem Archiv eine derartige Anfrage oder Durchführung dieses preußischen Ersuchens finden. Sollte wirklich nur Oldenburg dieses Ersuchen zugegangen sein, wäre es schon ein Affront gegen den Oberkommandierenden, um dessen Schiffe es ja ging, diesen so zu umgehen!

er seinen Willen; ob es ihm gefällt und wie er sich macht, ist seine Sache. Er steht jetzt wie der Wallensteiner Rekrut »auf der Stufe zur höheren Macht«. Ich wünsche ihm glückliches Hinaufklettern auf dieser Leiter.«[442]

Brommy beendete diesen Brief an den Vater mit Empfehlungen an Madame Gross und die Damen des Hauses, wobei er die Jungfrau Adeline Gross meinte, die als »Hausfrau« das Handelshauses Gross in Bremerhaven betreute. Es ward ihm immer öfters warm ums Herz bei den privaten Gelegenheiten, die er unumwunden herzlich genoss, wenn die Jungfrauen des Hauses anwesend waren. Wie herzlich waren die Gespräche, zu denen er sich immer mehr hingezogen fühlte. Und Rudolph Brommy müßte die Unwahrheit sagen, dass ihn die Ernennung zum Contreadmiral nicht erfreut hätte.

Nachdem auch seine Schwester aus Leipzig zur Beförderung zum Contreadmiral gratuliert hatte, antwortete dieser in einem Schreiben vom 8. Dezember 1849:
Meine liebe, gute Schwester,
Was für eine Freude auch einmal wieder einen Brief von Dir zu bekommen, – nun oft schreibst Du nicht, das muss man sagen. Meinen herzlichen Dank für Deinen Glückwunsch, Du siehst, Mäuschen war noch eine Ratte geworden.
Wenn es mir nachgänge, so möchte ich lieber heute als morgen einmal zu Dir, nun ich hoffe das die allgemeinen Geschäfte mir gestatten, ein paar Tage nach Leipzig zu kommen, wo ich es Dir im Voraus anzeigen werde, damit ich die ganze Familie bei mir sehe.
Was ärgert Dich denn aber so sehr, das Du mir Deine Klagen vorträgst? Ich will doch nicht etwa hoffen, daß Du nicht gerne siehst, wenn andere Leute mich auch lieb haben wollen, – dass liegt ja gar nicht in Deinem Wesen.
Nun wir wollen das bei Dir das weitere (?) besprechen; (…), das ich, wenn ich komme eine gebratenen Apfel, ein Stück Stolle und vor allem freundliche Gesichter bekomme. Übrigens wenn ich komme, habe ich mir vorgenommen die ganze Familie zu sehen.
Grüße alle, ohne Ausnahme und behalte mich stets lieb.
Dein Bruder Rudolph
Sey doch so gut deine Briefe <u>nicht</u> zu frankieren, ich kann es selber thun.[443]

Durch die mündliche Zustimmung von Oldenburg am 11. Dezember 1849, als letzter Staat des Deutschen Reiches (!), war der Reichsverweser in die Lage gesetzt worden, die Amtsgeschäfte in die Hände der Bundes-Zentral-Commission zu übergeben.[444] Dieser politische Vorgang war für den Oberkommandierenden in der Hinsicht wichtig, konnte er nun hoffen, dass die politischen und finanziellen Verhältnisse des Reiches und der Marine nun in geordnetere Bahnen gelenkt würden. Durch den scheidenden Reichsverweser wurde am 20. Dezember nochmals in einem Schreiben an den »Contreadmiral u. Seezeugmeister in Bremerhaven« ein Dank für seine Leistungen hervorgehoben.[445]

---

442 **Gross, Detlev G.:** »An der Weser, Unterweser« Erinnerungen an eine alteingesessene Familie. Schiffahrtsmuseum Unterweser 1. Auflage 2016.
443 **Stadtgeschichtliches Museum Leipzig,** Sammlung Brommy/Lange. Brommy an Schwerster in Leipzig 8.12.1849.
444. **Bär, M.:** a. a. O. S. 120.
445 **DB** Nr. 2326 der Minister der Marine Jochmus »An Herrn Conter-Admiral u. Seezeugmeister Brommy in Bremerhaven.«

Kapitel XIV.

Die Reichsmarine unter der

Bundes-Zentral-Commission ab 1850

Am 20. Dezember 1849 legte der Reichsverweser Erzherzog Johann von Österreich sein Amt als Reichsverweser der Provisorischen Zentralgewalt nieder und übergab die Amtsgeschäfte an die Bundes-Zentral-Commission von Preußen und Österreich. Dieser Schritt bedeutete unausweichlich das Ende der liberal-demokratischen Revolution in Deutschland. Der Widerstand der Fürsten, des Militärs und des Beamtentums gegen die demokratische Revolution hatte gesiegt! Die Fürsten reagierten wieder ohne eine wirkliche Kontrolle durch das Volk. Die Gegensätze zwischen Besitzenden und Besitzlosen wurden durch die politischen Gegebenheiten und die industrielle Revolution weiter verschärft. Die Meinungs- und Pressfreiheit wurden wieder eingeschränkt, ausgetrocknet und langsam wieder durch eine Zensur ersetzt. Die Folge dieses politischen Druckes war eine erneut einsetzende starke Auswanderungswelle nach Übersee und auch nach Russland. Auch die Grundlage der demokratisch-liberal ausgerichteten Provisorischen Zentralgewalt war somit entzogen worden, und Contreadmiral Brommy sah, zusammen mit dem ihm unterstellten Institut, einer ungewissen Zukunft entgegen.

Nun gab es kein Ministerium, dem Brommy gegenüber verantwortlich war, sondern er unterstand direkt der Bundes-Zentral-Commission, die ihrerseits aus zwei Preußen und zwei Österreichern bestand. Diese bildeten sofort eine »Kommission für Marineangelegenheiten«, die durch den österreichischen Fregattenkapitän v. Bourguignon, den preußischen Major Bogun-v. Wangenheim und den Marineräten Jordan und Marcard gestellt waren. Anlässlich der Übergabe der Verantwortung durch den Reichsverweser an die Bundes-Zentralgewalt erließ dieser für die Reichsmarine einen Tagesbefehl, der allem Personal verlesen werden sollte:

(…) Im Begriff, sein hohes Amt in die Hände der Interiministischen Bundes-Commission niederzulegen, hat Seine Kaiserliche Hoheit der Erzherzog – Reichsverweser mich beauftragt, den Offizieren und Mannschaften der Flotte und des Marine-Corps, sowie sämtlichen Beamten der Marine, unter Anerkennung ihrer geleisteten Dienste in seinem Namen Lebewohl zu sagen.

Es gereicht Seiner Kaiserlichen Hoheit zur innigsten Genugtuung, das unter seiner Leitung nach mehrhundertjähriger Wehrlosigkeit Deutschlands zur See so erfreuliche und bedeutende Anfänge einer deutschen Kriegsflotte haben ins Leben gerufen werden können. – das Heranwachsen dieser ersten sichtbaren und sicheren Frucht eines großen nationalen Erstrebens, hat den Reichsverweser Deutschlands wesentlich befriedigt. Auch fernhin wird die gedeiliche Entwicklung dieser vielverheißenden Schöpfung ein Gegenstand der lebhaften Teilnahme und innigen Wünsche seiner Kaiserlichen Hoheit des Erzherzoges bleiben.

Indem ich die Versicherung hinzufüge, das ich die Ausbildung der deutschen Marine mit dem regsten Interesse und den aufrichtigsten Wünschen des Gedeihens verfolgen werde, kann ich von ihren gesamten Personal nicht Abschied nehmen, ohne zugleich meinen Dank auszusprechen für das Vertrauen, das mich unterstützte, solange ich die Ehre hatte derselben als Minister vorzustehen.

Sie werden hierdurch, Herr Admiral, beauftragt das Vorstehende dem gesamten unter Ihren Befehl stehenden Marine–Personal durch Tagesbefehl kundzutun,

Frankfurt a.M. den 20. Dezember 1849

Der Reichsminister der Marine

W. Jochmus[446]

Wie stellte sich nun die Lage zu Beginn des Jahres 1850 für die Flotte und für deren Oberkommandierenden dar? Die Reichsmarine musste sich neu orientieren! Contreadmiral Brommy beobachtete diese politischen Gegebenheiten mit Sorge. Welche Vor- oder Nachteile würde die neue politische Konstellation für die Reichsmarine bringen? Da die Bundes-Zentral-Commission politische Stabilität unter Beweis zu stellen hatte, wurde wenige Tage nach deren Einsetzung das heikle Thema der Reichsmarine mit ihren finanziellen Nöten bearbeitet. In einer der ersten Sitzungen der Reichsministerien von Marine, Handel, Finanzen und des Krieges wurden in Anwesenheit der Bevollmächtigten der Bundesstaaten am 29. Dezember die Möglichkeiten der Beschaffung weiterer Geldmittel für den Ausbau der Reichsmarine erörtert.

Die politische und finanzielle Lage der Reichsmarine zu Beginn des Jahres 1850 war, trotz der Bildung der Bundes-Zentral-Commission, alles andere als gesichert. Eine wirkliche Überzeugung für die Notwendigkeit einer Flotte wurde nur von sehr wenigen Politikern und Militärs vertreten. Die Seeanrainerstaaten an Nord- und Ostsee standen sich weiterhin in ihrer Konkurrenz zur Flotte gegenüber. Keiner der Staaten konnte oder wollte die Reichsflotte als Ganzes übernehmen, da die Finanzmittel ganz einfach nicht vorhanden waren. Einige Länder, die aus unterschiedlichen Gründen hinter der Flotte auf der Weser standen, waren Oldenburg, Bremen und Hannover. Hamburg, vor einem Jahr noch Vorreiter und glühender Verfechter deutscher Wehrhaftigkeit zur See hatte sich, angesichts der Kosten und politischen Verwerfungen, gänzlich aus jeder Verantwortung zurückgezogen! Einzig die vielfältigen Verhandlungsstränge der Preußen schienen die Reichsflotte regelrecht von allen Seiten zu umgarnen. Preußen versuchte mit allen Mitteln der Diplomatie seine eingesetzten Matrikularumlagen in Form von Schiffen zu sichern. Die Vorgänge um die ECKERNFÖRDE belegen diesen Kurs genauso wie die Vorgänge um die britischen Neubauten und deren Kautionszahlungen. Je weiter die Staaten vom Meer entfernt lagen, umso weniger wurde Interesse an dieser Institution »Reichsmarine« bekundet.

Da die Reichsmarine in absehbarer Zeit aus politischen Gründen (Flaggenfrage) in der Ostsee nicht eingesetzt werden konnte, war sie für Preußen uninteressant geworden. Zudem unterhielt Preußen eine eigene Flotte und sah aus diesem Grund die Kosten der Reichsmarine für Preußen als unnötig an. Die neue politische Struktur des Reiches unter der Verantwortung der Bundes-Zentral-Commission sollte daher genutzt werden, um die Reichsflotte so schnell wie möglich zu beseitigen.

---

446 **Stadtgeschichtliches Museum Leipzig,** Sammlung Brommy/Lange. Erzherzog Johann/Jochmus an Brommy 20.12.1949.

Ungeachtet der politischen Vorgänge schien der Andrang für die Offizierslaufbahnen der Reichsmarine ungebrochen stark zu sein. Gerade die freiwilligen Seejunker mussten auf die Warteliste gesetzt werden. Der Personalbestand der Flotte war zu Beginn des Jahres 1850:

63 Seeoffiziere incl. der Hilfsoffiziere und Schiffsfähnriche
44 Seejunker
3 Offiziere der Seesoldaten
1 Stabsarzt (Dr. Heins)
7 Ärzte
25 Beamte
25 Maschinisten
1475 Mannschaften[447]

In Bremerhaven lagen auf der hannoverschen Geeste:

BARBAROSSA
HANSA
DER KÖNIGLICHE ERNST AUGUST
DEUTSCHLAND

In Brake lagen:

HAMBURG
BREMEN
LÜBECK
ERZHERZOG JOHANN (Trockendock)

In Vegesack lagen:

26 Ruderkanonenboote

In England lagen:

DER KÖNIGLICHE ERNST AUGUST ex INCA
FRANKFURT ex CACIQUE.

Durch die Bildung der Bundes-Zentral-Commission war nun auch Österreich gezwungen, seine Position zur Flotte klar zu definieren. Auch während der Sitzung am 2. Januar 1850 ließ Österreich durchblicken, dass es die eigene Mittelmeerflotte als ausreichenden Beitrag für das Reich ansah und ohne weiteres auch Bestimmungsrecht auf die Flotten in Nord- und Ostsee zu haben glaubte. Preußen drängte auf eine klare finanzielle Regelung in diesem Punkt, da es nicht einsah, dass Österreich, ohne auch nur einen Thaler beigesteuert zu haben, Mitspracherecht über die Reichsmarine erhalten könne. Entweder Österreich zahlte seine rückständigen Matrikularbeiträge oder verzichtet auf jegliche Verfügungsansprüche. Als dritte Möglichkeit stand die Option im Raum, für die nicht gezahlten Beiträge die Verfügungsgewalt des Reiches auf die österreichische Mittelmeerflotte auszudehnen. Paradoxerweise war hier Hannover der Hemmschuh. Obwohl im Dreikönigsbund mit Preußen liiert, hatte es weiterhin eine stark antipreußische Haltung, auch in Marinefragen, beibehalten. Grundsätzlich schien Hannover diesbezüglich mit Österreich besser in Kontakt zu stehen. Preußens Politik gegenüber der Reichsflotte war zu diesem Zeitpunkt folgende:

---

447 **Illustrierter Marinekalender** der Illustrierten Zeitung, Leipzig Jg. 1850, vom 5. 1. 1850.
   Anm. d. Verf.: Bis auf die Zahl der Mannschaften kann der Verfasser dem zustimmen, wogegen die Zahl der Mannschaften wohl das »Soll« wiedergibt! Tatsächlich waren 800 Mannschaften in der Marine selten überschritten worden!

1) die Flotte würde durch <u>alle</u> Staaten des Deutsches Reiches finanziert;
2) sie würde im vollen Umfang der preußischen Union (Dreikönigsbund) unterstellt;
3) **oder aber sie würde abgeschafft!**[448]

Die politische Bedrohung der Reichsmarine zu Beginn 1850

Zu diesem Zeitpunkt war die Organisation oder der Aus- und Weiterbau der Reichsmarine ein völlig untergeordneter Punkt, der die dringende Aufmerksamkeit gegenüber dem Finanziellen erzwang. Hier war die höchste Priorität für Brommy gesetzt, überhaupt die Flotte zu erhalten! Während der Verhandlungen über die Finanzlage der Reichsmarine am 3. Januar 1850 stellten die preußischen Kommissare, General v. Radowitz und der Oberpräsident von Boetticher den Antrag, dass Österreich entweder seine rückständigen Matrikularabgaben bezahle oder einen Teil seiner Mittelmeerflotte dem Reich zur Verfügung stelle, sonst aber die Reichsmarine denen überlasse, die dafür gezahlt hatten.

Nachdem die Bundes-Zentral-Commission die Verantwortung für die politischen Geschicke übernommen hatte, geriet die Flotte in eine unangenehme Lage, da am 6. Januar von dieser angewiesen wurde, Angebote von Zahlungen Dritter zu verweigern, ehe diesem Vorgang von Berlin nicht zugestimmt wurde.[449] Unbeschadet dieser Lage trat der Admiral an Oldenburg heran, um die Bedingungen zur Annahme der Gelder für die Flotte auszuloten.[450] Um die Dringlichkeit der Zahlungen für die Reichsmarine zu unterstreichen, sandte er ein Schreiben an den General v. Radowitz über den Stand der Verhandlungen mit Oldenburg wegen finanzieller Unterstützung. Hierin machte er sehr deutlich, in welcher schlechten finanziellen Lage die Seezeugmeisterei war. [451]

Zeitgleich und auf Anregung des Abgeordneten Otto Bismarck[452] kam es zu geheimen Gesprächen zwischen Hannover und Preußen in Berlin am 9. Januar 1850, an denen auch der preußische Ministerpräsident v. Manteufel und der hannoversche Geheime Rat Neubourg teilnahmen. Hannover drängte bei diesen Gesprächen auf die Klärung der Haltung Preußens hinsichtlich der Frage, ob die Reichsmarine Eigentum des Reiches oder des Bundes sei. Es kam in dieser Verhandlungsrunde zu keinem Ergebnis da die Meinungsverschiedenheiten und das Misstrauen über die maritimen und politischen Ziele der beiden Staatsregierungen zu groß waren. [453]

Obwohl Brommy in einem Schreiben Anfang Januar klar darauf hingewiesen hatte, dass er die Forderung, alle ihm unterstellten Schiffe und die Admiralität nach Brake zu verlegen, nicht erfüllen könne, wurde durch die Vermittlung des preußischen Ministers Schleimitz erreicht, dass

---

448 **Bär, M.:** a. a. O. S.124.
449 **Batsch, F.:** Deutsch Seegras S. 285.
450 **Staatsarchiv Oldenburg 33-2-3. Dok:Ol-9.**
8451 **Staatsarchiv Oldenburg 33-2-3. Dok:Ol-26.**
452 Nachfolgend wird die Schreibweise des Abgeordneten Bismarck, ohne das erst später verliehene »von« beibehalten.
453 **Bär, M.:** a. a. O. S.185.

die Überweisung der oldenburgischen Gelder durch Preußen genehmigt wurde.[454] Am 13. Januar 1850 erhielt die Seezeugmeisterei endlich die dringend benötigten 60.000 Gulden durch das Bankhaus Rothschild zugewiesen.[455] Das Bankhaus Rothschild war, so erfuhr der Oberkommandierende wenig später, wegen der Zahlungen an die Flotte zwischen die Fronten von Österreich und Preußen geraten. Das Bankhaus vertrat aber letztlich die Meinung, lieber das Geld abschreiben zu wollen, als sich mit dem österreichischen Staat anzulegen.

Der Geh. Rat Erdmann begab sich wenig später nach Bremerhaven, um dem Oberkommandierenden in der Seezeugmeisterei persönlich 67.200 Taler für die Flotte zu überbringen. Auf die Frage des Geh. Rates, was die Seezeugmeisterei noch an Mitteln benötige, bezifferte Brommy dieses auf die Summe von 80.200 Thalern. Im nachfolgenden Gespräch zwischen dem Geheimen Rat und Brommy, der Contreadmiral war sichtbar erregt über das Hin und Her für die Bezahlung der Flotte, wollte er auf das Angebot des Geh. Rates, auf sein persönliches Risiko weitere 30.000 Taler beizusteuern, nicht eingehen. Er verlangte die gesamte Summe von 80.200 Thalern, oder er würde nichts entgegennehmen!

Brommy war des Bettelns müde und konnte die Quälerei nicht länger ertragen. Die Angelegenheit müsse auf die eine oder andere Weise gelöst werden, auch auf die Gefahr hin, dass die Reichsmarine aufgelöst würde und er den Abschied nehmen müsse. Wie es war, konnte es nicht weitergehen, das war er seinen Untergebenen und sich selber schuldig!

Der Geheime Rat machte in diesem Schreiben an sein Ministerium auch darauf aufmerksam, dass der Erhalt der Flotte, auch zum Vorteil Oldenburgs, mit Bedacht gesehen werden müsse. Auch der Geheime Rat konnte nicht erkennen, was Preußen mit der Reichsmarine vorhatte, hielt den Admiral aber für einen Ehrenmann, der sich durch solche Sonderinteressen, wie Preußen oder andere Staaten sie haben könnten, nicht beeindrucken lassen würde und schrieb seiner Regierung, dass Contreadmiral Brommy:
»(…) dem Pfade der Pflicht folge, welche ihn auf die Zentralbehörde – jetzt Bundeskommission –hinweist, solange eine existieren werde. Der Admiral versicherte »Wie kann ich künftig Vertrauen fordern, wenn ich jetzt nicht treu bin«.« [456]

Seine Mahnung an die Verhandlungspartner hinsichtlich der Finanzen hatte insofern für die Flotte das Ergebnis, dass durch Oldenburg gegen Ende des Monats die definitive Überweisung von 80.200 Talern an die Seezeugmeisterei erfolgte.

Preußen macht indes Druck, um die Angelegenheit der Flotte abzuklären. Durch die Bundes-Zentral-Commission wurden bereits am 24. Januar 1850 die Ausschussanträge über die Flotte gestellt:
Die Eigentumsverhältnisse der Flotte sollten durch die Gesandten bei ihren Regierungen bis zum 10. Februar 1850 geklärt werden.
Die Regierungen, die die Flotte übernehmen wollten, sollten bis zu diesem Tage erklären, ob sie eine Übernahme der Reichsmarine vereinbaren, oder Verhandlungen über diese in Aussicht stellen würden.[457]

---

454 **Barsch, F.:** a. a. O. S.286.
455 **Bär, M.:** a. a. O. S.186f. auch **Hansen, Heinrich Egon,** a. a. O. S. 51f.
456 **Staatsarchiv Oldenburg 33-2-3.** Erdmann an das oldenb. Staatsministerium vom 21.1.1850.

Der Konflikt mit Dänemark konnte mit dem Beginn des Jahres 1850 als für das Deutsche Reich weitgehend beendet angesehen werden. Da die Blockade der Nord- und Ostsee beendet war, entfiel auch der wirtschaftliche Druck auf die Küsten der Nordsee. So konnten die Handelsverbindungen wieder aufgenommen werden, dass auch die Reeder und Handelshäuser keinen Grund mehr sahen, eine Deutsche Flotte zu fordern. Contreadmiral Brommy bekam diesen Sinneswandel im Frühjahr 1850 schnell zu spüren, da sein Verlangen zum Erhalt der Flotte immer weniger Gehör fand.

Die Flotte, aufgeteilt im Bereich von Brake, der Geestemündung, vor Cuxhaven und Vegesack, würde in absehbarer Zeit das Winterlager verlassen können. Sie sollten dann neu formiert, um weiter in Übung gehalten und kriegsbereit gemacht werden, da der Konflikt mit Dänemark jederzeit wieder ausbrechen konnte. Obwohl die politischen Gegebenheiten Anfang 1850 nicht darauf deuten, dass das Reich erneut in einen Konflikt wegen der Herzogtümer verwickelt wurden könnte, musste der Oberkommandierende dieses aber in Betracht ziehen. Diese militärischen Planungen von Contreadmiral Brommy seine Marine auszubauen, standen im krassen Gegensatz zu den politischen Zielen der Bundes-Zerntral-Kommission, die Reichsflotte entweder aufzuteilen oder aber aufzulösen.

Die am 24. Januar 1850 eingebrachten Ausschussanträge über die Reichsflotte kamen am 16. Februar 1850 in Frankfurt zur Abstimmung. Während dieser Zeit hielt sich der Oberkommandierende, entgegen dem preußischen Willen, in Frankfurt auf, um aufzuzeigen dass er seine Flotte nicht ohne Gegenwehr und auch persönlich in Frankfurt vertreten werde.[458]

Zum Eigentumsverhältnis lehnte Österreich eine klare Beantwortung ab, während die Mehrheit die Reichsflotte als Reichseigentum anerkannte. Hinsichtlich der Übernahme dieser Flotte war noch keine Entscheidung gefallen, diese auf dem 31. März 1850 vertagt. Wenn bis zu diesem Zeitpunkt kein Interessent für die Schiffe aufgetreten war, sollten die Schiffe verkauft werden. Als einzige Interessenten für die Flotte auf der Weser kristallisierten sich immer mehr die Union (Dreikönigsbund) und Oldenburg heraus, die willens und in der Lage waren, die Flotte zu erhalten.

Aus Berlin unternahm der oldenburgische Vertreter, Oberst Mosle, erneut den Versuch, oldenburgische Häfen im Allgemeinen und Heppens im Besonderen für die Reichsmarine anzubieten. In zwei Schreiben vom 21. Februar 1850 wandte er sich zum einen an den Vorstand der Marinekommission in Frankfurt von Wangenheim, und zum anderen an den Oldenburgischen Geheimen Rat Erdmann. An Wangenheim richtete Oberst Mosle die Beschwerde, dass noch kein deutscher Offizier an der Jade gewesen war, da die »Herren Offiziere und Beamte die Öde und die Unwirtlichkeit von Heppens wohl scheuen«. An Erdmann richtete er die gleichen Vermutungen und verwies ausdrücklich auf Brake als ein Provisorium für die Reichsmarine. Diese Meinung wurde auch von Erdmann so geteilt. Ihm war der Spatz (Brake) in der Hand aber lieber als die Taube (Heppens) auf dem Dach!

457 **Bär, M.:** a. a. O. S. 186ff. **Zimmermann, Alfred Dr.:** a. a. O. S. 654.
458 **Staatsarchiv Oldenburg 33-2-2.** Brommy aus Frankfurt an Erdmann vom 2. 2.1850.

Die Meuterei auf der ECKERNFÖRDE am 3. März 1850

Die politischen Debatten brachten es mit sich, dass ein Teil des Personals, der Offiziere wie Mannschaften, den Dienst in dieser unsicher scheinenden Institution quittierten. Neu geworbenes Personal musste trotzdem geschult und ausgebildet werden. Auch die Besatzungen der Schiffe wurden zum Teil neu formiert. Contreadmiral Brommy war trotz der Diskussion um seine Flotte nicht verzagt und strahlt eine starke Zuversicht aus. Er war in Griechenland mehrfach in ähnlichen, zum Teil in noch schlimmeren Situationen gewesen und hatte doch immer wieder das rettende Ufer erreicht. Er glaubte fest daran, dass die Nordseestaaten Oldenburg, Bremen, Hannover und Hamburg die Reichsflotte nicht im Stich lassen würden. Im Frühjahr 1850 waren die Bedingungen für die Schiffe seiner Flotte bezüglich ihrer Einsatzbereitschaft auch besser geworden so dass Zuversicht angesagt war.

Auch die Lage um die ECKERNFÖRDE schien sich stabilisiert zu haben. Die Arbeiten wurden unter der ständigen Beobachtung des preußischen Militärs fortgeführt, wobei vorrangig die Reparaturen im inneren und an den Masten durchgeführt wurden, wie es die Finanz- und Wetterlage zuließen. Anfang März bestand das Offizierskorps auf der ECKERNFÖRDE:

Kommandant: Leutnant zur See Poppe
1. Offizier: Schiffsfähnrich Kinderling
Wachoffizier: Schiffsfähnrich Lübbers
Wachoffizier: Schiffsfähnrich Tichy
Wachoffizier: Schiffsfähnrich Bostelmann
Wachoffizier: Schiffsfähnrich Müller.

Am 3. März 1850 belauschte der Schiffsfähnrich Bostelmann zufällig ein Gespräch zwischen einem Deckoffizier und einigen Unteroffizieren, die die Segelfregatte in dänische Hand überführen wollten. Zu diesem Zeitpunkt hatte die Segelfregatte einen Gesamtpersonalbestand von gut 160 Mann, die zum Teil auch schon in der dänischen Marine gedient hatten. Der Schiffsfähnrich informierte zunächst den 1. Offizier Kinderling, der seinerseits sofort dem Kommandanten Poppe Meldung machte. Obwohl Kinderling eine sofortige Verhaftung der Personen vorschlug, wollte der Kommandant dieses erst am nächsten Tag vornehmen.

Diese konnte am nächsten Morgen nicht mehr erfolgen, da die Rädelsführer bereits in der Nacht desertiert waren. Danach kam es auf der ECKERNFÖRDE zu einer Meuterei, weil die Mannschaft die Verhaftung der anderen Rädelsführer zu verhindern suchte. Als wenig später ca. 100 Matrosen versuchen wollten, die Waffenkammer des Schiffes zu stürmen kam es zur Eskalation. Der mit gezogenem Säbel der Meute entgegengetretene Stabswachtmeister wurde von dieser regelrecht überrannt. Nun stellte sich ihnen der 1. Offizier Kinderling mit gezogener Pistole entgegen. Als der wortführende Meuterer, der Matrose Maaß, den 1. Offizier mit Gewalt von der versperrten Waffenkammer zu drängen versuchte, erschoss ihn Kinderling in Notwehr.

Die Lage spitzte sich nun bedrohlich zu. Während die anderen Offiziere die Waffenkammer mit gezogenen Waffen weiter bewachten, machte Kinderling persönlich von den Vorfällen Meldung beim Kommandanten. Die nachdrängenden Matrosen versuchten, Kinderling in ihre

Gewalt zu bringen, was aber durch den Kommandanten persönlich verhindert wurde. Das Gerücht kursierte, dass Kinderling, als Preuße, versuchen würde, mit Unterstützung der preußischen Garnison, die Kontrolle über die ECKERNFÖRDE zu erlangen und die Meuterei nur als Vorwand nahm, das umzusetzen. Das hielt Lt. Poppe für Unsinn und ließ Kinderling, um ihn vor Angriffen der aufgebrachten und falsch informierten Besatzung zu schützen, an Bord in Haft nehmen.[459]

Um die Lage zu beruhigen, kam es zu einem Gespräch mit der aufgebrachten Meute, in dem der Kommandant Poppe versprach, eine Untersuchung der Vorfälle einzuleiten und befahl den Matrosen, sich an Deck der Segelfregatte zu begeben. Die aufgeheizte Stimmung ließ sich aber nicht mehr beruhigen und griff auf Teile der Bevölkerung an Land über, so dass der Kommandant der ECKERNFÖRDE das Leben seines 1. Offiziers an Bord nicht mehr garantieren konnte. Er verfügte eine Verlegung von Kinderling an Land. Leutnant Poppe verfasste sofort einen Bericht über die Vorfälle, um sie seinem Oberkommandierenden und nach Frankfurt zu melden, wären unter Begleitung des Schiffsfähnrichs Lübbers Kinderling in das Hotel Hansen gebracht wurde, in dem auch der Bataillonskommandeur der preußischen Truppen, Major Wanselow, gastierte. Die aufgebrachte Menschenmenge versuchte nun, in das Hotel zu gelangen, und Kinderling konnte nur mit Waffengewalt der anwesenden Offiziere während des Mittagsmahles vor Schlimmeren bewahrt werden. Der 1. Offizier trat nun mit den preußischen Truppen in Kontakt, um zu erreichen, dass diese ein Kontingent von ca. 50 bis 100 Mann und einem Offizier an Bord der Segelfregatte verlegten, das durch Leutnant Poppe auch so genehmigt wurde.

Um der angespannten Lage auf der Segelfregatte ECKERNFÖRDE zu begegnen und eine weitere Meuterei zu verhindern, wurden die an der Meuterei beteiligten Soldaten unter Arrest gestellt und ein Verfahren gegen sie eingeleitet. Gleichzeitig begaben sich preußische Truppen des Leibregimentes des Prinzen von Preußen an Bord, die bis auf weiteres, alle 24 Stunden durch Ablösung, Wachdienste leisteten. Die Reichsflagge Schwarz-Rot-Gold blieb unangetastet an Bord. Da Kinderling sich aber an Land nicht sicher fühlte, kehrte er noch in derselben Nacht auf abenteuerliche Weise wieder an Bord der ECKERNFÖRDE zurück.[460]

Wegen der Vorfälle wurde Leutnant Poppe wenig später, bis zur Klärung der Vorfälle, abgelöst und zunächst durch seinen 1. Offizier Kinderling ersetzt. Die Lage beruhigte sich wenig später wieder. Contreadmiral Brommy ließ sich von dem Vorfall einen Rapport erstellen. Er hieß die Vorgehensweise von Kinderling gut, da er die Meinung vertrat:

»(…) Wenn ein Untergebener sich erfrecht, die Hand an seinen Offizier zu legen, so hat dieser die ausdrückliche Befugnis, sich jedes, auch des äußersten Mittels zur Abwehr zu bedienen; nur auf solche Weise kann der nöthige Respect unter allen Umständen erzwungen werden und werde ein Beispiel statuiert, so mögen sich's die Anderen zur heilsamen Lehre dienen lassen.« [461]

---

459   **Steltzer, H.G.:** Die deutsche Flotte S. 73.
460   **Batsch, F.:** Dt. Seegras S. 537ff, **Koch:** Zeitungsausschnitte Gefion Akte S.144ff.
461   **Wilken, P.:** a. a. O. S. 216.

Die Überprüfung der Reichsmarine im März 1850

Um die tatsächliche Situation der Reichsmarine vor Ort zu erkunden wurden am 3. März 1850 in Frankfurt zwei Sachverständige der Bundes-Zentral-Commission an die Nordsee gesandt. Diese Sachverständigen, der österreichische Seeoffizier Bourguignon und der Marinerat Jordan, sollen sich ein Bild von allen Schiffen und den Hafen-, Werft- und Arsenalanlagen von Brake und Bremerhaven machen. Besonders das Trockendock in Brake sollte besichtigt werden. Zu dieser Zeit wurden die Baggerarbeiten auf der Weser wieder aufgenommen, die durch den plötzlichen Eisgang im Herbst 1849 eingestellt werden mussten.

Die Kommission besichtigte bereits am 7. März die Schiffe der Reichsmarine auf der Geeste und die Marineanlagen in Bremerhaven. So waren auch die drei Korvetten HAMBURG, BREMEN und LÜBECK Anfang März vom Winterlager Brake nach Bremerhaven verlegt worden. Die hier liegenden acht Reichsschiffe BARBAROSSA Flaggschiff; BREMEN, HAMBURG, LÜBECK, DER KÖNIGLICHE ERNST AUGUST, FRANKFURT, GROSSHERZOG VON OLDENBURG und HANSA machten einen ausgezeichneten Eindruck auf die Kommission.

Am nächsten Tag begab sich die Kommission von Bremerhaven nach Brake um im Beisein vom Contreadmiral Brommy die ERZHERZOG JOHANN und Anlagen der Marine zu besichtigen. Hierbei wurde besonders das »Dry Dock« der ERZHERZOG JOHANN einer besonderen Begutachtung unterzogen. Am 3. Tag wurde die Kommission vom Großherzog von Oldenburg empfangen. Im Rahmen ihrer Besichtigung der Reichsmarine wurden auch die Ruderkanonenboote durch die Kommission in Vegesack bei Bremen inspiziert. Weil die Besatzungsfrage ein erhebliches Problem für die Marine darstellte, lagen diese Boote zumeist bewegungslos im Hafen, da sich praktisch keine Seeleute für den Dienst an den Riemen der Boote anheuern ließen. Aus diesem Grund waren höchstens vier Boote im Einsatz, die sich, je zwei von ihnen, vor Cuxhaven und der friesischen Küste, auf Vorposten im Einsatz befanden.

In Bremerhaven wurde am 11. März ein Essen für die Kontrollkommission an Bord der DER KÖNIGLICHE ERNST AUGUST gegeben. Anwesend waren die Kommissionsmitglieder, alle Kommandanten der Flotte und die Führungskräfte der Marineverwaltung. Erörtert wurde unter anderem die für den 12. März 1850 geplante Reise per Schiff an die Jade, um die von Oldenburg angebotenen Gebiete bei Heppens von See aus zu besichtigen. Wegen des sehr starken Sturmes musste die geplante Fahrt zur Jade abgesagt werden. Stattdessen ging ERNST AUGUST, ohne die geplante Begleitung der Ruderkanonenboote, mit Kurs auf die Elbe in See. Im weiteren Verlauf fertigte der österreichische Seeoffizier einen mehrere Seiten langen Bericht, der kompakt und doch sehr aussagekräftig war. Hierin wurden die technischen Bereiche genauso beurteilt wie die innere Lage der Flotte, die Verwaltung und die Beschaffenheit der Läger und Magazine…

» (…) Das zu Bremerhaven am Lande befindliche Detachement der Marine-Infanterie war in einem gemieteten nicht sehr bequemen Privathause so gut als möglich untergebracht. Haltung und Aussehen dieser Leute ist ganz gut. Aus dem Defilieren und einigen Handgriffen sah ich, daß das Exerciren mir Erfolg betrieben wurde. Tambours, von Pfeifern begleitet, rühren mit gelenkiger Hand die Trommel und schlagen mit gutem Tact die für die deutsche Flotte eigens componirten Märsche und Trommelstreiche. (…) Der

Sanitätsdienst und die Verwaltung derselben ist sowohl am Lande als auch auf den Schiffen, unter des sehr eifrigen dirigirenden Stabsarztes Dr. Heins, einfach und zweckmäßig eingerichtet und mit viel Ordnung geführt.

(…) obschon nicht alle gleich ursprünglich zu Kriegsschiffen gebaut wurden, sind dennoch kriegs- und seetüchtige Fahrzeuge mit zweckmäßigen Einrichtungen zum Kriegsgebrauche, und sowohl Schiffe, Bemastung, Takelung, Artillerie, Waffen u.s.w. als auch Maschinen sehr gut gehalten und sorgfältig conserviert.« Die Bewaffnung derselben steht im richtigen Verhältnis zur Tragfähigkeit und Stärke der Schiffe. (…) Die Installation der Geschütze ist auf den meisten Schiffen und mit wenigen Ausnahmen eine sehr vortheilhafte.

(…)

Die Schiffe sind größtentheils gut befehligt, da die Mehrzahl der Commandanten ganz tüchtige Capitaine sind. (…) Die Mannschaften, die zwar bei weitem noch unter der Sollrolle sind, scheinen ein gutmüthiger, kräftiger Schlag von Menschen zu sein, gehorsam, willig, und lenkbar. Von mehreren Seiten wurde (…) gesagt, das die Einführung eines Militär-Strafgesetzes eine gute Wirkung bei der Marine hervorbrachte, so zwar, daß man hofft nur selten davon Gebrauch machen zu müssen. Die Equipagen sind wohlgekleidet, gut gehalten, wohlgenährt, und sehen recht gut aus. (…)

Der Unterricht, welcher den Seejunkern auf der Fregatte Deutschland ertheilt wurde, scheint zu ganz befriedigenden Resultaten geführt zu haben. (…) Die in Eckernförde ankernde Fregatte Gefion ist ein Muster moderner Schiffbaukunst und verspricht ein vortrefflicher Segler zu sein deren innere Haltung jedoch in letzter Zeit aus dem Grunde viel zu wünschen übrig läßt, weil der Commandant derselben irrigerweise glaubte, die in Bordarrest und Untersuchung befindlichen Mannschaften nicht zu Arbeiten und Reinigen des Schiffes verwenden zu dürfen, worüber ich ihn aber gehörig orientirte(…) auf derselben befinden sich ca. 80 Mann Equipage und eine zeitliche Besatzung von einem Offizier und 50 Mann der zu Eckernförde garnisioniertenden Königlich-Preußischen Landtruppen. Die von einem holsteinischen Auditeur, Christiansen, auf Einladung des Contreadmiral Brommy gepflogene Untersuchung des kürzlich auf der Fregatte vorgefallenen subordinationswidrigen Benehmens eines Theils der Mannschaft, dürfte beendet sein. (…)

Fregattenkapitän Bourguignon schloss seinen Bericht:
Auf der Erzherzog Johann war eine Schiffsjungen-Schule angelegt, welche die besten Resultate liefert – die Jungen machen Fortschritte im lesen, schreiben, Arethmetik, und exerciren recht brav mit Gewehr und Segel; ihre Zahl war nur 20 und wäre zur ferneren Heranbildung von guten Chargen zu erweitern. Aus dieser gedrängten aber der Wahrheit getreuen Schilderung der deutschen Marine dürfte sich gleichzeitig das Factum hervorstellen, das Contreadmiral Brommy dem schwierigen Posten eines Chefs dieser Marine ganz gewachsen ist.«
Frankfurt a.M. den 26. März 1850
v. Bourguignon,
Fregatten-Capitain.[462]

---

462 **Hubatsch u.a.:** a. a. O. S. 97–102.

Preußens Aufbau einer eigenen Flottenstruktur ab 1850

Preußen arbeitete derweil weiter am Aufbau einer eigenständigen Flotte. Während die Reichsmarine in den größten Schwierigkeiten steckte und um ihr Überleben kämpfte, begann man hier, weil man den Reichsgedanken schon lange ad Acta gelegt hatte, die eigenen Marineideen strikt umzusetzen. Prinz Adalbert von Preußen schlug Anfang März dem Kriegsminister Planungen zur Weiterbildung der preußischen Mannschaften vor.

Die Mannschaften und Unteroffiziere sollten zur Weiterbildung auf einem gemieteten oder gekauften Transporter ausgebildet werden, der mit der AMAZONE im Mittelmeer kreuzen sollte. Bemerkenswert bei diesem Schreiben war die Tatsache, dass der Prinz Capitain-Lieutenant Donner bereits als Kommandanten der AMAZONE auswies. Der ehemalige schleswig-holsteinische Capitain-Lieutenant Otto Donner sollte vorläufig, und auf zwei Jahre, als Kapitän zur See mit der Kompetenz eines Korvettenkapitäns, zur Dienstleistung von der Reichsmarine zur preußischen Marine kommandiert werden. Kapitän Donner sollte in Preußen den Aufbau der Ausbildung übernehmen, da er hierfür schon Erfahrung in der jungen schleswig-holsteinischen Marine gewonnen hatte.

Das Transportschiff sollte ca. 100 Schiffsjungen aufnehmen können und im Winter 1850/51 die AMAZONE auf einer Reise nach Brasilien begleiten. Im Sommer 1851 plante Prinz Adalbert dann eine dreimonatige Übung mit den Flottillen in den Gewässern vor Rügen.

Um die Ausbildungsvorhaben der im Ausbau befindlichen preußischen Marine verwirklichen zu können, musste ein geeignetes Schiff gefunden werden. Das Kriegsministerium nahm im Zuge der Suche nach einem geeigneten Schiff auch Verhandlungen mit dem Handelsministerium auf, da die preußische Seehandlungs-Sozietät ihre Tätigkeit wegen der dänischen Blockade hatte einstellen müssen. Somit standen hier Schiffe zur Verfügung, die eventuell zu nutzen waren. Besonderes Interesse fand das »fregattartige« Pinkschiff MERCUR, welches zu dieser Zeit in Hamburg lag. Zunächst wollte das Kriegsministerium das Schiff nur anmieten, worauf das Handelsministerium aber nicht einging. Nach eingehender Besichtigung in Hamburg kam es am 26. März 1850 zum Abschluss des Kaufvertrages. Das Schiff sollte als Transportschiff für die AMAZONE und als Ausbildungsschiff für Schiffsjungen dienen. Kurze Zeit später verlegte das Schiff nach Stettin, wo es auf der Werft Zieske unter der Oberaufsicht des dortigen Marinedepots zum Schulschiff umgebaut wurde.

Preußens Oberkommandierender hatte noch weitreichendere Pläne. Nach seinen Vorstellungen sollten unter der Mitwirkung der Schiffbaumeister Klawitter und Devrient und unter der Kontrolle des britischen Schiffskonstrukteurs John Scott Russel in England zwei kleine Dampfschiffe in Auftrag gegeben werden. Die »*Prussian construction*« sollten flachgehende Avisos mit Schaufelradantrieb werden, die aber, als Novum, mit je einer Ruderanlage an Bug und Heck ausgestattet waren! Auch die Takelage war so ausgelegt, dass das Schiff ohne zu wenden vorwärts und rückwärts fahren konnte. Nachdem Prinz Adalbert 1849 den Bau von zwei Dampfkanonenbooten genehmigt bekommen hatte, konnte er den Bau der beiden Boote durchsetzen.[463]

---

463 **Anm. d. Verf.:** Die Schiffe erhielten später die Namen NIX und SALAMANDER zugesprochen.

Die Umgliederung der Reichsmarine im März 1850

Die Resultate und Erkenntnisse der Marinekommission begannen sich schon bald auch für die Reichsflotte bemerkbar zu machen. Contreadmiral Brommy, allein nun der Bundes-Zentral-Commission verantwortlich, hatte einen wahrlich schweren Stand. Von seinen vorgesetzten Stellen des Reiches im Stich gelassen, versuchte er nach bestem Wissen und Gewissen seine ihm übertragene Aufgabe, Leitung und Erhalt der Reichsmarine an der Weser, umzusetzen. Von Gesetzen und Erlassen eingeengt musste er unter Gegebenheiten arbeiten, die unter normalen Umständen untragbar gewesen wären. Rudolph Brommy hatte aber die Schule Griechenland hinter sich und war darum einiges gewohnt. Trotzdem wurden der Druck und die Zwänge immer stärker. Finanziell alleingelassen wurde der Admiral von vielen Persönlichkeiten aus Oldenburg, Bremen, Hannover oder auch Hamburg und Preußen entweder umgarnt oder zum Teil stark angegriffen. Für den unpolitischen Seemann mit starkem Verantwortungsgefühl für die Sache, auch sich selber gegenüber, war diese Zeit der Ungewissheit eine Tortur.

Auf Antrag von Contreadmiral Brommy erfolgte im März 1850 eine Änderung der Verwaltung. Die Materialdirektion, bisher dem Seezeugmeister direkt unterstellt, wurde Hauptmann Weber übergeben. Zur selben Zeit, am 18. März, übernahm der Admiral sein neues Flaggschiff, die HANSA.

Obwohl Hannover stets eine führende Rolle hinsichtlich der Befürwortung einer Flotte übernommen hatte, zog es sich seit Anfang des Jahres 1850 immer wieder zurück, wenn es finanzielle und politische Verantwortung zu übernehmen galt. Überraschend lud die hannoversche Regierung zum 20. März mehrere Kleinstaaten ein, um die Reichsmarine zu retten. Das Problem Hannovers lag in seinem politischen Prinzip, Preußen so wenig wie nur möglich einen Zugriff auf die Flotte zu ermöglichen. Da es selber aber finanziell auf keinen Fall die Schiffe zu übernehmen bereit war, suchte es diesen Weg mit den Kleinstaaten. Aus Trotz und im Alleingang, ohne Preußen und Österreich! Die teilnehmenden Staaten Hamburg, Württemberg, Baden, Kurhessen, Schwarzburg-Rudolphstadt, Liechtenstein, Waldeck, Hessen-Homburg und Frankfurt versuchten zu retten, was zu retten war.

Allein wegen der Finanzierung und der Aufteilung der Kompetenzen über die Flotte kam es nicht zur Einigung, da keiner der Staaten genügend Geld für den Betrieb der Flotte opfern wollte oder konnte. Wegen der ungenügenden Zahlungsbereitschaft der anwesenden Kleinstaaten wurde kein tragbares Ergebnis erzielt. Eine der letzten Möglichkeiten zur Rettung der Flotte war somit zunichte gemacht worden. Die als Vorschuss geleisteten 1,2 Millionen Gulden reichten bis Ende März des Jahres. Die nun in Aussicht gestellten 20.000 Thaler durch Preußen und Hannover waren wie ein Tropfen auf den heißen Stein. Die Finanzprobleme der Marine wurden durch die Uneinigkeit der Politiker für Contreadmiral Brommy ins Unerträgliche gesteigert.

Um den zunehmenden Spannungen entgegenzutreten, die durch die ungeklärte Lage der Reichsmarine zwangsläufig unter den Mannschaften zu verspüren waren, prüfte Anfang April 1850 der Bremer Amtmann Thulesius im Auftrag des Bremer Senats, welche bremischen Strafanstalten für die Marine in Frage kamen »(...) *um vom Kriegsgericht zu Freiheitsstrafe verurteilte Individuen«* aufnehmen zu können. Um die Marine zu entlasten, wurde bereits am 5. April 1850 ein Kommando Bremischer Infanterie, bestehend aus einem Offizier und 120 Füsilieren, eingesetzt, um so lange Dienst als Seesoldaten auf den deutschen Kriegsschiffen zu leisten, bis eine eigene Truppe geschaffen worden war. Die Truppe verlegte von Bremen nach Brake und bezog auf der im Trockendock liegenden ERZHERZOG JOHANN Quartier.

Auch strukturell wurde die Marine umgestaltet, da Preußen die Machtfülle in der Hand von Contreadmiral Brommy als Gefahr für die Sache ansah. Den Weisungen der Bundes-Zentral-Commission folgend wurde Contreadmiral Brommy als Oberbefehlshaber von der Leitung der Seezeugmeisterei entbunden.

Am 18. April 1850 übernahm Hauptmann Weber die Seezeugmeisterei, die aber in Art und Umfang weiter erhalten blieb.
Die Hauptverwaltung der Marine war im Haus des Apothekers Büttner, An der Karlsburg 14 untergebracht. Ihr untergeordnet waren:
  A) Intendantur in Geestemünde unter Intendant R. Bernau
    1) Hauptkasse
    2) Rechnungswesen
  B) Arsenal- und Magazinwesen
    1) Arsenal (Geestemünde)
    2) Magazin (Am Deich)
    3) Kanonenplatz (Am Alten Hafen)
    4) Pulverturm (Geestemünde)
    5) Montourdepot (Geestemünde)
    6) Lager für Schiffsbedarf (Am Alten Hafen Nr. 20 und 21a)
    7) Kohlenlager Bremerhaven (Am Alten Hafen)
    8) Kohlenlager Glückstadt
  C) Sanitätswesen unter Flottenarzt Dr. Heins
    1) Spital Bremerhaven
    2) Spital Brake
    3) Apotheke Bremerhaven
    4) Apotheke Brake
  D) Bildungswesen unter Contreadmiral Brommy
    1) Schulschiff DEUTSCHLAND (Geeste)
    2) Schulungsstätte ERZHERZOG JOHANN in Brake.

Der Bestand an Schiffen und Besatzungen der Flotte hatte zu dieser Zeit folgendes Aussehen. Im Bereich von Bremerhaven lagen:
  – HANSA (Flottenflaggschiff)
  – BARBAROSSA
  – HAMBURG
  – BREMEN
  – LÜBECK
  – FRANKFURT
  – DER KÖNIGLICHE ERNST AUGUST

Im Bereich der Geeste lag:
- Segelschulschiff DEUTSCHLAND

Im Bereich von Brake lagen zur Reparatur und Ausrüstung:
- ERZHERZOG JOHANN im Trockendock,
- GOSSHERZOG VON OLDENBURG zur Ausrüstung.

Das Personal der Reichsmarine auf der Weser hatte folgenden Umfang:

64 Offiziere,
38 Junker,
8 Ärzte,
30 Beamte der Seezeugmeisterei und Zahlmeisterei,
30 Maschinisten,
700 Unteroffiziere und Mannschaften,
100 Seesoldaten
970 Mann Total

Wert der in den Arsenalen eingelagerten Materialien: mehrere 100.000 Thaler. Kopf aller Aktionen, Zucht und Ordnung war und blieb Contreadmiral Brommy, dem man trotz aller erdrückenden Sorgen um den Fortbestand seines Lebenswerkes selten seinen inneren Gemütszustand ansah. Er blieb wegen dieser Haltung ein von allen Untergebenen voll akzeptierter Vorgesetzter, obwohl die Rechtsstellung der Flotte und deren Verfügungsgewalt nach der Übernahme durch die Bundes-Zentral-Commission für den Contreadmiral nicht ganz klar war und dieser immer wieder befürchtete, zwischen den Interessen der einzelnen politischen Strömungen, hier der Reichsgedanke in Frankfurt am Main, dort die preußische Unionsidee aus Berlin und schließlich die Bundesidee aus Österreich, zerrieben zu werden!

In einem Brief an den Oldenburgischen Gesandten der Union in Berlin, Oberst Mosle, gab der Admiral in einem Schreiben vom 25. April der Hoffnung Ausdruck, dass, um Rechtssicherheit zu erlangen, es gelingen möge, die Flotte den Preußen zu übergeben und dass Oldenburg dieses unterstützen möge. Dieser Vorgang sei in rechtlicher Weise durchzuführen, da er (Adm. Brommy) mit der Institution Deutsche Marine stehe oder aber falle. Dass die Lage auch für Brommy unübersichtlich war, zeigte ein Gespräch anlässlich eines Besuchs des Geheimen Rates Erdmann bei Contreadmiral Brommy vom 1. Mai 1850, als es um die rechtliche Grundlage der Flotte unter der Bundes-Zentral-Commission ging. Der Admiral konnte dazu keine klaren Aussagen machen!

Zwar würden die Kontakte zur Bundes-Zentral-Commission bestehen, sie wurden aber nur genutzt, um ständig wegen irgendwelcher Kleinigkeiten nachzufragen. Wichtigeren Fragen über den Fortbestand der Flotte würde dagegen ausgewichen. Der Geheime Rat merkte, dass Brommys Stimmung auf einem Tiefpunkt angekommen war. Nach einer Aufstellung durch den Admiral hatte die Flotte zu diesem Zeitpunkt einen Personalbestand von 27 Offizieren und Stabsoffiziere, 14 Hilfs-Offiziere (alles Deutsche), 23 Schiffs-Fähnrichen (alles Deutsche), 16 wirklichen Seejunker (1 Brite, 15 Deutsche) und 22 Freiwilligen Seejunker (alles Deutsche), denen er verpflichtet war.

Der politische Druck auf die ReichsmarineMitte 1850

Die Alternative zur Bundes-Zentral-Commission schien jetzt ohne weiteres die sich bildende Union unter der Führung von Preußen zu sein. Obwohl Contreadmiral Brommy zu dieser Zeit ein angespanntes Verhältnis zu Preußen wegen der ECKERNFÖRDE hatte, tendierte er doch grundsätzlich dahin, wenn schon die Nordseestaaten die Flotte nicht halten könnten, diese den Preußen zu unterstellen, soweit es rechtlich möglich war und er die Autorität zu diesem Schritt erhielt.

Am 7. Mai schrieb Regierungsrat Erdmann an Mosle, dass die Union bei der Besitzergreifung der Flotte die Erklärung abgeben sollte, die Übernahme des Reichs-Geschwaders sei nur vorläufig und rein zum Erhalt desselben gedacht. Nach der Beseitigung aller politischen und finanziellen Probleme sollte sie als Instrument Deutschlands unter den Farben Schwarz-Rot-Gold weiterhin bestehen bleiben. Erdmann schlug vor, Kommissare zur Übernahme zu schicken, da Contreadmiral Brommy in der jetzigen Lage ohne weiteres bereit war, die Flotte der Union zu unterstellen. Einzige Bedingung: die Flagge würde nicht für seinen Verband niedergeholt! Nachdem Mosle im Antwortschreiben angeboten hatte, dass die Flotte nominell gar nicht der Union, sondern Oldenburg unterstellt werden könnte, wobei Preußen Oldenburg finanziell unterstützen würde, besprach sich Erdmann mit Brommy über dieses Angebot. Dieser war letztlich zu diesem Schritt bereit, wollte er seine Flotte vor dem Verkommen retten. Der Admiral sah in dieser Situation kein Problem, da er persönlich dafür einstehen würde » *(...) das dieses Unterstellungsverhältnis mittels eines einfachen Tagesbefehles zu regeln sei.*«

Diese ausgehandelten Schritte zwischen Mosle, Erdmann und Brommy wollte Preußen plötzlich <u>so</u> nicht mehr mittragen, da sich die politische Landschaft durch die Friedensverhandlungen um Schleswig-Holstein und die Verhandlungen mit Österreich wieder im Fluss befanden.

Ungeachtet der inneren Widerstände durch Preußen und Österreichs, versuchte die Bundes-Zentral-Commission weiterhin die Notifizierung der Reichsflagge mit den Farben Schwarz-Rot-Gold durchzusetzen. Ein administrativer Akt, den die beteiligten Österreicher und Preußen nur aus Prinzip versuchten zu umgehen. Die Farben Schwarz Rot Gold waren zwar Bundesfarben, hatten aber für beide Monarchien immer noch den Brandgeruch der Revolution an sich. Im Mai 1850 war die Reichsflagge von den Vereinigten Staaten von Amerika, den Niederlanden, Belgien, Sardinien, der Türkei, Portugal, Neapel, Griechenland und Frankreich (unter Vorbehalt) Notifiziert worden.

Auch gegenüber den Seeanrainerstaaten trat die Bundes-Central-Commission erneut auf, um auch dort die Anerkennung der Reichskriegsflagge sichergestellt zu sehen:
(...)
Die Regierungen von Oesterreich und Preußen haben auf Anregung der Bundes-Central-Commission geeignete Schritte gethan um die förmliche Anerkennung der Kriegsflagge des Deutschen Bundes zu erwirken.; auch ist den hier befindlichen Repräsentanten auswärtiger Seemächte hiervon Anzeige gemacht mit dem Ersuchen, diese Schritte auch ihrerseits bei ihren Höfen zu unterstützen und auf die Beschleunigung des Resultates hinzuwirken. (...) erscheint es angemessen, ihr zuvörderst von Seiten der deut-

schen Uferstaaten, ihrer Hafen- und Küsten-Behörden und ihrer Handelsmarine eine
übereinstimmende Aufnahme mit der üblichen Salutierung durch Aufziehen ihrer be-
treffenden Flaggen zu sichern.
(…)
Frankfurt a./M. den 13. Juni 1850
Die Bundes-Central-Commission[464]

Während dieser nun anstehenden Verhandlungen um die Flotte kamen wieder immer mehr Gegensätze zum Vorschein. Österreich sah grundsätzlich jede Marineaktivität an der Nord- und Ostsee als positiv an, vorausgesetzt, es brauchte dafür keine Gulden zu zahlen und sie war für eine großdeutsche Lösung von Vorteil. Preußen dagegen sah jegliche maritime Aktivität an der Nordsee als Konkurrenz zu den eigenen Zielen in der Ostsee an. Allein die Kosten der Übernahme für die Schiffe waren für das preußische Finanzministerium Grund genug, diese abzulehnen. Prinz Adalbert hätte gerne diese Schiffe der Weser-Flotte in der Ostsee unter seinem Kommando gehabt. Auch der zeitweise und lebhafte Wunsch des preußischen Königs für die Erhaltung der Flotte musste vor den preußischen Finanzproblemen scheitern.

»Contreadmiral Brommy, verschmitzt, intrigant (…) nicht geeignet.«

Die preußische Flotte wurde derweil umstrukturiert. Kapitän z. S. Otto Donner wurde am 3. Mai Kommandant der Segelfregatte AMAZONE, die am 13. Mai endgültig der Marineverwaltung des Kriegsministeriums unterstellt wurde. Prinz Adalbert hatte somit eine entscheidende Schlacht um die Militarisierung seiner ihm unterstellten Marine verloren![465]

Die Personaldecke in Preußen von deutschen Seeoffizieren war, wie in der Reichsmarine und in Österreich, sehr dünn. Dass Preußen auf einen Offizier wie Kapitän Donner zurückgreifen musste, der zuvor in dänischen Diensten, dann in Schleswig-Holstein und in der Reichsmarine gedient hatte, macht die Misere mehr als deutlich. Durch die Marineverwaltung in Preußen waren bereits Erkundigungen über das Führungspersonal der Reichsmarine erstellt worden in der Hinsicht, geeignetes Personal übernehmen zu können, sollte die Reichsmarine verkleinert, aufgegeben oder durch Preußen übernommen werden.

Auch Prinz Adalbert machte sich seine Gedanken über deutschstämmiges Personal, schien aber auch zum Beispiel seine Probleme mit Contreadmiral Brommy zu haben: In einem handschriftlichen Beurteilungsvermerk von Prinz Adalbert über den gebürtigen Sachsen vom 11. Juni 1850 vermerkt dieser…
»(…) Contreadmiral Brommy, klug, verschmitzt und intrigant. Die Stellung ist
ihm zu Kopf gestiegen, nicht geeignet. Mit der Familie des Gastwirtes Gross, der

464 **Böll, Hans Jürgen:** Übersandte Privatunterlage des Autors.
465 **Anm. d. Verf.:** Weiterhin vertrat der Prinz die Auffassung, das die Marine, weil sie vorwiegend zum Schutz des Handels ihren Auftrag hatte, dem Handelsministerium zu unterstellen sei. Als weiteres wollte der Prinz nicht die strengen militärischen Zeremonielle auf seinen Schiffen und im Dienstbetrieb der Marine verankert sehen.

früher im Zuchthaus gesessen hat, in enger Verbindung. Mangel an Takt. Man soll auch an der Befähigung des Admirals zweifeln. Krieg hat ihm wegen des Gefechtes von Helgoland gleich Vorwürfe gemacht. (…) [466]

Die Art und Weise, wie Carl Rudolph Brommy für seine ihm unterstellte Marine eintrat, wie er sich mit den starken Preußen um die Segelfregatte ECKERNFÖRDE stritt und sich der preußischen Eingriffe auf die Reichsflotte erwehrte, schienen bei dem preußischen Oberbefehlshaber mehr auf Missstimmung als auf Anerkennung gestoßen zu sein.

Nachdem am 10. Juli 1849, auf russischen und französischen Druck und unter Vermittlung der Briten, ein Waffenstillstand zu Stande gekommen war, kam es am 2. Juli 1850 in Berlin zum Abschluss von Friedensverhandlungen zwischen Preußen und Dänemark mit dem Ergebnis, dass Preußen die Einheit der Herzogtümer aufgab. Nach diesem politischen Zugeständnis wurden alle preußischen Offiziere wieder zurück beordert, so dass die nun allein weiterkämpfenden Schleswig-Holsteiner eine wertvolle Unterstützung entzogen bekamen. Im Rahmen dieser diplomatischen Kontakte der Friedensverhandlungen in Berlin gab die Bundes-Zentral-Commission am gleichen Tag Großbritannien erneut die Flagge Schwarz-Rot-Gold als Nationalflagge des Deutschen Reiches durch den Reichsgesandten von Bunsen und den Österreichischen Vertreter Koller bekannt. [467]

Der Admiral sah diesen Schritt eher als eine Theaterinszenierung an. Beide Staaten beharrten auf ihre eigenen Flaggen und gaben gegenüber England die deutsche Trikolore bekannt, um der Flotte ein internationales Zeichen zu verschaffen! Auf der anderen Seite wurde durch beide Staaten eifrig und mit Nachhaltigkeit an deren Auflösung gearbeitet.

Die Flotte war indes weiterhin in Gefahr, zwischen den Interessengruppen zerrieben zu wurden. Die Finanzlage wurde immer kritischer. In einem Schreiben des Oldenburgischen Gesandten in Berlin, Mosle, machte dieser Anfang Juli darauf aufmerksam, dass Gefahr für die Flotte in Verzug sei. Preußen und Österreich, die zunehmend Spannungen hatten, so dass die Gefahr bestand, dass die Union tatsächlich in den Besitz der Flotte und der Arsenale kommen konnte. [468]

Obwohl der Oberkommandierende der Reichsmarine grundsätzlich optimistisch eingestellt schien, war die Stimmung zu dieser Zeit auf dem Nullpunkt angelangt. Einen Beleg dazu gab der Brief von Brommy vom 11. Juli 1850 an den Oldenburgischen Geheimen Rat Erdmann wieder, in dem dieser schreibt:

»(…) Mir schwindet fast der Muth, wenn ich in die nächste Zukunft schaue! Arme Marine, was soll aus diesem Chaos werden? Als ich voriges Jahr hier eintraf, stieß ich auf unerwartete Schwierigkeiten, aber sie sind nichts im Vergleich mit dem, was mir jetzt obliegt. Was Sie mir über Berliner Ansichten schreiben, was da von Vergrößerungsplänen ec. ec. der Flotte gesprochen wurde, kommt mir fast wie eine Verhöhnung vor (…). Ich möchte rasend werden bei dem Gedanken was geschehen könnte, und was geschehen

---

466 **Bundesarchiv Militärarchiv** Freiburg Ba-Ma 1/v.26. Auch **Petter, J.:** Juniorpartner S. 34 und Fußnote 87.
467 **Hoog, G.:** a. a. O. S. 102.
468 **Holtz, Bärbel:** a. a. O. S. 147.

ist. In der Kasse sind etwa 800 Thaler, die aber nicht der Marine gehören, sondern Depositen sind. Was sagen Sie dazu? Oberstleutnant Wangenheim macht mir Hoffnung auf 34.000 Thaler, ob sie kommen wissen die Götter. (…) Ich bin ganz abgeschlagen. (…) Ich will sehn, das ich trotz Allem den Kopf oben behalte, aber bald muss es anders werden, sonst stürzt der schöne Bau zusammen.« [469]

Wer Carl Rudolph Brommy kannte, hörte den bedrohlichen Ton deutlich heraus. Brommy war an einem Punkt angekommen, wo es um sein Selbstwertgefühl ging, seine eigenen Werte nicht in Frage gestellt zu sehen. Er war an einem Punkt angekommen, wo er sich mit dem Gedanken befasste, den Dienst unter diesen Umständen zu quittieren. Ganz gleich, ob man ihn später des Verrates an der Idee der Flotte bezichtigen würde, lieber wollte er sich von der Flotte trennen und seinen ehrbaren, unbescholtenen Namen behalten, als sich in dem Sumpf dieser Intrigen verstricken zu lassen. Er würde seine ihm unterstellten Schiffe und Besatzungen nicht irgendeiner anderen Autorität unterstellen als der, der sie unter Eid verpflichtet waren.

Konnte Preußen oder Österreich auch noch so um ihn buhlen. Contreadmiral Brommy sah sich durch die politischen Gegebenheiten in einer unhaltbaren Lage. Ohne gesicherte Finanzmittel ausgestattet, wurde die ihm unterstellte Marine zum Spielball der Kräfte, die sich ihrer bemächtigen wollten. Dabei war immer noch nicht zu erkennen, ob sie die Flotte übernehmen oder zu beseitigen suchten. Zwischen den politischen Größen Preußen und Österreich drohten die Staatsinteressen und die Marine zerdrückt, durch die Unionsbestrebungen von Preußen ausgetrocknet und durch die Uneinigkeit der Mittelstaaten endgültig vernichtet zu werden. Dies alles nur aus politischem und wirtschaftlichem Egoismus der Einzelstaaten und der Unfähigkeit einzusehen, wie wichtig ein geeintes Deutsches Reich und eine dazugehörige Marine zum Schutz des eigenen Handels für ganz Deutschland war. Der Sachse Carl Rudolph Brommy hatte zuerst die Institution »Reichsmarine« im Sinn, dann sein Schicksal. Wem konnte oder durfte er die Marine überantworten, sollte sie aufgegeben werden? In einem Schreiben des Geheimen Rats Erdmann vom 12. Juli 1850 an den Oldenburgischen Gesandten Mosle in Berlin vertrat dieser die Einschätzung, das Contreadmiral Brommy zu dieser Zeit bereit war, zur Rettung der Marine sich der Union in Berlin zu unterstellen.

Zu diesen politischen Unwägbarkeiten kam zu allem Überfluss auch noch ein tragischer Unfall. Während der Überfahrt eines Ruderbootes der Dampffregatte BARBAROSSA kam es auf der Weser am 10. Juli zu einem sehr schweren Unfall, als ein mit 16 Mann besetztes Boot der Marine beim Übersetzen kenterte. Hierbei verloren ein Hilfsoffizier, ein Zahlmeister und vier Matrosen ihr Leben.

---

469 **Erdmann:** Die ehemalige deutsche Flotte S. 438. **Batsch, F.:** Deutsch Seegras. S. 340f., **Eilers E.:** Rudolf Brommy, S. 53f.

Erneute Kämpfe um Schleswig-Holstein Mitte 1850

Durch die wieder aufflammenden kriegerischen Tätigkeiten in Schleswig-Holstein wurden die politischen und finanziellen Unsicherheit für den Admiral nicht geringer, bestand nun erneut die Gefahr, das auch das Reich wieder in Kriegshandlungen verwickelt würde. Ob das den Verantwortlichen die Augen öffnen würde, bezweifelte Brommy indes.

Als einer der wenigen preußischen Offiziere verblieb General Willisen, der die Führung der Armee übernahm. Unter dessen Führung überschritten am 13. Juli 1850 holsteinische Truppen in einer Stärke von 30.000 Mann die Grenze, um sich den 37.000 Mann der dänischen Truppe zum Kampf zu stellen. Die Kampftätigkeit setzte zu Lande und auf See mit altgewohnter Heftigkeit ein. Während die Landeinheiten unter unglücklichem Stern fochten, setzten sich die Einheiten der schleswig-holsteinischen Marine mit mehr Esprit durch. Um den Hafen von Neustadt zu schützen, begab sich das Schraubenkanonenboot Nr. 1 VON DER TANN am 18. Juli 1850 abends von Kiel aus in See, um noch in der Nacht die Blockade von Kiel zu durchbrechen und Neustadt zu erreichen. Das Unternehmen glückte.

Auf Höhe von Fehmarn-Sund hatten die Dänen sich auf der Insel festgesetzt und zu deren Schutz ein Dampfschiff und mehrere Kanonenboote stationiert. Die in Heiligenhafen stationierten Ruderkanonenboote der Schleswig-Holsteiner, die Boote Nr. 2 und Nr. 5 unter dem Kommando des Leutnant 2. Klasse Sondergraad, versuchten am 19. Juli 1850, den Gegner aus diesen Stellungen zu locken, um ihn in die Nähe der eigenen Landbatterie zu ziehen. Die Dänen griffen tatsächlich mit vier Kanonenbooten an, so dass es zu einem gut neunzigmünütigem Gefecht zwischen den Booten kam, in dessen Verlauf nach ca. 45 Minuten eines der dänischen Boote schwer getroffen wurde und das Feld räumte. Auch die anderen Boote zogen sich wenig später kämpfend zurück.[470]

Am 20. Juli 1850 wurde durch das Schraubenkanonenboot VON DER TANN der dänische Segler SKJOLD mit Fellen aufgebracht. Da die dänischen Kriegsschiffe, der Segler VALKIEREN und der Dampfer GEYSER dieses beobachtet hatten, machten sie wenig später Jagd auf das von Auxiliar-Leutnant Lange kommandierte Schiff. Dieser begab sich mit seiner Beute nach Travemünde, das sich aber wegen seiner Neutralität nicht in der Lage sah, den Schleswig-Holsteinern Schutz zu gewähren. Lübeck und sein Hafen Travemünde waren neutrales Gebiet geblieben. Aus diesem Grund profitierte es wirtschaftlich durch den Waffengang, da es keinerlei Behinderung seines Handels zu befürchten hatte. Ein wichtiger Faktor zu dieser Zeit. Entweder das schleswig-holsteinische Kanonenboot verließ die Reede von Travemünde, oder es würde einbehalten und desarmiert. Noch in den Abendstunden musste Leutnant Lange die Reede verlassen, um einer Neutralisierung zu entgehen. Die Dänen bemerkten sehr schnell, dass das Kanonenboot der Schleswig-Holsteiner einer Beschlagnahme ausgewichen war und hatten sich außerhalb der Reede gelegt. Durch beide Schiffe wurde daraufhin eine enge Blockade eingeleitet.

---

470 **Stolz, Gerd:** Die Schleswig-Holsteinische Marine 1848–1852. 59f.

Leutnant Lange beabsichtigte noch in der gleichen Nacht oder in den Morgenstunden des 21. Juli 1850 dicht unter Land Neustadt zu erreichen. Durch die Bewohner der Küste, die ihre Häuser hell erleuchten lassen wollten, sollte Navigationshilfe gegeben werden. Andere Bürger hatten sich als Melder oder als Hilfen der Neustädter Schanze zur Verfügung gestellt.

Die VALKIEREN bemerkte die Absetzbewegung des Schraubenkanonenbootes und signalisierte dieses zur HEKLA und einem weiteren dänischen Kutter, die nun die Verfolgung aufnahmen. Um kurz vor 1.00 Uhr morgens kam es zum Schusswechsel zwischen den beiden Dampfschiffen, ohne dass es bis zu diesem Zeitpunkt zu Treffern kam. Bis zum Gefechtsbeginn hatte Leutnant Lange die Lotungen persönlich durchgeführt und übergab diese nun dem Neustädter Lotsen Hitzfeld, um sich dem Gegner zu widmen. Tatsächlich gelang es schon wenig später, einen Treffer auf der HEKLA zu landen. Sie zog sich daraufhin zurück und VALKIEREN begann das Gefecht fortzuführen.

Wenig später geriet das Schraubenkanonenboot durch die Unachtsamkeit des Lotsen in Sichtweite des Neustädter Hafens, keine 10 Minuten in Fahrt vor dem rettenden Hafen, auf Grund und saß fest. Als die VALKIEREN dieses feststellte, erhöhte sie den Takt der Kanonenschüsse. Nach einem gut halbstündigen Gefecht mit der an Artillerie weit überlegenen VALKIEREN beschloss Leutnant Lange, die sehr tapfer kämpfende Mannschaft nicht sinnlos zu opfern, das Schiff jedoch nicht in Feindeshand fallen zu lassen. Aus diesem Grund leitete er alles in die Wege, um das Schiff in die Luft zu sprengen und so nachhaltig zu zerstören. Unmittelbar, nachdem er als Kommandant als letzter das Schiff verlassen hatte, flog dieses mit lautem Knall in die Luft. Als auf VALKIEREN erkannt wurde, dass das Kanonenboot vernichtet war, dreht das dänische Schiff ab und ging wieder in die Förde zurück.[471]

Ungeachtet dieses herben Verlustes wurden die Operationen der schleswig-holsteinischen Ostsee-Division weiter durchgeführt. In den späten Abendstunden gingen der Dampfer BONIN unter Leutnant 2. Klasse Schau und das Kanonenboot Nr. 7 im Schlepp des Dampfers von Kiel aus in See, nachdem von der Festung Friedrichsort Signale empfangen worden waren, die auf eine Bedrohung durch dänische Schiffe hindeuteten. Der Dampfer LÖWE sollte mit den Kanonenbooten Nr. 3 und Nr. 6 so schnell als möglich folgen. Ausgangs der Kieler Förde, auf Höhe von Stein, trafen BONIN und der dänische Raddampfer HOLGER DANSKE (11 Kanonen) aufeinander, so dass es zum Gefecht kam. Obwohl der dänische Raddampfer mit seinen drei schweren Bombenkanonen und acht 18 Pfd. dem deutschen Schiff weit überlegen war, griffen BONIN und das Kanonenboot Nr. 7 sofort an. Wenig später wurden sie von dem unbewaffneten Dampfer LÖWE und dessen Kanonenbooten unterstützt. Der dänische Dampfer zog sich zurück und versuchte, die Schleswig-Holsteiner weiter auf die offene See zu locken, wo das Linienschiff SKJOLD und der Raddampfer FREYA lagen. Die Schleswig-Holsteiner brachen aber das Gefecht klugerweise ab und stellten beim Rückmarsch fest, als sie viele Holztrümmer im Wasser vorfanden, dass sie sehr wahrscheinlich dem HOLGER DANSKE einen schweren Treffer beigebracht haben mussten.[472]

471 **Stolz, Gerd:** a. a. O. S. 67ff.
472 Ebenda: S. 60f.

In Folge der Kämpfe an Land wurde die Lage der Westsee-Division immer unhaltbarer. Nachdem sich die Ruderkanonenboote Nr. 4, Nr. 8 und Nr. 11 bei Rendsburg vereinigt hatten, begaben sie sich unter Führung des Marineleutnants 2. Klasse Hensen (Boot Nr. 8) zur Insel Föhr, um diese vor den Dänen von See her zu schützen. Das dem Verband zunächst beigegebene Dampfschiff KIEL (Bew. 4 × 18-Pfd. Kanonen) wurde schon bald entlassen und zur Eider zurückgeschickt, da es für das Seegebiet einen zu großen Tiefgang hatte. Als die Boote am 20. Juli 1850 vor Wyk auf Föhr eintrafen, gingen sie nördlich und südlich der Insel auf Position, um so eine unbemerkte Anlandung der Dänen zu verhindern. Die folgenden drei Boote der schleswig-holsteinischen Westsee-Division sollten die Linie von St. Peter Ording über Föhr bis nach Ramö sichern.

Der Versuch der Dänen, Sylt und Amrum auch zu gewinnen, misslang bis Mitte September, da die Schleswig-Holsteiner äußerst geschickt auftraten. Erst die Verlegung von sechs dänischen Kanonenbooten und der Einsatz mehrerer Transportschiffe mit 500 Mann Besatzungstruppen schaffte die Vertreibung der Ruderkanonenboote, so dass eine Anlandung im Norden von Sylt gelang. Zusätzlich kreuzen auch der Dampfer GEYSER und eine Korvette auf, um die Kanonenboote zu sichern. In dieser Lage schienen die schleswig-holsteinischen Boote und das zur Unterstützung herbei beorderte Dampfboot »KIEL verloren.

Wegen der räumlichen Enge des Fahrwassers lagen die schleswig-holsteinischen Boote wie auf dem Präsentierteller und konnten dem beginnenden Feuer nur wenig ausweichen. Trotzdem nahmen die schleswig-holsteinischen Kanonenboote den Kampf auf und erreichten schon bald, nach einem Treffer in der Maschinenanlage und dem Ausfall zweier Geschütze, dass die GEYSER sich aus dem Gefecht lösen musste. Das gelang aber nur, weil es dem Transporter »WILDANDEN« gelang, sechs dänische Kanonenboote heranzuschleppen und somit die Vernichtung der GEYSER verhinderte. Die schleswig-holsteinischen Boote erhielten während des gut fünfundsiebzigminütigen Gefechtes mehrere schwere Treffer und hatten sechs Tote und sechs Schwerverwundete zu beklagen. Ihnen gelangen trotzdem der Ausbruch und die Flucht nach Büsum.[473]

Da nun auch, im Rahmen der heftig aufflammenden Kämpfe wieder die Reichsfregatte ECKERNFÖRDE in Gefahr geraten könnte, begab sich der Oberbefehlshaber nach Kiel und Eckernförde, um mit den dortigen politischen und militärischen Entscheidungsträgern die Vorgehensweise bei militärischer Gefährdung des Reichseigentums zu beraten.

---

473 **Stolz, Gerd:** a. a. O. S. 64ff.

Zankapfel Reichsmarine in der Bundes-Zentral-Commission Mitte 1850

In Berlin wurde zu dieser Zeit über die Marine auf der Weser verhandelt. In der Sitzung des preußischen Staatsministeriums wurde Anfang Juli festgestellt, dass die Beschaffung eines Vorschusses zum Erhalt der Marine durch die österreichische Überweisung von 150.000 Gulden hinfällig geworden war. Das preußische Kabinett sprach sich dafür aus, dass sich die Reichsflotte der Union unterstellen sollte.[474]

Die Bundes-Zentral-Commission in Frankfurt versuchte am 15. Juli 1850 in der:
»Dritten Darstellung der Lage des Finanzhaushaltes des Deutschen Bundes mit Berücksichtigung der seit dem 1.5.1850 darin sich ergebenden Stockungen ... «

auf den Missstand der Matrikularumlagen und der Gefährdung der Marine aufmerksam zu machen:
»(...) Noch immer aber ist die Marinefrage von Bundes wegen nicht endgültig gelöst, und es fehlen der Bundeszentralkommission deshalb die Mittel, die Ordnung herzustellen; andererseits konnte sie sich durchaus nicht für berechtigt halten, etwa mit Einleitung zur Auflösung der Nordseeflotte und mit der damit verbundenen Entwertung des eben geschaffenen Bundeseigentums vorzugehen. Gerade in der gegenwärtigen Krise darf die öffentliche Meinung nicht aufgeregt oder verletzt werden, was der Fall wäre, wenn die deutsche Flagge, über deren Anerkennung von mehreren Seiten soeben die offiziellen Mitteilungen einlaufen, jener des Käufers oder Pfandinhabers der preiszugebenden Schiffe weichen müßten. [475]

Durch die verstärkten Kontakte zwischen Oldenburg und den Vertretern der Union in Berlin begann die preußische Regierung Schritte einzuleiten, um die Beziehung zu Contreadmiral Brommy auf eine bessere Ebene zu stellen. Aus diesem Grund begab sich der preußische Bevollmächtigte, Hauptmann Geppert, Mitte Juli 1850 nach Bremerhaven.

Durch oldenburgische Vermittlung sollten der Flottenverwaltung die erforderlichen Geldmittel angeboten werden, die zum Erhalt der Flotte benötigt wurden. Zu diesem Zeitpunkt bestanden Verbindlichkeiten von monatlich 34.847 Thalern für Löhne und Gehälter, Proviant, Instandhaltung usw. Preußen wollte von Juni 1850 an entweder den Restbetrag der Verbindlichkeiten der Reichsmarine, notfalls auch die gesamte Summe übernehmen, ebenso die Kosten der Hafenarbeiten in Brake. Als Gegenleistung wurde von Contreadmiral Brommy von Preußen erwartet, dass er seine Flotte, wenn es zum Bruch mit Österreich im Reich kam, der Union zu unterstellen und die beiden Dampffregatten FRANKFURT und GROSSHERZOG VON OLDENBURG, auf Wunsch von Oldenburg; von der Geeste nach Brake verlegen lassen würde.

Die Bemühungen des Geheimen Rates Erdmann, die Reichsmarine für die Union zu gewinnen und zu erhalten, wurde durch die politischen Unklarheiten und den wieder aufflammenden der Kämpfen in den Herzogtümern regelrecht torpediert. So konnte ein Treffen zwischen

474 **Bär, M.:** a. a. O. S. 130.
475 **Hubatsch u. a.:** a. a. O. S. 38.

Erdmann, Hauptmann Geppert und Contreadmiral Brommy nicht stattfinden, da der Oberkommandierende der Reichsmarine wegen der Behinderung der Reparatur der Reichsfregatte ECKERNFÖRDE durch preußische Truppen und der Gefährdung durch die Kampfhandlungen, nach Kiel und Eckernförde gereist war. Trotz der Abwesenheit des Oberkommandierenden zeigte der Geheime Rat Erdmann dem preußischen Unterhändler mehrere Schiffe der Flotte, unter anderem auch das Flaggschiff HANSA und die Arsenale und gespeicherten Vorräte der Flotte. Bei dieser Gelegenheit bekam Hauptmann Geppert einen Eindruck von dem wirklichen inneren Zustand der Flotte und der Haltung des Offizierskorps. So wurde er Zeuge einer Trauerfeier auf dem Flottenflaggschiff anlässlich des Todes eines Seejunkers, der bei dem tragischen Unglück vom 10. Juli sein Leben verloren hatte.

Im unruhigen Fahrwasser der Politik hatte Contreadmiral Brommy besonders zum Geheimen Rat Erdmann intensive und vertrauensvolle Verbindungen aufgebaut, die so auch von Erdmann gewollt waren, hoffte er doch weiterhin, die Flotte an der Küste von Oldenburg zu halten. Sollte schon nicht Heppens als Kriegshafen in Frage kommen, so doch wenigstens Brake. Aus diesem Grunde hatten beide einen ständigen Gedankenaustausch vereinbart, um so auf dem Laufenden zu bleiben. Als es am 28. Juli 1850 zu einem erneuten Treffen zwischen Contreadmiral Brommy und dem oldenburgischen Bevollmächtigten kam, war die Stimmung des Oberkommandierenden der Reichsmarine sehr schlecht.

Die zurzeit wieder aufgeflammten Kämpfe im Bereich von Eckernförde waren nicht ohne Gefahr für die Reichsfregatte geblieben. Brommy hatte in Eckernförde mit dem Kommandanten Thatcher und dem preußischen Offizier der Besatzungstruppen vereinbart, bei Gefahr für die Reichsfregatte wie folgt vorzugehen. Die Fregatte sollte zum neutralen Gebiet deklariert werden. Sichtbar gemacht durch das Setzen der deutschen Trikolore Schwarz-Rot-Gold in der Gaffel, im Groß- und Kreuztop. Die preußischen Farben sollen im Vortop gesetzt werden.

Zu allem Überfluss für Brommy kam aus Frankfurt der Vorschlag, dem Schiff doch einfach die preußische Flagge zu geben, solange das Schiff in Gefahr war! Dieser Vorschlag traf den Contreadmiral fast persönlich, ließ aber erkennen, wie wenig Ahnung die Politiker im Innenland über militärischen und diplomatischen Gepflogenheiten einer Flagge zur See, geltendes Seerecht und deren Bedeutung für die Ehre des Landes hatten. In einem Protestschreiben nach Frankfurt meinte Brommy, dass eine Flagge nicht einfach zu wechseln sei wie ein Hemd! Es gebe internationale Regelungen über den Wechsel der Flagge. Ein unrechtmäßiges Verwenden von Flaggen könnte sogar als Piraterie ausgelegt werden!

Die preußische Besetzung der ECKERNFÖRDE im August 1850

Im Laufe der Kämpfe wurde Eckernförde am 28. Juli fast vollständig von dänischen Truppen umstellt. Am folgenden Tag kam es daraufhin erneut zu einer widerrechtlichen Besetzung der Reichsfregatte ECKERNFÖRDE durch preußische Truppen, um sie vor dänischen Angriffen zu schützen. Die preußischen Soldaten, zwei Offiziere, ein Arzt, ein Feldwebel, acht Unteroffiziere und Freiwillige der 4. Kompanie holten gegen den Protest des Kommandanten, Thatcher, die Reichsflagge nieder und setzten die preußische Flagge. Um die besondere Situation der Segelfregatte zu unterstreichen, übersandte der preußische Hauptmann Szymborski, der das Kommando an Bord übernommen hatte, einen Parlamentär zu den dänischen Truppen, um die Neutralität des Schiffes unter dem besonderen Schutz von Preußen anzuzeigen.

Tatsächlich schien die Lage für die ehemalige dänische Segelfregatte gefährlich zu werden, da die dänischen Landtruppen durch die Marine unterstützt wurden, da am selben Tag plötzlich die dänische Segelfregatte HAVUREN, zwei Dampfschiffe und zwei Ruderkanonenboote auf der Förde erschienen und mit dem Beschuss gegen das Reichsschiff begannen. Von den 70 Geschützen um Eckernförde waren drei im Abstand von nur 300 Schritt gegen das Heck des Schiffes eingerichtet worden. Der preußische Offizier protestierte dagegen und verbot jeglichen Angriff auf die ECKERNFÖRDE wegen deren Neutralität. Gleichzeitig machte er klar, dass jeder Besitznahme durch Dänemark entschieden entgegengetreten, notfalls das Schiff durch Preußen versenkt würde.

Am 1. August 1850 erhielt der Kommandant der ECKERNFÖRDE Thatcher einen Brief des dänischen Commodore Sten Bille vom Vortage, in dem Verhandlungen über den gegenwärtigen Stand um die Segelfregatte angeboten wurden. Die Situation war derart, dass keine der Parteien in der Lage war die Segelfregatte zu bewegen, da die Barre dieses weiterhin unmöglich machte. Um einen unnötigen Verlust dieses wertvollen Schiffes für alle Seiten so gering wie möglich zu halten, sollten Verhandlungen geführt werden. Zum Ärger des preußischen Hauptmanns akzeptierte Sten Bille diesen nicht als Ansprechpartner, sondern wollte nur, wenn überhaupt, Verhandlungen mit dem rechtmäßigen Kommandanten des Schiffes, Thatcher, führen. Auf absehbare Zeit bleib die ECKERNFÖRDE in Gefahr, im Rahmen der Kampfhandlungen doch noch von dänischen Truppen erobert zu werden. Da es den schleswig-holsteinischen Truppen aber gelang, die Dänen aus Eckernförde zurückzudrängen, minderte sich die Gefahr für die ECKERNFÖRDE zunächst.

Der Vorgang um die Reichsfregatte in Eckernförde hatte Contreadmiral Brommy schwer brüskiert. Er war über die preußischen Handlungsweise und die Missachtung seiner Flaggenweisungen dermaßen ungehalten und aufgebracht, das Brommy zunächst nicht mit Hauptmann Geppert als preußischem Vertreter zusammentreffen wollte! Hauptmann Geppert erhielt deshalb aus Berlin die Anweisung, zunächst in Oldenburg zu bleiben, um eine bessere Gelegenheit abzuwarten. Durch die Vermittlung des Geheimen Rates Erdmann konnten die meisten Hindernisse beseitigt werden, so dass es wenig später doch zum ersten Zusammentreffen des preußischen Bevollmächtigten und Contreadmiral Brommy kam.

Während der Gespräche Anfang August traten klare und deutliche Unterschiede hinsichtlich der Verfügbarkeit der Reichsmarine und deren rechtlicher Zuordnung auf. Contreadmiral Brommy machte dem preußischen Offizier sehr klar und deutlich, dass die ihm unterstellte Flotte, solange auch nur ein Schatten von der Provisorischen-Zentral-Gewalt vorhanden sei, er dieser politischen Institution unterstand und als Oberkommandierender nur dieser gehorchen werde. Auch die gegenwärtige Notlage würde ihn nicht dazu bringen, seinen Eid gegenüber der bestehenden Macht, zu brechen.

Unabhängig von diesen Problemen um die ECKERNFÖRDE musste sich Contreadmiral Brommy über den Verbleib der Flotte für das Winterhalbjahr 1850/51 weiterhin ernste Gedanken machen. Prinzipiell forderte er **einen** Standort für die Flotte, um so die Ausbildung seiner Offiziere und Mannschaften besser koordinieren und überwachen zu können. Aus diesem Grund schrieb Brommy am 19. August 1850 an den Geheimrat Erdmann, dass, wenn in Brake ein komfortables Winterlager hergerichtet sei, es nicht an ihm liegen würde, die ganze Flotte nach Brake zu verlegen. Er würde dieses auch gegen den Protest anderer Bundesländer durchsetzen, auch auf die Gefahr hin, persönlich Unannehmlichkeiten hinnehmen zu müssen.

Preußen hatte zu dieser Zeit gänzlich andere Probleme für seine Schiffe, da hier die Frage des Überwinterungsplatzes klar geregelt war. Preußen konnte es sich sogar erlauben, den Traum von Contreadmiral Brommy in die Tat umzusetzen und ein Schiff zur Ausbildung in südlichere Gefilde segeln zu lassen. Nachdem das ehemalige preußische Seehandlungsschiff MERCUR für die preußische Marine als Transporter und Ausbildungsschiff gekauft worden war, musste das Schiff umgebaut werden. Wegen des Fehlens eines geeigneten Trockendocks an der deutschen Küste sollte das Schiff nach Carlskrona verlegt werden, um dort repariert und ausgebessert zu werden. Die auf der Reede von Danzig liegenden preußischen Schiffe AMAZONE und MERKUR verließen im August 1850 Danzig mit Kurs Carlskrona, um im dortigen Trockendock die Kupferhaut der MERCUR überprüfen zu lassen. Neben der Bekupferung des Rumpfes waren es vor allem Änderungen in der Einrichtung, die vorgenommen wurden, um es als Schulungsschiff einsetzen zu können. Nach erfolgter Reparatur kehrte die MERKUR am 3. September wieder nach Danzig zurück, um für eine größere Auslandsübungsreise ausgerüstet zu werden. Das Kommando erhielt Kapitän Donner. Geplant war eine Reise ab Anfang November 1850 mit einer Dauer von circa sieben Monaten mit den Zielen Rio de Janeiro, dem Kap der guten Hoffnung und St. Helena. Der Mannschaftsbestand in Preußen an Seeleuten betrug Anfang September 1753 Mann. Das Matrosenkorps bestand aus 5 Deckoffizieren, 50 Unteroffizieren, 378 Matrosen aller Klassen und 100 Schiffsjungen.

Kapitel XV.
Die Flotte unter der Verantwortung des Deutschen Bundes

Der Deutsche Bundestag trat, nach dem Scheitern der Nationalversammlung und der Übergabe eines Teils der Verantwortung an die Bundes-Zentral-Commission, am 2. September 1850 wieder zusammen und übernahm somit wieder die politische Verantwortung. Dadurch wurden auch die Belange der Marine neu belebt.

Wie bei solchen Ereignissen üblich wurden die Besatzungen der Schiffe auf der Weser auf ihren neuen Kriegsherren, dem Deutschen Bund neu vereidigt.

Der Matrosen und Soldateneid wie er nach Art. 82 den »Kriegsartikel für Unteroffizier, Matrosen und Soldaten der deutschen Marine« entsprach.[476]

Ich N. N. schwöre zu Gott dem allwissenden und allmächtigen, das ich den deutschen Bund als mein Kriegsherrn in allen und jeden Vorfällen, zu Wasser und zu Lande, in Kriegs u. Friedenszeiten und an welchem Orten es immer sey, getreu und redlich dienen, die mir vorgelesenen Kriegsartikel und die mir ertheilten Vorschriften und Befehle genau befolge, die Flagge nicht verlassen und überall so betragen will, wie es einem rechtschaffenen, unverzagten, Pflicht und ehrliebenden Kriegs / Seemann (Soldaten) gebührt.

So Wahr mir Gott helfe![477]

Die Flotte drohte aber durch ihre Finanzabhängigkeit und den Streit um Macht und Kompetenzen erneut in große Gefahr gebracht zu werden. Die souveräne Haltung und Stellung von ihrem Oberkommandierenden der Flotte wurde durch diese Lage enorm gefordert, ohne politischen Rückhalt zu haben. Contreadmiral Brommy hatte immer weniger Freunde, auf die er sich verlassen und stützen konnte, da alle von ihm nur Zugeständnisse erreichen wollten, um auf diese Weise Einfluss auf die Flotte zu erhalten. Kaum ein Bundesstaat machte da eine Ausnahme. Der Contreadmiral bekam die Zielrichtung der neuen, alten Bundesversammlung gleich konkret zu spüren. Am 2. September 1850 wurde aus Kostengründen und wegen der ungeklärten Flaggenfrage eine Übungsfahrt der nunmehrigen Bundesflotte endgültig abgelehnt!

Oldenburg versuchte, wie in den Vorjahren, erneut mit allen Mitteln die Flotte zur Überwinterung nach Brake verlegt zu bekommen. Brommys Forderung nach Ausbaggerung der Weser wurde dabei vom Braker Hafenkapitän und einem Lotsen als unnötig abgewiesen. Die Kosten könnten gespart werden, da die Fahrrinne für alle Einheiten der deutschen Flotte tief genug sei, auch für die tiefgehenden Dampffregatten. Contreadmiral Brommy protestierte gegen die Behauptung energisch, da er die Verantwortung für die Schiffe seiner Flotte trug, und kein Lotse oder Hafenkapitän! Oldenburg wollte die Gelder sparen, die finanziellen Vorteile der Flotte im Winterlager aber erlangen. In dieser (Not)Lage und der Vernunft gehorchend ließ Contreadmi-

---

476 **Unterlagen Boll:** Bremen 1850 in Art. 82 auf Seite 48 Octav. Vergleiche Protokoll der 172 Sitzungen der Bundes-Controll-Commission vom 24. Juni 1850 S. IV.

477 **Rüchmann:** »Die deutsche Marine 1848–1852«. In: Archiv für Waffen und Uniformkunde. Nr. 1, S. 30.

ral Brommy die Vorbereitungen treffen, wenigstens die kleineren Einheiten HAMBURG, BREMEN, LÜBECK, FRANKFURT und GROSSHERZOG VON OLDENBURG nach Brake zu verlegen. Die Verlegung der FRANKFURT und des GROSSHERZOG VON OLDENBURG war schon die erste Konzession an die »Union« und an Oldenburg. Später folgte, mit einigen Schwierigkeiten bei einer Springflut, auch noch das Schulschiff DEUTSCHLAND. Vom Geheimen Rat Erdmann und dem Admiral wurde ein Protokoll über die Verteilung der Liegeplätze und weiterer organisatorischer Angelegenheiten für Brake erstellt. Die Kosten von 4.000 Thalern sollten von Oldenburg vorgestreckt werden.

Indes braute sich seit einiger Zeit der Konflikt zwischen Preußens geplanter Union und der Reaktivierung des von Österreich favorisierten Deutschen Bundes weiter zusammen. Weitab von der Küste hatte sich ein Konflikt um Kurhessen entwickelt, an dem sich Preußen und Österreich aufrieben. Den Mitgliedern der Union stellte sich im Namen des Deutschen Bundes, Österreich im Bund mit Bayern und Württemberg als Konfliktparteien dar, das von außen durch Russland Zuspruch erhielt. Anfang November 1850 marschierten österreichische Truppen in Kurhessen ein, daraufhin ließ auch Preußen seine Armee einmarschieren. Dieser Brennpunkt sollte auch an der Küste noch einige unruhige Stunden bereiten, da am 2. September, der von Österreich wieder einberufene Bundestag, die Bemühungen Preußens zur Bildung der Union beenden sollten.

Die Bundeskommission beschloss dem Admiral freizustellen, wo er das Winterlager nehmen wollte, in Brake oder auf der Geeste. Es sollten zur Findung der österreichische Fregattenkapitän Bourguignon und der preußische Marinesachverständige Oberstleutnant Wangenheim zu Beratungen herangezogen werden. Während der Österreicher sich für die Geeste aussprach, votierte Preußen für Brake![478]

Die Herren trafen schon wenig später an der Nordseeküste ein, um zunächst nach Bremerhaven zu gelangen, wo sie mit dem Oberkommandierenden zusammentrafen. Von Bremerhaven kommend trafen die Sachverständigen am 11. September 1850 mit Brommy in Brake ein, um sich in Begleitung des Geheimen Rates Erdmann und des Kondukteurs Nieburg die Hafenanlage, das Trockendock und die Fregatte ERZHERZOG JOHANN anzusehen. Das Material für das Schleusentor war bereit vorrätig und die Reparatur am Schiff so weit fortgeschritten, dass mit einem baldigen Ausschleusen begonnen werden konnte. Bei der Frage in wessen Verfügung die ERZHHERZOG JOHANN stehe, begann erneut der Streit. Preußen und Österreich beanspruchten beide das Schiff in ihren Verfügungsbereich! Oldenburg belegte es mit der Begründung der noch ausstehenden Rechnungen für das Trockendock und weiterer Leistungen für die Marine, die nicht beglichen waren, für sich. Auch kam es hinsichtlich der Nutzung des Dry-Dock zu Meinungsverschiedenheiten, ob das Schiff zwischen der Bekupferung ausgedockt werden sollte oder nicht. Anlässlich des Besuchs der Kommission fand eine Geschwaderfahrt mit der HANSA, ERNST AUGUST, GROSSHERZOG VON OLDENBURG und FRANKFURT statt, so dass der Admiral den Gesandten die große Leistungsfähigkeit der Flotte unter Beweis stellen konnte.[479]

478 **Zimmermann, Alfred Dr.:** Die erste deutsche Kriegsflotte. S. 656f.
479 **Batsch, F.:** Deutsch Seegras S. 414ff.

Am 11. September 1850, dem Tag, an dem sich die Sachverständigen in Brake trafen, wurde dem Amt Brake angezeigt, dass zwei Fälle von asiatischer Cholera an Bord der Segelfregatte DEUTSCHLAND aufgetreten, und die Mannschaften in das Marinehospital zu Klipppkanne gebracht worden seien. Sofort begann die Suche nach der Ursache. Dr. Heins setzte unverzüglich zwei Marineärzte ein, um Nachforschungen über die Ursachen einzuholen. Am 21. September fand dann eine Beratung mit den Kommandanten der Marinestation Brake und den Marineärzten stattfand. An ihr nahm neben Dr. Buchheister auch Dr. Hermand teil. Dabei wurde festgestellt, dass es sich:

> (…) *ohne Frage um die Cholerea epidemica … handele, man aber (…) ein Contagium dieser Krankheit durchaus nicht annehmen, … weil nur in schlechten überfüllten Lokalen ein solches sich entwickele: … die Reinlichkeit, selbst in den unteren Schiffsräumen und der Zugang frischer Luft in diese vermittelst der auf den Kriegsschiffen befindlichen Luftbeutel oder Luftleiter durchaus nicht zu wünschen übrig lasse… Communication des Marine-Hospitals mit dem übrigen Publikum werde nicht geduldet und sey ganz gehemmt und der Verkehr der Matrosen auf den Kriegsschiffen sey sehr eingeschränkt*« [480]

An die Bevölkerung und an die Besatzungen ergingen vom Amt Brake aus die von der oldenburgischen Regierung verfassten »*Verhaltensregeln bey'm Erscheinen der Cholera*«. Tatsächlich erkrankten im Bereich von Brake mehrere Personen mehr oder weniger stark an Diarrhöe, auch ein Fall von Choleraerkrankung soll aufgetreten sein. Dem Bericht von Dr. Buchheister zufolge gab es im Bereich der Deutschen Flotte in Brake 91 Erkrankungen. Von 16 Choleraerkrankten waren bis zum 21. November bereits neun Cholerakranke gemeldet worden. Es verstarben im Laufe der Epidemie acht Mann an der »Cholera asiatica«. Von den verbliebenen 75 Erkrankten litten 50 Personen nach Diagnose der Ärzte an »*gastrisches Fieber, Cholerine und Diarrhöen*«. Unter dem 4. Dezember 1850 verzeichnete Dr. Buchheister:

> (…) *seit dem 28. Nov. Mit Eintritt eines festen östlichen Windes sind neue Erkrankungs- oder Todesfälle überhaupt nicht vorgekommen, weshalb man wohl hoffen darf, daß die Epidemie beendet ist.*[481]

Der Dienstbetrieb in der Reichsflotte ging derweil seinen Gang. Mitte September 1850 wurde von einigen der vor Bremerhaven liegenden Schiffe eine Ausfahrt in die Nordsee unternommen. Beteiligt waren das Flaggschiff HANSA, die ERNST AUGUST, GROSSHERZOG VON OLDENBURG und FRANKFURT. Bei gutem Wetter ging es die Weser aufwärts in die Nordsee, um Geschwader- und Schießübungen durchzuführen. Unter anderem auch, um die Schussweite der Kanonen zu ermitteln. Bei der Rückkehr kollidierte die der HANSA folgende ERNST AUGUST mit dem vor Anker gehenden Flaggschiff. Das am Heck der HANSA befindlich Rettungsboot wurde durchtrennt und der Bug der ERNST AUGUST drang in das Heck des Flaggschiffes ein. Ohne dass Menschen zu Schaden kamen, erlitten die beiden Schiffe doch einen erheblichen Havarieschaden.[482]

---

480 **Schmidt, J.:** a. a. O. S. 91.
481 **Schmidt, J.:** a. a. O. S. 91.
482 **Erdmann**: a. a. O. S. 454.

Die Wiederaufnahme von politischen Gesprächen sollte im Wesentlichen die Bedingungen klären, zu denen der Deutsche Bund wiederhergestellt werden könnte. Preußen wünschte sich eine stärkere Gleichberechtigung mit Österreich was Österreich genau zu verhindern versuchte. Die wachsenden inneren Spannungen ließen erkennen, dass die Idee der Union unter Preußens Führung zu dieser Zeit nicht durchführbar war. Im Rahmen dieser politischen Neuformierung kam es auch wieder zu verstärkten Verhandlungen zwischen Preußen und Dänemark hinsichtlich der Streitigkeiten um die ECKERNFÖRDE. Dänemark musste letztlich einsehen, dass es das Schiff verloren hatte. Preußen wollte sein Gesicht wahren und die Segelfregatte aus Eckernförde in einen anderen Hafen verlegt sehen, notfalls auch in die Nordsee!

Durch die Versuche der Schleswig-Holsteiner, bei Missunde über die Schlei zu gelangen, wobei sie unter General Willisen erneut eine vernichtende Niederlage einstecken mussten, geriet auch die Landfront um Eckernförde in Bewegung. In Folge dieser Kampfhandlungen kam es auch erneut zu Angriffen gegen die Segelfregatte. Die dänischen Landtruppen versuchten am 12. September, ein nahe dem Schiff liegendes Holzlager in Brand zu setzen, das dann auch die Segelfregatte in Brand setzen sollte. Zeitgleich griffen von der Förde her vier dänische Ruderkanonenboote die Segelfregatte an. Mit ihren 60 Pfd. Kanonen konnten sie mehrere Nahtreffer landen, die die Führung der Fregatte veranlassten, das gelagerte Pulver, immerhin 3.000 Pfund, über Bord zu geben. Die Verlegung der Segelfregatte innerhalb des Hafens, vom Ersten Offizier, Schiffsfähnrich Thaulow, gefordert, wurde vom Kommandanten Thatcher verboten.

Wie viele andere Entscheidungen des Kommandanten Thatcher, die nicht ohne weiteres nachzuvollziehen waren, so auch diese während des Angriffes der Dänen an diesem Tag. Auch die Löscharbeiten in der Takelage wurden untersagt! Andererseits genehmigte er, dass die preußischen Truppen bis auf deren Kommandierenden das Schiff zu Verteidigung auf Land verlassen konnten! Trotz des Verbotes, das Schiff über die Barre zu bringen, leiteten der Erste und Zweite Offizier wenigstens die Verlegung auf die andere Seite des Hafens ein, um die Brandgefahr zu beseitigen. Als dieses erkennbar wurde, zogen sich die Dänen zurück, da die Zerstörung des Segelschiffes nicht mehr gelingen konnte.

Der Deutsche Bund verlangte Anfang November die Einstellung der Kampfhandlungen und eine Unterstellung von Schleswig unter dänische Oberhoheit.[483] Auch durch Preußen wurde auf die Statthalterschaft eingewirkt, einem Waffenstillstand einzuwilligen, ansonsten würde sich Preußen aller weiterer Unterhandlungen in der Sache enthalten.

Die Situation wurde durch das plötzliche Erscheinen eines russischen Geschwaders zur Unterstützung der dänischen Interessen nicht verbessert. Dieser Fingerzeig der Kontinentalmacht Russland wird aber der Grund zur endgültigen Unterzeichnung der Ratifikationsurkunde des Friedensvertrages gewesen sein, der dann die offizielle Freigabe der Segelfregatte durch Dänemark folgte. Durch diese Bestätigung der Besitzverhältnisse zugunsten des Deutschen Bundes konnte durch Contreadmiral Brommy die Anweisung gegeben werden, die Fregatte segelfertig zu machen. Hauptproblem für die Überführung war neben dem geringen Personalbestand an Bord des Segelschiffes und der ungeklärten Situation der Flagge des Deutschen Bundes zur See, der herannahende Winter. Eine schnelle Überführung in die Nordsee war

---

483 **Herold, Klaus:** In: Elvert, J; Jensen, J; Salewski: Kiel, die Deutschen und die See. S. 126.

dringend nötig, da am 19. Oktober die ECKERNFÖRDE über und über mit Eis bedeckt war. Plötzlich begannen auch die Behörden in Eckernförde, speziell die Hafenbehörde, den nunmehr unbeliebten Gast schnellstens loswerden zu wollen. Ganz gleich, wohin man die ECKERNFÖRDE im Hafen verlegte, gerade dieser Platz wurde benötigt, obwohl die ganze Zeit kein Bedarf dafür bestanden hatte. Die Arbeiten am Schiff wurden trotz der Behinderungen weiter durchgeführt.

Obwohl die Gefahr der Wegnahme durch Dänemark beseitigt worden war, verblieben die preußischen Besatzungstruppen unter Major Szymbrowsky weiter an Bord, nunmehr mit dem Auftrag, das Schiff nach Swinemünde zu überführen. Da die Auftakelung, die geringe Mannschaftsstärke, das Wetter und die strittige Frage des Zielhafens einer schnelle Verlegung aus Eckernförde im Wege standen, musste Contreadmiral Brommy immer noch mit politischen Komplikationen rechnen. Um Überraschungen entgegenzuwirken, erhielt der Kommandant der Segelfregatte durch Contreadmiral Brommy die Weisung, jegliche Verlegungsanweisungen, die nicht die Nordsee zum Ziel hatten, zu verweigern, sollte Preußen dieses verlangen. Da der Contreadmiral aber bereits mehrfach die Erfahrung gemacht hatte, dass Preußen seine Anweisungen mit militärischer Gewalt ignorierte, sollte dann sofort eine Meldung nach Frankfurt und Bremerhaven erfolgen.

Trotz der unklaren politischen Lage für die Nordseeflotte traten zu Beginn der Überwinterungsphase ca. 40 Offiziere bzw. Beamte und 37 Seejunker ihren Dienst in Brake an. Sie befehligten und organisierten den Dienst der ca. 500 Matrosen und Unteroffiziere der hier stationierten Schiffe HAMBURG, BREMEN, LÜBECK, FRANKFURT, GROSSHERZOG VON OLDENBURG und DEUTSCHLAND. Um für die Schiffe und deren Besatzung in der Station Brake für die Zeit der Überwinterung klare Richtlinien zu haben, wurde für den Stationsleiter Kapitän King durch Contreadmiral Brommy folgende Weisung erlassen, die auch dem Amt in Brake zur Kenntnis gebracht wurden:

Dem Großherzöglichem Amt zu Brake
Dem löblichen Großherzöglichen Amte zu Brake beehre ich mich zur Anzeige zu bringen, das die Mannschaften der im Braker Tief liegenden Division des Nordsee-Geschwaders angewiesen sind, sich nur bis zum Zapfenstreich in der Stadt und Umgebung aufzuhalten, wenn sie nicht durch besondere Erlaubnisschreiben der rep. Commandanten dazu autorisiert sind. Das löbliche Amt ersuche ich, die Ortspolizei gefälligst anweisen zu wollen, alle Diejenigen der Mannschaften der Kriegsschiffe, welche nach dem Zapfenstreich ohne Urlaubskarte getroffen werden, zu verhaften und die Anzeige davon am anderen Morgen an das Stations-Commando gelangen lassen zu wollen, damit durch dasselbe die Inhaftierten in Empfang genommen werden können.
  Das Ober-Commando der Marine
  Der Contre-Admiral R. Brommy
  Bremerhaven 31. Oct. 50 [484]

Im November wurde durch die Marineabteilung in Frankfurt angewiesen, eine Denkschrift zur Situation der Marine zu erstellen. Hierin sollten vorrangig die Matrikularumlagen behandelt werden, da weiterhin von einer großen Anzahl der Bundesstaaten eine schlechte Zahlungsmo-

---

484 **Eckhardt, A.:** Brake S. 166

ral zu beobachten war. In einem Schreiben vom 19. November an den preußischen Minister von Manteufel äußert sich der preußische Abgeordnete Otto Bismarck über die Haltung Hannovers hinsichtlich dessen maritimer Ambitionen und Ziele dahingehend, dass preußischer Gelder gerne annahmen aber die Ablehnung preußischer Einflussnahme auf die Nordseeflotte ablehnen würden.

Diese Meinungsverschiedenheiten hinsichtlich der Verfügungsgewalt über die Flotte bei Zahlung von Geldern war ein wichtiges Thema, das vor allem Contreadmiral Brommy zu spüren bekam. Jedwedes Zahlungsversprechen eines der Bundesstaaten wurde gleich an Forderungen, wie zum Beispiel die Zuweisung von Schiffen in den entsprechenden Hoheitsbereich von Oldenburg, Preußen oder Hannover geknüpft.

Im Streit mit Österreich, das nun von Russland starke Unterstützung erhielt, musste Preußen seine Unionsplanungen aufgeben. Der Olmützer Vertrag vom 29. November 1850, zwischen Preußen, Österreich und Russland abgeschlossen, legte gegen den Willen der Preußen fest, dass es seine Truppen aus Kurhessen abziehen musste.

Hinsichtlich der Frage um Schleswig-Holstein sollte es zu einer Regelung zwischen den beiden deutschen Großmächten kommen. Dieser ganze Vorgang war eine herbe politische Niederlage für Preußen gegenüber Österreich. Auch die unterschiedliche Meinung über den Verbleib der Reichsflotte unter Bundesgewalt und deren Verwaltung und Bezahlung blieb ein weiterer strittiger Punkt der beiden deutschen Großmächte.

Die Kaperung der ECKERNFÖRDE durch Preußen

Ende Oktober war es dem Ersten Offizier der ECKERNFÖRDE, Leutnant Thaulow, während eines starken Oststurmes gelungen, ohne erst die Genehmigung des schlafenden Kommandanten einzuholen, die Segelfregatte über die Barre in den Außenhafen zu verlegen. Von nun an konnten alle Vorbereitungen in die Wege geleitet werden, die ECKERNFÖRDE in die Nordsee zu verlegen. Haupthindernisse waren weiter die politische Lage und die Beschädigung des Angriffs vom 12. September 1850 (Leckagen nach dem Treffer und die Ergänzung der Rahen und Stangen durch die Brandeinwirkung), die noch nicht alle beseitigt waren. Weiter bestand ein enormer Mangel an wirklichen Matrosen, von denen nur 21 an Bord waren, aber über 300 benötigt wurden, um das Schiff ordnungsgemäß zu fahren.

Anfang November waren die Arbeiten an der Fregatte soweit abgeschlossen, dass sie zur Verlegung bereit war. Contreadmiral Brommy musste nun so schnell wie möglich das nötige Personal nach Eckernförde beordern. Ehe das gelang, traten die erwarteten Probleme mit Preußen auf, da dieses immer noch eine Verlegung in einen preußischen Ostseehafen verlangte.

Unmittelbar, nachdem eine Depesche aus Preußen auf dem Schiff eingegangen war, ging das Schiff unter preußischem Kommando in See, ohne den Deutschen Bund oder Contreadmiral Brommy als Oberkommandierenden davon unterrichtet zu haben. Da der preußische Major dem Kommandanten Thatcher nicht zutraute, das Schiff durch das unbekannte Seegebiet zu steuern, hatte er einen ortsansässigen Steuermann beauftragt, das Steuer zu übernehmen.

Dieses Geschehen wurde durch die deutschen Offiziere eiligst nach Bremerhaven und nach Frankfurt gemeldet, woraufhin durch beide Stellen Maßnahmen zur Sicherung der Segelfregatte eingeleitet wurden, um diese in Travemünde wieder in die Bundesverantwortung zu übernehmen.

Als Contreadmiral Brommy von dieser widerrechtlichen Übernahme der ECKERNFÖRDE durch Preußen erfuhr, setzte er alle Hebel in Bewegung, um dieses rückgängig zu machen. Seine Proteste richteten sich dabei an die Bundesbehörde in Frankfurt genauso wie an die preußischen Stellen in Eckernförde. Er dulde keine Übernahme von Schiffen, die ihm unterstellt seien, ohne seine ausdrückliche Genehmigung. Zusätzlich erhielt Hauptmann Marcard in Frankfurt Befehl, sofort an die Ostsee zu fahren und die ECKERNFÖRDE zu übernehmen und mit allen verfügbaren Mitteln nach Bremerhaven zu verlegen. Der Contreadmiral machte sich auch selber unverzüglich über See mit der Fregatte DER KÖNIGLICHE ERNST AUGUST via Glückstadt auf den Weg nach Kiel, um die dortige Regierung zu veranlassen, die Weiterfahrt der ECKERNFÖRDE zu verhindern.

Auf Höhe von Fehmarn Belt kam es wegen einer Kurskorrektur zwischen dem Kommandanten Thatcher und dem Ersten Offizier Thaulow zum Streit, da dieser befürchtete, dass die ECKERNFÖRDE auf eine Sandbank auflief. Im Verlauf dieses Streites wurde der Erste Offizier vom Kommandanten in Arrest geschickt. Als sich auch der Wachhabende Offizier der Meinung des Ersten Offiziers anschloss, wurde er aufgefordert, ebenfalls in Arrest zu gehen. [485] Der Steuermann, von den widersprüchlichen Kursanweisungen irritiert, verließ daraufhin seinen Platz unter Protest, so dass das Schiff fast tatsächlich auf die Sandbank aufgelaufen wäre. Durch den preußischen Offizier wurde Thaulow wieder in seine Funktion eingesetzt, da er Gefahr für Leib und Leben seiner ihm unterstellten Soldaten sah. Nachdem die ECKERNFÖRDE unter den vorher geschilderten mysteriösen Umständen unbeschadet am 14. November 1850 in Travemünde angekommen war, wurden durch den preußischen Offizier Vorbereitungen zur Weiterfahrt in einen preußischen Hafen in Angriff genommen.

Weitab von Travemünde, in Berlin, wurden ebenfalls die Belange der ECKERNFÖRDE derart behandelt, als ob es sich um ein preußisches Schiff handelte. Entgegen jeglicher Absprache und im Wissen, dass die ECKERNFÖRDE Eigentum des Deutschen Bundes war, beschloss das preußische Staatsministerium in seiner Sitzung vom 14. November 1850, dass die GEFION, so wurde die ECKERNFÖRDE im preußischen Sprachgebrauch weiterhin genannt, nach der Verlegung von Eckernförde über Travemünde weiter nach Swinemünde zu verlegen war.[486]

Am Morgen des 15. November 1850 erschien aus Frankfurt kommend der Marinedezernent, Hauptmann Marcard, im Auftrag des Deutschen Bundes, um das Segelschiff zu übernehmen und die Weiterfahrt nach Bremerhaven in die Wege zu leiten. Als erstes wurden die preußischen Truppen aufgefordert, das Schiff zu verlassen. Diese weigern sich aber und warteten auf Order von höherer preußischer Stelle. Hauptmann Marcard organisierte derweil unbeirrt die Überführung in die Nordsee. Neben einem Dampfschiff und Matrosen wurde auch ein Lotse

485 **Batsch, F.**: Deutsch Seegras, S. 398ff.
486 **Holtz, Bärbel**: a. a. O. S. 166f.

engagiert, um die Überführung zu sichern. Ungeachtet aller Vorgänge an Bord der ECKERN-FÖRDE hatte der erste Offizier eine Depesche nach Kiel auf den Weg gebracht, um Contreadmiral Brommy die Lage an Bord zu schildern.

Die Ereignisse an Bord der Segelfregatte überschlugen sich nun. Unmittelbar nachdem durch Hauptmann Marcard die Aufforderung an die preußischen Truppen zum Verlassen des Schiffes ergangen war, traf eine preußische Depesche an Bord des Schiffes ein, die diese Bundesweisung bestätigte. Tatsächlich gingen die preußischen Truppen am 16. November 1850 von Bord, um sich von Travemünde aus zunächst nach Berlin und dann weiter nach Kurhessen zu begeben. Das 7. Infanterieregiment aus Kurhessen, dem die Abteilung auf der ECKERN-FÖRDE angehörte, hatte am 15. November 1850 den Rückmarschbefehl aus Schleswig-Holstein erhalten. Inwieweit diese Vorgänge mit dem Zusammenbruch der Unionsidee zusammenhingen, in dessen Verlauf es bei den Verhandlungen zwischen Österreich und Preußen auch um das zu räumende Kurhessen ging, war nur zu vermuten.

Die Überführung der ECKERNFÖRDE im November 1850 nach Bremerhaven

Contreadmiral Brommy begab sich unmittelbar nach seinem Eintreffen in Travemünde auf die Segelfregatte, um die umstrittenen Vorfälle während der Überführung aufzuklären und unterzog alle Beteiligten einem strengen Verhör. Um die Überführung nicht zu gefährden musste der Contreadmiral zu diesem Zeitpunkt Kompromisse eingehen. Der Kommandant verblieb auf seinem Posten, ebenso wie der Erste Offizier. Dem Kommandanten wurden aber ein »Seemännischer Beirat« für das Schiff und ein »Diplomatischer Beirat« für die weitere Fahrt mitgegeben. Der wachhabende Offizier Reynaber erhielt Arrest auf der zurzeit in Glückstadt liegenden Dampf-Corvette DER KÖNIGLICHE ERNST AUGUST.

Nachdem die preußischen Truppen in Travemünde von Bord der ECKERNFÖRDE gegangen waren, stand einer Überführung in die Nordsee fast nichts mehr im Wege. Das Possenspiel um die Reichsflagge erreichte zu dieser Zeit aber seinen Höhepunkt!
Nach einer Beschwerde durch Österreich wegen der preußischen Flagge auf der ECKERN-FÖRDE war im preußischen Ministerrat vom 21. November 1850 bestimmt worden, dass die preußische Flagge auf dem Schiff wieder zu setzen sei und weitere Beschlüsse hierzu wurden vertagt.[487] Trotz der Tatsache, dass die preußischen Truppen das Schiff mit der preußischen Flagge bereits seit fünf Tagen verlassen und bereits über Berlin, Kurhessen erreicht hatten, bestand Preußen weiterhin auf seiner Flagge auf der ECKERNFÖRDE!

Unter Mitwirkung des Hauptmanns Marquard heuerte Contreadmiral Brommy derweil Matrosen an, damit die ECKERNFÖRDE sicher Bremerhaven zugeführt werden konnte. Zur Sicherheit, und mit viel Wut im Bauche, musste der Admiral auf politischem Wege zustimmen, dass in der Ostsee und im Bereich Dänemarks die preußische Flagge gesetzt werden sollte, um

---

487   Ebenda: S. 177.

sie so vor Angriffen der Dänen zu schützen. Am 23. November ging die ECKERNFÖRDE mit Kurs Bremerhaven in See. Bei dieser Ausfahrt war der Contreadmiral noch an Bord, verließ das Schiff aber wenig später, um sich über Lübeck an Land nach Hamburg und nach Cuxhaven zu begeben, um sich von dort aus mit dem KÖNIGLICHE ERNST AUGUST in die Nordsee zu begeben, und die ECKERNFÖRDE dort in Empfang zu nehmen.

Auch die allgegenwärtige Presse beobachtete das Spektakel mit wachem Auge. Laut der »Hamburger Nachrichten« hatte die ECKERNFÖRDE die Reede von Lübeck verlassen und steuerte durch den Belt nach der Nordsee. Nach Aussagen der Zeitung waren an Bord:

> *(…) neben dem Kommandanten Thatcher, der Contreadmiral Brommy und Leutnant Duculonbil nebst einer Besatzung von 120 Mann. (…) Man ist neugierig, ob unter preußischer oder unter der deutschen »Piraten« Flagge das Schiff in See geht.* [488]

Contreadmiral Brommy war, aus Lübeck kommend, am 24. November 1850 in Hamburg eingetroffen, von wo er am nächsten Tag nach Cuxhaven aufbrach, um sich auf die Dampf-Corvette DER KÖNIGLICHE ERNST AUGUST einzuschiffen, die von Glückstadt kommend hier vor Anker lag. Nun wollte der Admiral der ECKERNFÖRDE entgegenfahren, um ihr in der Nordsee ein sicheres Geleit zu geben.

Am 30. November 1850 nahm die Dampf-Corvette DER KÖNIGLICHE ERNST AUGUST die ECKERNFÖRDE auf Höhe von Helgoland auf und ließ auf Anweisung hin die preußische Flagge durch die Schwarz-Rot-Goldene Flagge des Deutschen Bundes ersetzen. Mit dem Oberkommandierenden an Bord wurde die Reststrecke nach Bremerhaven zurückgelegt, wo das Schiff am 1. Dezember 1850 von einer großen Menschenmenge freudig und überschwänglich begrüßt wurde. [489]

Die am 5. April vor Eckernförde gewonnene ehemalige dänische Segelfregatte GEFION lief, nach 21 Monaten der Ungewissheit über ihre Zukunft, unter den Farben Schwarz-Rot-Gold des Deutschen Reiches in Bremerhaven ein, eine Situation, die Carl Rudolph Brommy mit Zufriedenheit erfüllte, hatte ihm das Schiff doch sehr viel Kummer und Sorgen bereitet, die nun ihr vorläufiges Ende gefunden hatte. So hoffte er!

In Bremerhaven, Brake und den anderen kleinen Stationen der Reichsflotte kehrte der Dienstbetrieb des Winterlagers ein. Dieser bestand vorrangig im Einüben des neuen Personals und der weiteren Ausbildung der Mannschaften an Waffen, Gerät, der Bedienung und Handhabung in der Takelage, den Maschinen und weiterer Dienste in der Flotte. Auch die Offiziersweiterbildung wurde von Contreadmiral Brommy eingefordert.

Preußen machte durch seine Bemühungen aber auch immer deutlicher, dass es eine eigene Marine aufzubauen beabsichtigte, die unabhängig von der des Bundes oder Österreich sein sollte. Die Organisation der preußischen Kriegsmarine unterstand dem Oberstleutnant Bogun von Wangenheim im Kriegsministerium, der vom zeichnungsberechtigten Dezernenten Major

---

488 **Koch:** Zeitungsausschnitte aus den Gefionakten. In: MR 4 1893 S. 577.
489 **Batsch, F.:** Deutsch Seegras. S. 412.

Gaertner, Hauptmann Harting und Hauptmann Geppert unterstützt wurde. Die preußische Kriegsmarine sollte nach dem Willen des Obersten Wangenheim eine straffe Struktur erhalten. Hierfür sollten folgende Bereiche ausgebaut oder neu geschaffen werden …

1) Verwaltung der Marinedepots in Danzig und Stettin.
2) Anschaffung für die Bibliothek der Marineabteilung.
3) Betreuung der freiwilligen Flottenbeiträge.
4) Personalangelegenheiten.
5) Entwürfe zu einem allgemeinen Marine-Reglement.
6) Ausrüstung der Fahrzeuge.
7) Waffenwesen.
8) Neubauten.

Der »Brandtaucher«

Der am 2. Juli 1850 zwischen Preußen/Österreich einerseits und Dänemark andererseits, ausgehandelte Frieden um Schleswig Holstein sah vor, dass bis Anfang Januar 1851 die schleswig-holsteinischen Truppen auf 1/3 reduziert und die Marine total aufgelöst werden musste!

Die Marine der Schleswig-Holsteiner ließ sich durch die politischen und militärischen Vorgänge wenig beeinflussen. In der deutschen Öffentlichkeit wenig beachtet, vom dänischen Gegner dagegen um so mehr, war ein Tauchboot gebaut worden. Der Stapellauf des »Brandtaucher« am 18. Dezember 1850 war vor allem von der schleswig-holsteinischen Marine mit vielen Hoffnungen verbunden. Der Bau war im Winter 1850 nicht ohne Komplikationen verlaufen, da die politisch Verantwortlichen, um Geld zu sparen, ständig in die Konstruktion und Baufertigung eingriffen. Das von dem bayrischen Unteroffizier Bauer konstruierte Tauchboot erregte gerade bei der dänischen Marine einige Unruhe, als Spione den geglückten Stapellauf des »Seeteufel« meldeten. Welche Bedeutung diesem Stapellauf beigemessen wurde, zeigte sich wenig später. Das dänische Blockadegeschwader lichtete die Anker und zog sich weiter auf die Ostsee zurück. [490]

Ende Januar 1851 begannen die ersten Tauchversuche des »Brandtauchers« zur Zufriedenheit des Konstrukteurs und der Militärs. Ein Sabotageakt gegen das Tauchboot bedeutete aber fast den Verlust des Bootes. Der am 1. Februar 1851 begonnene Versuch, erstmals mit dem Brandtaucher bis auf den Grund der Kieler Förde zu tauchen, endete dagegen mit dem Verlust des Tauchbootes. Nur der eisernen Ruhe und dem Durchhaltewillen von Unteroffizier Bauer war es zu verdanken, dass die mitfahrenden Matrosen Witt und Tomsen ihr Leben nicht verloren. Der Grund zu dem Versagen lag nicht in konstruktiven und planerischen Mängeln des Erbauers, sondern in einer zu geringen Ballastmasse und zu geringer Materialstärke des Rumpfes, die aus Sparsamkeitsgründen von amtlichen Stellen gefordert worden war. Die nur lose eingelagerte Ballastmassen verschob sich während dem Tauchgangs nach achtern und brachten das

---

490   **Stolz, Gerd:** Die Schleswig-Holsteinische Marine S. 113.

Tauchboot fast zum seitlichen Überschlag! Nur durch das Abstemmen mit dem eigenen Rücken konnte Bauer auch das Umstürzen der Buglast verhindern, während durch den Wasserdruck die zu schwachen Seitenwände immer mehr zusammengedrückt wurden. Die Inneneinrichtung, die Armaturen, die Treteinrichtung und weitere Einrichtungen wurden dabei unbrauchbar, so dass das Boot manövrierunfähig wurde. Das Boot schlug leck und der dreiköpfigen Besatzung drohte der Erstickungstod. Trotz der sehr prekären Situation im Boot und einem versuchten Mordanschlag auf Bauer in der aufkommenden Panik, ertrinken zu müssen, gelang es diesem, seine beiden Mitfahrer und sich aus dem am Grund liegenden Boot zu retten. [491]

Die sehr harten Friedensbedingungen wurden in Kiel am 11. Januar 1851 nach kontroverser Debatte mit 47 gegen 28 Stimmen durch die amtierende schleswig-holsteinische Regierung angenommen. Gerade die Auflösung der schleswig-holsteinischen Flottille, die zu jeder Zeit und mit allen ihr zur Verfügung stehenden Mitteln sehr tapfer und aufopferungsvoll gekämpft hatte, war für die Schleswig-Holsteiner ein doppelter Schlag ins Gesicht. Nicht nur dass sie ihre Schiffe außer Dienst stellen mussten, nein, sie sollten alle dem dänischen Kriegsgegner ausgeliefert werden! [492]

Die Konferenzen von Dresden und die Flottenfrage zu Beginn des Jahres 1851

Die politischen und finanziellen Gegebenheiten der Bundesmarine wurden zum Jahreswechsel 1850/1851 immer verworrener und bedrohten die Existenz der Marine akut. Das Budget für das Jahr 1850 hatte einen Gesamtumfang von 4.875.000 Gulden. Von diesem schlugen für die Marine folgende Positionen zu Buche, u. a:

     760.000 Gulden für die Flotte. Normale laufende Kosten,

     290.000 Gulden für die Reparaturen an Schiffen und Maschinen,

     37.000 Gulden für das Sanitätswesen,

     30.000 Gulden für das Bildungswesen,

     7.000 Gulden für die Marinegerichtsbarkeit.

Während Contreadmiral Brommy weiterhin daran arbeitete, die ihm unterstellten Schiffe aufzubauen und auszubilden, um sie auf einen hohen Einsatzstand zu bringen, wurde durch andere Kräfte versucht, dieses zu unterlaufen. Österreich verweigerte weiterhin jede Matrikularumlage, und Preußen begann, die Nordseeflotte dadurch zu unterminieren, indem es beabsichtigte, die Kosten durch Abtakelung und Reduzierung des Personals zu drücken. Oberpräsident Boetticher, Vertreter Preußens in der Bundeszentralkommission, sah alle maritimen Kosten für Kriegsschiffe für Preußen als total überflüssig an. Aus diesem Grund sprach er sich gegen jegliche Kostenübernahme für Schiffe aus, egal, wo sie lagen. Er vertrat die Ansicht:

---

491   Ebenda: S. 15ff.
492   Ebenda: S. 78ff.

»(…) Eine Flotte deren Material in Schlamm und Schlick verfault und versinkt und deren Personal in seinen jüngsten Theilen durch Unthätigkeit und Mangel einer höheren Bestimmung der Gefahr der moralisch zu versinken ausgesetzt ist (…) für eine irgend leidliche Zukunft herbeizuführen [493]

Diese Haltung des Oberpräsidenten betraf jegliche Marineplanung, ganz gleich, ob in der Nord- oder Ostsee!

Fürwahr, die Untätigkeit und *»dem Mangel einer höheren Bestimmung«* machten auch den Dienstbetrieb in Bremerhaven und Brake immer mehr zum Problem. Das gesamte Personal der Nordseeflotte, vorrangig das Offizierskorps, war mit der Situation der Untätigkeit der Flotte im Winterlager auf der Weser auf das äußerste unzufrieden, was bei einer Besprechung in Gegenwart des Bremischen Senators Duckwitz Anfang Januar 1851 klar zum Ausdruck kam. Diese Situation war so nicht mehr lange zu ertragen, und nur aus Achtung vor Contreadmiral Brommy hatten die Offiziere und Mannschaften den Dienst noch nicht quittiert!

Zu den »äußeren« Problemen um die Marine des Bundes kamen zusätzlich auch noch »innere« Probleme, die das Leben des Oberkommandierenden nicht unbedingt leichter machten. Seit dem Amtsantritt von Dr. Wilhelm Gröning als Amtmann von Bremerhaven kam es zu ständigen Reibereien zwischen dem Amtmann und der Marine, die in Unstimmigkeiten der Gerichtsbarkeit der Marineangehörigen begründet lagen. Amtmann Gröning wollte diese nach Bremischen Recht behandeln, wogegen Contreadmiral Brommy auf seine Gerichtsbarkeit pochte und vehement dafür eintrat, diese auch durchzusetzen. In einem Schreiben des Amtmanns Gröning an Duckwitz beschwerte sich dieser über die Situation:
»(…) Aber auf die Dauer ist nicht mit guter Ordnung vereinbar, wenn man allen Unfug ruhig ansehen muss, nur weil Marineoffiziere die Täter sind. (…)« [494]

Ein weiteres Problem, das den Contreadmiral enorm belastete, war die Tatsache, dass die ihm unterstellte Marine immer mehr in die Kritik der öffentlichen Meinung geriet. Die zum Teil unsachlichen und unwahren Behauptungen, die Verunglimpfung der Marineidee in Worten und durch Karikaturen, machten den Seezeugmeister zum Teil sehr betroffen. Der Contreadmiral wurde wegen dieser Situation und seiner Machtlosigkeit, diese zu ändern, regelrecht krank. Auch Senator Duckwitz sah Brommys Lage als sehr ernst an. Er glaubte, dass der Oberkommandierende und Seezeugmeister bald am Ende seiner Kraft sein könnte. Würde dieser den Dienst quittierte, was er ohne weiteres verstehen würde, dann wäre es um die Sache der Marine innerhalb von Stunden geschehen!

Ein Lichtblick für die Psyche des Admirals muss die Indienststellung der auf der Tecklenborg Werft gefertigten Bark CONTREADMIRAL BROMMY Anfang September 1851 gewesen sein, die unter der Führung des Kapitäns Johann Georg Poppe wenig später ihre erste Ausfahrt von Bremerhaven nach Odessa unternahm. [495]

---

493 **Krüger, Henning:** a. a. O. S.78. Denkschrift Boetcher an Mannteufel 13.1.1851.
494 **Bressel, Georg:** a. a. O. S. 359. Später behauptete der Amtmann, dass Angehörige der Marine im Schutz ihrer Uniform Polizeibeamte verhöhnen und schikanieren würden.
495 **Anm. d. Verf.:** Die Reise begann am 7. September und dauerte bis 3. November 1851.

Während der Konferenz von Dresden, deren Ziel eigentlich die Schaffung der neuen Bundesverfassung war, wurde am 25. Januar auch die Problematik der Bundesmarine angesprochen. Zu diesem Zeitpunkt war die Flottenfrage vollkommen offen, da Österreich versuchte in Dresden die großdeutsche Lösung zu propagieren, in deren Folge die Flotte hätte bestehen könnte. Diese Flotte wäre dann keine Reichsmarine, auch keine Unionsflotte, sondern die erste mitteleuropäische Flotte unter der Verantwortung des reaktivierten Deutschen Bundes gewesen. Durch die vereinigte 1. und 2. Kommission wurde die Frage erörtert, wie ein zukünftiges Zentralorgan des Bundes über die Flotte, deren Arsenale und Häfen verfügen sollen.

Auch von den Binnenländern wurde die Meinung vertreten, dass die Marine abgeschafft werden sollte, da sie keinen Sinn und Wert habe und zu teuer sei. Das Königreich Bayern wollte deshalb offiziell im Januar 1851 die Auflösung der Bundesflotte beantragen. Nur unter der Bedingung, dass die Flotte eine handelspolitische Gleichstellung der Binnenstaaten gegenüber den Küstenstaaten erreichen würde, sollte eine Zustimmung zum Erhalt der Flotte erteilt werden! Dieser Haltung schlossen sich auch Württemberg und Sachsen an. Die Bevollmächtigten konnten sich über die Finanzierung der Flotte nicht einigen. Einziges Ergebnis war, die Finanzierung bis zum 1. Juli 1851 sicherzustellen und die Entscheidung über den Verbleib der Nordseeflotte der künftigen Bundesversammlung zu überlassen.

Durch das geschickte Taktieren der preußischen Gesandten Mannteufel und Alversleben konnten die Pläne Schwarzenberg's durchkreuzt werden, weiterhin die Flotte als Druckmittel zu verwenden. Das besiegelte aber das Schicksal der Flotte von Contreadmiral Brommy. Mit der Reaktivierung der Bundesversammlung war alles weitgehend vernichtet, was maritim an der Nordsee aufgebaut worden war, da die Bundesversammlung keine Mittel frei hatte und auch nicht den Willen und die Macht besaß, die Einzelinteressen zu bündeln und zum Beispiel die völkerrechtliche Anerkennung der immer noch nicht akzeptierten Farben Schwarz-Rot-Gold durchzusetzen. Die Flotte wurde nun zur Durchsetzung anderer Interessen als Druckmittel auf anderen politischen »Nebenkriegsschauplätzen« missbraucht und verschlissen!

Während der Konferenz in Dresden Anfang Februar polarisierte sich immer stärker die Haltung der verschiedenen Regierungen hinsichtlich der Flottenfrage heraus. Preußen neigte immer deutlicher zu einer restlosen Auflösung der Bundesflotte, um so Gelder zu sparen. Dabei achtete Preußen aber weiterhin peinlichst darauf, dass ja keines der Schiffe der Nordseeflotte auf irgendeine Art und Weise an Österreich falle, das weiterhin nicht bereit war, Geld für die Flotte auf der Weser zu investieren. Hannover sah mit Argwohn die Bemühungen Preußens, die Nordseeflotte aufzulösen, mit der Vermutung, es wolle so in den Besitz der Schiffe kommen. Hier wurde der Erhalt der Flotte unter Beteiligung der Nordsee-Anrainerstaaten und anderer Staaten, die gewillt und in der Lage waren, Geld in die Flotte zu investieren, befürwortet. Preußen sollte aber nicht zu diesen Staaten gehören!

Trotz der gegensätzlichen Meinung über den Fortbestand der Flotte wurde am 10. Februar 1851 in Dresden beschlossen, eine Umlage von 3 Millionen Gulden zu schaffen, die zur Befriedigung allgemeiner Bundeszwecke dienen sollte. Aus diesem Topf sollte die Nordseeflotte 750.000 Gulden erhalten. Dass es zu diesem Ergebnis kam, beruhte genau genommen auf einem Irrtum, den Preußen aber bereits am nächsten Tag klarstellte, nämlich keine weiteren Zahlungen mehr für die Nordseeflotte bereitzustellen. Österreich achtete peinlichst darauf, dass für die Bezeichnung der Mittel nicht der Begriff »Marine« verwandt wurde, und dieses Geld als »Allgemeine Matrikulareinlage« deklariert wurde, da es hat Angst hatte, dass dieses Geld als Marine-Matrikularumlage deklariert wurde und mit der überfälligen Umlage verrechnet werde könnte, somit für das Land verloren war. Bayern und Württemberg sprach in ihren Noten bereits abwertend und stark distanziert *»(…) von einer sogenannten deutschen Flotte«* und Mecklenburg sprach sich unmissverständlich gegen jede Zahlung für den Erhalt der Nordseeflotte aus.

Grundsätzlich war Österreich jetzt gewogener als noch vor einiger Zeit gegenüber einer Flotte, die dem ganzen Bund gehörte. Diese »Großdeutsche Flotte« hätte den Handelsinteressen aller Staaten zur Verfügung zu stehen. Diese Idee wurde von dem Bremer Duckwitz an Österreich herangetragen in der Hoffnung, so die Flotte auf der Weser zu erhalten. Der Vorschlag einer Dreiteilung, von Duckwitz während dieser Gespräche mit Österreich aufgeworfen, wurde auch vom Österreicher Jochmus, ehemaliger Reichs-Marineminister, als gangbarer Weg angesehen, die Nordseeflotte zu retten.

Jochmus wollte das Bundesheer um 50.000 Mann auf 450.000 Mann verringern. Die nun gesparten Gelder sollten der Flotte zur Verfügung gestellt werden. Auch in einem Artikel der in Österreich erscheinenden Tageszeitung »Austria« vom 12. Februar 1851 trat der österreichische Handelsminister v. Bruck erstmals offiziell dafür ein, zum Handelsschutz des Deutschen Bundes eine Flotte mit drei Kontingenten zu schaffen, die zum Schutz des *»(…) hanseatischen Handels«* auftreten konnte. Eine Flotte sollte in der Adria, eine Flotte in der Ost- und die dritte in der Nordsee eingesetzt werden. Grundlage für den Einsatz sollte eine gesamtdeutsche (großdeutsche) Handelsmarine sein. Diese Regelung war für Österreich natürlich nur akzeptabel, wenn es seine Handelsinteressen berücksichtigt sah, z. B. in Form eines mitteleuropäischen Schifffahrtsbundes mit Einfluss auf die Nord- und Ostsee.

Das preußische Staatsministerium beschloss am 2. März, die am 10. Februar irrtümlich gemachte Zusage der Bereitstellung von Geldern für die Nordseeflotte zu revidieren. Preußen wollte seinen Anteil der Umlage mit der des Vorjahres verrechnen und den Rest ausdrücklich nur für den Festungsbau freigeben. Außerdem sollte bei der Dresdner Konferenz unverzüglich die Auflösung der Nordseeflotte beantragt werden. Eine entsprechende Mitteilung erging am 5. März 1851 von Berlin aus (Mannteufel) an den Gesandten Alversleben in Dresden. Mannteufel meinte darin, dass von Hannover, Oldenburg und den freien Hansestädten Hamburg, Bremen wohl Widerspruch dagegen zu erwarten sei.

Da der preußische Gesandte von Alversleben in Erfahrung gebracht hatte, dass die bayrische Regierung in naher Zukunft offiziell die Auflösung der Nordseeflotte fordern wollte, wartete Alversleben damit, diesen Antrag von Preußen vortragen zu lassen. So konnte man die Auflösung der Flotte nicht an die preußische Fahne heften, ein Makel, den keiner der Bundesstaaten für sich beanspruchen wollte.

Bayern stellte den Antrag wider Erwarten nicht, sondern wartete den Gang der Dinge ab. In einem Schreiben teilte der bayrische Ministerpräsident Pforten dem Hannoverschen Geschäftsträger aber mit, dass es die Matrikularumlagen nicht tragen würde, wenn Großmächte wie Preußen und Österreich nicht auch zahlten. Zudem seien die Küstenstaaten stärker, die

Binnenländer weniger zu belasten, da erstere größere Vorteile hätten. Zugleich wurde die Forderung gestellt, dass, bevor überhaupt durch Bayern Zahlungen erfolgten, eine Zollpolitik für den ganzen Bund betrieben werden müsse. Solange es keine gemeinsame Handels- und Zollpolitik gebe, würde es auch keine Flotte geben, die zu unterstützen sich lohne! Diese Haltung nahmen die kleineren Staaten des Bundes ebenfalls ein, im Wissen, dass diese Forderung zurzeit politisch nicht durchzusetzen war, obwohl sie Sinn machte.

Um eine baldige Auflösung der Nordseeflotte zu erreichen, befürwortete Mannteufel im März erneut, das, um Kosten zu sparen, doch die Schiffe in der Weser abgetakelt, und ein Teil der Mannschaften entlassen würden. Das Gegenteil forderten Contreadmiral Brommy und die Marineabteilung. Sie wollten eine Übungsfahrt durchführen, um die Mannschaften und Offiziere wieder moralisch aufzurichten. Trotz der Absicht Preußens, eine Abtakelung der Nordseeflotte zu verlangen, zeigte es sich geneigt, einer Übungsfahrt zuzustimmen, wenn sie denn in die Ostsee ging! Nun mutmaßte Österreich sofort, dass dabei die Schiffe in preußischen Besitz überführt werden sollten und plädierte ebenfalls für eine Übungsfahrt, aber in das Mittelmeer oder den Atlantik!

Die Bundesflotte nach dem Winterlager im März 1851

Die Liegezeit der Bundesflotte im Winterlager ging Mitte März 1851 dem Ende entgegen. Als erstes Schiff verlegte die Segelfregatte ECKERNFÖRDE Ende März von der Geeste nach Brake. Die anderen Schiffe, HANSA und BARBAROSSA begannen wieder mit Fahrübungen auf der Weser. Auch die Schiffe in Brake wurden vorbereitet, um nach Bremerhaven zu verlegen.

Die Mannschaften der Flotte waren, auf Weisung von Contreadmiral Brommy, während des Winterlagers einer strengen Ordnung unterworfen worden, so dass es insgesamt wenig Ausschreitungen und Beschwerden gegen die Besatzungen gegeben hatte. Nur einmal war es zu einer größeren Auseinandersetzung zwischen Matrosen und Braker Schiffszimmerleuten gekommen, von denen ca. 300 Mann dort arbeiten. Der geheime Rat Erdmann war grundsätzlich mit der Disziplin der Flotte in Brake zufrieden, zumal auf Anfrage des Amtes Brake sich 30 Offiziere, Zahlmeister und Ärzte für Brake als Winterlage der gesamten Flotte ausgesprochen hatten. Contreadmiral Brommy war über diese Äußerung seiner Offiziere nicht sehr erfreut und rügte sie wegen dieser eigenmächtigen Äußerungen!

Auch in Bremerhaven war, abgesehen von kleinen Vorkommnissen, das Winterlager ruhig verlaufen. Seit der neue Amtmann Georg Wilhelm Gröning das Amt angetreten hatte, häuften sich indes die Probleme zwischen dem »Hochlöblichen Amt Bremerhaven« und der Flotte zusehends. Einen besonders krassen Fall stellten im Frühjahr 1851 die Probleme um den Matrosen 2. Klasse Anton Schulz dar. Nach einem Streit zwischen dem Matrosen des Raddampfers DER KÖNIGLICHE ERNST AUGUST und einem Schiffer verletzte der Matrose den Schiffer und wurde von der bremischen Polizei festgenommen. Das Oberkommando protestierte gegen die Festsetzung und forderte das Amt Bremerhaven auf, den Matrosen der Marinegerichtsbarkeit zu übergeben. Ein unerquicklicher und langwieriger Briefwechsel begann, der das ehemalige gute Verhältnis zwischen der Bremer Behörde, der Bevölkerung und den Marineämtern trübte.

Ausgelöst durch die Debatten in der Bundesversammlung in Dresden und bei den Regierungen der einzelnen Staaten des Deutschen Bundes wurde das Thema »Bundesflotte« auch in der Presse, Land auf und Land ab, behandelt. Die Akzeptanz, eine Flotte unterhalten zu wollen oder zu müssen, war seit dem Friedensschluss mit Dänemark praktisch auf null gesunken. Abgesehen von der Bevölkerung an der Küste war der maritime Gedanke in der Bevölkerung des Binnenlandes lange nicht so tief verwurzelt, wie so mancher Politiker dachte. Die Zeit, als die Flotte als Symbol der Einheit des Reiches angesehen wurde, war lange vorbei. Die Ängste und Nöte, hervorgerufen durch Hunger, soziale Spannungen, politische Verfolgung und politischen Druck, nahmen zu. Die Presse begleitete dieses Spektakel, je nach politischer Blickrichtung, rege und schuf so ein sehr unterschiedliches Meinungsbild.

Um der zermürbenden Untätigkeit und den politischen Querelen um seine Flotte zu entgehen, versuchte Contreadmiral Brommy Mitte April für den Sommer 1851 eine längere Übungsreise genehmigt zu bekommen. Diese Bestrebungen standen natürlich den preußischen Plänen einer Abtakelung und Reduzierung der Flotte klar entgegen. Als der Contreadmiral ein gefordertes Gutachten über die Flotte persönlich vortragen wollte, wurde dieses durch preußische Intervention regelrecht untersagt. Brommy sollte durch seine Reise nach Frankfurt nicht noch mehr das allgemeine Interesse wecken und die Presse wachrütteln, dass es eventuell doch um die Auflösung der Flotte ging. Brommy ließ so aber nicht mit sich umspringen und bestand darauf, persönlich den Bericht vorzutragen. Die Anfang April beantragte Reise, mehrfach verschoben unter den fadenscheinigsten Gründen, musste schließlich doch genehmigt werden.

In Frankfurt vertrat Brommy dann deutlich die Meinung, dass die Flotte nicht die geringste Reduzierung verkraften würde, ohne die gesamte Marine aufs Spiel zu setzen. Als weiteren Punkt seiner Denkschrift legte der Contreadmiral die triftigen Gründe dar, warum die Flotte unbedingt eine Übungsfahrt machen müsse. Neben dem Navigieren, dem Einüben von Verbandsfahrten und weiterer seemännischer Übungen auf der Hoher See ging es vor allen Dingen darum, die Moral bei den Offizieren und Mannschaften zu erhalten und zu stärken.

Hannovers erneuter Vorstoß zur Erhaltung der Flotte

Die politische Landschaft wurde im Frühjahr für die Flotte immer bedrohlicher. Die Versuche Preußens, bei der Wiederherstellung des Deutschen Bundes als gleichberechtigte Nation neben Österreich aufzutreten, musste dieses nach den Dresdener Konferenzen am 15. Mai begraben, erreichte aber mit Österreich einen Beistandspakt, sollte einer der Staaten angegriffen werden.

Die Nordseeflotte drohte als eines der vielen Bausteinchen im politischen Gerangel, zerrieben zu werden! Die Haltung Hannovers in Bezug auf die Reichsflotte war geprägt von der Angst, durch Preußen politisch und wirtschaftlich umklammert zu werden. Wenn Preußen Verfügungsgewalt über die Schiffe der Nordseeflotte erhielt, könnte der Würgegriff Preußens auch von See her um Hannover reichen! Das wäre besonders dann gegeben, falls Preußen Nutzungsrechte auf Bremerhaven oder Brake bekommen hätte, ein schier unvorstellbarer Gedanke in Hannover. Die Pläne der Niedersachsen gingen dabei soweit, die Flotte eher dem Feuer zu übergeben, als die Schiffe den Preußen zu überlassen.

Um die Nordseeflotte vor dem finanziellen Kollaps zu retten, war zum Monatswechsel April/Mai 1851 eine Zahlung von 60.000 Thalern nötig. Da die beiden deutschen Großstaaten Preußen und Österreich keinerlei Anstalten machen, die Bundesflotte zu retten, beraumte Hannover zum 6. Mai eine Konferenz der Nordseeanrainerstaaten Bremen, Oldenburg und Hamburg in Hannover ein. Hier sollen die Nordseestaaten ihr Vorgehen in der Bundesversammlung absprechen. Während dieser Gespräche kam zum Ausdruck, dass die Länder ohne Unterstützung des Bundes nicht glaubten, die Flotte halten zu können. Aus diesem Grunde sollten folgende Schritte eingeleitet werden: Zur Erhaltung der Flotte sollte ein Antrag im Bundestag in Frankfurt durch Hannover eingebracht werden.

    a) Die Erhaltung der Flotte zu sichern und deren weitere Ausbildung zu garantieren.
    b) Die Anerkennung der Flotte als Bundeseigentum durchzusetzen.

Gelänge es, die Flotte als anerkanntes Bundeseigentum festzulegen, könnte diese nur mit Einstimmigkeit aller Staaten beseitigt werden, was die Nordseestaaten dann aber mit ihrem Veto verhindern könnten. Der Bund wurde somit in die Pflicht genommen, seine Institution Marine durch Matrikularumlage zu sichern. Nach der Übernahme der Verantwortung der Bundesversammlung war das Interesse der Medien erneut wachgerufen worden. Wo würde die als reaktionär verschriene Bundesversammlung ihre Hauptaugenmerke hinlenken? Würde es gelingen, ihren schlechten Ruf als Feind der Märzrevolution, der Presse-, Meinungs- und Versammlungsfreiheit vergessen zu lassen? Allen Mitgliedern der Bundesversammlung war klar, dass die Folgen der Zerschlagung der Nationalversammlung durch die Fürstenhäuser und die Behandlung der Flottenfrage von der Presse und der Öffentlichkeit mit großem Interesse verfolgt würden. Wie also das Thema Flotte angehen, da wegen der politisch/ wirtschaftlichen Instabilität sogar mit einer erneuten Revolution gegen die reaktivierte Bundesversammlung gerechnet wurde!

Preußen und Österreich hatten inzwischen einen regen Notenwechsel hinsichtlich der Behandlung der Flottenfrage geführt, an dem vorrangig auf preußischer Seite General von Rochow und auf österreichischer Seite Graf Thun beteiligt waren. Im Bundestag wurde durch General von Rochow der Antrag gestellt, das Verhältnis zur Nordsee- Flotte endgültig zu klären. Obwohl durch Preußen intern bereits mit der Zustimmung durch Österreich gerechnet wurde, folgte Graf Thun diesem Antrag nicht, da er keinerlei Weisungen aus Wien erhalten hatte! Graf Thun vertrat hinsichtlich der Flottenfrage eine abweichende Meinung zum offiziellen Kurs der Regierung von Österreich und trat somit klar in einen Konflikt mit Fürst Schwarzenberg, der einer Auflösung der Flotte das Wort sprach. Graf Thun sah ohne weiteres einen teilweisen Erhalt einer Flotte als möglich an, würde man dem schon einmal diskutierten Plan einer Dreiteilung folgen. Hannovers gemeinsames Interesse mit Österreich lag in dem Wunsch begründet, Preußen möglichst kein Schiff der Nordseeflotte zukommen zu lassen. Hannovers Bevollmächtigter v. Schele war bemüht, diese Situation zu nutzen und trat verstärkt mit Österreich in Kontakt, um einen starken Verbündeten gegen Preußen zu erhalten.

Durch die unerwartete Haltung Österreichs war der preußische Vorstoß zur Auflösung der Flotte am 21. Mai fehlgeschlagen. Trotzdem, Österreich war weiterhin nicht gewillt, Geld für die Flotte auszugeben. Durch den nicht abgesprochenen Vorstoß des Grafen Thun erhielt die Flotte nochmals die Möglichkeit weiter zu bestehen. Dieses konnte aber nur erreicht werden, wenn die anderen Binnenstaaten die Flotte mit finanzierten. Preußen sollte seine Schiffe unter seiner Flagge in der Ostsee, Österreich die im Mittelmeer und die anderen Staaten die in der Nordsee finanzieren. Diese Nordseeflotte konnte dann als Bundesflotte unter den Farben Schwarz- Rot- Gold segeln. Weder Preußen noch Österreich wagten den Schritt, die Flotte durch klare Aussagen oder Forderungen zu liquidieren, was ohne weiteres bei der Stimmungslage der Kleinstaaten gegenüber der Flotte zu diesem Zeitpunkt möglich gewesen wäre. Aber die unerwartet flottenfreundliche Haltung des Österreichers Grafens Thun, im krassen Gegensatz zur offiziellen österreichischen Position, und die unklare Haltung des preußischen Generals Rochow trugen wesentlich dazu bei, die Frage der Flotte offen und unbestimmbar zu halten. Leidtragende waren die Offiziere und Mannschaften der Nordsee-Flotte, die nicht wussten, wie es weiter gehen sollte.

Die Bundesversammlung beriet am 5. Juni 1851 eine Denkschrift der ehemaligen Bundes-Zentral-Commission, deren Kernpunkte wie folgt lautete:
1) Die Flotte sollte unter neuen und richtigen Verwaltungsgrundsätzen weiter bestehen bleiben.
2) Aufstellung von Haushaltsmitteln und eines Etats für die Verwaltung und Geschäftsanweisung.
3) Erhaltung der Flotte, da sie aus vortrefflichem Material bestehe und trotz aller Umstände das gerechte Urteil sachverständiger Prüfung nicht zu scheuen brauchte.

Als Folge der Behandlung der Flottenfrage am 5. Juni 1851 und den internen Verhandlungen zwischen Preußen und Österreich einerseits und Hannover und Österreich andererseits, versuchte der hannoversche Gesandte v. Schele in Frankfurt, weiter Interesse für die Nordseeflotte zu wecken. Wie mit Hamburg, Bremen und Oldenburg am 6. Mai 1851 verabredet, stellte der Hannoversche Gesandte am 11. Juni im Bundestag den Antrag, eine Denkschrift zu erarbeiten mit dem Ziel, die Nordseeflotte zu erhalten. Folgende Schwerpunkte sollten beachtet werden …
1) Die Bundesversammlung sollte die Anerkennung der Flotte als Eigentum des Bundes aussprechen.
2) Die Bundesversammlung sollte einen Ausschuss einsetzen, der beriet ob:
    a) die Nordsee-Flotte als Flotte des Bundes beizubehalten sei, oder
    b) die Flotte aufgelöst würde, und wenn ja,
    c) wie die Auflösung bewerkstelligt werden sollte.

Wie nicht anders zu erwarten, stellte Preußens Vertreter, General von Rochow, den Antrag, eine schnelle Entscheidung über die Auflösung, die Beibehaltung und die Unterhaltung der Flotte herbeizuführen. Zur Prüfung der Anträge von Hannover und Preußen wurde am 13. Juni ein Fünferausschuss gebildet, da die Mehrheit der Abgeordneten die Erhaltung der Nordseeflotte als Bundeseigentum für bedenklich hielt. Der Ausschuss sollte die oben eingebrachten Anträge schnellstmöglich bearbeiten.

Um die Besetzung der fünf Posten begann ein unwürdiges Gezänk, da die Abgeordneten sich nicht über die Personen einigen konnten. Als Berichterstatter wurde der Hannoveraner v. Schele gewählt. Zugleich wurde im Ausschuss für das Bundeseigentum (Kassenausschuss) durch den sächsischen Gesandten beantragt, Sorge zu tragen, dass ab dem 1. Juli 1851 weitere Gelder zum Erhalt der Flotte zur Verfügung gestellt wurden, unabhängig davon, ob die Flotte nun

Eigentum des Bundes blieb oder nicht. Würde die Flotte ohne Mittel verbleiben, werde sie an Wert verlieren und verkommen. Der Kassenausschuss beantragte am 21. Juni eine Matrikular-umlage von 532.000 Gulden, ohne Einfluss auf die Flotte zu nehmen. Mit Stimmenmehrheit durch die Bundesversammlung sollte Preußen gezwungen werden, diese Zahlungen mitzutragen.

Am 21. Juni wurde durch den Ausschuss für das Bundeseigentum auch der Schiffs- und Personalbestand der ehemaligen Reichsflotte erfasst...

(...)

Die Auflösung der provisorischen Bundescommission und die Übernahme der Geschäfte serselben seitens der von der Bundescommission bestellten Ausschusses die Erhaltung der deutschen Flotte Betreffend [496]

2 Segelfregatten	*(Deutschland und Eckernförde)*
3 Dampffregatten	*(Hansa, Barbarossa, Erzherzog Johann)*
6 Dampfcorvetten	*(Hamburg, Bremen, Lübeck, Frankfurt, Großh.v.Old., Königl. Ernst August)*
27 Canonenboote	
1 Transportschiff	

Die gegenwärtige Bemannung sich zu der Sollstärke verhält, ist nachfolgend dargethan:

Nach der Sollrolle sollen seyn:		Nach Rapport 1. Mai	Fehlen
Contreadmiral	*1*	*1*	*0*
Offiziere	*83*	*49*	*34*
Seejunker	*60*	*38*	*22*
Unteroffiziere	*236*	*98*	*138*
Matrosen	*890*	*347*	*543*
Jungen	*138*	*57*	*81*
Marinier-Offiziere	*6*	*3*	*3*
Marinier-Unteroffiz.	*23*	*8*	*15*
Marinier-Soldaten	*225*	*80*	*145*
Spielleute	*29*	*15*	*14*
Ärzte	*16*	*8*	*8*
Beamte	*32*	*21*	*11*
Maschinisten	*45*	*40*	*5*
Heizer	*151*	*78*	*73*
Summe	*1935*	*843*	*1092.*

In diese Zahl ist jedoch die Bemannung der Canonenboote nicht mit enthalten, sondern nur die eingeschifften Mannschaften der 11 Schiffe und das Marinecorps.

---

496 Dokument des Bayrischen Hauptstaatsarchiv MA 24 388.

Zu den vorhandenen Personal von	**843**
Köpfen treten noch folgende Behörden mit ihrem Personal:	
a) *die Intendatur: an Beamten, Diätarien, Diener*	**9**
b) *Die Seezeugmeisterei, Material und Medical-Verwaltung*	
Offiziere	**2**
Beamte, Diätarien	**18**
Ärzte und Apotheker	**2**
Wärter und Diener	**9**
Unteroffiziere	**1**
Matrosen	**16**
Auditeure und Actuar	**2**
Summe	**59**
Marinecasse-Beamte	**3**
Summe zusammen	**905**
Köpfe[497]	

Nach der Dresdener Konferenz wurde bezüglich der Nordseeflotte weiterhin keine einheitliche Meinung vertreten. Die allgemeine Unsicherheit über die Möglichkeiten, die Flotte zu erhalten, wurde unterschiedlich gesehen. Während Prinz Adalbert von Preußen geneigt war, wenigstens einen Teil der Flotte zu übernehmen, trat der preußische Finanzminister weiterhin rigoros gegen jede Aufwendung aus Kostengründen auf. Der preußische Finanzminister von Rabe vertrat die Ansicht, dass ein Aufmerksam machen auf die säumigen Zahler der Matrikularumlage keine Peinlichkeit sein könnte bei dieser Lage um die Flotte. Entweder zahlten alle, dann wären allein schon dadurch die Zahlungsprobleme gelöst, oder man sollte so verfahren, dass nur die ein Eigentum an der Flotte erwerben konnten, die die Zahlungen nicht verweigert hatten. Trotzdem musste er sich mit dem Thema beschäftigen. Sollte die bundesrechtliche Zuständigkeit für die Flotte nicht bestehen oder erlöschen, so gehörte ein erheblicher Teil der Flotte Preußen, da dieses am meisten eingezahlt hatte.

Wie unübersichtlich die Lage allein in Preußen war, zeigte der Umstand, dass am 24. Juni 1851 durch ACO des Königs das Material der preußischen Flotte, ebenso deren Anlagen zu erhalten und weiter auszubauen waren, diese sollte aber eine **deutsche Seeverteidigung** sein!

In einer Depesche der österreichischen Regierung vom 30. Juni an ihren Gesandten in Frankfurt, Thun, stellte sich Österreich auf die Seite derjenigen, die befürwortete, rückständige Matrikularumlagen einzufordern! In einer weiteren Note des österreichischen Ministers Schwarzenberg an die preußische Regierung versuchte dieser am 5. Juli 1851 darzulegen, dass er den rechtlichen Standpunkt vertrat, jede weitere Zahlung für die Flotte abzulehnen, aus praktischen Erwägungen aber zu Zahlungen bereit war. Die zwei Tage später tagende Ausschusssitzung wurde wegen dieser gegensätzlichen Positionen von großen Meinungsverschiedenheiten zwischen dem preußischen Abgesandten v. Rochow und dem Hannoverschen

---

[497] **Bayrisches Hauptstaatsarchiv, Bayrische Gesandtschaft beim Bundestag Akt. 778. Anm. d. Verf.:** Dieser Bestand an Personal offenbarte, dass ca. 50 % der Stellen unbesetzt waren. Ein Mangelzustand, den der Oberkommandierende, außer bei den Seejunkern, nicht ausgleichen konnte.

Abgesandten v. Schele geprägt, die in einem scharfen Wortgefecht die unterschiedlichen Auffassungen über die Ziele des Ausschusses zeigten. Jedes Bundesland im Ausschuss hatte einen eigenen Bericht über die Lage der Nordseeflotte erstellt. Von Schele stellte in seinem Bericht fest, dass die Flotte nicht nur »**Bundeseigentum**« sei, sondern sogar eine »*organische Bundeseinrichtung*«, die »*einem unbedingten Bedürfnis*« entspreche, »*und somit nicht aufgelöst werden dürfe*«

Der preußische Gesandte meinte in seinem Gutachten, dass die Rechtslage betreffs des Eigentumsrechtes über die Flotte unklar sei. Im Fall der Verneinung sollte die Flotte den Nordsee-Staaten und den Binnenländern zur Abnahme angeboten werden. Wenn kein Interesse bestand, sollte man die Flotte in kürzester Zeit auflösen. Trotzdem entschied sich die Mehrheit des Ausschusses, den geforderten Bericht zu erstellen:

1) Historische Entwicklung der Flotte.
2) Darlegung des Ganzen, dass die jetzt noch vorhandene Flotte Bundeseigentum sei.
3) Bemerkung, dass der Ausschuss eine Entscheidung darüber treffen sollte, ob die Flotte als organische Bundeseinrichtung zu betrachten sei, noch auszusetzen.
4) Beschlussfassung, ob eine Bundesflotte beizubehalten sei oder nicht.
5) Um die Frage genügend lösen zu können, Einholung eines technischen Gutachtens von drei Sachverständigen bei der Bundesversammlung zu beantragen.

Wie angespannt die Lage war, zeigte der Vorschlag des preußischen Abgeordneten v. Rochow, der intern vorschlug, bilaterale Gespräche zwischen Berlin und Wien außerhalb von Frankfurt über die Marine des Bundes zu führen, da Wien dort »*milder reagiere*«.

Obwohl große Teile der Bundesversammlung die Flotte als Hemmschuh jeder Entwicklung des Deutschen Bundes ansahen, wollte keiner der Liquidator der Flotte sein. Ihnen war dieses weiterhin peinlich gegenüber ihren eigenen Aussagen hinsichtlich der ehemaligen Flottenbegeisterung und des Einheitsgedankens durch die Flotte. Als es am 8. Juli 1851 zur Abstimmung kam hinsichtlich der Zahlungen für die Flotte, **stimmten fast alle mit ja.** Die Gründe waren aber äußerst unterschiedlich. Preußen beharrte darauf, als einziges Bundesland keine Zahlungen zu leisten. Sachsen trat heftig gegen die preußische Haltung auf. Baden und Bayern sagten die Zahlungen zu, wenn auch die anderen Staaten zahlten. Württemberg hatte keine Instruktionen erteilt, und Kurhessen sagte unumwunden, dass es kein Geld habe. Trotzdem, dies bedeutete für Brommys Nordseeflotte eine wichtige Entscheidung, da somit die Schiffe vor dem Verkommen geschützt waren. Nach der Schlusssitzung vom 30. Juli wurden die Unterhaltungskosten für das zweite Halbjahr 1851 bewilligt. Der preußische Gesandte v. Rochow protestierte ausdrücklich gegen die Versuche der Bundesversammlung, zugunsten der Marine Mehrheitsbeschlüsse durchsetzen zu wollen, solange diese nicht als Bundeseigentum anerkannt war.

Preußisch-Österreichische Annäherung in der Flottenfrage

Obwohl sich Mitte des Jahres 1851 das Verhältnis der deutschen Großmächte scheinbar besserte, in vielen anderen Fragen der Politik war ein Konsens gefunden worden, wenigstens aber angestrebt, war die Grundtendenz beider Staaten bei der Flottenfrage unverändert hart und unversöhnlich. Österreich versuchte seine Präsidialmacht zu festigen, wogegen Preußen bemüht war, diese zu untergraben und seine Vetomöglichkeit gegen Bundesbeschlüsse durchzusetzen. Ziel der preußischen Politik war es, die Bundespolitik möglichst schwach zu halten, um sie so nicht gegen preußische Interessen zu stark werden zu lassen. Aus diesem Grund war Preußen bemüht, seinen Einfluss durch bilaterale Verträge auf wirtschaftlicher und zollpolitischer Ebene auszubauen und so ein wichtiges zweites Standbein für seine Politik zu erhalten. Die Flotte auf der Weser war somit für Preußen wichtig. Entweder sie geriet, wenigstens teilweise, unter preußische Kontrolle oder aber sie wurde aufgelöst. Die Mittel- und Kleinstaaten, vorwiegend bemüht, gerade in Bezug auf die Flotte, keinerlei Kosten zu übernehmen, wurden nun in zwei Lager getrieben. Entweder zu Preußen oder zu Österreich.

Durch Gespräche auf bilateraler Ebene in Frankfurt, zwischen Graf Arnim für Preußen und dem Gesandten Prokesch-Osten auf österreichischer Seite, kam es zu immer besseren Abstimmungen der beiden Großmächte. Am 16. August 1851 teilte Schwarzenberger dem preußischen Gesandten v. Rochow mit, dass es in Kürze zu abgestimmten Noten der beiden Staaten kommen würde. Als Folge der sehr kontroversen Beratungen im Ausschuss vom 7. Juli 1851 kam es zwischen Österreich und Preußen am 23. August zu einer Absprache bezüglich des weiteren Vorgehens in der Marinefrage.
1) Die Nordseeflotte war:
    a) nicht Bundeseigentum
    b) eine organische Einrichtung des Bundes!
2) Die Nordseeflotte sollte nicht als Bundeseigentum beibehalten werden!
3) Dass die Flotte als wirksamer Schutz der Küste und als Handelsschutz verwandt werden darf, genauso wie das Österreich und Preußen mit ihren Schiffen in der Ostsee und im Mittelmeer durchführen dürften!

Hannover und die anderen Nordseeanlieger sahen in dieser Regelung den »Todesstoß der Deutschen Flotte« und wiesen darauf hin, wie übel wohl der Eindruck auf die Allgemeinheit sein würde, wenn die Flotte als nationale Angelegenheit und Aushängeschild der Einheit Deutschlands so aus dem Leben scheiden würde! Der Abgesandte v. Schele beantragte die Einsetzung von Sachverständigen, um die Möglichkeit der Flottenübernahme durch die Kleinstaaten zu erkunden und zu berechnen. Der Antrag wurde durch Preußen und Österreich abgelehnt. Der Abgesandte aus Lübeck, Dr. Brechmer, und die Abgesandten General Yylander und von Schele sprachen sich dafür aus, die Punkte eins und zwei zunächst auszuklammern. Es sollten drei Sachverständige benannt werden, die diese Anträge bearbeiten sollten.

Die Bundesmarine war trotz aller politischen Ränkespiele noch lange nicht durch die Marineführung abgeschrieben; im Gegenteil. Durch Contreadmiral Brommy wurde weiterhin am Bestand und Aufbau der Flotte gearbeitet. Neben dem Erhalten der Kriegsbereitschaft wurde versucht, die Flotte auf den gewünschten Material- und Personalstand zu bringen. Während dieser

Zeit blieb Brommy ein Garant für Kontinuität und Berechenbarkeit für seine Untergebenen und die politisch Verantwortlichen. Die Dampf-Corvette ERZHERZOG JOHANN wurde am 3. August 1851 aus dem Trockendock in Brake ausgedockt nachdem die Umbaumaßnahmen am Schiff abgeschlossen waren. Im Rahmen der Reparatur des Unterschiffes, wegen der Havarie vor Terschelling, war das Spiegelheck zum Rundheck geändert worden. Gleichzeitig wurde die Takelung von Bark- auf Schonerbrigg geändert.

Das ehemals gute Verhältnis des Amtes von Bremerhaven zur Marine hatte sich seit den unseligen politischen Debatten zusehends verschlechtert. Die ständigen Kompetenzrangeleien zwischen dem Amt und der Marine steuerten einem Höhepunkt zu, als der Amtmann Gröning Mitte August 1851 öffentlich davon sprach, dass die deutsche Bundesmarine »(...) nur geduldet sei«. Was war geschehen!
Nach der Aussage von zwei Offizieren und einem Rendanten sollte der Amtmann am Abend des 24. August 1851:
> »(...) die Uhr mochte etwa halb acht sein, wenigstens beginnt es bereits dunkel zu werden, auf dem Trottoir vor dem Gasthaus Gross öffentlich geäußert haben, »Oldenburg und Hannover hätten die Marine nicht haben wollen und sie wäre hier doch nur geduldet.« [498]

Die Offiziere machten darüber Meldung. Wie schwerwiegend der Contreadmiral diesen Vorfall einstufte, deutet der Umstand an, dass er am nächsten Tag persönlich gegen die Äußerung des Amtmanns protestierte! Dieser hatte als Vertreter einer »Unterbehörde eines deutschen Staates« die Ehre der Marine dadurch gekränkt, dass er öffentlich in Bremerhaven von einer bloßen »Duldung der Deutschen Bundesmarine« gesprochen hatte. Die Unstimmigkeiten zwischen dem Amtmann und dem Contreadmiral konnten später durch ein persönliches Gespräch beigelegt werden.

Der Bundesgesandte Otto Bismarck und die Bundesflotte

Otto Bismarck löste am 27. August 1851 den Bundesgesandten General v. Rochow ab. Bismarcks Stellung zur Flotte und den Bundesfarben Schwarz-Rot-Gold war klar und kompromisslos. Für ihn waren die Farben gegen die von ihm gestützte Monarchie gerichtet, und die Flotte, die diese Flagge führte, musste mit allen Mitteln bekämpft werden. In einem Schreiben an seine Frau äußert sich Otto Bismarck dahingehend, dass er die Flotte entweder zerstören werde, oder aber sie preußisch werde, da sie sonst nur im Schlick läge, faule und jährlich 800.000 Thaler fressen würde. [499]

Wie war die Position Preußens zu dieser Zeit, als Otto Bismarck als Bundesgesandter die Verantwortung für die Durchsetzung preußischer Interessen für den Deutschen Bund übernahm? Wenig war von den Zielen des preußischen Königs nach der Niederschlagung der Revolte in Berlin 1848 geschehen!

---

498 **Böll** u. a.: Marine an der Unterweser, S. 34.
499 **Steltzer, H .G.:** a. a. O. S. 79.

Die Niederringung in Berlin und Preußen war gelungen. Misslungen war dagegen die preußische Politik im Bestreben, Schleswig-Holstein beizustehen im Ringen um Eigenständigkeit und »Up ewig ungedeelt« zu bleiben. Internationaler Druck von England, Schweden, Norwegen, Frankreich und Russland hatte Preußen, aus Eigenschutz, einen Frieden schließen lassen, der mit dem Deutschen Reich nicht abgestimmt war.

Ebenso war es bislang misslungen, gegenüber Österreich aus dem Schatten zu treten und seine Position im Ringen um eine neue politische Ordnung nach der Reichsbildung 1848 in Mitteleuropa zu installieren, die Österreich ausschloss. Dieses hatte seine Revolution im Lande genauso besiegt wie die in Italien und Ungarn, wenn auch nur mit russischer Unterstützung!

Größtes Hindernis für Otto Bismarck war das Desaster um die Bildung der »Ewigen Union« unter Preußens Führung, der Österreich die Bildung des »neuen« Deutschen Bundes entgegenstellte. Preußen und seine verbündeten mitteldeutschen Unionsgenossen ignorierten dieses österreichische Bestreben zunächst. Erst nach der Unterwerfung im Vertrag von Ölmitz vom November 1850 und der nachfolgenden »Dresdener Konferenz« musste sich Preußen praktisch Österreich beugen und die Wiederherstellung des Deutschen Bundes zulassen, ohne seine Führungsposition zurückzustellen! Ein Punkt, sich zu profilieren und Österreich anzugreifen, stellte die Flottenpolitik dar, die Otto Bismarck nun als Hebel einzusetzen gedachte, um Preußens Machtansprüche zur Geltung zu bringen.

Während der Sitzung der Bundesversammlung am 6. September 1851 erklärt der Hannoversche Gesandte v. Schele, dass die Flotte auch ohne Beteiligung von Österreich und Preußen gehalten werden könnte, und zwar durch die anderen Bundesstaaten. Der Antrag, Sachverständige einzusetzen, die diese Fragen zur Flotte zu hätten, wurde unerwartet mit 11 gegen 6 Stimmen angenommen. [500]

In Folge des Antrages von v. Schele sollten drei Sachverständige gewählt werden, die dem fünfköpfigen Marineausschuss der Bundesversammlung beigegeben würden. Die Sachverständigen hätten folgende Fragen zu klären:
(…) Welche Größe und Ausdehnung muss die Nordseeflotte erhalten, wenn sie ihrem Zweck entsprechen soll?
Wie ist ihre innere Einrichtung zu beschaffen, und welche Rücksicht ist bei ihrer Bildung auf die im adrianischen Meer und in der Ostsee vorhandenen österreichischen und preußischen Geschwader zu nehmen.
Welche Mittel sind…
  a) auf die erste Einrichtungen der Flotte und der zu ihrer
     Erhaltung nöthigen Anstalten,
  b) auf die dauernde zu verwenden? [501]

---

500 **Anm. d. Verf.:** Die umfangreichen Besprechungen nachgelesen in **Bayrisches Hauptstaatsarchiv, Bayrische Gesandtschaft beim Bundestag Akt. 778.** Hierin auf Seite 311 bis 321 die Vorgeschichte zur Flotte und die Darlegung der Finanzierung durch die Matrikularumlage mit allen ihren Hemmnissen durch Österreich und anderer Staaten.

501 **Bayrisches Hauptstaatsarchiv, Bayrische Gesandtschaft beim Bundestag Akt. 778.** Bundestag 22. Sitzung vom 6.9.1851 S. 321.

Von den Sachverständigen wurde zunächst nur Contreadmiral Brommy gewählt. Die Regierungen von Preußen und Österreich sollten ihre Sachverständigen schnellstens benennen. Durch die nachfolgenden Ereignisse zog sich aber deren Benennung, Wahl und Bestätigung über gut einen Monat hin!

Der Handels- und Zollpolitik Preußens war es bislang nicht gelungen, auch nur einen Bundesstaat an der Nordsee zu überzeugen, dem Zollverein beizutreten, da diese um ihre Selbstständigkeit und die Souveränität ihrer Flaggen fürchteten. Preußen hatte somit keinen ungehinderten Zugang zur Nordsee und war deshalb auf die Kleinstaaten angewiesen. Da ein großer Teil des eigenen Handels über die Elbe ging, deren Hafen aber nicht dem eigenen Zollverbund angehörte, suchte man weiterhin Wege, an der Nordseeküste Partner zu finden. Nachdem die Unions-Idee aus übergeordneten politischen Gründen nicht zu verwirklichen gewesen war, beschritt Preußen in weiteren bilateralen Gesprächen Wege, um seinen Zollverein bis an die Nordsee auszudehnen.

Am 7. September schlug eine Meldung aus Berlin und Hannover wie eine Bombe ein und warf praktisch die gesamte politische Landschaft durcheinander. Nach langwierigen, äußerst geheim gehaltenen Verhandlungen zwischen Preußen einerseits und Hannover und Oldenburg andererseits gelang es Preußen, Hannover zu überzeugen, dem Zollverein beizutreten!

Der Vertrag kam letztlich nur zustande, weil Preußen außerordentlich hohe Zugeständnisse an Hannover machte. Dieser Vertragsabschluss schuf auch im Bereich der Flottenpolitik neue Voraussetzungen. Hannover, immer noch sehr wachsam gegenüber der preußischen Politik eingestellt, lehnte sich, zur Irritation vieler Beobachter, zur politischen Eigensicherung aber weiter an Österreich an. In diesem Zusammenhang begannen nun auch wieder verstärkte Verhandlungen über die Flotte in der Nordsee zwischen Hannover und Österreich![502]

Nach diesem grandiosen politischen Schachzug musste Preußens Politik gegenüber dem Deutschen Bund auf eine neue Ebene gestellt werden. Zum einen mussten die Gesandten ausgetauscht werden, wobei zu dieser Zeit noch nicht zu erkennen war, ob sich dieser Austausch auch bezahlt machte. Zum anderen schien durch diesen Schritt an die Nordsee im Bezug auf die Zollpolitik ein wesentlicher Faktor geschaffen worden zu sein, der neue politische Voraussetzungen schuf. In einem Brief vom 12. September 1851 an die preußische Regierung schlug der preußische Gesandte in Frankfurt, Otto Bismarck, vor, auf die neuen politischen Gegebenheiten nach dem Eintritt Hannovers in den Zollverein schnell zu reagieren. Er plante, die Nord- und Ostseeflotten zu vereinen und unter preußische Kriegsgewalt zu stellen. Minister Manteuffel sollte auf dieser Ebene Verhandlungen mit Hannover einleiten. Die Vermutung Preußens, Hannover nach dem Beitritt zur Zollunion auch hinsichtlich der Nordseeflotte in seinem Sinn beeinflussen zu können, erfüllte sich so nicht. Das Gegenteil trat ein!

---

502 **Anm. d. Verf.:** Für den Oberkommandierenden der Reichsflotte war diese Position Hannovers gegenüber Preußen und Österreich sehr schwer einzuschätzen. Hier waren die »diplomatischen« Stränge gefragt und gefordert, sich nicht zu dicht an die eine oder andere Nation zu legen und abhängig zu machen, solange Brommy nicht wusste, wem er trauen konnte, seine Flotte nicht doch vernichten zu wollen!

Durch die verstärkten Kontakte Hannovers zu Österreich begann sich die süddeutsche Groß-macht wirtschaftlich und politisch wieder auf ihre alten, großdeutschen Ziele hin zu orientie-ren. Österreichs Wunsch, wichtiges Glied des Deutschen Bundes mit 70 Millionen Menschen zu werden, wurde durch die Haltung Hannovers gestärkt. In einem Schreiben vom 13. Septem-ber kündigte Minister Schwarzenberger deshalb einen Wandel gegenüber der ehemaligen ne-gativen Haltung zur Nordseeflotte an. Österreich revidierte nun plötzlich seine Haltung zur Nordseeflotte und begann den Anfang des Jahres gemachten Vorschlag der **Dreiteilung der Flotte** ernsthaft ins Gespräch zu bringen. Analog zum Bundesheer sollten drei Kontingente im Mittelmeer, in der Ost- und Nordsee entstehen. Dabei achtete Österreich aber bei der Vorstel-lung dieses Planes peinlichst darauf, die eigene Machtposition gegenüber dem Bund zu si-chern.

Die Verhandlungen zur Schaffung der »Drei-Kontingent-Flotte«

Der Septembervertrag zwischen Preußen und Hannover hatte das Verhandlungskarussell mächtig in Gang gebracht. Große Teile der politischen Grundlagen, wirtschaftlichen Planun-gen und politischen Konstellationen waren über den Haufen geworfen worden.

Die politischen Verwerfungen hatten es unmöglich gemacht, die Sachverständigen bestimmen zu lassen. Erst nach gut einem Monat, am 12. Oktober 1851, konnten die Sachverständigen für die Kommission der Flottenfrage gewählt werden. Neben dem Österreichischen See-offizier v. Bourgnigon und Contreadmiral Brommy wurde durch Preußen der Landoffizier Bogun-v. Wangenheim vorgeschlagen. Obwohl die Vertreter von Österreich (Thun) und Han-nover (v. Schele) gegen die Wahl Wangenheims opponierten, setzt Otto Bismarck die Wahl durch. [503]

Für Contreadmiral Brommy war zu dieser Zeit die Einübung der Mannschaften auf den Schif-fen der Bundesflotte als Tagesordnung angesagt, die mittlerweile auf neun Dampfschiffe und zwei Segelschiffe angewachsen war. Zu dieser Zeit, es war der 9. Oktober 1851 ins Land ge-zogen, stand die erste längere Probefahrt des unbewaffneten ERZHERZOG JOHANN an. In seiner Anwesenheit wurde das Schiff auf der Weser und der Nordsee erstmals voll ausgefah-ren, um die Maschine auf Herz und Nieren zu überprüfen. Hierbei erbrachte es eine Fahrge-schwindigkeit von 11 sm/Std. Nun konnte begonnen werden, an die Bewaffnung zu denken und an die weitere Ausrüstung zum Kriegsschiff. Vor seiner längeren Abwesenheit von der Flotte, um in Frankfurt der Kommission zur »Kontingenten-Flotte« beizutreten, besuchte der Admiral noch einmal alle seine Schiffe und Dienststellen, um sich von deren ordnungsgemä-ßem Zustand und Organisation zu überzeugen und letzte Anweisungen zu geben.[504]

Der Admiral begab sich danach unverzüglich, in Begleitung seines Flaggleutnants Julius Reichert, und Leutnant 1. Klasse Pougin nach Frankfurt. Trotz der Wichtigkeit seiner Mission in Frankfurt fiel es Brommy erstmals wieder schwer, einen liebgewonnenen Menschen für

503 **Bär, M.:** a. a. O. S. 174f.
504 **Erk, Karl:** Tagebuch des Seejunkers, S. 14.

diesmal längere Zeit zu verlassen. In einem Brief an seine Verlobte Caroline schildere er seinen ersten Arbeitstag in Frankfurt…

>*(…) Heute morgen besuchten mich Marcau, Jordan, Bourguignon. Um halb elf fuhr ich – angegafft von jung und alt – mit meinen Offizieren zu Graf Thun, mit dem ich eine vorläufige kurze Unterredung hatte. Dann zum hannoverschen, preußischen und bayrischen Gesandten und dem österreichischen kommandierenden General, die ich leider alle nicht fand, zum Lübecker Gesandten, der in den Marine-Ausschuss gehört, und bei ihm die Überzeugung gewann, das er unsere Sache verteidigt. Nach Tisch habe ich den bayrischen Gesandten getroffen, der auch für uns war.«*[505]

Die drei Sachverständigen begannen ihre intensiven Gespräche in den Räumen der Marine-Abteilung im Diez'schen Haus mit der **I. Sitzung** bereits am 16. Oktober 1851. Hierbei wurden nach der Vorlesung des »Commissoriums« die nötigen Vorfragen besprochen und:

(*)*»(…) den zur Lösung der erhaltenen Aufgaben geeigneten Gang und die Art und Weise der Behandlung zur Sache berathen …«*[506]

Auch durch Preußen wurde nun, ob des österreichischen Vorschlages, die Nordseeflotte als dritten Teil einer Bundesflotte installieren zu können, dieses nicht mehr von der Hand gewiesen, seit Österreich kompromissbereit war, dieses mitzutragen. Otto Bismarck schrieb am 25. September 1851:

>*(…) Heut hat Dr. Thun eine Instruction in der Flottenangelegenheit erhalten, wonach Oestreich auf den Bundesbeschluß einzugehen scheint, den Vorschlag zur Bildung einer contingentirten Bundesflotte machen will, welche aus einer österreichischen, einer preußischen und einer Nordseeflotte der übrigen Staaten zu bestehen haben würde.«* [507]

Während der Admiral nun in Frankfurt weilte, ging das Leben in Bremerhaven und Brake seinen vorbestimmten Gang. Ohne seine Anwesenheit wurde am 15. Oktober 1851 der befohlene Wechsel des Stationskommandos von Brake auf den Korv.-Kapitän William Jackson durchgeführt. Um die Schiffsbesatzungen an Land besser den Schiffen zuordnen zu können, sollten, laut Befehl des neuen Stationskommandanten von Brake, die an Land beurlaubten Matrosen Hüte mit Schiffsnamen tragen müssen. Bei Zuwiderhandlung dürften die Matrosen durch die Dragoner an Land sofort festgenommen werden.

Die Verhandlungen begannen für die Sachverständigen nach Verlesung des »Commissoriums« sowie der vom Bundestag vorgegebenen Weisungen. Nun wurden die nötigen Vorfragen abgehandelt und Verfahrensfragen geklärt, um am nächsten Tage in die Verhandlungen einzutauchen. Brommy traf sich zu einer längeren Unterredung mit dem hannoverschen Gesandten, der seine Anwesenheit mit großer Zustimmung begrüßte und eine nachhaltige Wirkung seines Erscheinens daran knüpfte. Danach begannen die Verhandlungen mit den Herren Wangenheim und Bourguignon.

---

505 **Purnhagen, Wilhelm** (Hrsg.): Dokumente vom Schicksal der deutschen Flotte. Briefe des Contreadmiral Brommy. Aus: Leuchtfeuer: Heimatblatt für die Jugend zwischen Niederelbe und Ems. Jg. 28, Folge 9, 1976.

506 **Anm. d. Verf.:** Alle nun folgenden Zitate mit (*) aus: **Bayrisches Hauptstaatsarchiv Bundestag** 778 Beilage A-F zu dem Protokoll der 29. Sitzung Bundesversammlung vom 25 November 1851.

507 **Otto v. Bismarck:** Die *Gesammelten Werke*, Bd. 1, S. 58.

Bereits am nächsten Tag (**II. Sitzung**) wurde im Diez'schen Haus der Themenkomplex:

(*) (…)welche Größe und Ausdehnung muss die Nordseeflotte erhalten, wenn sie ihrem Zweck entsprechen soll?«

beraten. Hierbei war durch die Sachverständigen zu beachten, dass von der Bundesversammlung der Passus festgelegt worden war:

(*)»(…) die deutsche Flotte soll nur zum Schutz deutschen Handels und deutscher Küsten dienen; die Begründung einer selbständigen Kriegsflotte steht nicht zur Frage.«

Die Kommission interpretierte den Begriff »Kriegsflotte« mit der des dritten Grades und glaubte, die eigene Flotte so ausstatten zu können, dass sie die des zweiten Grades erhalten sollte, da sonst kein Schutz des Handels zu erreichen war. [508]

In Friedenszeiten, so die Kommission, konnte die Tätigkeit der Flotte nur darin bestehen:

(*)» (…) der Flagge respect zu verschaffen«, wo der Handel oder die Schiffahrt durch:
» geordnete Regierungen oder aber Gesetze civilisierter Völker noch nicht bestehen …
und dadurch gefährdet würden.
(*) »(…) Zur Unterstützung deutscher Consulate und Aufrechterhaltung bestehender Handelsverträge oder allgemein geltender völkerrechtlicher Principien (…) durch sofortiges Einschreiten Seitens der Kriegsschiffe in Fällen (von) Piraterie (…) ec. handelt.«

Um diesen Schutz zu gewährleisten, mussten in den betreffenden Gewässern entweder Kriegsschiffe stationiert, oder aber diese Gewässer von Zeit zu Zeit befahren werden, um:

(*) »(…) Assistenz leisten wo es nöthig war«.

Aus diesem Grunde waren, nach Aufhebung der britischen Navigationsakte, folgende Seegebiete von Interesse:

(…)

Erste Station:	*Das Mittelmeer und die Levante,*
Zweite Station	*Nordamerika, Mexiko und Westindien,*
Dritte Station	*Die Ostküste von Südamerika und die Westseite von Afrika,*
Vierte Station	*Die Westküste von Südamerika und der Stille Ozean,*
Fünfte Station	*China, der indische Bai, Neuholland, Neuseeland (Australien),*
Sechste Station	*Indisches Meer von Malacca bis zum Kap der Guten Hoffnung.*

Da Österreich bereits im Mittelmeer operierte, waren somit nur fünf Stationen aufzubauen. Die Stationen sollten einige Male im Jahr durch Schiffe besucht werden, um somit:

(*)»(…)Achtung vor der deutschen Flagge einzuflößen, und den betreffenden deutschen Consularagenten sowohl, als den Deutschen überhaupt zu zeigen, daß sie bei vorkommender Gelegenheit den nöthigen Schutz nicht entbehren werden, wodurch das Vertrauen gestärkt und der Verkehr gehoben würde.«

---

508 **Anm. d. Verf.:** Die Unterteilung der Flotten geschah durch die Kommission derart, dass eine selbstständig agierende Flotte auf allen Meeren die des 1. Grades, eine, die eigene Küste und den Seehandel schützende Marine den 2. Grad, und die nur die eigene Küste schützen konnte, den 3. Grad erhielt.

Die Schiffe würden durchschnittlich alle sechs Monate das Seegebiet einer Stationen besuchen, was eine Verweildauer von 36 Monaten, also drei Jahren entsprach. Die Kommission sprach sich für insgesamt drei Fregatten und drei Korvetten aus, zu der jeweils noch eine als Reserve zu zählen war, da mit Reparatur nach so einer langen Verweildauer auf See zu rechnen war. Hierbei müssten Segelschiffe den Vorrang haben, da die Kohleversorgung doch erhebliche Probleme aufwarf. Als weiteres wurden die Kosten als zu hoch angesehen und die Meinung vertreten, auf Dampfern keine geeignete Ausbildung für Seeleute betreiben zu können. Die Fregatten sollten 54 Kanonen tragen (6 lange engl. 68 Pfd. und 48 lange engl. 32 Pfd.), die Korvetten deren 24 Stück, in gedeckten Batterien (2 lange engl. 68 Pfd. und 22 lange engl. 32 Pfd.) erhalten.

Fragen der Ausbildung und die Gefechtsrollen wurden in der **III. und IV. Sitzung** an den darauffolgenden Tagen, dem 18. und am 20. Oktober besprochen. Hierbei wurde die Gefechtsrolle für die Fregatte mit 54 Kanonen auf 520 Mann festgelegt. Die Korvette benötigt nach Errechnung der Sachverständigen dann 260 Mann. Spätestens bei der Festlegung der Gefechtsrollen wurde klar, dass bei der Verwendung der langen britischen Kanonen, die einer größeren Besatzung bedurften, keine der zunächst avisierten Kriegsbriggen in Frage kam, da die Menge an Verpflegung auf diesen Schiffen nicht zu verstauen war.

Die Problematik im Kriegsfall auch die Überseestationen zusätzlich zu unterstützen wurde während der **V. Sitzung** am 21. Oktober beraten, auch wie diese zusätzlichen Schutz erhalten könnten. Hierbei wurde auf die Möglichkeit zurückgegriffen, aus den vorhandenen Dampfschiffen der Nordseeflotte, von denen vier zu diesem Einsatz geeignet waren, eine Reserve zu schaffen.

Die Sachverständigen erhielten zu dieser Zeit Informationen über neue Vorschläge des preußischen Gesamten Otto Bismarck zur Nordsee-Flotte. Dieser stellte folgende Bedingungen auf, um, ohne eine Verpflichtung Preußens an der Teilnahme der Umlage vom 8. Juli 1851, Gelder für die Flotte freizugeben:
1) Die Flotte würde nicht als Eigentum des Bundes angesehen.
2) Dass die Flotte aufgelöst würde.
3) Dass die Flotte im Schätzwert verkauft werden könnte und sollte.
4) Dass dieser Beschluß bis Ende 1851 zur Ausführung kam.[509]

Während der **VI. Sitzung** am 22. Oktober 1851 wurde der Schutz der deutschen Küste bearbeitet. Hierbei sollte die Marine, die laut Vorgabe keine selbstständige sein sollte, Seemächten des Ersten und Zweiten Grades aber die Zufahrt zu den deutschen Häfen verwehren und die Blockade der deutschen Küsten verhindern könnten, oder in Verbindung mit der:
(*) » (…) *Küstenverteidigung ganz unmöglich gemacht werde; ferner so oft der blockierende Feind durch Elementarereignisse zerstreut war, derselbe angegriffen und im Detail geschlagen und genommen, oder aber verjagt und in die Ferne getrieben werden; (…)*

---

509 **Richter, O.:** Dt. Seebücherei S141. Auch: **Bayrisches Hauptstaatsarchiv,** Bayrische Gesandtschaft beim Bundestag Akt. 778 Sitzungen der drei Bevollmächtigten.

Aufbauend auf das Auslandsgeschwader, konnten hiervon nun Kriegsschiffe zum Einsatz kommen, um den Küstenschutz zu verstärken:

(*)»(…)»Sonach könnten bei Ausbruch der Feindseligkeiten im deutschen Centralhafen disponibel seyn, mindestens

2 Fregatten,

2 Corvetten,

9 Dampfer, welche bereits vorhanden sind, und

27 Kanonenboote, ebenfalls auch weil sie bereits vorhanden sind, (…)

Mit diesen Mitteln glaubt die Kommission, das der Küstenverteidigung in dem vorbezeichneten Umfange nachgekommen, und eine strenge Blockade durch einen nicht sehr überlegenen Feind eventuell ganz unmöglich gemacht werden kann. (…).

Die Kommission vertrat die Auffassung das:

(*) »(…) die sehr beschränkte Verwendbarkeit dieser Art von Kanonenbooten (…)wenn dieselben einst nicht mehr reparaturfähig seyn werden, statt durch ähnliche, durch Kanonenboote bessern Modell und in geringerer Zahl etwa 15 in Allem, zu ersetzen seyn werden.«

Während der Contreadmiral in Frankfurt weilte, um im Ausschuss der Marine die Möglichkeiten zur Erhaltung der Flotte zu sondieren, wurde in Bremerhaven unter großer Teilnahme der Bevölkerung am 21. Oktober 1851 die Schleuse des neuen Hafenbeckens eröffnet.[510] Wie mit Hauptmann Weber abgesprochen, nahm auch die Bundesflotte rege an diesem Ereignis Teil. Unter dem Salut des Fort Wilhelm liefen an diesem Tag die Kriegsdampfschiffe HANSA, gefolgt von BARBAROSSA und ERNST AUGUST, durch die Schleuse in das neue Hafenbecken ein. Am nächsten Tag folgten GROSSHERZOG JOHANN und die Segelfregatte ECKERNFÖRDE. Wichtig für den Admiral war der Umstand, dass keine Hafengelder für die Kriegsschiffe erhoben wurden, da die Anwesenheit der Flotte und ihrer Besatzungen schon ein bedeutender Gewinn für die Stadt war. Durch den sehr marinekritischen Amtmann Gröning wurde in seinem Bericht die:

»(…) musterhafte Ruhe und Sicherheit« hervorgehoben, mit der *»alle Schiffe durch die Schleuse gebracht, in welcher sie von den Anwesenden durch Hurra-Rufe begrüßt wurden, worauf dann die Besatzungen in gleicher Weise dankten.«[511]*

Die Schleuse war 22 Meter breit und somit die derzeit größte Schleuse Europas. Die Tore waren aus Eisen gebaut und innen hohl und wurden deshalb als »Schwimmtore« bezeichnet. Da der Innenausbau des Hafens aber noch nicht fertig war, unterließ es der gleichfalls auf Reede liegende US-Passagierdampfer HERMANN in den Hafen einzulaufen. Die Marine hatte sich bei dieser Veranstaltung wieder in einem guten Lichte dargestellt, so dass sich hinsichtlich ihrer Disziplin und Ordnung die Bundesflotte auf dem rechten Wege befand.

Nachdem die Kommission die ersten Punkte der Vorgabethemen abgearbeitet hatte, begann sie am 23. November den zweiten Punkt …

---

510   **Gabcke, Harry:** Bremerhaven in zwei Jahrhunderten Bd. 1 Karl Rudolf Brommy (1804–1869), S.66.

511   **Schulz, H.:** a. a. O. S.143 sagt Oktober 1851. **Bessell, Georg:** a. a. O. S. 370f.

(*) »(…) wie ist ihre innere Einrichtung zu beschaffen und welche Rücksicht ist bei ihrer Bildung auf die im Adrianischen Meere und in der Ostsee vorhandenen österreichischen und preußischen Geschwader zu nehmen.«

Österreichs Sachverständiger legte zu diesem Punkt folgenden Plan zum Aufbau und zur Organisation einer dreigeteilten Flotte vor.

Punkt I:

Die Kosten für die **Österreichische Flotte** würden, analog zu der des Bundesheeres, mit ca. 4 ½ Millionen, eine außerordentliche Dotation von 2 Millionen bis 1854 und 1 ½ Millionen Thaler bis 1860 jährlich berechnet. **Preußen** würde für seine Flotte jährlich 1 Million Thaler, und die **Nordseeflotte** …

(*) »(…) für welche von den übrigen deutschen Staaten in irgend einem Beitragsverhältnis für die nächsten Jahre wenigstens ebenfalls 1 Millionen Thaler aufzubringen wäre. Alle drei im Contingentverhältnis zum Deutschen Bund, zum Zweck des Schutzes der Küste und der Schiffahrt.

Punkt II:

Dem Bund stand:
- A) im Frieden die Überwachung der kontingentmäßigen Leitung, die gegenseitige Inspektion, die Absprache für gemeinsame Übungen und »Expeditionen« im Einverständnis mit den betreffenden Regierungen zu.
- B) im Bundeskrieg die gesamte Flotte zur Verfügung.

Punkt III:

Österreich, Preußen und die Staaten der Nordseeküste behalten hinsichtlich der Organisation, der Verwaltung die unbeschränkte Verfügungsgewalt. Diese wird nur im Kriegsfall an den Bund übertragen.

Punkt IV:

Die Bundesbefugnisse sollen durch eine der Militärkommission der Bundesverwaltung beigegebenen »*Marinecommission*« ausgeübt werden. Die Staaten der Nordseeflotte sollen eine Seebehörde (z. B. in Hamburg) schaffen, um ihre Marine zu organisieren.

Die Kommission schloss sich dieser Idee für die weiteren Beratungen an. Am 23. Oktober wurde deshalb zunächst beraten, wie die vorliegende Frage geklärt werden konnte und man einigte sich auf die Unterteilung der Frage, wie die Flotte:

(*) a) in Bezug auf die Zusammensetzung und den Umfang im Allgemeinen,
b) in Bezug auf die innere Institution und auf die dahin eingeschlagenen Details …

… aufzubauen und zu strukturieren sei. An diesem Tag wurde der Punkt Ad a) bearbeitet. Die Aufgaben und Befugnisse der Bundeskontingentflotte wurden wie folgt festgelegt:

Im Frieden sollte die Flotte:

(*)»(…) die Überwachung der contingentmäßigen Leistungen, gegenseitigen In-spectionen, Veranlassungen gemeinschaftlicher Übungen und Expeditionen im Einver-ständnis mit den betreffenden Regierungen (…) durchführen.

Im Kriegsfall sollte die Flotte zu gemeinsamen Operationen verwendet werden.

Das Friedenskontingent des Bundes sollte aus:

1 Fregatte,	1 Korvette,	2 Dampfern	(gestellt von Österreich),
1 Fregatte,	1 Korvette,	1 Dampfer	(gestellt von Preußen),
1 Fregatte,	1 Korvette,	3 Dampfern	(gestellt Nordseeflotte)

bestehen. Zusammen also:

3 Fregatten,	**3 Korvetten,**	**6 Dampfer**	**(als Bundeskontingent)**

Das Kriegskontingent der Bundesflotte sollte wie folgt aussehen:
Die Nordseeflotte konnte, zog man einen Dampfer und die Kanonenboote für die engere Küs-tenverteidigung ab, im Kriegsfall maximal:

4 Fregatten, 4 Korvetten und 8 Dampfer

für ein Bundeskontingent zur Verfügung stellen.

Preußen und Österreich sollten, im Verhältnis ihrer Bevölkerung, dem Bundeskontingent stel-len:

Österreich:	**3 Fregatten,**	**3 Korvetten und**	**5 Dampfern,**
Preußen:	**2 Fregatten,**	**2 Korvetten und**	**5 Dampfern.**

Somit konnte ein Bundeskontingent-Geschwader im Kriegsfall aus

Total: **9 Fregatten, 9 Korvetten und 18 Dampfern** bestehen.

Durch beide Führungsstaaten wurden derweil die eigenen Ziele abgesteckt, wie mit der Bun-desflotte auf der Nordsee umzugehen, und der in Kontingente aufgeteilten Flotte zu verfahren sei, wobei nur auf den eigenen Vorteil geschaut wurde!

Österreich nutzte die Zeit der Beratungen in Frankfurt zu politischen Aktivitäten, um seine Po-sition darzulegen oder Angebote zu machen, obwohl die Ergebnisse der Kommission noch gar nicht bekannt waren. In einer Weisung von Schwarzenberg vom 25. Oktober an den Münchner Gesandten Graf Esterhazy stellte dieser fest, dass die Einrichtung der Bundesmarine durch die beabsichtigte Ausdehnung des Zollvereins bis zur Nordsee eine neue Bedeutung gewonnen habe. Preußen würde versuchen, die Flotte in seinem Sinn aufzulösen um Preußens Politik für Zoll- und Handelspolitik zur Nordsee zu öffnen. Die österreichischen Anträge sollten diese Politik durchkreuzten mit dem Ziel, Preußen von der Nordsee abzudrängen und durch eine ei-gene, österreichisch kontrollierte »Zollvereinsmarine« ersetzen zu können. Österreich musste aus diesem Grund eine zu große Annäherung zwischen Hannover und Preußen unwillkommen sein, da dies die Auflösung der Flotte beschleunigen könnte, ohne dass Österreich dadurch Vorteile erhielt. Somit sollten Verbindungen zu Hannover verstärkt werden, um österrei-chische Interessen an der Nordsee zu wahren.

Preußen seinerseits war bemüht, den Einfluss Österreichs auf die Bundesflotte zu verhindern oder zu begrenzen, da es keine Matrikularzahlungen geleistet hatte und somit überhaupt kein Verfügungsrecht über die schon beschafften Schiffe haben dürfe. Preußen vertrat klar und uneingeschränkt die Meinung:

1) Abschaffung der Nordseeflotte aus Kostengründen und danach eventuell (!)
2) Beratungen über eine Flotte in drei Kontingenten.

Nachdem diese Fragen über die »Größe und Ausdehnung«, ebenso wie die »innere Einrichtung« der Flotte beraten worden waren, war für die 3. Sitzungsperiode der noch offene Punkt, sollten in diesem Bezug auf die innere Institution und die dahin eingeschlagenen Details zu beraten sein, was man ab dem 27. Oktober anging.

Um die innere »Ist-Situation« der Kontingenten-Flotte im Detail behandeln zu können, waren umfangreiche Berechnungen nötig, die den Bereich **Personal** genauso erfassten wie den Bereich **Material**. Die Abstufungen der Offiziersränge sollten gegenüber den bisherigen Vorbildern geändert werden.

Art	Rang Marine	Rang zum Heer
Flaggoffiziere	Vizeadmiral	Feldmarsch.-Lt./ Generalleutnant,
	Contreadmiral	Generalmajor,
	Commodore	fungierender Brigadier,
Stabsoffiziere	Kapitän z.S. I. Kl.	Oberst,
	Kapitän z.S. II. Kl.	Oberstleutnant,
	Korvettenkapitän	Major,
Subalt.-Offiz.	Leutnant I. Kl.	Hauptmann I.Kl.,
	Leutnant II. Kl.	Hauptmann II.Kl.,
	Schiffsfähnrich	Oberleutnant,
	Auxiliar-Schiffsfähnr.	Oberleutnant.

Hinsichtlich der **Uniformierung** der Marine vertrat die Kommission die Auffassung:
(*)»(…) *das auch bei der Nordseeflotte statt der bisherigen, wenig militärischen Uniform der aller deutschen Heeren und auch der in der Österreichischen Kriegsmarine eingeführten, sehr zweckmäßigen Waffenrock vorgeschrieben werde.*«

Das **Unterrichts- und Bildungswesen** für die Qualifikation zur Offiziersbeförderung sollte der österreichischen und preußischen Marine angepasst werden. Für die Ausbildung und materielle Organisation und Versorgung wurde zunächst vorgeschlagen, alle Schiffe mit gleichen Kalibern (lange engl. 32 und 68 Pfd.) und den dazugehörigen »*Projectilen*« zu versehen. Auch die Ausbildung der Seetaktik, des Signal- und des »*Telegraphenwesen*« sollte unter gleichen Grundsätzen gelehrt werden. Von gleicher Qualität mussten auch die Dienstvorschriften (»*Seeordinanz*«), die Vorschrift zum Salutieren, der Höflichkeitsbezeugung, Etikette und der Marine-Kriegsartikel sein. Als weiteres mussten ein See-Wehrgesetz, das Sanitätswesen, eine Pensions- und Invaliden-Vorschrift und ein Reglement für Kauffahrteischiffe geschaffen werden, worin ihre Obliegenheiten gegen Kriegsschiffe bestimmt waren, wie diese bereits in Österreich und Preußen bestanden. Wichtigste Voraussetzung war die »*allseitige Bekanntgabe der Flagge*«!

Auch die Marinebehörden und die Marineverwaltung bedurften einer Gleichstellung. Das Marine-Oberkommando sollte untergliedert werden in das Militärdepartement, die Seezeugmeisterei, die Intendantur und das Justizwesen. Dieses Marine-Oberkommando unterstand einer obersten politischen Stelle, von der die Ernennungen, Beförderungen, Pensionierungen und Entlassungen ausgingen. Auch die jährlichen Budgets, deren Verwendung und ihre Kontrolle mussten von dieser obersten Instanz vorgenommen werden. **Die Vereidigung** der Offiziere und Mannschaften der Nordseeflotte war zurzeit auf die hohe Bundesversammlung vorgenommen worden. Sollte die Zuständigkeit in die der neuen Organisation übergehen, müsste auch der Eid geändert werden.

Für die **XIV.** und folgenden Sitzungen der Marinekommission zu Frankfurt standen ab dem 31. Oktober 1851 zur Sprache die Berechnung der zu schaffenden Flotte und der zu leistende Ausgleich an diejenigen Staaten, die schon Mittel für die Flotte zur Verfügung gestellt hatten. Anschließend sollte ein Abschlussprotokoll erstellt werden, das der Bundesversammlung vorgelegt werden sollte.

Die ständigen wechselnden politischen Ziele der politischen Parteien, hinsichtlich der Behandlung der Nordseeflotte, machten eine klare Planung für Contreadmiral Brommy unmöglich. Am 31. Oktober kündigte Otto Bismarck plötzlich in der Bundesversammlung an, die Zahlungen für die Flotte in der Nordsee zu leisten, obwohl er die Gültigkeit des Beschlusses vom 8. Juli 1851 nicht anerkennen würde! Die Voraussetzung für die 2. Jahreszahlung für die Nordseeflotte sei die Anerkennung der Nichtbeibehaltung als Bundeseigentum. Diese Angelegenheit sollte, nach den Wünschen Preußens, bis zum Ende des Jahres eingeleitet worden sein, um so weitere Unterhaltskosten für die Nordseeflotte auszuschließen.

In der Woche vom 4. bis 7. November 1851 fand die **XVII. bis XX. Sitzung** statt. Die hierin angesprochenen Themen waren Fachfragen zum inneren Dienst und dessen Berechnung. Am 7. November 1851 kam es zu einem Seperatvotum durch von Wangenheim in Bezug auf die errechneten Rückstände an die Bundeskasse von 1.713.818 fl und davon durch Preußen von 795.577 fl. :

> *(*)»(…) Gegenüber diesem Mißstande von 795.577 Gulden an der Nordsee, hat Preußen den ausschließlich bisher aus eigenen Mitteln bestrittenen Kostenaufwand für die, gemäß Abkommens mit der früheren provisorischen Centralgewalt, errichtete Küstenflottille in der Ostsee in Anrechnung zu bringen, der den Betrag der zweiten Matrikularrate Preußens für die Marine (1.580.086 Gulden) noch übersteigt.*
> *In der Annahme jedoch, die gedachte hohe Regierung werde geneigt seyn, die Abrechnung mit den übrigen betreffenden hohen Regierungen, bezüglich der Küstenflottille in der Ostsee, s e p e r a t auf dem Liquidationswege zu leisten, wodurch die dringend nöthige Entscheidung über die Flotte in der Nordsee wesentlich möchte gefördert werden – kann die hier vorstehende Auseinandersetzung lediglich auf die Leistungen auf die letztgenannte Flotte bezogen werden.*

> *(gez.) v. Wangenheim*
> *Oberst*

Daraufhin erwidern die beiden verbliebenen Sachverständigen, dass weitere Bereiche der Nordseeflotte bislang nicht zur Disposition gestellt würden:

(*(...) a)	*ein Theil der inneren Einrichtungen der Dampfer »Großherzog von Oldenburg« und »Frankfurt« im Betrag von weniger*	*7.000 Rthlr.*
b)	*das Trockendock zu Brake, inclusive des vorhandenen Materials für die Schleuse circa*	*35.000 Rthlr.*
	Hiervon sind aber bereits	*11.468 Rthlr.*
	Im Gesamtmaterialwerthe aufgenommen.	
	Zusammen	*30.532 Rthlr.*

Derselbe ist jedoch, so wie jener der Reparaturen des Dampfers »Erzherzog Johann« durch die dafür enthaltene Assecuranzprämie gedeckt.

Die aus Eckernförde genommene, von der »Christian VIII.« geborgenen Geschützrohre, wovon aber die meißten 18 und 24 Pfünder sind, von denen einige der letzteren als Ersatz der der Fregatte »Gefion« fehlenden Geschütze und etwa die wenigen 68 pfündigen Bombenkanonen bei der Nordseeflotte zu verwenden, die anderen aber von dem geringen Werthe sind, und kaum als Ausgleichung der jener Fregatte mangelnden, aber nicht in Abrechnung gedachten Inventarstücke betrachtet werden können.

(...)

a)	*Veränderungskosten der Kessel der »Bremen«*	*24.570 Rthlr.*
b)	*Reparatur der »Gefion«*	*34.285 Rthlr.*
c)	*Kohlen im Werth von*	*51.428 Rthlr.*
	Von dehnen aber die Hälfte schon verbraucht sind also	*25.714 Rthlr.*
d)	*Überführungs- und Unterhaltungskosten der Dampfer seit dem Abschlusse des Kaufes, die erheblich sind aber z.Z nicht definiert sind*	
e)	*der Verbrauch an Munition und Pulver*	

…

Frankfurt den 8. November 1851
(gez) Brommy   *(gez.) Frhr. v. Bourguignon*
Contre-Admiral   *Fregatten-Capitain[512]*

Während der nächsten Verhandlungsrunde kam der Bereich »Hafenanlagen und MarineEtablissements« zur Sprache. Hierbei wurde die Hafenanlage von Bremerhaven als die günstigste angesprochen, da hier die wichtigsten und besten Voraussetzungen durch den neuen Hafen schon bestehen würden. Dieser müsste bloß ausgebaut werden, da eine Einrichtung an der Geeste zu kostspielig würde.

512 **Bayrisches Hauptstaatsarchiv** Bundestag 778 Beilage A-F zu dem Protokoll der 29. Sitzung Bundesversammlung vom 25. November 1851. S. 560–565.

Für die Erweiterung der Hafenanlage für die Kriegsschiffe müssten ca.	750.000 Rthlr.
Für die Anlegung von Magazinen, Lagern, »Caserne« »Dienstlocal«	450.000 Rthlr.
Für die Pontonschleuse des Trockendocks zu Brake	33.000 Rthlr.
Summe hierzu veranschlagt werden.	1.233.000 Rthlr.

Der Schutz des Arsenals könnte mit einer Mauer geschaffen werden, nebst vorgeschobenem Erdwall und nassem Graben, der an der Geeste mit geringem Aufwand herzustellen sei, so dass hier auch ein Pulverdepot geschaffen werden könnte.

Für den Admiral war in dieser Verhandlung mit Genugtuung festzustellen, dass es die leidige Debatte um Heppens als Hafenort nicht gab, da dort jegliche Voraussetzungen fehlten. Die letzte und **XXI. Sitzung** fand am 10. November 1851 statt, in der die Hafenanlagen und Marine-Etablissements und deren Kosten sowie die Befestigungsanlagen besprochen wurden. An diesem Tage verfassten die Sachverständigen ihren Abschlussbericht:

(*)»(…) An den für die Angelegenheiten der deutschen Flotte niedergesetzten Ausschuss der hohen Bundesversammlung.

In Gemäßigkeit des hohen Erlasses vom 14. Oktober d.J. die Begründung der Nordseeflotte betreffend, beehrt sich die unterzeichnete Commission der statt gefundenen Sitzungen, in welcher die vorgelegten Fragen mit möglichster Genauigkeit und technisch erledigt werden, gehorsamst zu unterbreiten.

Das technische Gutachten der Commission geht dahin, das eine selbständig seyn sollende Kriegsmarine zum Schutze des deutschen Handels und der Küste, um allen Anforderungen ihrem Zwecke entsprechend zu genügen, eine Ausdehnung haben müßte, eventuell ein Geschwader zu bilden, von: 4 Fregatten, 3 Corvette und 9 Dampfern nebst 27 Kanonenbooten; die letzteren eben nur, weil sie bereits vorhanden sind.

(…) Bei einer Gründungsperiode von mindestens sechs Jahren könnte mit einem Budget von jährlich 1.120.352 Reichsthalern und einer außerordentlichen Dotation von 42.000 Reichsthalern jährlich, für die obige Dauer der Gründungsperiode, das jetzt bereits vorhandene Nordseegeschwader nebst dem dazugehörigen Material vollständig erworben, die Hafenanlagen und sonstigen Marine-Etablissements begonnen und vollendet und sämtliches Material an Schiffen usw, sowie das Personal unterhalten werden.

(…) Die Commission glaubt diese eben so schwierige als umfangreiche Aufgabe mit der thunlichsten Beschleunigung vom technischen Standpuncte aus, dem Auftrag des hohen Bundestags- Ausschusses nachkommend, gelöst zu haben, und erlaubt sich die Hoffnung auszusprechen, das in den anliegenden ausführlichen Protokollen der Beweis gefunden werden möge, das der Commission gestellte Fragen, im Verhältnis zur aufgewendeten Zeit, doch gründlichst genug erörtert wurden, um als praktische Basis bei der Begründung der Nordseeflotte dienen zu können.

Frankfurt am Main, den 10. November 1851
(gez.) Brommy   *(gez.) v. Wangenheim*   *gez.) v. Bourguignon*
Contre-Admiral   *Oberst*   *Freg.-Capt.[513]*

---

513 **Bayrisches Hauptstaatsarchiv,** Bayrische Gesandtschaft beim Bundestag Akt. 778

Die praktische Lösung dieses Gutachtens sollte wie folgt aussehen:
1) Preußen und Österreich unterhalten ihre Flotten unter ihren Kommandos und Flaggen in der Ostsee und im Mittelmeer.
2) Die Nordseeflotte, dem Deutschen Bund unterstellt, wird von allen anderen Bundesstaaten finanziert und unterhalten.
3) Die von Preußen gezahlten Matrikularumlagen werden als Abfindung zurückgezahlt.

Am 25. November 1851 wurde der Bundesversammlung der vollständige Bericht unterbreitet, der sich mit dem Benehmen der drei Marinen des Bundes untereinander befasst.[514]

A) Zum Schutz des Handels und der Seefahrt sollte die deutsche Bundesflotte aus drei Abteilungen bestehen:
1) einer österreichischen,
2) einer preußischen,
3) einer Nordseeflotte.
Die Stärke der einzelnen Abteilungen blieb weiteren Vereinbarungen vorbehalten.

B) Das Zusammenwirken der drei Abteilungen, ebenso die Besetzungen der ausländischen Stationen unterlagen näheren Vereinbarungen.
C) Im Frieden:
1) Überwachung der Leistungen .
2) Gegenseitige Inspektionen.
3) Gemeinsame Übungen und Expeditionen.
4) Punkt 1–3 in gegenseitigem Einverständnis der Regierungen.
D) Im Kriegsfall stand die gesamte Flotte dem Deutschen Bund zur Verfügung.
E) Außer im Kriegsfall blieben die Abteilungen unter der unbeschränkten Verfügung der Regierung.
F) Die Befugnisse des Bundes über die Abteilungen würden durch eine der Bundesversammlung untergeordnete »Marinekommission« ausgeübt.
G) Die Staaten der Nordsee würden sich über eine Organisation und Verwaltung der Flotte verständigen.
H) Die Staaten der Nordseeflotte übernahmen Material und Personal, erwarben die Rechte über die Flotte und entschädigen Preußen für die bisher an die Nordseeflotte gezahlten Beträge.

---

514 **Bayrisches Hauptstaatsarchiv,** Bayrische Gesandtschaft beim Bundestag Akt. 778 29. Sitzung § 231 vom 25. November 1881 S. 518 – 579 zuzüglich Beillagen. **Anm. d. Verf.:** Die sehr umfangreiche und detaillierte Zusammenfassung der Besprechungen der drei Beauftragten spiegelt die Ernsthaftigkeit der drei Teilnehmer und ihre Sachkompetenz wider, die in den Darstellungen der Marine 1948–1853 bisher keine Beachtung fanden.

Ungemach der Bundesflotte mit dem Amt Bremerhaven Ende 1851

Während der Abwesenheit aus Bremerhaven von fast 2 Monaten, in denen Contreadmiral Brommy natürlich fortwähren mit Bremerhaven in Verbindung gestanden hatte, war es zu einigen Vorkommnissen gekommen, die nun der Erledigung durch den Contreadmiral persönlich bedurften.

Gerade war die Katze (der Oberkommandierende) aus dem Haus, begannen die Mäuse (Presse) frech zu werden. Die Stimmung für die Marine, kurz nachdem sich der Admiral nach Frankfurt begeben hatte, verschlechterte sich zusehends. So war in seiner Abwesenheit im Oldenburgischen Volksfreund zu lesen dass es:

>»(...) *ein Schrei der Entrüstung unter der Bevölkerung der oldenburgischen Küste gegen den Contreadmiral Brommy ...*«

gegeben haben sollte!

Auch die neue Bremer Zeitung schloss sich an, deren Schreiber zu einer Fahrt an Bord der ERZHERZOG JOHANN geladen war, sich ob der Zuvorkommenheit an Bord bedankte und danach schlecht über die Marine schrieb. Das lobte sich der Admiral, an Bord gut essen und trinken und danach schimpfen!

Wenig später, nachdem er in Frankfurt seine Dienstgeschäfte in der Kommission eingenommen hatte, erhielt er von Hauptmann Weber die Information zur Flucht eines Seesoldaten. Am 26. Oktober 1851 desertierte Hermann Schmidt von der Nordseeflotte. Zu diesem Zeitpunkt war er 24 Jahre, war schon einmal aus schleswig-holsteinischem Militär desertiert und hatte deshalb 1 ½ Jahre im Zuchthaus gesessen. Danach zunächst 1 Jahr als Matrose, dann als »Marinier« Soldat bei der Nordseeflotte begonnen. Bei der jetzigen Flucht habe er dem Leutnant Freudental den Hut gestohlen. Er war dann als blinder Passagier auf dem US-Auswandererschiff GUSTON verhaftet worden. Wegen des Betruges, als blinder Passagier auf ein Schiff zu gehen, erhielt er vom Amtmann in Bremerhaven eine Strafe von 14 Tagen bei Wasser und Brot und sollte danach dem Oberkommando der Marine überstellt werden. Zusätzlich wurde die Tat durch den »Mitteiler an der Unterweser« bekannt gemacht.[515]

Durch den Amtmann Gröning erging an das Oberkommando der Marine die Mittelung, dass der desertierte Soldat Hermann Schmidt wegen eines verübten Betruges zu 14 Tagen geschärftem Gefängnis verurteilt wurde. Amtmann Gröning informierte das Oberkommando darüber:

>»(...) *Verehrlichtem Ober Commando erlaube ich mir hiernach ergebenst mitzuteilen, daß der aus dem Dienste der Marine desertierte Soldat Hermann Schmidt wegen eines verübten Betruges heute von mir zu 14 tägigem geschärften Gefängnis verurteilt worden ist, nach überstandener Strafe aber verehrlichem Oberkommando zugeführt wird. Eine beglaubigte Abschrift des Protokolls in welchem das Erkenntnis enthalten ist erlaube ich mir hier soeben zu übersenden.«*
>*Bremerhaven am 28. Oktober 1851*
>*das Amt der freien Hansestadt Bremen*   *gez. Gröning*[516]

---

515 **Stadtgeschichtliches Museum Leipzig:** Sammlung Brommy/Lange. Weber an Brommy.
516 **Stadtgeschichtliches Museum Leipzig:** Sammlung Brommy/Lange. Gröning an Oberkommando der Marine.

Wegen der Verhaftung und Inhaftierung des Deserteurs Hermann Schmidt legte das Oberkommando der Marine sofort Protest beim Senat in Bremen, als Kopie an das Amt Bremerhaven ein:

Nr. 2586
Das Oberkommando der Marine
An
Dem Hohen Senat der freien Hansestadt Bremen
Hohem Senate der freien Hansestadt Bremen beehrt sich das Ober-Commando der Marine in den Anlagen Abschriften
1) Eines Schreiben des Amtes dahier nebst Abschrift des in diesem Schreiben erwähnten Protokolls und
2) Abschrift des diesseitigen Schreibens (…)
In all den Staaten Europas pflegen Militär- Personen von ihren eigenen Militär Gerichtsbarkeit geurteilt zu werden und glaubt das Oberkommando der Marine, das auch hoher Senat diesen Grundsatz anerkennt, und dem Amte dafür die sofortige Auslieferung des g. Schmidt aufgeben werde, um so mehr da dieser bei weitem größere Verbrechen die Marine betrifft und denen gegen die Bremischen Staatsgesetze versuchtes Vergehen nur untergeordneter Art erscheinen dürfte.
Einer frohgeneigten baldigen Entscheidung des Hohen Senats sieht das Oberkommando der Marine ergebenst entgegen.

Bremerhaven d. 29. Oktober 1851
für Stellvertretung
Weber [517]

Es entspann sich ein reger Briefverkehr wegen der unterschiedlichen Kompetenzregelungen, in dem Contreadmiral Brommy versuchte seine Disziplinargewalt gegenüber dem Amtmann Grönig zu behaupten. Letztlich kam es zu keiner klaren und befriedigenden Entscheidung für beide Seiten. Nur das Verhältnis zum *»Löblichen Amt Bremerhaven«* war nachhaltig gestört!

Die Marinekonferenz in Hannover vom 8. bis 10. Dezember 1851

Nach den Verhandlungen zur Kontingentierung der Flotten in Frankfurt wurden deren Ergebnisse auch in den Küstenstaaten erneut unter die Lupe genommen, um herauszufinden, wie die Bundesflotte erhalten bleiben konnte. Aus diesem Grund nahm der Hannoveraner Abgeordnete v. Schele erneut Kontakte zu Oldenburg, Braunschweig, Bremen, Hamburg und Lübeck auf. Ziel war es, einen eigenen Plan vorzulegen. Am 8. Dezember trafen sich in Hannover die Vertreter aus Oldenburg, Braunschweig, Bremen, Hamburg, Lübeck und Hannover, um die Ergebnisse der Beratungen in der Bundesversammlung vom 18. Oktober 1851 zu erörtern. Die Planungen für die Nordseeflotte, als Kontingent der Bundesflotte, hatte der Bremer Senator Duckwitz und Contreadmiral Brommy erarbeitet. Der Plan basierte auf der Dreiteilung der Bundesflotte im Frieden und einer Martikularberechnung.

517 **Stadtgeschichtliches Museum Leipzig:** Sammlung Brommy/Lange. Nr. 2586. Oberkommando der Marine an das Amt Bremerhaven.

Der Wunsch, die Nordseeflotte matrikularmäßig zu bezahlen, bedeutete für die Binnenstaaten eine Mehrbelastung. Gerade aber diese wollten sie nicht tragen, da sie argumentieren, dass vorwiegend die Küstenstaaten Nutzen von der Flotte hatten, nicht aber die Binnenstaaten. Die Verhandlungen wurden durch die geringe Neigung von Oldenburg, Hamburg und Lübeck, Kosten zu übernehmen, stark behindert. Durch die Verweigerung bezüglich der Bereitstellung von Geldern für die Flotte wurde eine politische Kurzsichtigkeit zu Tage gefördert, die jegliche positive Wendung für diese im Keim erstickte. Als die Kommission am 10. Dezember in Hannover beendet wurde, war eine große Chance vertan worden, einen wichtigen Schritt zur Erhaltung der Nordseeflotte in die Wege zu leiten.

Im Rahmen dieser Verhandlungen von Hannover mit den Binnenstaaten über die anstehenden Ausschussanträge am 27. Dezember waren auch intensive Gespräche mit dem wichtigen bayrischen Ministerpräsidenten Pforten geführt worden. Bayerns ablehnende Haltung zur Flotte hat sich unter den nachfolgenden Veränderungen des Novembervertrages, durch Österreich umstimmen lassen, nun doch einen Sinn in der Nordseeflotte zu sehen. In einer Note vom 20. Dezember 1851 stellte die Bayrische gegenüber der Hannoverschen Regierung fest, dass es einen mäßigen Beitrag zur Flotte mittragen würde, falls es zu einer befriedigenden Lösung der Zoll- und Handelsfragen kam. Für Bayern hatte die Nordseeflotte keinen Wert, weil es durch Preußens Zoll- und Handelspolitik zur erneuten Zollteilung zwischen dem Norden und dem Süden gekommen war.

Auch die anderen Staaten des Bundes, die sich mehr an Österreich oder Preußen anlehnten, waren im Hinblick auf die Ausschussanträge und ihr Abstimmungsverhalten hierzu nicht klar einzuschätzen. Alle betrieben letztlich ihre eigene »Marinepolitik«, da es auch an die eigenen Finanzmittel ging, wo bekanntlich die beste Freundschaft endet. Durch die anstehenden Wiener Zollkonferenzen, die Anfang des Jahres 1852 beginnen sollten, als Gegenmaßnahme zum preußischen Novembervertrag, standen die Zeichen zwischen den beiden deutschen Großmächten auf Sturm.

In dieser angespannten Lage sollte Ende Dezember eine Entscheidung fallen.

Am 27. Dezember 1851 musste über die Ausschussanträge der Flotte entschieden werden. Es ergab sich ein Bild, das unüberschaubarer und gegensätzlicher nicht sein konnte. Preußen wollte den Kontingenten zustimmen, war aber mit der Regelung über die Ausgleichszahlungen unzufrieden. Bayern und Sachsen wollten an den Kosten nur teilnehmen, wenn diese mit Zoll- und Handelsverhältnissen verknüpft waren. Hannover, Braunschweig, Nassau, Oldenburg, Hamburg und Lübeck wollten die Kosten aller Bundesländer und schon geleisteten Matrikularumlagen durch den Bund geregelt sehen. Vornehmlich die Mittelstaaten des Deutschen Bundes stimmten dagegen, besonders aber Mecklenburg, das die totale Auflösung der Nordseeflotte forderte, ebenso wie die sächsischen Herzogtümer, Württemberg, Holstein-Lauenburg und Luxemburg. Somit war jegliche Grundlage zur Erhaltung der Nordseeflotte entzogen. Es kam erneut zu einer erregten Diskussion.

Die Anträge wurden überraschend für alle abgewiesen!

Allein Österreich stimmte den Anträgen zu! Der Flottenausschuss, an den nun wieder alles zurückverwiesen wurde, hatte innerhalb kürzester Zeit folgende Punkte klären:

A) 1) Die Nordseeflotte ist nicht Bundeseigentum.
    2) Die Nordseeflotte konnte weiter betrieben werden, wenn Staaten dieses wollen.
    3) Die Flotte wurde aufgelöst.
B) Vom 1. Januar 1852 an ergehen keine Zahlungen mehr an die Flotte.
C) Um die Flotte bis spätestens zum 31. Januar 1852 aus den Verpflichtungen des Bundes zu lösen, sollten sich Interessenten schnell zusammenschließen. Ein Ausschuss sollte bis zum Ablauf Ende Januar 1852 die erforderlichen Anträge vorlegen.

Die Bundesversammlung stellte den Antrag des Flottenausschusses zur Dreiteilung der Flotte vom 27. Dezember 1851 am 31. Dezember 1851 zur Abstimmung. Hannover, Braunschweig, Nassau, Hamburg, Lübeck und Oldenburg stimmten gegen den Antrag. Allein Preußen enthielt sich der Stimme! Otto Bismarcks Haltung hinsichtlich der eingezahlten Matrikularabgaben an das Reich liefen auf die Übernahme von einem Viertel der bestehenden Nordseeflotte hinaus! Speziell der Bremer Senat vermutete, dass sich Preußen, die Bundesmarine auf der Weser billig aneignen würde.

Die Bundesmarine hatte zum 31. Dezember 1851 einen Kassenbestand von 13.000 Gulden. An Verbindlichkeiten standen 96.000 Gulden zu Buche. Um überhaupt Zahlungen leisten zu könnten, war dieses nur gegen die Verpfändung der Schiffe und des Materials der Flotte möglich! Die Flotte war klar zahlungsunfähig! Das Hauptproblem war aber; ab dem nächsten Tag konnten rechtlich keinerlei Zahlungen für die Marine mehr eingefordert werden! Nur ein Optimist, wie Contreadmiral Brommy einer war, konnte da noch für die Marine kämpfen.

Kapitel XVI.
Die Auflösung der Bundesflotte im Jahre 1852

Über die Feiertage nahm Carl Rudolph Brommy wieder Quartier in Brake, um seiner Verlobten Caroline näher zu sein. Sie gab ihm viel Zuversicht, sich den schier unmöglichen Aufgaben, die er vor sich sah, zu stellen. Seine Verbindung zum Handelshaus Gross gestaltete sich zunächst auf geschäftlicher Ebene, da er mit diesem wegen des Aufbaus der Flotte und der Schiffe im speziellen Kontakt hatte. Geführt wurde das Handelshaus in Bremerhaven von Eduard Gross, wogegen das Haus von seiner Schwester, der Jungfrau Adeline Gross, genannt Titi, geführt wurde. Zur Freude von Brommy entspannen sich freundschaftliche Bande zu ihr. Sie war sehr belesen, so dass er sich sehr oft in die Gefühlswelt zu seiner geliebten Bertha zurückversetzt fand. Seit Brommy aber immer mehr auch in Brake zugegen sein, und dort mehrmals über längere Zeit Quartier nehmen musste, war er auch des Öfteren im Hause Gross in Brake zugegen. Hier nun begegnete er der Jungfrau Caroline, einer jüngeren Schwester von Titi, die ihn mit ihrem jugendlichen und fröhlichen Reiz stark betörte, und deren Nähe, zumal sie an der Flagge der BARBAROSSA mitgearbeitet hatte, er immer häufiger ersehnte! Ihr Bruder, der Seejunker Karl, hatte auf seinen Wunsch die Flotte, nach guter Ausbildung auf der DEUTSCHLAND, GROSSHERZOG VON OLDENBURG und ERZHERZOG JOHANN im Herbst 1851 verlassen, um in den USA seine Ausbildung weiter fortzuführen.

Dem Oberkommandierenden ging es im Privaten so gut wie schon lange nicht mehr, und die Verbindung zur Jungfrau Caroline, sie war 27 Jahre jung, war auch wohl von ihren Eltern gutgeheißen, so dass es keinen Gram gab, das Brommy die Verbindung zu ihrer Schwester Titi nicht aufrecht erhielt. Hier im Kreise der Familie Gross fühle er sich sehr wohl, so dass es auch zu weiteren familiären Planungen kam.

Gegen Ende des so ereignisreichen Jahres 1851 begannen seine dienstlichen Aktivitäten auf angenehme Weise. Mit dem Dampfboot begab sich Brommy am 30. Dezember morgens früh nach Oldenburg, um dem Großherzog seine Neujahrsgrüße darzubringen, begleitet wurde er durch die Offiziere Ducolombier, Tack und Dallas. Da sie am 1. Januar zu spät ankamen, wurde ihnen erst am 2. Tag Audienz gegeben. Nach dem Besuch beim Großherzog, der die deutschen Seeoffiziere wieder sehr freundlich empfing, kam es zu einem längeren Gespräch. Im Folgenden machten die Offiziere auch dem Erbherzog von Oldenburg ihre Aufwartung, wo sie auch äußerst freundlich empfangen wurden. Wegen der vielen Gäste gab es zum Mittag, es war bereits 5 Uhr nachmittags, kein sitzendes Souper, sondern nur ein Buffet, und so hoffte Brommy, die Prinzessin zu sehen und zu sprechen. Brommy schrieb seiner Verlobten:

(…) Das Diner war allerliebst, mit nur 12 Personen, wogegen am Abend, wo ich mit meinen Herrn Offizieren erneut zu Hofe geladen war, wir eine größere Gesellschaft vorfanden.

Zwar fehlten mehrere junge Damen, dennoch waren 28 gegenüber 19 Tänzer, mithin meine drei Begleiter sehr erwünscht. Von der Herzogin bekam ich Vorwürfe, so lange nicht zugegen gewesen zu sein, was ich mit dienstlichen Belangen entschuldigte.

Bei der zweiten Franchise wurde ich vom Wisstisch geholt, da die Herzogin mit mir zu tanzen wünschte, Das war nun eine Not, meine Handschuhe wieder anzuziehen, doch ward ich noch rechtzeitig fertig, machte nun meine Verbeugungen, alle Augen auf mich gerichtet, besonders aber die neue Cassotti, die mit Kennerblick mich betrachteten um ein endgültiges Urteil über den Admiral zu fällen- Mein Ruhm hing an einem Haar, aber siehe da, ich machte meiner hohen Tanzpartnerin und meinem vis-à-vis, dem Großherzog, keine Schande.
(…)
Später hat der Erbgroßherzog mich und meine Offizieren zur Feier seiner Hochzeit eingeladen, welche in Oldenburg stattfinden soll. Geplant war diese zum 18. Februar mit einem feierlichen Einzug in Oldenburg, wobei die Festivitäten 8 Tage dauern sollen.[518]

Danach rief wieder der Dienst, der unerbittlich war!

Die Bemühungen der Gegner und der Befürworter um die Nordsee-Flotte waren zu Beginn 1852 genauso von Hektik geprägt wie zum Ende des Jahres 1851. Hauptbeteiligter war neben Österreich und Preußen das Königreich Hannover. Preußen begann am 2. Januar 1852 intensive Gespräche mit Hannover. Der preußische Gesandte Otto Bismarck schlug vor, ein gemeinsames Pfandrecht über die Flotte zu erlangen, wenn Zahlungen geleistet würden.[519] Nachdem der hannoversche Ministerpräsident Schele den Flottenreferenten, Legationsrat Neubourg, am 5. Januar nach Berlin gesandt hatte, wurden die Gespräche am 7. begonnen, nachdem auch Otto Bismarck, auf Wunsch von Mannteufel, aus Frankfurt in Berlin eingetroffen war. Zunächst begannen die Gespräche sehr vielversprechend.

Die Kriegsandrohung durch Österreich gegen Preußen Januar 1852

Mit Österreich stand Hannover derweil in Verhandlungen, einen Betrag von 200.000 Gulden zu leihen und dafür ein Schiff der Flotte zu verpfänden.[520] Sachsen schlug in der Bundesversammlung vor, eine Anleihe am Bankhaus Rothschild vorzunehmen, was von Otto Bismarck als rechtlich unzulässig abgelehnt wurde. Die allgemeine Erregung im Parlament über die Verweigerung der Mittelbeschaffung für die Flotte durch eine Anleihe war groß. Sie verstärkte die Annahme, dass Preußen mit allen Mitteln die Flotte auflösen wollte. Nach einer sehr lebhaften Diskussion wurde trotzdem beschlossen, eine Anleihe vom Bankhaus Rothschild anzustreben. Neben dem Protest gegen die Anleihe legte auf Weisung Otto Bismarcks der Legationsrat Wenzel mündlich und schriftlich beim Bankhaus Rothschild unter *(…) Vorbehalt des Ersatzanspruches für alle Preußen oder dem Bund… «* Verwahrung ein.

Die Bundesversammlung war über die starre Haltung Preußens verbittert und hob aus diesem Grund den Flottenbeschluss vom 31. Dezember auf. Es wurden neue Anträge gestellt. Der Militärausschuss sollte, entgegen dem Willen Preußens, eine Anleihe beim Bankhaus Rothschild

---

518   **Purnhagen, Wilhelm** (Hrsg.): In: Leuchtfeuer 1958.
519   **Bär, M.:** a. a. O. S. 181.
520   **Häusler:** a. a. O. S.55.

aufnehmen, was am 7. Januar auch geschah. Preußen reagierte umgehend auf die Anleihe beim Bankhaus Rothschild mit der ultimativen Sperrung aller Zahlungen an den Bund. Die Spannungen um die Flottenzahlungen begannen zu eskalieren!

In Berlin blieben die Gespräche zwischen Hannover und Preußen von den kontroversen Verhandlungen in Frankfurt nicht unbelastet. Otto Bismarck strebte zu Beginn des Jahres 1852 eine Flotte der Nord- und Ostseestaaten an, unter dem Ausschluss von Österreich. Gegenüber anderen Gesandten sprach er auch von der Möglichkeit der Schaffung einer »Zollvereinsmarine« oder einer »Norddeutschen-Marine«. Bei allen diesen Gedankenspielen des preußischen Gesandten war Preußen als führender Beteiligter geplant, ohne aber eine Hegemonie zu beanspruchen. Als Bismarck dann den gemeinsamen Besitz der Nordseeflotte ansprach, brach Neubourg die Gespräche am 9. Januar abrupt ab und reiste wieder nach Hannover zurück. Der Grund lag im preußischen Protest gegen die Anleihe beim Bankhaus Rothschild.

In Folge der gegensätzlichen Verhandlungen in der Bundesversammlung kam auch in das Lager der österreichfreundlichen Staaten bezüglich der Zahlungswilligkeit für die Flotte Bewegung. Die Haltung der bayrischen Regierung zur Flotte war nie von Begeisterung oder Enthusiasmus geprägt gewesen. Der Ministerpräsident Pfordten hatte angedeutet, begrenzte Mittel für die Flotte freizugeben. Am 7. Januar 1852 machte er erstmals ein festumrissenes Angebot. Als einmalige Zahlung sollen für die Bundesflotte 800.000 Gulden bereitgestellt werden. Als jährliches Budget für die Marine wurden 200.000 Gulden angeboten. Die Bedingung war weiterhin das Eingehen auf die österreichische Zolleinigung.

Das Bankhaus lehnte am 10. Januar die Zahlung der Anleihe, auf preußischen Druck hin, ab. Die Begründung war dabei nicht sachbezogen, sondern mit dem Hinweis auf den Feiertag! Graf Thun war schier außer sich vor Wut. In einer scharfen Note droht er dem Bankhaus, bei Befolgung der preußischen Erpressung am 11. Januar 1852 um 11 Uhr 30 Min. vormittags…
>*»(…) so will ich morgen in der Bundesversammlung beantragen, das Preußen mit allen bundesrechtlichen Mitteln zu verhandeln sei, seine Verpflichtungen zu erfüllen worüber schleunigst Instruktionen einzuholen«* (sind). [521]

Dieser Schritt des Grafen Thun in Wort und Ton war von der Sache her weit überzogen und mit seiner Regierung in Wien in keiner Weise abgesprochen! Wegen dieser angedrohten Bundesexekution, die einer Kriegserklärung von Österreich gegen Preußen gleichkam, wandte sich das Bankhaus von den Forderungen Preußens ab und sicherte die Zahlung zu.

Um 2 Uhr 30 Min. nachmittags ließ Graf Thun daraufhin durchblicken, den Antrag zu unterlassen…
>*»(…) immerhin würde aber die Entscheidung über das Prinzip der Autorität eines Bundesbeschlusses demnächst stattfinden müssen. (…)«*[522]

---

521 **Schock, Flemming:** Flottenbegeisterung. S. 137f.
522 **Häusler:** a. a. O., S. 57.

Die Aufregung in der Bundesversammlung war groß! Sollte es wegen der Flotte zum Krieg zwischen den beiden führenden Mitgliedern kommen? Die Zeichen standen auf Sturm. Graf Thun, entgegen der offiziellen österreichischen Haltung weit freundlicher der Bundesflotte zugetan, Otto Bismarck, der die Flotte aus Kostengründen beseitigt sehen wollte, scheinen einer ernsten Konfrontation aus Prinzip nicht aus dem Wege gehen zu wollen! In einem Brief von Graf Thun an Schwarzenberger vom 12. Januar 1852 stellte der Graf fest, dass eine Verständigung mit Preußen nicht zu erwarten sei, da Preußen es bei Rothschild auf die Spitze getrieben habe…

»(…) so hätte ich nicht gewagt, die Sache auch nur 24 Stunden unerledigt zu lassen, und wäre selbst der Krieg die unvermeidbare Folge gewesen!«[523]

Ministerpräsident Schwarzenberger, über das undiplomatische Vorgehen seines Gesandten in Frankfurt stark verärgert, sah gar keine Möglichkeit, die Drohung von Graf Thun in irgendeiner Weise in die Tat umzusetzen, da alle politischen und militärischen Voraussetzungen für diesen angedrohten Waffengang für Österreich fehlten!

Der Streit um die Bundesflotte als Bundeseigentum

Am 12. Januar 1852 teilte der Bundespräsidialgesandte Graf von Thun Contreadmiral Brommy in einem Schreiben mit, dass die Nordseeflotte aufzulösen sei. Graf Thun mahnte den Oberbefehlshaber, alles zu tun:

(…) um die Ehre des Bundes bei der Auflösung zu wahren!«

Hannover bemühte sich trotz des schlechten Sachstandes weiter, die Flotte zu erhalten, und trat mit Preußen wieder in konkrete Planungen ein. Hannover wollte die Flotte als Bundeseigentum retten und sie einem »Nordsee-Flottenverein« überführen. Preußen war in dieser Richtung für zwei Wege offen; entweder als Bundeseigentum mit Zahlungsverpflichtung aller Bundesmitglieder, also auch Österreichs, womit sofort alle Zahlungsprobleme beseitigt wären. Die zweite Möglichkeit war, die Flotte als Nicht-Bundeseigentum aufzulösen und den Erlös oder die Teile den Mitgliedern des Bundes zukommen zu lassen, die auch Matrikularumlagen geleistet hatten.

Zwischen Preußen und Österreich kam es in der zweiten Hälfte des Januar 1852 zu verstärkten Verhandlungen. Preußen stellte hierbei erneut fest, dass Österreich keine Matrikularabgaben gezahlt hatte, sich aber einmischte, als habe es Rechte auf die Flotte. Das Hauptproblem blieb. Während Preußen weiterhin Zahlungen nie kompromisslos ablehnte, beharrte Österreich auf seinem Standpunkt, nicht zahlen zu müssen. Österreich setzte, als Antwort auf die preußischen Attacken,[524] eine eigene Kampagne in Gang. Am 21. Januar 1852 erging an alle Küstenstaaten,

---

523 **Häusler:** a. a. O. S. 57.

524 **Anm. d. Verf.:** Preußens stärkste Waffe im Streit um die Bezahlung der Flotte war Österreichs Weigerung, sich an dieser zu beteiligen. 1848 war die Auslegung derart, dass Österreich eine Flotte in der Adria habe und diese dem damaligen Deutschen Reich zu Verfügung stellen würde, aber nicht konnte, da es durch die Revolution in Venedig daran gehindert wurde. Nun lehnte es die von Preußen immer wieder geforderte Bezahlung ab, weil Österreich die Meinung vertrat, dass es für die ehemalige Reichsmarine, der jetzigen Flotte auf der Nordsee, nichts bezahlen brauche, da es diese Flotte in der Nordsee nicht als Bundesflotte ansah.

außer Preußen, Dänemark und die Niederlande, eine Promoria, die darlegen sollte, dass die Bundesflotte nie Bundeseigentum gewesen war und Österreich aus diesem Grund auch nicht zu Zahlungen für diese Flotte aufgefordert werden könnte. Dem Bund könne aber das Recht zugesprochen werden, mit Stimmenmehrheit die Auflösung der Flotte zu beschließen.

Die Bundesversammlung fasste am 24. Januar über die Ausschussanträge des Flottenausschusses folgende Beschlüsse:
1) Hinsichtlich der Eigentumsfrage sollten sich die Regierungen bis zum 10. Februar 1852 äußern, ob die Flotte organisches Eigentum sei. Ob der Bund bei Nichtanerkennung des Eigentums Verfügungsrechte über die Flotte besitzen könnte.
2) Die Regierungen sollten sich ebenfalls bis zum 10. Februar 1852 erklären, welche Staaten des Bundes das dritte Kontingent der Flotte mittragen wollten.
3) Im Falle der Auflösung sollten die Regierungen bis zum 10. Februar 1852 erklären, welche Schiffe sie übernehmen wollten.

Nur Preußen antwortete hinsichtlich der Übernahmeabsichten von Schiffen auf die Anfrage und belegte Rechte auf die Dampffregatte BARBAROSSA und die Segelkorvette ECKERNFÖRDE. In diesem Rahmen stellte Preußen die Anträge der sofortigen Anerkennung der Flotte als Bundeseigentum und somit sofortiger Zahlung aller Rückstände der Matrikularumlagen. Werde das nicht erreicht, so schlug Bismarck vor, sollte die Flotte sofort aufgelöst werden, und zwar in einer für Preußen günstigen Weise. Dieser Antrag wurde aber bis zum 10. Februar zurückgestellt. Die Flotte war nach österreichischer Auffassung nie Bestandteil des Bundes gewesen, wegen der Matrikularabgaben zu entrichten gewesen wären. Auch ein Mehrheitsbeschluss der Bundesversammlung könne Österreich nicht zwingen, dieses anzuerkennen und Zahlungen zu leisten. Zur gütlichen Regelung dieser Angelegenheit war Österreich aber bereit, dem Bund die Zuständigkeit für die Auflösung der Flotte nicht abzuerkennen.

Hannover war von den Gesprächen Preußens bezüglich der Flotte Anfang Januar sehr enttäuscht. Auch Österreichs Promoria war nicht dazu angetan, Zuversicht für die Marine zu verbreiten. Trotzdem versuchte Hannover am 5. Februar 1852 den Vorschlag zu machen, die Entscheidung über die Marine bis zur Berliner Konferenz aufzuschieben und bis dahin den Unterhalt der Flotte durch einen Verein interessierter Regierungen zu bestreiten. Während dieser Phase drängte Österreich Hannover ausdrücklich, dafür zu sorgen, dass es als Nichtzahler für die Nordseeflotte akzeptiert würde. Hannover, in Zoll- und Handelsfragen mit Preußen verbunden, war in dieser Frage in einer sehr ungünstigen Position. Da die Furcht vor Preußen doch zu groß war, verweigert es, dieses Ansinnen politisch vorzutragen.

Anfang Februar 1852 antwortet Contreadmiral Brommy auf das Schreiben von Graf Thun vom 12. Januar 1852, in dem die Auflösung der Flotte angekündigt wurde:
»(...) Ew. Exzellenz so geehrtes, wie für mich höchst schmeichelhaftes Schreiben erfüllt mich mit Stolz für das in mich gesetzte Vertrauen, aber auch gleichzeitig mit Wehmut, wenn ich bedenke, das in demselben der mögliche Fall ausgesprochen ist, daß die herrliche Schöpfung der deutschen Marine, der ich alle meine Kräfte seit drei Jahren gewidmet habe, in das Nichts zurücksinken soll, aus dem sie entstanden. (...)
Das ich bis zum letzten Augenblick die Disziplin streng aufrecht erhalten werde, dafür

darf Exzellenz desjenigen als Bürgschaft dienen, was ich in der von mir ausgearbeiteten Dienstvorschrift niedergeschrieben habe. Die Vorschriften, welche ich meinen Unterge- benen als Richtschnur vorgezeichnete, werde ich selber pünktlich auszuführen wissen. Alles zu verhindern, was in der zu befürchtenden Katastrophe das Ansehen und die Würde des Bundes gefährden könnte, soll als dann meine Aufgabe sein, damit mir im allgemeinen Schiffbruche wenigstens der Ruhm zu Theil werde, ein während anarchis- tischer Zustände geschaffenes Werk aus Chaos in Ordnung gebracht, es als Muster von Subordination und Disziplin unter schwierigen und verwickeltsten Umständen hinge- stellt und solches bis zur vollkommenen Auflösung erhalten zu haben, damit die Alles richtende Zeit nicht unsere Marine in gleiche Kategorie mit anderen Ereignissen des Jahres Achtundvierzig stelle.

Um aber diese schwierige Aufgabe mir zu erleichtern, dürfte es wohl geeignet scheinen, dafür Sorge zu tragen, das dem Offizier-Corps, welches dem Dienste der deutschen Ma- rine sich mit dem vollen Vertrauen widmet, welches durch den an die Spitze der Regie- rung gestellten, kaiserl. Fürsten erweckt ward, der demselben der Beweis ist, das die neue Schöpfung keine revolutionären Tendenzen haben solle, Garantie für die Zukunft geben werde, durch eine plötzliche Auflösung der Flotte gefährdet ist.

(…) Der frühere Bundestag übergab dem Reichs-Verweser seine Machtvollkommen- heit, dieser der Bundes-Zentalkommission, von welcher die Bundesversammlung sie wieder übernahm. Legal war mithin, die Marine vom Augenblick, wo der Reichsverweser dieselbe sanktionierte, denn in einen revolutionären Dienst werden weder ich noch die anderen Offiziere getreten sein und unsere frühere Stellung aufgegeben haben. (…) Ich hoffe keinen Fehltritt zu tun, wenn ich mich vertrauensvoll a. Ew. Hoheit. mit dem Gesuch wende, bei eventueller Auflösung der Flotte die gerechten und billigen Ansprü- che der Offiziere bei Ihrer hohen Regierung und bei der hohen Bundes- Versammlung vertreten zu wollen. (…)[525]

Wie optimistisch Contreadmiral Brommy trotz allen Druckes war, zeigte ein Brief vom 6. Feb- ruar 1852 an seine Schwester in Leipzig…

»*(…) Sollen Dir manchmal fatale Gerüchte über die Flotte selbst zukommen, so glaube nicht eher daran, als ich es Dir selbst schreibe. Noch habe ich guten Mut!*«

Seit Anfang Februar versuchte Österreich mit allen Mitteln zu verhindern, dass Preußens An- trag auf Verneinung der Flotte als Bundeseigentum durchdrang. Diese Aktivitäten machten sogar das Ausland auf die Spannungen um die Nordseeflotte aufmerksam. Es setzte eine sehr rege und geschäftige diplomatische Aktivität auf den verschiedensten europäischen Ebenen ein. Gerade durch Preußen wurde mit mächtigem Druck versucht, das Abstimmungsverhalten für die wichtige Sitzung am 16. Februar in der Bundesversammlung so zu regeln, dass die Flot- tenfrage klar und schlüssig geklärt würde. Die Besprechungen und Notenwechsel nehmen an Schärfe zu, so wurde mit der Abreise von Bismarck aus Frankfurt ebenso gedroht wie mit dem Bundesaustritt, so dass sich sogar der russische Gesandte in Stuttgart, Fürst Gortschalow, ver- mittelnd einschaltete.

---

525   **Werner, R.:** Erinnerungen und Bilder, S. 215ff; **Schulz, H.:** a. a. O. S. 39.

Österreich war plötzlich, bei dieser Zuspitzung der Lage sogar bereit, eine Abschlagszahlung seiner Matrikularumlage von 1848 anzubieten! Mit der ausdrücklichen Billigung des Grafen Thun begann Otto Bismarck einen Kaufvertrag mit dem Bund in die Wege zu leiten, der dem Wert der Umlagen vom 8. Juli 1851 entsprach, also 160.000 Gulden. Für diesen Betrag in bar wollte Preußen die Bundesfregatte ECKERNFÖRDE, auf die es schon immer ein Auge geworfen hatte, und das ehemalige erste Flaggschiff von Contreadmiral Brommy, die BARBAROSSA erwerben. Sollte es nicht zu einer anderen Lösung kommen erhielt Preußen dieses Schiff als Ausgleich für geleistete Matrikularumlagen zugesprochen.

In der Bundesversammlung kam es am 16. Februar 1852 zur Abstimmung der Anträge vom 24. vorigen Monats:

»(…) betreffend der Flotte als Bundeseigentum«.
»Die Bundesversammlung hat demnach mit Stimmenmehrheit beschlossen:
1.a. das die gegenwärtig in der Nordsee vorhandene Flotte als Eigentum, nicht aber
b. als organische Einrichtung des Bundes zu achten, und sonach
c. der Bund jedenfalls berechtigt sey, durch Mehrheitsbeschluß über die Flotte zu verfügen. (…)« [526]

Zur allgemeinen Überraschung wurde der Antrag Preußens abgelehnt, die Flotte **nicht** als Bundeseigentum anzuerkennen, so dass die Flotte als Bundeseigentum anerkannt wurde. Österreich hatte sich der Stimme enthalten! Als weiteres wurde beschlossen, dass, wenn es bis zum 31. März des Jahres nicht gelungen war, einen Nordsee-Flottenverein zu gründen, Preußen die Schiffe BARBAROSSA und ECKERNFÖRDE erhielt. Der Rest der Flotte sollte dann verkauft werden. Preußen hat einen wichtigen Schritt erreicht, seine politischen Ziele durchzusetzen und das angebliche Fass ohne Boden, die Bundesflotte auf der Nordsee, auf absehbare Zeit beseitigt zu sehen.

Wie abgesprochen und Hohn wirkten da für alle Staaten die preußischen Marineaktivitäten. Am selben Tag, als der Bundesflotte letztlich der Todesstoß versetzt wurde und Preußen die Option auf die zwei Bundesschiffe seiner Wahl erhielt, legte der Oberkommandierende der preußischen Flotte, Prinz Adalbert von Preußen, in Berlin dem Kriegsministerium einen umfangreichen Flottenplan vor. Dieser bestand aus:

9 Linienschiffen (3 in Reserve),
6 Segelfregatten,
3 Dampf-Corvetten,
36 Kanonenschaluppen,
6 Kanonenjollen,
diverse Übungsfahrzeugen.

526 **Bayrisches Hauptstaatsarchiv,** Bayrische Gesandtschaft beim Bundestag Akt. 778. Auszug aus dem Protokoll der 4. Sitzung der Deutschen Bundesversammlung vom 16. Februar 1852.

Contreadmiral Brommy harrte während dieser Zeit in Bremerhaven und organisiert weiterhin den ordnungsgemäßen Dienstbetrieb der Flotte. Trotz dieser angespannten Lage um die Nordseeflotte, gedachte Brommy sein privates Glück zu sichern und strebte in Absehbarer Zeit die Verlobung mit Caroline Hascheline Gross an. An seine Verlobte Caroline schreibt er am 10. März des Jahres 1852:

> *(…) Freudiges und Unangenehmes brachte mir die heutige Post, und ich stehe nicht an Dir, meine treue Caroline, beides mitzuteilen. (…) Der zweite Brief war von Dresden… .mein Bruder schreibt mir… »wir sind glücklich, Dich glücklich zu wissen und bitten durch Dich Deine Braut und dieselbe Freundlichkeit zu schenken, für die wir Dir nicht genug danken können«(…)*
> *Er hat allen Gliedern seiner Familie das große Ereignis sofort mitgeteilt und darf ich deren Glückwünsche wohl entgegen sehen. Hoffentlich werden diese von guter Bedeutung sein!*
> *Wenn doch die Zukunft nicht gar so trübe Aussichten darböten, ich wollte, es würde nun endlich die Entscheidung getroffen, das Schlimmste ist am Ende besser, als dieses ewige Hinhalten, wobei kein fester Plan für die Zukunft zu machen ist. Schließe mich in Deine Gebete ein. Ich werde Muth und Ausdauer nöthig haben, um mein schönes Werk auseinander gehen zu sehen![527]*

Die Flottenkonferenz zu Hannover vom 20.–23. März 1852

Zur Gründung des Flottenvereins für die Nordsee unternahm Hannover am 29. Februar 1852 den Vorstoß, alle Bundesländer einzuladen, die Interessen an dem Flottenverein hatten. Ausgeschlossen bzw. nicht eingeladen wurden Preußen, Österreich, Holstein und Lauenburg. Das Treffen sollte am 20. März in Hannover stattfinden. Unter der maßgeblichen Beteiligung des Bremer Senators Duckwitz und dem Regierungsrat aus Oldenburg, Erdmann, wurden die nötigen Vorlagen erarbeitet. Unabhängig von den Bemühungen, die Flotte zu retten, wurde durch die Bundesversammlung dem Verkauf der BARBAROSSA und der ECKERNFÖRDE am 6. März an Preußen zugestimmt. Zum großen Schreck für Hannover trat nun die Situation ein, die es mit allen Mitteln zu umgehen gedacht hatte, Preußen erklärte offiziell seinen Willen, Mitglied des Flottenvereines an der Nordsee zu werden! Preußen war bereit, mit Hannover, Oldenburg, Hamburg und Bremen zu koalieren und dabei 2/3 der jährlichen Kosten von ca. 5–600.000 Thalern zu übernehmen. Otto Bismarck, in Frankfurt, sah diesen Flottenverein, unter preußischer Führung, als wichtigen Schritt, erfolgreiche deutsche (Zoll-)Politik zu betreiben.

In Berlin dagegen sah man zu dieser Zeit wenige Möglichkeiten, dieser Idee das Wort zu reden. Ministerpräsident Mannteufel vertrat die Meinung, dass die Zeit noch nicht reif war für solche Schritte. Auf jeden Fall wirkte der preußische Vorstoß wie ein kleines Erdbeben. Gerade die Regierungen, die sich an Österreich anlehnten, gerieten nun in Unruhe. Österreich, lange Zeit für eine Nordseeflotte unter **seiner** Beteiligung eingetreten, wollte nun eine rasche Beseiti-

---

527 **Purnhagen, Wilhelm** (Hrsg.): Dokumente, In: Leuchtfeuer 1959.

gung, ehe Preußen seine Hand auf diese legen konnte. In diesem Sinne versucht es die befreundeten Regierungen auch einzustimmen und wies auf die Gefahr durch Preußen hin, die nach dem Zugriff auf die Nordseeflotte für die Binnenstaaten entstehen könnte.

Im Laufe des Monats März trafen die Antworten der von Hannover eingeladenen Regierungen ein. Während einige ihre Teilnahme zusagten, wollen andere zwar teilnehmen, aber nicht abstimmen. Andere dachten ihre Zusage an die Forderung knüpfen, dass auch Preußen eingeladen würde. Württemberg war unentschlossen, wie auch Bayern, das aber dann doch zusagte. Sachsen, Darmstadt, Kassel oder Karlsruhe, ebenso weitere kleinere deutschen Staaten, sahen an der Beteiligung Preußens ohne weiteres Vorteile, da dadurch erhebliche Kosten gespart werden konnten. Seit Hamburg eingesehen hatte, dass es keine Führungsposition für die Flotte erreichen konnte, wie 1848 noch angestrebt, stand es der Flotte sehr kritisch gegenüber, da es durch diese mehr Nachteile als Vorteile erwartete.

Am 20. März 1852 begannen in der Königlichen Residenz zu Hannover die Verhandlungen zur Bildung des Flottenvereins als dritte Kontingentflotte des Deutschen Bundes. Kurhessen, Württemberg, Steglitz, Baden und weitere sehr kleine Bundesstaaten waren gar nicht erst erschienen. Hannovers Vorschlag, die Flotte weiter als Bundesangelegenheit zu belassen, war die Voraussetzung für alle weiteren Verhandlungen. Die Flotte sollte bestehen aus:
2 Segelfregatten,
2 Segelkorvetten,
3 Dampfschiffen
und Kanonenbooten.

Der jährliche Aufwand für diese Flotte wurde auf ca. 1 Million Thaler veranschlagt. Zur Deckung dieser Kosten sollten pro Kopf der Einwohner der Beitrittsländer zwei Groschen zum Tragen kommen. Die gleiche Leistung der Küstenstaaten ergab dann eine Summe von ca. 927.000 Thalern pro Jahr. Die Staaten boten aber nur 525.563 Thaler an, wogegen tatsächlich nur 317.436 Thaler fest zugesagt wurden! Diese Beiträge stammten aus Braunschweig, Oldenburg, Bremen, Coburg-Gotha, Anhalt-Dessau und Schaumburg-Lippe, die jeweils 5 Silbergroschen pro Kopf der Bevölkerung zu zahlen bereit waren. Lübeck bot 3 Silbergroschen an. Hamburg legte sich nicht fest. Weimar, Sonderhausen, Sachsen, Altenburg, Anhalt-Bernburg, Lippe-Detmold verlangten, dass Preußen zum Flottenverein hinzutrete. Bayern, Sachsen, Großherzogtum Hessen, Nassau, Sachsen-Meiningen machten ihre Entscheidung weiterhin von einer befriedigenden Lösung der Zoll- und Handelsfrage abhängig. Die gegensätzlichen Meinungen auf der Konferenz konnten nicht beigelegt werden, zumal jede Regierung ihre Zahlungen von Vorbedingungen abhängig machte. Während der Sitzungen vom 22. und 23. März kam es mehrfach zu heftigen Rededuellen.

Hannovers Haltung blieb unnachgiebig gegenüber Preußen. Im einem Schreiben zwischen Neubourg und dem neuen hannoverschen Vertreter in Berlin, Bothmer, schrieb Neubourg unmissverständlich, dass Preußens Beitritt nicht nur unerwünscht sei, sondern man würde lieber die Flotte zugrunde gehen lassen, ehe man die Hand dazu reiche, um das endliche Ziel aller preußischer Politik zu unterstützen, die allmähliche Inkorporierung Hannovers auch noch zu unterstützen. Trotz aller Bemühungen, die Gesamtsumme aller angebotenen Beiträge ergab knapp die Hälfte der benötigten Gelder, konnte die Flotte nicht gehalten werden. Die Idee des

Flottenvereins des dritten Deutschland war somit am 25. März gescheitert, ehe überhaupt die hannoverschen Organisationsplanungen auf dem Tisch lagen. Das Scheitern dieser letzten Möglichkeit war Hannover aber selber zuzuschreiben, das sich mit allen Mitteln wehrte, Preußen an der Flotte zu beteiligen, da es weiterhin dessen Einflussnahme fürchtete.

Die formelle Auflösung der Bundesflotte ab dem 2. April 1852

Nach der fehlgeschlagenen Konferenz zu Hannover beschloss die Bundesversammlung die Auflösung der Flotte formell am 2. April 1852, trotz des Protestes aus Hannover und Oldenburg. Offiziell waren die von Preußen beanspruchten Schiffe mit diesem Datum auszuliefern. Für Carl Rudolph Brommy und Arnold Duckwitz war dieser Tag einer der bittersten ihres Lebens! Drei Jahre nach dem Beginn des Aufbaues der Deutschen Flotte wurde ihr bereits der Todesstoß versetzt!

Der Versuch, zur Auflösung drei Kommissare zu benennen, schlug fehl, da sich keiner der Bundesstaaten dazu bereitfand, diese zu stellen. Aus Angst vor der öffentlichen Meinung, vor allem im Küstenbereich und im Raume von Bremerhaven und Brake, sollte der Verkauf der Schiffe, die nun zur Disposition standen, nicht sofort öffentlich veranschlagt werden. Der Marineausschuss sollte nun Vorschläge zur Beseitigung der Flotte erarbeiten. Der erste konkrete Schritt war die Beendigung aller kündbaren Verträge. Zum Zweck der Auflösung sollten dann alle verbliebenen Schiffe in Bremerhaven zusammengezogen werden. Der Admiral erhielt an diesem Tage die Anweisung, die BARBAROSSA und die ECKERNFÖRDE Preußen zu übergeben. Als einer der ersten Offiziere und als Beamter in der Bundesverwaltung für die Marine tätig, reicht an diesem so denkwürdigen Tag der königlich Hannoversche Artillerie-Hauptmann Marcard sein Entlassungsgesuch ein.

Indes, der befürchtete »Aufschrei« und die »Entrüstung durch das deutsche Volk« erfolgte nicht in erwarteter Masse! Einzig die Presse an der Nordseeküste regte vorsichtig die Trommel. Das restliche Deutschland hatte andere Sorgen und erhielt auch über die Presse, wenn überhaupt, nur nebensächliche Informationen über die Auflösung dieses ehemals so hoch auf das Schild gehobenen Instituts. [528]

Unter dem Eindruck der Vernichtung seiner Marineidee für Deutschland, schreibt Contreadmiral Brommy am 5. April 1852 an den preußischen Oberkommandierenden der Flotte, Prinz Adalbert von Preußen um ihn zu einem Besuch der Nordseeflotte einzuladen:
»Sr. Kgl. Hoheit
Prinz Adalbert von Preußen.
Der Zeitpunkt, wo ein Teil des Nordseegeschwaders definitiv der Klg. Preußischen Marine einverleibt wurde, ist erschienen. Se. Kgl. Hoheit erlaube ich mir, Glück zur Vergrößerung Ihres Geschwaders zu wünschen, und an diesen Wunsch die Hoffnung zu knüpfen, das es Preußen vergönnt sein möge, dasjenige zu erhalten und zu vergrößern, was Deutschland zwar in das Leben zu rufen, aber nicht zu erhalten vermochte.

528 **Bressell, Georg:** a. a. O. S. 384.

Einen Wunsch hege ich noch, nämlich den, daß es Ew. Kgl. Hoheit gefallen möge,
– da jetzt doch keine politischen Rücksichten hindernd im Wege stehen, – einmal nach
Bremerhaven zu kommen, um das unter meinem Befehl gebildete Geschwader in Au-
genschein zu nehmen und die Überzeugung zu gewinnen, daß es wohl der Mühe wert
sein dürfte, den größten Teil des Geschwaders der Kgl. Preußischen Marine einzuverlei-
ben.

Ew. Kgl. Hoheit werden nicht bedauern, ein Geschwader besucht zu haben, daß
trotz aller Widerwärtigkeiten in einem Zustande sich befindet, der heute Achtung abge-
winnen kann« [529]

(...)

In Bremerhaven und Brake trafen die Anweisungen zur Auflösung der Flotte offiziell am 6. April 1852 ein.[530] Dieser Tag hatte schon seine Tragik für die Marine schlechthin, besonders aber den Admiral. Zum einen war es der Jahrestag des Erfolges von Eckernförde und dem Aufbau der Seezeugmeisterei unter seinem Kommando. Dass er an diesem Tag sein Patent als Kapitän zur See erhielt, war für ihn ob dieser Situation nun Nebensache. Die Zeit, die er geopfert hatte, eine Seewehr für Deutschland aufzubauen, hatte nur drei Jahre Bestand gehabt. Die Mühen und Kämpfe, die Organisation, die durchgearbeiteten Nächte zum Wohl der Sache waren scheinbar sinnlos gewesen.

Eine der ersten Handlungen von Carl Rudolph Brommy an diesem Tage war die Anweisung der Überstellung der Flagge der BARBAROSSA auf sein Flaggschiff HANSA, denn dieses Banner war ihm ein großes Heiligtum, das er einst den Feinden des Vaterlandes entgegengeführt hatte.

Nun stand es an, das Material und die Schiffe in den Stand zu versetzen, um eine ordnungsgemäße Übergabe zu ermöglichen. Als eines der ersten und wichtigsten Dinge ließ der Oberkommandierende die Waffenkammern der Schiffe bis auf das nötigste von Bord holen, um es im Pulvermagazin in Geestemünde unter besonderer Bewachung zu stellen. Er wollte die Pistolen und Gewehre, da es schnell endwendbares Gut des Deutschen Bundes war, besonders gesichert sehen, und begann mit den Verhandlungen zur sicheren Überführung.

Brommy hatte tags zuvor offiziell vom Bundespräsidium den Befehl erhalten, die ECKERNFÖRDE und den BARBAROSSA dem Kommissar der preußischen Regierung, Commodore Schröder, auszuliefern. Er durfte nur wenigen Menschen seine wahre innere Lage offenlegen und schreibe seiner Caroline:

(...) Heute, am Jahrestag des Treffen bei Eckernförde, erhielt ich den Befehl von der
Bundesversammlung, die Fregatten ECKERNFÖRDE und BARBAROSSA an die
preußische Commission zu übergeben.
Sei nicht ungehalten darüber, wenn ich Dir an diesem Tage nur wenig und das Wenige
nicht mit der gewohnten guten Laune schreibe, nicht wahr, Du begreifst, was ich leide,
das ich mein mühsam aufgebautes Werk so zusammenstürzen sehen muss. Die Stunde
der Entscheidung naht endlich, und bald wird sich entscheiden, was das Schicksal noch

---

529   **Schulz, H.:** a. a. O. S. 43.
530   **Eckhardt, A.:** Brake S. 171.

für mich verborgen hat. Ich sehne mich aufrichtig nach dem Ende, denn diese Qual trage ich nicht viel länger.«[531]

Nun wurde einerseits das Eigentum des Bundes von den Schiffen geholt, und andererseits das eingelagerte Gut der beiden Schiffe an Segel, Tauwerk, Anker usw., zu den Schiffen verbracht, damit diese in gutem Zustand und großer Ordnung an Preußen übergeben werden konnten.

Die Übergabe der BARBAROSSA und ECKERNFÖRDE an Preußen

In der 11. Sitzung des Bundestages vom 7. April 1852 wurde das Verzeichnis der Schiffe der Nordseeflotte mit ihren Taxwerten besprochen. Da zu diesem Zeitpunkt keine Person gefunden worden war, die Flotte im Auftrag des Bundes aufzulösen, erhielt die Militärkommission des Bundes an diesem Tage den Auftrag zur Vollstreckung der Auflösung der Nordseeflotte.[532]

Durch den oldenburgischen Gesandten in Frankfurt wurde in diesem Zusammenhang eher beiläufig der Name des ehemaligen Präsidenten der oldenburgischen Provinzialregierung zu Birkenfeld, der Geheime Staatsrat Dr. Hannibal Fischer genannt. Wenig später dazu aufgefordert, ergriff dieser mit Freude die Möglichkeit wieder in den Staatsdienst zu treten, zumal er in der Auflösung der ehemaligen Reichsmarine als ein gutes Werk sah, einen reaktionären Haufen zu beseitigen, der sich gegen die Obrigkeit der Fürsten gewandt hatte.

So schwer es Contreadmiral Brommy ums Herz war, umso mehr Freude herrschte in Berlin ob der Auflösung der Bundesflotte. In einem Brief des preußischen Königs Wilhelm I. an General von Schleinitz schreibt dieser zur Situation der Bundesflotte:

»(…) Flottenfrage ist freilich kläglich für Deutschland, aber brilliant für Preußen ausgefallen, weil es sich auch hier wieder zeigte, daß ohne Preußen die großen Dinge in Deutschland nicht gehen. Nun haben w i r eine Flotte und sie wird das Fundament einer deutschen einst werden, das ist klar, und somit war das Sprichwort erfüllt: Wer anderen eine Grube gräbt usw. Man wollte u n s begraben und hat sich selbst begraben«[533]

Preußen hatte indes gut organisiert und die Übernahme der Schiffe von langer Hand vorbereitet, so dass, sollte es zur Übernahme von Schiffen des Bundes kommen, genügend Matrosen und Soldaten zur Verfügung standen. Die Überführungsmannschaften und ihre Offiziere waren darauf vorbereitet, nicht freundlich empfangen zu werden. Commodore Schröder und sein Adjutant trafen am frühen Morgen des 7. April in Bremerhaven ein, um die Übergabeformalitäten der Schiffe zu besprechen. Um nicht unnötige Spannungen durch die Besatzungen der restlichen deutschen Schiffe heraufzubeschwören, ließ der Admiral die Schiffe des Bundes, die nicht übergeben wurden, auf die Reede von Bremerhaven verlegen. Die »ERZHERZOG JOHANN« hatte als letztes Schiff am Vortage den Hafen von Bremerhaven verlassen. Auf seinem Flaggschiff auf der Weser verfolgte der Admiral nun die Dinge, die da kamen …

---

531 **Purnhagen, W.:** Dokumente, In: Leuchtfeuer 1959.
532 **Marinemuseum Bremerhaven Nr. 10.** a. a. O. S.60. **Bär, M.:** a. a. O. S. 211f.
533 **Häussler, Hans-Joachim:** Das Ende der ersten deutschen Flotte. S. 118.

Unmittelbar nach Bekanntwerden der Tatsache, dass die Flotte aufgelöst würde und das die BARBAROSSA tatsächlich an Preußen übergeben werden sollte, wandten sich die Damen aus Brake, die vor Jahren die selbst gestickte Flagge dem damaligen Kapitän Brommy anlässlich der Indienststellung des Flottenflaggschiffes übergeben hatten, an den Contreadmiral, diese Flagge zu schützen und nicht mit dem Schiff nach Preußen gehen zu lassen…

»(…) Herr Admiral! Als in den hoffnungsreichen Frühling des Jahres 1849 das erste deutsche Kriegsschiff in dem Freihafen Brake Anker warf, beschlossen die unterzeichneten Jungfrauen, nachführend die Begeisterung des deutschen Volkes für die Ehre, die Größe und die Einheit des Vaterlandes, – eine deutsche Kriegsflagge für die Reichsdampffregatte BARBAROSSA anzufertigen, und im Sommer desselben Jahres hatten wir die Ehre, Ihnen, Herr Admiral, dieselbe zu überreichen. – Bei der Überbringung wurden Ihnen gegenüber unter anderem folgende Worte gesprochen.

»… Des Reiches Herrlichkeit ersteht! Der alte BARBAROSSA ist erwacht! Er ist auferstanden aus den Fluhten, worin er seinen Heldentod fand, um auf dem Ozean seine unsterbliche Laufbahn zu erneuern; er lebt in dem Geiste des Volkes, das die Freiheit will und die Einheit; er lebt in der ersten thatsächlichen Erscheinung und Verkörperung dieser Einheit, in der deutschen Flotte«

Die Hoffnungen, die in diesen Worten liegt, scheinen leider keine Erfüllung finden zu wollen, denn die Auflösung der deutschen Flotte beginnt dadurch, daß die einzige Siegestrophäe aus der Zeit der Erhebung des deutschen Volkes, die Fregatte ECKERNFÖRDE, zugleich mit dem BARBAROSSA aus dem Gesamteigenthum der deutschen Nation, mit Schuld beladen, an das Sondereigenthum Preußens übergeht.

Uns, die wir die Flagge in der Hoffnung auf die Größe und die Einheit des Vaterlandes, für ein d e u t s c h e s *Kriegsschiff gearbeitet und übergeben haben, würde es schmerzlich berühren, wenn diese Flagge zugleich mit dem Schiffe in das Sondereigenthum irgend eines deutschen Sonderstaates übergehen sollte. Wir bitten Sie daher, Herr Admiral: Sie wollen die Ihnen von uns übergebene Flagge dahin schützen, das sie nicht anders als von dem Maste eines Kriegsschiffes des gesammten deutschen Vaterlandes weht. Und sollte, was Gott verhüte! – auch das nicht mehr angehen könnte, so bitten wir, das Sie die Flagge aufbewahren als ein Andenken vergangener Herrlichkeit, aber doch bis dahin, das die Sage vom Erwachen des alten BARBAROSSA erfüllt werde.*
Genehmigen Sie die Versicherung unserer Hochachtung.
Brake April 7. 1852
(Unterschriften)[534]

Contreadmiral Brommy verstand die Bedenken des Komitees sehr gut, hatte er doch schon Tage zuvor die Flagge von Bord der BARBAROSSA holen lassen, da er doch zur Bevölkerung von Brake ein sehr vertrauensvolles Verhältnis aufgebaut hatte. In einem Schreiben vom 8. April antwortete der Flottenchef:

---

534 **Privatunterlage:** Zeitungsartikel zum Begräbnis von Contre-Admital Brommy. Brake 13. Januar 1860.

Meine Damen

Durchdrungen von demselben Gefühle, welches Sie in diesem verhängnisvollen Augenblicke beseelt, wagte ich es, Ihrem Wunsche zuvorzukommen, als ich sah, das die Stunde der Entscheidung für die deutsche Marine gekommen war.

Die mir in der Zeit des Glauben an ein einiges Deutschland von Ihnen an Bord der BARBAROSSA überreichte Flagge, welche ich als Palladium zu schützen versprach, darf nicht von der Sache, der sie gewidmet war, getrennt werden!

So lange das deutsche Geschwader noch besteht, soll diese Flagge nur auf meinem Schiff und über meinem Haupte wehen, und hat die deutsche Marine zu Deutschlands unauslöschlichen Schmach wirklich aufgehört zu bestehen, dann werde ich sie als ein heiliges Zeichen der Erinnerung verschwundener, hehrer Tage, eines schönen Traumes aufbewahren.

Einst aber soll diese Flagge, welche ich so glücklich war, den Feinden des Vaterlandes zuerst im offenen Kampfe entgegenzuführen, wenn die Täuschungen der Gegenwart auf immer geschwunden sind, meine irdischen Reste im kühlen Grabe schützend umhüllen, wie ich dieselbe im Leben und trotz aller Widerwärtigkeiten treu und redlich geschützt habe.

Bremerhaven, an Bord der Dampffregatte HANSA
8. April 1852
Brommy, Admiral«. [535]

Am Abend des Tages schrieb der Admiral in einem Brief an seine Verlobte Caroline nach Brake:

»(...) Heute ist die Stunde der Prüfung erschienen. Commodore Schröder kam mit einem Adjutanten hier an! Ich bedaure die Herren, denn sie wussten nicht recht, was sie für Gesichter machen sollten. Der arme Adjutant der vorgeschickt worden war seinen Chef zur Audienz zu melden. Trat ein, als wollte er aufs Schafott steigen, und schien froh zu sein, als er wieder fort war. Sein Chef machte es nicht besser, doch setzte ich denselben sofort durch freundliches Entgegenkommen auf den richtigen Standpunkt. Die armen Menschen sind in Verden von anständig gekleideten Menschen mit beleidigenden Reden begrüßt worden, was ihnen Bange machte für hier.
Ich führte ihn an Bord der Schiffe und freute mich innerlich an seinem Erstaunen. Er frühstückte mit mir an Bord, sein Adjutant mit meinen Offizieren in der Offizierskajüte. Beide wurden heiterer. Die Hafenmeisterei, bei der er zufällig abgestiegen war, sagte mir, daß meine Liebenswürdigkeit sie entzückt hätte, da sie mit wahrem Bangen zu mir gegangen wären.
Bereits gestern hatte ich die Flagge der Braker Damen vom BARBAROSSA holen lassen, denn sie war mir ein großes Heiligtum, das ich den Feinden des Vaterlandes entgegengeführt habe. In fremde Hände soll sie nicht kommen, ich will dereinst darin begraben werden.
Heute Abend finde ich einen Brief von Brake vor, worin mich die Damen ersuchen, die Flagge stets beim deutschen Geschwader zu behalten, und sollte dieses aufgelöst werden, sie selbst zu behalten. Wir haben also sympathisiert.

---

535   Ebenda: S. 45.

Morgen oder übermorgen kommt per Dampfschiff von Hamburg ein Detachement preußischer Matrosen und Marinesoldaten an, 150 Mann, worauf ich die beiden Schiffe abgeben werde. Ist es nicht sonderbar, gerade das erste und letzte Schiff war, BARBA-ROSSA« und GEFION. Meine erste Wehmut habe ich überstanden, Gott verleih mir auch fernerhin Geduld.«[536]

Um den Offizieren seiner Flotte die ihnen zustehenden Pensionen zu sichern, hatte Brommy sich am 5. April 1852 an den hannoverschen Gesandten von Schele mit der Bitte um Unterstützung für die Offiziere der Flotte gewandt. Von Schele nahm sich der Angelegenheit auch an. Er bildete eine Kommission aus einem rechtskundlichen Bundestagsgesandten, einem Offizier der Marineabteilung und einem der Militärverwaltung. Sie sollten die Pensionen der Seeoffiziere sichern helfen.[537] Dessen Antwortschreiben traf nun am 9. April beim Oberkommandierenden ein…

Euer Hochwohlgeboren!
gefällige Mitteilung vom 5ten ds. M. hat mir nur die Bestätigung einer längst erwarteten beklagenswerten Nachricht gebracht. Die Auflösung der deutschen Nordseeflottille ist eine vollendete Tatsache. (…) Was warmer Eifer für eine gute echt nationale Sache vermag, das war von Hannover redlich treu, ohne Nebenrücksichten für die deutsche Marine aufgewandt. (…) Die Conferenz des verwichenen Monats war der letzte Versuch, den Untergang der Flotte zu verhüten. (…)
Über das Schicksal der Schiffe, die nicht an Preußen überwiesen sind, kann hiernach kein Zweifel bestehen.
So viel die Marineoffiziere betrifft, so hätte es – dessen können sie fest versichert sein – nicht erst Ihrer Empfehlung, Herr Contre-Admiral, bedurft um die eifrige Teilnahme der königlichen Regierung für die Sicherstellung ihrer Zukunft anzuregen. (…) Die Offiziere der einst gewesenen deutschen Marine werden, das hoffe ich zuversichtlich, nach dem Beispiel ihres würdigen Chefs ihre zwar kurze, doch ehrenvolle Laufbahn würdig beschließen, indem sie bis zum letzten Augenblick ihre feste Haltung behaupten und die seltenste Tugend, den Mut der Entsagung, zeigen.
Genehmigen Euer Hochwohlgebohren auch bei dieser traurigen Veranlassung die Versicherung meiner Ihnen fortwährend gewidmeten aufrichtigen Hochachtung.
Hannover d. 8. April 1852
Schele.« [538]

Alles Lamentieren und Wehklagen führte nicht daran vorbei, die BARBAROSSA und ECKERNFÖRDE den Preußen übergeben zu müssen. Contreadmiral Brommy konnte mit Stolz auf das Geleistete bei der Flotte hinsichtlich Ordnung und Disziplin blicken und brauchte den Vergleich mit anderen Marinen nicht zu scheuen. Obwohl, so muss es scheinen, gab es gerade in Preußen zwei Lager; eines, das ihm nicht gut gesonnen, das politische, wogegen die preußischen Militärs, die seine Flotte gesehen hatten, nicht schlecht von ihr sprechen konnten. Gerade die Schiffe und die Anlagen der Marine waren es, die hier besonders in Ordnung und Disziplin hervorstachen und das Lob der Überprüfenden Kommissionen gefunden hatten.

---

536 **Purnhagen, W.:** Dokumente In: Leuchtfeuer 1959
537 **Schulz, H.:** a. a. O. S.42.
538 **Schulz, H.:** a. a. O. S.42ff.

Für Contreadmiral Brommy war die Übergabe der Schiffe an Preußen ein Drangsahl, das ihm das Herz zu brechen drohte, obwohl er sich eingestehen musste, dass er die beiden Schiffe wohl in eine sichere Zukunft als Kriegsschiffe entlassen konnte. Er versuchte die Übergabe indes formell korrekt zu gestalten, da es für die Bundesmarine und für ihn als Oberkommandierenden kein Freudentag sein konnte, der zum Feiern Anlass gab.

In Bremerhaven wurde auf die Übergabe der beiden Schiffe an das preußische Militär mit großer Aufmerksamkeit geschaut. Brommy gedachte, auf keinen Fall der militärischen Übergabe an Bord der beiden Schiffe beizuwohnen. Hingegen die formelle auf seinem Flaggschiff HANSA, das auf der Reede von Bremerhaven lag, wohin sich die preußische Delegation zu begeben hatte, gedachte der Admiral schon würdevoll und im geordneten Rahmen durchzuführen, wohl wissend, dass die Herren preußischen Offiziere merken sollten, dass den Offizieren der Bundesmarine nicht festlich zumute war!

Für die Stralsundische Zeitung beobachtete deren Redakteur das Geschehen:
Bremerhaven 10. April 1852 (persönlicher Bericht)
Gestern war hier ein Detachement von Leuten der königlichen Marine eingetroffen, um zum Theil die Besatzung der beiden zu übernehmenden Schiffe Eckernförde (früher »Gefion«) und Barbarossa auszumachen. Heute Vormittag von 11 Uhr an gewahrte man an dem neuen Bassin des Bremer-Hafen eine außergewöhnliche Bewegung und Aufregung: es sollte die Übergabe der beiden genannten Schiffe an die Kommissarien Preußens statt finden. Zu dem Ende hatten sich der Contreadmiral Brommy, die deutschen Bundes-Kommissarien, die preußischen Kommissarien, der Commodore Schröder, der Major Gaertner nebst einiger anderer Marine-Offizieren auf das Admiralschiff »HANSA« begeben, um hier bei den Verhandlungen und den ausfertigen der Protokolle gegenwärtig zu sein. Zu derselben Zeit standen Offiziere und Mannschaften der Bundesflotte auf dem BARBAROSSA schon bereit, um den Augenblick abzuwarten, wo sie die Schiffe verlassen sollten, von dessen schlanken Masten nun bald der preußische Adler herabwehen und das zugleich von Preußischer Besatzung eingenommen werden sollte. Es war eben 2 Uhr, als der Commodore Schröder und die preußische Übernahme-Kommission die Verhandlungen auf der »Hansa« beendet hatten; sie begaben sich nun an Bord des Barbarossa um die Übergabe selbst formell zu vollziehen. Es entstand eine tiefe Stille, als die preußischen Marine-Offiziere und Kommissarien das Deck des Barbarossa betraten; nach gegenseitiger freundlicher Begrüßung begann Commodore Schröder die Inspizierung des Schiffes. Nachdem diese beendet, sprach der Commodore dem Führer des Schiffes seine Zufriedenheit aus über den guten Zustand des Schiffes wie über dessen gute Ordnung wie Erhaltung. Somit wurde nun der Barbarossa an Preußen übergeben: schweigend wurde die deutsche Flagge und der Wimpel heruntergeholt; still und ernst verließen die bisherigen Offiziere mit den Mannschaften ihren zweijährigen Aufenthaltsort. Es wäre widernatürlich gewesen, wenn bei diesem Akte nicht über jedes anwesenden Wange eine Thräne der Rührung geflossen wäre. – Sobald das Schiff von allen Bundes-Seeleuten geräumt war, kam die preußische Mannschaft an Bord und nahm Platz auf dem Hinterteil des Schiffes. Nach einer kleinen Pause, während welche die tiefste Stille herrschte, gab der Commodore Schröder die Ordere sowohl am Bord des Barbarossa als der Eckernförde die Preußischen Flaggen und Wimpel fertig zu halten. Nun erscholl das Kommando: »Präsentiert das Gewehr« und – in demsel-

ben Augenblicke entblößten alle Anwesenden das Haupt und unter lautem Wirbel der Preußischen Trommeln entfaltete sich auf beiden Schiffen der Königl. Preußische Adler und der lange weiße Wimpel flatterte in den lüften, ward von einem heftigen nordwestwind gepeitscht.

Nach einer kleinen Pause trat Commodore Schröder der, von allen seinen Leuten hochgeschätzte Seemann, in die Mitte der preußischen Mannschaft und sprach, nachdem alle wiederum ihre Häupter entblößt hatten, etwa folgende Worte:

»Im Namen Sr. Majestät unsers allerhöchsten Königs wurden hiermit die Schiffe Eckernförde und Barbarossa in Besitz genommen! Euch Männern, die ihr vielleicht einmal mit diesen Schiffen ferne Gegenden besuchen werdet, empfehle ich dieselben, ganz besonders aber jenes Kleinod, die Fregatte Eckernförde die durch deutschen Muth und deutsche Beharrlichkeit von dem damaligen Feinde erobert war. Ihr werdet auf diesen Schiffen nicht nur Preußens, sondern auch Deutschlands Ehre zu wahren haben! Unsere preußische Flagge mögen also diese Schiffe den deutschen aller Stämme im Auslande Schutz gewähren und so dem großen und dem engeren Vaterlande Nutzen bringe!«

Darauf erscholl ein kräftiges und herzliches dreimaliges »Hoch Sr. Majestät dem König« – hiermit war die Feier der Uebergabe beendet, und somit Preußen im Besitz zweier schöner, großer Kriegsschiffe.[539]

Die preußischen Truppen begannen unverzüglich mit dem Fertigmachen zur Ausreise, was natürlich noch einige Zeit in Anspruch nehmen würde, da die Mannschaften nicht auf die Schiffe eingewiesen waren, und diese erst einmal manövrieren lernen mussten. Während Commodore Schröder das Kommando auf der BARBAROSSA übernahm, wurde die nun wieder als GEFION bezeichnete Segelfregatte von Major Gaertner übernommen.[540] Die Maschinisten der BARBAROSSA Hope und Lucas wechselten in die preußische Marine.

Am diesem Abend schrieb der Admiral an seine Verlobte Caroline:

»(…) Soebend habe ich die Eckernförde und Barbarossa übergeben. Ich blieb an Bord der »Hansa«, als die Übernahme stattfand. Meine Gefühle in dem Augenblick, als die Flagge dem Barbarossa herabgezogen ward, kann ich Dir nicht beschreiben – mit Mühe hielt ich mich aufrecht. Als die Mannschaften des Barbarossa an Bord der »Hansa« kamen, und ich den Ersteren und den Commandanten für die treue Pflichterfüllung dankte und ihnen bemerklich machte, das jetzt die Stunde der Prüfung begänne, wo es gelte, mehr Mut als den Elementen und dem Feinde entgegenzusetzen, nämlich den Mut der Entsagung, da verlor ich die Stimme mehrmals. Mit bitterem Gefühl wandte ich mich ab und ging nach Hause. Morgen reise ich nach Brake, um mich im Kreise der Familie zu erholen.« [541]

In Abwesenheit des Admirals traf am nächsten Tag ein Telegramm des Prinzen von Preußen auf der HANSA ein:

539   **Stadt-Archiv Stralsund:** Stralsundische Zeitung 17. April 1852
540   **Bräckow, Werner:** Die Geschichte … Marine Ingenieuroffizierkorps. S.15.
541   **Purnhagen, W.:** Dokumente, In: Leuchtfeuer 1959.

»Ew. Hochwohlgebohren sage Ich meinen Dank für das unterm 5. D. Monats an Mich gerichtete Schreiben; den darin ausgesprochenen Wunsch würde Ich gerne erfüllen, wenn die Verhältnisse dieses gestatteten. Sollte sich ein geeigneter Zeitpunkt dafür ergeben, so würde Ich denselben nicht ungenutzt vorüber gehen lassen.
Berlin d. 10. April 1852
Ew. Hochwohlgeboren
Sehr wohlgemeinter Freund
Adalbert«.[542]

Die Gegensätze der beiden Offiziere, die sich von der Arbeit in der Technischen Marine Kommission her kannten, und ihre Aufträge zu dieser Zeit waren wohl zu unterschiedlich, als dass sie hätten freundlich verlaufen konnten. Hier der preußische Offizier, der zwei Schiffe übernehmen sollte, die dann die größten der preußischen Marine zu dieser Zeit waren. Also ein ausgesprochener glücklicher Tag für Preußen, zumal es sich ja seit der Liegezeit in Eckernförde redlich um die Sicherung des Schiffes bemüht hatte, zur Sorge von Brommy, der vermutete, dass das Schiff durch Preußen weggenommen werden könnte. Allein schon diese Vorkommnisse um die ECKERNFÖRDE hatten bei Brommy gegenüber Preußen einen bitteren Nachgeschmack hinterlassen.

Aus welchem Holz der Contreadmiral geschnitzt war, zeigte der Umstand an, dass er die Zukunft nicht aus dem Auge verlor, als er, nachdem er am Vortage zwei für ihn mit vielen Emotionen beladene Schiffe abgeben musste, seine Verlobung mit dem Fräulein Gross aus Brake zum 11. April ankündigte.

Mit der Übergabe der beiden Schiffe an Preußen setzte die tatsächliche Auflösung der Flotte ein. Durch den Admiral und Hauptmann Weber wurden alle entbehrlichen Mannschaften entlassen. Wer die Flotte vor Ort auflösen sollte, war zunächst weiter unklar. Durch die Presse wurde der ehemalige Staatsrat Fischer immer öfters benannt. Auch der Admiral machte sich seine Gedanken darüber, wer wohl den Mut auf bringen würde, an dieses ehemals so heilig emporgeschwungene Institut der Bundesmarine die Axt anzulegen. An seine Caroline schreibe Brommy aus Bremerhaven:
»(…) Die Zeitungsgeschichten lauten immer verworrener. Ein Oldenburgischer Staatsrat Fischer, früher in Birkenfels, soll die Flottenauflösung regulieren. Es war dies aber in einer Hinsicht sonderbar, man sagt, er sei früher in sächsischen Diensten gewesen und dann in oldenburgische übergetreten; mithin hätte ein Sachse die Flotte geschaffen, ein anderer Sachse aber dieselbe aufgelöst. Ich wollte nur, die Sache entschiede sich bald und definitiv, damit wir zur Ruhe kämen. Zur Zeit sind tausende von Auswanderern hier die unser schönes Deutschland fliehen, unser armes, geschändetes Deutschland …«[543]

Die Bundesversammlung beschloss am 22. April 1852 die Dienstverhältnisse der Offiziere mit Patent für beendet zu erklären, sofern diese keine Unterhaltsrechte besäßen. Sie erhielten für die Dauer eines Jahres noch Gehalt gezahlt. [544]

542 **Schulz, H.:** a. a. O., S. 44.
543 **Purnhagen, W.:** Dokumente, In: Leuchtfeuer 1959.
544 **Batsch, F.:** Pr. Adalbert von Preußen, S. 234.

Kapitel XVII.

Die Auflösung der Flotte durch

Hannibal Fischer ab Ende April 1852

Der ohne Stellung lebende oldenburgische Geheime Rat Hannibal Fischer teilte der oldenburgischen und Bundesregierung mit, dass er die Amtsgeschäfte zur Auflösung der Deutschen
Flotte durchführen würde. Die Begleiterscheinungen zu der Übernahme von Hannibal Fischer
waren mehr als turbulent, da keine Regierung ihrem Untertan erlaubte, Hand an dieses Natio-
nalsymbol legen zu dürfen. Der Grund, warum sich Hannibal Fischer entschloss, diese un-
dankbare Arbeit zu übernehmen, war zum einen der, wieder in den bezahlten Staatsdienst treten zu können, und zum anderen, die von ihm gehasste revolutionäre Marine zu beseitigen.

Gegen Ende April 1852 trat Reichskommissar Fischer seinen Posten in Bremerhaven dann an.
Unmittelbar nach dem Eintreffen in Bremerhaven erhielt er zwei Schreiben. Aus Oldenburg
erhielt er die Ankündigung, dass, sollte er die Kommission zur Auflösung der Flotte annehmen
und durchführen, er aus oldenburgischen Diensten entlassen würde.[545] Aus Preußen erhielt Fischer die Verleihung des Königlich Preußischen Roten Adlerordens 2. Klasse angekündigt. Im
wahrsten Sinne des Wortes »Zuckerbrot« durch Preußens Orden, die »Peitsche« durch Oldenburg, seine Pension zu verlieren!

Der Rückbau der Nordseeflotte durch C.R. Brommy ab dem 1. Mai 1852

Am 1. Mai 1852 war ein weiterer tiefer Einschnitt im Bestehen der Flotte. Das Oberkommando der Marine gab die Entlassungspapiere der *»provisorisch eingestellten«* Offiziere und
Mannschaften heraus. An diesem Tag erhielten 567 Mann ihre Entlassungspapiere.[546] Wie es
um die Disziplin in der Flotte bestellt war, belegt der Umstand, dass es trotz dieser großen Anzahl von Entlassungen zu keinerlei Unruhen in Bremerhaven und Brake kam. Dies betraf
Hilfsoffiziere, Seejunker, Ärzte, Lehrer, Unteroffiziere, Matrosen und Soldaten. So zum Beispiel den Hilfsoffizier Albert Jacobsen.

Nr. 3417
Das Ober-Commando der Marine

Nachdem das Präsidium der hohen Bundesversammlung unterm 22ten April dieses
Jahres die Entlassung eines Theil des provisorisch eingestellten Personals der Bundes

---

545   **Staatsarchiv Oldenburg: 33-2-3.**
546   **Sachau, Th.:** (Pastor) Die ältere Geschichte der Stadt Bremerhaven. S. 191f.

Marine verfügt hat, erteilt Ihnen das Ober- Commando der Marine hiermit die Entlassung aus Ihrem zeitherigen Dienstverhältnis in der deutschen Bundes- Marine.

Bremerhaven den 1ten May 1852
R. Brommy
Contre Admiral

An
den Hülfsoffizier, Herren
Albert Jacobsen«.[547]

Um die dem Admiral unterstellte Marine in größter Ruhe und Disziplin zu entlassen, und das trotz der großen Anzahl der Entlassenen, hatte er befohlen: um keine unnötige Belastung der öffentlichen Ruhe.zu erreichen, sollten gleich nach der Bekanntgabe der Auflösung Anfang April alle Schiffe von Land gezogen und auf Reede vor Bremerhaven, vor Blexen oder Geestemünde und nach Brake verlegt werden, aber auch so, dass sie nicht dicht beieinander lagen. Den Offizieren hatte Brommy an die Hand gegeben, den täglichen Dienst genau wie gewohnt zu befolgen. Damit kein Leerlauf entstehe und das Schiffsvolk immer in Tätigkeit und ohne übermäßige Ruhe sein durfte, sollte auf genaue Erfüllung der Anweisungen Acht gegeben werden. Müßiggang ermöglicht unnötiges Treiben, das nicht auch noch gefördert werden sollte, da dadurch Revolution entstehen könnte. Der Verkehr zwischen den Schiffen sollte nur durch Offiziere und deren Vertraute erfolgen.

Die Überstellung der Entlassenen erfolgte dann in kleinen Gruppen von jedem Schiff nach Absprache, um Zusammenrottungen von Übermütigen oder Unzufriedenen so zu verkleinern, wobei die Gendarmen und Soldaten an Land gut darauf vorbereitet waren. Indes, außer ganz wenige, befolgten alle Entlassenen die Aufforderung ihrer Offiziere, sich ruhig zu verhalten, zumal sich ihre Abreise aus Bremerhaven zügig gestaltete. Es verblieben zunächst 367 Mann in der Marine. [548] Sie wurden benötigt, um die Schiffe und Anlagen zu bewachen und deren Erhaltung zu sichern.

Durch den Senator Duckwitz wurde der Admiral Anfang Mai 1852 davon informiert, dass Bremen versuchen würde, einen Teil der Schiffe käuflich zu erwerben. Er, Duckwitz, plante die Bildung eines »Weser-Lloyd« zu erreichen, um die geeigneten Schiffe der Nordsee-Flotte zu erwerben. Anfänglich schien das Projekt auch einen großen Anklang gehabt zu haben. Aber die Einwände gegen die breiten Schaufelraddampfer, gegenüber den neu aufkommenden Schraubendampfern haben das Projekt dann scheitern lassen! [549]

Carl Rudolph Brommy hatte zu dieser Zeit sein Augenmerk auf die ordnungsgemäße Auflösung der Bundesflotte zu richten. Wobei ihm diese Situation schmerzte, zumal er ein völlig intaktes Institut der Zerstörung anheimstellen musste. Die Uneinsichtigkeit der preußischen und

---

547 **Böll, Hans Jürgen:** a. a. O. S. 28.
548 **Koch, Paul:** Der Flottenverkauf durch Hannibal Fischer In: MR 1893 S. 152.
549 **Bessell, Georg:** a. a. O. S. 387.

österreichischen Regierungen war der Hauptgrund für die Unnachgiebigkeit, die Bundesflotte vernichtet zu sehen, die immer noch die revolutionären Farben Schwarz-Rot-Gold führte. [550]

Die Arbeit von Kommissar Fischer gestaltet sich indes alles andere als leicht. In Bremerhaven und Brake wurde er wegen seiner Aufgabe, einen Teil des Lebens der Städte zu ruinieren, nicht gerne gesehen, um nicht zu sagen, gehasst. Seine Arbeit wurde von Beginn an kritisch beobachtet. Für die Befürworter der raschen Beseitigung ging er zu langsam vor, für die Gegner der Auflösung agierte er zu überstürzt. Ungeachtet dieser Zwänge begann sich Kommissar Fischer von der Marine, dem Personal und dem Material ein Bild zu machen.

Am 12. Mai begab sich Contreadmiral Brommy mit dem Kommissar zum Arsenal, dem Hospital, besuchte das Pulvermagazin und das Laboratorium in Geestemünde. Es folgt am 14. Mai die Besichtigung der Schiffe vor Bremerhaven und am folgenden Samstag die der Ruderkanonenboote und deren Ausrüstung in Vegesack. Am darauf folgenden Wochenbeginn wurden dann in Brake mit dem Kommissar die Schiffe vor Brake und das Trockendock mit seinen Anlagen in Augenschein genommen. Am 19. Mai 1852 besichtigte Kommissar Fischer am Vormittag in Anwesenheit des Contreadmirals nochmals die Schiffe der Flotte. Anschließend begab sich der Kommissar zum Essen in die private Wohnung des Contreadmirals, wo dieser bis 5 Uhr nachmittags blieb. Spätestens zu diesem Zeitpunkt musste Kommissar Fischer bemerkt haben, dass er eine gänzlich falsche Vorstellung von der Marine hatte. Er vermutete in der Marine ein »Demokratennest« im totalen Chaos ohne Disziplin und Ordnung vorzufinden. Nachdem er das Flaggschiff »HANSA« besichtigt hatte, schrieb Rudolph Brommy an seine Verlobte:

(…) er war ganz betäubt vom Eindruck, den die Hansa auf ihn machte.«[551]

Indes kam es zwischen Brommy und dem Kommissar doch zu Spannungen, da Brommy es verweigerte, die vom Kommissar erstellten Offerten für den Verkauf in das Englische zu übersetzen. Brommy würde nicht offenen Auges auch noch Hand an sein Lebenswerk legen, das konnte kein vernünftiger Mensch von ihm verlangen!

Kommissar Fischer ließ, nachdem er eine andere Person gefunden hatte, ihren Schätzwert festlegten und begann, im In- und Ausland nach interessierten Käufern zu suchen. Schon jetzt stellte sich heraus, dass die ehemaligen Dampfer, nun zu Kriegszwecken umgebaut, weit unter dem Kaufwert gehandelt wurden. Der Schätzwert wurde schon in den ersten Angeboten nicht auch nur annähernd erreicht. Hingegen: Österreich hatte Interesse an der Dampf-Corvetten ERNST AUGUST und GOSSHERZOG VON OLDENBURG geäußert.[552]

Der nächste wichtige Posten war die Begleichung der unbezahlten Rechnungen und deren Zins. Dieser Posten hing aber unmittelbar mit dem Verkauf der Schiffe zusammen, da nur durch dieses Geld die Rechnungen bezahlt werden konnten. Das Militäreigentum, das Schiffs-

---

550 **Anm. d. Verf.:** Zum großen Unmut von Preußen und Österreich verblieben die Bundesfarben Schwartz-Rot-Gold, am 9.3.1848 proklamiert, auf den Bundesfestungen bis 1866, der Einführung des Norddeutschen Bundes, aufgezogen!

551 **Purnhagen, W.:** In: Leuchtfeuer 1959.

552 **Koch, Paul:** Der Flottenverkauf durch Hannibal Fischer, In: MR 1893 S 153.

zubehör und die Waffen waren ein untergeordneter Posten. Diese sollten entweder dem Bund zurückgegeben oder aber privat verkauft werden. Da Reichskommissar Fischer ein korrekter Mann war, begann er zunächst mit der Erstellung der Inventarlisten. Allein schon hier ergaben sich einige Unklarheiten. Während durch die Seezeugmeisterei eine Liste mit den verschiedenen Inventaren erstellt worden war, wich diese in der Stückzahl zum Teil erheblich von der des Reichskommissars ab. So hatte die Seezeugmeisterei z. B. die Lampendochte als einen Punkt bearbeitet, zählte sie Fischer einzeln (!) auf. So kam es zu einigen Ungereimtheiten, die eine Erstellung der Listen verzögerten. Zudem wurde durch das Marinepersonal die Zusammenarbeit regelrecht boykottiert, da keiner Hand an die eigene Arbeitsstelle legen wollte. Spannungen durch die Marine einerseits, die die Arbeit behinderte, und durch die zivilen Gläubiger andererseits, die schnell ihr Geld zu erhalten hoffen, waren vorprogrammiert.

Preußens Schritt an die Nordsee von Mai bis Juni 1852

Mit der Übernahme der BARBAROSSA und ECKERNFÖRDE hatte Preußen seine stärksten und wertvollsten Schiffe erhalten und einen großen Schritt für seine Marinepläne erhalten. In einem Schreiben vom 4. Mai 1852 plädierte der preußische König für den Erwerb von weiteren Schiffen der Bundesmarine, um sie entweder als Kriegsschiff, wenigstens aber als Paketschiffe verwenden zu können.[553] Prinz Adalbert von Preußen plante gedanklich weiter, da Preußen über die Bundesmarine nun keinen Zugang zur Nordsee erhalten konnte, was so aber vom preußischen Prinzen geplant war. Der Prinz hatte schon zuvor Gespräche über eine Einrichtung an der Nordsee geführt, um preußische Schiffe dort versorgen zu können, sollte die Verbindung über die Marine des Bundes zur Nordsee verloren gehen. Der Konflikt mit Dänemark hatte klar erkennen lassen, dass Preußen, wollte es handelspolitisch einen Aufschwung erreichen, einen Stützpunkt an der Nordsee, gestützt auf Verträge mit einem Nordseeanrainerstaat, aufbauen musste. Bereits am 4. Mai 1852 schrieb Prinz Adalbert, dass ein hölzernes Bollwerk geschaffen werden müsse:

>*»(…) um die ausgerüsteten, abzutakelnden oder außer Dienst gestellten Schiffe heranlegen zu können (…) Schuppen für die Lagerung des Inventars der abgetakelten Schiffe, des Proviantes und der Munition und eines Pulvermagazins …«[554]*

zu errichten. Der Prinz wusste um die Missgunst des Heeres und ließ deshalb seine Planungen auf kleiner Flamme kochen, um nicht unnötig ins Licht zu treten. Kriegsminister Bonin unterstützte den Prinzen in der Idee, bei Heppens eine preußische Marinestation aufzubauen. Prinz Adalbert plädierte indes in einem Brief an das Kriegsministerium vom 8. Mai 1852 dafür, die Schiffe ERZHERZOG JOHANN, FRANKFURT und ERNST AUGUST anzukaufen. Am selben Tag wurde das Thema im Staatsministerium besprochen, wo Finanzminister v. Bodelschwingh den Kauf von Schiffen nur im Zusammenhang mit dem Betrieb des Zollvereins und dessen Mitgliedern zustimmen würde, wogegen die Versuche die Schiffe zu erwerben, immer durch den Einspruch des Finanzministers verhindert wurden. [555]

553   **Krüger, Henning:** a. a. O. S.101f.
554   Ebenda: S.110.
555   Ebenda: S.102.

Obwohl 1852 die preußische Marine schon einen gewissen Schiffsbestand hatte, war deren Zugehörigkeit ab dem 5. September 1848 dem Kriegsministerium unterstellt worden. Prinz Adalbert von Preußen war weiterhin der Meinung, dass die Marine dem Handelsministerium untergeordnet werden müsse, da das Kriegsministerium schwer geeignet sein konnte, zu ermessen, dass die Marine »(...) *zum Schutz des Handels nötig sei.*« ...

Zudem sei es nötig, der Flagge im fernen Meer Achtung zu verschaffen; ja, ein Einmischen in die Details des Dienstes auf den preußischen Schiffen würde immer auf nicht zutreffende Analogien mit der Landarmee stoßen. Sie würden des eigenen Geistes und dadurch einer tatkräftigen Entwicklung entbehren, die rein militärische Umgebung des Ministers würde ungünstig auf die Marine einwirken! Als General v. Bonin in sein Amt als Kriegsminister im Januar 1852 eintrat, meinte dieser, dass die Admiralität unter dem Kriegsministerium bleiben sollte. Laut eines Entwurfes des Ministers könnte ein Teil des maritimen Bereiches, wie die Navigationsschulen, Postschiffe, das Lotsenwesen, die Feuer, Tonnen und Balken der Seemarkierung und der Hafenbau unter Regie des Handelsministeriums bleiben.[556]

In einem Schreiben des Prinzen Adalbert von Preußen an das Ministerium wies dieser darauf hin, dass durch die Übernahme der Schiffe des Nordsee-Geschwaders ECKERNFÖRDE und BARBAROSSA erst ein geregelter Dienst in der preußischen Marine eingeführt werden könne. Aus diesem Grund sollte nun der Grundstein zur Schaffung der Organisation einer preußischen Marinebehörde gelegt werden. Als Anhängsel des Kriegsministers wollte der Prinz die preußische Marine weiterhin nicht sehen, und macht in dem Schreiben unmissverständlich klar, dass er sich von der Marine zurückziehen würde, da er:
    »(...) *keine Ehre mehr einlegen kann.*«[557]

Er deutete dem Minister an, dass er den König bitten würde, ihn von der Verantwortung zu entbinden. Der König lehnte das Rücktrittsgesuch aber ab und ordnete an, dass alle Punkte geklärt würden zwischen General Bonin einerseits und dem Prinzen andererseits.

Unabhängig von den Geschehnissen um die Bundesmarine begannen durch Preußen im Juni 1852 Schritte, die Abhängigkeit der preußischen Seehandlung in der Ostsee neu zu gestalten. Der preußische Handel, behindert und eingeengt durch den Sundzoll und das dänischen Wohlwollen, diese Passage im Frieden und im Krisenfall zu sperren, sollte gesichert werden. Durch Prinz Adalbert v. Preußen und dem Kriegsministerium begannen Verhandlungen, wie die Lage des Handels zu verbessern sei. Die Möglichkeiten hierzu waren deshalb gegeben, da einerseits die oldenburgische Regierung danach trachtete, das Jadegebiet bei Heppens auszubauen und die Erwerbstätigkeit zu erhöhen. Auch waren die Voraussetzungen seit dem Abbau der Bundesmarine erheblich gestiegen, dieses in die Tat umzusetzen. Da schon unter der napoleonischen Besetzung ein Flottenstützpunkt bei Heppens geplant war, hatte Oldenburg 1848 dieses auch der Bundesmarine angeboten. Brommy verlegte aber einen Teil der Flotte nur ins oldenburgische Brake. Die Jade, von Kommissionen aus Frankfurt mehrmals besucht, an denen auch Vertreter aus Preußen beteiligt waren, sah Preußen als eine Möglichkeit für dieses Gebiet an, unabhängig von Dänemark und seinem Sundzoll, freier agieren zu können. Zwar musste

556 **Batsch, F.:** Zur Vorgeschichte der Flotte. Dienstpflicht der Seeleute II. In MR. 1896 Heft 11. S. 678.
557 Ebenda: S. 681.

noch die Anbindung per Straße und Bahn geschaffen werden. Bereits im Juni 1852 begannen die sehr geheim geführten Gespräche zwischen Preußen und Oldenburg hinsichtlich eines Ankerplatzes für die preußische Marine in der Nordsee. Der preußische Gesandte für Oldenburg, Graf v. Rostiz, erhielt den Auftrag, unauffällig Erkundigungen bei der oldenburgischen Regierung aufzunehmen.[558]

Durch Major Gärtner vom Kriegsministerium wurde im preußischen Staatsministerium am 12. Juni 1852 die Frage erörtert, ob die ERZHERZOG JOHANN, FRANKFURT und ERNST AUGUST der Bundesmarine in preußischen Dienst übernommen werden könnten. Bonin trat klar gegen diesen Plan auf, da er Preußens Finanzmittel für unzureichend hielt, diese Schiffe zu unterhalten. Als Kompromiss sollten Kommissare des Wirtschafts-, Handels- und Finanzministeriums prüfen ob ERNST AUGUST und FRANKFURT mit ihrer Besatzung von diesem Ressort übernommen werden könnten.[559] Die Planung für ein Engagement an der Nordsee wurde indes auch von Mannteufel weiterhin mit Wohlwollen begleitet. In einem Schreiben von Bonin an Manteufel vom 25. Mai 1852 hielt dieser eine »Disposition« der preußischen Marine für sinnvoll und das Jadegebiet für »sehr geeignet«. Hier könnte …
  »(…) zeitweilig eine Stationierung preußischer Schiffe geplant werden.[560]

Bereits im Juni 1852 hatte Samuel Kerst von Manteuffel den Auftrag, Erkundigungen über die Schiffe und das Trockendock in Brake zu einzuziehen.
  »(…) Zudem aber Preußen die deutsche Flotte erwirbt durchkreuzt es auf wirksamste alle Hegemonie-Phantasien des Rivalen, wurde eine Seemacht von größerer Bedeutung als gegenwärtig Österreich war und noch lange bleiben würde, wenn es die deutsche Flotte nicht mehr als halb geschenkt erhält.«[561]

Kerst ging davon aus, dass die Bundesmarine für unter 800.000 Taler zu erhalten sei, was Preußen, durch die Matrikularzahlungen, schon geleistet hatte. Manteuffel hingegen schien zu dieser Zeit kein richtiges Interesse mehr gehabt zu haben, viel in den Aufbau der preußischen Flotte zu investieren.

Die Probleme beim Verkauf der Schiffe der Nordseeflotte Mitte 1852

Die Meinung, die einzige Art die Flotte aufzulösen sei deren rascher Verkauf, änderte Kommissar Fischer nach gut zweimonatlicher Arbeit. Am 24. Juni übersandte er dem Präsidialgesandten Graf Thun eine Denkschrift, in der er in mehreren Punkten ausführte, wie die Flotte für die Nation erhalten werden könnte. Um einen finanziellen Verlust zu vermeiden, sollten die Schiffe den Küstenstaaten zur Disposition gestellt werden.

558 **Bär, M.:** a. a. O., S. 221. **Historische Zeitschrift** :München. Dr. Laurent Hannibal Fischer, S. 259ff.
559 **Holtz, Bärbel:** a. a. O., S. 242.
560 **Krüger, Henning:** a. a. O., S. 62f.
561 Ebenda: S. 104.

Dieser Versuch einer Kehrtwende im Bemühen, die Flotte schnell aufzulösen, verschaffte ihm zeitweise ein besseres Ansehen in der Öffentlichkeit. Nach dieser Denkschrift beabsichtigte er, zwei Schiffe zum Teil für die Ausbildung und für die Küstenbewachung der Nordseestaaten zu verwenden. Die anderen verbleibenden Schiffe seien zwischen den beiden Großmächten Preußen und Österreich aufzuteilen. Graf Thun lehnte die Denkschrift wegen ihrer »(…) *Aussichtslosigkeit*« ab.

Zur allgemeinen Verwunderung musste der Kommissar während seiner Reise zur Erkundung der Übernahmeangebote für die Nordseeflotte feststellen, dass sich die Meinung über den Wert der Flotte erheblich gewandelt hatte. Mitte 1852 vertrat Bremen plötzlich die Ansicht, dass eine starke Flotte für Bremen mehr Nachteile als Vorteile brachte, da sie für Bremen, durch ihre Größe, politisch wie auch wirtschaftlich unwichtig sei. Bremen könne ohne eine Flotte quasi neutral handeln. Diese Neutralität schütze Bremen mehr als die Flotte!

Die Sichtweise war für die Marine wie ein Schlag ins Gesicht. Brommy verstand die Welt nicht mehr. Wie konnte Duckwitz, der doch so maßgeblich die Marine mit aufgebaut hatte, seine Regierung solch eine Position einnehmen lassen? Spätestens jetzt muss der Contreadmiral einsehen, dass sein Werk zerstört war, endgültig.

Nachdem Kommissar Fischer als erste Arbeit die Preise für die neun Kriegsschiffe ermittelt hatte und deren Möglichkeit, verkauft zu werden, gab dieser am 1. Juli 1852 einen Generalbericht an den Bundestagsausschuss für militärische Angelegenheiten ab.

> »(…)
>
> A) *Für armierte Kriegsschiffe fehle es in Deutschland, sofern sich nicht einzelne der Bundesstaaten dabei beteiligen wollen an aller und jeder Konkurrenz. Dabei sei einzig die Aufsuchung von Kaufliebhabern unter überseeischen Staaten übrig, wozu es aber einer 4–5 monatigen Zeit bedürfe.«*
>
> (…)
>
> B) *Der Verwendung zur Kauffahrteifahrt stellen sich wesentliche Umstände entgegen, aus denen die Unwahrscheinlichkeit hervorgehe, die Schiffe selbst nur um den fünften Teil des* (von der Marinekommission) *angesetzten Taxwertes als Schiffe zum kommerziellen Gebrauch anzubringen.«*

Hannibal Fischer wandte sich mit der Denkschrift speziell an den Militärauschuss des Bundes mit dem Ziel, die Flotte zu erhalten. Kernpunkt war die Denkschrift vom 26. Juni. Der Kommissar begründete seinen Vorstoß mit dem Wunsch:

> »(…) *dieser beiden Mächte, im wesentlichen auch die deutsche Wehrkraft*« zu stärken. [562]

Neben den Bemühungen, die Schiffe zu veräußern, war es Kommissar Fischers dringendster Wunsch, den Personalbestand der Flotte abzubauen. Bereits zu diesem Zeitpunkt war festzustellen, dass sich bei Fischers Handlungsweise eine Veränderung einstellte. Zunächst hatte er die Flotte als ein Objekt angesehen, das unbedingt zu beseitigen war, da er meinte, dass von ihr

---

562 **Oldenb. Staatsarchiv:** Oldenburgische Zeitung v. 11.4.1903.

Revolution und Anarchie ausginge. Er änderte seine Meinung, je länger er sich mit der Marine beschäftigte. Zum einen herrschte weder Chaos noch Anarchie, noch war etwas von revolutionären Tendenzen zu finden.

Stattdessen bestand eine gute Disziplin und sehr gute Ordnung. Und durch ihren Oberkommandierenden wurde ihm vor Augen geführt, wie positiv die Haltung gegenüber den Fürsten war! Als Folge dieser Erkenntnis setzte sich Kommissar Fischer auch für die Belange der Offiziere und Beamten der Flotte ein, was ihm schon wenig später den größten Ärger einbrachte, als er versuchte diese in die preußische Marine zu vermitteln! Auf Anordnung der Bundesversammlung wurden Ende Juli 1852 alle Offiziere und Beamte der Marineverwaltung und der Schiffe aus ihrem Dienst entlassen. Mit gleichem Beschuss wurde durch die Bundesversammlung jeglicher Pensionsanspruch der Offiziere der Bundesmarine verneint. Lediglich *»(…) aus Gründen der Billigkeit«* sollte jedem Offizier noch ein einjähriges Gehalt gewährt werden.

Die Versteigerung der DEUTSCHLAND als erstes Schiff der Nordseeflotte

Nachdem der Versuch gescheitert war, die auch in das Ausland nicht zu verkaufenden Schiffe der Nordseeflotte nach Preußen zu verschenken, erhielt Kommissar Fischer Anfang August eine strenge Weisung der Bundesversammlung aus Frankfurt, unverzüglich mit der Veräußerung der Schiffe und des Materials zu beginnen. Fischer konnte nun nicht mehr anders handeln und musste die bisher eingegangenen Angebote akzeptieren und die Versteigerung anberaumen. Daraufhin veröffentlichte der Bundeskommissar am 3. August 1852 eine erste Anzeige zur Versteigerung der Bundesflotte…

> *Mittwoch den 18. Aug. 1852, Mittags soll auf der Reede in Brake die Segelfregatte »Deutschland« mit allem Zubehör an den Meistbietenden gegen Bare Zahlung unter Vorbehalt der Ratifikation der Hohen Bundesbehörde öffentlich versteigert werden.*
> *Der Bundeskommissar*
> *Dr. L.H. Fischer*[563]

Obwohl durch Bundeskommissar Fischer bereits die Veräußerung der Flotte, gerade durch Otto Bismarck mit Hochdruck gefordert wurde, gab es immer noch Personen in Preußen, die Angst hatten, dass die Schiffe von Österreich erworben werden könnten. So versuchten Kerst und Gaebler weiterhin die Lage in Brake zu sondieren, um eventuell doch noch günstig an die Schiffe zu gelangen. Anfang August 1852 schrieb Gaebler an Manteuffel, indem er den Ankauf der restlichen Schiffe durch Österreich befürchtet, dem es nun sogar eine:

> *»(…) echt deutsche Gesinnung« (…) welches von Deutschland die Schmach der öffentlichen Versteigerung der Flotte abgewendet habe; sie würde den mächtigen Schutz Oesterreichs hervorheben und zu fernerem Vertrauen auf eine Aktion aufstacheln.*[564]

563 **Purnhagen, W.:** Dokumente, In: Leuchtfeuer 1959.
564 **Krüger, Henning:** a. a. O. S.105f.

Das würde vorrangig die Nordseestaaten *»imponieren«* die immer noch Hoffnung hätten die Flotte zu retten.

Als erstes Schiff der Bundesmarine wurde am 18. August 1852 die als Segelschulschiff erworbene Segelfregatte »Deutschland« versteigert. Das Schiff ging für 15 % des Schätzwertes, 9.200 Thaler, an das Handelshaus Rüsting (Roessingh) und Mummy in Bremen.[565]

Anlässlich der Kündigung aller bestehenden Verträge mit Offizieren und Beamten der Flotte hatte auch Contreadmiral Brommy dieses Los als Oberkommandierenden getroffen. Diesen Vorgang wollte er aber so nicht hinnehmen und richtet am 26. August ein Schreiben an den Hannoverschen Ministerpräsidenten von Schele:

>*»Ew. Excellenz!*
>
>*Der Beschluß der hohen Bundesversammlung vom 29. Juli, die Auflösung der deutschen Marine und die Entlassung der mit Patent und ohne Vorbehalt angestellten Offiziere und Beamte desselben betreffend, welcher gestern publiziert ward, mögen als Entschuldigung dienen, das ich es wage, Ew. Excellenz mit einer eigenen Angelegenheit beschwerlich zu fallen.*
>
>*Das ein solcher Beschluß meinerseits nicht erwartet werden kann, nachdem Ew. Excellenz die Güte hatte, mir mitzutheilen, nachdem die Grundsätze des Rechts und der Billigkeit maßgebend bei der Auflösung der Flotte sein sollen, darf mich befremden. Aber befremden muss mich, da es mit meiner Berufung nach Deutschland in so grellem Widerspruch steht.*
>
>*Auf Befehl des Großherzog- Reichsverweser vom Reichsministerium aufgefordert, den Königlich Griechischen Dienst zu verlassen und nach Deutschland zu kommen, um die zu begründende Marine zu organisieren, folgte ich, mit Erlaubnis se. Majestät, diesem Rufe; in wie weit die mir gestellte Aufgabe gelöst und den an mich gemachten Anforderungen entsprochen habe,— während eines Zeitraumes von drei und einem halben Jahre— bedarf Ew. Excellenz gegenüber keiner weiteren Erörterung. Das Zeugnis darf ich mir geben, mit unermüdlichem Eifer und redlich meine Pflicht unter den schwierigsten Verhältnissen erfüllt zu haben. Um so härter trifft mich nun ein höchster Beschluß, der meine ganze Existenz vernichtet.*
>
>*Im vollen Vertrauen auf die Autorität des von sämtlichen deutschen Souverainen anerkannten Erzherzog-Reichsverwesers gab ich meine Stellung in Griechenland- nach fünfundzwanzigjähriger Dienstzeit- und somit eine gesicherte Existenz auf, um mich dem Dienste des Vaterlandes zu widmen, welches meine Kräfte in Anspruch nahm. Dieses Vertrauen auf das Patent eines deutschen Fürsten kann unmöglich auf eine solche Weise, wie sie der Bundes Beschluß anordnet, getäuscht werden.*
>
>*Die gütige Aufnahme, welcher ich mich von Ew. Excellenz stehts erfreut hat, läßt mich jetzt vertrauensvoll an Sie wenden und Ihren gütigen Rath entsprechen, was ich in dieser für mich unangenehmen Lage zu thun habe.*
>
>*Wäre es nicht zu ermöglichen, das abseits der Kaiserlichen Regierung, durch Ew. Excellenz gütige Unterstützung meine ganz eigentümliche Lage bei der hohen Bundes-Versammlung vorgestellt und in Berücksichtigung gezogen werden könnte, damit ich*

---

565 **Siebs:** a. a. O., S. 38.

nicht in Folge politischer Maßregeln in eine Lage versetzt werde, welche ich durch meinen treuen Dienst nicht verschuldet habe.

Eine traurige Zukunft steht mir bevor, mögen Ew. Excellenz geruhen, sich meiner anzunehmen.

Einer hochgeneigten Antwort sehe ich hoffnungsvoll entgegen und indem ich Ew. Excellenz nochmals die Versicherung gebe, das es fortwährend mein Bestreben sein wurde, alles anzuwenden, um die Auflösung der Marine zu einem guten Resultate zu bringen, verharre ich, wie immer, mit der ausgezeichneten Hochachtung

Ew. Excellenz ganz ergebenster

R. Brommy, Admiral.« [566]

Ungeachtet der bedrohlichen Lage um sein Lebenswerk hatte der Contreadmiral privat beschlossen seine Verlobte vor den Traualtar zu geleiten. Am 10. September 1852 heirate Carl Rudolph Brommy seine Verlobte Caroline Hascheline Gross in der Kirche zu Hammelwarden.

Es war ein sonniger Tag. Der gut zwei Meilen lange Weg von Brake, dem Hotel des Brautvaters, bis zur Kirche in Hammelwarden war mit dem Ehrenspalier der Marinesoldaten der Marinestation Brake gebildet, wobei die Seejunker, immer eine vom Admiral unter besonderem Interesse stehende Charge, den Abschluss zur Kirche bildeten.

Um 10.00 Uhr vormittags fuhren die Brautleute mit der Kutsche aus Brake kommend vor der Kirche vor und die Kirchenglocken begannen zu läuten. Nach dem Gottesdienst gingen die jung Vermählten durch das Spalier des angetretenen Offizierscorps zur Kutsche, um wieder nach Brake zu gelangen. Zum Abend hin begab sich die Hochzeitsgesellschaft auf ein Schiff, um sich nach Hude zu begeben und dort die Hochzeitsfeierlichkeiten ausklingen zu lassen.[567]

Der überstürzte Verkauf der restlichen Schiffe und Güter der Nordseeflotte

Im Rahmen der Veräußerung der Schiffe durch den Kommissar Fischer kam es Ende Oktober doch zu Verhandlungen mit Österreich. Es handelte sich um die ERNST AUGUST und den GROSSHERZOG VON OLDENBURG, die für einen Preis von 541.000 Gulden zur Disposition standen. Hierzu sollte die Bundesversammlung einen Beschluss fassen, der aber nicht zustande kam. [568]

Durch den nun ausgeübten Druck auf Reichskommissar Fischer war dieser nicht mehr in der Lage, die Schiffe zu bestgünstigsten Preisen zu veräußern, da ihm keine Zeit gegeben wurde. Die Bundesversammlung schien sogar, um des lieben Friedens willen, erheblich finanziellen Einbußen in Kauf zu nehmen. Nach einigen Verhandlungen konnte für die Übernahme eines großen Teils der Schiffe der Nordseeflotte am 1. Dezember 1852 die britische »General Steam Navigations Company« in London gewonnen werden. Die drei Dampfschiffe der ehemaligen »Hamburger Flottille« und die drei britischen Spekulations-Neubauten:

---

566 **Bär, M.:** a. a. O., S.318f.
567 **Klampen, Erich zu:** Brommy, der ersten deutschen Flotte Admiral.
568 **Bayrisches Hauptstaatsarchiv Bundestag** 778 § 257 22 . Sitzung vom 28. Okt.1852.

LÜBECK,
HAMBURG,
BREMEN,
FRANKFURT,
DER KÖNIGLICHE ERNST AUGUST,
GROSSHERZOG VON OLDENBURG,

gingen für 40% des Schätzwertes, insgesamt 238.000 Thaler, nach England.

In der Presse war tags darauf zu lesen:

»Mit dem heutigen Tag ist das Flottendrama, soweit es unseren Hafen betrifft, ausgespielt. Die deutsche Flagge hat aufgehört auf unserer Reede zu wehen, und Englands stolzer Banner weht von unseren früheren Kriegsschiffen. Heute früh traf der Contreadmiral Brommy, 2 Direktoren der Steam-Navigations-Company in London und Doktor Fischer mit einem Notar von Bremerhaven hier ein, und schon Mittags wehte von einem unserer Schiffe die englische Flagge, während am Nachmittag die übrigen nacheinander übergeben werden.
Sobald an einem der Schiffe die deutsche Flagge sank, verließ der deutsche Kommandant mit der Mannschaft das Schiff und sogleich wurde die englische Flagge aufgezogen. Die Schiffe werden nun in den nächsten Tagen fertiggemacht und werden gegen Ende der nächsten Woche nach London abgehen. Wie wird man dort lachen und unserer spotten, wenn unsere verkaufte deutsche Flotte die Themse hinaufsegelt! Wären unsere Schiffe als Opfer eines Orkans vom Ozean verschlungen – wären sie ein Raub der Flammen geworden – hätten sie im ehrlichen Kampfe vor dem mächtigen Feinde die Flagge streichen müssen – die Nachricht davon wäre eine Wohltat gewesen gegen das, was jedermann über diesen Verkauf hier empfindet!«[569]

Nachdem die Schiffe der Bundesmarine an die britische Firma verkauft worden waren, zeigte sich das preußische Kriegsministeriums unter Bonin wenig später ungehalten über diesen Vorgang, da Preußen hätte durch den Ankauf Gewinne machen können. Bonin an Wangenheim:

»…Das die englische Gesellschaft von den für 238.000 Taler erworbenen 6 Dampfcorvetten zwei für die Summe von 248.000 Taler wieder verkauft haben soll, wurde dem Herren Finanzminister bei der nächsten dienstlichen Veranlassung mitzutheilen sein.«[570]

Contreadmiral Brommy begab sich nach diesen anstrengenden Tagen zum Jahreswechsel von Bremerhaven nach Brake zu seiner Gattin, die in Hoffnung war, um im Kreise der Familie Gross Ruhe und Kraft für das kommende Jahr zu suchen und zu schöpfen.

Der Jahresanfang 1853 war gekennzeichnet von derselben Hektik, mit der das Jahr sein Ende genommen hatte. Die 26 Ruderkanonenboote, seit jeher vom Admiral für den Bereich der Nordsee als nicht als einsetzbar angesehen, wurden am 3. Januar 1853 von Kommissar Fischer an die Fa. Hans Budecke in Bremen, Vegesack verkauft.[571] Sie erreichten gerade den Verkaufswert von 10.600 Thalern, was ca. 7% des Schätzwertes entsprach![572]

---

569   **Gross:** Geschichte der Familie Gross zu Brake in Oldenburg. S. 90.
570   **Krüger, Henning:** a. a. O. S.107f.
571   **Lohmann, Walter:** Denkwürdige Tage aus der deutschen Marine-, Kolonial- und Seekriegsgeschichte . S. 15
572   **Bär M.:** a. a. O. S. 217 **Auch Bayrisches Hauptstaatsarchiv** Bundestag 778 § 45 21 Sitzung vom 3. März 1852.

Nun waren nur noch das Flaggschiff HANSA und die ERZHERZOG JOHANN als »Restmasse« im Bestand. Da das letztgenannte Schiff keine Bewaffnung erhalten hatte, war nur die HANSA als Kriegsschiff mit ihren Kanonen an Bord verblieben. Da jegliche Unmöglichkeit das Schiff für Kriegszwecke weiter zu verwenden, musste das Schiff entwaffnet werden. Am 10. Januar 1853 erteile der Oberbefehlshaber die Anweisung, die HANSA zu demilitarisieren…

»(…) Sobald die Dampffregatte Hansa ihren bestimmten Platz in dem Bassin eingenommen hat, das sämtliche etwa an Bord vorhandene Pulver, die geladenen Geschosse und alle sonstigen feuergefährlichen Gegenstände auszuschiffen, worüber, sowie über die Auslieferung dieser Gegenstände an das Arsenal mit der Seezeugmeisterei das weitere zu verabreden bleibt.
Nächstdem ist das Inventar des Schiffes abzuschließen und letzteres selbst mit sämtlichen an Bord verbliebenen Zubehör in Gegenwart des Herrn Bundes Commisarius zur Klarstellung seiner Rückständigen Rechnungs- Angelegenheit der Cassensachen zu melden. Vom Tage der Übergabe werde derselbe mit den zuständigen Competenzen (…) in den Listen der Seezeugmeisterei geführt werden.
Bremerhaven, den 10. Januar 1853
C. Admiral
Zur Abschrift zur Kenntnisnahme und genausten Nachbetrachtung auch mit Bezug auf die Dampffregatte Erzherzog Johann.
Bremerhaven, den 10. Januar 1853
R. Brommy
C. Admiral [573]

Nachdem die bisherigen Verkäufe der Schiffe sehr schleppend verlaufen und weit unter den veranschlagten Summen abgelaufen waren, konnten auch für die HANSA nur drei Kaufangebote verzeichnet werden, nachdem 1852 die New Yorker »Ocean Steam Navigation Company« ihre Kaufabsicht zurückgezogen hatte. In der Weserzeitung vom 15. Januar 1853, wie auch am 17. Januar 1853 in der hamburgischen »Börsenhalle«, erschien durch Hannibal Fischer die Anzeige zur Versteigerung:

Mittwoch, den 16. März d.J. (…) sollen im Bassin von Bremer Hafens die zur deutschen Flotte gehörigen und zur Paketfahrt sehr geeigneten zwei Dampffregatten die HANSA mit 2 Maschinen zu 750 Pferdekräfte und 1800 Tonnengehalt, ferner die Dampffregatte ERZHERZOG JOHANN ebenfalls mit 2 Maschinen zu 416 Pferdekräfte und 1135 Tonnengehalt, jedoch ohne Armatur (….) öffentlich versteigert werden. [574]

Auf Anweisung des Kommissars Fischer verfügte der Admiral am 19. Januar 1853, dass der Leutnant 2. Klasse Poppe *»an Stelle des Mercantil-Capitains, Herr Gabriel Johannson«* die Beaufsichtigung der beiden Dampf- Fregatten HANSA und ERZHERZOG JOHANN mit dem 20. Januar1853 zu übernehmen habe. [575]

573 **Böll, Hans Jürgen:** Übersandte Privatunterlage des Autors. No. 4311 Oberkommando der Marine. An das Commando der Dampffregatte Hansa.
574 **Symansky, H.:** a. a. O. S. 343f.
575 **Böll, Hans Jürgen:** Übersandte Privatunterlage des Autors. No. 4445 Oberkommando der Marine. An das Commando der Dampffregatte Hansa.

Nachdem alles Material und kriegsmäßiges Inventar der beiden Dampf- Fregatten HANSA und ERZHERZOG JOHANN von Bord gegeben und eingelagert worden war, wurden die Schiffe abgetakelt am 20. Januar 1853 mit dem Niederholen der Bundeskriegsflaggen außer Dienst gestellt, und das verbliebene Personal der Schiffe entlassen.

Zum Ende des Monats, genau am 27. Januar 1853, wurde das letzte in Lübeck liegende Kanonenboot »St. Pauli« für 457 Thaler 20 Sgr. und 9 Pf. an den Senator Hanke verkauft. [576]

Mit Stand vom 3. März 1853 waren an Schiffen und Ausrüstung der Nordseeflotte verkauft worden:

Name/Art	Reichsthaler	Sgr.	Pf.
Fregatte DEUTSCHLAND	9.200		
10 St. Carronaden	550		
Pulver Munition	88	20	–
6 Dampfcorvetten	238.000		
2 Kanonen Zubehör, Munition	1.350		
26 Kanonenboote	10.600		
11 Geschütze (Hannover)	5.300		–
6 Geschütze (Oldenburg)	2.339		
1 Kanonenboot (Lübeck)	457	20	9
Bekleidung Gegenstände	3.750	–	–
Summe Total	271.635	40	9

Am 7. März 1853 erfolgte bezüglich der Besoldung der entlassenen belgischen Offiziere der Beschluss, dass diese weiterhin 40 Thaler pro Monat erhielten, bis sie anderweitig eine Anstellung erhalten hatten.[577]

Anlässlich der Unstimmigkeiten über die Bezahlung des Trockendocks zu Brake kam es in der 10. Bundestagssitzung am 17. März 1853 zum Beschluss der oldenburgischen Regierung 11.384 Reichsthaler 28 Groten Courant zu übergeben. [578]

Als letzte Schiffe der Bundesmarine wurden die beiden Dampffregatten HANSA, Brommys letztes Flaggschiff, und die ERZHERZOG JOHANN am 28. März 1853 an das Bremer Handelshaus Fritze und Company verkauft. [579]

576 **Bayrisches Hauptstaatsarchiv,** Bayrische Gesandtschaft beim Bundestag Akt. 778 § 45 21. Sitzung vom 3. März 1852.
577 **Batsch, F.:** Prinz Adalbert von Preußen S. 235. **Sachau, Th.:** (Pastor) a. a. O. S. 191.
578 **Bayrisches Hauptstaatsarchiv,** Bayrische Gesandtschaft beim Bundestag Akt. 778 § 70 8. Sitzung vom 17. März 1853
579 **Eckhardt, A.:** Brake S. 171

Der Schlussbefehl der Nordseeflotte am 31. März 1853

Am 31. März 1853 ward das letzte Personal der Marine entlassen und der Schlussbefehl für die Bundesmarine durch den Oberkommandierenden herausgegeben…

»(…) Dem sämtlichen Personal der deutschen Bundes-Marine wird hiermit bekannt gegeben, das im Anschluß an die bezüglichen, früheren Verfügungen zur Ausscheidung von Schiffen und Material, sowie zur Entlassung von Personal, nunmehr unter dem 15. d. M. die Auflösung der Marine und damit die Entlassung des gesamten bei der Abwicklung der Geschäfte noch beteiligt gewesenen Personals zum 31.a.c. höchsten Ortes beschlossen worden war und durch das Oberkommando zur Ausführung gebracht werden soll.

Schmerzlich ist es dem Oberkommando, diesen inhaltsschweren Akt zur allgemeinen Kenntnis bringen zu müssen, einen Akt, durch welchen nicht nur das mit nationaler Begeisterung erweckte und unter den schönsten Erwartungen emporgeblühte Institut einer deutschen Marine der bloßen Erinnerung anheim gegeben wird, sondern durch welchen auch die Hoffnung so vieler Tüchtigkeit, die diesem Institut Kräfte und Leben zu weihen, nicht abstanden, vernichtet worden sind.

Dagegen bleibt es dem Oberkommando ein wohltuendes Gefühl, den von diesen Verhältnissen abgewendeten Blick, mit der Überzeugung in die Vergangenheit zurückwerfen zu können, das dieselbe ein glänzendes Beispiel dafür gewesen, was unbedingte Hingabe an die Idee und Vertrauen in die Oberleitung, dem ihre Ausführung anvertraut war, ungeachtet aller Behinderungsversuche hervorzubringen vermögen.

Mit Stolz darf das Oberkommando es aussprechen, das die deutsche Marine innerhalb der ihrer Ausbildung gesteckten, engen Grenzen und unter den schwierigsten Verhältnissen einen Höhepunkt erreicht hatte, welchen Sachkundigen die vollste Anerkennung zollen mussten, und der den Beweis lieferte, was Deutschland hinsichtlich seiner Wehrkraft zur See unter günstigen Umständen zu leisten vermöchte!

Indem das Oberkommando sämtliche Offiziere, Beamten und Mannschaften der Marine Lebewohl sagt, kann es sich nicht entbinden, demselben für ihre geleisteten Dienste seine volle Anerkennung und Zufriedenheit hiermit auszudrücken und Dank auszusprechen

Bremerhaven, den 31. März 1853
Das Oberkommando der Marine
R. Brommy
Konter-Admiral«[580]

Durch Contreadmiral Brommy und dem Hauptmann Weber wurde am 1. April 1853 das Schlussprotokoll für die Bundesmarine erstellt.[581] Damit waren die Marinebehörden der Bundesflotte außer Dienst gestellt worden und alle Beamten entlassen.

580 **Lohmann, Walter:** Denkwürdige Tage … S.68f.
581 **Schulz, H.:** a. a. O., S. 47.49 **Richter, O.:** Die erste deutsche Flotte… S. 166 auch **Sachau, Th.** (Pastor): a. a. O., S. 191ff.

Durch das eigensinnige und überkorrekte Verhalten von Kommissar Fischer kam es nach dem Ende der Bundesflotte zu gerichtlichen Auseinandersetzungen zwischen Bremer Gerichten wegen des Bundeseigentums der Flotte. Hierbei kam es besonders wegen der Streitigkeiten um die Einbehaltung von Bundeseigentum durch den Bremerhavener Apotheker Büttner aus dem Jahre 1852, das Wellen bis nach Frankfurt schlug. Zunächst hatte Fischer den Apotheker ermutigte für sein Recht vor die Schranken des Bremer Gerichtes zu gehen, aber anschließend selber veranlasst, dass die Gegenstände abgeholt würden. Es kam zum Kompetenzstreit, ob einerseits, Fischer zu solchen Handlungen überhaupt befugt war und andererseits ob das Bremer Gericht Kompetenz hatte, über Bundeseigentum zu verfügen. Die Beseitigung der Flotte geriet wieder in die Öffentlichkeit und wurde im Bundestag behandelt. Vorgänge, die von offizieller Seite nicht gerne gesehen wurden, wollte man diese unschöne Handlung der Beseitigung der Nordseeflotte endlich beendet sehen. So sah sich der preußische Gesandte in Frankfurt, Otto Bismarck, genötigt, am 27. April 1853 ein Schreiben an Minister Schele zu senden, um dem Spuk in Bremerhaven schnell ein Ende zu machen. Schließlich gelang ein Vergleich, so dass sich die Empörung der Beteiligten langsam legte, in Frankfurt aber als Schmarotzer bezeichnet wurden.

In einem Schreiben des Bundestagsausschusses für Militär- Angelegenheiten vom 14. Juni 1853, dem 5. Jahrestag der Gründung der Bundesflotte in Frankfurt, wurde Contreadmiral Brommy mit einem kurzen Dank und Anerkennung von seinen Aufgaben als Oberbefehlshaber der deutschen Flotte entbunden:

> *»(…) Nachdem infolge Bundesbeschlusses vom 7. April 1852 die Auflösung der deutschen Flotte betreffend, die Wirksamkeit der Marinebehörden bereits mit dem 1. April d. J. aufgehört und eine summarische Revision des sämtlichen Geld und Material-Rechnungswesens der unter Ihrem Oberkommando bestehenden Marine ergeben hat, das von Ihnen eine weitere Verantwortlichkeit nicht mehr zu vertreten bleibt, so ward auf Grund des Eingangs erwähnten Bundesbeschlusses, unter voller und dankender Anerkennung der umsichtigen, angestrengten und erfolgreichen Dienst, welchen Sie als Seezeugmeister und nachher als Oberkommandant der deutschen Nordsee-Marine bei der Gründung, Organisation und Entwicklung derselben, sowie durch die Aufrechterhaltung der Ordnung und Disziplin, während der ganzen Bestandzeit bis zu ihrer Auflösung, geleistet haben, hiermit Ihr bisheriges Dienstverhältnis in der deutschen Nordseeflotte gelöst.*
> *Frankfurt a/M., den 14. Juni 1853*
> *Im Namen des Bundestagsausschusses für*
> *Militärangelegenheiten:*
>
> > *Der Bundes-Präsidial-Gesandte*
> > *v. Prokesch-Osten«*

Der 14. Juni war und blieb für Carl Rudolph Brommy ein Schicksalstag, der an Dramatik nur schlecht zu überbieten war!

Am 30. Juni 1853 wurde der Contreadmiral offiziell aus dem Dienst der Bundesmarine entlassen. Er erhielt als Abfindung eine einmalige Zahlung von 2.500 Thaler durch Hauptmann Weber überreicht mit dem Hinweis, das Ende Juni 1853 die Bezüge eingestellt würden und Brommy aus dem Dienst entlassen sei.

Zum selben Zeitpunkt wurde auch Bundeskommissar Fischer von seinen Aufgaben der Veräußerung der Flotte und deren Material entbunden.

Die von Carl Rudolph Brommy eingeleiteten Versuche, eine neue Anstellung zu finden, begannen nach Österreich hin, da er in seiner Heimat Deutschland keine große Aussicht sah. Gegen Ende Januar 1853 erhielt der Contreadmiral per Post von General Jochmus aus Hamburg die Information, er habe dem Herrn Erzherzog Johann bereits mehrere Male zu Gunsten der Offiziere der deutschen Flotte geschrieben. Zuletzt speziell wegen einer Anstellung des Admirals als Offizier in der österreichischen Marine. Eine Entscheidung sei aber noch nicht gefallen. Der General empfahl, sich nach Lage der jetzigen Situation, noch einmal selber an den Erzherzog zu wenden, der zu dieser Zeit in Graz, Steiermark, residierte.

Kapitel XVII.

Preußens Marineaufbau mit dem Personal der Nordseeflotte 1853

Während der Contreadmiral der gewesenen Bundesflotte um die Versorgung seiner untergebenen Offiziere und um seine eigene Belange kämpfen musste, hatte Prinz Adalbert von Preußen ganz andere Sorgen.

Um den Nachwuchssorgen der Marineführung entgegenzutreten, wurde durch Prinz Adalbert Ende August 1852 die Anweisung erteilt, ein Ausbildungsgeschwader zu bilden, um die dringend benötigten Offiziere und Mannschaften heran-und auszubilden. Das Geschwader sollte gebildet werden durch die kürzlich von der Bundesmarine übernommene SMS GEFION ex ECKERNFÖRDE, das Kadettenschulschiff AMAZONE und das Schiffsjungenschulschiff MERCUR.[582] Leiter des Geschwaders sollte Commodore Schröder sein. Hierbei schielte der Prinz auch auf das Personal der Bundesmarine, da er sich darüber umfangreiche Informationen hatte zukommen lassen.

Im Rahmen der Beseitigung der Nordseeflotte war bereits im vorigen Jahr in der preußischen Marine damit begonnen worden, sich Gedanken darüber zu machen, Teile der Matrosen, Offiziere und Beamten der Bundesflotte zu übernehmen. Deshalb wurde über das Offizierskorps der Reichsmarine bis hinunter zu den Offiziersanwärtern Beurteilungsunterlagen angefertigt. So auch über Contreadmiral Brommy. Durch Prinz Adalbert von Preußen war zumal persönlich vermerkt worden:

>*»(…) Contreadmiral Brommy, verschmitzt und intrigant. Die Stellung ist ihm zu Kopf gestiegen, nicht geeignet. Mit der Familie des Gastwirtes Groß, der früher im Zuchthaus gesessen hat, in enger Verbindung. Mangel an Takt. Man soll auch an der Befähigung des Admirals zweifeln. Krieg hat ihn wegen des Gefechtes von Helgoland gleich Vorwürfe gemacht.«* [583]

Welche Quellen der Prinz für die sehr negative Beurteilung von Carl Rudolph Brommy zu Rate gezogen hatte ist unbekannt. Sie war aber wohl die Grundlage jegliche weiteren Kontakte mit dem Contreadmiral für eine eventuelle Übernahme in preußischen Dienst auszuschließen. Von dieser Situation wusste der Contreadmiral nichts, sprach der Preußenprinz in seinen Briefen an den Admiral doch mehrmals als seinen »Freund« an!

---

582 **Güht, R.:** Von Revolution zu Revolution S. 27.
583 **Duppler, J.:** Der Juniorpartner S. 43.

Einiges Personal, vorzugsweise das aus Preußen stammende, wechselte in die preußische Marine, einige auch in die von Österreich.

Trotz vieler Belastungen arbeitete Prinz Adalbert weiter am Projekt einer preußischen Hafenanlage bei Heppens. Die Elbe schied schon wegen der Nähe zu Schleswig-Holstein und Dänemark aus. Die Ems ebenso wegen ihrer Nähe zu den Niederlanden. Es verblieben Jade oder Weser. An der Weser waren schon Einrichtungen der in der Auflösung befindlichen Flotte von Contreadmiral Brommy vorhanden. Aber dieses Gebiet von Bremerhaven war umgeben von hannoverschem Gebiet, und da man Spannungen mit Hannover erwartete, da sich dieses als der wichtigste Herr in der Nordsee ansah, wurde darauf verzichtet. Es verblieb die Jade mit dem schon besichtigten Gebiet bei Heppens, das ganz auf oldenburgischem Gebiet lag. Da der Großherzog von Oldenburg ein grundsätzlicher Verfechter einer starken deutschen Flotte war, sollte Preußen hier an die Stelle der aufgelösten Bundesflotte treten. Maßgebliche Kreise in Preußen, die mit den geheim geführten Verhandlungen betraut waren, u. a. der schwedische Offizier in preußische Diensten, Hylten- Cavallas, sprachen sich gegen den Erwerb von Heppens aus. Die Gründe waren vielfältig.

Schon wenig später erließ Prinz Adalbert von Preußen eine Dienstanweisung, um seine ihm unterstellten Offiziere in den Stand zu versetzen, nach seinen Wertvorstellungen zu agieren:
Den Dienst betreffende Bestimmungen
Disciplin der Offiziere.

Ich habe Veranlassung die Offiziere der Marine dringend darauf aufmerksam zu machen, wie der wahrhaft militärische Gehorsam den entscheidensten Willen der pünktlichen Ausführung der Befehle ohne Gedanken des Vorbehaltes, der spitzfindigen Klügeleien, die Verbannung jeder Lauigkeit die ihre Pflicht als Offizier – durchaus erheischt sich mit dem Geist der ihnen erteilten Befehle und Instruktionen vertraut zu machen, damit sie ihnen einen Anhalt für n i c h t darin vorgesehene Fälle gewähren. Das Streben, nur Verantwortlichkeit von sich abzulehnen, ob auch als allgemeine und das Marineinteresse dabei leide, ist eines Offiziers durchaus unwürdig, lässt keine entschlossene That zu, kann keine Marine groß machen, ist mit der wahren Disciplin für den Offizier nicht vereinbar.
Die Disziplin der Marine ist aber die ihrer Offiziere«.

Ober-Commando der Marine
Gez. W. Adalbert, Prinz von Preußen [584]

---

584 **Graubohm:** Die Ausbildung in der deutschen Marine S. 70. **Güht, R.:** Von Revolution zu Revolution S. 27f.

Brommys Leben nach seiner Entlassung aus der deutschen Marine…

Der Restbestand der bis zur Entlassung von Kommissar Fischer nicht abgeführten Materialien der Flotte wurde durch Hauptmann Weber bis zum Oktober 1853 veräußert. Der letzte Gegenstand, der versteigert wurde, war, ironischerweise, ein Sarg der Marine.

Contreadmiral a.D. Brommy beobachtet die maritimen Vorgänge in Preußen mit wachem Auge. Die familiären Gegebenheiten, Eheschließung und die Geburt seines Sohnes Carl Rudolph Traugott Gerhard am 9. Mai 1853, ließen Rudolph Brommy erneut den Versuch unternehmen, in preußische Dienste übernommen zu werden. Aus diesem Grund wandte er sich Mitte 1853 erneut an Prinz Adalbert von Preußen:

»(…) das gnädige Wohlwollen, welches Ew. Kgl. Hoheit mir zu beweisen geruhten, läßt mich die Freiheit nehmen, in meiner eigenen Angelegenheit beschwerlich zu fallen.

Meine seitherige Wirksamkeit ist vernichtet, das Nordsee-Geschwader existiert nicht mehr; – ein Geschwader, das auszubilden mein fortwährendes Bestreben war, da ich stehts die Hoffnung hegte, einst das Oberkommando desselben an die ew. klg. Hoheit abgeben zu dürfen, wenn dasselbe mit der kgl. Preuß. Marine vereint würde. Meinen höchsten Stolz würde ich darin gefunden haben, es ew. Klg. Hoheit vorführen und mir dafür Ihre Anerkennung zu erwerben.

Es hat nicht so sein sollen! Aber hart trifft es mich jetzt, nach jahrelangen Mühen aus dem Dienst, in welchen ich auf diplomatischem Wege aus meiner ehrenvollen Stellung und sicherer Existenz gerufen ward, entlassen zu sein, ohne das meine legalen Dienstleistungen weder durch eine festere Verwendung noch durch eine Pension gewürdigt wurde, die eine Äquivalent für meine frühere Existenz wären.

Die klg. Preußische Marine hat in diesen Tagen eine neue Organisation empfangen, – soll es bei dem anerkannten Mangel an Offizieren in derselben nicht zu ermöglichen gewesen sein, mir eine geeignete Stellung in ihr anzuweisen? Ob ich zu einer solchen befähigt bin, darüber möge Ew. Klg. Hoheit selbst urteilen; ich hoffe es um so mehr, als mir Ew. Klg. Hoheit einst die Gnade erwiesen, zu schreiben, das mein Name auch in Preußen einen guten Klang habe, – und ich bin mir bewußt, demselben seit jener Zeit, die der Mühen und Prüfungen viel für mich hat, nicht verwirkt zu haben.«

Die Antwort des preußischen Oberkommandierenden war zwar freundlich, aber so stark ausweichend, dass Brommy hier glaubte, in absehbarer Zeit, wenn überhaupt, keine Anstellung finden konnte. Wegen dieser Tatsache kämpfte Carl Rudolph Brommy weiter um seinen Pensionsanspruch. Hierbei musste er sich gegen preußische, dänische und niederländische Einwände (!) zur Wehr setzen.

Nachdem der Contreadmiral am 30. Juni 1853 aus dem Dienst entlassen worden war, erhielt er außer seiner Abfindung keinerlei weitere Unterstützung durch den Bundestag als Dienstgeber. Da dieses, nach Ansicht der Bundesversammlung rechtens war, da keinerlei Verträge in dieser Richtung vereinbart worden waren, musste Brommy erhebliche Anstrengungen unternehmen um seine junge Familie abzusichern. Dieser Vorgang kränkte den aufrichtigen Mann aber zutiefst, um das Nötigste für seine Familie derart kämpfen zu müssen. Erst eine Untersuchungskommission des Militärausschusses legte die wahren Umstände zum Eintritt in die Dienste in

Deutschland auf. Bald wurde klar, dass Brommy, nach Aufgabe seiner über 25jährigen Tätigkeit in Griechenland, auf Veranlassung von deutschen Stellen (Duckwitz) eine gesicherte Stelle aufgegeben hatte, und nun dafür entschädigt werden musste.

Erst nachdem Brommy, als eine der letzten Möglichkeiten, einen Brief an den Herzog von Sachsen geschrieben hatte, als dessen Untertan er sich noch immer fühlte, erhielt er am 2. März 1854 die Zusicherung des Bundes:

> »(…) *dem Contreadmiral der bestandenen deutschen Flotte, Brommy, in der Voraussetzung das er binnen einem Jahre seit Beendigung seiner Dienstleitung ein solchiges Unterkommen oder einen Erwerb nicht gefunden, vom Ablauf dieser Frist an bis auf weiteres, namentlich bis zur Ermittlung eines solchen Unterkommens oder Erwerbes, einen monatlichen Bezug von 125 Thaler aus der Matrikularkasse zu bewilligen.«* [585]

Contreadmiral Brommy lebt zunächst mit seiner Frau Caroline und ihrem Sohn Carl Rudolph Traugott Gerhard, in Bremerhaven, im ehemaligen Hauptsitz der Marine in Bremerhaven. Wenig später zog er nach Brake um, wo ihm sein Schwiegervater ein Haus in der Mitteldeichstraße, direkt am Hafen mit Blick auf die Weser, gebaut hatte.

Zu dieser Zeit machte sich bemerkbar, dass die Kräfte des pflichttreuen Marineoffiziers ihren Zenit überschritten hatten. Die Hingabe für sein Lebenswerk, den Aufbau einer achtenswerten Kriegsmarine für Deutschland, hatten den Vierzigjährigen viel Kraft gekostet, geistig wie körperlich. Das alles wäre von diesem aufrichtigen Mann noch zu stemmen gewesen, wenn dieser aufreibende Kampf um diese Marine nicht so ehrverletzend durch Österreich und Preußen gewesen wäre. Dieser Kampf, die Aufregung und sein hohes Verantwortungsgefühl gegenüber seiner Aufgabe, wenn schon kein Bestand der Flotte zu erreichen war, dieses Institut, wie von der Obrigkeit gefordert und von ihm gewollt, in größter Ordnung und Disziplin außer Dienst zu stellen, hatte sehr an seinen Kräften gezehrt. Ein Vorgang, der bislang von keinem Seeoffizier in der Geschichte so gefordert und mit großem Erfolg durchgeführt worden war!

Am 9. Februar 1854 verfasste der ehemals so lebensfrohe Offizier und Familienvater ein letztes Gedicht, das er seiner geliebten Ehefrau Caroline widmete:

> *Karolinen tönen meine Saiten*
> *Und die Worte. Die so lange schwiegen;*
> *In das Reich der Töne will ich fliegen,*
> *Und mit ihnen zu Dir hinzugleiten.*
>
> *Leider sind so karg des Lebens Freuden,*
> *Blumen gleich, die sich im Sturme biegen;*
> *Manche bleiben zerknickt am Wege liegen,*
> *Die im Stande war, sie zu bereiten.*

---

585 **Schulz, H.:** a. a. O., S 53.

Heut sei es mein eifriges Bestreben,
Diese Blumen für Dich auszuspähn,
Einen Strauß für Dich daraus zu weben.

Und den Strauß, den Lieb' und Treue spendet,
Wirst Du hoff' ich, frohen Auges sehen,
Das sich freundlich nach dem Geber wendet.

Nun hatte Carl Rudolph Brommy auch Zeit, sich seiner Familie in Leipzig zu widmen. Mitte des Jahres 1854 kündigt er seinen Besuch nach Dresden an, um den Kontakt zu seiner Familie nicht zu verlieren.

Contreadmiral Brommys Hinwendung zur österreichischen Marine

Immer größer werdende gesundheitliche Probleme durch das Leben auf See, während der Zeit auf den US-Handelsschiffen und in der griechischen Marine von 1820 bis 1831 machten sich bemerkbar. Gicht und Rheuma traten immer stärker hervor, zumal sich auch immer stärker ein Leberleiden bemerkbar machte. Die weiteren Versuche, eine Anstellung zu finden, schlugen zunächst alle fehl. Erst durch die Vermittlung des Abgeordneten Merk wurde Contreadmiral Brommy durch Erzherzog Maximilian von Österreich in das Amt als Chef der österreichischen Admiralität berufen. Anlässlich seiner gesundheitlichen Probleme und in der Hoffnung, doch noch eine Anstellung in Österreich zu erreichen, unterzog sich der Admiral am 18. November 1856 in Bremerhaven einer ärztlichen Untersuchung mit folgendem Ergebnis:

Psychologische Charakteristik.

Vorerinnerung: 1 Grad: sehr gering. 2 Grad: nothdürftig. 3 Grad: ziemlich. 4 Grad: gut. 5 Grad: vollkommen oder sehr stark. Unterstrichen ausgezeichnet.
?: schwankend. 0: unterlassen. +: gefährlich übertrieben.- Alle bei einer Nummer genannten Eigenschaften sind unzertrennlich, zusammenhängende, eine die andere erzeugende und bedingende.

1. **Erster Eindruck:** *Vielversprechend, geisteskräftig, würdig, erhaben auch edel im Geist u. Leib, zum Geben geboren.*
2. **Temeprament:** *Kein einziger sichtbar, sondern erhaben über alle, in allen Stellungen des Lebens gleich mutig und würdig bleibend.*
3. **Anlagen:** *in höchster Vollkommenheit u. Harmonie an Seelen- Geist- u. Körper-Fähigkeit.*
4. **Bildung:** *Bisher fromm und weise an Seele und Leib. Später der höchsten geistigen u. leiblichen Ausbildung fähig.*
5. **Begebenheits-Gedächtnis** für Vorstellungen – Personen – Geschichte und Gegenstände:
   5 Grade, (dreifach unterstrichen) bei Übung u. Zeit im späteren die höchste Stufe erreichen.

6. **Wort- und Ton- Gedächnis:** <u>für Sprache – Zahlen- Töne und erlernte Fertigkeiten.</u> *5 Grade (doppelt unterstrichen) bei Übung u. Zeit im späteren die höchste Stufe zu erreichen.*

7. **Höchste Seelen und Gemütseigenschaften.** <u>Seelengrösse, Gottesfurcht – Gewissenhaftigkeit – Naturliebe – Menschenliebe – Wahrheitsliebe – Edelmuth – Begeisterung – Zartgefühl – Mitleid – Aufopferung – Freundlichkeit – Kindlichkeit</u> – Ergebenheit. *5 Grade (dreifach unterstrichen) angeborene und bis jetzt noch unverdorbene, erhaltene Anlage, welche später zwar niemals allein in der sentimenmtalsten Weise, hervortreten wird weil Vernunft u. Kraft in gleichen Grade mit wirken u. dadurch die Einseitigkeit aufheben werden.*

8. **Herzens Güte.** Dehmut – Sanftmuth – Milde – Friedfertigkeit – <u>Bescheidenheit – Anstandsliebe – Sittlichkeits Gefühl</u> – Genügsamkeit – Zufriedenheit. *5 Grade (dreifach unterstrichen) ebenfalls noch rein erhaltene Anlage, welche im späteren Leben auch nur mit Hinzuziehung der Vernunft u. Erfahrung gemessener würdiger Weise sich ausdrücken wird.*

9. **Sinnliche Gefühls- Eigenschaften der Freude.** <u>Ehrgefühl – Lebendsliebe – Fantasie – Frohsinn – Vergnügungsliebe – Schönheitsliebe – Kunstliebe – Geselligkeitsliebe – Überraschungsliebe – Erfreuungsgabe – Zärtlichkeit in Liebe und Freundschaft – Liebe zum Aussergewöhnlichen und scherzhaften.</u> *6 Grade (vierfach unterstrichen) Anlagen die mit gleicher Hinzuziehung der Religion u. Vernunft niemals zur leichtsinnigen Anwendung gebraucht werden kann.*

10. **Weisheit oder höheres Erkennvermögen.** <u>Geistesmacht – Scharfsinn – Einsicht – Tiefsicht – Aufklärungsbestreben – Wissenschaftsdrang – höhere Erforschungs- Verbindungs- und Beschluss- Vermögen für übersinnliche, moralische, allgemeinnützliche Zwecke – Religion – Philosophie.</u> *5 Grade (dreifach unterstrichen) die bisher der Jugend wegen, weder angewandt noch verdorben ist.*

11. **Vernunft oder Erkenntnisvermögen.** Geistesruhe – Vorstellungsvermögen – Umsicht – Bedächtigkeit – <u>Gründlichkeit</u> – Genauigkeit im Erwägen – Untersuchen – Berechnen und Erkennen der Thatsachen, Zustände, Begebenheiten, Charaktere – ebenso der sinnlichen Wahrnehmung als Töne- Farben – Zeiten und Räume – Schwere – Geschmack – <u>Worteinkleidungsgabe – Pflichtgefühl</u> – Vorteilserfindung – Ruheliebe – Ordnungssinn – Auffindung der entsprechenden Mittel und Wege zur schnellen Erreichung der Zwecke – Gerechtigkeitssinn – <u>Gemessenheit</u> – Leistungs- und <u>Verwaltungstalent</u> – für Erziehung, Führung, Anleitung und Angabe – Mathematisches Talent für Maschinenerfindung, Architektur, Kraftverwendung – Organisation und Spekulation. *4 ½ Grade Anlagen in Begleitung des ebenso reichen Gemütes von Einsichtigkeit.*

12. **Verstand, Talent und Erwerbungsvermögen.** <u>Energie – Tatkraft –Muth – Fleiss – Selbstbeherrschung – Ausdauer – Geduld – Lernfähigkeit – Geschicklichkeit – Gewandtheit in der Bewegung – Schnelligkeit im Verrichten – Ausdauer in Arbeit – Sprache – Kopfrechnen</u> – Fingerfertigkeit <u>– Zungengeläufigkeit – Schnelligkeit im Gehen – Talent für alle technischen Vorrichtungen zu schreiben – Spielen – Tanzen – Springen – Reiten – Fechten – Schwimmen</u> – Kälte – Hunger – Durst – Angst – Noth <u>–stillsitzende, mechanische, seelenlose, langweilige Arbeiten unbeschadet zu erdulden – rohe und schwere Arbeiten zu verrichten, viele und rohe Menschen zu beherr-</u>

schen und durch Arbeit, Mühe und Fleiß Vermögen erweben können.

6 Grade (Dreifach unterstrichen)Anlage die sich der moralischen Anwendung in vernünftigen Maße fügen wird. Im Verhältnis zu dieser reichen Gaben ist die Übung zu gering.

13. **Gefühls- Schwächen.** ~~Nervenschwäche, Leichtsinnigkeit, Empfindlichkeit, Ängstlichkeit, Mutlosigkeit, Unentschlossenheit, Vergesslichkeit,~~ Gemüthsaufregung, ~~Ermattung, Ungeduld, Veränderlichkeit, Lüge aus Übereilung und Furcht.~~

Weder Anlage noch Anwendung vorhanden außer dem Unterstrichenen welche doch durch Nervenstärke sehr beherrscht wird.

14. **Temperaments- Schwächen.** Eifer – Feurige Fantasie – Uebermuth – Ehrgeitz – Ruhmsucht – Eitelkeit – – Übertreibung in Genüssen – Begierde – Vergnügen – Arbeiten – Reden und Erlernen – Leidenschaft – Satyre – Tollkühnheit – Eigensinn Zank und Streitsucht – Rechthaberei – Stolz – Hochmuth ~~Selbstüberschätzung – Schadenfreude – Rücksichtslosigkeit~~ – Grobheit – Eigennutz ~~Geitz – Unbarmherzigkeit – Lüge aus Absicht.~~

Den überwiegenden Gemüts u. Vernunftgaben gegenüber aller hier. Im rohen unmoralischen Sinne verstanden nicht vorhanden. – was bei voraussichtlich fernerer, weiser Erziehung auch nicht angenommen werden kann im edelen Sinne am rechten Ort 6 Grade (doppelt unterstrichen)

15. **Haupt- Talente für entsprechende Verwendung.** Alle von *7–12 ohne Unterschied gleich bei Übung in jeder Sache – groß zu messen.*

16. **Nerven- Beschaffenheit.** Für Gesundheit, Kraft, Leben und Schlaf. *Glücklich*

17. **Blut- Beschaffenheit** für Muskelkraft und Triebe. *An Anlagen und Wirkung, jedoch nicht etwas septischer (?) zart im Stoff.*

18. **Verdauungskraft:** *Bis jetzt ziemlich erhalten, jedoch auch die höchste Vollendung aus zu wässrigen Grundstoffen noch zu erreichen (?).*

19. **Speisen, Trank und Lebensweise.** *Fürs ganze Leben »Mehl, Brot, Fett, saure u. bittere Speisen, ebenfalls Kaffee u. Milch weniger, dagegen Fleisch, Fleischbrühe, Gemüse, Obst, gesalzene Heringe, Wein, dünnes Bier, Kakao, und Wasser überwiegend mehr zu genießen u. möglichst tüchtig Körperbewegung u. reichlich Schlaf sich stets zu geben.*

Bremerhaven d. 18. 11. 1856   *Bossard*[586]

In der nachfolgenden Zeit begann der Admiral die Aufzeichnungen aus seinem Leben zu Papier zu bringen. Ein großer Halt war die Familie seiner Gattin, die ihn fürsorglich begleitete, da sich neben den seelischen auch weitere gesundheitliche Probleme einstellten, hauptsächlich aber das Leberleiden.

---

586 **Stadtgeschichtliches Museum Leipzig:** Sammlung Brommy/Lange

In einem Telegramm vom 2. März 1857 informierte Merk Contreadmiral Brommy über eine Depesche aus Österreich, die er dem Admiral am Abend zusenden würde.[587] Hierin die Aufforderung sich nach Österreich zu begeben, um einen Dienstposten als Chef der Technischen Sektion zu übernehmen.

Am 8. April 1857 trat er seinen Dienst in der obersten österreichischen Marinebehörde in Mailand als Chef der Technischen Sektion an. Die Schicksalsschläge hatten den deutschen Admiral aber so geschwächt und krank gemacht, dass er den Aufgaben nicht gewachsen war und die lang ersehnte Tätigkeit wieder aufgeben musste. Kränker, als er nach Mailand ging, verließ er seinen Posten bereits nach vier Monaten wieder am **7. August 1857**.[588]

Admiral a. D. Carl Rudolph Brommy: Verbittert und zurückgezogen in St. Magnus

Carl Rudolph Brommy zog nach dem Abenteuer in Mailand mit seiner Ehefrau und seinem Sohn zunächst wieder nach Brake. Der aufrechte Mann litt aber verstärkt, zumal ihm klar geworden war, dass er nie wieder ein führendes Amt in der Marine zu übernehmen in der Lage war, und das im besten Mannesalter von 52 Jahren! Der zuvor so lebenslustige und dem Leben zugewandte Mensch wurde immer schweigsamer und in sich gekehrt. Darum beschloss die Familie Brommy wenig später in die Abgeschiedenheit nach St. Magnus bei Vegesack zu ziehen und zurückgezogen in »seinem Schwalbennest« zu leben.

Die Familie seiner Frau nahm am Leiden des Schwagers regen Anteil. Sein Schwiegervater ließ sehr oft verlauten, dass der Admiral »sein liebster und geachteter Schwiegersohn« sei.[589]

Der schwerkranke Admiral soll zu dieser weiter an der Niederschrift seiner Lebenserinnerungen gearbeitet haben. Sein Gesundheitszustand wird das aber nicht wirklich zugelassen haben da er Zeitweise starke Lähmungserscheinungen in der rechten Hand gehabt hatte, die ein Schreiben fast unmöglich machten. Wie schwer Carl Rudolph Brommy das Schreiben eines Briefes gefallen sein muss, zeigt ein Brief an seinen Bruder Ernst vom 26. Mai 1859, gut sieben Monate vor seinem Tode.

587   **Stadtgeschichtliches Museum Leipzig:** Sammlung Brommy/Lange
588   **Anm. d. Verf.:** Es ist in keiner Quelle erwähnt, ob sich der Admiral in Österreich allein oder in Begleitung seiner Familie aufhielt.
589   **Gross, Detlev G.:** »An der Weser, Unterweser« Erinnerungen an eine alteingesessene Familie. Schiffahrtsmuseum Unterweser 1. Auflage 2016

Lesum 26. Mai 1859
Geliebter Bruder Ernst!

Ich will nicht sagen das ich Dich und Deine
Familie vergessen habe, aber ——— wie schlecht
ich doch schreibe.
Ob ich Dein(?) Gedächnis gewi——
Das kannst Du mir glauben!

Aber bis zu jetziger Zeit habe ich mit
meiner rechten Hand so gezittert das
ich nicht schreiben konnte, es war schrecklich
doch dachte ich von Dir lieber Bruder,
und war erfreut von Dir zu
hören.
Schlechtes Wetter hatten wir hier
Dieses Jahr, aber, ich werde? Immer nur
an Euch denken ? grausige Stürme
haben wir es gehabt, das das Wasser
nur ?
Nun lieber Bruder entschuldige
mich aber ich war nicht
im Stande zu schreiben.
Nun geliebter Bruder und deine
Familie möge? wohl ———-ein gutes
Leben führen; zu ?meinem
Herzlichen Gruß an die ganze
Familie, ich hoffe auf meine Genesung
meinem ——————— Rudolph Bromme in den
letzten Monaten Schreiben ——— und
ein weinig rechnen.

Der Himmel erhalte Euch alle
wir? Grüßen herzlich und möchten
gerne Dich mal bei
uns sein.
     Dein treuer Bruder
    ———Dich vielmals grüßen[590]

---

590   **Stadtgeschichtliches Museum, Leipzig**

Carl Rudolph Brommy wurde von seiner Gattin und deren Familie umsorgt, und in der Familie wie auch in der Umgebung seiner Freunde, wurde der erste deutsche Admiral hoch in Ehren gehalten. Eines der bekanntesten Mitstreiter für die demokratischen Ideen und seine Marine war der bekannte Marschendichter Hermann Allmers, mit dem er mehrfach zusammen traf, und der über die Behandlung des aufrichtigen Seemannes, durch den Deutschen Bund, zu tiefst bestürzt war.

Insgesamt ist die Quellenlage um das Leben und Wirken des aus Bundesdiensten entlassenen Contreadmiral sehr dürftig. Die Gründe werden in der Situation zu finden sein, dass sich Carl Rudolph Brommy aus der Öffentlichkeit zurückzog. Zum anderen waren die öffentlichen Vertreter, ganz gleich ob es Bremen und Bremerhaven oder Oldenburg waren, kein Interesse, die leidigen Themen der zerflossenen Marine weiter am »kochen« zu halten.

Zudem hatte Preußen im Geheimen begonnen, die Finger nach Heppens auszustrecken, um so entlich an einen Hafen an der Nordsee zu gelangen. Diese Aktionen blieben dem Admiral natürlich nicht verborgen, müssen ihn aber weiter gekränkt haben, zumal Oldenburg hier nicht auftrat um Brommy in seinem Willen unterstützte, sein Können für Preußen einzusetzen.

Prinz Adalbert dagegen brachte seine preußische Marine weiter, indem er 1854 in Danzig entlich ein Gebäude für eine Marineschule einrichten konnte, über die Carl Rudolph Brommy seit der Errichtung 1949 bereits verfügt hatte.
Erst in dieser Zeit wurde, durch ein Schreiben des preußischen Königs, Prinz Adalbert von den Pflichten des Generalinspekteurs der Artillerie entbunden! Also 6 Jahre nach seiner Einsetzung in die Marinekommission 1848! Um die Position des Prinzen aufzuwerten, der nie eine seemännische Ausbildung durchlaufen hatte, wurde er, wegen der Verdienst zum Aufbau der preußischen Marine, am 30. März 1854 zum »Admiral der preußischen Küsten« und deren »Oberbefehlshaber der Marine« ernannt. [591]

Nach den zunächst geheim geführten Gesprächen zum Bau eines Hafens auf oldenburgischem Gebiet bei Heppens, kann die feierliche Übergabe des Gebietes in Anwesenheit von Prinz Adalbert von Preußen am 23.11.1854 gefeiert werden.

Der königlich preußische Oberbaurat Hagen erarbeitete Pläne für den Aufbau der Hafenanlage, die umsetzbar waren und mit Kabinettsorder vom 25. 6. 1856 angenommen wurde. Die nun beginnenden Bauarbeiten verliefen unter den ungünstigsten Voraussetzungen und kosten, neben viel Geld, vielen Menschen das Leben. Dieses hatte Brommy bereits zu seiner Zeit vermutet, als er von Oldenburg bedrängt wurde den Reichsmarine-Kriegshafen dort aufzubauen.

Da es keine befestigte Zufahrtstrasse nach Heppens gab, diese hörte bei Sande auf, musste das Baumaterial zum größten Teil über See angefahren werden. Die Behausungen für die Verwaltung und Arbeiter waren sehr primitiv und so gab es schon bald die ersten Malariafälle, da frisches Wasser mit Gold aufgewogen wurde! Alle Erdarbeiten mußten mit Hacke und Schaufel

---

591 **Duppler, J.:** Prinz Adalbert S. 39 und Anmerkung 47 S. 41.

geleistet werden, da keine Maschinen zur Verfügung standen. So musste das Erdreich, immerhin 1,5 Millionen Kubikmeter, mit Handkarren über Kilometer transportiert werden![592]

Mit welchem Interesse Carl Rudolph Brommy diese preußischen Aktivitäten noch verfolgt hatte ist ebenso unbeschrieben wie der Tagesablauf in den letzten Jahren seines Lebens, der wesentlich von seinen Erkrankungen bestimmt war, diese Leiden erträglich zu machen. So zurückgezogen der Admiral auch lebte, sein Siechtum, seine gebeugte Haltung, sein weißes Haar deuteten seinen baldigen Tod in unbarmherziger Weise an.

Der Tod des Admirals a. D Carl Rudolph Brommy

Am 9. Januar 1860 um 9 Uhr morgens starb Carl Rudolph Brommy mit 55 Jahren, 3 Monaten und 29 Tagen[593] in geistiger Umnachtung in seinem »Schwalbennest«. Er hinterließ seine Ehefrau Caroline Haschaline und seinen sechsjährigen Sohn, Carl Rudolph Traugott Brommy.[594]

Die sterblichen Überreste des ersten deutschen Admirals wurden am 13. Januar 1860 auf dem Dampfer MAGNET von St. Magnus auf der Weser abwärts bis zur Braker Landungsbrücke gebracht. Dort wurde der mit der Dienstflagge der BARBAROSSA Schwarz-Rot-Gold bedeckte Sarg, wie er es zumal den Jungfrauen von Brake versprochen hatte, von zehn Schiffskapitänen und zehn Lotsen an Land gebracht.

Von dort ging es nach Hammelwarden, wo Contreadmiral Brommy seine letzte Ruhestelle fand. Zu dieser Zeremonie war kein Abgeordneter des Deutschen Bundes, kein abgeordneter irgendeiner militärischen Organisation aus Oldenburg, das ihn so stark umworben hatte die Marine dort zu beheimaten und starke wirtschaftliche Impulse verzeichnet hatte, noch von Bremen und Bremerhaven erschienen!

---

592   **Jacobs, Heinz:** Wilhelmshaven. In: Köhlers Flottenkalender 1962 S. 62ff.

593   Auszug aus dem Sterberegister der ev. lutherischen Kirchengemeinde zu Lesum, Jahrgang 1860 Seite 145 Nr. 6.

594   **Richter, O.:** Die erste deutsche Flotte ... S.170. **Anm. d. Verf.:** Der Sohn Brommys, Rudolph, ging später ebenfalls zur See, auf einem Schiff nach Amerika und kehrte, anlässlich des Krieges gegen Frankreich, im Sommer 1870 zurück. Inzwischen 17 Jahre alt geworden ging er, gegen den Wunsch seiner Mutter, als Freiwilliger gegen Frankreich ins Feld. Hier starb er vor Metz an Typhus.

Rede am Grab des Herrn Contre-Admiral Carl Rudolph Brommy

Hammelwarden den 13. Januar 1860 von Pastor Heinrich Fuhrken.

Gnade sei mit uns und Friede von Gott unserem Vater und unserem Herrn Jesu Christi
– Amen –
Andächtige Leidtragende!

Es giebt einen zweifachen Maaßstab, nach dem der Mensch und die Bedeutung eines Menschenlebens geschätzt wurden kann, wie unser Leben selbst nach zwei Seiten hin, nach innen in die Tiefe und nach außen in die Weite sich zu entfalten bestimmt war.- Die innere Richtung liegt nur vor Augen des allwissenden Gottes unverhüllt offenbar, und das menschliche Urtheil vermag sie nur höchst unvollkommen und durch vereinzelte mißdeutbare Aeußerungen geleistet zu erkennen und zu würdigen.- Was dagegen die menschliche Meinung und die menschliche Werthschätzung eines Leben bestimmt, das war darum nothwendig, wenn nicht ausschlisslich, doch vorzugsweise der äußere Reichtum, das heißt die Summe der erworbenen Kenntnisse und Erfahrungen, die Mannigfaltigkeit der erlebten Schicksale, und vor allem die Wirksamkeit, womit ein solches Leben tähtig in die Verhältnisse der Welt eingegriffen hat.-

Wenn eben dem so war, so müssen wir gestehen, dass wir hier am Grab eines Mannes versammelt sind, dessen Leben reicher und bedeutsamer war, als das Leben irgend eines der Zahllosen, die seit Jahrhunderten auf diesem Friedhof ihre letzte Ruhestätte gefunden haben.- Jawohl, ein solches Leben, daß der Tot dieses Mannes nicht bloß die Seinen betrübt hat und erschüttert, sondern auch in allen Gauen unseres weiten Vaterlandes von Allen, die ein Herz für Deutschlands Ehre und Größe haben, mit wehmütiger Theilnahme vernommen worden war.- Denn mit ihm wurde die letzte lebende Erinnerung an seine stolze und jammerfolle zertrümmerte Hoffnung unseres Volkes zu Grabe getragen. – Und nicht zu Unrecht, oder durch bloßem Zufall war der Gedanke an Deutschlands Streitbarkeit auf den Wogen des Meeres an die Person und den Stamm dessen geknüpft, der seit zweihundert Jahren, seit den Tagen Wallensteins zuerst wieder den Titel eines deutschen Admirals geführt hat.

Tief im Binnenlande, fern von dem Element, auf dem er seine Bedeutung sich erringen sollte, geboren, trieb den Frühverweisten, nachdem er mit rascher Fassungskraft und unersättlichem Wissensdurste seinen Geist mit Kenntnissen in seltenem Masse bereichert hatte, ein unwiderstehlicher ahnungsvoller Drang auf das Meer hinaus.- Zehn Jahre lang durchfurchte es dasselbe nach allen Richtungen und sein Auge schulte und sein Geist durchforschte fast alle Zonen und Küsten der bekannten Welt.- Aber nicht, was sonst der Seemann sucht und um dessentwillen er den Beschwerden und Gefahren seines Berufes trotzt, die Schätze und Reichthümer dieser Erde waren es nicht, die er erstrebte, sondern er suchte und gewann in reicher Fülle die edelen und bleibenden Schätze der Wissenschaft und Erkenntnisse.-

So ausgerüstet trieb Thatendrang und Begeisterung den drei und zwanzigjährigen Jüngling, seine Dienste der Sache eines lange unterdrückten edelen Volkes gegen seine grausamen und barbarischen Unterdrücker zu weihen. – Im Freiheitskampfe der Helenen, seiner erkannten Tüchtigkeit wegen sofort auf eine sonst seinem jugendlichen Alter versagte hohe verantwortliche Stellung erhoben, bedeckt er sich mit den kriegeri-

schen Ehren, und von seiner Wahl auch nachher im Frieden manches Jahr hindurch die wichtigsten und ersprießlichsten Dienste.- Doch trug er unvergessen stehts auch in der Ferne sein eigentliches Vaterland Lebens im Herzen, und als die Stunde gekommen war, wo dasselbe seines Sohnes zu bedürfen schien, da folgte er freudig und mit hoher Begeisterung dem Rufe, der an ihn erging. – Da verließ er ohne Bedenken und Zögern die gesicherte, ehrenvolle Stellung, Freunde zahlreich und mächtig und all die rühmlichen Aussichten, die er sich erworben hatte, um sich dem Vaterlande ganz zu weihen und eine Bergelast von Arbeit und Sorge und Mühe und Noth auf seine Schultern zu nehmen.

Das Unglaubliche, das Unerhörte, was er in seiner Stellung geleistet hat, das liegt uns Allen in frischer Erinnerung aber es ganz zu würdigen, das vermag nur der, welcher bedenkt dass er allein in Wochen und Monden mit ungenügenden Mitteln fast aus dem Nichts, die Grundlage einer Seemacht geschaffen hat, die uns mit ebenso stolzen wie berechtigter Hoffnung erfüllte, und deren ruhlose frefelhafte Zerstörung jedes edlen Herzen mit knirschendem Unmuthe erfüllte und stets ein dunkler Schandfleck sein werde auf dem Blatte deutscher Geschichte. – !!!!

Dennoch würden wir den Werth dieses Mannes nicht recht beurtheilen, wenn wir die bei diesem so bewegten und thatenvollen Leben fast wunderbare Fülle des Wissens, seine feine, tiefe und allseitige Bildung, seine Kenntnisse fast aller europäischen Hauptsprachen und seine ausgedehnte schriftstellerische Thätigkeit hier vergessen wollten, schon allein genüg, ihm einen bekannten und geachteten Namen zu verschaffen. – Vorzüge, die dennoch erst dadurch Werth erhielten, daß er bei aller Hoheit seiner Stellung, denn er war gewohnt, mit den Gewaltigen dieser Erde zu verkehren und die Höchsten ehrten ihn mit dem Freundesnamen, und bei aller Ueberlegenheit seines Geistes, denn er war ein Fürst im Reiche des Wissens, dass ihn dennoch eine innige, fast kindliche Demuth, Bescheidenheit und Unbefangenheit zierte, – ja dass es auch im Getümmel des Lebens und im Drange seines vielbewegten Schicksals eine ruhige und thatkräftige Frömmigkeit und Gottesfurcht sich bewahrt hatte, und dass seine milde, freundliche und zutrauliche Weise das Verkehrs die Ehrfurcht vor ihm schnell und unbemerkt in herzliche Liebe zu ihm verwandeln musste. –

Darum dürfen wir sagen, es war ein außerordentlich reiches und bedeutendes und von Gottes Gnaden wunderbar geleitetes und gesegnetes Leben, was ihm vor Millionen verliehen war. – aber freilich, auch ein schweres heimgesuchtes und mit bitteren Schmerzen erfülltes Leben war es. – Da als die Schöpfung, an die er seine bestes Manneskraft und alle Liebe seines für das Vaterland erfluhten Herzen gesetzt hatte, schnöde und schonungslos zertreten wurde, – da, als mit ihr die schönsten Hoffnungen auf die Größe seines Volkes schmachvoll zertrümmert wurde; da, als er, der Ruhe bisher nur dem Namen nach gekannt hatte, zu unerwünschter ruhmloser Unthätigkeit verdammt wurde, – da mag sein starkes Männerherz gebrochen sein.-

Zwar wußte er vor den Augen der Menschen mit starker Kraft den Sturm der empörten Seelen zu verbergen, aber wer beobachten konnte, wie das braune Haar des Mannes erbleichte in kurzer Zeit und seine Gestalt verfiel, die doch ungebeugt den Sturm der Elemente und den Mühseligkeiten des Lebens widerstanden hatten, der konnte ihn ahnen den ungeheuren Schmerz der in seiner Brust wühlte.- Wohl erblühte ihn noch einmal ein schönes, ihm bis dahin auf seiner wechselvollen Laufbahn versagtes Glück in der Liebe einer edlen Gattin und im Anblicke eines Hoffnungsvollen Knaben; – eben kurz war die Zeit, in der er dieses Glückes sich freuen durfte, das nur zu bald durch die

Verbote einer traurigen Krankheit gestört wurde, deren Keim wohl durch allzu lange und allzu große Anstrengungen und durch den überwältigenden Schmerz über das Zerscheitern seines größten Lebenszieles gelegt war.-

Schon reichten die erschöpften Kräfte nicht mehr aus zu dem großen und schweren Werke, zu dem ihn noch einmal das Vertrauen des Kaisers von Österreich berufen hatte. Zum Tode erkrankt kehrte er heim und langsam, doch sichtbar, siechte er dem Grabe entgegen.- Doppelt schwer war die Last, die Gottes unerforschlicher Vaterwille ihm, dem unermüdlich thätigen rastlos Strebenden auferlegt hatte, und alle hingebende Sorge, alle opferfreudige Liebe der Seinen vermochten sie nur zu erleichtern, nicht zu heben.

Und sein Tod, wie sehr ihn die Liebe beweint, muss doch nur der Liebe gepriesen wurden als eine gnadvolle Erlösung von allem Uebel.-

So stehen wir denn hier mit erschüttertem Herzen, mit tief bewegter Brust, und was übrig bleibt, war nur stilles Sinnen, womit wir die unerforschlichen und wunderbaren Wege Gottes anbetend verehren und ein Gebet für den Frieden dieses Mannes, dessen Asche nach so vielen Stürmen des Lebens auf diesem stillen Friedhof ruhen soll, bis einst die Posaune des Gerichtes ertönt, und die Stimme des Sohnes Gottes in die Gräber hineindringt und zum seligen Erwachen Alle ruft, die in dem Herren entschlafen sind.-

Ja Herr, unser Gott, wir beten Dich an mit heiliger Ehrfurcht als den Alleiweisen; was Du Thust, verstehen wir nicht, aber wir wissen, Dein Gedanken sind Licht und Heil und nicht Gedanken des Leidens über uns, sondern Gedanken des Friedens.

Frieden gieb du dieser Seele, und nach aller Unruhe des Lebens führe sie ein zu der Ruhe, die noch vorhanden war dem Volke Gottes, und nach allen Schmerz dieser Zeit erquicke sie mit Freud und Wonne vor Deinem Angesicht.-

Gieb reichen Trost der gebeugten, schwertbetrübten Gattin, lehre Du sie aufsehen auf Hesum Christum den Anfänger und Vollender ihres Glaubens, sei ihr Hort und starker Schild in jeder Noth und Trübsal ihres Lebens.-

Nimm Dich, o Du, der ein Vater der Weisen bist, nimm Dich des Knaben an den Frühverweisten, der solch Vater verloren hat. Schirme und leite Du ihn, dass er heranwachse, eine Freude und ein Stolz der vereinsamten Mutter, und dass durch ihn dem Gedächniss des Vaters neue Ehre erblühen. -

Aber wie können wir an diesem Grabe stehen, ohne dass unser Blick sich erweitert, ohne dass uns der Gedanke an's Vaterland, an's theure, in's Herz käme.- Allmächtiger, der Du droben weilst und die Geschicke der Völker in Deiner Hand hast, sei uns gnädig und errette und von Schmach und Verderben.- Führe ihn heraus über uns den schönsten Tag des Heiles, den das kühne Herz dieses Mannes gedacht hat; lass seine Hoffnung Wahrheit wurden, lass unser Volk einig und frei, würdig seines Namens und seiner Vergangenheit dastehen im Rhate der Nationen; weil nur da Freiheit war, und Heil, wo Dein Geist waltet, so mache und Dir zum Eigerthum und gründe unter uns Dein Reich auf festen ewigen Säulen.-

Dir sei Ehre und Macht und Preis und Herrlichkeit
In Ewigkeit!
Amen! [595]

---

595 **Stadtgeschichtliches Museum Leipzig:** Sammlung Brommy/Lange. Auch Museum Brake 1. Sch.Br.-La.95

Hatten die Zeitungen 1848 mit Macht eine »Deutsche Flotte« gefordert, um die »Ehre des Vaterlandes« zu bedienen, und während der Aufbauzeit mit Ungeduld deren Werden begleitet, hatte der Niedergang nicht den »Aufschrei« des Volkes zur Folge gehabt, den die Fürstenhäuser so gefürchtet hatten. So war auch nach dem Tode des einst so bekannten und geachteten Oberkommandierenden nur ein Flüstern im Medienwald, und nicht wie befürchtet ein Sturm zu hören! In Brake Bremerhaven und Umgebung wurde des ersten deutschen Admirals auch nur im geringen Umfange gedacht. So in einem kurzen Zeitungsbericht aus Brake am 13. Januar 1860:

Das Dampfschiff »Magnet« nahte heute Morgen 10 Uhr unter deutscher Trauerflagge unserem Hafen und landete den Sarg mit der entseelten Hülle eines Mannes, der fortan in der Geschichte der schweren und bitteren Kämpfe des deutschen Volkes um nationale Einheit und die ihm gebühliche Machtstellung einen Namen hat, des am 9. Januar zu St. Magnus verstorbenen Contreadmirales der schmählich aufgelösten deutschen Kriegsflotte, Rudolf Brommy. An der Landungsbrücke wurde der Sarg von zehn hiesigen Schiffskapitänen und einer gleich großen Anzahl Lootsen empfangen und unter den Feuerklängen des Hoffnmung und Vertrauens auf den endlichen Sieg jener gerechten Dache verkündeten Liedes »Ein feste Burg war unser Gott« auf den mit der deutschen Reichsflagge bedeckten Trauerwagen gehoben.

Der ungemein rauhen Witterung ungeachtet, hatten sich eine große Menschenmenge in ernster Stimmung und sichtlich erfüllt von dem schmerzlichen Bewußstseyn, welche Summe der größte und berechtigte Hoffnung der Nation mit diesem deutschen Manne gleichsam zu Grabe getragen werden, am Landungsplatze versammelt.

Von den Masten der Schiffe, von den Häusern der Stadt verkündeten die Trauerflaggen vieler Staaten, die hoffnungslose deutsche am sprechensten, die allgemeine tiefe Theilnahme an dem schmerzlichen Ereignaß. Eine große Zahl der zu diesem Zweck in Traueranzug erschienenen Bürgern, unter ihnen noch zwei ehemalige Offiziere der deutschen Flotte, folgten dem Sarg nach dem Kirchhof zu Hammelwarden, wo derselbe, geschmückt mit der im Jahre 1849 von hiesigen Jungfrauen gefertigte, dem Admiral am Bord der »Barbarossa« feierlich übergebenen prachtvollen Reichsflagge, die Bedeutung des Momentes und des reichen, eng mit der Hoffnung und Trübsalen des Vaterlandes verknüpften Leben des Dahingeschiedenen erfassende Rede des Herren Pastors Fuhrten, die hoffentlich dem Druck übergeben wurde, schloß die ernste und feierliche Handlung.[596]

In der oldenburgischen Zeitung vom 14. 1.1860 war auf der Seite 4 zu lesen:

»… dass Contreadmiral Brommy weiland Befehlshaber der unter den Hammer gekommenen Flotte nach einem langen Leiden verstorben war …«[597]

---

596 **Erdmann:** Die ehemalige deutsche Flotte, S. 961 Anhang III.
597 **Wiechmann, Gerhardt:** Oldenburg »Karl Rudolf Brommy, in deutschen Erinnerungsorten. Der Admiral der ersten deutschen Flotte und seine Inszenierung vom Kaiserreich bis zur Bundesrepublik, 1897 bis 1997«. Veröffentlicht in: Kathrin Orth/Eberhard Kliem (Hg.): Jahrbuch 2010 der Deutschen Gesellschaft für Schiffahrts- und Marinegeschichte e.V., Brake 2010. S.2

Ohne dass weiter auf die Umstände des Todes des Contreadmirals a.D. eingegangen wurde, war in der gleichen Zeitung am 17. Januar 1860 war auf der Seite 3 über die Beisetzung zu lesen:

Hammelwarden:

(...) Es wurde als vielfach auffallend bezeichnet, dass abseits unseres Militärs einer früher so hoch gestellten Militärperson keine Auszeichnung zu Theil wurde. Es war nie ein Admiral so einfach und geräuschlos zu Grabe getragen worden wie heute[598]

Während aus Leipzig keine Erwähnung des Todes von Carl Rudolph Brommy bekannt wurde, schrieb das Intelligenzblatt der freien Stadt Frankfurt Nr. 42 am Samstag den 18. Februar 1860:

Frankfurt der 18.Februar

Contreadmiral Brommy, der Befehlshaber der weiland heutigen Flotte, war gestorben. Und mit ihm modert die deutsche Flagge, die er einst stolz und hoffnungsreich auf dem freien Meere flattern ließ, in seinem Grabe. Am 13. Januar 1860 war es, Das er mit ihr in die Gruft gesenkt wurde – der erste deutsche Admiral- wurde er der letzte sein?

Er war geboren am 10. September 1804 in der Ortschaft Anger, die nur eine Vorstadt von Leipzig war. Mit 14 Jahren war er nach Hamburg gegangen, um sich zum Seemann auszubilden. Unter amerikanischer Flagge begann er dann den praktischen Seedienst auf verschiedenen Fahrten nach Indien, Südamerika, Asien und Afrika.

1827 folgte er dem Lord Cochrane unter griechischer Flagge als erster Leutenant der Fregatte HELLAS in den griechischen Befreiungskampf. Sein Wirken war dort ein ungemein Verdienstliches. Bald wurde er zweiter Kommandant des unter seine Beihilfe den Türken abgenommenem Korvette HYDRA und das Jahr 1828 brachte dem erst vierundzwanzigjährigen Jüngling bereits die Ernennung zum Fregattenkapitän. Als solcher nahm er, nacheinander die Dampfschiffe »Unternehmung« und »Ausdauer« befeligend, nach vielen Kämpfen bis zur Beendigung des Krieges 1929 siegreichen Anteil. 1831 ward er sodann zur Organisation der der griechischen Seemacht ins Ministerium berufen, und von 1833–36 bekleidete er die Stelle des Seepräfekten und eines Hafenkapitän von Poros.

Später übertrug ihm die Regierung noch das Kommando der Militärschule von Pyräus, der eine Marineschule beigestellt werden sollte, für die Brommy den Plan ausgearbeitet hatte. Doch kann derselbe, weil die nötigen Geldmittel fehlten, schließlich nicht zur Ausführung und Brommy erhielt den Vorsitz im Marine-Kriegsgericht, was aber nur als Ehrenamt anzusehen war.

Diese Muße benutzte Brommy und schrieb ein Buch über »die Marine«, und als das deutsche Volk den Gedanken erfasste, sich durch freiwillige Beiträge eine deutsche Flotter zu schaffen, wurde Brommy gerufen, um das Werk zu leiten. Nach drei Monaten wehte das erste schwartzrothglodene Banner vom ersten deutschen Kriegsschiffe. Brommy wurde Commodore und Admiral. Was aber folgte.....es steht noch zu frisch im Gedächtnis Aller, dass dies er Noth thäte, es hier noch einmal zu erzählen. Ist es nicht, als hörten wir noch heute die : Zum ersten, zweiten und drittenmal!«?

Drei Meere berühren das Volk der vierzig Millionen und das Volk der vierzig Millionen hat keine Flotte! Der deutsche Seemann zählt zu den besten von der Welt und das deutsche Volk hat keine Flotte! Selbst einem so kleinen Feinde wie Dänemark gegenüber, war es dadurch fast schwach und ohnmächtig. Wir alle fühlen, wir alle wissen es doch-

---

598   Ebenda: S.2

wir haben keine Flotte mehr! Der Anfang zur Herstellung Dessen, was uns so sehr fehlt konnte gemacht werden als Deutschland wenigstens den Schatten einer einheitlichen Centralgewalt und ein deutsches Parlament hatte; und der Gedanke, der mit Contreadmiral Brommy zu Grabe getragen wurde, wurde nur dann aufs Neue und glückliche realisiert werden, wenn wir einst die Centralgewalt in Wirklichkeit und ein neues Parlament für die Dauer erlangt haben werden. H o f f e n   w i r !

Sein Grab wurde, außer von seinen Angehörigen, bald vergessen! Das Familiengrab Gross zierte nur ein kleiner Findling ohne Namenszug.

Zu dieser Zeit schrieb Hermann Allmers, der mit dem Umgang seines Freundes nach seiner Entlassung, aber besonders nach seinem Tode zutiefst bestürzt war, einem Spruch, sollte jemals ein Gedenkstein auf dem Gabe dieses bedeutenden Seemannes gesetzt werden:

> *»Karl Rudolph Brommy ruht in diesem Grabe,*
> *Der erste deutschen Flotte Admiral.*
> *Gedenkt des Wackeren und gedenkt der Zeiten,*
> *An schöner Hoffnung reich und bittere Täuschung.«*

Ausklang

Das Leben der Witwe des Admirals war gekennzeichnet vom Willen, ihrem Gatten ein bleibendes Andenken zu sichern. Aus diesem Grund versuchte sie, wo sie nur konnte, seinen Namen ehrend hochzuhalten.

Der Sohn des ehemaligen Contreadmirals ging ebenfalls zur See. Als der Krieg 1870 ausbrach kehrte er aus Übersee zurück und meldete sich als Freiwilliger im Feldzug gegen Frankreich und starb am 12. Oktober 1870, in Marange, in der Nähe von Metz an einer Typhus- Epidemie.

Während dieser Zeit hatte seine Mutter Caroline alles vorbereitet, um ihrem Sohn auch eine militärische Laufbahn in der preußischen Marine zu ermöglichen. Durch den im Marineministerium an führender Stellung tätigen, späteren Admiral Tirpitz wurde wenig später, nachdem die Mutter vom Tode ihres Sohnes vor Metz erfahren hatte, die Bestätigung zur Aufnahme in die preußische Marine zugestellt!

Die Witwe verließ nach dem Tod ihres Sohnes Lesum, verkaufte das Haus und wohnte zunächst in Oldenburg. Hier erlebte sie noch das, nach langem und unermüdlichen Bestrebungen für ihren Gatten am 22. September 1897 ein ehrendes Denkmal errichtet wurde, an deren Einweihung sie teilnahm.

Die Inschrift, von Hermann Allmers, des Freundes des Admirals, schon wenig später nach seinen Tode verfasst lautete ursprünglich:
>*»Karl Rudolph Brommy ruht in diesem Grabe,*
>*Der erste deutschen Flotte Admiral.*
>*Gedenkt des Wackeren und gedenkt der Zeiten,*
>*An schöner Hoffnung reich und bittere Täuschung.*

Erst nachdem durch freiwillige Spenden im gesamten Deutschen Reich die Gelder für einen würdigen Gedenkstein, der eigentlich auf Helgoland errichtet werden sollte, zusammen gekommen waren, dann aber in Hammelwarden auf dem Friedhof errichtet wurde, wurde durch den Marschendichter der Zusatz hinzugefügt:
>*Und – welcher Wendung dann durch Gottes Fügung.«*

Schlussbetrachtung

Selten in der deutschen Marinegeschichte ist ein Zeitraum von Dichtung und Wahrheit so vernebelt gewesen wie die Geschichtsdarstellung der 48er Flotte und ihres Oberkommandierenden Carl Rudolf Brommy. Die Sichtung der verschiedenen Quellen haben gezeigt, dass es eine große Spannweite zwischen ungeprüfter, nachgeschriebener und wissenschaftlich belegbarer Literatur gibt. Damals wie heute war in Bezug auf die Flotte der Jahre 1848 bis 1853 und ihre Existenzbegründung die Meinung über deren Notwendigkeit gespalten.

Die Flottengründung des Jahres 1848 entsprach nicht einer spontanen Idee bezüglich der dänischen Blockade, sondern hatte ohne weiteres tiefere Wurzeln. Sie wurde von Dichtern und Denkern des Vormärz gesät wie Georg Herweg (Flottenlied) oder Ferdinand Freiligrath (Flottenträume) und den ökonomischen Betrachtungen eines Friedrich List, um nur wenige zu nennen. Wie die Revolution 1848 durch langfristige Ursachen und spontane Ereignisse zum Ausbruch kam, so muss dieses auch für die Schaffung der Flotte gelten. Der Zeitgeist, der in der heutigen Literatur sehr oft in der Betrachtung sträflich vernachlässigt wird, suchte neue Wege im Streben nach nationaler Einheit und wirtschaftlicher Stabilität zu beschreiten. Eine Flotte, die dies schützen sollte, wurde als Voraussetzung angesehen, betrachtete man die Einschnürung und Abhängigkeit des deutschen Handels von ausländischen Mächten. So durch die britische Navigationsakte, den dänischen Sundzoll oder die französische Kontinentalsperre, die mit ihren Flotten die Gegebenheiten für die deutschen Staaten auf See diktierten und den deutschen Seehandel an Nord- und Ostsee in der Vergangenheit mehr als einmal zu Grunde richteten.

Die politischen Kräfte im Frankfurter Parlament, 1848 getragen von Spontaneität und Loyalität gegenüber dem neu zu schaffenden Deutschen Reich, setzten sich aus mehr »Fachleuten«, gemeint waren Reeder und Kaufleuten, zusammen als in späteren Zeiten die Marineplanung des Reiches ab 1871! Die Durchsicht der Akten in den Archiven über die Marine belegt in ihrer Gesamtheit, dass in den verschiedenen politischen und militärischen Ebenen in den Jahren 1848 bis 1853 weitschauende und realistische Planungen für die Marine betrieben worden waren, was die »Denkschriften« dieser Zeit gut belegen können, die später dann von der preußisch/deutschen Marine in großen Teilen übernommen und umgesetzt wurden. Diesen Planungen der Kommissionen und Ministerien der Jahre 1848/1852 wurde durch viele Autoren nicht der gebührenden Stellenwert gegeben, wie es der Autor für angemessen hält. Gerade diese verschiedenen Denkschriften geben aber den Geist und die Dynamik der damals verantwortlichen Verfasser wieder. Leider fand einzig die Denkschrift des Prinzen Adalbert von Preußen Beachtung. Hier liegen noch viele Möglichkeiten im Verborgenen, die Geschichte der Marine vor 1866 und 1871 in einen anderen und besseren Licht darzustellen, als es zurzeit der Fall ist.

Die Frage, ob es überhaupt einen »Bedarf« für die 48er Flotte gegeben hat, ist legitim. Leider wurde dabei in den Beurteilungen dem Faktor »Zeitgeist«, wie der Autor meint, zu wenig Beachtung geschenkt. Die Einheit der Nation hatte im Jahre 1848 einen so hohen Stellenwert erreicht, wie er für die heutige Zeit fast nicht mehr nachvollziehbar erscheint. Nur wenige konnten sich 1848 der Idee einer Nation mit eigener Seemacht entziehen, zumal sie zu Anfang des Jahres 1848 als Zeichen der deutschen nationalen Einheit galt. Nie hatte die Flotte in der deutschen Geschichte so einen engen Bezug zur Einheit der Nation, wie im Jahre 1848! Wer hat sie geschaffen?

In vielen Marinedarstellungen, damals wie heute, wurde die Schöpfung der Flotte der Jahre 1848 bis 1853 dem Prinzen Adalbert von Preußen zugeschrieben, als weiteres dem Senator Duckwitz und erst 30 Jahre nach seinem Tode wurde Carl Rudolph Brommy erwähnt. Der Verfasser kann dieser Reihenfolge so nicht folgen. Zumeist wurde dabei die Denkschrift von Prinz Adalbert von Preußen als »deutsche« ganz besonderes herausgestellt. Es gab aber, wie oben bereits erwähnt, mehrere Denkschriften in dieser Zeit, die genauso eine Aussagekraft und größeres Detailwissen offenbarten, als die des preußischen Fürsten! Zudem war diese Denkschrift im Frühjahr 1848 vom preußische Ministerium gefordert worden und nur, aus dem Zwang der Zeit, im Vorwort von einer preußischen in eine »deutsche« umgeschrieben worden. Übersehen wird hierbei gerne, dass die preußische Marine der damaligen Zeit, und hier war der Preußenprinz ein eiserner Verfechter dieser Idee, als Teil der preußischen Handelspolitik und Handelsmarine, und erst in zweiter Linie als militärischer Faktor, durch Prinz Adalbert geplant wurde!

Unbestreitbar hat der preußische Prinz etwas zur Flotte des damaligen Deutschen Reiches beigetragen, indem er die Technische Marinekommission für gut drei Monate leitete. Nicht mehr und nicht weniger! Selbst das 1848 von einem Preußen geleitete Kriegsministerium des Deutschen Reiches hatte 1848 kein Interesse an einer »Reichsmarine«. Das vom Landmilitär beherrschte und geprägte militärische Gedankengut wollte mit einer eigenständigen Flotte als zweitem militärischen Faktor nichts zu tun haben, weil das Landmilitär befürchtete, Finanzmittel abgeben zu müssen.

Die wirklichen Schöpfer der Reichsmarine auf der Weser waren auf politisch-wirtschaftlicher Ebene der Bremer Senator Arnold Duckwitz und auf militärischer Ebene Carl Rudolf Brommy. Nur diese beiden Persönlichkeiten gaben die wesentlichen Impulse zum Aufbau einer »Deutschen Flotte«. Ihre Ideen, ihr Wille, eine Marine zum Wohl des deutschen Volkes, ihres Vaterlandes, zu schaffen, wurde durch die deutschen Fürsten behindert, da sich schon bald die Geister hinsichtlich des »Bedarfes« einer Flotte schieden, weil sie mit Kosten verbunden war. Der Krieg mit Dänemark, und somit die Bedrohung des deutschen Handels, war 1849 beendet. Warum dann, so dachten viele Fürsten im Binnenland und an der Ostsee, noch eine kostenträchtige Seeverteidigung erhalten?

Obwohl in der Marineliteratur wenig behandelt, war die Marine unter den Farben Schwarz-Rot-Gold eindeutig eine demokratische Schöpfung des Frankfurter Parlaments! Sie war eine unter demokratischer Obrigkeit betriebene militärische Einheit und nie eine Revolutionsflotte, und ihr Oberkommandierender nie ein Revolutionär!

Unter der maßgeblichen Mitarbeit von Arnold Duckwitz und Carl Rudolph Brommy wurde eine Marinebehörde und Marinestruktur geplant und aufgebaut, die liberalere Formen hatte als die anderen europäischen Marinen und Heere dieser Zeit! Ihre Impulse strahlten auch auf die späteren preußisch/deutschen Marinen aus. Ihr Untergang wurde durch administrative

Schritte der Regierungen unter österreichischer und preußischer Führung regelrecht erzwungen.

Die Meinung in der Öffentlichkeit wurde in dieser Zeit (1848 und 1852) durch die Presse hinsichtlich des Bedarfs einer Flotte in eine Pro- und Kontrahaltung geteilt. Ein Blick in die damaligen Gazetten zeigt sehr deutlich auf, wie gespalten die Meinung auf politischer und wirtschaftlicher Ebene war. Die Reichsmarine auf der Weser wurde durch die preußische Presse als »(…) *unbestreitbar … mißlunge Schöpfung einer politisch aufregenden Zeit …*« dargestellt, durch die Presse der Nordseeküste als »(…) *Glücksstern des dänischen Krieges.*« angesehen. Diese öffentliche Meinung hatte aber nur bis zum Jahr 1849/50 eine Bedeutung für die Flotte.

Die sehr oft verbreitete Ansicht, dass die Flotte wegen ihrer »demokratischen und liberalen« Ideen und des »Einheitsgedankens« später vom **Volk erhalten werden wollte**, stimmt so nicht! Spätestens ab 1849 waren die wirtschaftlich- politischen Zwänge und Nöte im Deutschen Bund für die Bevölkerung so groß geworden, dass die Belange der Flotte eine vollkommen untergeordnete Rolle spielten. Nur in Brake oder Bremerhaven machte sich Unmut wegen der Auflösung der Flotte breit. Die Hamburger waren nun froh, nicht die »Leidtragenden« zu sein. Hier wurde deutlich, dass die Politiker (damals wie heute) ihr Volk nicht wirklich kannten und verstanden, wenn sie 1852 annahmen, **dass ein Sturm der Entrüstung über das Land gehen würde, sollte die Flotte aufgelöst werden**.

In dieser unruhigen Zeit stand der aus griechischen Diensten nach Deutschland zurückgekehrte Seeoffizier Carl Rudolf Brommy wie ein Fels in der Brandung, um sein Werk, die Deutsche Flotte, aufzubauen, weiter zu entwickeln und zu schützen. Es war Brommys uneingeschränkter Verdienst, die deutsche Flotte zu einem Institut gestaltet zu haben, wie es unter diesen schlechten Bedingungen besser hätte nicht aufgebaut, organisiert und geleitet werden können. Die äußeren Umstände: ohne wirklich akzeptierte Regierungen, ohne internationale Anerkennung europäischer Staaten, ohne festes Budget, ohne politischen Rückhalt. Und die inneren Umstände in der Flotte: keinen ausgerüsteten Hafen, kein bestehendes Offizierskorps, ein unausgewogenes Schiffsmaterial, keine Schiffsausrüstung, keine Infrastruktur in Bremerhaven für Arsenale usw., keine organisierten und eingeübten Mannschaften und weitere Unzulänglichkeiten mehr, hätten jeden andern real denkenden Offizier abgeschreckt, diese Flotte leiten wollen. Die US-Einschätzung von Commodore Parker 1849 spiegelt die Lage bestens wider, als er abriet, US-Offiziere nach Deutschland zu schicken, da hier keine Ehre zu erreichen war!

Die uneingeschränkte Willens- und Schaffenskraft von Carl Rudolph Brommy, seine selbst gezeigte Disziplin, seine große Sachkompetenz, sein Durchsetzungsvermögen und sein Organisationstalent mit dem Blick für das zur Zeit Machbare gegenüber seinen Vorgesetzten und Untergebenen, stellten eine wesentliche Grundlage dar, die ihm das Vertrauen sicherte für eine gute Sache zu stehen. Das eigene Ein- und Unterordnen war Primat, und das Erfüllen seiner Pflicht, nach seiner Meinung, das höchste Gut eines Offiziers! Ehrenhaftigkeit, Vaterlandsliebe und aufopferungsvolle Hingabe an die gestellten Aufgaben, sowie die Pflichttreue waren das vorgelebte Fundament seiner Soldatenehre.

Es wäre gegenüber der Lebensleistung von Carl Rudolph Brommy nicht gerecht, wie in vielen bisherigen Darstellungen geschehen, nur wenige Sequenzen seiner Tätigkeiten darzustellen. Die gesamte Leistungsbreite seines Wirkens spiegelt erst das wahre Können dieses besonderen Mannes wieder! Trotz seiner fortwährenden Unruhe, seinen ständigen Forderungen, die gegebenen Anweisungen zu befolgen, war er ein sehr geachteter und beliebter Vorgesetzter. Dabei wurde Brommy als ernster und verschlossener Charakter, von grober Natur beschrieben. Carl Rudolph Brommy war aber gegen niemanden strenger als gegen sich selbst!

Ungeachtet der politischen Hindernisse, die eigentlich überwältigend und erdrückend waren und Brommys Handeln erheblich behinderten und ständig bedrohten, hielt er mit unverbrüchlichem Glauben und hoher Pflichttreue am Ziel fest, für Griechenland, wie auch für Deutschland eine achtenswerte Flotte aufzubauen.

Im Chaos dieser Zeiten ragte sein Name als Symbol für Loyalität, Berechenbarkeit, Gradlinigkeit, Selbstdisziplin und Pflichttreue besonders heraus! Was ihm in seiner Zeit nur von wenigen entgegengebracht wurde, in Griechenland wie in Deutschland, waren Respekt, Ehrfurcht, Anerkennung und Dankbarkeit vor seiner (Lebens)-Leistung!

Hervorzuheben in diesem Zusammenhang ist die Tatsache, dass Carl Rudolf Brommy auch von seinen Gegnern geachtet wurde. Hierbei ist besonders auf Hannibal Fischer zu verweisen, der Brommy zunächst allein wegen seines Postens und seiner Tätigkeit in einem »revolutionären Haufen« als klaren Feind ansah und auch behandelte. Obwohl nie eine freundschaftliche Verbindung zwischen Contreadmiral Brommy und Reichskommissar Fischer entstand, entstehen konnte, hatte Brommy bald den Respekt von Hannibal Fischer erworben. Gegenüber Erdmann äußerte er sich:

« (…) Ich bin erstaunt gewesen über das, was ich gesehen habe; ich glaubte ein Demokratennest zu finden, das ich zerstören möchte, ich habe aber eine so musterhafte Ordnung und Disziplin, ja ein so aristokratisches Wesen (…) bemerkt, daß meine Gesinnungen noch übersteigt ….«

Die Versuche von Kommissar Fischer, die Flotte deshalb nicht mehr zu vernichten sondern zu retten, wurden in der älteren Literatur geschichtlich verfälscht, so das Fischer lange in Ungnade gefallen war. Erst in der neueren Literatur wurde in Ansätzen versucht, die wirkliche Vorgehensweise von Hannibal Fischer darzustellen. Ungeachtet dessen war er ein Sonderling.

Dagegen war das Verhältnis zwischen dem Carl Rudolf Brommy und Prinz Adalbert von Preußen als, freundlich ausgedrückt, sehr unterkühlt durch den Prinzen zu bezeichnen. Schon die kurze Zusammenarbeit in der Technischen Marinekommission vom 20. Januar bis 8. Februar 1849 soll nicht ohne Spannungen verlaufen sein. Und obwohl Prinz Adalbert Carl Rudolph Brommy in mehreren Schreiben als »wahren Freund« bezeichnet hat, die handschriftlichen Bemerkungen in einer Beurteilung der Offiziere der deutschen Flotte 1850 sprachen anders! Prinz Adalbert schien von Carl Rudolf Brommy nicht viel gehalten zu haben! Er hielt ihn in der Beurteilung sogar für intrigant und unfähig!

Die Hintergründe zu dieser Meinung sind aber bisher in der Literatur wenig hinterfragt worden. Auch dem Verfasser ist es nicht gelungen hier Licht in das Dunkel zu bringen, zumal dieses Thema in der Literatur wohl als nicht gegeben, als untergeordnet oder unangenehm angesehen wird. Hier liegt noch eine graue Zone in der Marinedarstellung vor, die es aufzuklären lohnt.

Als Brommy 1848 Griechenland verließ, war er 44 Jahre alt, kerngesund und voller Tatendrang. Als er fünf Jahre später, 1853, seine deutsche Marine zerstört sah, sein Lebenswerk, war er wenig später an Geist und Körper ein gebrochener Mann, obwohl er erst 46 Jahre alt war! Er starb am 9. Januar 1860, verbittert und einsam.

Wie schon der Historiker Wolfgang Petter schrieb, hat Carl Rudolf Brommy nicht die Denkmale und Ehrung erhalten, die er verdient hätte.

Der Verfasser dieses Buches kann sich diesem Urteil nur anschließen.

Wolfgang Meironke
Gummersbach im Oktober 2019

Anhang I
Plan einer Marine-Schule für Griechenland 1840

Am 19. April 1840 übersandte Fregattenkapitän Brommy sechs Rapporte an »se. Majestät« dem König von Griechenland, den Unterrichtsplan der Marine-Zöglinge betreffend, in denen er dem griechischen Marineministerium einen Plan für die Einrichtung einer Marineschule nach Organisation, Ausstattung, Ausbildung und Durchführung vorlegte.[599]

Plan
einer Marine Schule
Von Fregatten Kapitän Brommy
entworfen.

Die wiederholten Angriffe in den öffentlichen Blättern, die Erziehung der für die Marine bestimmten Eleven betreffend, welche die Vernachlässigung dieses Zweiges des allgemeinen und öffentlichen Unterrichtes dem gehorsamst Unterzeichnenden beständig zur Last legen, veranlassen ihn, von Neuem einen Rapport darüber abzustatten, damit er durch denselben darthun kann, das wenigstens von seiner Seite alles das jenige geschehen ist, was in seinem Kräften stand, um diesem Makel abzuhelfen.
Mit der Bildung der Eleven der Königlichen Marine bereits seit fast vier Jahren beauftragt, glaubt Er mehr als irgend Jemand im Stande zu seyn, über dieselbe ein Urtheil zu fällen. Hier zu nothwendig ist ein gutes Erziehungssystem für die königliche Marine, die noch auf einer zu niederen Stufe der Bildung steht, als dass sie mit den anderen Staaten rivalisieren könnte. An den Mitteln etwas Gutes zu leisten, fehlte es bis jetzt nicht; es handelt sich bloß um die richtige Verwendung derselben. (…)
Um die Ausarbeitung eines Systems für die Erziehung der Marine Eleven zu beschleunigen, dürfte es nöthig erscheinen eine Commission von verdienten und sachverständigen Offizieren zu ernennen, welche auf die Basis der vorgelegten Pläne eine zweckmäßige Organisation einer Marine Schule ausarbeitet und die, sich darbietenden Mittel in's Auge fassend, mit gehöriger Umsicht zu Werke gehe, um schnell und auf dem besten Wege das vorgesteckte Ziel zu erreichen. Der königlichen Marine würden durch eine wohleingerichtete Marine Schule die Mittel in die Hand gegeben, sich durch brauchbare und kenntnisreiche, disciplinirte Offiziere zu ergänzen und zu regenerieren. Der beigelegte Versuch einer Organisation des gehorsamst Unterzeichnenden soll nun die ungefähre Basis angeben, nach dem eine bessere sich ausarbeiten lassen würde.
Chat Brommy
Pyreus, 19. April 1840
Fregattenkapitän [600]

---

599 Inhaltsangabe Copierbuch II Erwin Wagner.
600 Mit Datum 24. April 1840 an das griechische Marineministerium übersandt/vorgelegt.

Im Anhang dieses Schreiben sandte Brommy gleich einen Organisationsplan für die Struktur der zu errichtenden Institution mit 40 Artikeln ein.

Plan einer Marine Schule

1.) Es wird ein Institut zu Bildung junger Leute errichtet, welche sich dem Dienste der königlichen Marine widmen wollen. Dieses führt den Namen Königliche Marine Schule.

2.) Zu diesem Zwecke wird eine Corvette als Instructionsschiff eingerichtet.

3.) Die Anzahl der Eleven ist auf dem Bedürfnis des Dienstes festzustellen und dürfte nicht vierzig überschreiten.

4.) Um in der Marine Schule aufgenommen zu werden, darf der Eleve nicht weniger als zwölf und nicht mehr als sechzehn Jahr alt seyn.

5.) Die aufzunehmenden Zöglinge werden vorzugsweise unter den Söhnen verdienter Offiziere und Beamten der königlichen Marine ausgewählt.

6.) Die Eleven erhalten eine theoretisch, practische Erziehung, welche rein militärisch geleitet wird.

7.) Bei ihrem Eintritt in die Marine Schule müssen die Eleven leserlich schreiben können und die vier Spezies der Arithmetik innehaben.

8.) Die theoretische Bildung wird mit der practischen auf eine solche Weise verbunden, dass dieselbe auch während der Reisen zur See unausgesetzt fortgeführt werden kann.

9.) In der Marine Schule aufgenommen verfolgt der Eleve seine Studien in der Art, dass er nie zu denen einer höheren Wissenschaft übergeht, ohne ein Examen über die früher erlernten abgelegt zu haben.

10.) Die verschiedenen Anlagen und Fähigkeiten des Eleven, so wie in Betracht ziehend, daß mehr oder minder die auf der See zugebrachte Zeit störend auf die theoretischen Studien mancher Eleven einwirken möchte, werden in der Marine Schule keine allgemeinen Classen, sondern nur speziell für jeden Zweig der Wissenschaften seyn, so das z.B. ein Eleve gleichzeitig in der ersten Classe der Arithmetik, in der zweiten der Geographie und in der dritten der französischen Sprache seyn kann.

11.) Die zu lehrenden Gegenstände sind folgende:
1. Griechische, französische, englische Sprache.
2. Religionsunterricht.
3. Geschichte und Geographie.
4. Mathematischer Cursus: Mathematik, Geometrie, Algebra, beide Trigonometrien, Navigationslehre und Hydrographie, Anfangsgründe der Statik.
5. Nautische Astronomie.
6. Mechanik und Physik im allgemeinen.
7. Theorie des Schiffbaues, der Bemastung, der Besegelung, das Manuoverns und der Tactik.
8. Zeichnen, Aufnahme von Küsten, Häfen, Construction der Charten…
9. Kalligraphie

12.) Täglich, mit Ausnahmen der Sonn- und Festtage beschäftigen sich die Cadetten mit den im vorhergehenden Artikel bezeichneten Studien, woran noch der Unterricht in der Artillerie und die Erklärung ihrer Pflichten als Seeleute – sey es als Offizier, Bootsmann oder Matrose – sich knüpfen. Die Vergnügungsstunden sind der Gymnastik, dem Fechten, Rudern und Schwimmen zu widmen.

13.) Vier Monate im Jahre machen die Eleven mit der Corvette zwei Reisen, jede zu zwei Monaten; die erste in das Aegäische Meer, die zweite in einen anderen Theil des Mittelmeeres.

14.) Jeder Reise folgt ein blos practisches Examen, wodurch der Rang der Eleven nach Divisionen bestimmt werde: in diesem rangieren sie jedoch nach ihren theoretischen Fähigkeiten. Da dieser Rang weder beständig ist, noch für irgend eine bestimmte Zeit ertheilt werde, so befinden sich die Eleven in einem beständigen Wetteifer; jeder hat Hoffnung durch Anstrengung und Fleiß seinen Cameraden vorgesetzt zu werden. Der Eleve muß jedoch für jede Division wenigstens eine Seereise gemacht haben.

15.) Die Eleven gehen durch folgende fünf Divisionen: über das darin Erlernte werden sie nach jeder zurückgelegten Seereise examiniert.

1. Division: Das Schiff und die Takelage. Man verlangt vom Kadetten die fehlerfreie Erklärung alles dessen, was zur Takelage gehört und die Benennung in technischen Ausdrücken sämtlicher Gegenstände, die sich in und auf dem Schiff befinden.

2. Division: Das Manuover bei gutem Wetter. Außer bei den vorerwähnten Kenntnissen, müßten die bei gewöhnlichem Wetter vorzunehmenden Manouvers erklärt wurden; diese wurden durch die Eleven ausgeführt.

3. Division: Das Manuover bei schlechtem Wetter. Die Eleven werden jetzt examiniert, wie bei schlechtem und stürmischen Wetter das Schiff zu manövriren sey. Hierbei vertreten sie nach Umständen, die Stelle eines zweiten oder ersten Offiziers der Wache.

4. Division: Die Ausrüstung. Zu dem vorhergehenden fügt man jetzt noch die vollkommene Ausrüstung des Schiffes bei, die Art und Weise, zu stauen und zu takeln. Die im Hafen und Arsenale zu beobachtenden Förmlichkeiten werden erklärt. Die Eleven dieser Division waren als Chefs der Wache zu verwenden und genießen auf See mehr Zutrauen als früher.

5. Division: Die Abtakelung und Entwaffnung. Hier werde die ausführliche und fehlerfreie Erklärung alles früher Erlernten verlangt; die vollkommene Entwaffnung und Abtakelung des Schiffes, nebst den im Hafen und im Arsenale dabei vorkommenden Formalitäten wurden hinzugefügt. Man verlangt von den Eleven die genaue Aufzählung ihrer Pflichten als wachthabender Offizier, dessen Dienst sie im Hafen der Reise noch zu versehen haben. Während der Seereisen thun sie die Dienste des Bootsmannes und seiner Gehülfen. Um in dieser Division den ersten Platz zu erhalten, muss der Cadett während seiner letzten Reise sich durch seine Kenntnisse, sein Betragen, sowie durch seine Fähigkeit zum commandiren ausgezeichnet haben.

16.) Der Eleve kann diesen ersten Platz erhalten haben, ohne deswegen tauglich zum Offizier zu avanciren. Wenn er nämlich in seinen theoretischen Studien noch zurück ist. Bis daher im nächsten jährlichen Examen seine theoretischen Kenntnisse außer Zweifel gesetzt waren, vertritt er die Stelle eines Unteroffiziers im Institute.

17.) Bei diesem letzten Examen werden alle früher erworbenen Kenntnisse repetirt, um darzuthun, das nichts vergessen ward. Mathematik, nautische Astronomie, Navigationslehre und Artillerie sind die Hauptgegenstände des Examens, indessen dürfen die anderen Studien ebenfalls nicht vernachlässigt seyn. Das Zeugnis theoretischer Kenntnisse, verbunden mit dem der Fähigkeit als nautischer Offizier, sichern dem Eleven den Rang eines Fähnrichs der königlichen Marine.

18.) Um in allen Zweigen zum practischen Seemann gebildet zu seyn, erhalten die Eleven während der Seereisen einen Mast zur alleinigen Bedienung, auf dem sie bei allen vorzunehmenden Evolutionen in Ausübung derselben mit den Matrosen wetteifern. Tag und Nacht halten die Eleven Wache, und werden außer dem zu allen Diensten eines Cadetten verwendet, wie es im Reglement der Königlichen Marine vorgeschrieben ist.

19.) Um während der Seereisen das Erlernte nicht zu vergessen oder zu vernachlässigen, werden die freien Stunden zu astronomischen Beobachtungen, Zeichnen von Küsten u.s.f. oder dazu benutzt, ihre vorgeschriebenen theoretischen Lectionen auszuarbeiten. Während dieser Beschäftigungen ist ihnen ein Offizier beizugeben, welcher ebenfalls bei dem practischen Unterricht zugegen seyn muss, den sie zufolge des Befehls vom Commandanten von den Unteroffizieren der Corvette erhalten. Jeder Cadett hat ein Journal nach der vorgeschriebenen Form zu führen, welches er täglich dem zweiten Offizier zur Durchsicht vorzulegen hat.

20.) Während der Seereisen stehen die Eleven unter der speciellen Aufsicht des zweiten Offiziers, welcher auch eine strenge Disciplin zu halten hat. Nach der Reise werden sie ihm zugetheilt, um unter seiner Leitung und Aufsicht das Detail des Dienstes genau kennen zu lernen.

21.) Die Eleven werden in Brigaden, von gleicher Stärke, eingetheilt. Darin jeder unter der besonderen Aufsicht eines Offiziers steht. Ihre theoretischen und practischen Fähigkeiten bestimmen den Rang, den sie in der Brigade einnehmen.

22.) Jeden dritten Monat werden die Eleven in Gegenwart des Commandanten geprüft; ihre verschiedenen Fortschritte bestimmen ihren respectiven Rang für die nächsten drei Monate.

23.) Für jede Brigade werden als dann die beiden ausgezeichnetsten Eleven derselben zu diensthabende Unteroffiziere durch den Commandanten ernannt.

24.) Derjenige Eleve, welcher in einem Jahre zweimal zurückgesetzt ward, dadurch also entweder seine Unfähigkeit, oder seine Unlust zum Lernen darthut, erhält seine Entlassung; der Fall ausgenommen, das er länger als dreißig Tage im Hospital krank verweilen musste.

25.) Jeder Eleve, welcher während zwei successiven Seereisen schlechte Zeugnisse bekam, werde ebenfalls entlassen.

26.) Jährlich, nach zurückgelegter zweiter Seereise, wurde ein allgemeines Examen gehalten, wo der Commandant, die Offiziere und sämtliche Professoren und Lehrer zugegen seyn müssen.

27.) Der Commandant sendet dem Marineminister einen umständlichen Bericht über dies Examen und begleitet diesen mit den nöthigen Bemerkungen über die moralischen Fähigkeiten, den physischen Zustand und die Aufführung im Allgemeinen eines jeden Eleven.

28.) Wenn am Ende des Curses oder nach zurückgelegtem ein und zwanzigsten Jahre ein Eleve sein Examen nicht besteht, so wird er entlassen; kann jedoch als Unteroffizier in der königlichen Marine eintreten, wenn anders sein früheres Betragen und seine anderweitigen genetischen Fähigkeiten ihn dazu qualificiren.

29.) Der in der Marine Schule zugebrachte Zeitraum wird dem Eleven nur dann als Dienstzeit angerechnet, wenn er den Grad eines Fähnrichs der Marine erhalten hat.

30.) Der in der Marine Schule zuzubringende Zeitraum ist im Durchschnitt auf fünf Jahre festzusetzen.

31.) Die Marine Schule wird mit den nöthigen Büchern, Charten und Instrumenten zur Instruction der Eleven versehen. Diese Gegenstände stehen unter Aufsicht und Verantwortlichkeit des zweiten Offiziers.

32.) Die Professoren der Mathematik haben außer ihrem Cursus noch die nautischen Instrumente und die Art und Weise zu erklären, nach welchen dieselben gebraucht und dringlich werden können. Sie lassen die Eleven astronomische Beobachtungen machen und berechnen, besonders diejenigen, welche zur Bestimmung der Meereslänge dienen. Außerdem hat der Professor der Hydrographie die Eleven in der Aufnahme von Plänen von Reeden und Häfen zu unterweisen und wie Küsten und Inseln mittelst des Compasses und der gesegelten Richtung zu umschreiben sind.

33.) Der Zeichenlehrer beschäftigt sich vorzüglich damit, den Eleven das Zeichnen der Ansichten von Küsten und das Schiffszeichnen beizubringen.

34.) Die Lehrer der französischen und englischen Sprache haben vorzüglich bei ihrem Unterrichte solcher Maßen sich zu bedienen, welche auf nautische Gegenstände Bezug haben.

35.) Den Practischen Unterricht in Handarbeiten erhalten die Eleven von den Unteroffizieren der Corvette unter Aufsicht der Offiziere.

36.) Die Uniform der Eleven ist die durch königliche Ordonnanz vorzuschreiben. Auf der See tragen sie die Kleidung der Matrosen, aber ihre rothe Binde. Im Hafen, wenn sie Wache thun oder zu Diensten außerhalb des Schiffes verwendet werden, gehen sie in Uniform.

37.) Die Eleven speisen zusammen in Gegenwart eines Offiziers und schlafen in Hängematten in dem dazu bestimmten Theil des Schiffes. Für ihre Nahrung und Wäsche hat die Oeconnomie Commission des Schiffes Sorge zu tragen.

38.) Es darf kein Eleve für beständig an der Tafel des Commandanten oder der Offiziere essen.

39.) Während die Corvette im Hafen liegt, werden die Segel abgeschlagen und nur die nöthige Equipage bleibt an Bord, um Ordnung und Reinlichkeit zu unterhalten.

40.) Die Equipage der Corvette wird unter den besten Unteroffizieren und Matrosen der königlichen Flotte ausgesucht, damit durch sie der Ausbildung der Eleven kein Hinderniß in den Weg gelegt wird.

Pyräus 8/20 April 1840   Chas Brommy
                                Fregattencapitain

Carl Rudolph Brommy übernahm größtenteils die Einstellungs- und Ausbildungsbedingungen der Schulorganisation in der *Kopenhagener Marineschule*. Er sah Brest (1810 gegründet, ab 1830 eine Schule an Land), wie er in seinem Anschreiben ausführt, als ungeeignet an, weil zum einen die Einstellungsbedingungen zu hoch waren und zum anderen, weil zwei Schiffe als Ausbildungseinheiten für die griechische Marine nicht machbar waren. Es fällt aber noch ein dritter Punkt auf, der Brommy dazu gebracht haben könnte, die französische Schule abzulehnen: im Gegensatz zu Kopenhagen und Venedig wurde in Frankreich darauf verzichtet, dass die Eleven nur aufgenommen wurden, wenn sie aus dem *Adelsstand* kamen oder *Söhne verdienter Familien* waren. Brest gab jedem – sozusagen dem Mann von der Straße – die Möglichkeit, bei Bedarf in die Marineschule aufgenommen zu wurden. Dies mag mit den Auswirkungen der französischen Revolution zusammenhängen, nachdem dem Adel ein erheblicher Teil seiner Privilegien entzogen und diese dem Volk zugesprochen wurden. Brommy dagegen beharrt auf der Vorzugsweisen Aufnahme von Söhnen »*verdienter Offiziere und Beamten der königlichen Marine.*«

Anhang II

Disziplinarordnung der Reichsmarine 1849 – 1853

Im März 1849 war durch Brommy eine Dienstvorschrift und eine Disziplinarordnung erlassen worden. Brommys liberale Haltung im Umgang mit Untergebenen aller Ebenen war zu dieser Zeit eine große Besonderheit. **Er hatte zu seiner Zeit als Seeoffizier immer unter der Prämisse verstanden, dass der Kommandant eines Schiffes immer auch Herr auf diesem sein müsse, nie aber ein Tyrann!** So sollte unter seiner Verantwortung nie zu Strafen wie Hängen, Kielholen, Prügelstrafe oder in »Eisen legen« kommen, Strafen die in den meisten Marinen der Welt üblich waren. Von seinen Offizieren verlangte Brommy unbedingtes Einhalten von Anweisungen, um so selber als Vorbilder zu fungieren. Er verlangte unbedingten Gehorsam gegenüber der Flagge, und der Disziplinarordnung.

Verordnung über die Disciplinarbestrafung in der Marine des Reiches.
Der Reichsverweser, in Erwägung, daß die Flotte ihre ehrenvolle Aufgabe nicht zu lösen und die auf sie gestellten Hoffnungen des deutschen Volkes nicht erfüllen vermag, wenn nicht jeder Offizier, Deckoffizier, Unteroffizier, Matrose und Mariniert, sowie jeder andere in ihr Angestellte und zum Dienst in ihr Berufene, in der ihm angewiesenen Stelle willig und gehorsam die Anordnungen und Befehle seines Vorgesetzten pünktlich und ohne Widerspruch vollzieht, verordnet wie folgt:

Tit. I.
Umfang der Disciplinarstrafgewalt.

§ 1. Der Disciplinarbestrafung sind die zur deutschen Marine gehörenden und alle andern unter der deutschen Kriegsflagge befindlichen Personen unterworfen.

§ 2.   Der Disciplinarbestrafung unterliegen:
1) Zuwiderhandlungen gegen die zur Handhabung der Schiffsordnung erteilten Vorschriften;
2) Nachlässigkeit in Beziehung auf den Dienst, namentlich Verwahrlosung der Schiffsgerätschaften, der Wach- oder Signalfeuer, der Waffen- und Montirungsstücke, Fehlen oder zu spätes Erscheinen im Dienst, Ausbleiben über Urlaub, Unreinlichkeit, Unrichtigkeit der Meldung, Unterlassung oder nachlässige Ausführung der vorgeschriebenen Visitationen und dergleichen;
3) Dienstwidrige Handlungen, namentlich Übertretung der Wachinstruction bei Verrichtung des Wachdienstes, Anzünden von Feuer oder Licht in Zeiten, oder an Orten, wo dieses verboten ist, heimliche Entfernung vom Schiff oder Fahrzeug, Einschwärzen feuerfangender Gegenstände und geistiger Getränke, vorschriftswidriges Anreden der Vorgesetzten, ordnungswidriges Verhalten im Arrest u.s.w.

4) *Ungehorsam und unschickliche Äußerungen gegen den Vorgesetzten;*

5) *Unwürdige Behandlung der Untergebenen und unstatthafte Nachsicht gegen die strafbaren Handlungen und Unterlassung der Untergebenen;*

6) *Leichtsinniges Schuldenmachen, verbotenes Spielen, Geldborgen von Untergebenen und andere Handlungen, welche unpassenden Verhältnisse von Untergebenen herbeiführen;*

7) *Streitigkeiten und Schlägereien der Mannschaften unter sich, oder mit anderen Personen, wenn nicht schwere Verletzungen dabei vorgekommen sind;*

8) *Unsittlichkeiten und Ausschweifungen jeder Art, namentlich Trunkenheit, und unzüchtiger Lebenswandel;*

9) *unerlaubter Gebrauch fremden Eigenthums;*

10) *Diebstähle, Unterschlagung und Betrügereien.*

Tit. II.
Disciplinarstrafen für Offiziere und Mannschaften.

§ 3.   *Die Disciplinarstrafen sind:*

A. Für Offiziere, Deckoffiziere und die mit ihnen im gleichen Rang stehenden Personen.

1) Verweis:

a) ohne Zeugen oder im Beisein eines Offiziers – einfacher Verweis;

b) vor versammeltem Offiziers-Corps – strenger Verweis;

2) Schiffsarrest bis zu vier Wochen;

3) Hütten- (Kajüten-) Arrest bis zu einer Woche und zwar:

a) einfacher Arrest, wobei der Arrestant den Dienst versieht;

b) Strenger Arrest mit Suspension vom Dienst, in beiden Fällen mit oder ohne Gestattung des Verkehrs mit anderen Personen, und geschärfter Arrest mit Verschluß oder Bewachung durch eine Schildwache.

B. Für Schiffsfähnriche und Seejunker.

1) Verweis:

a) vor versammeltem Offiziers-Corps;

b) im Beisein ihrer Kameraden;

2) Strafwachen;

3) Schiffsarrest bis zu vier Wochen;

4) Arrest bei der Schildwache an der Capitäns-Cajüte oder auf dem Hinterdeck bis zu 48 Stunden in angemessenen Zwischenräumen.

C. Für Unteroffiziere und die mit ihnen im gleichen Rang stehenden Personen

1) Verweise vor versammeltem Offiziers-Corps im Beisein ihrer Kameraden;

2) Entziehung geistiger Getränke;

3) Strafwachen bei Tage;

4) Schiffsarrest bis zu vier Wochen;

5) Arrest bei der Schildwache bis zu 48 Stunden in angemessenen Zwischenräumen;

6) Einsamer Arrest mit Heranziehung zum Dienst;

7) Versetzung in eine niedere Rangstufe bis auf vier Wochen mit Herabsetzung der Löhnung;

8) Degradation für unbestimmte Zeit (§.17).

438

D. Für Matrosen, Soldaten und alle anderen Personen zu denen unter A. B. und C. genannten gehören.

1) Entziehung geistiger Getränke;

2) Strafwachen bei Tag;

3) Nachexercieren;

4) Strafarbeiten, namentlich Eisenputzen, Reinigung der Waffen und Verrichtung schmutziger Arbeiten;

5) Essen an nicht numeriertem Platz (am Back-Null);

6) Schiffsarrest bis zu vier Wochen;

7) Fesselung durch Anlegen von Eisen an einem oder beiden Füßen, höchstens zwei und eine Nacht, in beiden Fällen; (No 7 u. 8) ohne weitere Verschärfung, oder einem Tag um den anderen bei Wasser und Brot und mit oder ohne Verlust der Löhnung;

8) Gefängnis einen Tag um den anderen bei Wasser und Brot mit Verlust der Löhnung bis zu fünf Tagen;

9) An den Mast, dergestalt, daß der Bestrafte zwar aufrecht stehen, nicht aber sich setzen oder niederlegen kann, täglich zwei Stunden und höchstens drei Tage hintereinander;

9) Versetzung in die Strafklasse mit Entziehung von ein Viertel bis zur Hälfte der Löhnung.

Tit. III
Kompetenz der Befehlshaber zur Diciplinar-Bestrafung

§ 4.   Die Disciplinarstrafgewalt steht im vollen Umfange (§3.) dem commandierenden Offizier eines Schiffes oder anderen Fahrzeuges über sämtliche ihm untergebenen Offiziere und Mannschaften zu. Dieselbe ist nicht an die Charge, sondern an die Funktion im Commando geknüpft und geht während der Stellvertretung im Commando über.

§ 5.   Die Competenz der einem commandierenden Offizier (§4.) vorgesetzten höheren Befehlshaber zur Disciplinarbestrafung tritt ein, wenn die dazu geeignete strafbare Handlung;

      a) unter den Augen begangen, oder

      b) ihnen zur Entscheidung oder zur Zustimmung der Strafe gemeldet oder

      c) von dem Commandierenden unbestraft gelassen ist.

Wenn die höheren Befehlshaber hiernach in den Fall kommen, Disciplinarstrafen zu verfügen, so sind auch für sie, sowohl hinsichtlich der Art, als der Dauer der Strafen die Vorschriften des §.3. maßgebend.

§. 6   Die in den §§ 4. und 5. nicht genannten Offiziere, die Schiffsfähnriche, die Deckoffiziere, die Seejunker und die Unteroffiziere haben zwar keine Disciplinargewalt; sie sind aber ebenso berechtigt wie verpflichtet, die nach dem Grade nach dem Dienstalter unter ihnen stehende Personen zu verhaften, oder eine Verhaftung zu bewirken, wenn zur Erhaltung der Disciplin solches erforderlich ist.

Eine solche Verhaftung muss von ihnen sofort dem nächsten mit Disciplinargewalt versehenen Vorgesetzten des Verhafteten gemeldet werden.

§. 7.   In außerordentlichen Fällen, insbesondere wenn das Schiff oder Fahrzeug sich in See befindet, im gleichen bei der Weigerung, den zur Beseitigung dringender Gefahr erteilten Dienstbefehlen pünktlich Folge zu leisten, oder pflichtwidrige Handlungen zu unterlassen, stehen jedem Offizier und Deckoffizier, unter strengster-Verantwortlichkeit für die ergriffenen Maßregeln, ebenso wie jedem commandierenden Offizier und höheren Befehlshaber, alle Mittel zu Gebote, seinen Befehlen den nöthigen Gehorsam zu verschaffen.

–) Dieselben Befugnisse unter gleicher Verantwortlichkeit hat jeder Offizier ohne Rücksicht auf Rang und Grad, und jeder Deckoffizier zum Zweck der Abwehr eines thätlichen Angriffs des Untergebenen, im Fall der äußersten Bedrängnis.

Tit. IV.
Bestimmungen über die Ausübung der Disciplinarstrafgewalt.

§ 8.   Jeder mit Disciplinarstrafgewalt versehene kommandierende Offizier ist verpflichtet, vor Verhängung einer Disciplinarstrafe von der Verschuldung des zu Bestrafenden auf eine seinem pflichtmäßigen Ermessen überlassene Weise sich zu überzeugen.

§ 9.   Die Anordnung einer Untersuchung zum Zwecke der Disciplinarbestrafung ist zwar nur in den Fällen, wo es der § 13. vorschreibt, erforderlich; aber der commandierende Offizier muss auch in anderen Fällen insofern er über die Schuld oder den Grad der Strafbarkeit zweifelhaft ist, von Verfügung der Strafe den Hergang der Sache durch mündliche Verhandlung näher aufklären.

§ 10.   Die Art und das Maß der Disciplinarstrafe hat der commandierende Offizier oder Befehlshaber innerhalb der Grenzen seiner Disciplinarstrafgewalt mit Berücksichtigung der Individualität des zu Bestrafenden, seiner bisherigen Führung und des durch die Übertretung nicht oder minder gefährdeten Dienst.

§. 11.   Ein und dieselbe strafbare Handlung darf nur ein Mal bestraft werden. Auch muss die zu erwählende Strafart der strafbaren Handlung möglichst entsprechen.

§ 12.   Die härtesten Strafgaben müssen in der Regel eintreten:
1) wenn die strafbare Handlung zur Nachtzeit begangen worden ist;
2) wenn der zu Bestrafende bereits früher wegen eines solchen, als des zur Bestrafung vorliegenden Vergehens bestraft worden war.

§ 13.   Die Verfügung vorliegender in § 3. aufgeführten Strafen:
A)   Nr. 3 c. Schärfster Arrest unter Verschluß oder Bewachung durch die Schildwache;
B)   Nr. 7. Und 8. Versetzung in eine niedere Rangstufe auf kurze Zeit und Degration;
C)   Nr. 10 und 11. Anbinden an den Mast u.s.w. und Versetzung in die Strafklasse kann nur erfolgen, wenn zuvor wegen Vergehens, wofür diese Strafe eintreten sollte, durch eine vom kommandierenden Offizier zu ernennende, aus drei Offizieren oder Deckoffizieren bestehende Commission, eine Disciplinar-Untersuchung stattgefunden hat, und von dieser Commission in dem über das Ergebnis der Untersuchung zu erstattenden schriftlichen Bericht, die Verhängung einer der erwähnten Strafen beantragt wurde.

Tit. V.
Bestimmungen über die Vollstreckung der Disciplinarstrafe.

§ 14.   Die Vollstreckung der Disciplinarstrafen muss, sofern die Umstände es irgend gestatten, sogleich nach der Festsetzung erfolgen.

§ 15.   Bei Vollziehung der Disciplinarstrafen ist sorgfältig darauf zu achten, das sie der Gesundheit des zu Bestrafenden nicht nachtheilihg werde. Läßt der Gesundheitszustand desselben nach dem Urteile des Schiffsarztes die Vollstreckung der verhängten Strafe nicht zu, so muss eine gelindere Strafe gewählt wurden.

§ 16 Bei dem Schließen in Eisen ist die Fesselung so einzurichten, das dadurch zwar der Gang erschwert, die Bewegung aber nicht gehemmt werde. Auch darf die Fesselung nicht in Eisenstangen bestehen.

§. 17 Die Aufhebung der Strafe der Degration und der Versetzung in die Strafklasse kann bei fortgesetzter guter Führung des Bestraften nach drei Monaten auf Antrag des commandierenden Offiziers durch den ihm zunächst im Commando Vorgesetzten erfolgen.

Tit. VI.
Führen der Strafregister.

§ 18. Über die Disciplinarbestrafungen wird auf jedem Schiff und Fahrzeug ein Strafregister geführt, für dessen Richtigkeit der commandierende Offizier verantwortlich ist.

Tit. VII.
Beschwerdeführung über Disciplinarbestrafungen.

§. 19. Beschwerden über Disciplinarbestrafungen dürfen nur bei dem unmittelbaren Vorgesetzten desjenigen commandierenden Offiziers, welcher die Strafe verfügt hat, im Dienstwege und bloß von dem Bestraften selbst angebracht werden.

Tit. VIII.
Aufsichtsführung über die Ausübung der Disciplinarstrafgewalt.

§ 20. Die gerechte und zweckmäßige Anwendung der Disciplinarstrafgewalt auf den einzelnen Schiffen und Fahrzeugen haben die höheren Befehlshaber, namentlich durch sorgfältige Prüfung der Strafliste, genau zu überwachen.

§ 21. Finden die höheren Befehlshaber, das ein ihnen untergebener commandierender Offizier bei der Disciplinarbestrafung ungesetzlich verfahren ist, so sind sie verpflichtet, die Überschreitung der Disciplinarstrafgewalt, nach Maßgabe der Verschuldung, entweder disziplinarisch zu rügen, oder die richtige Untersuchung und Bestrafung zu veranlassen.

Tit. IX.
Besondere Bestimmungen für die Zeit, wo Offiziere oder Mannschaften sich an Land befinden.

§ 22. Die Vorschriften der §§ 2. bis 18. finden keine Anwendung auf die zur deutschen Marine gehörenden Personen, welche am Lande sich befinden, ohne zur Besatzung eines ausgerüsteten oder in der Ausrüstung begriffenen Schiffes oder sonstiger Fahrzeuge gehören.

Für dieselben gelten nach Maßgabe ihrer Charge und ihres Ranges die Vorschriften über die Disciplinarbestrafung des Heeres, wobei dem Capitän die Disciplinarstrafgewalt in dem Umfange eines Regimentsbefehlshabers über seine Untergebenen zusteht.

§ 23. Mit der Ausführung dieser Verordnung wird der Reichsminister der Marine beauftragt.

Frankfurt a. M. den 8. März 1849
Der Reichsverweser:
Erzherzog **Johann.**
Ad interim mit der Verwaltung des Marine-Departements beauftragt: Duckwitz.

Tatsächlich wurde diese Vorschrift aber erst am 5. Mai des Jahres 1849 veröffentlicht.[601] Als Reichskommissar, später als Seezeugmeister und Oberkommandierender der Flotte reagierte Brommy prompt und rigoros auf jedes von ihm festgestellte Vergehen, ganz gleich ob Mannschaft oder das Offizierscorps betraf.

Anhang III

Der Dienstbetrieb der Reichsmarine 1849–1853

Nachdem Brommy als Reichskommissar und Seezeugmeister die Verantwortung übernehmen musste, setzte er sofort einen fest umrissenen Dienstplan auf. Die Zeitrechnung erfolgte nach international üblichen Standards in Glasen. Die Wachen waren unterteilt im vier-Stunden-Rhythmus. 1 – 4, 4 – 8, 8 – 12 (usw). Zur einheitlichen Zeitnahme wurde durch das Führungsschiff (Flaggschiff) ein »Zeitball« aufgezogen, nach dem sich die Schiffe im Verband zu richten hatten. Die Zeitangaben waren im 12-Stundenrhythmus, vormittags und nachmittags, unterteilt, wie zu dieser Zeit üblich. Die täglichen Dienste an Bord fielen im Winter von 5 Uhr morgens bis 8 Uhr abends, im Sommer von 4 Uhr morgens bis 9 Uhr abends an.

Vormittags:

04.00 Uhr	**(Überall) Wecken mit Kanonenschuss und Trommeln der Raveille.**
05.00 Uhr	**Reinigung des Decks.**

Per Pumpen wurde das Deck unter Wasser gesetzt und anschließend alle Decks, Gänge und Treppen geschrubbt und anschließend mit einem Sandstein (holystone/heiliger Stein) gereinigt. Zusätzlich wurden alle Messingteile gereinigt.

Signal »Alle Hände an Deck«

Flaggenparade

Ungefähr eine **halbe Stunde vor Sonnenaufgang** wurde alles zur **Flaggenparade** auf den in Dienst stehenden Schiffen vorbereitet. Hierbei kam ein umfangreiches Ritual zur Ausführung. Die Mariniers nahmen Aufstellung auf dem Quarterdeck. Die Matrosen verteilten sich auf den Rahen, lösen die Segel, um sie auf Kommando fallen zu lassen. Die Brahmraahe, die zweitgrößte Segelstange, die über Nacht niedergelassen wurde, wurde zum Aufheißen vorbereitet. Die Schaluppen, seitwärts ausgeschwenkt, wurden zum Niederlassen vorbereitet. Die große Kriegsflagge lag ebenfalls zum Aufziehen bereit.

Mit Blick auf das Flaggschiff wartete der wachhabende Offizier auf das Setzen des Wimpels. Wurde diese beim Erscheinen der ersten Sonnenstrahlen

---

601 **Ohne:** Illustrierter Kalander – Marinekalender, Jg. 1850 S. 182 der Illustrierten Zeitung, Leipzig.

gesetzt, stiegen auf allen Schiffen die Flaggen auf, fallen die Segel, wurde die Bramrahe aufgezogen, die Schaluppen zu Wasser gelassen. Die Mariniers präsentierten das Gewehr, und der Parademarsch wurde angeschlagen. Anschließend wurden durch die verschiedenen Abteilungen Arbeiten und Exerzieren an Waffen und Gerät vorgenommen.

07.30 Uhr   **Hängematten an Deck und verstauen.**
Die Mannschaften reinigten sich anschließend zum Frühstück.

08.00 Uhr   **Musterung (der Besatzung).**

08.30 Uhr   **Frühstück (Siehe Verpflegung).**

09.00 Uhr   **Rapporte der Detailoffiziere über die Ordnung im Schiff.**

09.00 Uhr   **Exerzieren.**[602]
Das Exerzieren fand an den Geschützen auf den Schiffen statt, sobald deren Aufstellung abgeschlossen war. Dieses wurde durch Matrosen durchgeführt, die ihre »Batterie« bedienten. Zusätzlich wurde durch die Mariniers das Exerzieren mit den Enterwaffen geübt. Die Arbeit in der Takelage, mit den Tauen und Segeln wurde in den verschiedenen Divisionen genauso weiter geübt wie der Umgang mit den Booten und Schaluppen. Aufsicht führten Offiziere und Bootsleute.
Im Winterlager fand das tägliche Exerzieren an Land statt. Bei schlechtem Wetter wurde dazu in Brake die Halle der Tranbrennerei genutzt, da keine eigene Exerzierbehausung vorhanden war.
Die Tätigkeit wurde nur durch die Verabreichung der Ration Rum unterbrochen. Diese Ration musste unmittelbar getrunken wurden, war also nicht an Kameraden übertragbar oder auf einen späteren Zeitpunkt zu verschieben. Der Entzug der Rum-Ration war eine Disziplinarmaßnahme!

11.30 Uhr   **Wachwechsel auf den Schiffen und des Marinecorps.**
Auf dem Achterdeck des Schiffes oder zu Lande trat die Wache an. Nach festgelegtem Ritual wurde die Wache gewechselt. Der Parademarsch wurde angeschlagen, Trommelwirbel erschallte. Die Mariniers wechselten ständig ihre zugewiesenen Schiffe. Einzig die »Hamburg«, auf der ein besonderes Kommando lag, wechselte alle drei bis acht Tage die Wache.

12.00 Uhr   **Mittagessen.** (Fünf Minuten Trommeln!)

Nachmittags
01.00 Uhr   **Arbeitsdienst (nach besonderer Anweisung).**
Hier wurden besondere Aufgaben durchgeführt. Neben Landkommandos zur Beschaffung von Proviant, zum Kohlen oder Exerzieren und Marschieren wurde an Bord weiter die Aus- und Weiterbildung betrieben. Die verschiedenen Divisionen setzten ihre Ausbildung weiter fort, die sie am Vormittag begonnen hatten. Auch diese Tätigkeit wurde nur durch die Ver-

---

602 **Arenhold, L.:** Vor 50 Jahren. Die Deutsche Reichsmarine 1848–1852. S. 8. Die meisten Daten der Tagesroutine finden sich in dieser Beschreibung wieder. Das Kanonenexerzieren wurde von Arenhold aber auf die Zeit von 10h 30 a.m. auf 11h 30 a.m. verlegt. Genauso bei Nagel A. Vier Schiffe mit dem Namen Deutschland S. 26.

abreichung der Rum-Ration unterbrochen, die vom Gehilfen des Zahlmeisters vorgenommen wurde.

3h p.m. 4h p.m. Exerzieren mit den Handwaffen [603]
4h p.m. 5h p. m. Kanonenexerzieren
05.30 p.m. **Aufklaren des Decks.**
06.30 p.m. **Abendbrot.**
07.30 p.m. **Aufklaren der Hängematten.**
08.00 p.m. **Wachposten werden besetzt.**
Wieder besetzten die Matrosen und Mariniers ihre zugewiesenen Posten, um das Schiff für die Nacht vorzubereiten. Die Boote wurden zum Hochhieven vorbereitet. Die Segel zum Aufreffen, die Brahmrahe wurde zum Niederholen vorbereitet. Die Flagge war zum Niederholen bereit.

Sonnenuntergang: Zapfenstreich.
Mit Signalschuss des Flaggschiffs setzt die rege Tätigkeit ein, um das Schiff in den Ruhestand zu versetzen. Parademarsch und Ravillie beenden den Zapfenstreich.

Licht und Feuer gelöscht
Ruhe im Schiff.

Die Wache

Während des Winterlagers in Brake war ein ständiger Wachdienst eingerichtet, der schiffsweise wechselte. Die neue Wache zog jeden Morgen neu auf. Die »Schildwache«, die am »Flaggenpfahl« Posten bezog, hatte neben der Bewachung des Marineeigentums die Pflicht, fremde Personen und dienstlich nicht berufene der eigenen Flotte vom Zimmererplatz fernzuhalten.

Die Überprüfung der Wache durch den wachhabenden Offizier sollte öfters erfolgen. In der Nacht sollte diese Überprüfung aber mindestens zweimal durch den Wachhabenden, im Dienstanzug, erfolgen! Wie auch die Rapporte an Bord über Vorkommnisse und Losungsworte geführt wurden, erfolgte dieses im Winterlager in Brake auch bei der Schildwache. Die Wachen wechselten dann schiffsweise. Zur einheitlichen Zeitgebung auf allen Schiffen und Stationen wurde ein »Zeitball« gehisst.

Der Schriftverkehr und die Rapportführung

Die Regelung bezüglich des Schriftverkehrs, der Formalien, der Registraturen und Rapporte war streng. Der Oberkommandierende legte größten Wert darauf und mahnte Ungenauigkeiten und zu lasche Handhabung mehrmals bei den Verantwortlichen an. So hatte jedes Schiff ein »Orderbuch« anzulegen. Brommy verlangte hierin die Aufzeichnung aller Tagesbefehle des Flottenchefs sowie alle allgemeine Bekanntmachung von Verfügungen der Centralgewalt in Frankfurt a.M. in Abschrift aufzuführen. Dem Oberkommandierenden waren jederzeit die Zustandsberichte der Schiffe vorzulegen, die in Wochenberichten zu erstellen waren. Diese beinhalteten zum einen den Zustand des Schiffes (Rumpf, Segel und Bemastung, Bewaffnung). Als weiteres den Personalbestand des Offizierscorps und des gesamten Besatzungsstammes mit allen Untergliederungen (Matrosen, Köche, Kanoniere usw.).Disziplinlosigkeit

---

603 **Arenhold, L.:** Vor 50 Jahren Die Deutsche Reichsmarine 1848–1852. S. 8.

in Wort, Schrift und Sprache wurde nicht geduldet.[604] Offiziere wie alle anderen Verantwortlichen wurden nicht selten wegen der nicht ordnungsgemäßen Führung der Rapporte bestraft.

Anhang IV

Die Verpflegung der Reichsmarine

Die »Proviant-Skala« der Deutschen Flotte enthielt als Besonderheit ihrer Zeit und gegenüber anderen europäischen Marinen die Bestimmung, wann immer möglich, frisches Fleisch und Gemüse zu den Hauptmahlzeiten zu verwenden. Auch sollte frisches Brot zu den anderen Mahlzeiten genutzt wurden. Als Verpflegung führte die »Skala« neben Brot, Fleisch und Gemüse auch Schiffszwieback, verschiedene Salzfleischsorten, Kartoffeln, Reis, Butter, gelbe und getrocknete grüne Erbsen.[605] Die Verpflegung wurde in ihrer Organisation, Durchführung und Kontrolle auch mit dem ärztlichen Personal abgestimmt. Am 28. April 1849 erging durch die Seezeugmeisterei die Anweisung für die Verproviantierung der Flotte. Hiernach war folgende Verausgabung des Proviants vorgesehen:

Sonntag: *Rindfleisch und Pudding*
Montag: *Schweinefleich und gelbe Erbsen*
Dienstag: *Rindfleisch mit Graupen und Kartoffeln*
Mittwoch: *Schweinefleisch und grüne Erbsen*
Donnerstag: *Rindfleisch und Pudding*
Freitag: *Schweinefleisch und weiße Bohnen*
Sonnabend: *Stockfisch und Kartoffeln*

Sobald das Schiff im Hafen liegt und sich frisches Fleisch und Gemüse beschaffen läßt wird dieses abwechselnd den Mannschaften verabreicht, das hierbei zu beachtende Verhältnis ist folgendes:

1 Pfd. gesalzenes Rindfleisch = 1 ¼ Pfd. frisches
¾ Pfd gesalzenes Schweinefleisch = 1 Pfd frisches

An den Tagen an welchen frisches Gemüse verabreicht wurden soll, erhält der Mann hiervon ½ Pfd mit ½ Pfd Kartoffeln. Ebenso kann auch, wo es sich beschaffen läßt, frisches Brot statt der Zwieback gegeben werden und werde dann

1 Zwieback   = 1 ¼ Brot gerechnet.

Einverstanden
Der Seezeugmeister für die Nordseeküste
      Kapitän zur See   *der Marine Stabs- Arzt*
      gez. Brommy   *gez. Heins Dr.*
      Bremerhaven 28. April 1849 [606]

---

604 **Koch:** Orderbuch der deutschen Marine. S.121. Gerade die Führung des Orderbuches zeigte den Versuch von C.R.Brommy auf, Ordnung und Disziplin durchzusetzen.

605 **Koch:** Orderbuch der deutschen Marine, S.120.

606 **Staatsarchiv Oldenburg 33-2-3. Dok. Ol-21c.**

Allgemein übliche Rationen:

Essen morgens:
> Kaffe mit Zucker und Butterbrot.

2. Frühstück:
> Branntwein mit Butterbrot.

Essen mittags:
> 1 ¼ Pfd. Fleisch, Gemüse und Kartoffeln

Nachmittags:
> Branntwein mit Butterbrot.

Essen abends:
> Tee mit Zucker und Butterbrot[607]

Anhang V

Auszug der Dienstvorschriften der Reichsmarine 1849–1853

Dienstvorschriften; die das Verhalten der Offiziere, Seejunker und Mannschaften betrafen: [608]

§ 40. Die Offiziere müssen salutierend an den Hut greifen, wenn sie das Halbdeck betreten. Sie dürfen nur in Uniform erscheinen; sie haben zu vermeiden, daselbst Gruppen zu bilden; sie haben endlich sich auf der entgegengesetzten Seite von Kapitän und des Offiziers der Wache zu halten. Sie dürfen sich weder auf die Kanonen noch auf die Verschanzung setzen und haben jede lärmende Unterhaltung zu vermeiden.

Die Seejunker:

Sie haben sich auf dem Halbdeck mit der größten Ordnung zu betragen, dürfen daselbst nicht spielen, sich nicht in Gruppen zusammenstellen, und wenn sie dort auf- und abgehen, so dürfen sie nur paarweise und nur auf der entgegengesetzten Seite von der gehen, wo sich Kapitän und der Offizier der Wache sich befindet. Verboten ist es sich mit dem Boot eines höheren Offiziers auf einen Wettlauf einzulassen oder an demselben vorbei zu rudern, es sei denn, das man Befehle zu überbringen habe.

Das Dienstabzeichen des Wachhabenden Offizier ist das Sprachrohr, durch das alle Befehle gegeben werden.

Wenn der Kapitän des Schiffes oder sonst ein Stabsoffizier auf Deck erscheint, so haben alle anwesenden Personen mit Ausnahme des 1. Offizier und des wachhabenden Offiziers sogleich auf die der von dem höheren Offizieren besetzten gegenüberliegenden Seite zu gehen.

Die Mannschaften:

Jeder, der mit einem Vorgesetzten spricht, hat die rechte Hand an den Hut zu erheben; wenn er bloßen Kopfes war, bis in die Höhe des Auges.

---

607 **Stenzenbach, G.:** Admiral Brommy und die erste Flotte S. 7. Auch **Nagel, A.:** Vier Schiffe mit dem Namen Deutschland S. 26.

608 **DB 59/20** Übersicht Nr. 1702. 2 Seiten Dok: DB49/15.

Die Kompetenz der verschiedenen Dienstgradgruppen zueinander:

Auf die Offiziere folgen, im Range zwischen diesem und den Unteroffizieren stehend, der Bootsmann, der Konstabler (Feuerwerker) und der Meister, welche in einigen Marinen eine Bestallung der Regierung erhalten, in anderen aber Junkersrang haben.

Der Bootsmann hat unstreitig einen der wichtigsten Posten auf dem Schiffe inne. Er muss ein praktisch gebildeter Seemann und imstande sein, das Schiff auf- und abzutakeln und den Raum zu stauen. Er ist verantwortlich für Anker, Tauwerk, Segel, Takelage und das Äußere des Schiffes. An allen Manövern des Schiffes ist er persönlich beteiligt. Bootsmannsmaate und Segelmacher sind ihm als Gehilfen zugeteilt.

Dem Konstabler (Feuerwerker) untersteht Pulverkammer, Kanonen mit Zubehör und alle Waffen des Schiffes. Er hat die Arbeit der Waffenschmiede zu überwachen und ist für den guten und jederzeit gebrauchsfertigen Zustand aller Waffen verantwortlich. Geschützmunition und Patronen hat er herstellen zu lassen und mit seinen Maaten die Instandhaltung der Kanmonen zu überwachen.

Dem Meister (Zimmerer) ist alles zugeteilt, was zu seinem Fach gehört. Er hat täglich Revisionen des Schiffskörpers, der Masten, Rahen und Boote selbst vorzunehmen und ist für die Pumpen verantwortlich. Seine Maate und Kalfaterer sowie Tischler und Böttcher arbeiten unter seiner Aufsicht. Das notwendige Handwerkszeug muss er sich gegen Geldentschädigung selber beschaffen und unterhalten.

Abschnitt VIII.
Dem ärztlichen Personal oblag:
Die Gesundheitspflege der Mannschaften der Reichsmarine, die Behandlung der Kranken, sowie die Handhabung der Gesundheitspolizei.

Anhang VI
Die Uniformbestimmungen der Reichsmarine 1849–1853

Eine der ersten Verordnungen, die durch Kapitän Brommy als Seezeugmeister, in Kraft gesetzt wurde, war die Uniformbestimmungen für die Reichsmarine.[609]

---

609 **Stadtgeschichtliches Museum Leipzig:** Sammlung Brommy/Lange Nr. 351 vom 1.3.1849. **Anm. d. Verf.:** Es gibt verschiedene Orte, in denen Uniformen oder Teile der Reichs/Bundesflotte zu finden sind. U. a. Hut und Uniformteile von Brommy in Brake, Uniformteile im Marinemuseum Wilhelmshaven, Offiziershut im Museum der Stadt Bremen. Hut eines belgischen Offiziers im Museum in Antwerpen.

Verordnung betreffend die Uniformierung
der Offiziere und Mannschaften
der Reichs Marine

Der Reichsverweser, nach Einsicht des gemachten Vorschlags des Reichs-Ministerium des Handels – Abteilung für die Marine – eine gleichmäßige Uniformierung der Offiziere und Mannschaften der Reichs Marine betreffend, verordnet wie folgt:

§ 1

Die Flagg- und Stabsoffiziere, Lieutenants, Fähnriche und Seejunker, Leutnants, der Reichs-Marine tragen als Uniform einen dunkelblauen Frack mit liegendem Kragen und Platten, mit zwei Reihen – auf jeder Seite sechs – vergoldeten Knöpfe,, auf denen der Reichsadler über einem stehenden Anker in erhabener Arbeit gepresst ist; unter den Patten sind drei, auf den Schößen sechs Knöpfe. Dunkelblaue Pantalons, weiße Weste mit vergoldeten Ankerknöpfen und schwarzseidene Halsbinde.

Gestülpter Hut, Hutquaste und Kokarde in den Nationalfarben, dreifache goldene Raupe als Agraffe für Flagg- und Stabsoffiziere, doppelte Raupe für Subalterne, Schiffsfähnriche und Junker.

Säbel nach dem englischen Marinemodell, an schwarz lackiertem Koppel mit vergoldetem Beschlag, auf dem Schloß den unklaren Anker. Degenquaste in den Nationalfarben. Epaulette von Gold, auf dem Felde den silbernen unklaren Anker in gestrichener Arbeit. Die Epaulette für Flagg- und Stabsoffiziere haben dicke Trotteln (Bouillon); für die ersteren sind sie oben mit doppelten, für die letzteren mit einfacher Raupe umgeben.

Die Leutnants tragen Epauletten mit dünnen Trotteln (Bandilien), Die Auxiliaroffiziere tragen bloß Contre-Epaulette. Auf den Epauletten für den Vize-Admiral sind drei, auf denen des Contre-Admiral zwei silberne Sterne aufgebracht. Kapitaine und Lieutenants Ier Klasse haben zwei kleine silberne Sterne auf den Epauletten.

Fähnriche haben Achselschnüre von doppelten goldenen Raupen. Die Seejunker sind ohne Auszeichnung.

Dunkelblauer Oberrock mit liegendem Kragen, zwei Reihen Knöpfe, sechs auf jeder Seite, sechs auf den Schößen, goldenem Epaulettenhalter.
Auf den Aufschlägen als Auszeichnung des Ranges Tressen wie folgt:

Auxiliaroffiziere eine schmale, ein Viertelzoll breite Tresse,

Leutnante II.er Klasse zwei dergleichen,

Leutnante I.er Klasse eine Dreiviertelzoll breite Tresse.

Corvetten Capitain eine dergleichen nebst einer schmalen darunter,

Kapitain zwei breite Tressen,

Commodore drei desgleichen,

Contre-Admiral eine ein und einviertelzoll breite Tresse,

Vize-Admiral eine dergleichen und eine schmale darunter,

Mütze von dunkelblauem Tuche mit goldenem Rande, auf der in der Mitte vorn die Nationalkokarde und der goldene Reichsadler auf silbernem stehendem Anker in getriebener Arbeit eingebracht ist.

§. 2.

Das ärztliche Personal trägt dieselbe Uniform mit den ihren Range entsprechenden golde-nen Epauletten mit silbernem Felde, auf dem in getriebener Arbeit der goldene mit zwei Schlangen umwundene Anker angebracht ist.

§ 3

Das Verwaltungs-Personal trägt dieselbe Uniform mit silbernen Knöpfen, silberne Hutsgraffe und in ihrem Rang entsprechenden silbernen Epauletten mit goldenem unkla-ren Anker. Die Sekretaire I.er Klasse haben statt der Epauletten silberne Achselschnüre. Die Sekretaire II.er Klasse sind ohne Auszeichnung.

§ 4

Die Deckoffiziere tragen als Uniform den Frack wie die Offiziere und Conrtepauletten von dunkelblauem Tuche mit einer goldenen Raupe und goldener Schnur eingefasst; auf dem Felde derselben für den Oberbootsmann der unklare goldene Anker; für den Oberfeuer-werker eine brennende Granate; für den Oberzimmermann ein Paar gekreuzte Aexte und für den Maschinisten 1.er Klasse ein goldenes Kammrad.

Hut wie oben, nur als Agraffe eine goldene Tresse; Degen nach Modell, mit der Degen-quaste in den Nationalfarben. Auf den mit einer goldenen Schnur eingefassten Aufschlägen der Jacke ist dieselbe Auszeichnung wie auf den Epauletten angebracht. Im gewöhnlichen Dienst tragen die Deckoffiziere runde Hüte wie der Rest der Mannschaft.

§ 5

Unteroffiziere, Matrosen und Jungen tragen als Paradeanzug blaue Jacken und Hosen, weiße Hemden mit blauem Kragen und gleichen Aufschlägen, schwarzseidene Halstücher und Schuhe; Hüte mit schwarzem Bande, auf dem in goldenen Lettern der Name des Schif-fes steht.

Unteroffiziere I.er Klasse haben auf den Aufschlägen der Jacken die für Deckoffiziere be-stimmten Auszeichnungen ohne goldene Schnur.

Unteroffiziere II.er Klasse tragen diese Auszeichnung auf den beiden Oberarmen. Unterof-fiziere III.er Klasse aber nur auf dem rechten Oberarm.

§ 6

Der Reichsminister des Handels ist mit der Vollziehung dieser Verordnung beauftragt.
 Frankfurt a/M den 1. März 1849
  Der Reichsverweser
   gez.:/ Erzherzog Johann
    Der Reichsminister des Handels
     gez.:/ Duckwitz

Am 16. Oktober 1849 kam es bereits zu einer Ergänzung.

Ergänzung
der
Verordnung der Uniformierung der Offiziere und Beamten der Reichs-Marine vom 1. März 1849

Die Hülfsoffiziere und Schiffsfähnriche tragen Contre-Epauletten, auf dem Felde derselben sind für die ersten zwei silberne Sterne.

Die Seejunker tragen Achselschnüre von doppelter goldener Raupe.

Corvetten- Capitaine tragen zwei Tresse jede von dreiviertel Zoll Breite auf den Aufschlägen.

Capitaine zur See, drei der gleichen Tressen.

Commodore eine Tresse eine und ein viertel Zoll.

Contre-Admirale eine desgleichen, nebst einer schmalen darunter.

Vice-Admirale eine desgleichen, nebst einer schmalen darunter und einer darüber.

Die Flaggen-Offiziere haben außer dem silbernen Anker noch den Reichsadler auf dem Feld der Epauletten.

Secretaire 1er Classe tragen Contre-Epauletten mit goldenem Felde und silberner Raupe, nebst goldenem Epaulettenhalter.

Secretaire 2er Classe tragen Achselschnüre von doppelten silbernen Raupen.

Die Ärzte tragen silberne Epaulettenhalter.

Den Offizieren, Beamten und Seejunkern ist gestattet in kleiner Temie kurze Dolche an seidenen oder caramelgarnen Schnürgürtel zu tragen.

Die Unteroffiziere 3er Classe tragen die ihnen zukommende Auszeichnung am linken Oberarm. k

Frankfurt a/M. den 16. Oktober 1849
Der Reichsminister der Marine
Jochmus[610]

---

610 **Stadtgeschichtliches Museum Leipzig:** Sammlung Brommy/Lange

QUELLENANGABEN

Dissertationen, Lehramtsprüfungen
Große Belege (DDR Militär)

Adams, Hans-Anton: Deutsche Marinelazarette von den Anfängen bis heute. Zur Typologie eines Sonderkrankenhauses im Spannungsfeld medizinischer und politischer Entwicklung. Inaugural-Dissertation zur Erlangung der Docktorwürde der Hohen Medizinischen Fakultät der Universität zu Köln, 16. November 1978

Behrens, Georg: Geschichte der Stadt Geestemünde. Inaugural-Dissertation zur Erlangung der Doktorwürde der hohen philosophischen Fakultät der Georg-August-Universität zu Göttingen. 1930.

Brysch, Thomas: Marinepolitik im preußischen Abgeordnetenhaus und Deutschen Reichstag 1850–1888. Inaugural-Dissertation zur Erlangung der Doktorwürde der Westfälischen Universität zu Münster (Westf.) 1993.

Dechange, Marie-Luise: Die Seeoffizier-Schulen der Kaiserlichen Marine. Lehramtsprüfung: Eine Untersuchung unter der besonderen Berücksichtigung ihrer Vorgeschichte. Schriftliche Prüfungsarbeit zur ersten Staatsprüfung für das Lehramt an Volksschulen (Grund- und Hauptschulen) vorgelegt.

Engfert, Antje K.U.: Die Ausbildung der Marinesanitätsoffizieranwärter in den deutschen Marinen 1848–1845. Inauguraldissertation zur Erlangung des medizinischen Doktorgrades der Medizinischen Fakultät Heidelberg der Ruprecht-Karl-Universität 2003.

Foerster, Raimund: Politische Geschichte der Preußischen und Deutschen Flotte bis zum ersten Flottengesetz von 1898. Inaugural-Dissertation zur Erlangung der Doktorwürde einer Hohen Philosophischen Fakultät der Universität Leipzig vorgelegt. Druck Wilhelm Limpert Dresden 1928.

Hansen, Heinrich Egon: Beiträge zur Geschichte der deutschen Flotte 1848 – 1853. Hausarbeit zur Prüfung für das Lehramt an Mittelschulen (1961).

Heikhaus, Ralf: Die ersten Monate der provisorischen Zentralgewalt für Deutschland (Juli bis Dezember 1848). Grundlagen der Entstehung, Aufbau und Politik des Reichsministeriums. Dissertation. Frankfurt a. M. 1997.

Kapitainleutnant Hönig: Die deutsche Flotte von 1848–1852. Großer Beleg der Offiziersschule der Deutschen Demokratischen Republik Dresden, Dresden 30.6.1980.

Kapitainleutnant Schneider: Gedanken zur Ausbildung in der deutschen Flotte von 1848–1852 aus der Sicht ihres Chefs, Contreadmiral Brommy, unter Zugrundelegung seines Werkes »Die Marine«. Großer Beleg der Offiziersschule der Deutschen Demokratischen Republik Dresden, Dresden 30.6.1980.

Kapitänleutnant Og: Kommentar zum Lebensweg des Contreadmirals Brommy, Großer Beleg der Militärakademie der DDR Dresden, Dresden 30.6.1980.

Martin, Paul: Die Technische Marine-Kommission und der Bau der deutschen Flotte im Jahre 1848–1849. Von der Technischen Hochschule in München zur Erlangung der Würde eines Doktors der technischen Wissenschaften (Doktor-Ingenieurs) genehmigte Dissertation. München, 28. Juni 1923.

Meister, Emil: Der Gedanke deutscher Seefahrt und Seemacht in der ersten Hälfte des 19. Jahrhunderts. Inaugural-Dissertation zur Erlangung der Doktorwürde der philosophischen Fakultät (1. Sektion) der Ludwig-Maximilian-Universität zu München, vorgelegt am 15. November 1932. Saarbrücker Druckerei und Verlag Saarbrücken 1933.

Meyer, Dora Henny: Die Weserzeitung von 1848 bis zur Reichsgründung. Die Entwicklung einer führenden deutschen Zeitung. Inaugural-Dissertation zur Erlangung der Doktorwürde der Philosophischen Fakultät (I. Sektion) der Ludwig-Maximilians-Universität zu München. Druck Carl Schünemann Bremen 1932.

Schock, Flemming: Flottenbegeisterung, Flottendiskussion und Flottenpolitik im Vormärz und in der Revolution von 1848/49: Magisterarbeit 2008.

Wendlandt, Heinrich: Die Gründung der preußischen Kriegsflotte im Jahre 1848 und ihre Entwicklung bis 1854. Inaugural-Dissertation zur Erlangung der Doktorwürde der Hohen Philosophischen Fakultät der Schlesischen Friedrich-Wilhelms Universität zu Breslau vorgelegt, Tag der Promotion 15. Oktober 1928. Druck E. Reinke & R. Dölz, Stettin 1928.

Zilligers, Waldemar: Die deutsche Flotte in der Vorstellungswelt der Frankfurter National-Versammlung. Inaugural-Dissertation zur Erlangung der Doktorwürde der Philosophischen Fakultät Göttingen 1954.

Unterlagen von Archiven

Unterlagen aus dem Bundesarchiv Frankfurt und Berlin
Unterlagen Bayrisches Haupt-Staatsarchiv
Unterlagen Bundesarchiv Militärarchiv Freiburg
Unterlagen Schiffahrtsmuseum Unterweeser, Brake
Unterlagen Staatsarchiv Oldenburg
Unterlagen Stadtarchiv Cuxhaven
Unterlagen Stadtarchiv Ottobrunn
Unterlagen Stadtgeschichtliches Museum Leipzig (Sammlung Brommy-Lange)

Gedruckte Literatur als Buch und Hefte

A:

Admiralität, Kaiserliche Die (Hrsg.): Die schleswig-holsteinische Marine und ihre Leistung während des dreijährigen Krieges von 1848 bis 1851. Marineverordnungsblatt 1881. 12. jg. Gedruckt Mittler und Sohn Berlin 1881.

Admiralität, Kaiserliche Die (Hrsg.): Einige Gedanken über die Entwicklung der Deutschen Marine. In: Marineverordnungsblatt 1878. Beiheft Nr. 6 Mittler und Sohn, Berlin 1878

Ahlrichs, Richard: Vom Seezeugmeister zum Admiral. Karl Rudolf Brommy und die Geschichte der deutschen Marine. In: Heimat am Meer Nr. 16/86, S. 1.

Allgemeine deutsche Biographie: Bd. 3. Brommy: Karl Rudolf, 19 Zeilen.

Allgemeine deutsche Biographie: Jachmann, Reinhold Bernhard. Leipzig.

Altenburg, Otto von: Die Anfänge der preußischen Kriegsmarine in Stettin. Verlag Dr. Karl Moninger. Karlsruhe i.B. 1936.

Andresen-Siemens, J, Jansen, C. A.; Storklos, L.: Die deutsche Kriegsmarine. Eine Ansprache an die deutsche Volksvertretung in Frankfurt a.M. Oldenburg 25. April 1848

Andresen-Siemens, J.: Vorschläge zur Begründung einer Deutschen Kriegsmarine. Verlag Carl Tügel, Frankfurt am Main 1848. Schiffbauer aus Helgoland.

Angelow, Jürgen: Von Wien nach Königgrätz. Die Sicherheitspolitik des Deutschen Bundes im europäischen Gleichgewicht 1815–1866. Beiträge zur Militärgeschichte. Hrg. Militärgeschichtliches Forschungsamt Bd. 52

Arenhold, L.: Preußens Weg zur See. Pommern, die Wiege der Königlich-Preußischen Marine. Brandenburgisches Verlagshaus 1995.

Arenhold, L.: Vor 50 Jahren. Die Deutsche Reichsmarine 1848–1852 in zwölf Bildern. Verlag D. Reimer (E. Vohsen) Berlin 1906.

Arndt, Eckhard-Herbert: »Was zu sagen war, war gesagt.« Nach 150 Jahren endet die Marinetradition in Brake. In: Leinen Los 2/1998.

Auerbach, Horst: Der Schoner »Stralsund« oder die Anfänge der preußischen Marine. In: Schiffe und Zeit 35/ 1992.

Auerbach, Horst: Die Königlich Preußische Marine. In: Deutsche Gesellschaft für Seefahrt und Marinegeschichte. Jahrbuch 1996, S. 21ff.

B:

Baasch, Ernst: Geschichte Hamburgs 1814–1918 Bd.1. Gohta Verlag Stuttgart 1980.

Bär, Max: Die deutsche Flotte von 1848–1852. Nach den Akten der Staatsarchive zu Berlin und Hannover. Verlag von Engel Leipzig 1898.

Barth, Friedrich: Der erste Schritt zur preußischen Herrschaft in Ostfriesland. In MR 1932 S. 557–561.

Barth, Kehrig, Korn: Die Phihelenenzeit. Max Hueber Verlag. (Hier: Bromme S. 85–86)

Basch-Ritter, Renate: Österreich auf allen Meeren. Geschichte der k. k. Kriegsmarine von 1382 bis 1918. Verlag Styria Graz, Wien, Köln 1987.

Batsch E.: Auszug aus der Acte »Kriegsministerium Allgemeines Kriegs-Departement Abteilung für die Kriegs-Angelegenheiten« Acta betreffend die Aufnahme von preußischen See-Cadetten … August 1848.

Batsch, F.: Zur Vorgeschichte … Die erste Flottille IVa In: MR 1897/ Heft 4

Batsch, F.: Aus dem ersten Seekrieg zwischen Schleswig Holstein und Dänemark. Ein Beitrag zur Geschichte der Schleswig-Holsteinischen Marine.

Batsch, F.: Zur Vorgeschichte … Commodore Schröder und seine Zeit I. In: MR 1897/ Heft 7.

Batsch, F.: Zur Vorgeschichte … Die erste Flottille IVb In: MR 1897/ Heft 5.

Batsch, F.: Zur Vorgeschichte … Dienstpflicht der Seeleute IIc. In: MR 1897/ Heft 21.

Batsch, F: Nordelbisch-Dänisches. Die Marine in der Herzogtümlichen Erhebung. In: MR 1997.

Batsch, F.: Deutsch Seegras. Ein Stück Reichsgeschichte. I. Seemacht u. Flottenfrage.

Batsch, F.: Zur Vorgeschichte … Dienstpflicht der Seeleute I. In: MR 1896 Heft 11.

Batsch, F.: Zur Vorgeschichte der Flotte. Preußischer Anfang. I. In: MR 1896.

Batsch, F.: Nautischer Rückblick. II. Zur Marinegeschichte. Verlag Gebrüder Pakt. Berlin 1892.

Batsch, F.: Nordelbisch-Dänisches. Die Marine in der Herzogtühmer Erhebung. IV In: MR 1998.

Batsch, F.: Nordelbisch-Dänisches. Die Marine in der Herzogtümer Erhebung. II. In: MR 1998.

Batsch, F.: Prinz Adalbert von Preußen. Ein Lebensbild. Verlag Kurt Bruchvogel. Berlin 1890.

Batsch, F.: Zur Vorgeschichte … Preußischer Anfang. III In: MR 1897 Heft 3.

Batsch, F.: Zur Vorgeschichte … Die Großmutter der Flotte V. In: MR 1897 Heft 6.

Batsch, F.: Zur Vorgeschichte … Dienstpflicht der Seeleute II. In: MR 189/ Heft 1.

Batsch, F.: Nordelbisch-Dänisches. Die Marine in der Herzogtühmer Erhebung. III. In: MR 1998.

Baudissin, Adalbert: Schleswig-Holsteinische Soldatengeschichten. Verlag Carl Rüppel, Hannover 1863.

Bauer, Werner: Geschichte des Marinesanitätswesens bis 1945. In: Beiheft 4 der MR. Mittler & Sohn Berlin Frankfurt 1958. Die Marineärzte von 1848 bis zur Organisation des Sanitätskorps 1868.

Benscheidt, A., Kube, A.: Bremerhaven und Umgebung 1827–1927, Bremerhaven 1993.

Berger, W. A.: Die oberste Marinebehörde In: Deutsche Rundschau XV. Berlin 1889.

Besell, Georg: Bremen. Geschichte einer deutschen Stadt. Verlag Heinrich Döll & Co. Bremen 1955.

Bessell, Georg: Geschichte Bremerhavens. Bd. 3 Die Revolutionsjahre 1848–52.

Bessell, Georg: Geschichte Bremerhavens. Verlag von F. Morisse Bremerhaven 1927.

Bessell, Georg: Geschichte Bremerhavens. Bd. 19. 1. Aufl. 1927, ND 1989. Hg. Heimatbund der Männer vom Morgenstern.

Best, Heinrich: Interessenpolitik und nationale Integration 1848/49. Handelspolitische Konflikte im frühindustriellen Deutschland. Vandendhoeck & Ruprecht 1980.

Bethge, Hans G.: Der Brandtaucher. Delius Klasing u. Co. Bielefeld 1968.

Beutin, Ludwig.: Bremen und Amerika. Zur Geschichte der Weltwirtschaft und der Beziehung Deutschlands zu den Vereinigten Staaten. Carl Schünemann Verlag Bremen 1953.

Bickelmann, Dr. Hartmut: Bremerhaven im 19. und 20. Jahrhundert. S. 3–17. In: Jahrbuch der DGSM 1999.

Bickelmann, Hartmut (Hrsg): Bremerhavener Persönlichkeiten aus vier Jahrhunderten.

Bidlingmeier, Gerhard, K.z.S.: Seegeltung in der deutschen Geschichte. Ein seekriegsgeschichtliches Handbuch. Handbuch des Seeoffiziers, Bd. 5. Darmstadt 1967.

Billerbeck, Major des Ingen. Corps. Die Anfänge der Deutschen Marine. In: Jahrbücher für die deutsche Armee und Marine. Jg. 1876.

Bischoff, Erika: Die rote Felseninsel. Seit 100 Jahren deutsch. Zeit 1990.

Bismarck, Otto: Gedanken und Erinnerungen. Vollständige Ausgabe. Stuttgart und Berlin. Oktober 1928.

Bjerre, Thorkel: Eckernforde somilter afhandling om kampen skertorsdag den 5. April 1849 i Eckernforde fjord. Fr. G. Knudtonz Bogtrykkeri A/S Kobenhaven 1940.

Blum, Hans: Die deutsche Revolution 1848–49. Verlegt bei Eugen Diederichs, Florenz und Leipzig 1898.

Blumberg, Adolf: Elsflet. Oldenburg 1989.

Bock, Bruno: Gebaut bei HDW. 150 Jahre. Koelers Verlagsgesellschaft mbH. Herford.

Boelke, Willy A.: So kam das Meer zu uns. Die preußisch-deutsche Kriegsmarine in Übersee 1822 bis 1914. Ullstein Verlag, Frankfurt a.M. 1981.

Böll, Hans Jürgen: Die erste deutsche Flotte 1848–1853, In: REICHERT, Karlheinz M. (Hrsg.) Marine an der Unterweser. 140 Jahre Standort Bremerhaven, Bremerhaven 1990.

Bolnik, Benno Frh. v.: Geschichte der K.K. Kriegs-Marine während der Jahre 1848 und 1849. Verlag des K.K. Reichs-Kriegs-Ministeriums Marine-Sektion, Wien 1884.

Bönisch, Otto: Zur Geschichte der deutschen Schulschiffahrt. Begann es wirklich am 1. August 1818? In Schiffe und Zeit 35/1992.

Borchert, Friedrich: Schiffbauzentrum Danziger Bucht. Von der Kogge zum Container-schiff. In: Köhlers Flotten-Kalender 1989.

Borrmann, Hermann: Bilder zur Geschichte des hamburgischen Amtes Ritzebüttel und der Stadt Cuxhaven, Cuxhafen. 1983.

Bräckow, Werner: Die Geschichte des deutschen Marine-Ingenieroffizierkorps. Stallig Verlag 1974.

Brandt, Peter (Hrsg.): Marine in Bremerhaven 1848–1988. 140 Jahre Marinestandort an der Geestemündung. Bremerhaven 1988.

Brassel, Günter: Carl Friedel. Werk eines preußischen Marine-Militär-Hofarztes. Triesch-Verlag. Düsseldorf 1990.

Bremer Vulkan: Die Vorläufer. Bremen 1. Selbstverlag.

Brockhaus, der große: Bd. 3. 15. Auflg. Leipzig 1929 Bromme, Karl Rudolf, gen. Brommy. 14 Zeilen.

Brommy, Carl Rudolph: Cupierbuch. Eingesehen in Leipzig (2000) und Brake (2015)

Brommy, Carl Rudolph: Von Piraten gefangen- und andere Seeabenteuer, Skizzen aus der Zeit des griechischen Befreiungskrieges von Rudolf Brommy, Deutschlands ersten Admiral. Stephan Seibel Verlag, Altenburg 1909.

Brommy, Rudolf: Die Marine. Verlag von Alexander Ducker, Berlin 1848.

Brommy, Rudolf; Littrow, Heinrich v.: Die Marine. Eine Gemeinfassliche Darstellung des gesamten Seewesens für die Gebildeten aller Stände, 3. Aufl., A. Hartlebens Verlag Wien, Pest, Leipzig 1878.

Brüchmann, Ph.: Die deutsche Marine 1848–52, In: Archiv für Waffen- und Uniformkunde. Frankfurt 1919.

Bruhne, Werner (Hrsg.): Wilhelmshavener Heimatlexikon. 1. Bd. Druck und Verlagsgesellschaft mbH, Wilhelmshaven

Brüninghaus, F. W.: Die Reichsmarine. In: Zehn Jahre Versailles. Bd. 2. Berlin 1920.

Brünn, Harald: (Dr. med. Flottenarzt): Der Sanitätsdienst der Marine. In: Truppenpraxis 4/1986.

Bubelach, K.W.: Die Seezeugmeisterei. In: Niederdeutsches Heimatblatt Nr. 329 Mai 1977.

Buchholz, G., Lambrecht, K., Marcks, E.: Leipziger Studien aus dem Gebiet der Geschichte. Symbole und Wappen des alten deutschen Reiches. Verlag B. G. Teuber. Leipzig 1902

Bund der Deckoffiziere: Deckoffiziere der Deutschen Marine. Ihre Geschichte 1848–1933. Hrgs. Bund der Deckoffiziere 1933. Selbstverlag Bund der Deckoffiziere. E.S. Mittler & Sohn Berlin 1933.

Bundeszentrale für Politische Bildung (Hrsg.): Deutsche Verfassungsgeschichte 1849–1919–1949. Bonn o.J.

Busch, Eckard: Der demokratische Aufbruch … In: Burschenschaftliche Blätter Heft 4, 2000.

Busch, F. O., Ramlow G.: Deutsche Seekriegsgeschichte, Fahrten und Taten in zwei Jahrtausenden. Zeichnungen von Walter Jeeden. Bertelsmann Verlag Gütersloh 3. Auflg. 1942.

Busch, F. O., Ramlow, G.: Deutsche Seekriegs-Geschichte. 2. Auflage. Bertelsmann-Verlag, Gütersloh

Buschkiel, Ludwig: Die deutschen Farben von ihren Anfängen bis zum Ende des zweiten Kaiserreiches. Verlag Hermann Buhlaus Nachf. Weimar 1955.

Butzenhart, Manfred: Reform, Restauration, Krise. Deutschland 1789–1847.

C:

Carstens, Friedrich: Romantische Seefahrt. Kostbarkeiten aus einem norddeutschen Schiffahrtsmuseum. Schiffahrtsmuseum Brake/Weser (Hrsg.) Oldenburg o.J.

Carstens, Friedrich: Stärke und Formation des Preußischen Heeres und der Preußischen Kriegsmarine, neuzeitlich des Deutschen Reiches und der Kriegsmarine des Deutschen Reiches in den hervorragenden Zeitpunkten ihrer Geschichte, Buchhandlung für Militär-Wissenschaften, Kassel und Leipzig 1875.

Chartas, Richard: Minister Freiherr von Bruch. Sein Lebensgang und seine Denkschrift. Verlag von Hitze, Leipzig 1916.

Clowns, Laird: Die Einnahme von Helgoland durch die Engländer im Jahre 1807. In: MR.

Colquonn, Patrick: Entwurf zur Bildung einer deutschen Kriegsflotte nebst Kostenanschlag derselben. Verlag Friedrich Fleischer, Leipzig 1849.

Conze, Werner: Deutscher Ploetz. Geschichte zum Nachschlagen. Ploetz-Verlag. Freiburg Würzburg 1991.

Cordes, Alexander: Das ehemalige Pulvermagazin in Bremerhaven-Speckbütte, In: Bickelmann, Hartmut (Hrsg) Bremerhavener Beiträge zur Stadtgeschichte. Bd. 1.

Cordes, August: Schleswig-Holsteins Kriegsmarine im Jahr 1850. In: Die Heimat, Neumünster o.J. (1960?)

Crausatz, A. v.: Kurze Geschichte der Deutschen Kriegsmarine und ihrer organischen Entwicklung. Verlag von F. Riemenschneider. Berlin u. Wriezen a.O. 1873.

Crausatz, A. v.: Die Organisation des Brandenburgischen und Preußischen Heeres 1648–1865. Alcam-Verlag 1868.

D:

Detlessen, A.: Die schleswig-holsteinische Marine. Festrede, 27. Januar 1908 in der Aula des Königlichen Gymnasiums zu Kiel. In: Die Heimat, Neumünster o.J.

Deutscher Bundestag: Fragen an die deutsche Geschichte. Bonn 1988.

Deutsches Schifffahrtmuseum Bremerhaven (Hrsg.): Die erste deutsche Flotte. Führer des Deutschen Schiffahrtsmuseums Nr. 10. Bremerhaven 1979.

Diere, Horst: Admiral Karl Rudolf Brommy. In: Marinekalender der DDR 1988.

Dinse, Paul: Beantwortung der Interpellation des Abgeordneten von Reben an das Reichsministerium. Die Wirksamkeit der Marine-Abteilung des Reichsministeriums betreffend, Frankfurt 1848.

Dinse, Paul: Der Seeraub. Mittler und Sohn. 1910.

Donner, Peter: Vom Erwachen des deutschen Flottengedankens vor 80 Jahren. In: MR Jg. 1929.

Drögereit, Richard: Flottenbestrebungen in Deutschland 1848. (Geschichte von Geestemünde) In: Niederdeutsches Heimatblatt Nr. 160 April 1963.

Duckwitz, Arnold: Über die Gründung der Deutschen Kriegsmarine. Schürmansche Verlagshandlung, Bremen 1849.

Duckwitz, Arnold: Äußerungen über die Königlichen Vorschläge für die Einrichtung eines deutschen Schiffahrts- und Handels-Vereins. Handschr. Unterl. Berlin 1847.

Duckwitz, Arnold: Denkwürdigkeiten aus meinem öffentlichen Leben von 1841–1866. Bremen 1877. Die deutsche Reichsmarine von 1848–49. In: Marine 6/ 79.

Duckwitz, Arnold: Tagebuchaufzeichnungen 6. April bis 17. Mai 1849. In: Denkwürdigkeiten aus meinem Leben von 1848–1866, Bremen 1866.

Duppler, J.: Prinz Adalbert von Preußen. Gründer der deutschen Marine. Mittler und Sohn. Herford, Bonn 1986.

Duppler, Jörg: Der Junior-Partner. England und die Entwicklung der Deutschen Marine 1848–1890. Deutsches Marine Institut (Hrsg.) Bd.7. Mittler & Sohn GmbH Herford 1985.

Duppler, Jörg : Vor 130 Jahren: Die Gründung der ersten deutschen Marine In: Information für die Truppe 7/1979.

Duppler, Jörg: Die deutsche Reichsmarine von 1848–1849 In: Marine 6/ 79.

Duppler, Jörg: Hamburg zur See. Maritime und Militärische Beiträge zur Geschichte Hamburgs. Mittler & Sohn Herford 1989.

Duppler, Jörg: Wilhelmshaven, strategischer Stützpunkt der preußischen und norddeutschen Bundesmarine. Teil 1, 6/1994.

Duppler, Jörg: Wilhelmshaven, Strategischer Stützpunkt der preußischen und norddeutschen Bundesmarine. Teil 2, 7–8/1994.

D&V Atlas zur Weltgeschichte: Restauration und Revolution 1848, Band 2, DTV Taschenbuchverlag 13. Aufl. 1982. S. 54–63.

E:

Eckhardt, Albrecht (Hrsg.): Brake. Geschichte der Seestadt an der Unterelbe. Heinz Holzberg Verlag Oldenburg, 1981.

Eckhardt, Albrecht (Hrsg.): Der Konstitutionelle Staat 1848–1918.

Eilers, Arnold E.: Die erste deutsche Flotte (1848–1852) In: Bremer Philatelistische Blätter 1981 Jg 3, Heft 4.

Eilers, Arnold E.: Die erste deutsche Flotte (1848–1852) In: Bremer Philatelistische Blätter 1985, Heft 24.

Eilers, Eilhart: Rudolf Brommy. Der Admiral der ersten deutschen Flotte. Verlag Heimatwerk Sachsen, Dresden 1939.

Eisenhardt, Franz: Die Kriegsflagge, Kriegsschiffe von 1813–1903. Verlag Hermann Feyl & Co. Berlin 1904.

Elvert, J.; Jensen, W. und Selawski, M.: Kiel, die Deutschen und die See. Historische Mitteilungen. Im Auftrag der Ranke Gesellschaft. Beiheft 3 Franz Steiner Verlag Stuttgart 1992.

Engelbert, Ernst; Engelbert, Achim: Otto Bismarck. Sturm über Europa . Biographie. Siedler Verlag Hamburg 2014.

Engelmann, Wilhelm: Aktenstücke zur neusten Schleswig-Holsteinischen Geschichte. Verlag Engelmann, Leipzig 1857.

Entholt, H.: Arnold Duckwitz und die deutsche Flotte. In: Der Schlüssel 4, Bremen 1936.

Entholt, Hermann: Die Bremische Revolution von 1848. Carl Schünemann Verlag Bremen 1950.

Erdmann W.: Aktenstücke zur neusten Schleswig Holsteinischen Geschichte. Oldenburg.

Erisman, Adolf: Armee und Militärsanitätswesen der Herzogtümer Schleswig-Holstein. Jens und Reinert, Bern 1851.

Erk, Karl: Tagebuch des Seejunkers Dieter Adolph Karl Gross 1815–1885. Gerhard Stalling Verlag Oldenburg 1960.

Eyck, Erich: Otto Bismarck, Leben und Werk, Bd. 1. Eugen Tentsch Verlag. Erlenbach-Zürich 1941.

F:

Fack, M.W.: Die Schleswig-Holsteinische Armee in den Jahren 1848–51. Druck A.F. Jessen, Kiel 1898.

Fiedel, C.: Die Krankheiten in der Marine. Th. Chr. Ensin, Berlin 1866.

Fischer Laurenz, Hannibal: Die letzten Tage der deutschen Flotte. In: Die Gartenlaube. Heft 42, S. 560–562. Leipzig 1855. Verlag Ernst Keil.

Fischer Laurenz: Die deutsche Reichsmarine anno 1852 (Für die Ausschreibung der Flotte durch Fischer), In: MR 1902.

Fischer, Laurenz, Hannibal: Worte der Wahrheit, der Pflicht-Treue und des Schmerzes, eine Bittschrift den hohen Counventverein Deutschlands. Freiburg i. B. 1857.

Fischer, Otto: Dr. Laurenz Hannibal Fischer und die Auflösung der deutschen Flotte 1852–1853. In: Historische Zeitschrift, München 1900.

Fischer, Otto: Hannibal Fischer und die Auflösung der deutschen Flotte 1852–1853. In: Überall, Bildgeschmückte Zeitschrift des dt. Flottenvereines, Jg. 3 Band 1 1909.

Focke, Johann: Reliquien von der ersten deutschen Flotte. In: Jahrbuch der Bremischen Sammlung III. Jg., 1. Halbj. 1910.

Foerster, Raimund: Politische Geschichte der preußischen und deutschen Flotte bis zum ersten Flottengesetz. Dresden 1929.

Freytag, Günter: Karl Mathy. Geschichte seines Lebens. Leipzig.

Friedel H.; Günther, W.; Günther-Arndt, H.; Schmidt, H. (Hrg). Biographisches Handbuch zur Geschichte des Landes Oldenburg. Isensee Verlag Oldenburg 1992.

Friedl u. a. Biographisches Handbuch zur Geschichte des Landes Oldenburg . Issensee Verlag Oldenburg 1992.

Friedland, Klaus: Seemacht und Nationalstaat. Lorenz Steins Flottenkonzept von 1848. In: Geschichte und Gegenwart. Festschrift für Karl Dietrich Erdmann, Karl Wachholz Verlag, o.J.

Fromm, Günter (Hrsg.) Die Deutsche Flotte im Spannungsfeld der Politik 1848–1985: Vorträge und Diskussionen der 25. historisch-taktischen Tagung der Flotte 1985, Herfor 1985.

Fünfzigerausschuss: Aufruf zur Gründung einer deutschen Flotte. Flugblatt, Frankfurt 1848.

G:

Gabche, Harry: Bremerhaven in zwei Jahrhunderten. Bd. 1. Karl Rudolf Brommy (1804–1860)

Gabcke, Harry: Bremerhaven in zwei Jahrhunderten. Bd. 1, 1827–1918. 1992 2. überarbeitete Auflage.

Gadaschke, Peter: Erinnerungen an den Admiral Karl Rudolf Brommy. In: Lesumer Bote 69 S. 17–20. 1. Sept. 2010.

Gadow, Reinhold: Geschichte der deutschen Marine. Verlag Moritz Diesterweg, Frankfurt a. Main 1936.

Galperin, Peter: Die Handwaffen der deutschen Bundesmarine 1848/53. In: Deutsches Waffenjournal, 5/1979 und 7/1979.

Galperin, Peter: Eine Marinepistole des Deutschen Bundes M/1848?, In: Deutsches Waffenjurnal Nr. 2, Februar 1972.

Gegenwart Die: Eine encyclopädische Darstellung der neusten Zeitgeschichte für alle Stände. Erster Band Leipzig: F. U. Brockhaus 1848.

General-Anzeiger Oldenburg: 25.6.1904 Nr. 147. Contreadmiral Brommy.

Generalstab, Großer: Der Deutsch-Dänische Krieg Bd.1 Mittler und Sohn Berlin 1886.

Generalstaben (dänischer): den danz Tydzke kieg 1848–1850. Kobenaven 1878.

Giese, Fritz E.: Kleine Geschichte des deutschen Schiffbau. Haude und Sprenger. Berlin 1966.

Giese, Fritz E.: Kleine Geschichte der deutschen Flotte. Haude & Spengersche Verlagsbuchhandlung Berlin 1966.

Gillissen, Günter: Lord Palmerston und die Einigung Deutschlands. Die englische Politik von der Paulskirche bis zu den Dresdener Konferenzen 1848–1851. In: Historische Studien. Berges, W. Mathiesen Verlag Lübeck und Hamburg 1961.

Goebel (Oberpfarrer): Die ehemalige deutsche Flotte in oldenburgischer Beleuchtung. In: MR 1898 Heft 1 – 6.

Goedel, G.: Rudolf Brommy. In: Daheim, Leipzig 1898.

Goedel, Gustav: Etymologisches Wörterbuch der deutschen Seemannssprache. Liel und Leipzig 1902 Verlag Lipsius& Tischer.

Gogg, Karl: Österreichs Kriegsmarine 1440–1848. Verlag das Bergland-Buch. Salzburg. Stuttgart. Zürich 1972.

Gogg, Karl: Österreichs Kriegsmarine 1848–1918. Verlag das Bergland-Buch, Salzburg/ Stuttgart 1967.

Görtenaker, Manfred: Deutschland im 19. Jahrhundert. Bundeszentrale für politische Bildung Bonn 1989.

Grabowski, Stanislaus: Bilder aus dem Soldatenleben. Carl Rüppel, Hannover 1861.

Graubohm, Herbert: Die Ausbildung in der dt. Marine. Von ihrer Gründung bis zum Jahre 1914. Militär und Pädagogik im 19. Jahrh. Droste Verlag Düsseldorf 1977.

Gröner: Die deutschen Kriegsschiffe.

Gross Detlef G. (Hrsg): An der Weser, Unterweser. Erinnerungen an eine alteingesessene Familie. Museumsverlag. 2016.

Gross, Detlef (Hrsg.): Gedichte von Contreadmiral Brommy. Verlag Hausschild Bremen 1994.

Gross, Detlef G. / Ulrich, Peter: Bremer Häuser erzählen Geschichte. Johann Heinrich Döll Verlag 1998.

Grundig, Edgar: Chronik der Stadt Wilhelmshaven, Bd. 1. Vorgeschichte bis 1849 und die Erwerbung des Jadegebietes durch Preußen, Wilhelmshaven 1957.

Grundmann, Herbert: Handbuch zur deutschen Geschichte. Bd. 3, 9. Auflage. Unionsverlag Stuttgart 1973.

Güht, Rolf.: Gneisenau und Prinz Adalbert von Preußen – Zur Entwicklung des Seemachtgedankens in Deutschland. In: Schiffe und Zeit 20/1984.

Güht, Rolf: Der Moses der deutschen Marine. Vor 175 Jahren: Adalbert Prinz von Preußen geboren. In: Schiffe und Zeit 24/ 1986.

Güht, Rolf: Einhundert Jahre Akademieausbildung: Hamburg 1971.

Güht, Rolf: Von Revolution zu Revolution. Entwicklungen und Führungsprobleme der Deutschen Marine 1848/1918. Mittler Verlag Herford 1978.

Günter, Alfred: Wilhelm Jordan, als Freiheitssänger und Politiker. Münster 1920.

Günter, Th.: Marine-Obergeneralarzt Dr. med. J. Ruckwitz. 1982

H:

H. D.: Versteigerung der deutschen Flotte In: Nordsee-Zeitung Ausg. Bremerhaven: Nordwestdeutsche Zeitung Bremerhaven seit 1895 Jg. 1952 Nr. 77 vom 01.04.1952.

Hadeler, Wilhelm: Kriegsschiffbau. Teil A und B. Wehrwissen, Darmstadt 1968.

Haenchen, Karl: Die deutsche Flotte von 1848. Friesen-Verlag Bremen, 1925.

Halle, Ernst v.: Die Seemacht in der deutschen Geschichte. Göschensche Verlagsbuchhandlung Leipzig 1907.

Hamburger Börsenhallenliste. Vier Artikel über die Leistungen des Reichs-Marineministers Duckwitz. 1848.

Hamburger Nachrichten (Hrsg.): Die Affaire von Eckernförde vor dem dänischen Generalkriegsgericht. Besonderer Abdruck aus dem Feuilleton der »Hamburger Nachrichten« zum Besten des Schleswig-Holsteinischen Invaliden-Fonds. Lehmkuhl und Rittler, Altona/ Hamburg 1850.

Handel-Mazetti, Peter Frh.: Wer kam aus den »Deutschen Staaten«, wer kam aus dem »Ausland« zum Dienst in die k.u.k. Kriegsmarine. In MOH-Nachrichten 1/1962.

Handel-Mazetti, Peter Frh.: Die Baumeister der K. u. K. Kriegsmarine. In: Köhlers Flottenkalender 1962.

Handel-Mazetti, Peter Frh.: Die Auslandsmissionen der k.k. Kriegsmarine von ihren Anfängen bis zur Auflösung der Donaumonarchie. In: Nauticus Berlin 1942.

Handel-Mazetti, Peter Frh.: Österreich und die Marine des Deutschen Bundes. In: MOH-Nachrichten 1/1961.

Hansen, Clas Broder: Deutschland wurde Seemacht. Der Aufbau der Kaiserlichen Marine 1867–1880 in Zeitgenössischen Berichten und Illustrationen. Urbes Verlag 1991.

Hansen, Hans, J.: Die Schiffe der deutschen Flotte 1848–1945. Urbes Verlag München 1973.

Hansen, Heinrich E.: Flottenbestrebungen in Deutschland vor 1848. In: Niederdeutsches Heimatblatt Nr. 160 April 1963.

Hansen, Heinrich E.: Die Gründung der deutschen Flotte 1848/49. In: Jahrbuch / Männer vom Morgenstern, Bd. 64.1985.

Hardtwig, Wolfgang: Vormärz. Deutsche Geschichte der neueren Zeit. 1985.

Harkort, Friedrich: Die Preußische Marine und die deutsche Flotte. Druck und Verlag von Georg Reimer, Berlin 1861.

Harkort, Friedrich: Die Preußische Handels- und Kriegspolitik und ihre Stellung zum Zollverein. Carl I. Klemann Verlag Berlin 1852.

Harleß, Chr. Fr.: Deutsche Bundes-Kriegshäfen als Bedürfnisse für eine deutsche Kriegsmarine, eine Denkschrift. Bonn 1848.

Hartwig Dieter: Kleine Schriftenreihe für Militär- und Marinegeschichte J. Graus, M. Kämpfe (Hrg).

Haß, Horst: Chronik der Admiral-Brommy-Kaserne. Brake 1935–1997. Isensee-Verlag 1997.

Häussler, Hans-Joachim: Das Ende der ersten deutschen Flotte. Kriegsgeschichtliche Abteilung im historischen Seminar der Friedrich-Wilhelms-Universität Berlin Junker und Dünnhauptverlag Berlin 1937.

HEH: Dr. Hannibal Fischer versteigert die Flotte. In: Niederdeutsches Heimatblatt Nr. 329 Mai 1977.

Heinemann Werner: Die Geburtsstunde gesamtdeutscher Seestreitkräfte In: Leinen Los 6/98.

Heinemann Werner: Eine Erinnerung wert. Die Schleswig-Holsteinische Marine von 1848. In: Leinen los 10/2000.

Heinemann, Werner: Die deutsche Flotte von 1848 – 1853. Private Unterlage des Verfassers.

Heinemann, Werner: Lord Palmerston und das Seegefecht vor Helgoland. In: Köhlers Flottenkalender 1996.

Helenic Maritim Museum Buch des Museum (Englisch) mit Bildern der hellenischen Flotte.

Henk v. (Hrsg.): Zur See. (Reprint) Gerstenberg Verlag Hildesheim 1982.

Henk v.: Schiffspanzer und Schiffsartillerie, deren historische Entwicklung. Verlag Gustav Hempel, Berlin 1882.

Henriot, Ernst: Kurzgefaßte Illustrierte Geschichte des Schiffbaus. Delius, Klasing & Co. Bielefeld 1971.

Herzberg, Georg: Geheimakte WB1; In: Filmkurier 1942.

Hestermann, H.: Rudolf Brommy. Deutschlands erster Admiral In: Leuchtfeuer für die Jugend zwischen Niederelbe und Ems. Oldenburg, Jg. 4. Folge 1958.

Hildebrand, H.H.; Henriot, E.: Deutschlands Admirale 1849–1945. Bd. 1. Biblo Verlag Osnabrück.

Hildebrand, H.H.; Röhr, A.; Steimetz, H.O.: Die deutschen Kriegsschiffe. Biographien- ein Spiegel der Marinegeschichte von 1815 bis zur Gegenwart, Bd. 1 bis 7. Köhlers Verlag.

Hildebrand, H.H.: Die Hamburger Flottille. Private Aufzeichnungen des Autors über die Anfänge der Anfänge der Deutschen Flotte in Hamburg für den Autor.

Hoeniger, Robert: Die Kontinentalsperre und ihre Entwicklung auf Deutschland. Verlag von Leonhard Simonis, Berlin 1906.

Hoffmann, Hans: Die Marine Schleswig-Holsteins. In.: Köhlers Flottenkalender 1962.

Hogrebe, V.: Die Deutschen und ihre Flotte. Viel Begeisterung, aber wenig Meeresbewusstsein. In: Marine 3/ 1988.

Hogrebe, Volker: Die Deutschen und ihre Flotte. Lang war der Weg zur Bündnis-Marine. In: Loyal 4/1988.

Holtz, Bärbel: Acta Borussica. Die Protokolle des preußischen Staatsministeriums 1817–1834/38. Olms-Weidemann, Hildesheim, Zürich, New York 2003.

Hoog, Günter: Deutsches Flaggenrecht. Die staatlichen Flaggen der Bundesrepublik Deutschland und ihre Verwendung. Alfred Metzner Verlag Frankfurt 1982.

Hubatsch, Walter: 1848 Die erste deutsche Flotte. In: Schiffe und Zeit 1/1973.

Hubatsch, Walter: Die erste deutsche Flotte 1848–1853. Hrsg. Deutsche Marineakademie u. dem Deutschen Marine Institut Bd. 1. Mittler & Sohn, Herford und Bonn 1981.

Hubatsch, Walter: Der Admiralstab und die oberste Marinebehörde in Deutschland.

Hug, Wolfgang: 1848/49. Das »tolle Jahr« In: Geschichte aus erster Hand. 1. Jg. April/Juni 1998 Nr. 2.

Huning: Die Entwicklung der Schiffs- und Küstenartillerie bis zur Gegenward. Gorschen Verlag, Berlin/Leipzig 1912.

I–J:

Illustrierter Beobachter: Folge 36. 1929. Der erste deutsche Admiral. Zum 125 Geburtstag von Rudolf Bromme. Das schmähliche Ende der schwarz-rot-goldenen Reichsmarine.

Ingwesen, Paul. Hamburger Nachrichten. (Hrsg.): Die Affaire von Eckernförde vor dem dänischen Generalkriegsgericht. Besonderer Abdruck aus dem Feuilleton der »Hamburger Nachrichten« zum Besten des Schleswig-Holsteinischen Invaliden-Fonds. Lehmkuhl und Rittler, Altona/Hamburg 1850.

Irmer, Georg: Zur Erinnerung an den ersten deutschen Reichsadmiral.

Israel, U.; Gebauer, J.: Kriegsschiffe unter Segel und Dampf. Militärverlag der DDR. Berlin (Ost) 1988.

Jacobs, Heinz: Wilhelmshaven. In: Köhlers Flottenkalender 1962

Jessen, Hans: Die deutsche Revolution 1848 – 49 in Augenzeugenberichten. Deutscher Taschenbuch Verlag München 1968.

Jessen, Willers: Vor hundert Jahren. Ein Gedenkbüchlein an den Tag von Eckernförde, den 5. April 1849. (Hrsg.) Buchhandlung Rohde Eckernförde 1984.

Jöhnk, Carsten: Ein Sachse erobert die Weltmeere. Contreadmiral Brommy zum 200. Geburtstag. Begleitbroschüre Sonderausstellung Brake 2004.

Jong, E. de: An den Ostsee-Eingängen. Geschichte des Sundzoll. In: Leinen Los 6/1960.

Jong, E. de: Brake. 100 Jahre Hafenstadt an der Unterweser.

Jorberg, Friedrich: Benjamin Raule . In: Leinen Los 9/1959.

Jorberg, Friedrich: Rudolf Brommy. In: Leinen Los 1/1960.

Jorberg, Friedrich: Rudolf Brommy. In: Leinen Los 12/1959

Jorberg, Friedrich: Schleswig-Holstein und die Flotte. In: Leinen Los 1958 Heft 7.

Jorberg, Friedrich: Wilhelm Bauer und sein Unterseeboot. In: Leinen Los 1960.

Jorberg, Friedrich: Werner v. Siemens und die Erfindung der Seemine. In: Leinen Los 1959.

Jordan, Wilhelm: Marine Erinnerungen. In: Die Gartenlaube Berlin 1898.

Jordan, U.: Geschichte der brandenburgisch-preußischen Kriegs-Marine in ihren Entwicklungsstufen dargestellt. Druck und Verlag F. Heinicke, Berlin 1856.

Jungmann, Eduard: Eine artilleristische Episode aus dem Deutsch-Dänischen Kriege aktenmäßig dargestellt. Hamburg Perthes, Besser und Rauke 1852.

K:

Kaltenborn, Carl: Geschichte der deutschen Bundesverhältnisse und die Einheitsbestrebungen 1806–1856. Carl Heymann, Berlin 1857.

Kellermann, Kathrin: Das Schicksal der Reichsmarine 1848 bis 1853. (Als Manuskript 2018 erhalten von der Autorin).

Kerst, K.: Die deutsche Revolution 1848–49. Europäische Verlagsanstalt.

Kieler Ausschuss (Hrsg.): Denkschrift über die Errichtung einer Deutschen Flotte. Dem Marine Congresse zu Hamburg vorgelegt, Kiel im Mai 1848.

Kirchhoff, Herrmann: Seehelden und Admirale. Verlag Quelle & Meyer, Kiel 1910.

Kirchhoff, Herrmann: Seemacht in der Ostsee. Verlag Robert Cordes Liel 1908.

Klampen, Erich zu: Brommy. Dokumente zum Weihespiel für deutsche Einheit deutsche Freiheit deutsche Flagge, Heimatbund Brake (Hrsg.) 1954.

Kliem, Eberhard: »… gedenkt des Wackeren…« Erinnerungen an Admiral Rudolf Brommy. In: Jahrbuch 2014 Der Deutschen Gesellschaft für Schifffahrt und Marinegeschichte e.V. Mainz 2014.

Kludas, Arnold: Auch als Handelsschiffe machten sie Geschichte. (»Barbarossa« »Erzherzog Johann«) In: Niederdeutsches Heimatblatt Nr. 329 Mai 1977.

Koch: Die preußische Flottenexpedition von 1852. In: MR 1893 Heft 10.

Koch: Zeitungsausschnitte aus der Gefionakte. In: MR Heft 4, München 1893.

Koch: Beiträge zur Geschichte unserer Flotte. Eine alte Karte der Jade. Mittler & Sohn, Berlin 1900.

Koch: Beiträge zur Geschichte unserer Marine. Orderbuch der deutschen Flotte Mittler & Sohn, Berlin 1900.

Koch: Beiträge zur Geschichte unserer Marine. Schiffsfähnrich Kinderling. Mittler & Sohn, Berlin 1900.

Koch: Der Flottenverkauf durch Hannibal Fischer. In: MR 1893.

Koch: Der preußische Flottengründungsplan von 1836. In: MR 1893, Heft 1.

Koch: Der preußische Flottengründungsplan von 1836. In: MR 1893, Heft 2.

Koch: Die Vorläufer der Marineschule. In: MR. 1898.

Koch: Preußens Ruderkanonenboote. In: MR 1895.

Koch: SMS Amazone. In: MR 1893 Heft 4.

Koch: Unsere Marinebekleidung. In: MR 1897 Heft 2.

Koch: Von der Werft zu Danzig; In: MR 1898.

Koenig, William: Seeschlachten der Weltgeschichte, Mayer, S.L. (Hrsg.) Buch und Zeit Verlagsgesellschaft mbH, Köln 1975.

Koeppen, Georg: Bismarck. Seine Zeit und sein Wirken. Europäischer Geschichtsverlag.

Kohut, Adolf: Prinz Adalbert von Preußen und die deutsche Flotte. Leipzig 1913.

Koop, G.; Mulitze, E.: Die Marine in Wilhelmshaven. Eine Bildchronik zur deutschen Marinegeschichte von 1853 bis heute. Bernhard & Graefe Verlag Koblenz 1987.

Koop, Gerd: Die deutschen Segelschulschiffe. Bernhard und Graefe. Koblenz 1989.

Kratsch, Gerhard: Hannibal Fischer und die erste deutsche Flotte. In: Jahrbuch Männer vom Morgenstern Jg. 57, 1978.

Kreker: Rudolf Brommy, Deutschlands erster Admiral. In: Soldat und Technik 1/ 1985.

Kretschmer, Otto: Handbuch der Seemannschaft. Bd. 1. 3. Auflage, Mittler & Sohn Berlin 1902.

Krieger, Adolf (Hrsg.): Arnold Duckwitz, hanseatischer Staatsmann und Reichshhandelsminister von 1848 im Kampf für eine deutsche Wirtschaftsordnung. Arthur Geist Verlag Bremen 1942.

Kroschel, Evers: Die deutsche Flotte 1848– 945. 6. Aufl. Verlag Lohse-Eissing Wilhelmshaven 1974.

Krüger, Henning: Zwischen Küstenverteidigung und Weltpolitik. Die politische Geschichte der preußischen Marine 1848–1867. In: Kleine Schriftenreihe Militär- und Marinegeschichte. Bd. 15. Verlag Dr. Dieter Winkler. Bochum 2008.

Kuby, Eva; Politische Frauenvereine und ihre Aktivitäten 1848 bis 1850 In: Lipp, Carola; (Hrg.) Schimpfende Weiber und patriotische Jungfrauen. Frauen im Vormärz und in der Revolution 1848/49. 1998.

Kunze, Paul H.: Volk und Seefahrt. Verlag von Georg Dollheimer. Leipzig 1939.

Kussmaul, Adolf: Jugenderinnerungen eines Arztes. »In Schleswig Holstein 1849«.

L:

L., F.: Deutsches Flottenleben im Jahre 1848749. Kulturhistorische Skizzen. In: Oldenburgische Zeitung (1882) drei Teile.

Lachs, Johann: Schiffe aus Bremen. Bilder und Modelle des Focke-Museums.

Langenbach, K. F.: Der Mann mit dem Ypsilon. Kuriose Geschichten um den ersten deutschen Admiral. In: Völkischer Beobachter Nr. 266, 23.9.1934.

Laurenz, Viktor: Deutschland zur See. Hermann J. Meininger, Berlin.

Ledebur, Gerhard: Die Seemine. Verlag Lehmanns, München 1977.

Lehment, Joachim: Kriegsmarine und politische Führung. Junkers & Dünnhaupt, Berlin

Lerchenfeld: Deutschland zur See. 1912.

Lexika/Enzyklopädien: Allgemeine deutsche Real-Encyklopedie für die gebildeten Stände: Conversations-Lexikon; in 15 Bd. Brockhaus Verlag Leipzig. Band 3, Bromme (Karl Rudolf) genannt Brommy. 52 Zeilen.

Liliencoen, Luiz Freih. v.: Die deutsche Marine. Mittler und Sohn, Berlin 1899.

Lindemann, Adolf: Deutschlands erster Admiral. Historischer **Roman**. Kurt Schröder Verlag Köln o.J.

Lindemann, E.: Das deutsche Helgoland. Deutsches Verlagshaus, Berlin 1913.

Liuonius, O.: Die Marine des Norddeutschen Bundes, ihre Bedeutung und bisherige Entwicklung. Commissionsverlag von Lierecht, Berlin 1869.

Lübbing, Hermann: Oldenburgische Landesgeschichte .Gerhard Stalling Verlag Oldenburg 1953.

Ludwig, Karl Fritz: Sie bauten Deutschlands Flotte auf. In: Köhlers Flottenkalender 1962.

Lütgen, V.: Der Feldzug der Schleswig-Holsteinischen Armee und Marine 1850. Carl Schröder & Co. Kiel 1852.

M:

Maass, Dieter: Der Ausbau des Hamburger Hafens 1840–1910. Schiffahrts-Verlag Hansa, Hamburg 1990.

Mantey, E. v.: Deutsche Marinegeschichte. Verlag Offene Worte Charlottenburg 1926.

Maseberg, Günter: Ein U-Boot made in Halberstadt.

Masson, Ph.: Bettesti, M.: La Revolution Maritime du XIX Siecle. Sevice Historique de la Marine. Verlag Lavauzelle 1987.

Matzner, R.: Erinnerungen an Admiral Karl Rudolf Brommy. In: Lesumer Bote / Nr. 69. Sept. 2010.

Maydorn, D.: Der Brandtaucher. Mittler und Sohn, Berlin 1927.

Meinicke, Friedrich: Radowitz und die deutsche Revolution. Mittler und Sohn, Berlin 1913.

Meironke, Wolfgang: Lord Palmerston und die deutsche Flagge. In: Schiffe und Zeit.

Meironke, Wolfgang: Da Deutschland keine Seemacht war. Die Geschichte der ersten deutschen Flotte 1848–1853 unter der besonderen Berücksichtigung des Lebens von Carl Rudolph Brommy. Unveröffentlichte Ausgabe 1990.

Meironke, Wolfgang: Vortragsunterlage Schl. Holst. Im Krieg 1848–50. Hier Karten und Bilder vom Gefecht Eckernförde.

Meironke, Wolfgang: Vortragsunterlage über »Technische Besonderheiten während 1848–1853«, z. B. Erste Unterwassermine, erstes Schraubenkanonenboot, erstes Tauchboot, Hebung des Wracks der Christian VIII.

Meironke, Wolfgang: Vortragsunterlage über den Einsatz der Ruder-Kanonenboote von Schl. Holst. Im Krieg 1848–50.

Meironke, Wolfgang: Vortragsunterlage über die »Eckernförde« vom 5.4.1849 bis zur Verlegung in die Nordsee.

Meiß, Johann Friedrich: Ein Versuch Friedrich II v. Preußen zur Schaffung einer Verteidigungsflotte. In: MR 1911.

Meister, Emil: Der Gedanke deutscher Seefahrt und Seemacht I. – V. In: Leinen Los, Nr. 4 1959.

Melle, W.; Gustav, H.: Kirchenpauer. Leopold Voß. Hamburg/ Leipzig 1888.

Melle, Werner v.: Der Gedanke der Seefahrt und Seefahrt in der ersten Hälfte des 19. Jahrhunderts. In: Leinen Los 1959.

Mensching, Hans: Jan Schröder. Vizeadmiral der Preußischen Marine I.. In: MR 1937.

Meuß, Johann Friedrich: Die preußische Flagge. Mittler und Sohn, Berlin o.J.

Meuß, Johann Friedrich: Die Unternehmungen des Königlichen Seehandlungs-Instituts zur Emporbringung des preußischen Handels zur See. Mittler und Sohn, Berlin 1913.

Meyer, Arnold Oskar: Bismarcks Kampf mit Österreich am Bundestag zu Frankfurt (1851–1859). Verlag von K.F. Koehler, Berlin und Leipzig 1927.

Meyer, Günther: Die Wallensteinische Flotte in der Ostsee 1627 bis 1632. Teil 1. In: Schiffe und Zeit 36 .

Meyer, Günther: Die Wallensteinische Flotte in der Ostsee 1627 bis 1632. Teil 2. In: Schiffe und Zeit 37.

Meyer, Jürgen: Hamburgs Segelschiffe 1795–1945. »Deutschland« »Contreadmiral Brommy«.

Michalik, Bernd: Probleme des deutschen Flottenbaus. Verlag H.H. Marcus, Breslau 1931.

Militärgeschichtliches Forschungsamt (Hrsg.): Die Heere und Flotten der Gegenwart Bd. 1.

Militärgeschichtliches Forschungsamt (Hrsg.): Von Jachmann über Stosch und Caprivi zu den Anfängen der Ära Tirpitz. Droste-Verlag, Düsseldorf.

Mixdorff, Winfried: Rot-Weiß-Rot in der Ägäis. Die k.u.k. österreichisch ungarische Kriegsmarine in griechischen Häfen. (Postbelege).

Mixdorff, Winfried: Schiffe der kaiserlich-deutschen Marine in griechischen Häfen. (Postbelege).

Moering, Carl: Armee und Flotte der Vereinigten Staaten 1848. Als Unterlage zur Gründung einer deutschen Flotte. Tedler und Co., Wien 1848.

Moering, Carl: Die Flotte. In: Sibylische Bücher aus Österreich. Hoffmann und Campe, Hamburg 1848.

Moltmann, Günter: Die deutsche Flotte von 1848/49 im historisch-politischen Kontext. In: Die deutsche Flotte im Spannungsfeld der Politik 1848–1985. Deutsches Marine Institut und Militärgeschichtliches Forschungsamt, Band 9. Mittler & Sohn Herford 1985.

Mordal, Jacques: 25 Jahrhunderte Seekrieg. München 1963.

N:

Nagel, Alfred G.: Deutsche Kriegsschiffnamen. Viermal »Elbe« In: MR 1937.

Nagel, Alfred G.: Amazone. Erinnerungen aus der Werdezeit dreier Marinen. Hg. Kieler Zeitung Kommissionsverlag W.G. Mühlau 1927.

Nagel, Alfred G.: Emden. Ein Gedenkbuch deutschen Heldentums. Kommissionsverlag W.G. Mühlau 1927.

Nagel, Alfred G.: Vier Kriegsschiffe »Deutschland«. Marineverlag (Hrsg.) Ernst Ruben, Berlin o.J.

Nägele, Frank: Die Karriere von 1848. Betrachtung zur ersten deutschen Bundesflotte im Wandel der Zeiten. In: Kleine Schriftenreihe zur Militär- und Marinegeschichte. Jens Graul/ Dieter Hartwig (Hg.) Von den Historikern für die Flotte. Die 50. Historische-Taktische Tagung der Flotte.

Nassen, J.: Die deutsche Flotte in der Literatur. In: MR 1898.

NDH: (Niederdeutsches Heimatblatt) Nr. 329, Mai 1977. Dr. Hannibal Fischer versteigert die Flotte.

Neubecker, Ottofried: Gesamtdeutsche Flaggenpläne 1848–1850. Nach Unterlagen des Pr. Adalbert v. Preußen, Bremerhaven 1978.

Neue Deutsche Biographie: Bromme, gen. Brommy. 37 Zeilen. Bd. 2, Berlin 1955.

Neue Deutsche Biographie: Duckwitz, Arnold. 136 Zeilen. Bd. 4. 1959.

Neumann: Die deutsche Flottenfrage während des dänischen Krieges 1848. Druck Günter Saalfeld, Ostpreußen 1935.

Niebuhr, Marcus: Die deutsche Seemacht und ein deutsch-skandinavischer Bund. Zum Besten der deutschen Flotte. Druck und Verlag von G. Reimer, Berlin 1848.

Nöldeke, Hartmut: August v. Steinberg-Skrirbs (1816–1888) Erster Generalarzt der Marine. In: Wehrmedizinische Monatszeitschrift Heft 10. 1987.

Nöldeke, Hartmut: Die Stellung des Marinearztes – einst und jetzt. In: Wehrmedizinische Monatszeitschrift Heft 10, 1989.

Nöldeke, Hartmut: Gedanken zur Geschichte des deutschen Marinesanitätsdienstes. In: Panorama Maritim Schiffe und Zeit, 37/ 1993.

Nöldeke, Hartmut: Zur Entwicklung des Sanitätsdienstes in der deutschen Marine. In Wehrmedizinische Monatszeitschrift Heft 7 /1986 S. 313–316.

Nöldeke, Hartmut: Zur Geschichte des Marinesanitätsdienstes. In: Wehrmedizinische Monatszeitschrift Heft 10, 1986.

Norie, J. W.; Hobbs, J. S.: Flaggen aller Seefahrenden Nationen. Faksimiledruck nach der Ausgabe 1848. Verlag Egon Heinemann, Norderstedt-Hamburg 1971.

O:

Oelsnitz, H.v.d.: Ideen zur Errichtung einer Königlich Preußischen Kriegs-Marine. Verlag von Theodor Henningen, Reisse und Frankenstein 1847.

Öhlrich, G.W.: Deutschland zur See seine Schifffahrt und sein Handel. Nebst einer genauen Darstellung des See-Verkehrs aller übrigen Länder. Mit besonderer Berücksichtigung der Kriegsmarine Hamburg 1849.

Ohne Dr. Laurenz Hannibal Fischer, und die Auflösung der deutschen Flotte 1852–53. In: General-Anzeiger Oldenburg Teil II. 11.4.1903.

Ohne. Die deutsche Reichsmarine anno 1852 In: Marine- Rundschau Jg. 13 Bonn 1902.

Ohne: Das Handels-System des Herrn Senator Duckwitz. Druck von Wilh. Anthes, Hamburg 1848.

Ohne: Der erste deutsche Reichsadmiral. Gedicht von Emil Pleitner.

Ohne: Auf der Reede von Cuxhaven. Eine Erinnerung an die deutsche Flotte. In: Die Gartenlaube 1864.

Ohne: Aufsatz über die Bundesflotte. Mit dem Verkauf der Bundesflotte begann Geschichte der Passagierschiffahrt. In: Heimat am Meer 1987.

Ohne: Ausbildungsschiff »Konter-Admiral Brommy« (Britische Unterlage) Übersetzen mit Vorgeschichte des Schiffes.

Ohne: Auszug von Offizieren, die in Bezug zur Pr./Dt. Flotte gestanden haben. Koblenz Dez. 1964.

Ohne: Brommy und Bremerhaven als erster deutscher Flottenstützpunkt. In: Niederdeutsches Heimatblatt Nr. 167 Nov. 1963.

Ohne: Contreadmiral Brommy, Schiff 1851. Bark. (Wikipedia)

Ohne: Contreadmiral Brommy. In: (Der) Oldenburgische Volksboote. Jg. 24. Oldenburg 1862.

Ohne: Contreadmiral Brommy. In: General-Anzeiger Oldenburg 25.6.1904 Nr. 147.

Ohne: Der erste deutsche Reichsadmiral. In: Der Volksbote, ein gemeinnütziger Volkskalender aus dem Jahr 1893. Verlag Schulz Oldenburg Jg. 56/1893.

Ohne: Der erste deutsche Reichsadmiral. In: Volksboote Jg. 56, Gemeinnütziger Volkskalender aus dem Jahr 1893.

Ohne: Der Kaiser und seine Marine. Oldenburg 12. September (1904) In: Nachrichten für Stadt und Land: Oldenburger Zeitung für Volk und Heimat. 12.09.1904.

Ohne: Der Tag von Eckernförde 5. April 1849.

Ohne: Die Deutsche Marineverwaltung unter Herrn Duckwitz aus Bremen. Verlag von Robert Kittel. Hamburg 1849.

Ohne: Einige Gedanken über die Entwicklung der Deutschen Marine. In: Marineverordnungsblatt, Beiheft 1873 Nr.6. Mittler und Sohn, Berlin 1873.

Ohne: Hamburg und die Kontinentalsperre. 1909.

Ohne: Illustrierter Kalander – Marinekalender Jg. 1850, der Illustrierten Zeitung, Leipzig.

Ohne: Intelligenz-Blatt der freien Stadt Frankfurt, 18.2.1860.

Ohne: Karl Rudolf Bromme. In: Das Pfennig-Magazin für Belehrung und Unterhaltung, Nr. 369 vom 26. Januar 1850.

Ohne: Personalien der deutschen Admirale zwschen 1872–1939. Koblenz Dez. 1964.

Ohne: Vorschriften über Anmeldung und Eintritt der Cadetten und Schiffsjungen für die deutsche Flotte, o.J.

Ohne: Zum Todestag von Carl Rudolph Brommy In: Preußische Allgemeine Zeitung Folge 1–10 von 9. Januar 2010.

Oldenburg, J.C.: Grundlag for Underviisningen i Sokrigshistorie paa Soofficeersskolen, Thieles Bogtrykkerei, Kjobenhavn 1883. (»Eckernförde« ex »Gefion«).

Ostersehlte, Christian: Von Howald zur HDW. 165 Jahre Entwicklung von einer Kieler Gießerei zum weltweit operierendern Schiffbau- und Technologiekonzern.

P:

Paulsen, Redigeret af: Tojhusmusets bor om Treaarskrigen 1848–49–50. Bd.1 N. Olaf oller, Kobenhavn 1948. (»Gefion«)

Pawlik, Peter-Michael: Von der Weser in die Welt. Die Geschichte der Segelschiffe von Weser und Lesum und ihrer Bauwerften 1770 bis 1893. Kabel-Verlag und das Deutsche Schiffahrsmuseum (Hrsg.) Bremen 1993.

Perschke, Klaus: Vor dem Mast. Ein Nautiker erzählt vom Beginn seiner Seefahrt.

Peter, Karl Hinrich: Seeoffiziersanwärter – Ihre Ausbildung von 1848 bis heute. (Hrg. Peter Godzik.) 1969.

Petter, Wolfgang: Deutschlandpolitik und Flotte. In Deutsche Militärgeschichte 1648–1939. Bd.5 Deutsche Flottenrüstung von Wallenstein bis Tirpitz, Militärgeschichtliches Forschungsamt (Hrsg.) 1977.

Petter, Wolfgang: Contreadmiral Brommy in der Literatur. Wie stehen sie zueinander: Dichtung und Wahrheit. Tradition und Geschichte. In: Schiffe und Zeit 12/1980.

Petter, Wolfgang: Programmierter Untergang. Die Fehlrüstung der deutschen Flotte von 1848. In: Militärgeschichte, Probleme, Thesen, Wege, Deutsche Verlagsanstalt Stuttgart 1982.

Pisiter, A.-v.: Aus den Kindheitsjahren des deutschen Flottengedankens. Eine Erinnerung an die Vorstandssitzungen des Deutschen Flottenvereins zu Frankfurt.

Plagemann, Volker: Die Marine des Reiches 1848. In: Übersee-Seefahrt und Seemacht im Deutschen Kaiserreich. 1982.

Poeschel, Prof. Dr.: Brommy. Zum 100. Geburtstage des ersten deutschen Admirals. In: Wissenschaftliche Beilage der Leipziger Zeitung Nr. 108 vom 10. September 1904.

Porth, Wenzel: Denkwürdigkeiten aus dem Leben des k.u.k. Feldmarschall-Lieutenants Ludwig Freiherr von Kudriaffsky. Verlag Seidel, Wien 1895.

Poten, Bernhard v.: Handwörterbuch der gesamten Militärwissenschaften, Bd. 2. Verlag von Velhagen & Klasing Bielefeld und Leipzig 1877.

Potter/Nimitz: Seemacht. Eine Seekriegsgeschichte von der Antike bis zur Gegenwart. Die Entwicklung der preußischen Marine.

Precht, Hans: Englands Stellung zur Deutschen Einheit 1848–1850. Druck und Verlag von R. Oldenbourg, München und Berlin 1925.

Prinz Adalbert v Preußen: Denkschrift betreffend die Kriegsmarine in Preußen deren Entstehen, Organisation, Leistung, Bestand und Verhältnis zur Deutschen Marine. Als Manuskript gedruckt bei Dietrich Sebeimen, Berlin 1849.

Prinz Adalbert v Preußen: Denkschrift über die Bildung einer deutschen Kriegsflotte. Zum Besten der deutschen Flotte. Verlag der Riegel'schen Buchhandlung, Potsdam 1848.

Prüser, Friedrich: Der Schuss von Helgoland. England und die erste deutsche Flotte. In: Monography, Zeitschrift 5. Jg. Heft 1, 1940.

Prüser, Friedrich: Duckwitz und die deutsche Kriegsflotte.

Purnhagen, Wilhelm (Hrsg.): Dokumente vom Schicksal der deutschen Flotte. Briefe des Contreadmiral Brommy. Aus: Leuchtfeuer: Heimatblatt für die Jugend zwischen Niederelbe und Ems. Jg. 28, Folge 9, 1976.

R:

Rachfall, Felix: Deutschland, König Friedrich Wilhelm IV und die Berliner Revolution.

Raeder: Ein Mann schafft eine Flotte. Aufbau und Untergang der ersten deutschen Bundesflotte. In: Selbstverlag MOH–Nachrichten Nr.9 6. Jg. 1957.

Rahn, Werner: Deutsche Marinen im Wandel. Vom Symbol nationaler Einheit zum Instrument internationaler Sicherheit. Beiträge zur Militärgeschichte. Hrg. Militärgeschichtliches Forschungsamt Bd. 63.

Rassen, J.: Die deutsche Flotte und die deutsche Dichtung. In: MR 1898 Heft 4.

Rassov, Peter: Deutschland und Europa 1848. Scherpe-Verlag, Krefeld 1948.

Rassow, Peter: Das Werk der Paulskirche. Scherpe-Verlag, Krefeld o.J.

Reuter, Wilhelm: Preußische Übungsschiffe 1817–1848. Berlin 1926.

Reventlow: Die Geschichte der deutschen Flotte, Berlin 1901.

Reventlow: Schiffe und ihre Artillerie. Die deutsche Flotte. Ihre Entwicklung und Organisation, Lehmann's Buchhandlung, Zweibrücken i.d. Pfalz 1901.

Richter, J. W. Otto: Die ältesten Schiffe der preußisch-deutschen Marine (»Amazone«, Merkur«, Gefion« und »Danzig«), Stephan Seibel Verlag, Altenburg 1911.

Richter, J. W. Otto: Die erste deutsche Flotte und ihr Admiral. Erinnerungsblätter aus der Zeit deutscher Zerrissenheit. Stephan Seibel Verlag, Altenburg 1906.

Richter, J. W. Otto: Handbuch der deutschen Marinegeschichte. Gerhard Stalling-Verlag Oldenburg/Hamburg, 1963.

Richter, J. W. Otto: Prinz Adalbert von Preußen und die Begründung der neuen deutschen Flotte, Stephan Seibel Verlag, Altenburg 1906.

Richter, J. W. Otto: Von Piraten gefangen – und andere Seeabenteuer, Skizzen aus der Zeit des griechischen Befreiungskrieges von Rudolf Brommy, Deutschlands ersten Admiral. Stephan Seibel Verlag, Altenburg 1909.

Riemann, F.W.: Der Traum einer deutschen Reichsmarine 1848–1852. In: Die Tide. Nordwestdeutsche Monatshefte 2. Jg. 1918/1919 Heft 2 August 1918.

Riemann, Friedrich W. Contreadmiral Brommy und die deutsche Flotte 1848.1852. In: Hannoverland 7. Jg. 1913.

Ritter, Emil: Radowitz. Ein katholischer Staatsmann in Preußen. Verlag J.P. Bachen, Köln 1848.

Roden, Hans: Die Landung bei Tres Forcas. Eine mißglücktes preußisches Seeabenteuer im Jahre 1852. In: Damals, Zeitschrift für Geschichte 9. Jg. Juli 1977.

Röhr, Albert: Unter fünf Flaggen. Das wechselvolle Schicksal der Korvette »Barbarossa«. In: Köhlers Flotten-Kalender 1959. S. 114–122.

Rösner, Dieter: Contreadmiral Brommy und seine Fahne. In: FAZ Nr. 8. 11 Januar 1960.

Rüder, August: Theodor Erdmann Großherzogl. Oldenburgischer Geheimer Rath. Oldenburg 1895.

Ruge, F.: Ausbildung zum Seeoffizier. Berlin 1932.

Ruoff, Manuel: Carl Rudolph Brommy In. Preußische Allgemeine Zeitung Folge 01–10, 9. Januar 2010.

S:

Sachau, Th. (Pastor): Die ältere Geschichte der Stadt Bremerhaven. Verlag von
L.v. Bangerow Bremerhaven 1927

Salewski, Michael: Die »Reichsmarine« von 1848: Ihr Ort in der Geschichte. In: Blätter für
deutsche Landesgeschichte. 1990

Salewski, Michael: Die Deutschen und die See. Studien zur deutschen Marinegeschichte des
19. und 20. Jahrhunderts. Franz Steven Verlag Stuttgart 1998.

Sauer, K. Th.: Über den oberbayrischen Flottenverein von 1848. In: Allgemeine Zeitung vom
23. April 1907, München. Beilage Nr. 87.

Schäfer, Dieter: Deutschland zur See. Eine historisch-politische Betrachtung. Verlag von
Gustav Fischer, Jena 1897.

Scharf, A.: Schleswig-Holsteinische Geschichte – Ein Überblick. A. G. Plötz-Verlag Würzburg, 1966. 2., erw. Auflage.

Scheffler-Knox, J. P. v.: Aus der Geschichte der deutschen Marineuniform. In: Köhlers Flotten-Kalender 1961.

Scheper, B.: Die jüngere Geschichte der Stadt Bremerhaven. Selbstverlag. Bremerhaven
1976.

Schickel, Alfred: Die Reichsverfassung von 1848. In: Damals, Zeitschrift für geschichtliches
Wissen. 7. Jg. November 1975.

Schiffahrtsmuseum Brake (Hrsg.): Hafen und Schiffahrt. Brake, Brommy und die Bundesflotte. Selbstverlag Bremerhaven.

Schiffer, K.: Wilhelm Jordan. Verlag Aug. Osterreich. Frankfurt / Berlin 1898.

Schlechtriem: Brommy und sein Flaggschiff »Barbarossa« In: Niederdeutsches Heimatblatt
Nr. 329, Mai 1977.

Schleiden, Rudolf: Schleswig-Holsteins erste Erhebung 1848–1849. Verlag von J. F. Berg-
mann, Wiesbaden 1891.

Schlesinger Joachim: Die Freimaurer in der Stadt Leipzig.

Schmack, Kurt: J. C. Godeffroy & Sohn. Kaufleute zu Hamburg. Brasch & Co., Hamburg
1939.

Schmalenbach, Paul: Die erste deutsche Flotte 1848–1852. In: Stallings maritimes Jahres-
buch, Oldenburg 1976

Schmalenbach, Paul: Kurze Geschichte der k.u.k. Marine mit Ausnahme der Tätigkeit auf
der Donau und den oberitalienischen Seen. Koelers Verlagsgesellschaft mbH, Herford
1970.

Schmidt, Johann:. Privatunterlagen zu Lebensdaten von »Dr. Rudolf Heins« vom Verfasser
erhalten Herbst 1990.

Schmidt, Johann: Aufbau und Organisation des Sanitätsdienstes der ersten deutschen Flotte.
Private Unterlage von J .Schmidt erhalten 1988.

Schmidt, Johann: Der Sanitätsdienst der deutschen Flotte von 1848/52. In: Oldenburgisches
Jahrbuch Bd. 86, Oldenburg 1986.

Schmitz, I.: Contreadmiral Brommy – seine Zeit und seine Werke. In: MR Heft 10, 1941.

Schnall, Uwe Dr.: Brommy und sein Flaggschiff »Barbarossa«. In: Niederdeutschs Heimatblatt. Nr. 329 Mai 1977.

Schneider: Gedanken zur Ausbildung in der deutschen Flotte von 1848–1852 aus der Sicht
ihres Chefs. Contreadmiral Brommy, unter Zugrundelegung seines Werkes »die Marine«,
Großer Beleg der Militärakademie Dresden, Dresden 1980.

Schoepp, Meta: Blockade. Historischer Roman. Robert Kämerer Verlag. Düsseldorf.

Schönbrunn, Günter: Das bürgerliche Zeitalter 1815–1914.

Schreiber, Hermann: Weltgeschichte der Seefahrt. Vom Handelsschiff der Pharaonen zum modernen Container. Arena Verlag, Würzburg 1973.

Schröder, Friedrich: Rendsburger Bilder aus Schleswig-Holsteins Erhebungszeit 1848–1850.

Schulz, H.: Ein Kranz der Erinnerung um das Bild des Großonkels Brommy. Aus vergilbten Familienbriefen und Erzählungen aus der Kinderzeit zusammengefügt. Rittergut Schmölen bei Würzen, Leipzig o.J.

Schumacher, Georg: Die erste deutsche Flotte 1848–1852. In: Stallings maritimes Jahrbuch Oldenburg und Hamburg 1976.

Schumacher, Georg: Die Versteigerung der ersten deutschen Flotte In: Die Weser. Bremen Jg. 1927 Heft 4.

Schwertfeger, B.; Vorkswam, E. O.: Die Flotte um 1848. Die schleswig-holsteinische Flotte. In: Die deutsche Soldatenkunde Bd. 12. Leipzig 1937.

Seifert, G.: Deutsches Entermesser. In: Deutsches Waffenjournal. I 1973.

Seifert, G.: Deutsches Entermesser. In: Deutsches Waffenjournal. II Heft 6/ 73.

Seifert, G.: Deutsches Entermesser. In: Deutsches Waffenjournal. III 1973.

Seyler, Gustav A.: Die Wappen der deutschen Landesfürsten. J. Siebmachers gr. Wappenbuch Bd. 2. Bauer & Raspe Neustad a. d. Aisch 1981.

Seyler, Gustav A.: Wappenwesen, Wappenkunst, Wappenwissenschaft. J. Siebmachers gr. Wappenbuch, Bd. 1. Bauer & Raspe Neustad a. d. Aisch 1970.

Siebert, Ferdinand; Wernicke, Kurt G.: Das Deutsche Parlament. Athenäum Verlag Frankfurt a.M. und Bonn 1962.

Siebs, Benno Eide: »Seezeugmeisterei« mit Kanonen und Pulver. In: Nordsee-Kalender 1965.

Siebs, Benno Eide: Am grauen Strand. Druck und Verlag Nordwestdeutscher Verlag Ditzen & Co., Bremerhaven 1962.

Siebs, Benno: Karl Rudolf Brommy, In: Lebensbilder von der Elb- und Wesermündung Bremervaven 1966.

Siebs, Benno: Karl Rudolf Brommy. In: Niedersächsische Lebensbilder Bd.1 Leipzig 1939.

Siemens, Werner v.: Lebenserinnerungen. Hillard Collection, München 1985.

Slevogt, Horst: Die wertvollste Trophäe. Die Geschichte der Segelfregatte GEFION und ihre Galionsfigur mit einer seekriegsgeschichtlichen Würdigung des 5. April 1849. In: Heimatgemeinschaft des Kreises Eckernförde, Jahrbuch 1984.

Sokol, A. E.: Geschichte der k.u.k. Kriegsmarine III. Teil. Amalthea Verlag.

Sokol, A. E.: Seemacht Österreich, die Kaiserliche und Königliche Kriegsmarine 1382–1918. Verlag Fritz Molden, Wien, München, Zürich 1972.

Sondhaus, Lawrence: Mitteleuropa zur See. Austria and the Germany Navy Question 1848–52. Vol. 20 No. 2 Cambridge Univ. Press 1987. (In Englisch).

Sprotte, Die Grundlinien der preußisch-deutschen Marineverfassung. In: MR Heft 3 1923.

Stademann, Rolf: Soziale und politische Geschichte der Revolution von 1848. Wissenschaftliche Buchgemeinschaft, Darmstadt 1962.

Stein, Walther: Deutschlands Taten zur See. Die deutsche Betätigung zur See von ihren Uranfängen bis zum Weltkrieg. Verlag Herman Moutanus, Siegen, Leipzig, Berlin 1915.

Steinmetz, Hans Otto: Bismarck und die deutsche Marine. Koelers Verlagsgesellschaft mbh Herford, 1974.

Steltzer, Hans Georg: Die deutsche Flotte. Ein historischer Überblick von 1640 bis 1918. Societäts-Verlag Frankfurt 1989.

Stengel, Karl v.: Die Entwicklung des Kriegsrechts im allgemeinen und des Seekriegsrechts im besonderen. In: MR Heft 3, 1905.

Stenzel, Alfred: Seekriegsgeschichte in ihren wichtigsten Abschnitten mit Berücksichtigung der Seetaktik. 4. Teil von 1720 bis 1850. Hansche Buchhandlung, Hannover und Leipzig 1911.

Stezenbach, Gustav: Contreadmiral Brommy und die erste deutsche Flotte. Sekreteriat Sozialer Studentenarbeit. In: Der Weltkrieg 69.

Stolz, Gerd: Das Seegefecht vor Eckernförde vom 5. April 1849. Heimaltgemeinschaft Eckernförde e.V. (Hrsg.) Eckernförde 1988.

Stolz, Gerd: Der »optische Küstentelegaph« der Schleswig-Holsteinischen Marine. In: Archiv für deutsche Postgeschichte, Heft 2, 1978.

Stolz, Gerd: Die Schleswig-Holsteinische Marine 1848–1852. Verlag Boysen & Co. Heide in Holstein. 2. Auflage 1987.

Stolz, Gerd: Historische Stätten der Marine in Schleswig Holstein. In. Verlag Boysen & Co Heide in Holstein. 1990.

Strohbusch, Erwin: Kriegsschiffbau seit 1848. Führer des Deutschen Marinemuseums (Hrgs.), Nr. 8. Bremerhaven 1984.

Stuve, Egon: Wulsdorf. Geschichtsbilder aus zwei Jahrhunderten. Kleine Schriften des Stadtarchivs Bremerhaven.

Sybel, Heirich v.: Die Begründung des Deutschen Reiches durch Wilhelm I. Vornehmlich nach den preußischen Staatssachen. 1. Bd. Zweite unveränderte Auflage München und Leipzig 1889.

T:

T P: Ein Besuch auf der deutschen Flotte anno 1849. In: MR Jg. 13, 1902.

Teutsch-Lerchenfeld, Bernhard: Deutschland zur See. Kurzer Überblick über die Entwicklung und den heutigen Stand der deutschen Kriegsflotte. Verlag Ernst Wiest Nachfolger, Leipzig 1912.

Therry, G. de: Die Freie Hansestadt Bremen und ihre Hafenanlagen. Mittler und Sohn, Berlin 1910

Thies, Hans Artur: Der Eiserne Hund, Wilhelm Bauers der Erfinder des Ubootes. Knorr & Hirth, München 1942.

Thomer, Egbert: Von der Preußischen zur Kaiserlichen Marine. 150 Jahre Deutsche Marinen. In: Leinen Los 6/98.

Thyselius, Thera: Brommy. Roman, Bremerhaven o.J.

Tirpitz, A.: Über den strategisch-taktischen Ursprung der Flottengesetze In: Nauticus Berlin 1926.

Treue, Wilhelm: Die Bedeutung der Geschichte der Seefahrt im Rahmen der allgemeinen Geschichte. In: Schiffe und Zeit Nr. 1/ 1973.

Triepel, Heinrich: Konterbande. Blockade und Seesperre. In: Meereskunde, Sammlung volkstümlicher Vorträge zum Verständnis der nationalen Bedeutung von Meer und Seefahrt, Bd. XII. Heft 3.

Turra, Axel; Hagenacker, Manfred: Deutsche Admirale. Marinegeschichtliche Impressionen 1848 bis 1945, Ausstellungskatalog, o. J.

U:

Utemann, W.: Einiges aus der Entwicklung des Marinesanitätskorps. In. MR Heft 5 1931.

Utemann, W.: Stammliste des Marine-Sanitäts-Offizierskorps. Ernst Siegfried Mittler und Sohn, Berlin 1906.

V–W:

Verchau, Ekkhard: Von Jachmann über Stosch und Caprivi zu den Anfängen der Ära Tirpitz. In: Marine und Marinepolitik im Kaiserlichen Deutschland 1871–1914. Militärisches Forschungsamt (Hrsg:), Droste Verlag Düsseldorf.

Wagner Erwin Carl Rudolph Brommy (1804–1860) als Marineoffizier in Griechenland Issensee Verlag 2009.

Wagner, Walter: Die obersten Behörden der K. und K. Kriegsmarine 1856–1918. Druck und Verlag Ferdinand Berg Wien 1961

Waldeyer-Harz, Hugo v.: Contreadmiral Brommy, Männer und Bilder deutscher Seefahrt. In MR 1931.

Waldeyer-Harz, Hugo v.: Schiffsjungen. In: MR 1931.

Waldeyer-Harz, Hugo v.: Die Flotte um 1848. Die schleswig-holsteinische Flotte. (Hrsg.): Die deutsche Soldatenkunde Bd. 12. Leipzig 1937.

Walle, Heinrich: Bremerhaven, Brommy und die Marine. In: Nordsee Zeitung. Verlagsbeilage 11. Juli 1979.

Wallisch, Friedrich: Die Flagge Rot-Weiß-Rot. Männer und Taten der österreichischen Marine in vier Jahrhunderten. 2. Auflage. Verlag Styria Graz, Wien, Köln 1956.

Warner, O.; Bennet, G.; Mcintre, D.; Uhlig, Fr.; Wettern, D.: Kriegsschiffe und Seeschlachten von den ersten Panzerschiffen bis heute, Organal by Hamlin Publishing Group Limitid London, New York, Sydney, Toronto 1975. Deutsch Cordrom Verlag Bayreuth 1976.

Weiden, Helge bei der: Die mecklenburgischen Häfen und die deutsche Flotte 1848–1849. In: Schriften zur mecklenburgischen Geschichte, Kultur und Landeskunde, Köln 1981.

Weiden, Helge bei der: Die Anteile Lübecks an der deutschen Flotte 1848–1853. In: Zeitschrift des Verein für Lübeckische Geschichte und Altertumskunde. Jg. 79 1999.

Wendlandt, Heinrich: Die Gründung der preußischen Kriegsflotte im Jahre 1848 und ihre Entwicklung bis 1854. Druck E. Reinke, Köln/Stettin 1928.

Werner, Reinhold v.: Erinnerungen und Bilder aus dem Seeleben. Berlin 1880.

Werner, Reinhold: Erinnerungen und Bilder aus dem Seeleben. Hofmann und Campe, Berlin 1881.

Werner, Reinhold: Das Buch von der Deutschen Flotte. 2. Auflage. Verlag von Belhagen & Klasing, Bielefeld und Leipzig 1874.

Werner, Reinhold: Salzwasser. Erzählungen aus dem Seeleben. Allgemeiner Verein für Literatur, Berlin 1897.

Werner, Reinhold: Zum 50jährigen Jubiläum der deutschen Marineinfanterie In: MR Jg. 13 1902

Wiechmann, Gerhardt: Oldenburg »Karl Rudolf Brommy, in deutschen Erinnerungsorten. Der Admiral der ersten deutschen Flotte und seine Inszenierung vom Kaiserreich bis zur

Bundesrepublik, 1897 bis 1997«. Veröffentlicht in: Kathrin Orth/Eberhard Kliem (Hg.): Jahrbuch 2010 der Deutschen Gesellschaft für Schiffahrts- und Marinegeschichte e.V., Brake 2010.

Wiedemann; Wilhelm: Besondere Missionen der preußisch-deutschen Kriegsmarine bis zum Beginn des Weltkrieges 1914–1918. In: Nauticus 1941.

Wiegmann, Ingeborg: Syndikus Dr. Eberhard Banks 1795–1851 und sein Wirken für Hamburg und Deutschland. Hamburg 1951.

Wilcken, P.: Bilder aus dem deutschen Flottenleben 1849. Verlag von Karl Rümpen, Hannover 1861.

Witt, Jann Markus: Peter Hansen. Admiral der Deutschen Flotte. In Leinen Los 1/2003.

Witthöft, Hans Jürgen: Lexikon zur deutschen Marinegeschichte. 2 Bde. Koelers Verlagsgesellschaft mbh Herford, 1. Aufl. 1977.

Wolfslast, Wilhelm: Der Ruf des Meeres. Verlag Dr. M. Mathiesen Berlin 1942. Einzeldarstellung berühmter Persönlichkeiten der deutschen Marinegeschichte.

Wurm, C. F.: Schleswig-Holsteins Kriegsmarine 1848–1849–1850.

Z:

Zebrowski, Bernhard: Brommy, Admiral ohne Flotte. Die erste Reichsmarine von 1848. Paul Neff Verlag, Berlin o. J.

Zentralarchiv Sankt Magnus: Lebensdaten Brommy, Admiral Karl Rudolf; Brommy, Caroline geb. Gross.

Zerkaulen, Heinrich: Brommy – der erste Admiral der deutschen Flotte. In: Köhlers Flotten-Kalender Jg. 39, 1941.

Zerkaulen, Heinrich: Narren von gestern – Helden von heute. Ein **Roman** um die erste Deutsche Kriegsmarine. Verlag Die Heimatbücherei Berlin 1940.

Zienert, Josef: Die Schleswig-Holsteinische Marine 1848 bis 1851. In: MR München 1976.

Zienert, Josef: Unsere Marineuniform. Ihre geschichtliche Entstehung seit den Anfängen und ihre zeitgemäße Weiterentwicklung 1816 bis 1969. Helmut Gerhard Schulz Verlag Hamburg 1970.

Zimmermann, Alfred Dr.: Die erste deutsche Kriegsflotte. In:. **Zimmermann Alfred:** Geschichte der preußisch-deutschen Handelspolitik, aktenmäßig dargestellt. Anlage XXXV. S. 632–685. Oldenburg / Leipzig 1892, Schulsche Hof- Buchdruckerei.

BILDTEIL

W. Eilers Oldenburg
Osterstr. 4.

Bildquelle: Archiv und © Claus Stefanski

Der Lebenslauf von **C. R. Brommy** ist gekennzeichnet von Aufgaben, denen er sich stellen wollte. Hierbei ging er, wenn es sich um maritime Belange handelte, mit großer Energie und Gradlinigkeit diese Aufgaben an. Ganz gleich, ob es um die verschiedenen Aufgaben als Seemann bis zum Handelsschiff-Kapitän, sowie als Seeoffizier in Griechenland oder in seiner Heimat um den Aufbau der deutschen Reichs-/Bundesmarine seit 1849 bis 1853 ging. Zeit seines Lebens trat er mit Rat und Tat als Christ auf, den die Not des Mitmenschen nie unberührt ließ und dem das Wohlergehen seiner Untergebenen stets am Herzen lag. Neben Ordnung und Disziplin während des Dienstes als militärischer Vorgesetzter waren ihm aber auch die diplomatischen Gegebenheiten und Zwänge nicht fremd, so dass er sich auch auf diesem Gebiet souverän verhalten konnte, z. B., als es um die Flagge und deren Führung auf seinen ihm unterstellten Schiffen ging. Herausragend hierbei waren die politischen Querelen mit Großbritannien nach dem Seegefecht vom 4. Juni 1849 oder mit Preußen um die »Eckernförde« ex dän. »Gefion«, das mehrmals widerrechtlich die Reichsflagge Schwarz-Rot-Gold niederholte und durch die preußische ersetzte.

Trotz der ständig eingeforderten strengen Disziplin innerhalb aller Dienstgrade, vom Offizier bis zum jüngsten Seekadett und einfachsten Matrosen, war der Oberbefehlshaber eine unangefochtene Leitfigur, der sich jeder mit voller Energie unterordnete. So streng er als militärischer Vorgesetzter auftrat, so umgänglich, freundlich und den zivilen Gegebenheiten immer zugewandt, trat der Oberkommandierende als Privatmensch auf, was ihm auch von dieser Seite viel Beachtung und Anerkennung einbrachte.

Carl Rudolph Brommy hat sich vom ersten bis zum letzten Augenblick der Verantwortung gestellt, der deutschen Marine zu dienen. Er verließ seine ihm unterstellte Institution in voller militärischer Disziplin und Ordnung, als er von der politischen Institution des Deutschen Bunds am 30. Juni 1853 aus der Verantwortung entlassen wurde.

Carl Rudolph Brommy war eine Militärperson, der am Ende seiner Laufbahn nicht die Anerkennung entgegengebracht wurde, die ihr zugestanden hätte.

Caroline Gross wurde am 9.2.1825 in Brake geboren. Sie hatte insgesamt 14 Geschwister, 6 Schwestern und 8 Brüder.

Trotz vieler dienstlicher Probleme des Oberkommandierenden Brommy spannen sich Kontakte zwischen Caroline Gross und Carl Rudolph, so dass beide am 1. Juli 1852 in Brake heirateten. Am 9.5.1853 schenkte Caroline Brommy in Bremerhaven einem Sohn das Leben, der den Namen Carl Rudolph Traugott Gerhard erhielt.

Nach der Geburt des Sohnes lebte das Ehepaar zunächst in Bremerhaven, um dann nach Brake zu verziehen. Während der kurzen Zeit in Mailand, im Dienste der österreichischen Marine, wird das Ehepaar wohl getrennt gewesen sein.

Nachdem Brommy sehr krank aus Mailand zurückgekehrt war, siedelte das Ehepaar nach Lesum über, wo Caroline Brommy bemüht war, die seelischen und körperlichen Leiden ihres Gatten so gut es ging zu lindern.

Hascheline Auguste Caroline Brommy, geb. Gross (1825–1910) Bild um 1850

Nach dem Tod des Admirals blieb Caroline Brommy noch kurze Zeit in Lesum, um ihren Sohn großzuziehen. Schon frühzeitig begann sie, Kontakte zur preußischen Marine (Prinz Adalbert v. Preußen) aufzubauen, im Willen, ihren Sohn, der genauso wie sein Vater starken Drang zum Meer entwickelte, dort unterzubringen. Durch seinen frühen Tod am 12. Oktober 1870 erfuhr er nicht mehr, dass er am 18. Oktober des Jahres die Einladung zum Eintritt als Seekadett in die Kaiserlich Preußische Marine erhielt.

Caroline Brommy verkaufte nach dem Tod ihres Sohnes das Haus in Lesum und zog nach Oldenburg in die Brüdergasse Ecke Peterstraße. Hier wohnte sie bis 1901 in der Oberwohnung des Hoftischlermeisters Heinrich Hippe.

Am 22. Sept. 1897 nimmt Caroline Brommy, nun im Alter von 72 Jahren, an der feierlichen Einweihung des Denkmales auf dem Friedhof von Hammelwarden persönlich teil.

Bei einem Besuch bei ihrer Schwester Helene in Berlin zog sie sich einen Bruch des Oberschenkels zu und blieb dann bei ihrer Schwester.

Anlässlich des 100. Geburtstages von Carl Rudolph Brommy, 1904, konnte die Witwe des Admirals einer persönlichen Einladung des Deutschen Kaisers nicht Folge leisten, der Enthüllung der Büste ihres Gatten in der Marineakademie in Kiel beizuwohnen. Der Kaiser persönlich erkundigte sich aber nach dem Wohlbefinden der Verunglückten.

Die Witwe des ersten deutschen Admirals starb am 1. April 1910 in Berlin und wurde, nach der Überführung aus Berlin, am 4. April 1910 an der Seite ihres Gatten in Hammelwarden beigesetzt. Anlässlich dieser Trauerfeierlichkeiten kam es kurz zu einer Belebung um das Vermächtnis ihres Gatten.

476

Carl Rudolph Traugott Gerhard Brommy.
In der Uniform des Oldenb. Inf. Reg. No 91

Carl Rudolph Traugott Gerhard Brommy (1853–1870)

Am 9.5.1853 schenkte Caroline Brommy einem Sohn in Bremerhaven das Leben. Er erhielt den Namen Carl Rudolph Traugott Gerhard Brommy. Als sein Vater starb, war er etwas über sechs Jahre alt. Hier in Lesum besuchte er auch die Schule. Da erkennbar wurde, dass ihr Sohn auch zur See fahren wollte, begann Caroline Brommy ihre Bemühungen, ihren Sohn in der preußischen Marine unterzubringen und trat mit den verantwortlichen Marinestellen in Berlin in Kontakt.

Wie vermutet wird, entwich der junge Carl Rudolph ohne Zustimmung der Mutter mit sechzehn Jahren, 1869, auf einem Schiff mit Kurs Amerika, um Seemann zu werden. Als sich 1870 der Krieg mit Frankreich anbahnte, begab sich der junge Brommy aus patriotischen Bewegungsgründen wieder nach Oldenburg und trat dem Oldenburgischen Infanterie Reg. No. 91 bei.

Mit diesem trat er als Füsilier seinen Dienst »fürs Vaterland« an und marschierte in Frankreich ein. Schon zu Beginn des Waffenganges, in der Nähe von Metz am 12. Oktober 1870 bei Margange, erlag Brommy den Folgen der Typhus-Krankheit.

Nachfolgend wurden für die Gefallenen des Krieges in Oldenburg, Bremen und Bremerhaven drei Denkmale errichte, auf denen Carl Rodolf Traugott Gerhard Brommy verzeichnet wurde.

1) In Bremen wurde am 05.12.1875 in den Wallanlagen das Kriegerdenkmal für die Gefallenen 1870/71 eingeweiht. Das Bronzestandbild eines Soldaten mit Fahne und gezogenem Säbel wurde vom Bremer Senat in Auftrag gegeben. Zu seinen Füßen lagen französische Kriegstrophäen. Der zylindrische Granitsockel mit umlaufendem Relieffries war aus Bronze errichtet und mit Darstellungen aus der Schlacht bei Sedan versehen. Der mehrstufige Unterbau war aus Stein hergestellt. Auf diesem Denkmal ist der Sohn des Admirals in alphabetischer Reihenfolge an 11. Stelle benannt. Am 06.06.1942 wurde das Kriegerdenkmal für die Metallspende abgebaut.

2) Anlässlich des Feldzuges 1870/71 wurde auch in Bremerhaven 1876 ein Ehrenmal errichtet für die Gefallenen der Stadt. Hier ist Brommy in alphabetischer Reihenfolge an erster Stelle benannt.

2) In der Stadt Oldenburg wurde 1878 ein Ehrenmal für die Verstorbenen des Oldenburgischen Infan. Reg. No. 91 errichtet (Entwurf Baurat Jansen). Auf diesem Denkmal ist der Sohn des Admirals in alphabetischer Reihenfolge an 7. Stelle benannt.

Arnold Duckwitz (1802–1881)

Arnold Duckwitz (geb. 1802 in Bremen) war Kaufmann, Senator und Bürgermeister der Hansestadt Bremen.

Im Revolutionsjahr 1848 war Arnold Duckwitz Mitglied des Vorparlaments und beteiligte sich von Anfang bis Mitte 1848 als Sachverständiger der Frankfurter Nationalversammlung im volkswirtschaftlichen Ausschuss. Er schrieb als Kommissar Bremens bei der Beratung über die deutschen Handelsverhältnisse ein »Memorandum, die Zoll- und Handelsverfassung Deutschlands betreffend«, woraufhin er im Juli 1848 zum Reichsminister für Handel der gesamtdeutschen Regierung ernannt wurde. Wenig später übernahm Duckwitz auch die Marineabteilung, da kein anderes Ministerium den politischen Aufbau und die Organisation der geforderten Reichsflotte übernehmen wollte.

In den Wirren der Revolution und Gegenrevolution gelang es Duckwitz in kurzer Zeit, eine geordnete Marinestruktur in Zusammenarbeit mit dem damaligen Fregattenkapitän Carl Rudolph Brommy aufzubauen. Nach der Niederschlagung der Revolution im Mai 1849 war er 1850 für kurze Zeit Abgeordneter im Staatenhaus des Erfurter Unionsparlaments.

Duckwitz kehrte danach wieder nach Bremen zurück und wurde erneut Senator. Von 1857 bis 1863 war er Bremischer Bürgermeister und damit Nachfolger von Johann Smidt. Duckwitz war damit seit 200 Jahren wieder der erste Kaufmann auf diesem Posten. Von 1866 bis 1869 übernahm er ein zweites Mal das Bürgermeisteramt. Nach seinem Wirken als Stadtoberhaupt blieb er als Senator im Amt, ging 1875 in den Ruhestand und veröffentlichte 1877 seine Memoiren. Er verstarb hochgeachtet am 19. März 1881 in Bremen.

Erzherzog Johann Baptist Josef Fabian Sebastian von Österreich (1782–1859)

Als Mitglied des Hauses Habsburg war er der Bruder von Kaiser Franz I. von Österreich. Als der Erzherzog 1848 das Amt des Reichsverwesers angetragen bekam, war er österreichischer Feldmarschall. Die Nationalversammlung übernahm vom Bundestag die Aufgabe, Deutschland eine Exekutive zu geben. Die vorläufige deutsche Regierung, die Provisorische Zentralgewalt, wurde am 28. Juni 1848 eingerichtet. Zum Staatsoberhaupt wählte die Nationalversammlung am Tag darauf Erzherzog Johann von Österreich, der den Titel Reichsverweser erhielt.

Der Reichsverweser war provisorisches Oberhaupt des Deutschen Reiches, eines Staates, der noch in der Entstehung war, und dessen Rolle es war, die Reichsminister zu ernennen und zu entlassen. Außerdem musste er Reichsgesetze unterschreiben und in Kraft setzen. Nach der Niederschlagung der deutschen Revolution übertrug Erzherzog Johann am 20. Dezember 1849 seine Befugnisse der Bundeszentralkommission.

Während seiner gesamten Amtszeit von 1848–1849 hatte der Reichsverweser sein Augenmerk auf die Geschicke der Reichsmarine gelegt. Hierbei war ihm das souveräne Auftreten des Seezeugmeisters und späteren Oberkommandierenden der Reichsflotte eine besondere Freude, was er als österreichischer Feldmarschall gut zu beurteilen wusste. Zu seinen Ehren wurde das nominell erste Schiff der Reichsflotte, der britische Dampfer ACADIA, auf den Namen »Erzherzog Johann« benannt.

Auch nach seinem Ausscheiden als Reichsverweser begleitete der Erzherzog die Geschicke der nunmehrigen Bundesflotte, die als einziges Symbol dieser demokratischen Zeit die »Revolutionsfarben« Schwarz-Rot-Gold weiterhin sichtbar führte, mit großem Interesse weiter. Als Carl Rudolph Brommy in die österreichische Marine in einen sehr gehobenen Posten eintreten konnte, hatte er als Fürsprecher den Erzherzog von Österreich. Leider war die Kraft des Konteradmirals a. D. aber bereits so weit geschwunden, dass er, kränker als er eintrat, diesen so ersehnten Aufgabenbereich aufgeben musste.

Laurenz Martin Hannibal Christian Fischer (*1784–1868)

Fischer war der älteste Sohn des Amtmanns Johann Christian Heinrich Fischer (1752–1804) und dessen Ehefrau Ernestine Friederike Caroline, geb. Andreae (1749–1807).

Er studierte Rechtswissenschaft und ließ sich als Advokat in Hildburghausen nieder. 1809 trat Fischer als Syndikus in den Dienst der Stände. 1818 wurde er Landtagssekretär und Landrat. Er eignete sich in diesen Jahren eine gründliche Kenntnis aller Zweige der Verwaltung des Kleinstaats an und gehörte zu dessen wichtigsten Politikern. Wichtigstes Merkmal seines politischen Auftretens war seine erzkonservative Einstellung. Nach dem Ausbruch der Deutschen Revolution von 1848 blieb er mit seinen Vorschlägen für ein hartes, auch militärisches Vorgehen gegen die Demokraten völlig isoliert und musste deshalb im April 1848 das Fürstentum Birkenfeld verlassen. Einen Monat später wurde er in den Wartestand versetzt.

Nachdem im April 1852 die Auflösung der ehemaligen Reichsflotte beschlossen wurde, fand sich zunächst keine Person, die diese sehr unpopuläre Aufgabe umsetzen wollte. Auf Vorschlag des oldenburgischen Bundestagsgesandten Wilhelm von Eisendecher wurde Fischer mit der Durchführung dieser Aufgabe betraut.

Fischer nahm diese Obliegenheit mit Freude aus zwei Gründen an. Zum ersten kam er wieder in Amt und Würden und zum zweiten sah er in der von Carl Rudolph Brommy geführten Flotte unter den Farben Schwarz-Rot-Gold ein Demokratennest, das in großer Unordnung und Disziplinlosigkeit endlich der Vernichtung zugeführt werden müsse. Er freute sich auf diese Aufgabe.

Tatsächlich fand er aber geordnete und disziplinierte Verbände vor, die er nun aber nicht mehr vernichten, sondern erhalten wollte. So bemühte er sich, die Flotte auf die beiden deutschen Großmächte Preußen und Österreich zu verteilen. Als dies fehlschlug, organisierte er die Verabschiedung der Mannschaften und versteigerte die Schiffe.

Seine Tätigkeit erregte dabei die Entrüstung des deutschen Volkes und trug ihm die Spitznamen »Flottenfischer« oder »Flottenverkäufer« ein. Noch Jahre später hatte er harte und emotional aufgeladene Kritik zu ertragen. Im Jahre 1857 veröffentlichte Fischer ein Buch zu seiner Sichtweise der Dinge unter dem Titel: *Worte der Wahrheit, der Pflicht-Treue und des Schmerzes; eine Bittschrift, den hohen Souverainen Teutschlands … überreicht.*

Der oldenburgische Historiker Hans Friedl stellt Fischers politische Sichtweisen äußerst kritisch dar, indem er dessen politische Gedankenwelt in der spätabsolutistischen Staatslehre wurzelnd sieht, – nach der eine aufgeklärte Beamtenschaft für die Wohlfahrt der politisch unmündig gehaltenen Bevölkerung zu sorgen hatte.- An diesen Ideen hielt Fischer unverrückbar fest und vertrat sie mit arroganter Rechthaberei und borniertem Dogmatismus. Er war ein Reaktionär reinsten Wassers, der die liberal/demokratische Bewegung mit allen Mitteln bekämpfte.